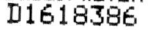

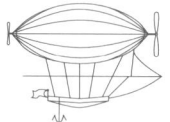

Für meinen Sohn Julian Sarasin, der seine Mutter vier Jahre lang klaglos mit den Gespenstern der HOVAG geteilt hat.

Nylon und Napalm

Die Geschäfte der Emser Werke
und ihres Gründers Werner Oswald

Regula Bochsler

Institut für Kulturforschung Graubünden (Hg.)

HIER UND JETZT

Vorwort   7

Prolog: Tod eines Waffenhändlers   17

Familiengeschichten
    Der «Kaiser von Luzern»   25
    Bilder für Hitler, Bomben für Franco   37

Treibstoff (1936–1945)
    «Eine patriotische Tat in ernster Stunde»   53
    Gruppe Rigi   61
    «Nit lugg lahn gwinnt»   69
    Zwei Freunde   84
    «Die HOVAG macht mir ernstliche Sorgen»   97
    «Wohl spät, aber doch noch rechtzeitig»   109

Erbe des «Dritten Reichs» (1945–1949)
    «We take the brain»   119
    «Mineralöl-Fischer»   125
    «Sarabande der erloschenen Menschen»   136
    «Ein magischer Klang bei der Damenwelt»   144
    «Intrigenversuche auf dem Patentgebiet»   155
    «Ein ungetreuer Direktor»   164

Kunstfasern (1950–1955)
    «Geheimsphäre in Ems»   175
    «Ebenso schwierig wie heikel»   187
    «Eine schweizerische Lösung»   194
    «Parasitäre Erscheinungen»   204
    «Der Kopf der ganzen Schieberkette»   211
    «Grilon stricke, nüme flicke!»   221

Raketen (1946–1955)
    «Der Herr von Peenemünde»   237
    «All diese Dinge sind sehr schmutzig»   250
    «Der zeit- und kostensparende Weg»   268
    «Der gefährlichste Mann in Europa»   282
    «Das missglückte Emser Experiment»   292
    «Das Eingreifen hoher Persönlichkeiten»   307
    «Unklarheiten fataler Art»   313

Napalm (1954–1955)
    «Opalm übertrifft Napalm»   325
    «In Gottesnamen, montieren wir eben ab»   339
    «Vor einem Ausfuhrskandal?»   352

Politik (1954–1960)
    Mit «grimmiger Sachlichkeit»   369
    «Gott bewahre uns vor solchen Experimenten!»   380
    Ernst Fischers «Kuckucksei»   388
    «Atomforschung ist Zukunft»   395
    «Auf 2000 km = 1 Café crème!»   406
    «Ein düsterer Tag»   425
    «Eine Kolonie der Industriekantone»   432
    «Ein unfeines Sprengmanöver»   439
    «Ems – ein Schweizer Wirtschaftswunder»   446

Waffengeschäfte (ab 1960)
    «Nebelgeräte in der Dachstube»   455
    «Das Ende eines Waffenhändlers»   464
    Der «Saftladen» in Bonn   477
    «Im Schatten und in aller Stille»   485
    Präsident Nassers «Opal»   503
    «Palmöl» und «Calypso»   517
    Die «Chäpslifabrik»   526

Epilog: «Erfolg als Auftrag»   540

Anhang
    Kurzbiografien   548
    Abkürzungen   550
    Anmerkungen   551
    Archive   581
    Bibliografie   582
    Bildnachweis   586
    Personenregister   587
    Dank   590

«Das Faszinierende an der Geburtsstunde unserer Firma ist nicht, dass man dank vieler guter Voraussetzungen eine Idee verwirklichen konnte, sondern vielmehr, dass man trotz schlechter Voraussetzungen mit Willen und Tatkraft die Hindernisse überwunden hat, um ein grosses Ziel zu erreichen.»
Christoph Blocher, 1981

Vorwort

Das Wohnzimmer war schon halb ausgeräumt, die Teppiche eingerollt, überall standen Umzugskisten. Bernd Schultze war kurz davor, nach Spanien auszuwandern. Doch wohin mit dem schriftlichen Nachlass seines Vaters? Wegwerfen? Ins Archiv geben? Aber in welches? Ich hatte über eine Freundin erfahren, dass er eine Fachperson suchte, um die historische Relevanz des Nachlasses einzuschätzen. Deshalb kam ich nun in den Genuss eines Kaffees und einer Kurzversion der Geschichte, wie seine Familie 1958 von der DDR ins Bündnerland gezogen war, wo sein Vater, der Chemiker Joachim Schultze, am Aufbau der Polyesterproduktion der Emser Werke mitwirkte und später unter Christoph Blocher zum Forschungsleiter avancierte.

Bernd Schultze hatte alle Hände voll zu tun, seine Zukunft zu organisieren, und deshalb wenig Zeit, über die Vergangenheit zu reden. Nach einer halben Stunde stiegen wir in den Keller hinunter, und da standen sie: zwei Metallkisten und eine verstaubte Archivschachtel, die zum Ausgangspunkt für eine mehrjährige Recherche werden sollten. Zurück im Büro inspizierte ich den Inhalt: Jahresberichte, Zeitungsartikel und Firmendokumente aus den Achtziger- und Neunzigerjahren des letzten Jahrhunderts. Nichts Weltbewegendes. Interessanter waren die Dokumente aus der Nachkriegszeit: Pläne von deutschen Chemieanlagen, eine Abhandlung mit dem Titel «Die Luftverteidigung», aus der eine unbekannte Hand den Verfasser herausgeschnitten hatte, ein überdimensionierter handgezeichneter Plan des Kampfflugzeugs P-16 der Flugzeugwerke Altenrhein, Messresultate von Raketenversuchen, Briefwechsel mit deutschen Spezialisten in Madrid und Kairo zum Thema Raketentreibstoff sowie ein Manuskript zur Firmengeschichte von Joachim Schultze. Dieses enthielt eine weitere Überraschung:

Die Holzverzuckerungs AG, wie die Ems-Chemie ursprünglich hiess, hatte offenbar auch eine Napalm-Variante namens Opalm entwickelt.

Mir war einzig bekannt, dass die HOVAG, wie die Firma der Einfachheit halber meist genannt wurde, Ersatztreibstoff produzierte, mit dem das im Zweiten Weltkrieg streng rationierte Benzin gestreckt wurde. Von Raketen oder Napalm aus Ems hatte ich noch nie gehört. Weil auch das Internet keine Auskunft gab, suchte ich nach Fachliteratur. Die Ausbeute war mager: Ein Porträt des Firmengründers Werner Oswald, geschrieben im Auftrag eines seiner Söhne, war mehr Werbeschrift als historische Studie. Das Gleiche galt für die Firmengeschichte, die Christoph Blocher und seine Tochter Magdalena Martullo-Blocher 2011 zum siebzigjährigen Jubiläum herausgegeben hatten: keine Raketen, schon gar kein Napalm und bis auf einen Halbsatz auch keine deutschen Spezialisten, die wie Joachim Schultze in Ems neue Produktionszweige aufgebaut hatten.[1]

Ergiebiger war die Publikation «Tarnung, Transfer, Transit», eine der Einzelstudien der Unabhängigen Expertenkommission Schweiz – Zweiter Weltkrieg (UEK, auch Bergier-Kommission genannt), über die Schweiz «als Drehscheibe verdeckter Operationen». Hier stand zu lesen, dass deutsche Spezialisten ab 1947 eine Kunstfaserproduktion in Ems aufgebaut hatten und Werner Oswald drei Berater mit Nazi-Vergangenheit angestellt hatte: Ernst Fischer, einen ehemaligen hochdekorierten Wehrwirtschaftsführer und Vertrauten Görings, Heinrich Bütefisch, Wehrwirtschaftsführer und Verwaltungsrat des Chemiegiganten I.G.-Farben, sowie Johann Giesen, Chemiker und ehemals Direktor im I.G.-Farben-Werk Leuna. Während Fischer die Ausbeutung der Ölvorkommen in den besetzten Ländern organisiert hatte, waren Bütefisch und Giesen in Bau und Betrieb des Chemiewerks Auschwitz-Monowitz involviert gewesen, wo rund 25 000 Zwangsarbeiter aus dem nahe gelegenen Konzentrationslager den Tod fanden.[2]

Meine Neugierde war geweckt. Gleichzeitig wunderte ich mich, dass so wenig bekannt war über ein fast schon ikonisches Schweizer Unternehmen, das die Aktivdienstgeneration wegen des Ersatztreibstoffs und jüngere Generationen wegen des früheren Besitzers, Altbundesrat Christoph Blocher, kannten. Ihm brachte die Ems-Chemie das Vermögen ein, das ihm ermöglichte, als SVP-Parteichef wichtige politische Kampagnen mitzufinanzieren.

Die Emser Werke, 1941 mithilfe der öffentlichen Hand erbaut, produzierten Ersatztreibstoff, den der Volksmund «Emser Wasser» taufte. Dieses Kind der Kriegswirtschaft verlor seine Existenzberechtigung, als der Benzinimport nach Kriegsende wieder spielte. Um das Überleben der HOVAG zu sichern, räumte ihr der Bund eine zehnjährige subventionierte Übergangsfrist ein. Bis 1956 musste das Unternehmen neue Produkte entwickeln, um auf eigenen Füssen zu stehen – oder dichtmachen. 1955 kam der Bundesrat jedoch zum Schluss, die HOVAG sei noch nicht überlebensfähig, und das Parlament bewilligte weitere fünf Jahre Bundeshilfe. Darauf lancierten wirtschaftsliberale Kreise ein Referendum, und die Stimmbürger lehnten das Hilfspaket mit grossem Mehr ab. Zur Verblüffung der Zeitgenossen, die mit dem Ruin der HOVAG gerechnet hatten, stellte Oswald die Holzverzuckerung ein und führte das Unternehmen ohne Subventionen weiter. Nach seinem Tod 1979 wurde der Wert des Konzerns auf eine halbe Milliarde Franken geschätzt – und der neue starke Mann hiess Christoph Blocher.

Blochers erster Kontakt mit der Familie Oswald ging auf die Fünfzigerjahre zurück, als er mit einem der Oswald-Söhne die Schulbank in der Zürcher Privatschule Minerva drückte. Oswald wurde auf den jungen Mann aufmerksam, als er mit der Schulklasse die Emser Werke besuchte. Es war eine schicksalhafte Begegnung mit weitreichenden Folgen. «Als Student wurde der witterungsbegabte Christoph Blocher von einem andern gewittert, und das ergab die Zündung», schreibt Blochers Bruder Andreas. «Weil auch ich eine Zeitlang in [Oswalds] Haus verkehrte, bekam ich Gelegenheit, jene zündende Begegnung zu sehen oder vielmehr zu hören. Besagter Industrieller war eine hochgewachsene Erscheinung, hager und bleich, mit einer befehlerischen Stimme, die keinen Widerspruch duldete. Abends sass der Mann in seinem unzugänglichen, reich ausgestatteten Arbeitszimmer im Lehnstuhl, neben sich aus seinen Sammlerschätzen ein edelsteinbesetztes Kreuz aus der Hauskapelle Rudolfs I. von Habsburg. Dort konnte ihn nur sprechen, wen er über eine Meldeanlage herbeizitierte. Zu wiederholten Malen verlangte er Christoph in die Audienz. In der Erinnerung höre ich durch die geschlossene Tür den dringlichen, fistelnden Ton des Magnaten, darauf die munter bellende Stimme meines Bruders, der da eifrig ruft: ‹Stimmt nicht, Herr Tokter! Hier irren Sie sich, Herr Tokter!› […] Der tyrannische Chef hatte jemanden gefunden, der ihm endlich widersprach.»[3]

Als Christoph Blocher 1969 sein Studium abschloss, bot ihm Oswald eine Stelle im Rechtsdienst der Emser Werke an. Der junge Jurist avancierte rasch zu seinem Vertrauten und besetzte Schlüsselpositionen.[4] 1983, vier Jahre nach Oswalds Tod, konnte Christoph Blocher das Unternehmen kaufen; zwanzig Jahre später, als er in den Bundesrat gewählt wurde, verkaufte er es seinen vier Kindern und übertrug die Leitung seiner Tochter Magdalena Martullo-Blocher. Sie steht heute einem Konzern mit fast 3000 Angestellten vor, der einen Jahresumsatz von mehr als zwei Milliarden Franken erzielt.

Ich wollte keine Geschichte der Ems-Chemie unter Christoph Blocher schreiben, sondern herausfinden, wie es Werner Oswald gelungen war, das kriegswirtschaftliche Treibstoffwerk zu einem selbsttragenden Chemiewerk umzubauen und auf welche Netzwerke er dabei zurückgreifen konnte. Anfang 2019 konnte ich dank dem Institut für Kulturforschung Graubünden (ikg) die Arbeit am vorliegenden Buch in Angriff nehmen. Ein Jahr später ersuchte ich Magdalena Martullo-Blocher um Zugang zum Firmenarchiv. Ich schlug vor, zuerst die Findmittel zu konsultieren, um anschliessend ein detailliertes Einsichtsgesuch zu stellen. Gleichzeitig bat ich um Einsicht in die Akten, welche die Bergier-Kommission konsultiert hatte, die dank einem Bundesbeschluss Zugang zu sonst streng verschlossenen Archiven von Privatunternehmen hatte und Arbeitskopien von ausgesuchten Dokumenten erstellen durfte. Nach der Publikation des Schlussberichts konnte die Ems-Chemie diese Kopien zurückfordern, doch das zehnseitige Aktenverzeichnis blieb im Bundesarchiv.[5] Es listet unter anderem Protokolle von Verwaltungsratssitzungen, Verträge, Briefwechsel zwischen Oswald und seinen deutschen Beratern sowie Personalakten der deutschen Spezialisten samt Entnazifizierungsentscheiden auf – insgesamt 551 Seiten Akten sowie ein Verweis auf 131 Ordner, aus denen diese Dokumente stammten.

Dieser historische Schatz blieb für mich jedoch unerreichbar. Die Ems-Chemie lehnte mein Gesuch mit der Begründung ab: «Wir haben die Archivalien nochmals grob gesichtet. Darauf basierend müssen wir davon ausgehen, dass alle vorhandenen Archivalien bereits gründlich im Rahmen der Forschungsarbeiten der UEK (Bergier-Kommission) aufgearbeitet wurden und keine weiteren, noch nicht gesichteten Dokumente bei uns vorhanden sind. Eine erneute Sichtung derselben Archivalien für Ihr Forschungsprojekt würde deshalb keine neuen Erkenntnisse bringen.»[6] Die Absage war – bis auf den Begriff «Forschungsprojekt» – identisch mit einer E-Mail an SRF-Redaktor Hansjürg Zumstein, der ebenfalls um Archivzugang gebeten hatte, und ergab fachlich wenig Sinn: Die Bergier-Kommission hatte zur Schweiz im Zweiten Weltkrieg geforscht, mein Fokus lag auf der Geschichte eines einzelnen Unternehmens in der Nachkriegszeit. Zudem verwendete die UEK-Studie nur einen verschwindend kleinen Teil der Emser Akten und zitierte nur kurze Passagen. Mehr noch: Die Absage der Ems-Chemie setzte die von der UEK gesichteten Dokumente fälschlicherweise mit «allen vorhandenen Archivalien» gleich, was angesichts der 131 Ordner, auf die das Aktenverzeichnis verweist, wie ein schlechter Scherz anmutet. Doch alles Argumentieren war vergebens. Weder die Fürsprache des Instituts für Kulturforschung Graubünden noch ein zweites Gesuch von mir konnten die Türen des Firmenarchivs öffnen. Damit verhindert Martullo-Blocher eine kritische Überprüfung der offiziellen, von ihr und ihrem Vater abgesegneten Firmengeschichte. Ihr Entscheid hat eine durchaus ironische Note: Sie verunmöglicht damit, dass die Befunde der UEK überprüft werden können, obwohl die Kommission ihrem Vater ein Dorn im Auge war.

Die Ems-Chemie ist nicht das einzige Schweizer Privatunternehmen, das sein Archiv fest unter Verschluss hält, doch in ihrem Fall hat dies einen besonders schalen Nachgeschmack. Die HOVAG lebte 15 Jahre lang von der öffentlichen Hand und den Konsumenten, die das teure «Emser Wasser» kaufen mussten, weil es dem Importbenzin beigemischt wurde. Das bedeutet, dass die Dokumente, welche die Geschäfte der HOVAG vor dem Sommer 1956 dokumentieren, zwar von der öffentlichen Hand finanziert wurden, dass die Öffentlichkeit aber keine Möglichkeit hat, sich nachträglich ein Bild von der Verwendung dieser Gelder zu machen.

Die Informationspolitik der Ems-Chemie ist die konsequente Weiterführung von Oswalds geradezu legendärer Geheimniskrämerei: Jedes Jahr, wenn der Geschäftsbericht veröffentlicht wurde, kritisierte die Presse von links bis rechts, die HOVAG habe «die Schweigsamkeit zum Lebensstil ihrer Geschäftspolitik» erhoben.[7] Sogar die wirtschaftsfreundliche *Finanz und Wirtschaft* mäkelte: «Wenn ein Privatbetrieb seine Forschung geheim hält, die er mit eigenen Mitteln finanziert, so ist dies in Ordnung. Wenn aber ein Betrieb wie Ems, der von der öffentlichen Hand lebt, seinem Geldgeber und Gönner keine Auskunft erteilen will, wirkt diese Haltung grotesk.»[8] Teil von Oswalds «Geheimsphäre» war, dass er rings um die HOVAG einen raffiniert verschachtelten Konzern errichtete, der «juristisch und auch wirtschaftlich für den Aussenstehenden völlig undurchdringlich» war.[9] Mitte der Fünfzigerjahre bestand dieser neben der HOVAG aus fünf Firmen: Die PATVAG baute die Werkanlagen und handelte mit Rohstoffen, Chemikalien und Waffen; die INVENTA lizenzierte das industrielle Knowhow aus Ems; die FIBRON besorgte die Herstellung und die GRILON den Verkauf der synthetischen Fasern; die Calanda SA entwickelte Raketen und Zünder (siehe Diagramm auf S. 16). Der Konzern lag nicht allein in Werner Oswalds Händen, er war

Familiensache. Seine zwei Brüder Rudolf Oswald, ein Jurist, und Victor Oswald, ein in Madrid lebender Geschäftsmann und Waffenhändler mit besten Beziehungen zum Franco-Regime, hielten Verwaltungsratssitze und Stimmrechtsaktien.

Oswald stiess mit seiner Heimlichtuerei auch ihm wohlgesinnte Menschen vor den Kopf. «Er hat hinter jedem Menschen einen Nachrichtendienstler gesehen und hinter jedem Baum einen Agenten im Regenmantel», berichtete Bruno Saager, einst Verwaltungsrat der Emser Werke und Direktor der Schweizerischen Bankgesellschaft. «Seine Angst ist so weit gegangen, dass er selbst im Verwaltungsrat nichts erzählt hat. Auch die Bankenvertreter haben praktisch nichts erfahren. Er dachte immer, jemand wolle hinter seine Geheimnisse kommen. Das war geradezu krankhaft – aber ist ein ganz wesentlicher Zug an Werner Oswald.»[10] Saager kam nicht auf die Idee, dass Oswalds Verhalten durchaus rational war, weil er, wie dieses Buch zeigt, einiges zu verstecken hatte – vor den Behörden, vor der Öffentlichkeit und sogar vor der Justiz.

Bernd Schultze ist überzeugt, dass im Firmenarchiv in Ems vieles nicht mehr greifbar ist. Im Herbst 2020 schrieb er mir: «Dann rief mich Mitte der 90er [Jahre] mein Vater an und erzählte mir von der Vernichtung historischer Dokumente und wie er Chris[toph Blocher] dabei ertappt hat, wie der spätabends schriftliche Unterlagen von vor 1960 schreddern wollte. Papa war Direktor Forschung und Entwicklung und sammelte zusammen, was von seiner Abteilung noch da war.» Zum Material, das er mir überlassen hatte, bemerkte Bernd Schultze: «Und ja, das, was du an wenigen Dokumenten bekommen hast, ist das, was mein Vater als wichtige Überbleibsel eingepackt und mitgenommen hat.»[11] Viel war es nicht – aus der Zeit vor 1974 gerade einmal drei Dutzend Dokumente.

Es gibt keine Beweise, dass Christoph Blocher Akten aus dem Forschungsarchiv vernichtet hat und auch nicht, dass er, wie Bernd Schultze schrieb, «das Ausmisten selbst eigenhändig erledigt» hat. Aus diesem Grund wollte ich Blocher unbedingt dazu befragen. Ich hoffte auch, dass er sich an Erzählungen von Oswald über die Entwicklung der HOVAG nach dem Krieg erinnern würde. Er willigte nicht nur in ein Treffen ein; mit der Bemerkung, er sei in der fraglichen Zeit noch zur Schule gegangen und habe nichts zu verstecken, gab er mir auch ungefragt die Erlaubnis, das Gespräch aufzuzeichnen. Es fand im Sommer 2021 statt und dauerte mehr als zwei Stunden, war für meine Arbeit aber wenig ergiebig. Von den Raketen wusste Blocher nichts. Vom Emser Napalm will er erst 2020 erfahren haben. Die Anekdoten über seinen Ziehvater Oswald kannte ich bereits aus Markus Somms Blocher-Biografie. Zur Entwicklung der Zünder, die Blocher in den Achtzigerjahren Millionenumsätze und ein paar negative Schlagzeilen beschert hatten, machte er Angaben, die einer historischen Prüfung nicht standhalten.[12]

Als ich erwähnte, die Ems-Chemie verwehre mir den Zugang zum Firmenarchiv, meinte Blocher launig: «Ich weiss nöd, wie wiit mer eis händ.» Da eine gut informierte Quelle mir versichert hatte, das Archiv in Ems umfasse 180 Laufmeter Akten, hielt ich entgegen, es gebe sehr wohl ein Archiv. Blocher lenkte ein. Wenigstens ein bisschen: «Wir haben sicher noch so einen Raum, wo es Zeugs drin hat, aber das ist auf jeden Fall nicht sauber geordnet […], aber etwas kann ich Ihnen sagen: Wenn in diesem Archiv nicht mehr zu finden ist über die Ems-Chemie, als was die Bergier-Kommission herausbrachte … das war ja absolut harmloses Zeug.» Man kann als harmlos abtun, dass ein verurteilter Kriegsverbrecher und ein Vertrauter Görings den Firmenchef berieten. Für mich war es der Moment, Blocher zu fragen, ob er in den Neunzigerjahren, wie Bernd Schultze behauptete, eigenhändig Teile des Forschungsarchivs geschreddert hatte. «Ich kann mich nicht daran erinnern», meinte er. «Das heisst aber nicht, dass es nicht passiert ist. Auf alle Fälle war es für mich kein bleibendes Erlebnis.» Ungefragt versicherte er im Verlauf des Gesprächs weitere zwei Male, dass er sich an nichts erinnere, zweifelte aber auch die Wahrhaftigkeit seines ehemaligen Forschungsleiters an: «Das war für den ein schönes Erlebnis, aber er hatte ja keine Belege.» Auf das Thema Archivzugang wollte Blocher partout nicht eingehen. Lieber wetterte er über linke Historiker und die Bergier-Kommission, allen voran über ihr prominentes Mitglied Professor Jakob Tanner, über den er 1997 öffentlich gesagt hatte: «Ein Marxist gehört nicht in die Historikerkommission – schliesslich sitzt dort auch kein Nationalsozialist.»[13]

Ich bat Blocher, mir einen Kontakt zur Familie Oswald zu vermitteln. Er konnte oder wollte nicht weiterhelfen, prophezeite aber: «Die geben keine Auskunft.» Tatsächlich wollten die beiden Töchter, die ich ausfindig machte, zuerst nicht mit mir reden. Eine Enkelin, die ich um die Adresse von Werner Oswalds Söhnen bat, musste passen, da die Familie seit dem Verkauf der Emser Werke an Christoph Blocher so zerstritten ist, dass sie keinen Kontakt zu ihnen hatte. Das Manuskript war bereits abgeschlossen, als ein Zufall mich zu einem Enkel führte. Michael Oswald war äusserst hilfsbereit und vermittelte den Kontakt zu anderen Familienmitgliedern, die ihre Erinnerungen mit mir teilten. Christoph Oswald schickte mir zudem ein mehrseitiges «Lebensbild» seines Vaters, in dem er das «schmutzige Nazi-Gerede» der Medien kritisiert. Er findet kein «Naziverdächtiges Potential» in der Firmengeschichte, «auch dann nicht, wenn man's krampfhaft sucht», sondern sieht in ihr «die vorsorgliche gütige Hand des himmlischen Vaters». Ihnen allen möchte ich danken für ihre Version der Familiengeschichte und die Fotos, die sie mir zur Verfügung gestellt haben.

Die Weigerung der Ems-Chemie, ihr Archiv zu öffnen, erschwerte zwar meine Arbeit, konnte das Projekt aber nicht verhindern. Drei Jahre lang spürte ich Zeitzeugen und Kinder ehemaliger Mitarbeiter auf – in Deutschland, Kanada, Österreich, in der Schweiz und sogar in meiner unmittelbaren Nachbarschaft in Zürich. Ich korrespondierte mit Archivarinnen und Wissenschaftlern in einem guten Dutzend Länder und durchforstete Fachliteratur, Autobiografien, wissenschaftliche Aufsätze und Tausende von Zeitungsartikeln in mehreren Sprachen. Meine wichtigste Quelle war das Schweizerische Bundesarchiv, denn solange die HOVAG subventioniert war, hatte der Bund ein Einsichts- und Kontrollrecht, das 13 Laufmeter Akten produzierte. Dazu kamen Dossiers der Bundesanwaltschaft, der Fremdenpolizei sowie des Militär- und Volkswirtschaftsdepartements. Weitere Dokumente fanden sich in Staatsarchiven, Stadtarchiven, Gemeindearchiven sowie in Nachlässen von Privatpersonen und Wirtschaftsverbänden im Archiv für Zeitgeschichte der ETH Zürich. In Deutschland waren es Akten im Bundesarchiv, insbesondere im Militärarchiv in Freiburg i. Br., in einzelnen Landesarchiven, im Institut für Zeitgeschichte in München sowie in den Firmenarchiven von Krupp-Thyssen, Bayer und dem Stinnes-Konzern; sie alle betreiben eine grosszügigere Archivpolitik als die Ems-Chemie.

Trotz dieser Menge an Material blieben Leerstellen, die sich mit öffentlich zugänglichen Dokumenten nicht füllen liessen. Das hat mich beim Schreiben manchmal zu Schlussfolgerungen bewogen, die mir zwingend erschienen, die ich aber nicht lückenlos belegen konnte. Damit die Leserinnen und Leser meine Indizienketten nachvollziehen und sich ein eigenes Bild machen können, habe ich die Quellen jeweils ausführlicher als üblich zitiert.

Dieses Buch fokussiert auf Werner Oswalds unternehmerische Strategien, die HOVAG in der Nachkriegszeit umzubauen und am Markt zu positionieren. Es handelt aber auch von den Voraussetzungen und den Auswirkungen dieser Transformation. Trotzdem ist es mehr als die Geschichte eines Schweizer Unternehmens und dessen Gründer. Da die HOVAG nur dank massiver Unterstützung der öffentlichen Hand gegründet, über Wasser gehalten und umgebaut werden konnte, war sie politischer Zankapfel, der zwei Dutzend Bundesratssitzungen, ein halbes Dutzend parlamentarische Eingaben, mehrere kantonale und eidgenössische Parlamentsdebatten sowie einen erbitterten Abstimmungskampf provozierte.

Als Unternehmer konnte sich Oswald auf ein fein gewirktes Geflecht familiärer, professioneller, politischer und militärischer Loyalitäten stützen. Zu diesem Netzwerk gehörten auch Männer, die Schweizer (Wirtschafts-)Geschichte geschrieben haben: Ernst Laur, der mächtige Präsident des Bauernverbands; Oberst Eugen Bircher, Gründer des Vaterländischen Verbands und BGB-Nationalrat; Nationalrat Andreas Gadient, Doyen der Demokratischen Partei Graubündens, Vater des Politikers Ulrich Gadient und Grossvater der Politikerin Brigitta Gadient; Max Iklé, Direktor der Eidgenössischen Finanzverwaltung und Vater der ersten Bundesrätin Elisabeth Kopp; sowie Oswalds Dienstkamerad Paul Schaufelberger, ein Nachrichtendienstoffizier, der massgeblich bei der Schleusung deutscher Rüstungsspezialisten und Nazis nach Argentinien mitwirkte.[14]

Das «System HOVAG», wie es die Zeitgenossen nannten, lässt sich nicht vollständig rekonstruieren, denn es basierte auf informellen Kontakten. Anhand von Beispielen lässt sich jedoch zeigen, wie Oswald von Seilschaften profitierte. In diesen Geschichten spiegeln sich auch eine Zeit und ein Land, in dem Männer das Sagen hatten, bürgerliche Eliten die Politik dominierten, die Spitzen von Wirtschaft und Militär eng verzahnt waren und der Kalte Krieg als Rechtfertigung diente, um vieles unter den Teppich zu kehren. Als Sohn aus gutem Haus, als Unternehmer und Oberstleutnant war Oswald Nutzniesser einer Kultur des Wegschauens, die nationale und persönliche Vorteile oft höher gewichtete als politische und manchmal sogar rechtliche Bedenken. Wie gering diese waren, zeigt sich an der Wirtschaftsspionage der HOVAG und den Waffengeschäften der PATVAG. Dem Emser Napalm, so zeigt dieses Buch erstmals, fiel eine unbekannte Anzahl Menschen in Bürgerkriegen in Burma, Indonesien und im Jemen zum Opfer. Es war auch mitverantwortlich für ein tödliches Attentat auf einen deutschen Geschäftspartner.

PATVAG, GESELLSCHAFT FÜR VERWALTUNGEN UND PATENTE

Gründung: 1933
Gründungskapital: 5000 Fr.
ab 1936: PATVAG Handels-, Finanzierungs- und Verwaltungs AG
ab 1941: PATVAG, Aktiengesellschaft für Biochemie
Präsidenten: Ernst Zgraggen (ab 1933), Rudolf Oswald (ab 1936)
Delegierter: Werner Oswald (ab 1936)
Verwaltungsräte:
    Victor Oswald (1936–1943, ab 1946), Paul Holzach (1941–1943)

HOLZVERZUCKERUNGS AG (HOVAG)

Gründung: 1936
Gründungskapital: 42 500 Fr.
ab 1960: Emser Werke
Präsidenten: Adolf Schulthess (ab 1936), Armin Meili (ab 1941), Hans Pestalozzi (ab 1954), Werner Oswald (ab 1967)
Delegierte: Werner Oswald (ab 1941), Rudolf Oswald (ab 1941), Werner Oswald (ab 1967)
Verwaltungsräte: Andreas Gadient (ab 1942), Robert Peter (ab 1942), Johann Giesen (1952–1966), Victor Oswald (ab 1969)
Geschäftsleitung: Werner Oswald (1944–1979)

FIBRON SA

Gründung: 1949
Gründungskapital: 500 000 Fr.
Präsident: Peter Herold
Verwaltungsräte:
    Rudolf Oswald (1950–1954), Hermann Zorn (1950–1953), Andreas Gadient (1950–1960), Armin Meili (1950–1954), Werner Oswald (1954–1960), Hans Pestalozzi (1954–1960)

CALANDA SA

Gründung: 1950
Gründungskapital: 100 000 Fr.
Präsidenten:
    Jean Rochat (ab 1950), Louis Birkigt (ab 1952), Rudolf Oswald (ab 1958), Erwin Widmer (1969–1983)
Verwaltungsräte:
    Andreas Gadient (1952), Erwin Widmer (1960)

INVENTA AG FÜR FORSCHUNG UND PATENTVERWERTUNG

Gründung: 1947
Gründungskapital: 100 000 Fr.
Präsident: Alois Troller
Verwaltungsräte:
    Johann Giesen (1956), Rudolf Oswald (1956), Victor Oswald (1956)

KRAFTWERKE REICHENAU AG

Gründung: 1955
Gründungskapital: 1 Mio. Fr.
50-Prozent-Beteiligung:
    Georg Fischer AG
Verwaltungsrat:
    Rudolf Oswald (1955–1958)

GRILON SA

Gründung: 1949
Gründungskapital: 100 000 Fr.
Verwaltungsräte:
    Ulrich Gadient (1969), Christoph Blocher (1969)

Vorwort

Prolog: Tod eines Waffenhändlers

Es ist Freitag, der 28. Juni 1961, kurz vor elf Uhr nachts, als Walter Heck den Blinker seines Autos stellt und die Ausfahrt Karlsruhe West nimmt. Er kann es kaum erwarten, endlich die Füsse hochzulegen. Sein Hausarzt, der ihm dringend zur Schonung geraten hat, würde wohl die Stirn in vorwurfsvolle Falten legen. Nicht zu Unrecht. Eine Woche wie diese wünscht Heck nicht einmal seinem ärgsten Feind.

Am Montag und Dienstag schlug sich Walter Heck mit säumigen Lieferanten und ungeduldigen Kunden herum und trauerte Fräulein Rössler nach, die vor zwei Monaten die Schreibmaschine zugedeckt und ihn im Stich gelassen hatte. Zwischendurch fuhr er nach Weingarten, einem trostlosen Industrievorort, wo seine Firma DIMEX in einer ehemaligen Farbenfabrik eingemietet ist. Sein neuer Vorarbeiter, ein lettischer Lastwagenfahrer, rapportierte von seiner ersten Dienstfahrt, und man konnte nur beten, dass seine Fahrkünste besser waren als sein Deutsch.

Am Mittwochmorgen hängte er in aller Herrgottsfrüh ein Jackett in den Opel Kadett und bretterte auf der Autobahn Richtung Süden, um die Aufträge entgegenzunehmen, über die man am Telefon besser nicht spricht. In Zürich parkierte er vor der PATVAG, die zum Konzern der Emser Werke gehört und einen Napalm-ähnlichen Brandkampfstoff namens Opalm vertreibt, der in Ems entwickelt wurde. Er ging mit Erwin Widmer, dem Direktor, die neuen Bestellungen durch, und fuhr anschliessend nach Erlenbach, wo er im «Goldenen Kreuz» ein Zimmer bezog. Nach dem Abendessen telefonierte er mit seinem Freund, dem Luzerner Waffenhändler Paul Schaufelberger, wurde aber das ungute Gefühl nicht los, dass das Gespräch abgehört wurde.

Am Donnerstagmorgen, als Walter Heck im Speisesaal vor einer Tasse Kaffee sass, wurde er ans Telefon gerufen. Es war seine Frau, und sie weinte. Letzte Nacht sei seine Mutter gestorben, er müsse schnellstens nach Hause kommen. Er sagte alle Besprechungen ab und raste nach Karlsruhe zurück. Im Büro, das sich im Dachstock über seiner Wohnung befand, erwartete ihn das nackte Chaos. Das Endlosband der Telex-Nachrichten hatte sich wie eine Schlange unter dem Gerät zusammengerollt, und auf dem Schreibtisch stapelten sich Briefe, Rechnungen und die Notizen seines Ältesten, der während Hecks Abwesenheit das Telefon gehütet hatte.

Bis tief in die Nacht hinein beantwortete er Briefe und verschickte verklausulierte Offerten in die halbe Welt, einzig unterbrochen von den Kindern und seiner Frau, die im Dachstock vorbeischauten, um ihm eine gute Nacht zu wünschen. Als er auf den Telex der IMEPA aus Lissabon stiess, hielt er einen kurzen Moment die Luft an. «ENTSPRECHEND UNSER ANRUF KAUFEN WIR 1030 EINHEITEN FLAWE KOMPLETT MIT ZUSATZ LADUNG ZU PREIS FOB DEUTSCHLAND 2215 DM.» Die Portugiesen hatten nicht nur das Geschäft bestätigt. Sie hatten es eilig. Zwei Stunden später hatten sie einen zweiten Telex geschickt: «SOFORT ANRUF FABRIK UND NACHRICHT AN UNS TELEX BESTÄTIGUNG PREIS FÜR IMEPA LISSABON STOP MARKE APPARAT IST DIMEX STOP WIR RESERVIEREN FÜR SIE FÜNF PROZENT FOB WIR ERWARTEN ANTWORT HEUTE». Heck wurde fast schwindlig: 1030 Flammenwerfer samt Opalm-Napalm-Füllung für die portugiesische Armee. Und weitere 4970 Geräte, falls die Generäle zufrieden waren. Als er im Kopf die Zahlen überschlug, kam er auf einen Nettogewinn von sechs Millionen Franken. Es war das Bombengeschäft, auf das er seit Jahren gewartet hatte.

Am Freitagvormittag fuhr er zum Flughafen Frankfurt, um den Waffenhändler Athanas Kefsisoff zu treffen, der das Portugal-Geschäft vermittelt hatte. Während er mit seinem Mitarbeiter Heinrich Gompf auf die Morgenmaschine aus Madrid wartete, überflog er die neuste Ausgabe des *Spiegel*. Die Titelgeschichte, «Ramsch für Angola», nahm den Amerikaner Samuel Cummings, den Besitzer der International Armament Corporation (INTERARMCO), ins Visier. Gemäss dem Nachrichtenmagazin war Cummings der «grösste Waffenhändler der Welt» und betrieb sein Geschäft «so solide, wie andere mit Seife oder Kaffee handeln». Die kolonialen Befreiungskriege seien eine Goldgrube für ihn. Seit die Befreiungsbewegung Angolas einen Guerillakrieg gegen die weissen Siedler führe, kaufe auch Portugal bei Cummings ein, und dieser habe trotz UNO-Waffenembargo mehrere seiner Leute beauftragt, ganz Westeuropa «nach Waffen für Angola abzufilzen».

Woher ein Reporter erfahren hatte, dass auch «wendige Fabrikanten wie der Karlsruher Flammenwerfer-Hersteller Walter Heck» Unterhändler nach Portugal geschickt hatten, war Heck ein Rätsel. Der *Spiegel* wusste sogar über seinen Schweizer Geschäftspartner Bescheid, über den es hiess: «Auch der ehemalige Schweizer Abwehrchef, Oberst Paul Schaufelberger, Hotelier in Luzern, mischt gern bei der kommerziellen Verwertung alten Rüstungsmaterials mit und kennt die Kanäle, auf denen sich neue und gebrauchte Waffen legal aus der Schweiz herausschaffen lassen.» Walter Heck fand den Bericht eine «Unverschämtheit», denn in seiner Branche war Diskretion oberstes Gebot. Nächste Woche, so nahm er sich vor, würde er seinen Anwalt anrufen.

Als über Lautsprecher angekündigt wurde, der Flug aus Madrid sei vier Stunden verspätet, arrangierte Heck auf die Schnelle ein Treffen mit einem Frankfurter Geschäftsmann. Dieser liess sich immer von seiner Ehefrau begleiten, denn er befürchtete, er könnte wie andere deutsche Waffenhändler samt seinem Mercedes in die Luft fliegen. «Entweder verbleibt sie im Wagen», würde er der Polizei erklären, «oder sie hält sich in unmittelbarer Nähe desselben auf und beobachtet diesen, und zwar aus reinen Sicherheitsgründen.» An diesem Nachmittag blieb die treu besorgte Gattin auf dem Parkplatz sitzen, während die Männer im Flughafenrestaurant um eine Ladung Flammenwerfer feilschten. Heck versprach, das Gerät am Sonntag, nach der Beerdigung seiner Mutter, in einer Kiesgrube am Stadtrand von Karlsruhe vorzuführen. Nach der Besprechung rief er aus einer stickigen Telefonkabine seine Frau an und bat sie, nicht auf ihn zu warten. Er werde wohl erst gegen Mitternacht heimkommen.

Es war halb acht Uhr, als Athanas Kefsisoffs Maschine endlich landete. Er entpuppte sich als Mann mit feinen Manieren, der aus Deutschland weggezogen war, weil er um sein Leben fürchtete. Heck konnte ihm nachfühlen. Sein Kollege Georg Puchert, der den algerischen Front nationale de libération mit Waffen beliefert hatte, war einem Sprengstoffattentat in der Frankfurter Innenstadt zum Opfer gefallen, das sämtliche Glasscheiben im Umkreis von siebzig Metern zertrümmert hatte. Seither spannte Heck abends «stets ein langes Haar von einer Garagentür zur anderen, um sicher zu sein, dass niemand nachts die Garage öffnet». Bis er mit Kefsisoff die Details der ersten Lieferung geklärt hatte, war es draussen bereits dunkel.

Als Walter Heck zu nachtschlafender Zeit den Blinker stellt und in die menschenleere Quartierstrasse einbiegt, ist er so müde, dass er ausnahmsweise vor seinem Wohnhaus parkiert. Er rappelt sich aus dem Sitz hoch und schliesst behutsam die Wagentüre, um die Nachbarn nicht zu stören. Dann fischt er seine Aktentasche vom Hintersitz. Kaum hat er sich wieder aufgerichtet, schnellt eine Gestalt aus dem Dunkeln, setzt ihm einen Pistolenlauf auf die Brust und feuert ab. Nach dem zweiten Schuss fällt Heck rücklings zu Boden. Er tastet nach einer Verletzung. Als er seine blutverschmierte Hand sieht, schreit er nach seiner Frau.

Der elfjährige Heiner, dessen Zimmer auf die Strasse geht, stürzt als Erster aus dem Haus und heult laut auf, als er die Blutlache neben dem Vater sieht.[1] Von seinem Schrei geweckt, werfen sich die Nachbarn hastig Strickjacken über die Schlafanzüge und kommen in Pantoffeln angerannt. Als sie wissen wollen, wer geschossen hat, stöhnt Heck: «Tragt mich rein, ich will im Bett sterben, ich spüre, es geht zu Ende, verzeiht mir alle, ich war im Grunde ein anständiger Mensch.»

Kaum ist der Krankenwagen mit Blaulicht davongerast, sichert die Kriminalpolizei den Tatort. Ein Beamter findet eine Patronenhülse, ein anderer behändigt Hecks Aktentasche und Brieftasche, der dritte versiegelt das Büro. Inzwischen ist auch Hauptkommissar Fritz Rottenecker eingetroffen. Mehrere Anwohner haben im Verlauf des Abends zwei Unbekannte gesehen, die auf der Strasse herumlungerten. «Ich bekam es mit der Angst zu tun, da mich die beiden so komisch ansahen», gibt eine ältere Dame zu Protokoll, «ich habe deshalb schnell die Wagentüre abgeschlossen und mich in unser Haus begeben.» Eine genaue Beschreibung der Verdächtigen kann sie jedoch nicht geben. Auch Irmtraud Heck ist keine grosse Hilfe. Ihr Mann hat mit ihr nie über Geschäftliches gesprochen, sondern höchstens erklärt: «Sei froh, wenn ich dich immer verschone.» Trotzdem ist sie sicher, dass er nie «Drohbriefe oder gleichartige Telefonate» erhalten hat. Ihr Ältester ist besser informiert. Ihm hat der Vater anvertraut, «dass ihm von der ‹Roten Hand› gedroht worden sei».

Gertrud Rössler, Hecks ehemalige Sekretärin, die mitten in der Nacht aus dem Bett geholt wird, nennt drei Verdächtige: einen Jugoslawen, den Heck entliess, weil er ein «Säufer» war, den neuen lettischen Betriebsleiter, der in ihren Augen «eine undurchsichtige Rolle» spielt, und Erich Suczek, eine «äusserst zwielichtige Person», die Waffengeschäfte für Heck angebahnt habe und «wegen Spionage» längere Zeit im Gefängnis gesessen haben soll. Fräulein Rössler meint auch, als Hecks Vertrauter sei Dr. Gompf «über gewisse Zusammenhänge gut unterrichtet». Morgens um vier schellt der Kommissar Gompf aus den Federn. Dieser scheint «sehr erschüttert», erklärt aber, er könne unmöglich auf dem Kommissariat vorsprechen. Er fliege wegen dringender Geschäfte mit der Acht-Uhr-Maschine nach Lissabon.

Hecks Zustand ist kritisch. Eine Kugel hat seine Lunge durchbohrt und ist im Rückenmark stecken geblieben. Trotzdem will er mit der Polizei reden. Rottenecker trifft im Spital auf einen Mann Anfang fünfzig, der grosse Schmerzen und ein noch grösseres Mitteilungsbedürfnis hat, weil er sich «völlig im Klaren» ist, dass seine Tage gezählt sind. Es sei «alles sehr schnell gegangen», erinnert er sich, «er habe den Mann nur in Sekundenbruchteile auf sich zuspringen sehen, so dass er nicht sagen könne, wie der Mann ausgesehen hat».

Walter Heck stirbt eine Woche später auf dem Operationstisch. Als er auf dem Hauptfriedhof Karlsruhe begraben wird, fotografiert die Polizei alle Trauergäste und notiert die Nummern ihrer Autos. Sie zählt zehn Wagen aus dem Ausland. Einer stammt aus der Schweiz. Er gehört Erwin Widmer, dem Direktor der PATVAG.[2]

FAMILIEN-
GESCHICHTEN

Werbung der Dietschibergbahn (um 1910)

Familiengeschichten

Der «Kaiser von Luzern»

Der soziale Aufstieg der Familie Oswald geht auf den Hufschmid und Söldner Leodegar Oswald zurück, der es zu einer eigenen Anwaltskanzlei brachte und seinen Nachfahren Grundstücke, Immobilien und ein gesundes Selbstbewusstsein vererbte.

Werner Leodegar Oswald wächst am Stadtrand von Luzern auf, in einer Villa mit Stuckdecken und Seeblick und einem Park mit säuberlich zurechtgestutzten Bäumen. Ihr Name, Villa Flora, erhebt keinerlei Anspruch auf Originalität, und die Privatstrasse, die zu ihr hinaufführt, heisst «Strasse von Dr. Oswald». Auch das ist nicht originell, benennt aber die Verhältnisse. Das Personal in der Villa wechselt häufig.[1] Das beschert der Hausherrin viel Ärger, hat aber den Vorteil, dass die fünf Kinder ihre kleinen Herzen nicht an Bauern- und Handwerkertöchter hängen. So wächst Werner mit der beruhigenden Gewissheit auf, dass er zur rechten Zeit am rechten Ort zur Welt gekommen ist und Anspruch auf Bedienung und einen Platz an der Sonne hat.

Der Hausherr, Arthur Oswald, ein Anwalt und Politiker, gilt in der katholisch-konservativen Kleinstadt Luzern als «eigenwilliger Mensch» und trägt den Spitznamen «Kaiser von Luzern».[2] Für Werner, weder der Erstgeborene noch das Nesthäkchen, ist es bestimmt nicht immer einfach, im Schatten eines Kaisers aufzuwachsen. Doch er sorgt für innerfamiliären Ausgleich und verleiht seiner Mutter Maria den Ehrentitel «Queen Mary».[3] Das zeigt, dass er ihr von Herzen zugetan ist, zeugt aber auch von feinem Gespür für Hierarchien und dem Talent, sie zu unterlaufen – Eigenschaften, die ihm später als Unternehmer immer wieder zugutekommen werden.

Den ungewöhnlichen Mittelnamen und den sozialen Aufstieg der Familie verdankt Werner seinem Grossvater. Leodegar Oswald kam 1824 in Aadorf, einem Bauerndorf an der Landstrasse zwischen Winterthur und dem Bezirkshauptort Wil zur Welt. Während seiner Kindheit brachte die Industrialisierung eine erste Baumwollspinnerei, eine Färberei und eine Papiermühle ins Dorf; trotzdem lernte Leodegar ein klassisches

Handwerk und wurde Huf- und Nagelschmied. Doch er hatte kein Sitzleder. Noch bevor Aadorf ans Eisenbahnnetz angeschlossen wurde, schnürte er sein Bündel, reiste gegen Süden und trat in die Dienste des Königs von Neapel ein. Fortan beschützte er als einer von 12 000 Schweizer Söldnern das absolutistische Regime von Ferdinand II., König von Sizilien, und half mit, dass die Aufstände gegen den «Re Bomba», wie ihn das Volk schimpfte, blutig niedergeschlagen wurden.

Die Familienüberlieferung setzt andere Schwerpunkte. Werner, der den Grossvater nur vom Hörensagen kannte, wird Freunden und Journalisten erzählen, Leodegar habe freiwillig Nachtwachen geschoben, damit er tagsüber an der Universität Neapel studieren und während eines Heimaturlaubs das Luzerner Anwaltspatent erwerben konnte.[4] Als die Schweizer Regimenter nach dem Tod des Bomben-Königs aufgelöst wurden, hatte sich Leodegar Oswald bereits als Rechtsanwalt in der Kleinstadt Willisau etabliert.

Im Dezember 1849, ein gutes Jahr nach der Gründung des Bundesstaats, zog der 26-Jährige nationale Aufmerksamkeit auf sich. Die Berner *Bundeszeitung* und die Basler *Nationalzeitung* druckten einen Leserbrief ab, der ihn als «gefährlichsten Wühler» denunzierte. Der «junge flotte Mann» und «Liebling der Damen» stehe «an der Spitze einer geheimen Verbindung, die sich zur Lebensaufgabe gemacht hat, die Bundeseinrichtungen und freisinnigen Regierungen zu stürzen, besonders in Luzern das freisinnige System zu vernichten».[5] Wegen «seiner Geistesgaben und Gewandtheit» zähle Leodegar Oswald «zu den gefährlichsten Sorten von Rechtsfeinden».[6] Die Anschuldigung wog schwer, denn der Kulturkampf zwischen pappsttreuen Ultramontanen und reformierten Freisinnigen war für den jungen Bundesstaat eine ungeheure Belastung.

Leodegar Oswald stellte öffentlich richtig: «Von all dem ist nichts wahr.» Er sei «kein Freund von Umsturz und Reaktionsplänen». Doch wer wollte ihm böse? Der Leserbrief war mit «P. Reichlin» unterzeichnet. So hiess der Amtsschreiber von Willisau, doch dieser beteuerte, «irgendein gemeiner Bube» habe «diesen lügenhaften Artikel» in seinem Namen unterzeichnet. Am 28. Dezember 1849 nahm die Sache eine unerwartete und dramatische Wende. Gendarmen durchsuchten Oswalds Kanzlei und setzten ihn in Haft. Amtsschreiber Reichlin hatte geklagt, Oswald habe als Autor des Leserbriefs den Namen einer Amtsperson missbraucht. «Dieser junge Mensch ist, wie es scheint, von der in neuerer Zeit ziemlich stark grassierenden ‹Grossmannssucht› geplagt», spottete die NZZ. Offenbar habe Oswald «seine hochverräterischen Entwürfe» selbst verschickt, um sich anschliessend als «bescheidener, liebenswürdiger junger Mann» zu profilieren.[7]

Leodegar Oswald wurde wegen Betrugs, Aufreizung und Verleumdung angeklagt, und zwei Schriftgutachten erklärten ihn «einstimmig» zum Urheber des Leserbriefs.[8] Doch am selben Tag, als er auf der Gerichtskanzlei die Akten einsah, verschwanden die Corpora Delicti spurlos. Der Gerichtspräsident musste den Fall an den Untersuchungsrichter zurückweisen, und der Angeklagte nutzte den Aufschub, um bei einem Zürcher Professor für Kriminalistik ein Gutachten zu bestellen, in dem sich ein armer Schlucker als der gesuchte Leserbriefschreiber bezichtigte. Ein Freisinniger habe ihm «allerhand Possen» über die Konservativen erzählt und ihm versichert, man könne den konservativen Oswald mit einem Leserbrief «unschädlich» machen. «Für meine Mühe gab er mir 3 fl., und so übernahm ich leider die Sache und besorgte sie.» Das war wenig überzeugend, aber weil die Leserbriefe verschwunden waren, war kein neuer Schriftvergleich möglich. Nun wurde Leodegar Oswald wegen «Vernichtung von Schriften» angeklagt, und der Staatsanwalt forderte einen Monat Gefängnis und fünf Jahre Kantonsverweis. Diese Strafe hätte die hoffnungsvolle Karriere des jungen Anwalts vorschnell beendet, doch der Richter musste ihn mangels Beweisen freisprechen, obwohl er ihn für «hoch verdächtig» hielt.[9]

Leodegar Oswald war mit einem blauen Auge davongekommen, und seine Mitbürger hatten ein kurzes Gedächtnis. Fünf Jahre später lobte ihn die Lokalpresse als «gebildeten, wackeren Präsidenten» der Schweizerischen Industrieausstellung in Willisau.[10] Als Präsident des Komitees für den Bau der Huttwil-Wolhusen-Bahn kämpfte er dafür, das französische Schienennetz mit der Gotthardbahn zu verbinden und gleichzeitig Willisau an den internationalen Bahnverkehr anzubinden. Er schaltete sich öffentlich in juristische Diskussionen ein, plädierte dafür, «Sträflinge wieder in die Gesellschaft zurückzuführen», und wollte die Nachforschung nach den Vätern unehelicher Kinder verbieten, weil das nur «unzählige» Vaterschaftsklagen und «Futter für die Advokaten» bringe.[11]

Der «Liebling der Damen» war bereits nicht mehr der Jüngste, als er Josephine Bühler vor den Traualtar führte, von der nur bekannt ist, dass sie im Abstand von fünf Jahren die Söhne Leo Cäsar und Arthur gebar. 1881 kaufte Leodegar Oswald die Villa Flora, das spätere Elternhaus von Werner Oswald, zügelte Familie und Kanzlei nach Luzern und wurde ein «ungemein vielbeschäftigter» Anwalt und «eine allgemein bekannte Persönlichkeit».[12] Am 10. Juli 1890 bestieg er frühmorgens einen Zug nach Basel. In Emmenbrücke fand man ihn «todt in einem

Leodegar Oswald (links, o. D.)

Villa Flora in Luzern: das Elternhaus von Werner Oswald (o. D.)

Familiengeschichten

Coupé zweiter Klasse», dahingerafft von einem Schlaganfall.[13] Der ehemalige Hufschmied hinterliess Häuser und Grundstücke im Wert von 320 000 Franken – was heutigen fünf Millionen entspricht.[14]

Nach dem Tod des Vaters wechselte der 18-jährige Arthur Oswald an die Kantonsschule Solothurn, die bekannt war für den Geist des Liberalismus, der durch ihre Schulstuben wehte. Hier lernte er «die Selbständigkeit im Denken und Handeln», die ihm zeitlebens «über alles ging».[15] Er trat in die radikal-demokratische Burschenschaft Wengia ein und begehrte damit gegen den verstorbenen konservativen Vater auf. Weil er in der Wengia fleissig «das Opponieren und das Durchsetzen der eigenen Meinung» übte, erhielt er den Burschennamen Rempel.[16] Der Name war Programm. Das Rempeln und Poltern zog sich wie ein roter Faden durch sein Leben und färbte auch auf seinen Sohn ab. Sogar die offizielle Firmengeschichte der Ems-Chemie charakterisiert Werner Oswald als «kantigen» und «impulsiven» Menschen «mit eher schroffen Umgangsformen».[17] Ein ehemaliger Mitarbeiter beschreibt ihn als Patron «von aristokratischem Auftreten, ein Grandseigneur, den man höchstens mal schmunzeln, nie lachen sah».[18]

Nach Studien der Jurisprudenz in Bern, Genf, Berlin, Strassburg, München und Heidelberg kehrte Arthur Oswald weltgewandt und mit Doktortitel an den Vierwaldstättersee zurück und übernahm die Kanzlei des Vaters. Der korpulente Anwalt mit Seehundschnauz und stechendem Blick hatte das Flair für Immobiliengeschäfte geerbt.[19] Er baute auf dem riesigen Grundstück der Villa Flora mehrere Villen und heiratete in schöner Ergänzung dazu die Tochter eines Bauunternehmers. Maria Waller war eine «stolze und selbstbewusste» Dame mit gnadenlosem Klassenbewusstsein. Als Werner später seine Sekretärin heiratete, die aus einer Arbeiterfamilie stammte, hätte ihr Queen Mary «am liebsten Gift gegeben».[20] Vielleicht rührte dieser Groll daher, dass sie mit der eigenen gesellschaftlichen Stellung haderte, denn ihr Ehemann, ein zum Protestantismus konvertierter freisinniger Freigeist, war im katholisch-konservativen Luzern ein Aussenseiter.[21] Immerhin verhalf ihm seine Parteizugehörigkeit zu einer politischen Karriere. Als Vertreter der liberalen Minderheit wurde er um die Jahrhundertwende zum Amtsstatthalter des Bezirks Luzern gewählt; wenig später gewann er für die Freisinnigen einen Sitz im Kantonsparlament.

Als Statthalter regierte Arthur Oswald mit der ihm eigenen Grobheit. Er «chicanierte» Untergebene, schrie sie an und kanzelte sie «tüchtig» ab. Untersuchungsgefangene waren noch schlechter dran. Um sie «in Angst und Schrecken zu setzen», brüllte er so laut, «dass man ihn in den Häusern der Umgebung hörte», und beschimpfte sie als «verfluechte cheibe Halungg». Waren sie nicht geständig, ordnete er «Haft mit Fasten verschärft» an. 28 Gramm Brot am Tag und jeden zweiten Tag «eine warme Grüzze» zwangen auch hartgesottene Männer in die Knie. Manch einer bettelte, «das Fasten aufzuhören», er «halte es nicht mehr länger aus». Oswald liess sich nicht erweichen. Die Hungerkur eines 13-Jährigen begründete er damit, dass der «Taugenichts» versucht habe, ihn «an der Nase herum zu führen».[22]

Im katholisch-konservativen Oberrichter Kasper Müller erwuchs dem cholerischen, selbstherrlichen Statthalter schliesslich ein ebenbürtiger Gegner.[23] Er bezichtigte Oswald öffentlich der Folter, weil er Gefangene in «geradezu unerhörter, ja unmenschlicher Weise» manchmal bis zu 41 Tage hungern liess, um ein Geständnis zu erpressen. Oswald bestritt alle Vorwürfe. Er habe zwar «eine sehr strenge Auffassung» von seinem Amt, habe das Fasten aber nur bei «Renitenz, Gehorsamsverweigerung, Antwortverweigerung etc.» angeordnet. Als sich in den Akten keine Spur von Renitenz finden liess, rechtfertigte er sich, bei der «Unmasse von Arbeit» gehe halt hin und wieder ein Eintrag vergessen.

Der Untersuchungsrichter fand, die geringfügigen Delikte wie «Diebstahl von alten Kleidern» oder «Gehülfenschaft bei Verheimlichung der Leibesfrucht» stünden in keinem Verhältnis zu den Hungerkuren. Erklärungsbedürftig war auch, dass die Opfer in der Regel arme Leute und meist arme Ausländer waren. Der mit der Untersuchung beauftragte Statthalter beantragte, Oswald wegen Amtsmissbrauchs «mit frs. 120.– Geldbusse, event. entsprechendem Gefängnis» zu bestrafen. Doch der Richter befand, bei den Betroffenen handle es sich um «Gauner», deren «Unverschämtheit & Frechheit gegen die Strafbehörden eine Erschwerungstatsache sind», und sprach Arthur Oswald frei.[24]

Werner ist vier Jahre alt, als sein Vater 1908 die Redaktion des freisinnigen Wochenblatts *Der Eidgenosse* übernimmt und ein «gefürchteter Meister der Feder» wird.[25] Meist zielt er auf den Mann, besonders wenn dieser in einer Soutane steckt, und führt wahre Kreuzzüge gegen die «verderbliche Verquickung von Religion und Politik» und die Unfehlbarkeit des Papstes.[26] Wirft man ihm vor, er übertreibe mit seiner Kritik, hält er dagegen: «Immer noch besser masslos als ziellos.»[27]

Arthur Oswald kennt auch keine parteipolitischen Rücksichten. Das zeigt sich beim Skandal um die Schokoladenfabrik Lucerna in Hochdorf. Bei ihrer Gründung 1904 wurde das

Aktienkapital um das Zwölffache überzeichnet, und die Luzerner Politprominenz drängelte in den Verwaltungsrat. Vier Jahre später steht die Lucerna am Rand des Ruins, und die Verwaltungsräte ersuchen die Kantonalbank, vorläufig auf die Zinsen zu verzichten.[28] Oswald denunziert seinen Parteikollegen Joseph Schmid, der als Finanzdirektor den Drei-Millionen-Kredit abgesegnet hat, als «faule Stelle in unserm kantonalen Finanzkörper»[29] und wettert: «Und nun soll es die ganze, grosse, arbeitende Bevölkerung des Kantons entgelten, dass ein paar hochfahrende, geschäftlich total untaugliche Elemente die Kantonalbank derart ins Verderben hineinmanövriert haben?»[30] Unter dem Schlachtruf «Keine Staatsschokolade!» zieht er gegen alle vom Leder, die – angetrieben von der «unheilvollen Sucht, schnell reich zu werden» – ihre Ämter als «Legitimation» für lukrative Verwaltungsratssitze missbrauchten.[31] Er spannt sogar mit den Sozialisten zusammen, um ein Gesetz durchzuboxen, das gewählten Politikern die Annahme von Verwaltungsratsmandaten verbietet.[32] Damit steht er auf völlig anderem weltanschaulichem Boden als sein Sohn Werner, der später reihenweise Parlamentarier als Lobbyisten und Verwaltungsräte anheuert. Auch die väterliche Abscheu vor «Staatsschokolade» ist dem Sohn fremd. Er wird die Unterstützung durch die öffentliche Hand zu seinem Geschäftsmodell machen.

Die «Eiterbeule» Lucerna zwingt den Finanzdirektor zum Rücktritt, und die Freisinnigen portieren Oswald als einzigen Kandidaten für die Ersatzwahl. Er sei es gewohnt, «unerschrocken und energisch für seine Überzeugung einzustehen» und «in allen Amtsgeschäften das Wohl des Volkes zur Richtschnur nehmen».[33] Die Entrüstung der Katholisch-Konservativen ist gewaltig, denn für sie ist Oswald ein «Pfaffenfresser», «Kirchenhöhner» und «Konservativenanspeuzer».[34] Aber die Kantonsverfassung schreibt eine Vertretung der Freisinnigen im Regierungsrat vor, also müssen die Katholiken in den sauren Apfel beissen und sich damit begnügen, zu «striktester Wahlenthaltung» aufzurufen.[35]

Am 16. Januar 1910 geht nur jeder fünfte Wahlberechtigte an die Urne, um seine Stimme dem einzigen Kandidaten zu geben. Diese Regierungsratswahl, urteilt das *Vaterland*, werde «wohl einzig dastehen in der politischen Geschichte des Kantons».[36] Werner ist sechs Jahre alt, als ihm sein Vater vorlebt, wie man den Mächtigen, der Mehrheit und der öffentlichen Meinung trotzt. Doch das «Kesseltreiben» hat den Kaiser erschüttert. «Man hat mir damit eine solche Masse von Hass aufgebürdet, dass es eigentlich verwunderlich ist, wenn ich unter dieser ungeheuren Menge nicht zusammengebrochen bin!»[37]

Arthur Oswald (links) als frisch gewählter Regierungsrat (1910)

Werner Oswald (ganz links) in der Kantonsschule Trogen (1922)

Familiengeschichten

Die katholischen Regierungsräte schieben den neuen Kollegen ins wenig prestigeträchtige Sozialamt ab, doch im Lucerna-Skandal bekommt er im Nachhinein recht. Der offizielle Untersuchungsbericht kritisiert den «grossen wirren Knäuel von finanziellen Beziehungen und Verwicklungen».[38] Als eine «mit Rückgrat ausgerüstete Persönlichkeit» wird Oswald zwei Mal wiedergewählt, zieht sich aber 1919 «enttäuscht und erbittert» zuerst aus der Politik und dann aus Luzern zurück.[39] Der Dietschiberg mit seinem Ausblick auf Stadt, See und Alpen wird das letzte Reich des «Kaisers von Luzern». Er kauft mehrere Bauernhöfe, eröffnet ein Ausflugsrestaurant, baut eine Bühne für Freilichtaufführungen und präsidiert den neu gegründeten Golfclub.[40]

Die Söhne sind zu dieser Zeit bereits aus dem Haus. Werner besucht die Kantonsschule Trogen, die als heimliche Kaderschmiede gilt, da viele Industrielle und Unternehmer ihre Söhne und potenziellen Nachfolger an die «Kanti Trogen» schicken, damit sie sich fern von städtischen Lustbarkeiten auf die Matura vorbereiten.[41] Gemessen an ihrer Herkunft, ist die Unterbringung im Internat, dem sogenannten Konvikt, spartanisch. Frühmorgens jagt der Schulabwart die Zöglinge mit lautem Klopfen an die Zimmertüren aus den Federn. «Eine grosse Körperwäsche konnten wir nie machen», erinnert sich ein Ehemaliger, «denn die Dusche war für uns nur einmal in der Woche zu gebrauchen. Unten im Esssaal stand dann schon der Konviktleiter an der Türe. Wir gaben ihm brav die Hand, und er wünschte uns einen schönen Tag. Zugleich musterte er unsere Tenüs von Kopf bis Fuss; zum Glück putzte der Schulabwart täglich unsere Schuhe blitzblank.»[42] Zum Zvieri gibt es eine grosse Tasse Kakao mit «Schlappen» (Haut auf der Milch), gefolgt von zwei Stunden Hausaufgaben mit Sprechverbot und einem einfachen Abendessen. Um sicherzugehen, dass die Kost anschlägt, müssen die Schüler jeden Mittwoch auf die Waage.

Werner Oswald brilliert weder mit Scharfsinn noch mit schulischen Leistungen. Ausser in Zeichnen und Chemie pendeln seine Noten beharrlich zwischen «durchschnittlich» und «ungenügend». Dafür ist er ein gefügiger junger Mann und erzielt in der Rubrik «Fleiss» regelmässig Bestnoten. Sein Maturaaufsatz zeigt, dass er keiner der Bürgersöhne ist, die ihre Väter mit unkonventionellem Gedankengut oder radikalen politischen Positionen provozieren. Zufrieden stellt er fest, die Weltgeschichte lehre «zum Überfluss», dass die sozialen Gegensätze «bei weitem nicht mehr so gross wie ehedem [sind] und dass die Ziele des Kommunismus, wie sie noch einige Extremisten verfolgen, überall an der Individualität des einzelnen, die zum Glücke dem Menschen eigen ist, gescheitert sind». Auch was die staatliche Unterstützung für Alte, Arme und Behinderte angeht, ist er skeptisch. «Gewiss ist nur, dass [durch] eine allzu reichliche Unterstützung der Sinn für das Sparen, um im Alter sich selber zu erhalten, untergraben wird, und dies ist ein Schaden für die allgemeine Volkswohlfahrt.» Die Haltung des Politikersohns aus gutem Haus ist mehrheitsfähig. 1925 lehnen 58 Prozent der Stimmbürger die Einführung der AHV ab. Beim Deutschlehrer stösst der Maturaaufsatz auf wenig Anklang. Er begründet die ungenügende Note 3,5 mit dem wenig schmeichelhaften Kommentar: «Manche Gedanken sind besser, als der verworrene Stil und die teilweise mangelhafte Logik vermuten liesse. Orthographie schlecht.»[43] Die Matura besteht Werner trotzdem.

Nächste Station ist die Landwirtschaftsschule Waldhof in Langenthal, wo Werner als «Volontär» auf dem Musterbetrieb arbeitet und ein Abschlussdiplom als Landwirt erwirbt. Während sein älterer Bruder Arthur sich an der ETH Zürich zum Elektroingenieur ausbildet und sein jüngerer Bruder Rudolf in den Fussstapfen von Vater und Grossvater Jurisprudenz studiert, besteht Werner 1926 die Aufnahmeprüfung für ein Agronomiestudium an der ETH.[44]

In Professor Ernst Laur, der landwirtschaftliche Betriebslehre unterrichtet, findet Oswald einen geistigen Mentor, der seine Weltsicht und seinen Lebensweg prägt. Wie der «Kaiser von Luzern» ist auch der «Bauerngeneral» Laur ein autoritärer, wortgewaltiger Patriarch und eine Figur des öffentlichen Lebens. Anders als der Vater besitzt der Professor jedoch nationale Ausstrahlung. Als erster Leiter des Bauernsekretariats und Geschäftsführer des Bauernverbands ist Laur einer der mächtigsten Interessenvertreter der Schweiz und wird in den Dreissigerjahren als Verfechter eines national-konservativen Bauerntums zum massgebenden Architekten der Geistigen Landesverteidigung. «Wir glauben», schrieb er bereits 1918, «dass ein Volk ohne Bauernstand physisch, geistig und moralisch zurückgehen muss und dass in ihm der Nährboden vertrocknet, auf dem das Seelenleben gedeiht.»[45] Laur kombiniert Blut- und Bodenmythologie mit moderner Technik und Betriebswirtschaft, und sein Diktum «Schweizerart ist Bauernart» zeigt, dass er es wie kaum ein Zweiter versteht, ideologische Diskurse auf eingängige Schlagworte herunterzubrechen.[46] Oswald ist ein gelehriger Schüler. Der ideologische Überbau, den er für sein Holzverzuckerungswerk zimmern wird, fusst unverkennbar auf dem Gedankengut seines Professors.

Als Abschlussarbeit studiert Oswald das Wachstum von Tabakpflanzen unter dem Einfluss positiv geladener Felder, doch das genügt ihm nicht.[47] Gleichzeitig immatrikuliert er sich

Arthur Oswald, der «Kaiser von Luzern» (o. D.)

Ernst Laur, der «Bauerngeneral» (o. D.)

Werner Oswald (um 1930)

Der «Kaiser von Luzern»

am Institut für Geografie der Universität Zürich, wo der Laur-Schüler Hans Bernhard einen Lehrstuhl innehat. Dieser setzt sich als Geschäftsführer der Vereinigung für Innenkolonisation und industrielle Landwirtschaft für die Ausdehnung der Anbauflächen ein, damit die Bevölkerung nie mehr unter einer Lebensmittelknappheit wie im Ersten Weltkrieg zu leiden hat, und gilt als Vordenker der «Anbauschlacht», mit der im Zweiten Weltkrieg die Selbstversorgung forciert wird.[48] Bernhard ist auch ein vehementer Gegner des Stauseeprojekts im Bündner Rheinwald, dem fünf Quadratkilometer Kulturland samt den Dörfern Splügen, Nufenen und Medels geopfert werden sollen. Unter seinen Fittichen schreibt Oswald zu Beginn der Dreissigerjahre eine Dissertation über die Wirtschaft dieses Hochtals und «ihre Schädigung durch die projektierten Stauseen». Im Vorwort erklärt er, der Entscheid über den Stausee im Rheinwald müsse zwischen dem Kraftwerk-Konsortium und «dem in der Gesetzgebung verankerten, unvoreingenommenen, freien Willen der Bevölkerung» fallen.[49] Zwanzig Jahre später, als er im Bündnerland selbst Kraftwerke bauen will, kommt ihm genau dieser freie Wille in die Quere. Bis dahin ist aber noch ein weiter Weg. Vorerst muss er einen Einstieg ins Berufsleben finden. Auf dem Höhepunkt der Arbeitslosigkeit ist das kein Zuckerschlecken, nicht einmal für den Sohn des «Kaisers von Luzern».

Familiengeschichten

Bilder für Hitler, Bomben für Franco

Werner Oswald gerät ins Fahrwasser eines nazifreundlichen Filmkonzerns und wird wegen eines geplanten Waffengeschäfts von der Bundespolizei verhört.

Am 23. September 1933 kommt es in Zürich zu einer denkwürdigen Schlacht zwischen «Fröntlern» und «Roten». Während im Stadttheater die ersten Takte von «Zwei Herzen im ¾ Takt» ertönen, setzt sich der Vaterländische Block in Marsch: 2000 Frontisten in ordentlichen Viererkolonnen, bewehrt mit Fahnen und Fackeln, angefeuert von einer Blechkapelle, vereint im Kampf gegen den «unverantwortlichen Parlamentarismus» und den «antireligiösen, bolschewistischen und jüdischen Zersetzungsgeist». Bevor sie über die Sihl in rotes Territorium vordringen, heben sie den rechten Arm und brüllen: «Harus!»[1] Die Antwort lässt nicht auf sich warten. Glaubt man der NZZ, so erschallt im Arbeiterquartier Aussersihl «Huronengebrüll» und ohrenbetäubendes «Weiberschreien». Erste Steine kommen geflogen. Die Frontisten haken sich unter. Kaum haben sie die Brücke überquert, werden ihnen die Fahnen von den Stangen gerissen. Nicht lange, und die Gegner dreschen mit Fackeln und Zaunlatten aufeinander ein. Zwanzig Männer werden mit Kopfverletzungen oder Stichwunden ins Spital gefahren. Es ist bereits dunkel, als sich der gebeutelte Fackelzug unter Polizeischutz in bürgerliche Gefilde rettet. Als in der Stadt endlich Ruhe einkehrt, ist es weit nach Mitternacht.

Am Sonntag ist Wahltag, und ein Extrablatt des *Volksrechts* titelt: «Freche Provokationen der ‹Nationalen Front› – Deutsche Hakenkreuzler- und Faschistenfahnen im Fackelzug» und lobt die «eiserne Disziplin» der «Arbeitermassen». Die NZZ verurteilt hingegen die «Steinbombardements» des «organisierten marxistischen Überfalls», und die Freisinnigen verteilen vor den Wahllokalen einen «letzten Appell», der die Stimmbürger dazu aufruft, «mit dem Stimmzettel in der Hand die Ordnung in unserer Stadt wieder herzustellen».[2] Die Wahlbeteiligung beträgt rekordverdächtige 85 Prozent, wobei fast die Hälfte der Stimmen an das «Rote Zürich» gehen. Dank dem Vaterländischen Block, einer Allianz zwischen bürgerlichen Parteien und der Nationalen Front, ziehen jedoch auch zehn Frontisten in den Gemeinderat ein.[3]

Der braune Zeitgeist weht auch durch Werner Oswalds Leben: Anfang 1934 gründet er mit dem Rechtsanwalt und Kinobetreiber Max Brumann die Terra-Film-Vertriebs AG für den «Vertrieb, Verleih, An- und Verkauf von Filmen aller Art» sowie den «Import und Export von Filmen aus und nach allen Ländern der Welt». Die Firma bezieht ein Büro in der Liegenschaft des Lichtspieltheaters Apollo, das mit seinen 2000 Plätzen nicht nur das grösste, sondern auch das prachtvollste Kino in der Schweiz ist.[4] Sein Besitzer ist der Zürcher Bauunternehmer Eugen Scotoni, der über den Bau von Kinos zur Filmbranche fand. Als die Erfindung des Tonfilms für Goldgräberstimmung und massenhafte Konkurse sorgte, erwarb er für 1,2 Millionen Reichsmark die Aktienmehrheit der Terra-Film AG, der drittgrössten deutschen Filmproduktionsfirma.[5] Sein Sohn Ralph zog nach Berlin und übernahm neben der Terra-Film auch die Terra-Filmverleih G.m.b.H. und die Terra-Produktions-G.m.b.H. mit ihrem Filmstudio.[6] Scotoni jr. kannte keine Berührungsängste. Am 1. Mai 1933 trat er in die NSDAP ein, empfing seine verdutzten Landsleute gern in SA-Uniform und produzierte nach Hitlers Machtübernahme den ersten abendfüllenden Nazi-Propaganda-Streifen.[7] Dank der Zürcher Unternehmerfamilie Scotoni brüllte Hitler zeitweise von hundert deutschen Kinoleinwänden gleichzeitig: «Ich habe mir ein Ziel gesetzt, nämlich die dreissig Parteien aus Deutschland herauszufegen.»[8]

Ein Jahr später erklärte Ralph stolz: «Die Terra bedurfte keiner Umstellung.» Sie besitze seit jeher eine «tiefe Beziehung zu den starken Triebkräften der deutschen Volksseele» und sei in «treuem Arbeitswillen» Hitlers Ruf «zur friedlichen Offensive der Geister» gefolgt.[9] Mit seinem Bruder Erwin, einem Mitglied der Nationalen Front, und Max Iklé, dem späteren Nationalbank-Direktor und Vater der Bundesrätin Elisabeth Kopp, schmiedete er hochfliegende Pläne.[10] Die drei gründeten die Deutsche Film-Finanzierungs-AG (DEUFAG) und ihr Schweizer Pendant, die Film-Finanzierungs-AG (FFAG), als Grundlage für einen deutsch-schweizerischen Film-Trust.[11]

Ihr erstes Projekt war eine «Tell»-Verfilmung mit nationalsozialistischer Schlagseite: Der historische Berater Paul Lang war der wichtigste Theoretiker der Schweizer Frontenbewegung, das Drehbuch stammte von Hanns Johst, dem späteren

Präsidenten der Reichskulturkammer, dem die Welt das zweifelhafte, fälschlicherweise meist Göring zugeschriebene Bonmot verdankt: «Wenn ich Kultur höre, entsichere ich meinen Browning.»[12] Görings Freundin Emmy Sonnemann spielte Hedwig Tell, und die Statisten stürmten die Burgen der Tyrannen unter denselben Harus-Rufen wie die Frontisten die Arbeiterhochburg Aussersihl. Der Film, der aus dem störrischen Schweizer Freiheitshelden einen deutschen Führer machte, feierte Premiere in Berlin, in Anwesenheit von Hitler.[13]

Oswald gründet die Terra-Film-Vertriebs AG zur selben Zeit, als der Terra-«Tell» die Schweizer Kinosäle entert. Wahrscheinlich stammt die Anregung von Max Iklé, der mit ihm die Unteroffiziersschule absolviert hat. «Schon damals», heisst es in Iklés Memoiren, «konnte [Oswald] toben, wenn ihn der Taktschritt seines Zuges nicht befriedigte.»[14] In der Nachkriegszeit wird Iklé dem Dienstkameraden als Direktor der Eidgenössischen Finanzdirektion manchen Stein in den Garten werfen; was die beiden zur Zeit der Terra-Film miteinander zu schaffen hatten, ist hingegen nicht bekannt. Iklés Memoiren sind keine Hilfe, denn er kehrte seinen Abstecher in die nationalsozialistische Filmproduktion diskret unter den Teppich. Aktenkundig ist einzig, dass er Oswald Anfang 1937 die Terra-Film-Vertriebs AG abkaufte.[15]

Ungeklärt ist auch, welche Rolle Oswalds Filmverleih im Terra-Imperium der Scotonis spielt. Hervé Dumont nennt ihn in seinem Standardwerk zur Geschichte des Schweizer Films «eine weltweit tätige, auf den Import/Export ausgerichtete Verleihfirma», bleibt die Belege dafür aber schuldig.[16] Aufhorchen lässt die Feststellung Ralph Scotonis, Filme seien nicht nur «eine ausgezeichnete Propaganda für deutsches Wesen in der Welt», sondern trügen auch «zur Umwandlung deutscher Arbeit in Devisen» bei.[17] So ist Dumont überzeugt, die Terra-Film habe «unter dem Deckmantel» von Dreharbeiten in der Schweiz einen «gewaltigen Devisenschmuggel» organisiert, liefert aber auch hier keine Beweise.[18] Es gibt ein gewichtiges Argument gegen seine Annahme: Statt Koffer voller Bargeld über die Grenze zu schmuggeln, ist es viel eleganter, in der Schweiz einen Filmverleih zu gründen. Werden die Terra-Produktionen nicht von Scotonis deutschem Terra-Filmverleih, sondern von Oswalds Schweizer Terra-Film-Vertriebs AG ausgewertet, fliessen die Einnahmen (Devisen!) ganz legal in die Schweiz, wo man sie erst noch auf ein diskretes Nummernkonto leiten kann. Auch das ist Spekulation. Und vielleicht liegt des Rätsels Lösung gar nicht in der Schweiz, sondern in Spanien, wo Oswalds jüngerer Bruder lebt.

Walther Cetto (1935)

Victor Oswald (1934)

Familiengeschichten

Victor Oswald wanderte 1932, nach Abschluss einer Banklehre und «mit 200 Franken im Sack» nach Spanien aus und liess sich in Madrid nieder.[19] Mit seinem Freund Paul Holzach, der ein kurzes und unrühmliches Gastspiel als kaufmännischer Direktor der HOVAG geben sollte, tätigte er nicht näher definierte «Finanz-Operationen» für das Schweizer Maschinenbauunternehmen Escher-Wyss und betrieb mit Hans Heusser, dem Korrespondenten der *Basler Nachrichten*, eine Presseagentur, die spanische und schweizerische Zeitungen belieferte.[20] Ein Jahr später tauschte er das «k» in seinem Vornamen gegen ein spanisches «c» und gründete die Firma CEDRIC. Sein Partner, der deutsche Fabrikantensohn Walther Cetto, ein gross gewachsener, gut aussehender Mann, war 15 Jahre älter und ein Hitler-Sympathisant der ersten Stunde.[21] Die beiden sicherten sich eine Lizenz für den «Selbstaufnahmeapparat Melograph»,[22] eine Kombination von Tonaufnahmegerät und Plattenspieler, der sich auch für die Synchronisierung von Filmen eignete, und begannen, Filme zu importieren und für den spanischen Markt zu synchronisieren, darunter den Kassenschlager «Ein Lied geht um die Welt» mit dem Startenor Joseph Schmidt, den sie als «deutschen Caruso» bewarben.[23]

Die Jungunternehmer mussten «sehr sparsam, fast spartanisch einfach» leben, und im Frühjahr 1934 hatte Cetto genug von seiner «kümmerlichen Lebenshaltung». Er sammelte Empfehlungsschreiben, die ihm Sympathien für «nationalsozialistische Gedankengänge» und Kontakte zur NSDAP-Ortsgruppe Madrid bescheinigten, und bewarb sich bei der Wehrmacht.[24] Mit Erfolg. Am 1. Oktober 1934 schlüpfte Cetto, der bereits im Ersten Weltkrieg gekämpft hatte, wieder in eine Uniform.

Victor Oswald versicherte der Filmzeitschrift *Sparta*, er habe sich «auf die freundschaftlichste Art» von seinem Partner getrennt. Dieser habe seine Anteile dem Schweizer «Dr. Werner Oswald» verkauft, einem «Berater wichtiger Firmen», und die «finanzstarke» CEDRIC werde künftig eigene Filme produzieren.[25] Doch die US-Filmindustrie, die auf den europäischen Markt drängte, machte kleinen Firmen wie der CEDRIC das Leben zunehmend schwer. Es lief überhaupt harzig. Trotz Werners finanzieller Beteiligung gelang es Victor nicht einmal, sich den Verleih der «Wilhelm-Tell»-Verfilmung der Terra-Film zu sichern. Den Zuschlag bekam sein Konkurrent Filmófono.[26]

Im Frühling 1936 wenden sich die Brüder Oswald anderen Geschäften zu. Werner Oswald wandelt die PATVAG, die er drei Jahre zuvor als Firma zur Patentverwertung gegründet hat, in ein Handels- und Familienunternehmen um. Er selbst ist Delegierter, der Jurist Rudolf wird Präsident, und Victor – eine

Art Aussenstation in Spanien – Verwaltungsrat. Der Firmensitz, bis anhin identisch mit Werner Oswalds Wohnadresse, wird an die Zürcher Bahnhofstrasse verlegt und das Kapital von 5000 auf 50 000 Franken (heutige 400 000 Franken) erhöht.[27] Woher das Kapital stammt, bleibt schleierhaft. Rudolf bezieht als Amtsschreiber im luzernischen Aadorf einen Beamtenlohn, und Victors Firma CEDRIC steht kurz vor dem Aus. Werners Terra-Film-Vertriebs AG hat keine, zumindest keine aktenkundigen Geschäfte getätigt, und er wird sie wenig später an Dienstkamerad Iklé verkaufen. Vielleicht hat der «Kaiser von Luzern» das Kapital vorgestreckt, und falls dem so ist, hat er mitgeholfen, eine Zusammenarbeit und eine Arbeitsteilung unter seinen Söhnen zu etablieren, die sich nicht nur bei der PATVAG, sondern auch bei der Holzverzuckerungs AG als ausserordentlich erfolgreich erweisen wird.

Über die frühen Geschäfte der PATVAG ist nur wenig bekannt. Sie tätigt vor allem Kompensationsgeschäfte, dank denen sie für Schweizer Firmen Exportguthaben in Form von Waren aus Spanien in die Schweiz holt. Wie lukrativ das ist, bleibt dahingestellt. Laut dem Schweizer Botschafter in Madrid hat Victor Oswald vor allem eine grosse Klappe. Im Zusammenhang mit einer Lieferung von Olivenöl in die Schweiz schnödet der Botschafter: «Wie üblich handelt es sich wiederum um ein Millionengeschäft, denn erfahrungsgemäss interessieren Herrn Oswald nur siebenstellige Zahlen, wobei er freilich auch nicht ein einziges Mal den Beweis eines solchen Abschlusses erbracht hat.»[28]

Im Juni 1936 kommt mit grosser Verspätung die erste und einzige CEDRIC-Produktion, der Kurzfilm «Ciudad encantada» (Verzauberte Stadt), ins Kino. Einen Monat später bricht der spanische Bürgerkrieg aus.

Ohne Hitlers Hilfe wäre der Putsch unter Führung von Francisco Franco, der am 17. Juli 1936 in der spanischen Kolonie Marokko beginnt, wohl nach wenigen Tagen gescheitert. Mit der ersten Luftbrücke der Kriegsgeschichte, die – in Anlehnung an Wagners Oper «Die Walküre» – «Unternehmen Feuerzauber» getauft wird, werden unter der Leitung von Hermann Göring, dem Oberbefehlshaber der Luftwaffe, 14 000 Fremdenlegionäre und maurische Söldner mit Lufthansa-Maschinen nach Südspanien geflogen. Der spanische Bürgerkrieg, in dem sich Nationalisten (rechtsgerichtete Parteien, Monarchisten, Grossgrundbesitzer und die katholische Kirche) und Republikaner (Demokraten, Linke, Gewerkschaften und regierungstreue Truppen) gegenüberstehen, ist von Anfang an auch ein Stellvertreterkrieg: Mussolini schickt Geld und Söldner, Hitler Waffen und Truppen, während Stalin Waffen und Berater gegen das

Gold der spanischen Nationalbank eintauscht. Als Frankreich, England und die USA beschliessen, sich nicht einzumischen, reisen Tausende Freiwillige nach Spanien, um in internationalen Brigaden an der Seite der Republikaner zu kämpfen.

«Wir sind Kriegsgebiet geworden», schreibt Hans Heusser, der Mitgründer von Victor Oswalds Presseagentur, im Herbst 1936. «Die Miliz ist kaum sichtbar, sie liegt bereits draussen in den letzten Schützengräben – wer ein Gewehr trägt, wird requiriert und hinausgeschickt.»[29] In Madrid mangelt es an Lebensmitteln und Gas, sogar Wasser ist rationiert.[30] Ein Grossteil der Schweizer Kolonie ist in die Heimat zurückgekehrt, doch Victor Oswald harrt aus. Ihm hat der Krieg zu Geschäften verholfen, die lukrativer sind als der Verleih von Filmen oder der Handel mit Olivenöl: Er beschützt «reiche Bürger gegenüber den Bolschewiken».[31] Wie er das anstellt, bleibt sein Geheimnis. Da er aber mithilfe der Botschaft «1 Kupferkessel, 1 grosses Bild», «1 Schmuckschatulle», «1 Umschlag», «3 Pakete mit Bank-Inhalt» und «1 Paket» unbekannten Inhalts in die sichere Schweiz schicken kann, fragt man sich, ob er den Lohn für seine Beschützerdienste oder Vermögenswerte seiner spanischen Protegés ausser Landes schafft.

Ende 1936 werden Victor Oswald, seine Frau und seine kleine Tochter mit dem letzten Konvoi der Schweizer Botschaft evakuiert.[32] Vier Monate später taucht er wieder in Spanien auf – ausgerechnet in Burgos, dem Sitz der nationalistischen Gegenregierung. Die Spezialbewilligung, die zur Einreise erforderlich ist, scheint kein Problem. Vielleicht verdankt er sie einem der reichen *madrileños*, die er beschützt hat. Oder seinem ehemaligen Geschäftspartner Walther Cetto, der inzwischen bei der Legion Condor dient, die an Francos Seite kämpft und Spanien als Testgelände für den nächsten Krieg der Wehrmacht benutzt.[33]

Cetto hat sich als Freiwilliger zur Legion Condor gemeldet, weil seine Militärkarriere in Deutschland schnell und gründlich gescheitert ist – am Ehrbegriff der Wehrmacht und an einem streitsüchtigen SS-Oberscharführer, der ihn und seine Offizierskameraden während eines feucht-fröhlichen Abends als Feiglinge beschimpfte. Die Schlacht zwischen SS und Wehrmacht war unvermeidlich. Cetto, der laut eigener Aussage «stark blutete», wurde zum Verhängnis, dass er den «Kampfplatz» – also das Varieté, wo die Keilerei stattfand – vorschnell verliess. Ein Ehrengericht entschied, ihm hätten «Kameradschaftsgeist und richtige Ehrauffassung» gefehlt und sein Verhalten sei eines Offiziers «unwürdig». Er wurde aus der Wehrmacht ausgeschlossen, und nicht einmal das Gnadengesuch seiner Mutter, die sich «in schwerster Herzensnot» an den Führer persönlich wandte, wurde erhört.[34]

Als Pressebeauftragter der Legion Condor verkehrt Cetto im Hauptquartier von Generalísimo Franco und kennt alle wichtigen Männer im nationalistischen Lager. Einer ist der Deutsche Johannes Bernhardt, der Hitler von der «Operation Feuerzauber» überzeugt hat und als Direktor der Compañía Hispano-Marroquí de Transportes (HISMA) fast den gesamten deutsch-spanischen Warenverkehr kontrolliert, von rüstungsrelevanten Metallen bis hin zu landwirtschaftlichen Produkten. Victor Oswalds Bekanntschaft mit Bernhardt ist aktenkundig, doch es ist unklar, ob er sie seinem ehemaligen Geschäftspartner Cetto verdankt. Was genau er im Frühling 1937 in Burgos macht, ist ebenfalls ungeklärt. Laut seinem Bruder Werner tätigt er «Wollgeschäfte».[35] Einiges deutet aber darauf hin, dass die Spaniengeschäfte der Gebrüder Oswald weniger harmlos waren.

Am 28. April 1937 klingelt Bundespolizei-Inspektor Max Ulrich bei der PATVAG und weist einen Durchsuchungsbefehl vor mit dem gewundenen Betreff: «Übertretung des Bundesratsbeschlusses betreffend Massnahmen zur Durchführung des Verbotes der Teilnahme an den Feindseligkeiten in Spanien». Mit diesem Beschluss wollte der Bundesrat die Neutralität der Schweiz im spanischen Bürgerkrieg sicherstellen; zu spüren bekommen ihn in erster Linie die Sympathisanten der Republikaner. Die Polizei überwacht ihre Veranstaltungen, fahndet nach «Propagandaschriften», die franquistische Kriegsgräuel denunzieren, und büsst rührige Sozialisten wie den Maler Edmund Müller, weil er in einer Genossenschaftssiedlung für die Kriegsopfer gesammelt hat.[36] Dr. Oswald mit Büro an der Bahnhofstrasse darf mit mehr Nachsicht rechnen. «Die Haussuchung beschränkte sich auf den Bureauraum und konnte ohne jeglichen Zwischenfall vollzogen werden», hält der Inspektor im Rapport fest. Oswalds Wohnung hat er gar nicht erst durchsucht, obschon sie auf dem Durchsuchungsbefehl explizit aufgeführt ist. Und das, obwohl Oswald des illegalen Waffenhandels verdächtigt wird.

Die Ermittlungen gehen auf einen Brief von Hans Hunziker zurück, den die Bundesanwaltschaft abgefangen hat. Als Direktor der Hunziker & Cie. leitet er zwei «Baustoff-Fabriken» in Brugg und Olten und sitzt als «alter Praktiker in der Zementbranche» im Verwaltungsrat der Superbeton AG, die 1929 mit Kapital aus England, Belgien und der Schweiz gegründet wurde. Da das Geschäft harzte, verfiel er auf die Idee, mit dem Superbeton Maschinengewehr-Unterstände und Bomben zu bauen. Er entwickelte eine Bombenhülle, die acht Kilogramm

Metallkugeln enthielt, die bei der Detonation wie Splitter wirkten. Nach Versuchen in einer Kiesgrube schickte er zehn Musterbomben ans EMD und bat darum, diese zu testen.[37] Noch bevor er das Ergebnis in Händen hielt, machte er sich auf Kundensuche. Weil ihm zu Ohren kam, die Brüder Oswald hätten gute Beziehungen im nationalen Spanien, wurde er bei Werner Oswald vorstellig, der ein Treffen mit seinem Bruder in Paris arrangierte, das aber aus unbekannten Gründen ins Wasser fiel. Also schickte Hunziker einen Brief an «Herrn Osswald [sic] in Burgos», den er informierte, er habe bereits mit seinem Bruder in Zürich «betr. Lieferung von Fliegerbomben für Franco unterhandelt». Die von ihm entwickelte Bombe sei «speziell für den Luftkrieg von allergrösster Wichtigkeit», weil sie viel billiger als Modelle aus «teuren Stahlzylindern» sei. Die französische und die italienische Armee hätten bereits «ein ganz gewaltiges Interesse» bekundet, und er könne sie «in jeder beliebigen Grösse und Chargierung» produzieren. Er legte dem Brief einen Bauplan und Fotos der Versuche bei und bat Victor Oswald um Mitteilung, «ob die Sache für Franco Interesse hat und ob Lieferungen vielleicht schon in aller nächster Zeit in Betracht kommen. Wir sind vorerst für die Fabrikation des kleinen Modells eingerichtet und könnten innert 14 Tagen nach Auftragserteilung die ersten 10 Tonnen zur Ablieferung bringen.»[38] Da er den Brief mit diplomatischem Kurier schicken wollte, landete dieser jedoch nicht bei Victor Oswald in Burgos, sondern bei der Bundesanwaltschaft in Bern.

Hunzikers Leichtsinn trägt Werner Oswald nicht nur die Durchsuchung des PATVAG-Büros, sondern auch ein Verhör ein. Dabei redet er die eigene Rolle klein und nimmt Victor geschickt aus der Schusslinie, indem er dem Bundespolizei-Inspektor versichert: «Auf Ersuchen von Hunziker, ich möchte hier ausdrücklich betonen nicht im Auftrage meines Bruders, habe ich Hunziker lediglich die Adresse meines Bruders vermittelt.» Für diesen sei es «dank seinen ausgezeichneten Beziehungen mit Banken und Persönlichkeiten» in Spanien ein Leichtes, Hunzikers Anliegen abzuklären. Obwohl Hunziker in seinem Brief ausdrücklich versichert hat, er könne «die ersten 10 Tonnen» Bomben innerhalb von zwei Wochen liefern, behauptet Werner Oswald steif und fest, die Produktion sei in Deutschland erfolgt.[39] Ein klassisches Dreiecksgeschäft also, um Ausfuhrrestriktionen legal zu umgehen. Und ein Trick, zu dem Oswald später selbst greifen wird.[40] Im Fall der Betonbomben hätte es so ausgesehen: Auftrag aus der – neutralen – Schweiz, Produktion in Nazi-Deutschland und von dort Verschickung nach Spanien respektive an die franquistische Armee.

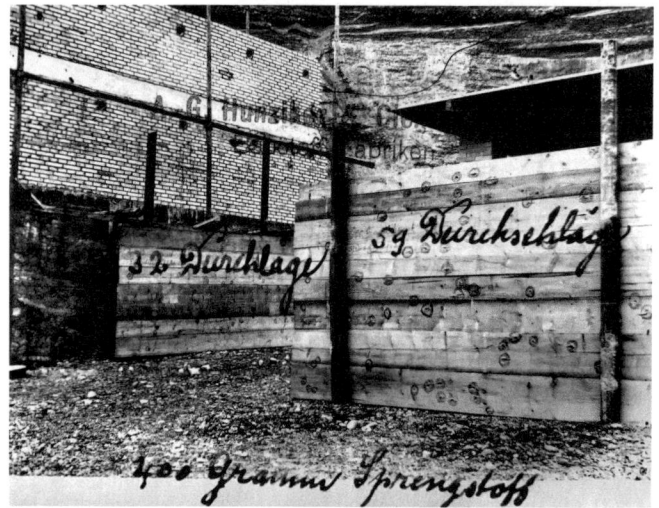

Dokumentation der Betonbomben-Versuche (1936)

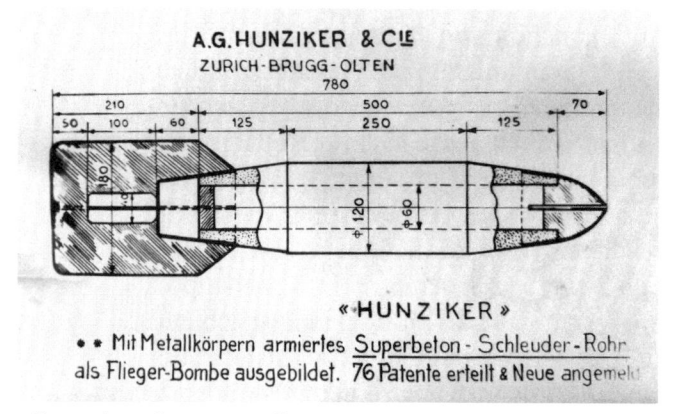

Fliegerbombe «Hunziker» aus «Superbeton» (1936)

Familiengeschichten

Hunziker wird erst zwei Wochen später befragt; es wäre theoretisch also genügend Zeit geblieben, um sich abzusprechen. Das ist offenbar nicht passiert, denn der Betonproduzent widerspricht Oswalds Aussagen mehrmals. So behauptet er unter anderem, er habe «Dr. Osswald» einzig über seine Pläne informiert, Schleuderbeton in Spanien zu produzieren. Dass er die Produktion von Betonbomben in Deutschland in Aussicht genommen habe, streitet Hunziker ab. Er will auch mit der «Füllung von Fliegerbomben», wie er der Bundespolizei versichert, «absolut nichts zu tun haben». Er beschäftige sich «nur mit der Herstellung des Mantels aus Schleuderbeton».[41]

Werner Oswald wird während des Verhörs mit weiteren, unangenehmen Fragen konfrontiert: Anfang Jahr sind vom Telefonanschluss der PATVAG aus zwei chiffrierte Telegramme an die Adresse «Blume Salamanca» aufgegeben worden, und der PTT-Beamte hat eine Abschrift an die Bundesanwaltschaft weitergeleitet.[42] Oswald gibt sich auch hier ahnungslos. Absender sei sein Bruder, der während eines Aufenthalts in Zürich «die Möglichkeit eines Wollgeschäftes aus dem nationalen Spanien» abgeklärt habe. Seine Erklärung für die Chiffrierung zeigt, dass er mit den Verhältnissen in Spanien bestens vertraut ist. «Da es uns bekannt ist, dass Deutschland alle verfügbaren spanischen Exportgüter mit allen Mitteln zu erfassen trachtet, dürfte es sich bei diesen chiffrierten Telegrammen um Rücksprachen mit [Victors] spanischen Wolleinkäufern handeln. Er wollte damit vermeiden, dass die sehr gut ausgebaute Handelsorganisation in Spanien, die ‹HISMA› mit Sitz in Sevilla, unterrichtet wird, bevor unsere Absicht mit den spanischen Behörden in Burgos selbst besprochen war.»[43] Das klingt plausibel, ist aber keine Erklärung dafür, warum das Telegramm für eine deutsche Adresse («Blume») bestimmt ist, die erst noch in Salamanca liegt, wo sich Francos Hauptquartier und ein wichtiger Stützpunkt der Legion Condor befinden. Doch Inspektor Ulrich, dem schon ein Sozialdemokrat viel zu weit links steht, gibt sich damit zufrieden.

In den Akten findet sich keinerlei Hinweis, dass die Bundesanwaltschaft Victor Oswald kontaktierte oder gar den Dechiffrierschlüssel von ihm verlangte. Offenbar versuchte sie auch nicht, die Telegramme selbst zu entschlüsseln. Hätte sie sich die Mühe gemacht, hätte sie sich wohl die Zähne ausgebissen, denn die Verschlüsselung ist ausgeklügelt. Vier Chiffrierspezialisten ist es jedenfalls 2020 nicht gelungen, den Code zu knacken.[44] Die Raffinesse der Verschlüsselung deutet auf einen militärischen Zusammenhang hin und wirft ein schräges Licht auf Werner Oswalds Behauptung, bei den Telegrammen handle es sich um «Rücksprachen» mit «Wolleinkäufern».

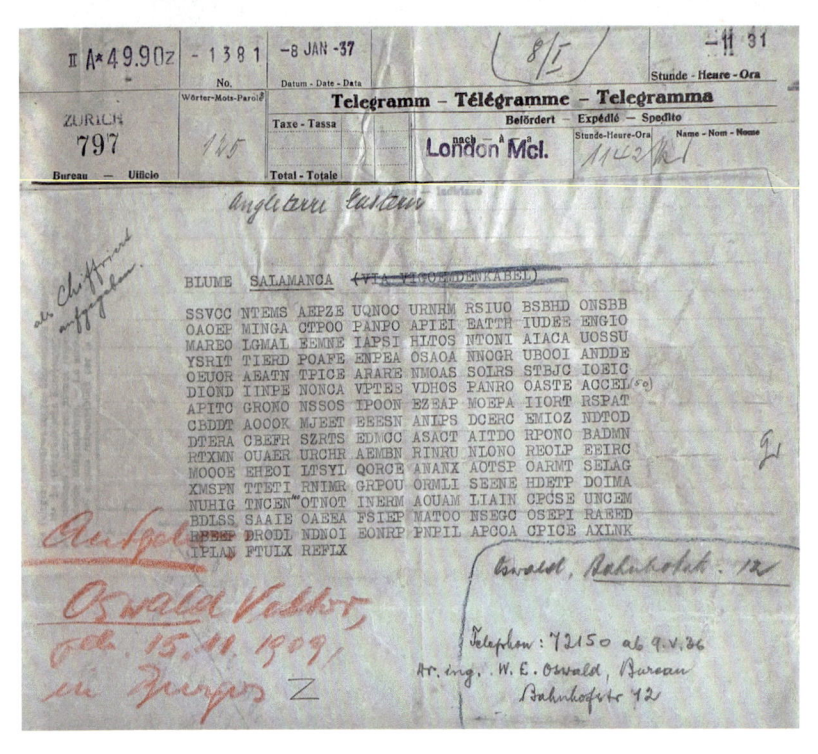

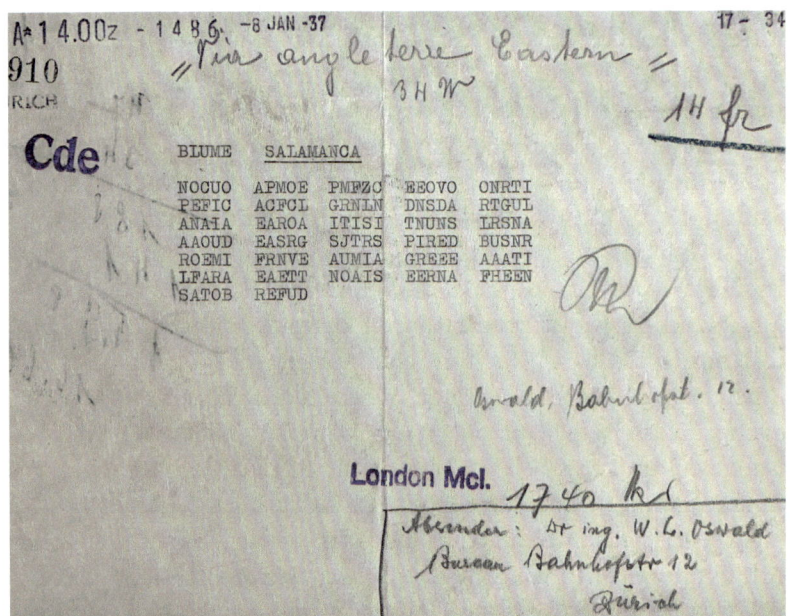

Verschlüsselte Telegramme der PATVAG an «Blume Salamanca» (1937)

Familiengeschichten

In dieselbe Richtung weist ein Briefumschlag, der als Teil einer Markensammlung erhalten geblieben ist: Er wurde am 7. Dezember 1936, vier Tage nach der Evakuierung der Familie Oswald aus Madrid, abgestempelt, ist an «Dr. Werner Oswald Dichiwer» adressiert und vom Luzerner Briefträger mit der Korrektur «Dietschiberg» versehen. Absender war Manuel Lombardero, laut einem Stempel «Chef der Bewegung» der Falange Española de las J.O.N.S. im südspanischen Jerez la Frontera. Die Falange, die vom faschistischen Italien mitfinanziert wurde und auch nazistisches Gedankengut pflegte, hatte schon vor dem Bürgerkrieg linke Gewerkschafter, liberale Politiker und republiktreue Richter terrorisiert. Ende 1936 kämpften ihre Milizen an der Seite von Francos Truppen und taten sich durch Plünderungen, Hinrichtungen von Gefangenen und Vergewaltigungen hervor. Warum Falange-Chef Lombardero, ein von den Republikanern entlassener Offizier, Werner Oswald kontaktierte, ist nicht bekannt, denn der Brief ging verloren. Doch allein die Tatsache, dass er es tat, deutet eher in Richtung Waffen als Wolle.

Dafür spricht auch das Ergebnis einer Hausdurchsuchung bei Rudolf Weber, dem laut Bundesanwaltschaft «interessantesten Waffenvermittler der letzten Jahre».[45] Die Polizei fand nicht nur stapelweise Offerten für Maschinengewehre, Pistolen, Granaten und Flugzeugabwehrraketen, sondern auch Belege für Waffenlieferungen nach Spanien sowie Webers Adressbuch mit dem Eintrag «Victor M. Osswald, Madrid».[46] Es war derselbe Schreibfehler, der Hunziker unterlief. Offenbar hatte der Waffenhändler ihm die Adresse gegeben, weil er davon ausging, Victor Oswald interessiere sich für die Vermittlung von Betonbomben ans Franco-Regime.

Victor Oswalds gute Beziehungen zu den Franquisten führen dazu, dass die französische Regierung ihn 1937 mit einer Einreisesperre belegt. Das trifft ihn besonders hart, weil er sich in San Sebastián, in unmittelbarer Nähe zur spanisch-französischen Grenze, niedergelassen hat und von dort aus regelmässig Geschäftsreisen nach Frankreich, England, Holland und in die Schweiz unternimmt.[47] Also wendet er sich bei seinem nächsten Aufenthalt in der Schweiz an Hans Frölicher, den Leiter des Eidgenössischen Konsulardienstes. Der Ton seines Gesuches ist fordernd, die Rechtschreibung mangelhaft: «Als Offizier ersuche ich Sie, sehr geehrter Herr Dr. Fröhlicher [sic], bei der Französischen Regierung energisch vorstellig zu werden, dass diese unangebrachte, unverschämte [sic] Ausweisung rückgängig gemacht wird.»[48] Sogar der «Kaiser von Luzern» steigt vom Dietschiberg herunter, um den Beamten in Bern Beine zu machen.[49] Als der Schweizer Botschafter in Paris zugunsten von

Victor interveniert, beharrt die französische Volksfrontregierung auf ihrem Entscheid. Als Grund nennt sie Victors «freundschaftliche Beziehungen mit der Franco-Regierung».[50]

Die Bundesanwaltschaft stellt die Untersuchung wegen der Betonbomben ein, legt für Victor und Werner Oswald jedoch Staatsschutzfichen an.

TREIBSTOFF
(1936–1945)

Fabrikanlage in Ems (um 1955)

Treibstoff

«Eine patriotische Tat in ernster Stunde»

Werner Oswald weibelt für den Bau einer Holzverzuckerungsfabrik, hantiert dabei mit völkischem Gedankengut und findet Unterstützung bei der Bündner Regierung.

Die Stimmung im Nationalrat ist feierlich und bedrückt. Weil vor einer Woche der Anschluss Österreichs an Nazi-Deutschland erfolgt ist, eröffnet der Bundespräsident die Frühlingssession 1938 ausnahmsweise mit einer Erklärung. «Das historische Ereignis, das sich vor unsern Augen vollzogen hat, ist von grösster Tragweite», hebt Johannes Baumann an. Der Bundesrat habe Verständnis dafür, dass die politischen «Vorgänge» das Volk bewegten, doch diese hätten «keine Schwächung» der Schweiz zur Folge. «Die Unabhängigkeit und die Neutralität der Eidgenossenschaft erweisen sich im Gegenteil mehr denn je als unentbehrlich für die Aufrechterhaltung des europäischen Gleichgewichts», denn die Schweiz müsse ihre «jahrhundertalte Mission» erfüllen und die Alpenpässe hüten. «Der Kampf der gegensätzlichen politischen Systeme in andern Ländern berührt unsern Staat nicht. Es steht jedem Volke frei, sich seine eigenen inneren Einrichtungen zu geben. Das Schweizervolk ist einig und muss einig bleiben in dem Willen, das unvergleichliche Vaterland, das Gott ihm gegeben hat, koste es was es wolle, gegen jedermann und bis zum letzten Atemzug zu verteidigen.»[1]

    Die Rede scheint Oswald «das richtige Wort zur richtigen Stunde» und macht ihm «tiefen Eindruck».[2] Zwei Tage später sitzt er auf der Tribüne im Nationalratssaal und verfolgt die Debatte über die sozialdemokratische Arbeitsbeschaffungsinitiative. Sie fordert, dass der Staat 300 Millionen Franken in die Schaffung neuer Arbeitsplätze investiert, und ihr Schicksal wird wohl auch über Oswalds berufliche Zukunft entscheiden. Wird sie angenommen, steigen seine Chancen, öffentliche Gelder für den Bau einer Holzverzuckerungsfabrik zu finden.

    Mit diesem Projekt trägt sich Oswald bereits seit mehreren Jahren. Der Gründungsmythos besagt, dass sein Doktorvater Ernst Laur, der «die Alpbevölkerung vor gänzlicher Verarmung» und «die Berge und Bergtäler vor Entvölkerung» schützen wollte, dabei Pate stand.[3] Da mit der Umstellung von Brennholz auf Gas und Elektrizität eine wichtige Einkommensquelle für die Bergregionen zu versiegen drohte, suchten der Professor und sein Student nach Möglichkeiten, die Verwertung von heimischem Holz anzukurbeln.[4] Die erste Idee waren Leichtbauplatten aus Pressholz, weshalb Oswald Anfang 1933 zusammen mit einem Luzerner Bekannten 20 000 Quadratmeter Gemeindeland im bündnerischen Bonaduz kaufte. Vielleicht bewog ihn das günstige Land zur Wahl des Standorts, denn er bezahlte nur 3000 Franken. Dafür musste er sich aber verpflichten, beim Bau der Fabrik das lokale Gewerbe zu berücksichtigen, die Arbeitskräfte vor Ort zu rekrutieren und Holz aus der Gemeinde zu verarbeiten. Der Gemeindepräsident war richtiggehend euphorisch. Dank diesem Betrieb werde Bonaduz «nicht nur für alle Zeit der Holzabsatzkrise, sondern auch der Arbeitslosigkeit enthoben».[5] Es kam nicht so weit. Das Projekt gelangte nie über die Planung hinaus, denn Oswald schaute zur selben Zeit Richtung Deutschland, wo seit Kurzem die erste Holzverzuckerungsanlage im industriellen Massstab Alkohol produzierte. Er kratzte 5000 Franken zusammen und gründete im Frühling 1933 die Patentverwertungsgesellschaft PATVAG.[6] Doch er kam zu spät: Der Ingenieur Ernst Schnurrenberger hatte ihm die Lizenz vor der Nase weggeschnappt.[7] Drei Jahre später hatte Schnurrenberger nicht einmal das Geld für eine Versuchsanlage gefunden und warf das Handtuch.

Anfang 1936 gründete Oswald das «Komitee zur Gründung einer ersten schweizerischen Holzverzuckerungs AG», die jährlich 24 000 Ster Holz zu Alkohol verarbeiten und die «planmässige Durchforstung unserer Hochgebirgswaldungen» fördern sollte. Er rechnete mit Investitionen von 1,6 Millionen Franken und Gestehungskosten von 50 Rappen pro Liter. Weil das 17 Prozent teurer war als importiertes Benzin, setzte er von Anfang an auf staatliche «Garantien und Leistungen». Während er später von der öffentlichen Hand Millionen fordern (und auch bekommen) sollte, ging er zu diesem Zeitpunkt einzig von einer Anschubfinanzierung aus und schrieb: «Industrien, die ihre Lebensfähigkeit zur Hauptsache dem Umstand verdanken, weil sie der Staat durch dauernde Zuschüsse stützt, sind auf die Dauer für die Volkswirtschaft eines ganzen Landes kaum tragbar, auch wenn sie regional betrachtet noch so grossen Nutzen bringen.»[8] Der Bau einer grösseren Fabrik schien Oswald (noch) «nicht ratsam»; er hielt es für klüger, kleine Fabriken in unterschiedlichen Gegenden anzusiedeln, die nur Holz aus der Region verarbeiten würden. Der Standort des ersten Werks war noch «vollkommen offen», doch es gab bereits Interessenten in der Zentralschweiz, in Bern, im Jura und im Bündnerland.

Am 5. Mai 1936 traf sich in der Waschmaschinenfabrik Ad. Schulthess im Zürcher Seefeld eine kleine, verschworene Gesellschaft, um die Holzverzuckerungs AG aus der Taufe zu heben. Das Treffen fand im Büro von Direktor Adolf Schulthess statt, der ein unübersehbares Flair für Innovationen hatte: Er produzierte eine «selbsttätige» Waschmaschine namens «Lavator» und bewarb sie mit einem Prospekt, den der später weltbekannte Künstler Max Bill gestaltet hatte.[9] Schulthess war mit 15 000 Franken Hauptaktionär, sein Schwager Hermann Keller, ein Ziegelfabrikant und Dienstkamerad Oswalds, und Adolf Vallaster, ein Architekt und entfernter Verwandter Oswalds, steuerten je 6000 Franken bei, während die PATVAG respektive die Gebrüder Oswald mit 8000 Franken beteiligt waren. Da Schulthess als Einziger industrielle Erfahrung besass, wurde er einstimmig zum Präsidenten gewählt. Die HOVAG, wie die neue Firma meist genannt wurde, kaufte für 38 500 Franken in bar und 1500 Franken in Aktien Schnurrenbergers Holzverzuckerungslizenz und seine Projektunterlagen. Damit war das Startkapital auf läppische 2500 Franken geschrumpft.

Zur selben Zeit wandelte Oswald die PATVAG, wie bereits erwähnt, in eine Handelsfirma um. Die beiden Firmen bezogen dasselbe Büro an der Bahnhofstrasse, wo seit ein paar Tagen die 18-jährige Eléonore Matthys Anrufe entgegennahm, Dr. Oswalds Diktate stenografierte und seine Briefe tippte. Auf die ausgeschriebene Stelle hatten sich auf dem Höhepunkt der Arbeitslosigkeit 400 Bewerberinnen gemeldet, und er hatte sich für Eléonore Matthys entschieden, deren Vater eine Leinenweberei in Horgen betrieb. Ihren Stellenantritt hatte er auf den 1. Mai angesetzt. Das war, wie sie später erklärte, ein «Test». Und zwar ein Gesinnungstest. Der Patron wollte wissen, ob der Tag der Arbeit für die Webertochter ein gewöhnlicher Werktag oder ein proletarischer Feiertag war. Sie bestand die Prüfung – und arbeitete am ersten Arbeitstag ohne Murren bis zehn Uhr abends.[10]

Oswald lobbyierte für sein Holzverzuckerungsprojekt mit grossem Geschick und dem Selbstbewusstsein des Sohnes aus gutem Haus. Als Ersten gewann er den Bündner Nationalrat Jon Vonmoos, ein Schwergewicht der Forstwirtschaftspolitik, der den Bundesrat mittels Postulat aufforderte, die kriegswirtschaftliche Unabhängigkeit mit der «Eigenerzeugung» von Treibstoff aus Schweizer Holz zu fördern.[11] Im Frühling 1936 schickte Oswald dem Bundesrat einen Prospekt und hielt seinen ersten Vortrag.[12] An der Veranstaltung des Verbands der Waldeigentümer Graubünden nahmen 200 Personen teil, unter ihnen auch der Churer Stadtpräsident Johann Mohr. Dieser war so begeistert, dass er dem Verbandssekretär versicherte, «wenn etwas aus der Sache wird, so ist es klar, dass auch der Platz Chur sich um das Unternehmen bewirbt».[13] Im folgenden Jahr gelang es Oswald, die Bündner Regierung vor seinen Karren zu spannen. Sie versprach sich von der Fabrik einen «Gesamtnutzen» für den Kanton von 800 000 Franken – dank dem Verkauf von Holz und Elektrizität, mehr Frachtgebühren für die Rhätische Bahn und höheren Steuereinnahmen. Der Kleine Rat, wie der Regierungsrat im Bündnerland heisst, klopfte in Bern an und versprach, einen Zuschuss des Bundes um die Hälfte aufzustocken.[14] Es war ein vielversprechender Auftakt, doch dann geriet das Projekt ins Stocken. Das Zustandekommen der Arbeitsbeschaffungsinitiative war ein Lichtschimmer, der allerdings von kurzer Dauer war, denn der Bundesrat und der Ständerat sprachen sich dagegen aus.

Als Oswald im Frühling 1938 die Debatte im Nationalrat vor Ort mitverfolgt, steht die Initiative kurz vor dem Aus. Der Sprecher der vorbereitenden Kommission beschwört das Schreckgespenst des «Staatssozialismus» und empfiehlt Ablehnung. Die Minderheit hält wacker dagegen, erinnert an die menschlichen und politischen Kosten von 100 000 Arbeitslosen und warnt: «Wer eine wirtschaftliche und geistige Landesverteidigung will, darf nicht einfach mit ein paar politischen Schlagwörtern an der furchtbaren Tatsache dieser Arbeitslosennot vorbeigehen», denn das Heer der Arbeitslosen und Elenden werde «jedem Propheten und jedem Zauberer» nachlaufen.[15]

Oswald ist zutiefst enttäuscht, dass sich die Debatte «auf dem ausgefahrenen Geleise parteipolitisch orientierter Wirtschaftsmaximen» bewegt. Zwei Tage später verschickt er ein Manifest an alle Bündner Ständeräte und Nationalräte und fordert, Parteien und Interessengruppen müssten aufhören, «aneinander vorbeizureden» und «sich auf ihre weltanschaulichen Positionen zu versteifen». Es brauche endlich eine «gemeinsame Tat» und einen «Akt eidgenössischer Solidarität». Das fünfseitige Manifest ist das einzige öffentlich zugängliche Dokument, in dem Oswald politisch Stellung bezieht. Er propagiert darin eine «schweizerische, den nationalen Belangen Rechnung tragende Wirtschaftspolitik», jenseits der «rein liberalistischen Wirtschaftsauffassung» des Bürgertums und der «ideologischen Autarkiepolitik» von Faschismus und Kommunismus. Nur so könne «ein Bollwerk» gegen «Einbrüche ideologischer Natur» errichtet werden. In erster Linie müsse die «Dauerarbeitslosigkeit» bekämpft werden, denn der «Untergang Österreichs» sei «darauf zurückzuführen, dass die österreichische Bevölkerung nicht genügend Arbeit und Verdienst hatte, während es Deutschland gelungen ist, die Arbeitslosigkeit zu beseitigen».

Oswald schwebt eine «grossangelegte Wehrspende» vor, obwohl ihm klar ist, dass der Staat «jederzeit billige Mittel zu niedrigem Zinsfuss» aufnehmen könnte. Doch weil Staatsverschuldung zur Krisenbekämpfung eine linke Forderung ist, zieht er «ein freiwilliges Opfer im Sinne einer patriotischen Tat in ernster Stunde» vor. Mit diesem Geld soll die Grenzbefestigung (vor allem in Graubünden) durch Arbeitslose ausgebaut und die Geistige Landesverteidigung gefördert werden, denn laut Oswald sind «die stärksten Festungen und die besten Waffen» nutzlos, «wenn sie nicht von Männern kommandiert werden, die wissen, für was sie ihr Leben einsetzen». Als weitere Massnahme schlägt er vor, die 17-wöchige Rekrutenschule durch ein einjähriges Dienstjahr – halb Ausbildung, halb Grenzschutz – zu ersetzen. Das entlaste den Arbeitsmarkt um 20 000 Männer und bereite die jungen Schweizer auf den modernen Krieg vor, der «an den Soldaten als Einzelkämpfer» grössere Anforderungen stelle.[16]

Was sagt dieses Manifest über Oswalds Weltbild aus? Nur das «Volksganze», eine ethnisch homogene und deshalb harmonische Volksgemeinschaft, ist in seinen Augen fähig, in Zeiten der Not die Partikularinteressen zu überwinden und «ein gemeinsames, grosses Opfer» zu bringen. Das «Volk» soll quasi die moderne Demokratie mit ihren sozialen Gegensätzen, Konflikten und oftmals chaotischen Aushandlungsprozessen ersetzen. Diese Vorstellung von «Volksgemeinschaft» ist nicht auf eidgenössischem Mist gewachsen. «Meyers Konversations-Lexikon» bezeichnet sie 1937 als «Zentralbegriff des nationalsozialistischen Denkens», und «Volksgemeinschaft» ist einer von Hitler und Goebbels liebsten Kampfbegriffen, um ihren Machtanspruch durchzusetzen.[17] Oswald hantiert noch mit einem anderen Begriff aus der nationalsozialistischen Rhetorikkiste: dem «Lebensraum». Er fordert eine «national-schweizerische Wirtschaftspolitik», welche «die Konkurrenzfähigkeit der Schweiz mit dem Auslande unter allen Umständen aufrechterhält; dies aus der klaren Erkenntnis heraus, dass der Lebensraum für unser Volk zu klein ist, um sich aus unserem eigenen Boden ernähren zu können». Anders als die Nationalsozialisten propagiert er aber keine militärische Eroberung von «Lebensraum für unser Volk», sondern eine aggressive Wirtschaftspolitik. Die völkische Ideologie, an der sich Oswald orientiert, findet sich auch bei linken und rechten politischen und religiösen Bewegungen, doch das macht sie nicht weniger gefährlich. Sie ist anti-demokratisch und rassistisch, weil das unverzichtbare Gegenstück zum Volk immer die anderen sind, die nicht dazugehören und die man folglich ausgrenzen und in der extremsten Konsequenz des Ausschlusses physisch vernichten kann.

Im Manifest wird auch ein namenloser «Gesinnungsfreund» erwähnt, mit dem Oswald seine Vorschläge «besprochen» hat. Dabei handelt es sich mit grösster Wahrscheinlichkeit um Eugen Bircher, den Mitbegründer der Bauern-, Gewerbe- und Bürgerpartei (BGB, die Vorläuferin der SVP), denn obwohl das Manifest nur an Bündner Parlamentarier verschickt wurde, findet sich in seinem Nachlass das einzige bekannte Exemplar des Manifests. Es gibt zwischen ihm und Oswald auch zahlreiche lebensweltliche Berührungspunkte; unter anderem wird Bircher nach dem Krieg im Umfeld der PATVAG auftauchen und mit HOVAG-Präsident Armin Meili eine Firma gründen.[18]

In dieses Bild passt auch, dass sich Oswald im Umfeld des von Bircher gegründeten Schweizerischen Vaterländischen Verbands (SVV), der Dachorganisation der Bürgerwehren, bewegt, die sich nach dem Generalstreik 1918 den – notfalls bewaffneten – Kampf gegen linke Umstürzler auf die Fahne geschrieben hat.[19] Im SVV weht der gleiche völkische Geist wie in Oswalds Manifest, nur ein bisschen heftiger. Das typische Mitglied ist auf dem rechten Auge blind und bekämpft alles «Unschweizerische», besonders linke «Wühler» und Flüchtlinge.[20] Bis 1937 nahm der Verband keine Juden auf; seither akzeptieren einzelne Sektionen ausnahmsweise «wirklich assimilierte Juden».[21] (Frauen haben in dieser aus bewaffneten Bürgerwehren entstandenen Organisation sowieso nichts verloren.) Das ändert wenig am Antisemitismus des SVV. Bircher, sein Übervater, wird noch 1942 gegen die Aufnahme jüdischer Flüchtlinge wettern: «Die werden wir nicht mehr los. Sie werden ihr Gift ausstreuen. Sie bilden einen Fremdkörper im Volke, der wieder herausgeschafft werden muss.»[22]

Werner Oswalds Name figuriert auf keiner der erhaltenen Mitgliederlisten, doch sein jüngerer Bruder Rudolf ist Mitglied der Luzerner Sektion. Der nationale Sekretär sähe ihn sogar gern als «kantonalen Führer», doch Rudolf Oswald erklärt, er sei wegen «militärdienstlicher und ziviler Überlastung» nicht in der Lage, «selbst das Steuer in die Hand zu nehmen». Dafür bietet er an, sich «von Zeit zu Zeit» an «Aktionen» zu beteiligen und für den Nachrichtendienst des SVV zu spitzeln.[23] Dieser geht auf die Zeit des Generalstreiks zurück, als Otto Heusser, die treibende Kraft hinter dieser privaten Spitzelorganisation, die politische Abteilung der Zürcher Stadtpolizei gründete, um «der illegalen Tätigkeit der S.P.» einen Riegel zu schieben und Streikbrecher zu schützen. Als die Linke 1928 die Zürcher Wahlen gewann, verlor «Kommunistenfresser» Heusser seinen Posten, brachte schleunigst das umfangreiche Archiv der politischen Abteilung vor seinem sozialdemokratischen Nachfolger in Sicherheit und gründete einen privaten Nachrichtendienst, der «staatsgefährdende» linke Organisationen und Privatpersonen bespitzelte.

Neuerdings nimmt der SVV-Nachrichtendienst auch Frontisten und Nazis ins Visier.[24] Diese Erweiterung des politischen Blickfelds wird nicht von allen Mitgliedern goutiert, doch Rudolf Oswald ermittelt als Hobbydetektiv gezielt gegen die nazifreundliche Eidgenössische Soziale Arbeiterpartei, die nur «Schweizerbürger arischer Abstammung» aufnimmt. Das wirft die Frage auf, ob sein Bruder Werner, der ihm sehr nahesteht, seine politische Einschätzung teilt und den Nationalsozialismus ebenfalls als Bedrohung für die Demokratie einstuft.[25] Oder vielleicht müsste man nach seinem Abstecher ins Universum der nazifreundlichen Terra-Film sagen: neuerdings teilt. So sicher ist das nicht, denn der «Bauerngeneral» und der «Bürgerwehrgeneral» – Ernst Laur und Eugen Bircher – liebäugeln beide mit dem Rechtsextremismus. Laur unterhielt während der Weimarer Republik beste Beziehungen zum Bund deutscher Landwirte, Bircher zu Vertretern von rechtsextremen Freikorps, Organisationen, die den Aufstieg der extremen Rechten beförderten und Hitler den Weg ebneten.[26] Bircher begrüsste die Machtübernahme der Nazis als «rettende Tat für die Kultur Mitteleuropas», die «in der allerletzten Stunde» einen bolschewistischen Aufstand verhindert habe.[27] Von Laur erzählt man sich, dass er im Schweizerverein Berlin mit Hitlergruss und markigem «Heil dem grossen Führer» grüsste.[28]

Das Manifest von Werner Oswald fusst zwar auf völkischem Gedankengut, enthält aber keine eindeutig nationalsozialistischen Ideen. Nicht mehrheitsfähige Positionen wären auch kontraproduktiv gewesen, denn er will sich der politischen Elite Graubündens ja als Mann mit wirtschaftspolitischen Ambitionen und patriotischer Gesinnung präsentieren. Mit Erfolg. Zwei Monate später fährt der vollzählige Kleine Rat zum zweiten Mal nach Bern, um den Beamten, die ihre Stellungnahme zum Holzverzuckerungsprojekt vertrödelt haben, auf die Sprünge zu helfen.[29] Im Herbst 1938 empfiehlt das Finanzdepartement eine wohlwollende Prüfung des Bündner Anliegens. Kurz darauf stellen sich der Bündner Freisinn, ein Zürcher Unterstützungskomitee und die NZZ hinter das Projekt.[30]

Um für zusätzlichen Rückenwind zu sorgen, gründet Oswald im Frühjahr 1939 die Stiftung Pro Avers. Sie steht ganz im Zeichen der Geistigen Landesverteidigung und verfolgt das Ziel, «die Bewirtschaftungs- und Lebensbedingungen für die Bevölkerung im Avers zu erleichtern, die Gesunderhaltung und Mehrung der Familien zu fördern, deren Lebensbejahung zu stärken und damit die Scholle vor weiterer Abwanderung zu schützen». Sie ist auch eine Verbeugung vor seinen Doktorvätern, eine Referenz an Oswalds Vorfahren, die wie die Bevölkerung des Averser Hochtals deutschsprachige Walser sind, und eine ideologische Fingerübung. Um für die HOVAG Unterstützung zu mobilisieren, wird Oswald jahrelang die bevölkerungspolitische Pflicht beschwören, die Abwanderung aus dem Berggebiet zu bremsen.[31]

Während Pro Avers an der Landesausstellung eine Propagandabroschüre verteilt, reist die Bündner Regierung Ende Mai 1939 zum dritten Mal nach Bern, um den Druck auf den Bundesrat zu erhöhen. Als dieser endlich signalisiert, er halte das Projekt für «abschlussreif», bricht der Zweite Weltkrieg aus.

Treibstoff

Gruppe Rigi

Werner Oswald findet beim Nachrichtendienst einen Freund fürs Leben, verbockt eine klandestine Mission und erringt im Zivilleben einen wichtigen Etappensieg.

Am Nachmittag des 16. Mai 1940 schneit es zuerst dicke Flocken, dann senkt sich ein feuchter Nebel über die Felder. Im Zürcher Weiler Kemleten melkt die 15-jährige Rosa Horr vor dem Abendessen die Kühe, als es plötzlich knallt und kracht. Die Nachbarin schreit: «Jetzt simmer verloore, jetzt chömmed die Tüütsche!» Rosa rennt ins Freie. Dem alten Birnbaum fehlt die Krone. Sie liegt auf der verschneiten Wiese, neben einem Flieger mit einem grossen Hakenkreuz auf dem Seitenruder. Als Rosa sich dem Wrack nähert, züngeln Flammen aus dem Cockpit der Heinkel, die von der Schweizer Flugabwehr und der Luftwaffe vom Himmel geholt worden ist.[1]

Als Hauptmann Oswald anderthalb Stunden später bei der Absturzstelle eintrifft, traut er seinen Augen nicht. Die Soldaten, die das Gelände sichern, verfolgen aus sicherer Entfernung, Hände in den Hosentaschen, wie der Bomber langsam ausbrennt. «Offenbar getrauten sich die Leute aus Furcht vor Explosionen allfälliger Bomben oder Mg-Munition, die immer wieder zischte, nicht an das Flugzeug heran, und dadurch ging sehr wertvolles Material verloren», heisst es in einem Protokoll. Oswald greift sich eine Hacke, holt «eigenhändig» angekohlte «Maschinengewehre, Fallschirme, Photoapparate, Karten usw.» aus dem Wrack, lädt alles in seinen Dienstwagen und braust davon.[2] Die zwei Besatzungsmitglieder, die mit Fallschirmen abgesprungen sind, werden zu diesem Zeitpunkt bereits im Kantonsspital Winterthur verarztet. Währenddessen versuchen der Bruchpilot und der Funker, sich nach Deutschland durchzuschlagen, werden aber noch vor Anbruch der Nacht festgenommen und in ein Internierungslager verbracht. Später stellt ein Experte fest, dass die Munition, die Oswald geborgen hat, gegen die Haager Konvention verstösst.[3]

In Kemleten notgelandeter deutscher Bomber (16. Mai 1940)

Treibstoff

Seit dem 1. Januar 1940 leistet Oswald Dienst im militärischen Nachrichtendienst, und zwar bei der Nachrichtensammelstelle N. S. 1. Diese hat ihr Hauptquartier im Luzerner Nobelhotel Schweizerhof aufgeschlagen, trägt den Decknamen «Gruppe Rigi» und hat den Auftrag, Informationen über Deutschland, besonders über die Wehrmacht, zu beschaffen und auszuwerten. Zu diesem Zweck unterhält sie ein Netz von V-Leuten und befragt Auslandschweizer auf Heimaturlaub, deutsche Deserteure und die Besatzungen der in der Schweiz notgelandeten deutschen Flieger.[4] Die Piloten werden jeweils im Westflügel des «Schweizerhofs» untergebracht, die Besatzungen in einem «kleinen Internierungslager» auf dem Dietschiberg, dem Hausberg der Familie Oswald.[5]

Oswald verdankt dem Militär wertvolle Beziehungen: Max Iklé, den er aus der Offiziersschule kennt, wird nach dem Krieg Direktor der Eidgenössischen Finanzverwaltung und später Mitglied des Direktoriums der Nationalbank. Alfred Schaefer, der mit ihm in der Kavallerie diente, steht kurz vor der Ernennung zum Generaldirektor der Schweizerischen Bankgesellschaft. Beide sind Duzfreunde, Oswald schreibt Schaefer sogar mit «Mein Lieber!» an.[6] Die Offiziere der Gruppe Rigi, von ihrem Chef Max Waibel handverlesen, pflegen ein besonders «enges und herzliches Kameradschaftsverhältnis».[7] Hier findet Werner Oswald mit Paul Schaufelberger einen Freund fürs Leben. Dieser wird im Verlauf der Jahre entscheidende Impulse für die Entwicklung der HOVAG geben.

Schaufelberger – kantiger Schädel, weiche Gesichtszüge und ein Hang zu depressiven Verstimmungen – ist als Sohn von Schweizer Eltern in Stuttgart aufgewachsen. Dass er kein Schweizerdeutsch spricht, trägt ihm mitten im Krieg manchen scheelen Blick ein, doch bei den Kameraden gilt er als «Eidgenosse bis auf die Knochen».[8] Nach der Rekrutenschule arbeitete er freiwillig als Agent für den militärischen Nachrichtendienst und beschaffte auf «sehr intelligente und wertvolle Art» Informationen über die Aufrüstung Deutschlands. Aber weil das EMD ihm einen an «Nachrichtendienstoffizier Schaufelberger» adressierten Brief schickte, flog er kurz vor Kriegsbeginn auf und konnte sich nur mit viel Glück in die Schweiz retten.[9] Hier wurde er wegen seiner ausgezeichneten «Kenntnisse deutscher Verhältnisse im allgemeinen und der deutschen Wehrmacht im besonderen» für die Gruppe Rigi rekrutiert.[10] Er hoffte auf eine Militärkarriere, doch man gab ihm durch die Blume zu verstehen, ein Hochdeutsch sprechender Vorgesetzter sei undenkbar. Damit war ihm die Rückkehr zu seiner Familie in Deutschland genauso verbaut wie eine Zukunft in der Schweizer Armee.

Damals war in seiner Personalakte erstmals die Rede von einer «schweren moralischen Depression».[11]

Im Sommer 1940 stolpern die zwei Freunde Schaufelberger und Oswald in eine Affäre hinein, die als «Offiziersbund» oder «Offiziersverschwörung» in die Geschichte eingeht. Am 25. Juni, drei Tage nach dem deutsch-französischen Waffenstillstand, hält Bundespräsident Marcel Pilet-Golaz eine Radioansprache, die das Land tief verunsichert. «Die Ereignisse marschieren schnell. Man muss sich ihrem Rhythmus anpassen», beschwört er die Menschen vor ihren Radioapparaten. «Der Zeitpunkt der inneren Wiedergeburt ist gekommen. Jeder von uns muss den alten Menschen ablegen.» Begriffe wie «innere Wiedergeburt» und «Umbruch» sind fester Bestandteil des nationalsozialistischen Wortschatzes, und man weiss heute, dass sie nicht zuletzt der verunglückten Übersetzung der französischen Originalrede geschuldet sind.[12] Doch der sozialdemokratische Nationalrat Robert Grimm spricht vielen aus dem Herzen, als er sich empört: «Über die Rede Pilets schweigt man wohl am besten und schämt sich.»[13]

Auch der Nachrichtendienstoffizier Alfred Ernst findet die anpasserischen Tendenzen in Pilet-Golaz' Rede «niederschmetternd».[14] Dass der Bundesrat die «teilweise und stufenweise Demobilmachung» verkündet hat, lässt ihn ernsthaft am Widerstandswillen der Regierung zweifeln. Er hält es für höchste Zeit, innerhalb der Armee eine geheime Organisation aufzubauen, um «den bewaffneten Widerstand gegebenenfalls auch dann auszulösen, wenn uns von unseren Vorgesetzten befohlen wird, uns zu ergeben».[15] Bei den Offizieren des Nachrichtendiensts rennt er offene Türen ein. Kaum jemand ist über die politisch-militärische Lage so gut informiert wie sie, und sie halten die Demobilisierung für eine Einladung an die Wehrmacht. Sie holen weitere Kameraden ins Boot, wobei auch Oswald wacker bei der Rekrutierung hilft.[16]

Am Sonntag, 21. Juli 1940, findet im «Schweizerhof» in Luzern das erste konspirative Treffen statt. Major Waibel ermahnt die zwanzig Offiziere, dass alles, was hier zur Sprache komme, «absolut vertraulich und geheim» sei.[17] Er weiss, warum. Die Zusammenkunft könnte ihnen leicht als Vorbereitung zur Meuterei ausgelegt werden. Die Stimmung ist gedrückt. «Vielleicht wird man uns leben lassen», meint Hauptmann Hans Hausamann, «wenn man draussen weiss, dass wir kämpfen, dass hundertprozentig sicher unsere Vorräte von uns vernichtet, unsere Bahnen demoliert, unsere Brunnen vergiftet, unsere Viadukte gesprengt, unsere Fabriken niedergebrannt, unsere Goldvorräte und Auslandsguthaben unerreichbar gemacht werden».[18] Schaufelberger ergänzt, der Fahneneid verpflichte zum Kampf. Er halte es mit Luther: «Hier stehe ich, ich kann nicht anders.»[19] Man beratschlagt auch über Operationspläne und Meldesysteme. Eine Vermisstmeldung für «Max Maring» auf Radio Beromünster bedeutet höchste Alarmbereitschaft. Das Codewort ist «Morgarten», das Signal zum Kampf «Nidwalden».[20] Zum Schluss unterzeichnen alle bis auf zwei ein Manifest, in dem es heisst: «Wer nach dem Erfolg des Widerstandes fragt, ist ein Verräter.»[21]

Vier Tage später bestellt General Guisan alle höheren Offiziere zum Rapport aufs Rütli, wo er die Parole zum bedingungslosen Widerstand ausgibt. Die Nachrichtendienstoffiziere treiben ihre geheimen Pläne trotzdem weiter. Waibel legt die «Verkehrsregeln» für den Alarm fest, Schaufelberger schreibt einen Geheimcode, und Oswald spielt den Boten. «Das behalten Sie dann für sich», ermahnt er Hauptmann Eduard Montalta, als er ihm den Code überreicht.[22] In der Festung Sargans ist er weniger vorsichtig: Weil sein Vertrauensmann Guido Hunziker nicht vor Ort ist, übergibt er das Couvert dessen Vorgesetztem.

Hunziker und Montalta sind verunsichert, dass trotz Rütli-Rapport ein zweites Treffen stattfinden soll, und ziehen unabhängig voneinander ihre Vorgesetzten ins Vertrauen. Montaltas Vorgesetzter schickt diesen zum Treffen, damit er ihm rapportieren kann. Hunzikers Vorgesetzter informiert sofort den Kommandanten. Die Meldung klettert in Windeseile die Befehlsleiter hoch, und am nächsten Morgen ist auch der General über die «Militärverschwörung» informiert.[23] Hauptmann Ernst wird noch am selben Tag unter Hausarrest gestellt, und Waibel bläst das Treffen hastig ab.

Montalta, den diese Nachricht nicht erreicht hat, trifft ahnungslos und pünktlich im «Schweizerhof» ein, merkt aber schnell, dass etwas nicht stimmt. In seinem Rapport tauchen auch die beiden Freunde auf. Schaufelberger scheint «sehr erregt» und trompetet: «Wenn wir jahrelang unsere zivile Existenz opferten und schufteten für unsere Sache und das nicht mehr sagen dürfen, dann reisse ich dies da (mit Geste auf die Uniform) in Fetzen, das ist No 1, und zweitens werde ich dann zum Amokläufer.» Auch Oswald ist «nervös, aufgeregt, Sprache z. T. überstürzt, sucht hastig und krampfhaft nach irgendwelchen Aufträgen für mich (Ablenkung v. Thema!).»[24]

Waibel und Hausamann werden am Nachmittag verhaftet und im «Schweizerhof» unter Arrest gestellt. Alle, die am Treffen teilnahmen, sowie einige ihrer Kameraden und Vorgesetzten werden verhört. Nur, die Verschwörer sehen sich moralisch im Recht und erklären, um die Schweiz zu verteidigen, würden sie auch «verbotene Handlungen» begehen oder «gegen Befehl» handeln. Einige sind überzeugt, das Vorgehen sei von höherer Stelle zumindest toleriert worden. Einzig Schaufelberger versichert treuherzig: «Ich hatte nicht im Entferntesten daran gedacht, dass wir etwas Illegales begingen.»[25]

Auch Oswald fällt aus dem Rahmen. Einfach anders. Er hat als Einziger auf jede Frage des Untersuchungsrichters eine entlastende Antwort zur Hand. Seine Anwesenheit im «Schweizerhof» am dienstfreien Sonntag: Pikettdienst. Seine Teilnahme am Treffen: eine «Einladung» Waibels, die er «eine halbe Stunde» vorher erhielt. Das ist gelogen, denn er rekrutierte Offiziere und erledigte Botengänge. Er hat noch mehr Ausflüchte auf Lager: Er weiss nicht, worüber gesprochen wurde, weil er als Pikettoffizier «etwa 20 Mal ans Telefon gerufen» wurde. Und das Manifest hat er nachträglich gelesen und seinem Vorgesetzten erklärt, er sei «in gewissen Belangen nicht einverstanden». Immerhin nimmt er die Drahtzieher in Schutz. Sie hätten im «Übereifer» zwar etwas «über das Ziel hinausgeschossen», seien aber «von ungebremster Vaterlandsliebe».[26] Er ist perfekt vorbereitet, doch das Verhörprotokoll verrät seine Nervosität. Keiner der Verschwörer nimmt so viele handschriftliche Korrekturen und Ergänzungen vor wie er. Für ihn steht auch besonders viel auf dem Spiel. Nach jahrelanger Lobbyarbeit ist sein Holzverzuckerungswerk endlich auf der Zielgeraden, und eine Zuchthausstrafe wegen Vorbereitung zur Meuterei würde mit Sicherheit das Aus für ein von der öffentlichen Hand subventioniertes Projekt bedeuten.

Die Verschwörer finden milde Richter. Nur acht werden verurteilt. Die Maximalstrafe beträgt 15 Tage scharfen Arrest, die meisten kassieren ein paar Tage einfachen Arrest. Wer wie Oswald und Schaufelberger einen Vorgesetzten hat, der dabei war, kommt ungeschoren davon.[27] General Guisan lässt die Verurteilten zu einer Strafpredigt antraben. «Seine Aussprache an uns war offen und wohlwollend», erinnert sich Ernst als alter Mann. «Er betonte, dass unser Ziel einwandfrei gewesen sei, aber wir hätten uns in der Wahl unserer Mittel vergriffen. Wir genössen nach wie vor sein volles persönliches Vertrauen. Am Schluss gab er jedem von uns die Hand.» Guisan widersetzt sich auch erfolgreich, als Pilet-Golaz die Rückkehr der Offiziere auf ihre Posten verhindern will. Kein Wunder, empfinden die meisten seine Schelte als «verdeckte Laudatio».[28]

In seinem Standardwerk über General Guisan schreibt Willi Gautschi: «In der Beurteilung des Sinnes und der Nützlichkeit der Offiziersverschwörung mag man geteilter Meinung sein. Dem ganzen Unternehmen, so gut seine patriotische Zielsetzung gemeint war, haftet etwas romantisch Pfadfinder-

Paul Schaufelberger (3. v. l.) am Weihnachtsessen des Nachrichtenstabs in Interlaken (1944)

Gruppe Rigi

haftes an. Durch dilettantenhafte Mängel der Organisation, die konspirative Regeln teilweise unbeachtet liess, war dessen Entdeckung geradezu programmiert.»[29] Für Hauptmann Montalta gibt es keinen Zweifel, wer das Ganze verbockt hatte: «Hptm. O[swald] hat dadurch, dass er mich und Hptm. Hunziker v. d. Fest[ung] Sargans ohne Überprüfung ins Vertrauen zog, eine Unvorsichtigkeit begangen.»[30] Oswald habe auch den Geheimcode «irrtümlicherweise» dem Stabschef anvertraut, «der nicht zu unserem ‹Bund› gehörte».[31]

Nach der Offiziersverschwörung scheiden Schaufelberger und Oswald aus der Gruppe Rigi aus. Schaufelbergers Abschied ist unfreiwillig. Sein Vorgesetzter ist zum Schluss gekommen, er neige zur «Vertrauensseligkeit» und trage «das Herz auf der Zunge», was «in unserem Metier leicht gefährlich werden kann». Die Versetzung nach Interlaken, ins Hauptquartier von General Guisan, erfolgt mit grösster Diskretion, doch Schaufelberger empfindet sie als ehrenrührig.[32]

Am 23. August 1940, zwei Wochen nach Oswalds Einvernahme, stimmt der Bundesrat dem Projekt einer «Holzverzuckerungsanstalt» im Bündnerland grundsätzlich zu und verpflichtet die Alkoholverwaltung, der HOVAG jährlich 20 000 Hektoliter industriellen Alkohol abzunehmen.[33] Zwar findet die Alkoholverwaltung, der Kanton Graubünden als Grenzgebiet sei «kein geeigneter Standort für die Erzeugung einer kriegswirtschaftlich wichtigen Ware», doch der Bundesrat gewichtet höher, dass 500 bis 600 Gebirgsbauernfamilien einer «wertvollen, bargeldentlöhnten Nebenbeschäftigung in altgewohnter Umgebung» nachgehen können und die Abwanderung «in den obersten kulturfähigen Regionen» gestoppt werden kann. Das ist ihm eine Anfangsinvestition von einer Million und jährliche Zuschüsse von 100 000 Franken während sicher zehn Jahren wert. Den «lieben Eidgenossen» im Bündnerland, die sich mit einer halben Million am Projekt beteiligen, wünscht er: «Möge dieses erstehende Werk in vollem Umfange die Hoffnungen erfüllen, welche gerade die entlegene Gebirgsbevölkerung Ihres waldreichen Kantons damit verbindet.»[34]

Treibstoff

«Nit lugg lahn gwinnt»

Werner Oswald greift zu fragwürdigen Mitteln, um sein Projekt zu retten, und sorgt im Bundeshaus und im Bündnerland für Unmut.

Zwei von drei Autos stehen aufgebockt in der Garage. Seit die Schweiz von den Achsenmächten eingeschlossen ist, wird die Treibstoffversorgung immer prekärer. Der Import ist auf einen Bruchteil des Vorkriegsvolumens gefallen. Benzinkäufe sind streng rationiert, Privatfahrten verboten, und Betriebe benötigen eine Spezialbewilligung. Viele Fahrzeuge sind mit unförmigen Vergasern ausgestattet, die mit Holzschnipseln gefüttert werden. Für Werner Oswald ist der Mangel eine Chance. Anstatt sich mit einer bescheidenen Holzverzuckerungsanlage zu begnügen, legt er dem Bund Pläne für eine Fabrik vor, die nicht nur Alkohol, sondern auch Ersatztreibstoff produziert.[1] Die Baukosten sind mit 15 Millionen Franken sechs Mal so hoch wie beim ursprünglichen Projekt, ein Liter Treibstoff soll 88 Rappen kosten. Oswald rechtfertigt die exorbitanten Herstellungskosten damit, dass jedes Industrieprodukt, das «auf Primärproduktion aus unserem Boden basiert», teurer sei als Produkte «aus Plantagen- und Eingeborenenbetrieben».[2]

Zur selben Zeit häufen sich die parlamentarischen Anfragen und Eingaben, um die Produktion von Ersatztreibstoff zu forcieren.[3] Zu sagen hat das Parlament allerdings nur noch wenig. Da Demokratie zu langsam ist, um akute Krisen zu bewältigen, wurden dem Bundesrat per Bundesbeschluss am Vorabend des Zweiten Weltkriegs – analog zur Covid-Krise im März 2021 – fast unumschränkte Machtbefugnisse eingeräumt. Im Rahmen dieses «Vollmachtenregimes» ist nicht nur das Parlament mehrheitlich entmachtet, sondern gleichzeitig auch das direktdemokratische Korrektiv des Referendums auf Eis gelegt.[4] Rechtlich und finanziell hätte der Bundesrat also freie Hand, um den Bau eines Treibstoffwerks zu beschliessen, doch er hat grosse Bedenken. Finanzvorstand Ernst Wetter sieht «überall

Schwierigkeiten» und «finanzielle Zumutungen» und befürchtet «hohe Zwangspreise» nach dem Krieg. Walther Stampfli, der Vorsteher des Volkswirtschaftsdepartements, will keine Fabrik bauen, die erst «in 1½ bis 2 Jahren zu laufen beginnt».[5]

Oswald kontert mit Optimismus: Die Anlage könne in «12–15 Monaten» erstellt und während der «Mangelwirtschaft» amortisiert werden, darum werde sie die «Friedenswirtschaft» nicht belasten. Er wird unterstützt vom Strassenverkehrsverband, der Lobby der Automobilisten, der angesichts der «beängstigenden» Benzinknappheit zu «grösstmöglicher Schnelligkeit» drängt, sowie von einer Allianz aus Bündnern, Bauern und Berglern, die sich für die Nutzbarmachung der «Bergwaldgebiete» starkmacht.[6] Am 14. September 1940 lenkt der Bundesrat ein, wenn auch ohne Begeisterung. Sogar im Vertragsentwurf heisst es, man müsse «auf eine ideale Lösung verzichten und das praktisch Erreichbare anstreben». Das Wichtigste sei, «den Ausbau der Ersatzwirtschaft auf's Äusserste zu beschleunigen».[7] Kurz darauf veröffentlicht die NZZ eine Zuschrift von «interessierter Seite» über ein «grosszügiges Arbeitsbeschaffungsprojekt in Graubünden». Sie trägt unverkennbar Oswalds Handschrift und informiert, dass «in Bälde mit der Inangriffnahme der Bauarbeiten gerechnet werden darf».[8]

Auch Johann Mohr, der Stadtpräsident von Chur, liest die NZZ. Ihn fasziniert, dass sich mit Holzverzuckerung offenbar auch Traubenzucker und eiweissreiche Futterhefe herstellen lässt. Obwohl Chur über kein geeignetes Areal für ein solches Werk verfügt, lässt er Oswald wissen, die Stadt sei bereit, sich «namhaft» an der Finanzierung zu beteiligen. «Dass die Holzverzuckerung eine grosse Zukunft hat, leuchtet auch mir als Laien ein. Es ist sicher nicht ein unüberwindliches Hindernis für die Chemie, die Abfallprodukte des Holzes zu Nahrungszwecken zu verwenden. Die kleinen unbeholfenen Termiten haben bekanntlich das Problem gelöst, sie können das Holz mit Hilfe eines Pilzes verdauen. Was nun diese kleinen Chemiker fertiggebracht haben, werden auch unsere Gelehrten mit der Zeit fertigbringen. Finden Sie die Formel, dann ist vielleicht auf Jahrhunderte die Ernährungsfrage für die Menschheit gelöst.»[9]

Doch so einfach ist es nicht, die Welt zu retten. Es dauert ein halbes Jahr, bis am 24. März 1941 der Vertrag vorliegt und die Finanzierung gesichert ist. Graubünden schiesst 1,2 Millionen Franken ein, der Bund doppelt so viel, drei Viertel der Gelder sind à fonds perdu. Allerdings muss Oswald vor dem endgültigen Startschuss einige happige Vorgaben erfüllen: Er hat zehn Wochen Zeit, um Kapital (3 Mio. Fr.), Bankkredite

(9 Mio. Fr.), einen Standort und die Bewilligungen für die (rationierten) Baumaterialien aufzutreiben.[10]

Um sich darauf einzulassen, muss man schon sträflich leichtsinnig, sehr überzeugt von sich selbst oder vom Teufel geritten sein. Doch Oswald lässt sich nicht ins Bockshorn jagen. Er wirbelt und weibelt, plant und organisiert – beseelt von hochfliegenden Hoffnungen, getrieben vom Mut der Verzweiflung. Nun zahlt sich aus, dass er ein «Chrampfer» ist und treue Mitstreiter hat. Sein Bruder Rudolf steht ihm mit Rat, Tat und juristischem Fachwissen zur Seite; die drei HOVAG-Verwaltungsräte stocken das magere Eigenkapital um mehr als eine halbe Million Franken auf, und Ingenieur Robert Peter, der die kleine Versuchsanlage gebaut hat, steigt als Aktionär und Verwaltungsrat ein. Auch die Projektleitung ist schon vergeben – an die PATVAG.[11] Damit bleibt das Geschäft *en famille*, denn der Verwaltungsrat von HOVAG und PATVAG sind praktisch identisch.

Mitte April liegt der Prospekt für die Zeichnung von Vorzugsaktien über 2,4 Millionen Franken vor, der mit der «Abnahme- und Preisgarantie des Bundes» und einer garantierten Dividende von fünf Prozent wirbt.[12] Die Kontrolle des Unternehmens liegt jedoch bei den Stimmrechtsaktien, obwohl diese nur einen Fünftel des Kapitals ausmachen. Das sichert den Gebrüdern Oswald das Sagen, ist laut *Finanz-Revue* aber wenig attraktiv für Anleger. Sie rät auch zur Vorsicht, weil das Verhältnis von Eigen- zu Fremdkapital 1:4 beträgt und eine Nachfinanzierungsrunde zu befürchten ist.[13] Die Aktienzeichnung läuft entsprechend schleppend. Also lanciert Oswald eine Werbekampagne, die ganz «auf politisch-psychologischem Boden» fusst.[14] Herzstück ist ein Themenschwerpunkt der NZZ mit einem Bericht über das Versuchslabor, einer Visualisierung der geplanten Fabrik und einem Werbetext aus Oswalds Feder, der strotzt vor Pathos und Patriotismus. Im Duktus der Geistigen Landesverteidigung bemüht er die «Vegetationskraft unseres Bodens» und die «Wahrung der Bodenständigkeit» und verspricht nichts weniger als die «Konsolidierung unserer sozialen Struktur». Die Holzverzuckerung müsse in «gesamtvolkswirtschaftlichen Zusammenhängen betrachtet, beurteilt und gewürdigt werden», beschwört er potenzielle Investoren. «Die Gewinnung flüssiger Kalorien ist für die Schweiz zu einer Gegenwartsaufgabe geworden.»[15] Doch das Projekt hat eine ideologische Achillesferse: Für die Lizenzen fliesst gutes Geld nach Nazi-Deutschland – 100 000 Franken jährlich allein an Heinrich Scholler, den Erfinder der Holzverzuckerung.[16] Also werden Scholler und das Verfahren kurzerhand eingemeindet. Die Familie stamme mütterlicherseits aus dem Emmental, erklärt Oswald, und das Ver-

Visualisierung des geplanten Holzverzuckerungswerks (1941)

Treibstoff

fahren basiere zwar auf «Erfahrungen des Auslandes», sei jedoch «den schweizerischen Gegebenheiten» so weit «angepasst» worden, dass man es mit einer «Pionierleistung auf dem Gebiete unserer Wirtschaftsentwicklung» zu tun habe.[17]

Die schönen Worte verpuffen. Die Investoren zögern, und die Banken knausern. Sogar im Bündnerland ist der Wurm drin. Der Kleine Rat hat entschieden, dass der Kanton, die Waldwirtschaft und die Standortgemeinde je einen Drittel der 1,2 Millionen Franken übernehmen müssen. Stadtpräsident Mohr passt weder der Verteilschlüssel noch das Vorgehen. Selbstbewusst belehrt er die Regierungsräte: «Wir leben in einer Demokratie, die möglichst Diktate vermeiden sollte.» Angesichts der künftigen Steuereinnahmen leiste der Kanton «einen recht bescheidenen Anteil» und gefährde das Projekt, weil er den Gemeinden zu grosse Opfer zumute.[18] Seine Kritik kommt ausgesprochen schlecht an. Der Kleine Rat schimpft, die «kleinliche und kurzsichtige Haltung» der Kantonshauptstadt sei höchst bedauerlich. Falls sie weiter zögere, werde man der HOVAG nahelegen, «sofort mit anderen Regionen in Verbindung zu treten», und man zweifle «keinen Augenblick daran, dass sich sofort Talschaften finden werden, die mit Freuden diese einmaligen Beiträge aufbringen, wenn sie damit die Erstellung eines derartigen grossen Betriebes in ihrer Gegend sichern können».[19]

Das ist etwas gar optimistisch. Zwar wäre die HOVAG vielen Gemeinden als Arbeitgeberin und Steuerzahlerin hochwillkommen, doch sie können die geforderten 300 000 Franken nicht aufbringen. Und Chur, das dazu in der Lage wäre, besitzt kein passendes Baugelände. Oswald hat die rettende Idee. Er hat sich nach zahlreichen Besichtigungen und Besprechungen gegen Landquart-Igis und für das 2000-Seelen-Dorf Domat/Ems entschieden, weil es ihm günstiges Bauland anbietet, «weitab vom Dorf und doch nahe an der Strasse und an der Bahn».[20] Nun schlägt er dem Gemeinderat von Ems eine Standortkooperation mit den Nachbargemeinden Felsberg, Tamins, Trins, Bonaduz, Rhäzüns und Chur vor, damit sie die Anfangsinvestition gemeinsam schultern und später die Steuereinnahmen unter sich aufteilen können.

Mit Geld allein ist es jedoch nicht getan. Oswald verlangt auch Naturalleistungen wie Baumaterialien zum Selbstkostenpreis. Chur will er speziell schröpfen. Es soll das Land für ein Bahngeleise von Chur nach Ems gratis zur Verfügung stellen und Wohnungen für hundert HOVAG-Angestellte und ihre Familien bauen. Oswald will sogar den Baustil diktieren. Graubünden müsse «als bevorzugtes Ferien- und Reiseland möglichst in seinem ursprünglichen Anblick erhalten bleiben», predigt er

Stadtpräsident Mohr, darum dränge sich «bodenständige Bauweise und Architektur» auf. Es gebe schon genug Siedlungen, «die das ganze Landschafts- und Siedlungsbild verunstalteten und den bodenständigen Charakter der Gegend beeinträchtigten». Oswald steckt in einem Dilemma, das sich nicht auflösen lässt: Er setzt auf Industrialisierung, um bäuerliche Lebensart zu erhalten, und zerstört damit just das ländliche Idyll, das er bewahren will. Er werde sich bemühen, verspricht er Mohr, dass auch die Fabriksiedlung «ein architektonisch harmonisches Bild» biete. Dort, wo sich seine städtische Vorstellung von ländlicher Harmonie nicht verwirklichen lässt, will er wenigstens Fassadenpflege betreiben: «Die Umpflanzung mit einem Föhrenwaldstreifen wird zudem nach einigen Jahren die Fabrikanlage dem Blick des Reisenden mehr oder weniger entziehen.»[21]

Ende Mai, wenige Tage vor der Deadline, fehlen Oswald noch immer 253 Tonnen Kesselblech, die Hälfte des Kapitals und ein Viertel der Bankkredite.[22] Es ist die «schwerste Zeit» in seinem Leben, doch immerhin verlängert der Bund die Gnadenfrist um zwei Wochen.[23] HOVAG-Präsident Schulthess reist nach Bern, um weitere Finanzquellen zu erschliessen, und trifft sich mit Eberhard Reinhardt, dem Adjunkt der Finanzverwaltung, zu einer «Besprechung am Kaminfeuer». Der Beamte fällt aus allen Wolken, als er erfährt, dass die Aktien nicht vollständig gezeichnet sind, und macht Oswalds mangelnde industrielle Erfahrung und sein «eher etwas verschlossenes und zu Misstrauen angelegtes Wesen» dafür verantwortlich.[24] Er ist nicht der Einzige, der Bedenken hat. Es gebe «hintenherum» sogar «ein gewisses Kesseltreiben», gesteht er Schulthess, verspricht aber, Bundesrat Philipp Etter eine Kapitalbeteiligung des Bundes vorzuschlagen.[25] Der Finanzvorsteher sperrt sich nicht nur dagegen, dass der Bund HOVAG-Aktien kauft. Er verlangt, das Projekt müsse zügig vorangetrieben werden, da es «nur im Rahmen der Kriegswirtschaft» Sinn ergebe.

Als Reinhardt die schlechte Nachricht an Schulthess übermittelt, gibt er ihm in gewundenem Beamtendeutsch zu verstehen, Oswald stelle für das Projekt eine Hypothek dar: «Er lässt sich zweifelsohne nur von den lautersten Absichten und Beweggründen leiten, wobei er aber wohl des taktischen Verständnisses ermangelt und vielleicht seine Wünsche und Hoffnungen zu leicht schon als Realitäten betrachtet und dergestalt gerade inbezug auf die Finanzierung, die er vor Erlass des Bundesratsbeschlusses mehrfach als abgeschlossen bezeichnete, mancherorts den Eindruck nicht absoluter Zuverlässigkeit machen könnte, was gerade in Kreditfragen verhängnisvoll werden kann.» Er hoffe, schliesst Reinhardt wenig überzeugend, es werde «gleichwohl möglich sein, das Aktienkapital innerhalb nützlicher Frist zusammenzubringen».[26]

Es gibt in der Tat Grund zur Hoffnung:[27] Der Kanton Graubünden übernimmt ein Aktienpaket von 200 000 Franken, auch wenn dies, wie die Regierung klarstellt, «offenkundig bis an die Grenze des Tragbaren» gehe.[28] Derweil lässt der neue PATVAG-Verwaltungsrat Paul Holzach seine Beziehungen spielen. Er verspricht Werner Hurter, einem befreundeten Prokuristen, ein Prozent Provision, wenn er den dringend benötigten Kredit vermittle. Hurter wiederum stellt dem Vizedirektor des Bankvereins drei HOVAG-Aktien in Aussicht, wenn er den Direktor dazu bringe, den Kredit zu bewilligen. Die Zuwendungen erzielen die erwünschte Wirkung, und Oswald ist dermassen dankbar, dass er Holzach zum kaufmännischen Direktor der HOVAG macht.[29] Der gelernte Bankkaufmann gilt als «intelligent und sehr initiativ», sein «Drang nach Geltung und Reichtum» scheint aber manchen etwas gar gross.[30] Oswald vertraut ihm, wohl nicht zuletzt, weil er ein Freund seines Bruders Victor und Hauptmann im Nachrichtendienst ist. Was er nicht weiss: Holzach hat ihn frech belogen. Er hat Hurter nur die Hälfte der Provision in Form von HOVAG-Aktien bezahlt, die 5000 Franken Bargeld hat er in die eigene Tasche gesteckt.[31] Oswald kann auch nicht wissen, dass er sich mit Holzach eine schwere Hypothek einhandelt. Dieser missbraucht Kurierfahrten für den Nachrichtendienst, um Gold ins Ausland und Devisen in die Schweiz zu schmuggeln. Auch für Hurter, der die Geschäfte bankseitig abwickelt, springen bei diesen illegalen «Gefälligkeiten» ansehnliche Gewinne heraus, deshalb hat er sich mit der Vermittlung des HOVAG-Kredits revanchiert.[32]

Kurz vor der zweiten Deadline fehlt noch immer Kapital. Um das Projekt zu retten, fädeln Werner und Rudolf Oswald eine fragwürdige Transaktion ein: Die HOVAG vergütet der PATVAG für «Vorarbeiten, Projekte und Lizenzen» 600 000 Franken, die nirgends budgetiert sind, dann informieren sie den HOVAG-Verwaltungsrat (also nicht zuletzt sich selbst), das Geld sei in HOVAG-Aktien investiert worden. Schulthess – HOVAG-Präsident, PATVAG-Verwaltungsrat und Investor der ersten Stunde – lassen sie im Dunkeln: Sie informieren *vor* der VR-Sitzung, damit ihre Mitteilung nicht ordentlich protokolliert wird, und *bevor* Schulthess eintrifft. Sie lassen auch die Vertreter des Bundes im Dunkeln. Diese stellen einzig fest, dass das nötige Kapital beieinander ist und der Vertragsunterzeichnung folglich nichts mehr im Weg steht.[33]

Am 18. Juni 1941 gibt der Bund grünes Licht.[34] Vier Tage später einigen sich die Standortgemeinden auf den Schlüssel für die Subventionszahlungen und die Verteilung der Steuereinnahmen.³⁵ Doch das gegenseitige Misstrauen ist gross. Stadtpräsident Mohr befürchtet, «dass Ems heute mitmacht, aber nachdem Chur seine Leistungen gemacht hat, durch einen Einwohner einen Rekurs einreichen lässt gegen die Steuerabmachung». Das sei «sehr gefährlich», warnt er Oswald, denn wenn eine einzige Gemeinde ausschere, breche der gemeinsame Boden weg. Trotzdem ist er optimistisch. «Ich glaube, dass es Ihrer Intervention gelingt, die Angelegenheit zu einem guten Ende zu führen, nachdem wir nun doch in Rom stehen, wollen wir auch noch zum Vatikan vordringen und den Segen des Papstes einholen», schreibt er Oswald. «Nit lugg lahn gwinnt. Sie geniessen so grosses Zutrauen und Ansehen in den Gemeinden, dass es mit Ihrer Unterstützung eher geht, als wenn ich da allein Vorschläge unterbreite.»³⁶

Nun geht es Schlag auf Schlag: Am 29. Juni beschliesst die Gemeindeversammlung Domat/Ems einstimmig eine À-fonds-perdu-Subvention von 60 000 Franken.³⁷ Zwei Tage später folgt der Churer Stadtrat, dann die restlichen Gemeinden. Alles in allem leisten die armen Bündner Gemeinden, denen Oswald helfen will, Subventionen von 850 000 Franken.³⁸ Sie hätten «mit grosser Freude und Zuversicht» zugestimmt, weiss die NZZ. «Ihre Hoffnungen werden bestimmt in Erfüllung gehen, ein 15-Millionen-Unternehmen bietet so mannigfache Arbeitsgelegenheit für Handlanger und Berufsarbeiter, sowie für Handwerk und Gewerbe.»³⁹

Oswald kauft 20 Hektaren Gemeindeland zum Preis von 50 Rappen pro Quadratmeter und verlegt den Firmensitz nach Domat/Ems.⁴⁰ Gleichzeitig wird an einer ausserordentlichen Generalversammlung der Verwaltungsrat erweitert. Der Kanton erhält drei Sitze, die Kreditanstalt und der Bankverein je einen. Nur die Gemeinden gehen leer aus. Oswald entschuldigt sich bei Mohr weitschweifig für den «wenig schönen Verlauf der Wahlen». Er selbst strebe «ein krisenfestes und respektables Unternehmen unter starker Verankerung an die Standortsregionen» an, doch die Geldgeber hätten ihn «nach verschiedensten Richtungen» zu Kompromissen genötigt. Da es sich nur um eine «Etappe» handle, würde er es «sehr bedauern, wenn aus diesem etwas unglücklichen Start ein Ressentiment aus der Standesregion zurückbleiben sollte». Mohr, der mit einem Mandat für sich gerechnet hat, beschwert sich bei Oswald, das sei eine «krasse Ungerechtigkeit», die Gemeinden hätten fast dreimal so viel bezahlt wie der Kanton mit seinen drei Sitzen. Doch er steht zu Recht im Ruf, «konziliante Umgangsformen» zu pflegen: «Verzeihen Sie, sehr geehrter Herr Doktor, dass wir diese Feststellung der historischen Wahrheit zuliebe machen», schreibt er Oswald. «Im Übrigen werden wir nach wie vor in loyalster Weise für das Werk tätig sein im Bewusstsein, dass es dem Kanton und den Gemeinden zum Vorteil gereicht.»[41]

Als neuer Präsident wird der Zürcher Nationalrat Armin Meili gewählt, während Adolf Schulthess zum Vizepräsidenten herabgestuft wird. Meili hat mit dem Bündnerland nichts zu schaffen, hat sich aber für den Posten qualifiziert, weil er letztes Jahr im Parlament eine privatwirtschaftliche Ersatztreibstoffindustrie mit Bundesgarantien gefordert und damit Oswalds Holzverzuckerungsprojekt Rückenwind verschafft hat.[42] Vielleicht hatte auch Nationalrat Eugen Bircher, der Meili schon länger protegiert, seine Hand im Spiel.[43] So oder so ist Meili als ehemaliger Direktor der Landesausstellung 1939 und «Chef-Ideologe der Landi-Schweiz» (Charles Linsmayer) das perfekte Aushängeschild für eine Firma, die sich als Schweizer Pionierin ausgibt, obwohl sie auf Know-how und Patenten aus Deutschland aufbaut. Meili dürfte die Doppelbödigkeit kaum gestört haben. Bewundernd wird er seinem Tagebuch noch 1943 anvertrauen: «Der uns völkisch verwandte Deutsche siegt mit unbegreiflichem Heldentum in die unwirtliche Unendlichkeit ferner Erdteile hinein.»[44] Für die HOVAG ist Meili ein Glücksfall, weil es wohl kaum einen einflussreichen Schweizer gibt, dem er nicht schon die Hand geschüttelt hätte. In seinen Memoiren schreibt er, Bundesrat Ernst Wetter und der Präsident der Schweizerischen Kreditanstalt hätten ihm «diese Charge aufgetragen», und behauptet, das Amt habe ihm viel Verdruss bereitet, «denn Dr. Werner Oswald, eine hochbegabte, dynamische, aber ungezügelte Persönlichkeit, gehörte nicht zu den leichtesten Beziehungen in meinem Leben».[45] Trotzdem wird er ihm 13 lange Jahre die Treue halten, wohl nicht zuletzt, weil die beiden das Heu auf derselben rechtskonservativen Bühne haben.

Am 2. August 1941 erfolgt der erste Spatenstich. «Der Bau kann beginnen», frohlockt die NZZ. «Eile tut not, weil die Eröffnung unter allen Umständen im Vorsommer 1942 stattfinden muss. Mit dem Präsidenten des Churer Stadtrats sagen wir: ‹Möge ein guter Stern über der Holzverzuckerungsfabrik in Ems walten!›»[46] In Graubünden schlägt die Begeisterung jedoch rasch in Verärgerung um. Der Inhaber eines Baugeschäfts klagt, «dass uns die Preise derart gedrückt wurden und unbezahlte Arbeiten dazu ausgeführt werden mussten, wie sie sonst nicht verlangt werden».[47] Auch der Baumeisterverband beschwert sich über die «Preisdruckmethoden» der HOVAG.[48] «Nun sind diese schönen Versprechungen schon in Vergessenheit geraten», wundert sich Stadtpräsident Mohr. «Bei den Arbeitsvergebungen

Eröffnung der Landesausstellung am 6. Mai 1939 in Zürich. Von links nach rechts: Direktor Armin Meili (ab 1941 HOVAG-Präsident), Bundespräsident Philipp Etter, der Zürcher Finanzdirektor Hans Streuli (als Bundesrat ab 1954 zuständig für das HOVAG-Dossier)

Der langjährige HOVAG-Präsident Armin Meili (1954)

Treibstoff

geht das Gewerbe von Graubünden und namentlich das hochentwickelte Gewerbe der Stadt Chur sozusagen leer aus.»[49]

Auch die Anstellungspolitik entspricht nicht den Erwartungen. Zwei Wochen nach Baubeginn kritisiert der Präsident der Standortregion, «dass die Platzierung wildfremder Menschen an Stellen, die ebenso gut von hiesigen Kräften hätten betraut werden können, uns sehr befremdet hat und fernerhin befremden muss». Er verlangt, dass Oswald Einheimischen den Vorrang gibt, und droht: «Geschieht dies nicht, wird eine friedliche Zusammenarbeit, wie Sie dies immer wieder in Ihren Schreiben und in den Versammlungen betonen, schwer fallen und zu starker Opposition und Unzufriedenheit führen.» Oswald bleibt ungerührt. Als der Gewerbeverband ihn auffordert, das lokale Gewerbe besser zu berücksichtigen, antwortet er kurz angebunden: «Von Ihren Ausführungen haben wir mit Aufmerksamkeit und Interesse Kenntnis genommen. Soweit möglich, lassen wir uns Ihre Vorschläge bestens dienen.» Die Verbandsleitung ist empört: «Es geht einfach nicht an, dass ein Unternehmen, das in einem solchen Masse öffentliche Gelder beansprucht, sich als ein selbstherrlicher Privatbetrieb gebärdet.» Schliesslich fordert sie ultimativ: «Keine Subvention ohne Submission.»[50] Doch der Bündner Regierung sind die Hände gebunden: Die Verträge sind abgeschlossen, die Gelder gesprochen und drei Regierungsvertreter in den Verwaltungsrat eingezogen. Die Regierung in Chur wurde, ohne dass sie es merkte, in Geiselhaft genommen.

Auch Oswalds ruppige Umgangsformen sorgen für Unmut. Ein Gewerbetreibender klagt, er habe zwar einen Auftrag erhalten, «aber unter sehr unwürdigen Umständen». Direktor Oswald sei «sehr schlechter Stimmung» gewesen, habe ihn «überraschenderweise hart» angefahren und die Besprechung «vorzeitig beendet».[51] Oswalds Ungeduld kommt nicht von ungefähr. Zwar sind alle Bundesämter angewiesen, die Anliegen der HOVAG «vordringlich» zu behandeln, doch Lieferschwierigkeiten und die Mobilisation von Mitarbeitern machen ihm das Leben schwer.[52] Auch der Bahnanschluss bereitet ihm schlaflose Nächte, denn die Rhätische Bahn und die SBB haben nicht dieselbe Spurbreite. Als ein Vertreter der Rhätischen Bahn ein normalspuriges Werkgeleise als «Zukunftsmusik» bezeichnet, platzt ihm der Kragen. Es hätten sich «turbulente Scenen abgespielt», weiss Mohr. «Dr. Oswald soll kolossal aufgeregt sein. Es habe wenig gefehlt, so wäre man direkt zu Tätlichkeiten übergegangen.»[53]

Eine weitere Knacknuss ist der Bau der Maschinen und Apparaturen, denn in der Schweiz fehlt es an entsprechender Erfahrung. Oberingenieur Robert Peter erklärt zwar kategorisch: «Wir haben die ganze schweizerische Maschinenindustrie im Rücken, und auf sie darf man voll vertrauen.»⁵⁴ Doch die Kostenvoranschläge sind exorbitant und die Lieferfristen lang – zu lang für Oswald. Er will nach Deutschland ausweichen, doch weil ausländische Auftraggeber die Materialien dort selbst stellen müssen, benötigt er eine Exportbewilligung für 16 Tonnen rares Kupfer. Solche Probleme zu lösen, ist Aufgabe von Ingenieur Jean Treyer. Er sorgt als Sonderbeauftragter der Eidgenössischen Finanzverwaltung für die möglichst reibungslose Zusammenarbeit mit Ämtern und Lieferanten, die militärische Freistellung wichtiger Mitarbeiter und die Arbeitsbewilligungen für ausländische Spezialisten. Damit der Bund die Ausfuhr des Kupfers bewilligt, versichert Treyer dem zuständigen Bundesamt, die HOVAG lasse die Maschinen «nur widerwillig» in Nazi-Deutschland herstellen, es sei aber ihre einzige Chance, den Zeitplan einzuhalten.⁵⁵

Treyer muss auch der HOVAG-Leitung auf die Finger schauen, damit sie Vertrag und Budget einhält. Es braucht nicht viel, dass er entdeckt, wie eng die HOVAG und die PATVAG personell verflochten sind. Sein Vorgesetzter Reinhardt, der Adjunkt der Finanzdirektion, fällt aus allen Wolken. Denn obwohl er an den Verhandlungen mit Oswald beteiligt war, hat er noch nie von der PATVAG gehört.⁵⁶ Also muss Treyer sämtliche Verträge und Honorare überprüfen. Der Beratervertrag weist den gängigen Honoraransatz auf. Auch der Vertrag, der die Bauführung regelt, scheint in Ordnung. Doch dann tauchen zwei weitere Verträge auf. Einer wurde im Sommer 1941, kurz nach der Vertragsunterzeichnung mit dem Bund, abgeschlossen, aber illegalerweise auf Februar 1942 vordatiert. Die Sache müsse, verlangt Treyer, «endgültig aufgeklärt» werden. Er findet es auch «völlig überrissen», dass die zwei Verträge das branchenübliche Honorar von 4,6 Prozent der Bausumme auf satte 10,6 Prozent respektive 1,6 Millionen Franken erhöht haben. Es gelingt Meili, der als Präsident die Interessen der HOVAG wahren muss, den Ansatz auf 7,6 Prozent zu drücken, doch Treyer findet das «noch immer enorm».⁵⁷ Sein Eifer geht Oswald, der als Mitbesitzer der PATVAG zurückstecken muss, schwer auf den Senkel. Bald beklagt sich Treyer, er müsse in Ems in einer «unangenehmen und feindseligen Atmosphäre» arbeiten, denn Oswald sehe «nur einen Polizisten» in ihm. «Herr Dr. Oswalds Charakter und Persönlichkeit sind so, dass er offensichtlich eine Kontrolle seiner Tätigkeit kaum erträgt und sich dieser wo immer möglich zu entziehen sucht.» Noch hält er Oswald zugute, dass dieser «extrem überlastet und nicht immer Herr seiner Nerven» sei.⁵⁸ Doch die nächste beunruhigende Überraschung folgt auf dem Fuss.

Bauarbeiten in Domat/Ems (Winter/Frühling 1942)

«Nit lugg lahn gwinnt»

Im Februar 1942 stösst Treyer auf die Zahlung von 600 000 Franken an die PATVAG, welche die Gebrüder Oswald in HOVAG-Aktien investiert haben, um die Auflagen des Bundesrats zu erfüllen. Er findet auch heraus, dass Schulthess, damals HOVAG-Präsident und PATVAG-Verwaltungsrat, über die zweifelhafte Transaktion nicht informiert wurde und noch immer dagegen opponiert.[59] Meili als neuer VR-Präsident kann der Sache aber nicht auf den Grund gehen, weil Schulthess schwer krank ist. Doch offenbar schwant ihm Böses, denn er sichert sich schnell mit einer Aktennotiz ab: «Da diese Vereinbarung vor meinem Amtsantritt getroffen wurde, muss ich annehmen, dass sowohl Bund und Kanton als auch die Bankengruppe damit einverstanden sind.»[60] Das ist nicht der Fall. Mehr noch: Obwohl die Transaktion ein empfindliches Loch ins Budget der HOVAG gerissen hat, findet sich in den Akten kein Hinweis darauf, dass die Gebrüder Oswald in irgendeiner Form zur Rede gestellt wurden. Ob sie die Angelegenheit wenigstens mit Schulthess klärten, ist zweifelhaft, denn er erholt sich nicht mehr und stirbt wenige Monate später.

Die Bauarbeiten in Ems hinken trotz Nacht- und Sonntagsarbeit weit hinter Oswalds ehrgeizigem Terminplan her.[61] Die Lage ist so prekär, dass Oswald Ende 1941 über Möglichkeiten brütet, wie er die vertragliche Liefermenge senken könnte, ohne die Bankkredite zu gefährden.[62] Auch das Wetter macht ihm einen Strich durch die Rechnung. «Wegen der grossen Kälte, Schneefällen und evtl. auch Rationierung des Zements sind die Bauarbeiten an der Holzverzuckerungsfabrik in Ems eingestellt worden», meldet die Presse im Januar 1942. «Mehr als hundert Arbeiter warten auf günstigere Witterung, um ihre Tätigkeit wieder aufzunehmen.»[63]

Im Frühling erfahren die Standortgemeinden, dass sie nun doch einen Vertreter in den Verwaltungsrat delegieren können. Sie küren in geheimer Abstimmung Stadtpräsident Mohr zum Kandidaten. Georg Federspiel, der Präsident der Standortkooperation, unterliegt knapp mit sieben zu neun Stimmen. Am Morgen vor der Generalversammlung ermahnt der Churer Stadtrat die HOVAG mit einem Telegramm, der Wille der Gemeinden müsse respektiert werden, weil sich Mohr «mit aller Macht für die Beteiligung der Standortsgemeinden eingesetzt hat und stets bemüht war, Gegensätze auszugleichen und auf die grosse Bedeutung der Holzverzuckerung hinzuweisen. Er wird ein sehr tätiges und loyales Mitglied der Verwaltung und ein konziliantes Bindeglied zwischen Verwaltung und Gemeinden sein.»[64]

Es kommt anders. Mohr wird zum zweiten Mal nicht gewählt. Rudolf Oswald schiebt die Schuld den Emsern in die

Schuhe. Sie hätten verlangt, «man solle ja einen Emser wählen und nicht den offiziellen Kandidaten».[65] Auch Werner Oswald versucht, sich aus der Affäre zu ziehen. Kein Kandidat habe «das ungeteilte Vertrauen sämtlicher Gemeinden» genossen, darum hätte eine Wahl «eher zur Entzweiung denn zur Einigung und Befriedigung der Standortregion geführt». Aus diesem Grund habe der Verwaltungsrat entschieden, noch zuzuwarten.[66] Mohr beschwert sich bei Meili, er habe keine persönlichen Vorteile erwartet. «Aber nachdem ich offen und ehrlich mitgearbeitet habe, muss die versteckte, fast heimtückische Art, wie da hinter meinem Rücken intrigiert wurde, jeden ehrlichen Bürger abstossen.» Welche Kräfte hinter den Kulissen spielten, lässt sich heute nicht mehr ermitteln, doch Oswald wird sein vollmundiges Versprechen, er werde für eine «Sechservertretung» im Verwaltungsrat aus dem Kanton besorgt sein, nie wahr machen.[67]

Stadtpräsident Mohr macht keinen Hehl daraus, dass «die Art und Weise, wie da hinterrücks vorgegangen wurde», ihn «sehr unangenehm berührt hat». Doch er ist so souverän wie grossmütig: «Ich kann mein Interesse für die Hovag und meine Freude über ihr Gelingen auch bekunden, ohne Mitglied des Verwaltungsrates zu sein», schreibt er Meili. «Aber gerade, weil in dieser Sache von irgendwelcher Seite, die ich nicht kenne, unkorrekt vorgegangen worden ist, habe ich mir erlaubt, die ganze Situation wahrheitsgetreu darzustellen. [Diese Ausführungen] verdienen auch ein ganz kleines Plätzchen in der Chronik der Gründung der Hovag und der Gründung der Standortregion.»[68]

Zwei Freunde

Paul Holzach, der kaufmännische Direktor der HOVAG, wird wegen krummer Touren entlassen, beschafft mit Victor Oswald aber weiterhin den spanischen Pyrit, der für die Holzverzuckerung in Ems benötigt wird.

Am frühen Morgen des 27. Februar 1942 klingeln zwei Polizisten bei Paul Holzach. Der eine, der sich als Polizeisoldat Bänninger vorstellt, streckt ihm einen Hausdurchsuchungsbefehl unter die Nase und erkundigt sich, kaum ist er eingetreten, nach Bargeld. Holzach legt ein Notentäschchen auf den Esszimmertisch und holt aus dem Kleiderschrank im Schlafzimmer ein dickes Bündel Banknoten. Bänninger zählt 14 000 Franken und verstaut das Geld in seiner Mappe. Als er zum Notentäschchen greifen will, liegt es nicht mehr auf dem Tisch. Holzach wird unangenehm laut. «Er bestand darauf, dass er die Fr. 2340.– nicht habe», schreibt Bänninger im Rapport, «machte mir dann heftige Vorwürfe, dass ich ihm sein sauer verdientes Geld wegnehmen wolle und warf schliesslich seinen Diplomatenpass vor mir auf den Schreibtisch mit der Drohung, dass er gegen mein Vorgehen Beschwerde einreichen werde». Schliesslich entdeckt Bänninger das Täschchen hinter einem Ölgemälde, das an der Wand lehnt. Holzach zuckt mit den Schultern: «Ja nu, jetzt händers halt gfunde.»[1] Damit habe er, stellt ein Staatsanwalt später fest, «seinen wahren Charakter offenbart».[2]

Werner Oswald staunt wohl nicht schlecht, als zwei Polizisten seinen kaufmännischen Direktor ins Büro eskortieren und verlangen, Holzachs Arbeitsplatz und den Inhalt des Kassenschranks zu inspizieren. Das eine Tresorfach enthält Geschäftsunterlagen der HOVAG, zum zweiten fehlt der Schlüssel. Bänninger will wissen, ob sich darin Unterlagen der BOVAL befinden. Wahrscheinlich hört Oswald den Namen dieser Firma zum ersten Mal, obwohl Holzach ihr Geschäftsführer und einziger Verwaltungsrat und Werner Hurter, der den rettenden Bankkredit vermittelt hat, einer ihrer Gründer ist. Holzach beteuert, im zweiten Tresorfach habe es weder «Geld, Wertpapiere oder

Treibstoff

Titel» der BOVAL. Er besitze nicht einmal einen Schlüssel für den Safe. Der einzige Schlüssel werde von Rudolf Oswald verwahrt. Da dieser telefonisch nicht erreichbar ist, wird Holzach ins Bezirksgefängnis Zürich abgeführt.

Am Nachmittag stellt sich heraus, dass Rudolf Oswald keinen Schlüssel hat. Nun behauptet Holzach frech, er habe ja immer gesagt, er habe den Schlüssel für den zweiten Safe verloren. Als die Polizei das Tresorfach aufbricht, findet sie: zwei Goldbarren mit einem Gewicht von je einem Kilogramm, Goldvreneli für 14 000 Franken, fünf Sparhefte mit Einlagen von 23 000 Franken, einen Schuldbrief über 25 000 Franken, Bargeld (11 130 Fr., 7000 RM, 400 $ sowie bulgarisches, rumänisches und serbisches Papiergeld), mehrere HOVAG- und PATVAG-Aktien sowie «1 Diplomatenbrief, 1 diplomat. Kurier-Erklärung, Instruktion für die Berufskuriere» und «1 Couvert mit Visitenkarten».[3]

Ein kaufmännischer Direktor in Untersuchungshaft ist für die staatlich unterstützte HOVAG nicht tragbar. Am nächsten Tag stellt Rudolf Oswald ihn vor die Wahl, selbst zu kündigen oder entlassen zu werden. Holzachs Antwort wird später vor Gericht verhandelt, wo Wort gegen Wort steht. Erhalten ist jedoch der Brief, mit dem Werner Oswald am gleichen Tag die Finanzverwaltung informiert, Holzach sei «aus der Firma ausgeschieden».[4] Aktenkundig ist auch, dass Rudolf Oswald am selben Tag zwei Kündigungsschreiben aufsetzt, eines für den Direktionsposten, das andere für den PATVAG-Verwaltungsratssitz. «Sehr geehrter Herr Holzach», schreibt er im Begleitbrief, «mit wehem Herzen habe ich Ihnen heute Nachmittag diese beiden Texte aufgestellt. Wenn Sie ihnen zustimmen können, bitte ich um deren Unterzeichnung. Ich kann Ihnen diese Schreiben nicht zustellen, ohne Ihnen zu versichern, dass Ihr Ausbleiben eine immense Lücke öffnen wird, – und ohne für die grosse Kameradschaft zu danken, die Sie auch in der schwersten Zeit meinem Bruder gehalten haben. Sie dürfen sicher sein, dass er und ich ein Gleiches tun werden, weil wir nicht glauben können, dass die Vorhalte mit Recht erhoben wurden.»[5]

Die Brüder Oswald irren. Die Untersuchung zeigt, dass Gold und Bargeld aus dubiosen Geschäften stammen, die Holzach während seiner Kurierfahrten für den Nachrichtendienst einfädelte.[6] Unter anderem schmuggelte er ausländische Wertpapiere in die Schweiz und fälschte Affidavits, die bescheinigten, dass diese Papiere schon vor dem Krieg in Schweizer Besitz und folglich kein Raubgut waren. Das steigerte ihren Wert um mindestens einen Viertel. Holzach war auch verantwortlich für die «Einreichung der Titel» und die «Abhebung der Gelder und

Paul Holzach als Offizier (1931)

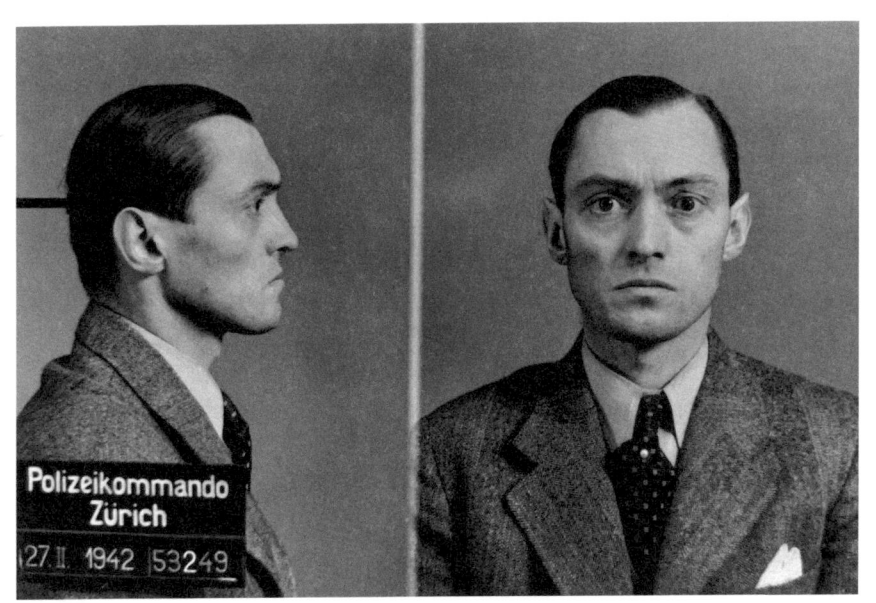

Erkennungsdienstliches Foto von Paul Holzach (1942)

Treibstoff

Ablieferung derselben» an seine Komplizen bei der BOVAL. Dabei sprangen in kürzester Zeit 15 000 Franken für ihn heraus – fast so viel wie sein Jahreslohn als Direktor. Als er auf seiner Unschuld beharrt, glaubt ihm der Bezirksanwalt kein Wort. Als «versiertem und intelligentem Kaufmann» müsse ihm klar gewesen sein, dass er «unsaubere Geschäfte» gemacht habe.[7]

Nach zwei Wochen wird Holzach aus der U-Haft entlassen. Er meldet sich sofort freiwillig zur Armee und wird, obwohl das Armeekommando über die laufende Untersuchung informiert ist, dem persönlichen Stab von General Guisan zugeteilt.[8] Das ist aus heutiger Perspektive schwer verständlich, doch als Nachrichtendienstmitarbeiter erhält Holzach sogar einen neuen Diplomatenpass, mit dem er wieder ungehindert ins Ausland reisen und nebenher seine dubiosen Privatgeschäfte tätigen kann.[9] Von dieser respektablen Position aus informiert er Rudolf Oswald, er könne weiterhin «während 1 bis 2 Tagen wöchentlich seine Arbeitskraft dem Unternehmen zur Verfügung stellen». Die Antwort, sein Arbeitsvertrag sei seit dem 1. März aufgelöst, ignoriert er geflissentlich.[10]

In Bern rätselt man derweil über die Hintergründe der Kündigung.[11] Treyers Berichte machen die Angelegenheit noch mysteriöser: «Herr Dr. Oswald hat anfangs März die Belegschaft informiert, dass Holzach gekündigt hat, dabei hat [Holzach] mir persönlich versichert, das sei nicht wahr, er weigere sich im Gegenteil, seine Kündigung einzureichen.» Holzach sei öfters im Büro der HOVAG anzutreffen, wo man ihm, als sei nichts passiert, Aufträge erteile. Treyer fragt sich, «welche Konsequenzen es in der Öffentlichkeit haben könnte, wenn einer der Mitarbeiter eine Bemerkung darüber macht».[12]

Angesichts dieser «anormalen Situation» bittet Reinhardt von der Finanzverwaltung den Zürcher Bezirksanwalt um vertrauliche Auskunft. Er begründet den ungewöhnlichen Schritt damit, bei der HOVAG gehe es um «öffentliche Interessen» und für ein staatlich gestütztes Unternehmen müsse «ein sehr strenger Massstab» gelten. Das leuchtet dem Bezirksanwalt ein. Er schickt die Akten des laufenden Verfahrens nach Bern, darunter auch ein Verhörprotokoll, aus dem hervorgeht, dass die HOVAG für die Vermittlung eines Bankkredits eine Provision bezahlt hat. Reinhardt, ein Jurist, wittert sofort missbräuchliche Verwendung öffentlicher Gelder und verlangt von Meili Auskunft über «die Personen, die diese Provision bewilligt haben».[13] Dieser zieht es vor, gar nicht erst zu antworten, doch die Brüder Oswald geben sofort ein Rechtsgutachten in Auftrag.[14] Reinhardt, der offenbar keinen Skandal lostreten will, der ihm selbst auf den Kopf fallen könnte, lässt auch diese Angelegenheit auf sich beruhen –

wie bereits den vordatierten Vertrag, die fragwürdige Zahlung von 600 000 Franken und die übersetzten Honorarforderungen der PATVAG.[15]

Die Ermittlungen gegen Holzach werden aus unbekannten Gründen eingestellt; trotzdem beschliesst der HOVAG-Verwaltungsrat ein halbes Jahr später einstimmig, Holzach sei «sofort und ohne Entschädigung als entlassen zu betrachten».[16] Holzach ist offenbar überrumpelt und nimmt «die Sache tragisch», weil er «sich nun eine neue Existenz aufbauen» muss.[17] Das ist aktenkundig, weil sein privater Telefonanschluss wegen der nächsten (in den Akten nicht näher definierten) «grossen Gaunerei» abgehört wird und seine Frau über die Kündigung jammert.[18]

Unter den Abhörprotokollen findet sich auch das Transkript eines Telefonats, das Holzach am Tag führt, als er über seine endgültige Entlassung informiert wird. Sein Gesprächspartner ist als «Herr X» anonymisiert, muss aber ein HOVAG-Insider sein, denn er erwähnt VR-Präsident Meili und Professor Schläpfer, einen wissenschaftlichen Berater der HOVAG. «Herr X» redet auch von «W.» und «R.», zwei Kürzel, die zweifellos für Werner und Rudolf stehen.

> Herr X: Ich habe mit W. wegen R. Krach gehabt. Könnten wir nicht am Montag vormittag 10.00 alle zusammenkommen?
> Holzach: Doch, das ist mir recht, am selben Ort, wo wir waren.
> Herr X: Man muss den Herren den Kragen ein bisschen zuknöpfen. Prof. Schläpfer hat sich beklagt, er bekomme keine Angaben. Auch der Armin Meili wird noch was erleben.
> Holzach: Dann werden Sie alles veranlassen?
> Herr X: bejaht.[19]

«Herr X» muss Victor Oswald sein, der seit Jahren mit Holzach befreundet ist: Als Bruder nennt er Werner und Rudolf beim Vornamen, und steht mit Holzach auf so vertrautem Fuss, dass er mit ihm offen über den Krach mit «W. wegen R.» redet. Doch zwei Dinge sind seltsam: Erstens spricht Holzach «Herrn X» einmal mit «Sie» an, doch das ist wohl einer fehlerhaften Transkribierung der Tonaufnahme geschuldet, die ein «sie» im Plural zu einem höflichen «Sie» machte. Zweitens ruft «Herr X» aus der Schweiz an, aber Victor Oswald lebt zu diesem Zeitpunkt wieder in Madrid, und seine zwei letzten aktenkundigen Aufenthalte in der Schweiz fanden 1939 statt.

Anlass der ersten Reise war der Tod von Arthur Oswald senior.[20] Er hinterliess seiner Witwe und den fünf Kindern 190 000 Franken, den halben Dietschiberg und ein Gefühl der eigenen Wichtigkeit, das Gold wert ist, vor allem im Umgang mit Macht. Victor Oswald fand jedenfalls nichts dabei, wegen seiner französischen Einreisesperre eine Audienz beim Schweizer Aussenminister Giuseppe Motta zu verlangen. Das Timing seines Vorstosses zeugt von politischem Gespür. Obwohl die Schlacht um Madrid noch nicht entschieden war, hatte die Schweiz am Vortag das Franco-Regime anerkannt. Da der überstürzte Entscheid Mottas Sympathien für das nationalistische Spanien geschuldet war, schmeichelte ihm Victor Oswald: «[D]a nun dank Ihrer grossen Intervention die Schweiz Franco voll anerkannt hat, hoffe ich, dass die Französische Regierung doch endlich so viel Einsicht haben wird, um meine Ausweisung aufzuheben.»[21]

Es war für den Sohn des «Kaisers von Luzern» kein Problem, einen einflussreichen Fürsprecher zu finden. Der katholisch-konservative Luzerner Stadtrat, Grossrat und Oberstdivisionär Hans Pfyffer von Attishofen bat Parteikollege Motta, den Sohn des kürzlich verstorbenen Altregierungsrats Oswald zu empfangen, weil diesem «aus ihm vollständig unbekannten Gründen» die Einreise nach Frankreich verweigert werde.[22] Wieder musste sich der Schweizer Botschafter in Paris für Victor Oswald verwenden, und wieder stellten sich die Franzosen quer.

Auf welcher Route er schliesslich nach Spanien zurückkehrte, ist nicht bekannt. Doch bereits ein halbes Jahr später stand die nächste Reise in die Heimat an, weil im Rahmen der Generalmobilmachung auch die Auslandschweizer zur Fahne gerufen wurden.[23] Victor Oswald setzte alle Hebel in Bewegung, um der Einberufung zu entgehen. Er bekniete sogar den französischen Botschafter, ihm ja kein Durchreisevisum zu erteilen. Doch der Schweizer Botschafter in San Sebastián durchschaute sein «doppeltes Spiel» und meldete nach Bern: «Nachdem er seinen glühenden Patriotismus beschworen hatte und seine Bereitschaft, alles aufzugeben, um dem Vaterland zu dienen, änderte Victor Oswald seine Meinung und schickte mir eine Bitte um einen Dispens, die ich nur ablehnen konnte.»[24] Zurück in der Heimat wurde Victor Oswald in Rekordzeit ausgemustert. Um sich die Heimreise durch Frankreich zu sichern, bemühte er sich um einen Auftrag als diplomatischer Kurier. Da er in Bern aber «als gefährlicher und unvorsichtiger Mensch» aktenkundig war, musste er ohne diplomatische Privilegien und entweder mit dem Flugzeug oder via Italien mit dem Schiff nach Spanien zurückkehren.[25]

Seither hat sich die Landkarte Europas dramatisch verändert. Um seinen Freund Holzach Ende November 1942 von der Schweiz aus anrufen zu können, muss «Herr X» (Victor Oswald) durch ein vollständig besetztes Frankreich oder mit dem Schiff via Italien angereist sein. Gut möglich, dass ihm die Deutschen eine Reisegenehmigung erteilt haben, denn laut eigener Aussage kennt er «alle deutschen Agenten» in San Sebastián.[26]

Aktenkundig ist, dass er mit dem Direktor der Handelsfirma Sofindus, Johannes Bernhardt, bekannt war, der eng mit dem Reichswirtschaftsamt und Görings Vierjahresplan-Büro zusammenarbeitete und der wohl mächtigste Nazi in Spanien war.[27] Die Sofindus kontrolliert achtzig Prozent der Bergbaugesellschaften in Spanien und besitzt praktisch ein Monopol auf den spanisch-deutschen Handel.[28] Trotzdem kann Victor Oswald ungestört mit spanischen Rohstoffen handeln. Das zeigt ein Telegramm, das die Schweizer Bundesanwaltschaft Anfang 1943 abfängt, mit dem Holzach ihn «dringend» um eine Offerte für Wolfram, Titanerz und ein «grosses Quantum Pyrit» bittet.[29] Dass Victor Oswald im Winter 1942/43 ausgerechnet Wolfram beschaffen kann, ist verblüffend. Zwischen Nazi-Deutschland und den Alliierten tobt nämlich ein regelrechter Kampf um diesen seltenen Rohstoff, weil er für die Herstellung panzerbrechender Munition benötigt wird. Um den gesamten Ausstoss der spanischen Minen für Deutschland zu sichern, operiert Bernhardt auch mit Tarnfirmen und Schmuggel. Es ist also gut möglich, dass Victor Oswald das Wolfram in seinem Auftrag verschiebt.[30] Für seine Nähe zu Bernhardt spricht auch, dass er massgeblich involviert ist, als die Assets der Sofindus nach dem Krieg zwischen der Allied Control Commission (ACC), der spanischen Regierung und einer privaten, dem britischen und amerikanischen Geheimdienst nahestehenden Handelsfirma aufgeteilt werden.[31] Dabei hilft, dass er sich rechtzeitig von den Verlierern distanziert hat. Ein CIA-Mitarbeiter rapportiert 1949, Victor Oswald gebe die Bekanntschaft mit Bernhardt zwar «bereitwillig» zu, streite aber «jede Verbindung oder Geschäfte mit ihm» ab und sei «zu intelligent und zu gut vernetzt», als dass er mit Bernhardt «etwas zu tun haben wollte oder müsste».[32]

Kurz nach der Wolframbestellung Anfang 1943 wird die Überwachung Holzachs eingestellt, deshalb fehlen weitere Belege für seine Zusammenarbeit mit Victor Oswald. Doch Abhörprotokolle dokumentieren, dass er neben Wolfram auch Pyrit, Zinn, Blei, Titan, Radium, Ammonsulfat und Calciumcarbid nach Deutschland, in die besetzten Balkanländer und nach Rumänien, Ungarn und Polen lieferte.[33] Auch wenn Victor Oswalds Name während dieser Telefongespräche nie erwähnt wird, so gibt es doch zahlreiche Hinweise, dass er den Grossteil dieser Waren in Spanien beschafft hat.

Die Deutschen schlugen Victor Oswald schon 1939 vor, eine Handelsorganisation in der Schweiz zu gründen, «die der Form halber spanische Waren bezieht, diese aber sofort als Schweizer Waren nach Deutschland weiterspediert».[34] Damals versicherte er dem Schweizer Botschafter, er habe dieses Ansinnen selbstverständlich abgelehnt, doch nun beliefert ausgerechnet sein Freund Holzach Deutschland mit spanischen Waren. Einziger, aber relevanter Unterschied zum ursprünglichen Vorschlag: Da die Güter nie Schweizer Boden berühren, werden keine Schweizer Vorschriften verletzt. Das dürfte auch der Grund sein, warum weder die Bundesanwaltschaft noch das EPD oder der militärische Nachrichtendienst einschreiten, obwohl sie aufgrund der Abhörprotokolle informiert sind.[35]

Auffallend ist auch, dass Victor Oswald beste Beziehungen zu Transportspezialisten unterhält, die für Nazi-Deutschland arbeiten: Richard Arno Buettner, der auf einer schwarzen Liste der Alliierten figuriert und später von ihnen zum «unliebsamen, zur Heimschaffung aus Spanien vorgesehenen» Nazi erklärt wird, ist der Transportbeauftragte der deutschen Botschaft in Madrid. Trotzdem – oder vielleicht gerade deshalb – benutzt er für seine Korrespondenz die Geschäftsadresse des Schweizers Victor Oswald.[36] Buettner arbeitet auch für den deutschen Nachrichtendienst, und es gibt mehrere Hinweise, dass auch Victor Oswald ein deutscher Agent ist. So kommt dem Schweizer Militärattaché in Madrid zu Ohren, dieser sei während des Kriegs «Gestapo-Agent» gewesen.[37] Doch es sieht aus, als habe sich Victor Oswald nach allen Seiten abgesichert: Laut Aline Griffith, Gräfin von Romanones, die für den amerikanischen Nachrichtendienst Office of Strategic Services (OSS) in Spanien arbeitete, war er ein Doppelagent, während amerikanische Historiker davon ausgehen, dass er gleichzeitig Agent der Abwehr, des OSS und des britischen Nachrichtendienstes Special Operations Executive (SOE) war.[38]

Derweil bangt seine Ehefrau Edith, die Tochter eines Textilindustriellen, um das Familienunternehmen im besetzten Holland. «[Die Deutschen] waren dran, alles aus der Fabrik zu holen und kurz und klein zu schlagen», schreibt sie 1943, «aber Daddie hofft immer noch, dass der grösste Teil gerettet werden kann, es ist sonst für nachher eine so aussichtslose Sache.»[39] Ob Edith Oswald weiss, dass ihr Mann Kontakt zu deutschen Agenten und anderen Vertretern des «Dritten Reichs» pflegt, geht aus ihren Briefen an die Schwiegermutter nicht hervor, dafür erfährt man, dass sie Wollsocken für ihn strickte: «Er trägt

[sie] immer und freut sich sicher darüber, zwei Paar dunkelblaue und 1 weisses.»[40]

Ein anderer Deutscher namens Boehm, der bei Victor Oswald angestellt ist, fährt im Herbst 1940 «für einige Monate» in den französischen Grenzort Hendaye, «um dort im Auftrage des Reiches die Transportfragen bezw. deren Abrechnung zu übernehmen und zu lösen». Er löst auch die Probleme seines Schweizer Arbeitgebers. Da er «für die Kaltleimfabrik in Paris grosses Interesse habe», berichtet Victor Oswald seiner Mutter, sei Boehm damit beschäftigt, «das von uns vor dem Fall von Paris gekaufte Casein nach hier zu bringen». Allerdings müsse er «Berge» von Schwierigkeiten überwinden, die er «im Einzelnen schon gar nicht mehr aufzählen» könne. Aber «schliesslich muss man durchbeissen, und ich bin jung und unternehmungslustig».[41] In der Tat. Kurz darauf eröffnet Victor Oswald im nordspanischen Irún-Guipúzcoa eine Fabrik, die mit dem importierten Casein den Spezialleim Marke Certus produziert.[42] Anfang 1942 folgt eine Fabrik für Lanolin. Es sehe so aus, schreibt er der Mutter, «dass auch dieses Geschäft, welches ausschliesslich spanische Rohstoffe verarbeitet, sehr gut einschlägt». Das Unternehmen, an dem neben ihm noch «ein Chemiker und ein Privatmann» beteiligt seien, verarbeite «ca. 73 % alles Wollfettes, welches in Spanien gewonnen wird».

Beide Produkte, die Victor Oswald herstellt, haben auch militärische Anwendungen: Der Spezialleim «Certus» wird beim Bau von Flugzeugen eingesetzt, Lanolin dient zum Fetten von Waffen. Gut möglich also, dass es sich bei den von Werner Oswald erwähnten «Wollgeschäften» um die Herstellung von Waffenfetten für die franquistischen Truppen handelt. Gut denkbar, dass Victor Oswald im Krieg auch die Deutschen beliefert. Mit Boehm, mit dem er «im ständigen Kontakt» steht, kennt er jedenfalls den richtigen Mann am richtigen Ort: Dieser arbeite, schreibt er nach Hause, seit 1941 «bei einer grossen Transportfirma in Hendaya und wird wohl so lange der Krieg dauert dort bleiben».[43] Wer immer die Abnehmer sind, das Geschäft läuft. Er müsse zwar «unglaubliche Anstrengungen» unternehmen, «um vorwärts zu kommen», schreibt Victor Oswald der Mutter Anfang 1942, er habe aber «eine Menge» Arbeit. «Hier in Spanien geht dank der umsichtigen Leitung von General Franco alles normal. Die Anstrengungen sind selbstverständlich sehr, aber man sieht, wie überall ein guter Wille herrscht, um die Geschäfte in dem heute möglichen Mass zu erleichtern.»[44]

Victor Oswald sorgt auch dafür, dass der HOVAG genügend Schwefelsäure für die Holzverzuckerung zur Verfügung steht. Das ist gar nicht so einfach, denn Pyrit ist im Krieg eine ausgesprochene Mangelware, weil es innerhalb Europas nur in Italien und Spanien gefördert wird.[45] Doch er vertritt die englische Rio Tinto Company, die Pyritminen in Huelva betreibt und sich mit dem Franco-Regime bestens arrangiert hat.[46] «Seit die Minenregion von General Francos Armee besetzt ist, haben wir keine Arbeitskonflikte mehr», erklärte VR-Präsident Sir Auckland Geddes 1937. «Minenarbeiter, die als Störenfriede ermittelt wurden, wurden vor Kriegsgericht gestellt und erschossen.»[47] Die Tatsache, dass die HOVAG von Pyritlieferungen aus Spanien abhängig ist, erklärt wohl auch, warum Victor Oswalds Geschäftspartner Paul Holzach noch immer in den Büros der HOVAG anzutreffen ist, obwohl ihm der Verwaltungsrat schon lange gekündigt hat.[48] Holzach wird erst im Februar 1943 endgültig ausgebootet. Die PATVAG übernimmt die Schweizer Alleinvertretung der Rio Tinto Company und wird «dank eigener Geschäftsbeziehungen» der grösste Pyritimporteur der Schweiz.[49] Fast gleichzeitig steht im *Handelsamtsblatt* zu lesen, die Unterschrift von HOVAG-Direktor Holzach sei erloschen.[50]

Victor Oswald scheint den endgültigen Rauswurf seines Freundes Holzach nicht mitzutragen. Er tritt im Sommer 1943 gleichzeitig mit diesem aus dem Verwaltungsrat der PATVAG aus. Kurz darauf verklagt Holzach die HOVAG auf 83 500 Franken Schadenersatz und gründet in Zürich die Firma Intercommerz, eine Tarnfirma des deutschen Auslandgeheimdienstes.[51] Schweizer Geschäftspartner ist der Jurist und Nachrichtendienstoffizier Paul Meyer, der unter dem Künstlernamen Wolf Schwertenbach mittelmässige Romane und Theaterstücke veröffentlicht.[52] Mehrheitsaktionär ist Sturmbannführer Wilhelm Eggen, ein enger Mitarbeiter von Walter Schellenberg, dem Leiter des Auslandgeheimdienstes der SS, des sogenannten Sicherheitsdienstes (SD). Anders als Victor Oswald, dem nachrichtendienstliche Beziehungen zu Nazi-Deutschland nicht hieb- und stichfest nachgewiesen werden können, arbeitet Holzach also erwiesenermassen für den deutschen Nachrichtendienst.

Der amerikanische Historiker Richard Breitman macht im Zusammenhang mit der Intercommerz eine für die Geschichte der HOVAG nicht unwesentliche Feststellung. Er ist überzeugt, die Firma sei bereits ein Jahr vor dem Handelsregistereintrag, also zum Zeitpunkt von Holzachs endgültiger Kündigung, gegründet worden. Falls dies zutrifft, hätten Holzach und Victor Oswald im Winter 1942/43 ihre Rohstoffgeschäfte tatsächlich im Auftrag oder mindestens in Absprache mit dem SD getätigt. Das könnte auch erklären, warum Holzach vor allem in den besetzten Balkan lieferte, wo Intercommerz-Mehrheitsaktionär Eggen über beste Beziehungen verfügte.[53] Es würde aber auch bedeuten, dass die HOVAG die Schwefelsäure und die Schweiz den Ersatztreibstoff aus Ems dem Auslandgeheimdienst der Nazis zu verdanken hatten.

Nach dem Krieg streitet Holzach jegliche Geschäftsbeziehung mit Spanien und folglich auch mit Victor Oswald ab. Doch es gibt, neben den bereits zitierten Telegrammen und Abhörprotokollen, mehrere Dokumente, die dagegensprechen. Ein Schweizer Nachrichtendienstoffizier gab im Sommer 1945 zu Protokoll, Holzach habe ihn vor einer Kurierreise nach Spanien gebeten, zwei Briefe mitzunehmen, von denen einer an die «Interkommerz A.G., Madrid» adressiert gewesen sei.[54] Obwohl dort laut Handelsregisteramt keine Firma Intercommerz oder Intercomercio registriert war, nahm offenbar ein Unbekannter die Interessen des Unternehmens wahr. Dass das Fehlen eines Handelsregistereintrags nichts zu bedeuten hat, lässt sich an der Firma V. M. Oswald zeigen: Sie war nicht registriert, obwohl sie nach dem Krieg sechzig Leute beschäftigte.

Wahrscheinlich hat Holzach für seine SS-Freunde auch Raubgut in Franco-Spanien in Sicherheit gebracht: Er erhielt als einer der ersten Schweizer ein Visum für das im März 1944 besetzte Ungarn und verschob laut dem Schweizer Militärattaché in Budapest «Werte aus Ungarn nach Spanien».[55] Kurz darauf reiste Holzach, auf welchem Weg auch immer, ins spanisch-marokkanische Tetuan, wo er von den Amerikanern als Spion fichiert wurde, bevor er spurlos abtauchte.[56] Laut einem CIA-Bericht war er auch «eng verbunden» mit einem Spanier, der den Nazis eine Flussspatmine verkaufte, wobei die Zahlung ausgerechnet bei der Bankgesellschaft in Zürich hinterlegt wurde, bei der sein Freund Hurter arbeitete.[57]

Der wichtigste Hinweis auf Holzachs dubiose Spaniengeschäfte stammt vom deutschen Geheimdienstchef Schellenberg. Er gab in alliierter Haft zu Protokoll, er habe seinem Mitarbeiter Eggen erlaubt, «im Namen Holzachs (d. h. der Interkommerz in Zürich) 2 grosse Kisten mit wertvollen Standuhren und Herren- und Damenuhren an eine Adresse in Spanien zu schicken. Ich nehme an, dass Holzach aus dieser Transaktion einen bedeutenden Gewinn zog.»[58] Schellenberg wurde nicht gefragt, woher die Uhren stammten und wer sie in Spanien in Empfang genommen hatte, doch alles spricht dafür, dass auch sie Raubgut waren. Und offenbar blieb es nicht bei den Uhren, denn 2013 versicherte die OSS-Agentin Gräfin von Romanones: «Oswald stand während des Kriegs mit den Nazis in Verbindung – er hatte auch etwas [mit] dem Verschieben gestohlener Kunstwerke von der Schweiz über Spanien nach Südamerika zu tun. Ich kann ihn nicht beschuldigen, bevor ich nicht meine Akten durchgesehen habe, und das würde Wochen dauern.»[59] Die Gräfin starb, ohne dass sie die Akten konsultiert hatte, doch ein zweiter Hinweis zielt in die gleiche Richtung. Nach Kriegsende versuchte Victor Oswald, die Firma Baquera, Kusche y Martin, den wichtigsten spanischen Schiffsmakler, Spediteur und Zollagenten, zu kaufen. Während des Kriegs dienten ihre Räumlichkeiten der Gestapo als Hauptquartier in Spanien, und sie importierte über den Freihafen Bilbao 22 gestohlene Gemälde.[60]

Holzach hatte eine ausgesprochene Affinität für krumme Geschäfte. Er schmuggelte Gold, geraubte Wertpapiere und einen wohl ebenfalls geraubten Persianermantel für seine Frau in die Schweiz.[61] Laut CIA war er auch in den illegalen Handel mit Bargeld und Schmuck zwischen Ungarn, der Türkei, «anderen Ländern» und der Schweiz involviert. Nach Kriegsende schmuggelte er mit seinem alten Komplizen, dem Bankangestellten Hurter, Schweizer Golduhren nach Spanien. All das rentierte, denn 1946 stellt die CIA fest: «Da Holzach vor dem Krieg mittellos war und nun im grossen Stil lebt, ist es wahrscheinlich, dass er aufgrund seiner guten Beziehungen zu hohen Beamten des 3. Reiches Mittel deutscher Herkunft verwendet.»[62]

Spätestens an dieser Stelle fragt man sich, was es wohl mit dem Gemälde auf sich hatte, hinter dem Holzach während der Hausdurchsuchung sein Notentäschchen versteckte. Warum stand es auf dem Boden und war nicht an die Wand gehängt? Und warum sollte es als Versteck dienen? Es musste ihm doch klar sein, dass dieses Versteck nichts taugte und dass Polizeisoldat Bänninger nicht ruhen würde, bis er das Geld gefunden hätte – umso mehr, als ihm Holzach bereits mit einer Anzeige gedroht hatte. War es am Ende ein klassischer Trick, mit dem er den Polizisten dazu bringen wollte, seine ganze Aufmerksamkeit auf das Notentäschchen zu richten und deshalb das Gemälde, hinter dem es lag, zu übersehen? Falls Holzach so schlau war, ging seine Rechnung auf. Das Polizeiprotokoll gibt keinerlei Auskunft über das Gemälde, und folglich wissen wir heute nicht, ob es Raubgut war und vielleicht nach Spanien verschoben werden sollte.

Die juristische Auseinandersetzung zwischen Holzach und der HOVAG zieht sich über vier Jahre. Während dieser Zeit steht er wegen der Fälschung von Affidavits für geraubte französische Wertpapiere vor Gericht, wird aber freigesprochen, weil er damit niemanden geschädigt habe.[63] 1946 weist das Kantonsgericht Graubünden seine Schadenersatzklage ab. Der Richter argumentiert, die HOVAG habe «ein immenses Interesse daran, dass ihren Organen und leitenden Persönlichkeiten in der Öffentlichkeit volles Vertrauen entgegengebracht werde.

Das bedingt aber, dass die HOVAG an ihre führenden Persönlichkeiten hinsichtlich deren persönlicher Integrität sehr hohe Anforderungen stellen muss. Auch ein an sich geringer Makel kann daher zu einem wichtigen Grund werden, der zur sofortigen Vertragsauflösung berechtigt.»[64] Kaum ist das Urteil veröffentlicht, tritt Victor Oswald wieder in den PATVAG-Verwaltungsrat ein.[65] Offenbar halten es Werner und Rudolf Oswald nicht mehr für nötig, die Spuren zu verwedeln, die von der PATVAG zu ihrem Bruder nach Spanien führen.

Treibstoff

«Die HOVAG macht mir ernstliche Sorgen»

Der Bau der Fabrik ist ein kriegswirtschaftlicher Hindernislauf, die HOVAG gerät in Schieflage, und der neue Finanzvorsteher Ernst Nobs zieht andere Saiten auf.

Eingemummt in Mäntel und Selbstgestricktes strömen am 15. November 1942 Scharen von Bündnerinnen und Bündnern auf die Plarenga bei Ems. Die Lokalprominenz fröstelt dem hohen Besuch auf der Ehrentribüne entgegen, zu ihren Füssen machen vier Trachtenmädchen wichtige Gesichter und reiben sich die klammen Finger. Als Pferdegetrappel zu hören ist, kommt Bewegung in die Menge. Väter heben ihre Jüngsten auf die Schultern, Kleingewachsene recken die Hälse. Und da kommt er, hoch zu Pferd, umringt von seinen Offizieren: der Oberbefehlshaber der Armee, den das Volk liebevoll «unseren General» nennt. Jedes Schweizerkind kennt Henri Guisans fein geschnittene Züge, denn sein offizielles Porträt hängt in unzähligen Läden und Gaststuben. Der Regierungsratspräsident entbietet dem General den Gruss des Bündner Volks, dann überreicht ihm ein Trachtenmädchen nach dem anderen ein Sträusschen und sagt – jeweils in einer anderen Landessprache – ein Verslein auf.

Als die Kirchenglocken elf Uhr schlagen, marschieren die Truppen los. Voraus die Tambouren, gefolgt vom Brigadekommandanten auf einem Schimmel, dem die *Bündner Nachrichten* am nächsten Tag das Adjektiv «feurig» verpassen. Die Wehrmänner defilieren im Stechschritt an der Tribüne vorbei: Infanteristen in «wuchtiger 16er Kolonne», Sanitäter und Sappeure in «prächtiger straffer» Haltung und Gebirgsartilleristen. Sie bieten ein «ungemein packendes Schauspiel» und etwas Zuversicht in düsteren Zeiten.

Als Guisan nach Chur zurückreitet, hat er «Mühe, sich seinen Weg zu bahnen durch die jubelnde Menge». Im Hotel Steinbock, wo der Kleine Rat ein Bankett zu Guisans Ehren ausrichtet, unterstreicht Regierungsrat Andreas Gadient, der Vorsteher des kantonalen Militärdepartements, in einer Rede

Fabrikgebäude der HOVAG (1955)

Holzverzuckerungsanlage (1953)

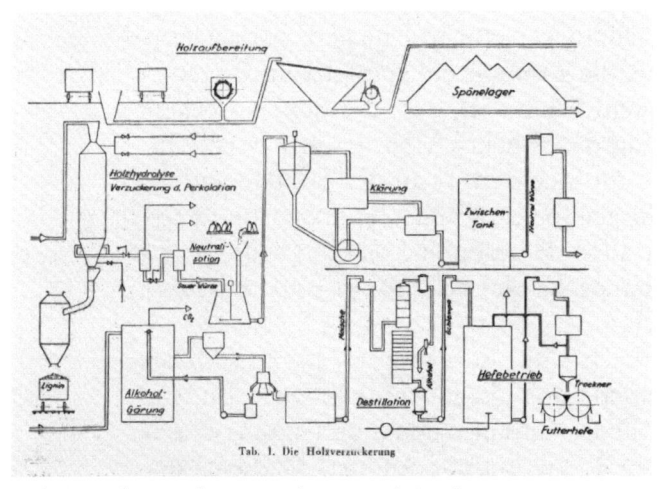

Schema der Holzverzuckerung (1955)

Treibstoff

«die Notwendigkeit steter Kriegsbereitschaft».[1] Nach Kaffee und Schnaps begleitet er den General, diesmal in seiner Funktion als HOVAG-Verwaltungsrat, nach Ems. Es gibt keinen zeitgenössischen Bericht über die Fabrikbesichtigung, nur eine Anekdote, die fast zu schön ist, um wahr zu sein. Auf die Frage, was er mit dem Werk bezwecke, soll Oswald erklärt haben: «Herr General, eines meiner Ziele ist es, hier so viele Arbeitsplätze zu schaffen, dass der Kanton Graubünden mit einem weiteren Regiment zur Landesverteidigung beitragen kann.»[2]

Der Besuch des Generals ist der glänzende Höhepunkt in einem schwierigen Jahr. Doch es ist nicht der erste hohe Besuch. Im Sommer hat Oswald bereits die Finanzkommission des Nationalrats empfangen. Damals berichtete die NZZ, die «volkswirtschaftlich ausserordentlich bedeutsame Industrieanlage» werde «demnächst» in Betrieb gehen.[3] In Wahrheit schlug sich die Belegschaft noch immer mit tausend Problemen herum, und Oswald drehte jeden Franken zweimal um, damit das Budget nicht vollends aus dem Ruder lief. Er nutzte auch Beziehungen, die er wohl als Nachrichtendienstoffizier geknüpft hatte, kaufte «eiserne Maschinen im Gesamtgewicht von mehr als 50 Tonnen» im «Protektorat Böhmen», importierte mit britischer Hilfe rares Kupfer und ergatterte eine im Iran «zufällig frei werdende Hochdruckapparatur».[4] Es ist nicht bekannt, wie diese mitten im Krieg den Weg aus den Škoda-Werken in Teheran nach Ems fand und ob Oswald das Schnäppchen dem Einmarsch der Briten verdankte oder dem Škoda-Bevollmächtigten Graf Eugen von Mensdorff-Pouilly, einem führenden Undercover-Agenten des deutschen Nachrichtendiensts.[5]

Im Herbst 1942 lief die Alkoholproduktion an, aber weil der Treibstoff aus 40 Prozent Ethylalkohol und 60 Prozent Methanol besteht, brachte das nicht viel.[6] Oswalds Taktik, die Emser «Pionierarbeit» herauszustreichen, trug trotzdem Früchte. Die Journalisten sahen ihm die Verspätung nach.[7] Die *VHTL-Zeitung* wagte sogar eine gewagte historische Prognose: «Die Kontinentsblockade Napoleons des I. hat Europa den Wert der Zuckerrübe gezeigt. Wird uns die Blockade, der wir gegenwärtig unterworfen sind, den Holzzucker als dauernden Zeugen für die Umwälzungen des zweiten Weltkrieges hinterlassen? [...] Die Forschungsarbeiten gehen weiter, und wir hoffen, dass der Erfolg die Anstrengungen jener krönen möge, die eine neue Schweizer Industrie geschaffen haben.»[8]

Doch statt des von Oswald versprochenen «Vollbetriebs» läuft zum Jahresende gar nichts mehr.[9] Die deutschen Spezialisten haben laut Oberingenieur Robert Peter die Methanolanlage zu «draufgängerisch» hochgefahren, sodass sie «total zusammengebrochen» ist. «Die Belegschaft war müde und entmutigt. Die Spezialisten und unsere Betriebsleiter diskutierten müde und abgehetzt im Kreis herum. Man beschloss, die Anlage über die Feiertage stillzulegen, um Klarheit über die Lage zu gewinnen.»[10] Von den geplanten 5000 Tonnen Treibstoff werden gerade einmal mickrige 178 Tonnen ausgeliefert. Das bringt die HOVAG, wie Oswald vornehm schreibt, «tresoriemässig» – finanziell – «in eine angespannte Lage».[11] Vergebens klopft er bei den Banken an, und auch der Bund stellt sich taub. Also muss die PATVAG, die offenbar gut bei Kasse ist, in die Bresche springen. Ihr Darlehen von 1,2 Millionen Franken bringt vorübergehend Entspannung, wenn auch zum Zins von fünf Prozent.[12] Umso erstaunlicher ist, dass der Bund zwei weitere Verträge mit der HOVAG abschliesst: Sie soll auch Spezialtreibstoff für die Luftwaffe und Futterhefe für die Landwirtschaft produzieren.

Anfang 1943 gelingt es endlich, die Methanolanlage Schritt für Schritt hochzufahren.[13] Doch der nächste Rückschlag folgt auf dem Fuss. In der Nacht vom 28. Januar reinigt der Hilfsarbeiter Valentin Eugster einen der Holzbottiche, in dem die Würze, ein schwefelsäurehaltiges Abfallprodukt der Holzverzuckerung, neutralisiert wird. Kurz vor drei Uhr kommt es zu einer Explosion. Aus einem der Bottiche quillt heisse Würze. Was dann passiert, kann man in einem Gerichtsprotokoll nachlesen: Ein Arbeiter hörte «verzweifelte Hilferufe des Valentin Eugster, traf diesen dann verletzt zwischen zwei Bottichen im Parterre an und schleppte ihn einige Meter mit sich. Schliesslich wurde es ihm infolge der grossen Dampfentwicklung übel und er konnte Eugster nicht mehr ins Freie verbringen, erreichte aber selbst noch den Ausgang. Eugster wurde kurze Zeit später ebenfalls geborgen.» Er wird mit «Verbrühung des gesamten Körpers» sofort ins Spital gebracht. «Beim Ausziehen der Kleider löste sich die Oberschicht der braunschwarz verfärbten Haut wie lockere Tapete.» Der Zustand des 28-Jährigen ist kritisch. «Kurz nach 7 Uhr morgens schlief Eugster, der vorher noch bei vollem Bewusstsein gewesen war, ein und verschied um 8 Uhr 40.»[14]

Johann Eugster, der Vater des Opfers, fordert eine Entschädigung von 8400 Franken, doch die HOVAG lehnt ab. Als er klagt, weist auch das Kantonsgericht die Klage ab, obwohl ein Gutachter gravierende Werkmängel festgestellt hat. Er muss 1000 Franken Gerichtskosten und 450 Franken Entschädigung an die HOVAG bezahlen, was fünf Monatslöhnen seines verstorbenen Sohnes entspricht. Immerhin legt der Richter der HOVAG ans Herz, Eugster «diese Forderung im Hinblick auf seine finanziellen Verhältnisse und die Tatsache, dass sein Sohn in ihrem Betrieb ums Leben kam, zu erlassen».[15]

Bottiche zur Neutralisierung der Schwefelsäure (1953)

«Die HOVAG macht mir ernstliche Sorgen»

Eugster zieht das Urteil ans Bundesgericht weiter. Auch hier stellt ein Gutachter Sicherheitsmängel fest, doch der Anwalt der HOVAG argumentiert, «die Neutralisierungsanlage sei, als einzige in der Schweiz, erst knapp drei Monate vor der Unglücksnacht eröffnet worden. Inländische Betriebserfahrungen hätten daher nicht zur Verfügung gestanden und ausländische seien in Anbetracht der Kriegsverhältnisse kaum erhältlich gewesen.» Das ist nicht wahr. Krieg hin oder her, in Ems geben sich die deutschen Treibstoffspezialisten die Klinke in die Hand, denn der Lizenzgeber Heinrich Scholler ist verpflichtet, bis zur Inbetriebnahme «Fachpersonal», darunter zwei Oberingenieure, zu stellen.[16] Diese Frage wird vom Gericht nicht überprüft, trotzdem stellt es grobes Verschulden fest, weil die HOVAG ihre «soziale Verantwortung» nicht wahrgenommen und «praktisch nichts zum Schutze ihrer Arbeiter unternommen» habe, und ordnet eine Neubeurteilung an.[17]

Bis sich das Kantonsgericht wieder über den Fall beugt, ist Valentin Eugster bereits seit vier Jahren tot. An der harten Linie der HOVAG hat sich nichts geändert. Ihr Anwalt macht einen «fehlenden Kausalzusammenhang zwischen den Werkmängeln und dem Unfall» geltend und behauptet, Eugster «habe sich ohne Recht ins Parterre hinunter begeben, um dort Pause zu machen». Kein Argument ist ihm zu schade: So verlangt er die Halbierung der Forderung, weil Eugsters Mutter zwischenzeitlich gestorben ist, und erklärt es für unmöglich, dass Eugster seine Eltern unterstützt habe. Er habe den (offenbar mickrigen) Lohn «ohne Zweifel für seine persönlichen Bedürfnisse vollauf verbraucht». Darauf reduziert der Richter Eugsters Forderung von 8400 auf 5000 Franken. Wie viel Oswald tatsächlich gespart hat, lässt sich nicht beziffern, weil die Anwaltskosten für die drei Prozesse nicht bekannt sind. Doch das Vorgehen wirft, wenigstens aus heutiger Sicht, ein schräges Licht auf Oswalds Beteuerungen, wie sehr ihm das Los der armen Bergbauern am Herz liege. Die Zeitgenossen störten sich offenbar nicht daran. In den grossen Bündner Tageszeitungen findet sich, bis auf die Unfallmeldung, keine Spur dieser menschlichen Tragödie.

Im März 1943 läuft endlich auch die Methanolanlage, allerdings erst mit bescheidenem Output.[18] Die Verzögerung hat der HOVAG ein derart grosses Loch in die Kasse gerissen, dass ihr der Bund mit sechs Millionen Franken Vorschuss unter die Arme greifen muss.[19] VR-Präsident Meili versichert der Finanzverwaltung: «Es ist ganz selbstverständlich, dass ich mit aller Schärfe darüber wache, dass keine derartige Knappheit der Barmittel mehr eintritt.» Doch das ist Wunschdenken. Er kann nicht einmal Auskunft über den Bau der Futterhefeanlage geben, weil

Oswald es «als inopportun» erachtet, «mit detaillierten Angaben herauszurücken». Auch sein Vorschlag, den Nobelpreisträger Paul Karrer, «einen der grössten Chemiker der Gegenwart», in den Verwaltungsrat zu wählen, findet keine Gnade.[20]

Als die Anlage kurz darauf erneut abgestellt werden muss, kann nicht einmal mehr Oberingenieur Peter die «Kinderkrankheiten» schönreden.[21] Stattdessen hat er ein paar praktische Schuldzuweisungen zur Hand: Der Lizenzgeber konnte mit dem «vorgesehenen Tempo» nicht Schritt halten, der Termindruck vereitelte «streng systematisches Vorgehen», und die Einarbeitung des Personals kostete «einige Mühe», da man sich «in einzelnen Fällen vorerst mit Zweitklassigem begnügen» musste.[22] Immerhin ist jetzt klar, dass es «ruhige, gewissenhafte und nicht zu komplizierte Leute» braucht, denn «guter Charakter und kameradschaftliche Einstellung spielen besonders bei Schichtbetrieb eine nicht zu unterschätzende Rolle».[23]

Treyer, der Sonderbeauftragte der Finanzverwaltung, hat es nach zwei Jahren satt, in Ems den Sündenbock zu spielen, und sucht eine neue Stelle. Erst jetzt getraut er sich, laut zu sagen, dass Oswald mit der Leitung des Grossbetriebs zwar heillos überfordert sei, sich aber weigere, auf die Fachleute zu hören. Er steht nicht allein mit dieser Einschätzung. Der Direktor der Kreditanstalt bemerkt: «Die Herren Oswald wollen immer alles selbst machen und haben eine merkwürdige Hemmung, andere Leute zu orientieren oder zu fragen.» Er schätze zwar ihre Leistungen, «aber ein Universalgenie auf den verschiedensten technischen Gebieten, sowie in kaufmännischen und finanziellen Fragen ist eben doch weder Herr Dr. W. Oswald noch sein Bruder Rudolf».[24]

Seinem Chef Reinhardt gesteht Treyer, er habe um der Sache Willen das Auge immer wieder «ein bisschen» zugedrückt, doch im Grunde genommen müsse die HOVAG die PATVAG als verantwortliche Bauführerin für die vielen Konstruktionsfehler belangen. Er verlangt deshalb von Meili, die HOVAG müsse das 1,2-Millionen-Darlehen der PATVAG so lange einbehalten, bis die Haftungsfragen geklärt und die beiden Unternehmen entflochten seien.[25] Meili ist hochgradig beunruhigt. Seinem Tagebuch vertraut er an: «Die HOVAG macht mir ernstliche Sorgen, als Präsident komme ich mir vor wie ein Seiltänzer. Heute habe ich Werner Oswald einen Brief geschrieben, der dieser ganzen Undurchsichtigkeit um die PATVAG ein Ende bereiten soll.»[26]

Als den Gebrüdern Oswald zu Ohren kommt, Treyer, der ihnen sämtliche Bewilligungen verschafft und für Goodwill bei den Lieferanten sorgt, schaue sich hinter ihrem Rücken nach einer neuen Stelle um, sind sie mehr als sauer. «Ich nehme zur Kenntnis, dass an diesen Behauptungen kein einziges wahres Wort ist und dass Sie sich nie erlaubt haben und nie erlauben werden, ausser den zuständigen Instanzen der Holzverzuckerungs AG ähnliche Äusserungen kundzutun», staucht ihn Rudolf Oswald zusammen. Mit einer Kündigung lasse er «eine Bombe platzen», «die sich persönlich gegen meinen Bruder und mich richtet».[27] Das erinnert an den barschen Umgangston des «Kaisers von Luzern» und zeigt, dass seine Söhne von ihm gelernt haben, wie man sozial tiefer Gestellte in den Senkel stellt. Wie schon der Vater ist auch Werner Oswald berüchtigt für seine Wutanfälle: «Dann schrie er hemmungslos», erinnert sich ein Mitarbeiter. «Man musste dann einfach schweigen und ihm die gleiche Idee, deretwegen er ausser sich geraten war, schriftlich nochmals einreichen. Dann genehmigte er sie gewöhnlich, denn eigentlich tat es ihm ja leid, dass er die Beherrschung verloren hatte.»[28]

Der Zusammenstoss mit Treyer zeigt aber auch, wie gereizt die Brüder sind. Sie haben allen Grund dazu: Da die Futterhefe zu wenig Eiweiss enthielt und doppelt so teuer war wie geplant, mussten sie die Produktion stoppen.[29] Auch die Bilanz beim «Emser Wasser» ist verheerend: 1943 konnten sie nicht einmal die Hälfte der vertraglich vereinbarten Menge Treibstoff und keinen einzigen Tropfen Spezialtreibstoff für die Luftwaffe ausliefern.[30] Kein Wunder, ist Finanzvorsteher Wetter zunehmend ungehalten und verlangt, «dass die immer wieder weiter ausgedehnte Periode der beängstigenden Unsicherheiten, der Hoffnungen und Versprechungen, die stets aufs neue enttäuscht wurden, endlich ihren Abschluss finde und eine Entwicklung beginne, die klare Tatsachen, positive Ergebnisse und die nach menschlichem Ermessen erwartbaren Sicherheiten schafft».[31] Es sind fromme Wünsche, und Wetter muss nicht mehr darüber wachen, dass sie erfüllt werden: Ende 1943 räumt er seinen Sessel und überlässt das Problem seinem Nachfolger, dem ersten sozialdemokratischen Bundesrat Ernst Nobs.

Anfang 1944 sieht sich Oswald gezwungen, einen Teil der Belegschaft zu entlassen, und Meili stellt fest, dass auch seine Situation als VR-Präsident «dramatisch» ist.[32] In einem eingeschriebenen Brief macht er die PATVAG als Bauführerin «in aller Form» für die Mängel verantwortlich, die Produktionsverzögerungen und Kostenüberschreitungen zur Folge hatten. In einem zweiten eingeschriebenen Brief fordert er Oberingenieur Peter auf, ab sofort alle Reparaturarbeiten persönlich zu überwachen. «Wenn jetzt nicht sofort Abhilfe der unhaltbaren technischen und personellen Zustände in Ems geschaffen werden kann, geht unsere Unternehmung in kurzer Zeit einem katastrophalen Ende entgegen. Ich setze meine Hoffnungen auf Ihre menschlichen und technischen Qualitäten.» In einem dritten eingeschriebenen Brief schleicht er sich auf Samtpfoten an, denn dieser geht an Oswald. «Sie wissen, dass ich Ihre Arbeit und Ihre ganze Persönlichkeit sehr hochschätze. Sie wissen auch, dass mir Ihr Werk, die Holzverzuckerung, ans Herz gewachsen ist und dass ich alles tue, um Ihrem Unternehmen, auch unter Aufbietung aller meiner Kräfte und Erfahrungen, zum Erfolg zu verhelfen.» Nach der gesäuselten Ouvertüre steuert er auf den Kern der Sache zu: «Es ist Ihnen offenbar – im Drang der Geschäfte – entgangen, dass sich die Hovag in einem Glashaus befindet. Tausende von kritischen und übelwollenden Augen richten sich auf Sie und suchen Angriffspunkte. Und es wäre von unabsehbarer Tragweite, wenn sie solche finden würden. Nach meiner Überzeugung gibt es deren einige. Diese zu entfernen, erachte ich als meine Pflicht, und ich bin entschlossen, sie aus der Welt zu schaffen.» Dazu zählt er, wie er Oswald klarmacht, auch das «Dilemma» HOVAG/PATVAG. «Normalerweise müssten Sie Mängelrügen als Delegierter der Hovag der Patvag – deren Delegierter Sie ebenfalls sind – melden», gibt Meili zu bedenken. «Es ist nicht anzunehmen, dass Sie sich selbst derartige Mängelrügen schreiben. Wer soll das also tun?»[33]

Oswald weist die «verletzenden und nicht zu belegenden» Vorwürfe entrüstet zurück, doch mit dem HOVAG-Präsidenten will er es sich nicht verscherzen. Auf PATVAG-Briefpapier versichert er Meili, er werde «trotz dieses Vorfalles alles daran setzen, dem Werk Ems zur verlangten Produktion zu verhelfen». Wie immer, wenn es ernst wird, schreibt er «wir» und meint sich selbst. «Wir vertreten dabei die Auffassung, dass nur die intensive Zusammenarbeit und nicht persönliche Gesichtspunkte, die stets trennende Elemente in sich schliessen, das Unternehmen zum gewollten Ziel führen.»[34]

Zur selben Zeit verfasst Eberhard Reinhardt, der inzwischen zum Leiter der Finanzdirektion aufgestiegen ist, einen alarmierenden Bericht für seinen neuen Vorgesetzten, Bundesrat Ernst Nobs. Die Lage der HOVAG sei «ernst», ihre Finanzen «prekär» und die Bankkredite gefährdet. Es drohe eine «Vertrauenskrise», die den Bund «als Garant und Gläubiger» in Misskredit bringen könne. Doch man könne das Unternehmen «nicht einfach seinem Schicksal überlassen». Reinhardt schlägt deshalb vor: «Die Einflussnahme des Bundes muss nunmehr bis in die engere Verwaltung selbst hineinverlegt werden, damit die Durchführung der Lieferverträge möglichst gewährleistet werden kann.» Der Vorschlag, Bundesvertreter im Verwaltungsrat zu platzieren, findet beim Gesamtbundesrat jedoch kein Ge-

Mitglieder der Überwachungskommission: Robert Grimm und Ernst Imfeld (um 1945)

Treibstoff

hör. Dieser argumentiert, der Bund müsse unabhängig bleiben und dürfe keine direkte Verantwortung übernehmen für Dinge, die er nicht überblicken, geschweige denn kontrollieren könne.[35] «Ich verstehe die Bedenken gegen ein Einsteigen in das auf stürmischer Fahrt befindliche Schiff vollauf», meint Reinhardt. «Und wenn ich einen anderen Weg gesehen hätte, würde ich das keinesfalls empfohlen haben.» Er fühle sich selbst «wie ein Wanderer, der an einer Wegverzweigung steht; keine der Möglichkeiten verspricht sichern Erfolg. Jede ist mit Verantwortung belastet.»[36]

Bundesrat Nobs verlangt als Erstes die zügige Entflechtung von HOVAG und PATVAG und stellt klar, vorher nehme er keine neuen Gesuche entgegen.[37] Dann forciert er die Überwachung.[38] Er platziert einen Buchhalter in Ems und ersetzt den Sonderbeauftragten Treyer, der einzig «Ratschläge und Wünsche» anbringen konnte, durch eine Überwachungskommission (UWK) mit mehr Kompetenzen.[39] Neben Reinhardt als Vertreter des Finanzdepartements und dem Oberkriegskommissär Oberstbrigadier Fritz Bolliger sollen künftig drei Treibstoffspezialisten den Gebrüdern Oswald auf die Finger schauen: Ernst Imfeld, Direktor des kriegswirtschaftlichen Syndikats Petrola, ETH-Professor und Kriegskommissär Paul Schläpfer, der Oswald schon beim Bau der Versuchsanlage beraten hat, sowie SP-Nationalrat Robert Grimm, der Leiter der Sektion Kraft und Wärme, einer Abteilung des Kriegs-Industrie- und Arbeitsamtes, die für die Energieversorgung der Schweiz zuständig ist. Grimm ist ein langjähriger Genosse von Nobs, denn die beiden Sozialisten gehörten 1918 dem Komitee an, das den Generalstreik anführte. Da Grimm inzwischen über die Parteigrenzen hinweg respektiert ist, ernennt Nobs ihn zum Präsidenten der UWK.

Eilfertig sichert Oswald dem neuen Gremium eine «enge und verständnisvolle Zusammenarbeit» und seinen Rücktritt als HOVAG-Delegierter zu – lässt sich damit aber fast ein Jahr Zeit.[40] Die Entflechtung ist sowieso mehr Farce als Reorganisation. Die Gebrüder Oswald behalten das Sagen, einfach in neuer Konstellation: Rudolf ersetzt Werner als HOVAG-Delegierter und bleibt PATVAG-Präsident, während Werner PATVAG-Delegierter wird und HOVAG-Direktor bleibt. «Die Leitung des Werkes», verkündet Meili an der Generalversammlung, «bleibt damit in der bewährten Obhut seines tatkräftigen Gründers und Erbauers.»[41]

Die erste Rempelei mit der UWK lässt nicht auf sich warten. Auslöser ist eine Pressemeldung der HOVAG, die Schwierigkeiten seien überwunden, sie werde die Treibstoffanlage nach Pfingsten 1944 dem Betrieb übergeben und die «bei der Gründung gehegten Erwartungen» vollauf erfüllen. Zu Ernst Imfelds Verdruss hat die Presse das Eigenlob unhinterfragt übernommen. Die Meldung stimme «mit den Tatsachen nach keiner Richtung überein», beschwert er sich bei Oswald. Und er ist nicht der Mann, der seine Worte auf die Goldwaage legt. «Wir beide wissen doch», poltert er, «dass der heutige Emser-Treibstoff wirklich nicht das ist, was man erwartet hat, und dass man von einer Fertigstellung des Treibstoffwerkes nicht sprechen kann, und ferner wissen wir, dass ohne Benzin diese Emserware überhaupt nicht gebraucht werden kann.» Wenn die HOVAG von «Fertigstellung» spreche, gefährde sie die heiklen Verhandlungen mit den deutschen Treibstofflieferanten. Oswald solle also «solche optimistischen und sachlich unrichtigen» Verlautbarungen künftig unterlassen.[42]

Imfelds Intervention verheisst nichts Gutes für Oswald. Das Gleiche gilt für den Elan, mit dem sich die UWK ans Werk macht. Sie verknurrt Oswald zu Tagesrapporten und Monatsberichten, beanstandet diverse Falschbuchungen und hält fest, die HOVAG habe ihre vertraglichen Pflichten «weder zeitlich, noch mengen- und qualitätsmässig» erfüllt.[43] Die UWK fordert auch, der Expertenbericht über die Beziehung zwischen HOVAG und PATVAG müsse «unverzüglich» fertiggestellt werden, denn es kursiere das Gerücht, «dass die guten Geschäfte grundsätzlich an die Patvag gehen, während die übrigen der Holzverzuckerungs-AG vorbehalten sind».[44] Oswald verlegt sich – nicht zum ersten und nicht zum letzten Mal – auf passiven Widerstand. Er vertrödelt die Herausgabe der Unterlagen, auch als Finanzdirektor Reinhardt dies «mit allem Nachdruck» verlangt.[45] Schliesslich gibt der Experte auf und versichert der UWK, er habe auch ohne die Dokumente «einen sehr guten Überblick, soweit die sehr komplizierten Verhältnisse eine Übersicht erlauben». Soweit er beurteilen könne, gebe es keine «Unkorrektheiten oder Unregelmässigkeiten».[46]

Im August 1944, drei Jahre nach dem ersten Spatenstich, ist es endlich so weit. «Das Ziel ist erreicht», triumphiert Oswald. «Das richtig arbeitende gross-chemische Werk Ems ist Wirklichkeit geworden.» Obwohl er dem Bundesrat ursprünglich versichert hat, die Fabrik sei innerhalb eines Jahres gebaut, strotzt sein Bericht an die UWK vor Eigenlob im grammatikalischen Passiv. «Die vielerlei Erschwernisse mussten aus eigener Kraft überwunden werden, indem entschlossen die Verantwortung übernommen wurde.»[47] Es ist höchste Zeit, dass die HOVAG liefert, was sie versprochen hat. Die Treibstoffimporte aus Nazi-Deutschland nähern sich nämlich dem Nullpunkt.

«Wohl spät, aber doch noch rechtzeitig»

Werner Oswald schönt die kriegswirtschaftliche Erfolgsbilanz der HOVAG und strickt am Mythos, dass das «Emser Wasser» nur aus einheimischen Rohstoffen produziert wird.

Am 23. Mai 1944 kommt es in Hitlers Residenz im Führersperrgebiet Obersalzberg zu einem hochkarätigen Treffen. Wenige Tage zuvor haben alliierte Flugzeuge die deutsche Treibstoffindustrie bombardiert und dabei deutsche Raffinerien und Treibstoffwerke und Erdölanlagen im besetzten Rumänien schwer beschädigt. Die Anwesenheit von Hermann Göring, Oberbefehlshaber der Luftwaffe, Wilhelm Keitel, Chef des Oberkommandos der Wehrmacht, Erhard Milch, Staatssekretär des Reichsluftfahrtministeriums, und Albert Speer, Reichsminister für Bewaffnung und Munition, lässt keine Zweifel zu: Die Lage ist ernst.

Neben Hitlers Führungsriege sind mehrere Spitzenbeamte des Reichswirtschaftsministeriums und Vertreter der I.G.-Farben anwesend. Sie haben die wenig beneidenswerte Aufgabe, dem Führer die Bombenschäden zu erläutern, ohne seinen Zorn allzu sehr auf sich zu ziehen. Hitler schräg gegenüber sitzt Heinrich Bütefisch, I.G.-Farben-Aufsichtsrat und Direktor des Leuna-Werks, neben ihm Ernst Fischer, Leiter der Mineralölabteilung im Reichswirtschaftsministerium, der auf Befehl Görings für «alle mit der Mineralölversorgung aus dem Ausland zusammenhängenden Fragen» zuständig ist und als «hervorragender, unentbehrlicher, sachlich zutiefst engagierter Mitarbeiter» gilt.[1] Beide Männer sind erfahrene Manager, hochdekorierte Wehrwirtschaftsführer und überzeugte Schreibtischtäter, wenn es um Zwangsarbeit und die Plünderung der besetzten Gebiete geht. Und sie werden ihre Expertise und ihre Netzwerke wenige Jahre später in den Dienst der HOVAG stellen.

Als Erstes gibt Carl Krauch, Generalbevollmächtigter für Sonderfragen der chemischen Erzeugung, einen Überblick über die Schäden.[2] Zu diesem Zweck breitet er auf dem Tisch einen Plan des Leuna-Werks aus, das mit seinem acht

Eine amerikanische Consolidated B-24 «Liberator» bombardiert eine Raffinerie im rumänischen Ploieşti (August 1944)

Treibstoff

Quadratkilometer grossen Werkgelände und den 250 Gebäuden das zweitgrösste deutsche Chemiewerk und «ein Begriff wie Hollywood oder Detroit» ist.[3] Hier werden vor allem Ersatzstoffe für die Kriegswirtschaft wie synthetischer Treibstoff oder Kautschuk produziert. «Treibstoff entscheidet über Sieg oder Niederlage», hat die Schweizer Tageszeitung *Die Tat* nach dem Bombenangriff geschrieben. «Ohne Treibstoff können nämlich die Flugzeuge nicht aufsteigen, die Lastwagen und Tanks und Panzer nicht fahren, die U-Boote nicht in Aktion treten.»[4] Aber weil alliierte Bomben das Leuna-Werk vollständig lahmgelegt haben, ist der Plan, über den sich Hitler beugt, mit 2200 kleinen, mittleren und grossen Punkten übersät. «Jeder dieser Punkte ist eine Bombe, die ins Werkgelände gefallen ist», erklärt Krauch. «Die Punkte deuten die Grösse der jeweiligen Bomben an.» Es wird totenstill. «Hitler hielt sich die Hand vor die Augen», schreibt Fischers Vorgesetzter Hans Kehrl über diesen Moment. «Er hatte es sich offenbar so schlimm nicht vorgestellt.» Als der Führer die Fassung wieder gefunden hat, referiert Bütefisch über die Schäden in den anderen I.G.-Farben-Werken, und Hitler stellt «sehr sachlich und kurz mehrere Fragen, vor allem über die Massnahmen, die bisher zum Fliegerschutz für Belegschaft und Werksteile ergriffen worden waren», worauf ihm Göring erklärt, Leuna werde «zu einer ‹Flakfestung› ausgebaut». «Mineralöl-Fischer», wie ihn die Kollegen nennen, ist der letzte Referent. Als Wehrwirtschaftsführer legt er dar, mit welchen Produktionsausfällen zu rechnen ist und was diese für die Wehrmacht bedeuten.[5]

Wenig später streckt Fischer die Fühler Richtung Schweiz aus. In seinem Visumsantrag führt er als Reisezweck «Besprechungen» mit dem Volkswirtschaftsdepartement (EVD) und Petrola-Direktor Ernst Imfeld auf.[6] Er ist nicht der Einzige, der seinen Absprung einfädelt. Weil sich die Einreisegesuche von Nazi-Spitzenfunktionären zwecks Kuraufenthalt häufen, witzelt man in Bern bereits über die «deutsche Krankheit». Fischer profitiert davon, dass die Schweiz mehr denn je auf sein Wohlwollen angewiesen ist, denn seit alliierte Bomber die Treibstoffindustrie der Nazis schwer beschädigt haben, wird sie kaum noch beliefert.[7] Das EVD macht bei der Fremdenpolizei entsprechend Druck: «Herr Dr. Fischer ist angesichts der Wichtigkeit der zu lösenden Fragen beauftragt worden, in seiner Eigenschaft als Mineralöl-Reichsleiter von deutscher Seite diese Verhandlungen persönlich zu leiten.»[8] Anfang November 1944 verhandelt Fischer in Bern und Zürich über weitere Treibstofflieferungen und sondiert das Terrain für seinen Absprung.

Zu dieser Zeit gerät die HOVAG erneut ins Trudeln. Die deutschen Kohlelieferungen für die Methanolproduktion bleiben immer öfter aus.[9] Anfang 1945 fehlen über 3000 Tonnen, und Oswald bekniet den Schweizer Botschafter in Berlin, sich für die Lieferung der «für uns lebenswichtigen Produkte» einzusetzen.[10] Eine «ersehnte» Ladung von säurefestem Kitt steckt in Frankfurt fest, weil das Reichsverkehrsministerium den Export verweigert und das Schweizer Transportunternehmen auf einer Zusicherung der Wehrmacht besteht, dass ihre Lastwagen «nicht für andere Zwecke in Deutschland requiriert werden».[11] Am 1. Februar 1945 informiert Oswald die HOVAG-Überwachungskommission (UWK): «Am einfachsten wäre es, wenn erreicht werden könnte, dass beispielsweise für die Hereinnahme des Kittes von der Schweiz aus 2–3 Lastwagen mit Anhänger nach Frankfurt fahren könnten, wo Herr Dr. Dietz der I.G.-Farben alles für die rasche Beladung mit Kitt und Asplitmehl vorkehren würde. Den Lastwagen müsste aber auf alle Fälle ein Zisternenwagen mit Benzin und Öl beigegeben werden, da es ausgeschlossen ist, dass in Deutschland getankt werden kann.» Die I.G.-Farben hat allerdings zur Bahn geraten und beim Reichsverteidigungskommissar bereits ein gutes Wort für die HOVAG eingelegt. Sobald der Transport bewilligt sei, so Oswald weiter, schicke die Transportfirma Welti Furrer einen erfahrenen Mitarbeiter nach Frankfurt, um die Ladung zu begleiten, denn «eine Begleitung durch Deutsche wird als ausgeschlossen angesehen, da ja alles, was irgendwie noch marschieren kann, mobilisiert ist».[12]

Während der Frieden näher rückt, kündigt sich für Werner Oswald auch privat ein neuer Lebensabschnitt an. Im November 1944 hat er seine langjährige, schwangere Sekretärin Eléonore Matthys geheiratet. Für «Queen Mary» auf dem Dietschiberg war es ein harter Schlag, dass er eine Arbeitertochter vor den Altar führte, doch damit verhielt er sich, wie man damals sagte, als Ehrenmann.[13] Fünf Tage vor der Kapitulation Deutschlands kommt das erste von fünf Oswald-Kindern zur Welt. Es ist ein Sohn, der zu Ehren seines Vaters, seiner beiden Grossväter und seines Urgrossvaters auf den Namen Werner Arthur Paul Leodegar getauft wird.

Einen Monat später erscheint der Geschäftsbericht 1944. Es sei gelungen, so Oswalds Fazit, «der Landesversorgung in der Zeit ihrer bisher grössten Einengung mit der vollen Produktion zur Verfügung zu stehen und unserem Land einen wesentlichen Dienst zu leisten». Obwohl die Treibstoffproduktion mit zwei Jahren Verspätung eingesetzt hat, geizt er nicht mit Eigenlob. «Die Organisation formte sich zielbewusst und stetig, wenn auch unter dem schweren Druck der Termine, der

Werner Oswald (o. D.)

Eléonore Oswald-Matthys mit ihren beiden
Töchtern (um 1951)

«Wohl spät, aber doch noch rechtzeitig»

Holzverarbeitung in Ems (1953)

Treibstoff

Überfülle der Arbeit und Probleme oft nur mühsam. Fachleute und Belegschaft wuchsen in ihre Aufgaben hinein, die Unzulänglichkeiten, wie sie jedem Entstehen innewohnen, unbeirrt von der Kritik mehr und mehr überwindend.»[14] Die Presse betet die Eigenwerbung kritiklos nach. Das Werk in Ems, schreibt die NZZ, habe «unserem Lande hinsichtlich Treibstoffversorgung wertvolle Dienste» geleistet.[15]

Bei näherer Betrachtung ist die Bilanz weniger brillant. Im Gegensatz zum Mythos – und zur offiziellen Unternehmensgeschichte, die ihn pflegt – konnte Oswald seine vollmundigen Versprechen nicht annähernd erfüllen. Er behauptete, das Werk sei «wohl spät, aber doch noch rechtzeitig in Vollproduktion getreten», dabei wurde die vertraglich vereinbarte Produktion erst erreicht, als das Kriegsende bereits absehbar war. Die Futterhefeproduktion setzte mit mehr als zweijähriger Verspätung Ende 1944 ein. Die Herstellung von Spezialtreibstoff für die Luftwaffe stiess «auf unüberwindliche Schwierigkeiten, so dass auf die Lieferungen der Hovag verzichtet werden musste».[16] Einzig die Alkoholproduktion klappte ohne nennenswerte Verzögerung und ermöglichte dem Bund, die Kontingentierung 1943 aufzuheben. Die Kostenüberschreitung war jedoch exorbitant. Statt der geplanten 15 Millionen kostete der Bau 37 Millionen Franken.[17] Auch wenn man Oswald die Teuerung und andere kriegsbedingte Schwierigkeiten zugutehält, ist das alles andere als eine herausragende Leistung.

Die Unabhängigkeit vom Ausland war ein reines Verkaufsargument. Sogar VR-Präsident Meili musste konzedieren, dass Oswald die «autarken Erwartungen», die er geschürt hatte, nicht erfüllte.[18] Die HOVAG benötigte Schwefelsäure respektive Pyrit für die Verzuckerung und Kohle für die Herstellung von Methanol.[19] Anders gesagt: Die Verarbeitung von «einheimischem» Holz erforderte Kohle aus Nazi-Deutschland und Pyrit aus Franco-Spanien. Auch das Know-how stammte mehrheitlich aus dem Ausland. Ems war abhängig von deutschen Patenten, Verfahren, Maschinen und Spezialisten.[20] Sogar die Verwertung von Abfallholz, die den Bündner Bergbauern zugutekommen sollte, geriet zum Flopp. Im Krieg war Holz als Energiequelle plötzlich gefragt wie schon lange nicht mehr, und die HOVAG musste für teures Geld «Holzabfälle und Sägemehl aus der ganzen Schweiz» nach Ems karren.[21]

Meili hat zweifellos recht, wenn er schreibt, die HOVAG sei nur dank «der Tatkraft des Direktors und Initianten» gebaut worden.[22] Doch nicht alle Mittel, zu denen Oswald griff, waren über jeden Verdacht erhaben. Man denke nur an den vordatierten Vertrag, die übersetzten Honoraransätze der PATVAG oder die Zahlung von 600 000 Franken, die dem Kauf von HOVAG-Aktien diente. Unbestritten ist, dass Oswald Arbeitsplätze schuf, doch weil Graubünden keine industrielle Tradition hatte, stammten viele Facharbeiter und fast alle Chemiker und Ingenieure aus dem Unterland. Ironischerweise stoppte Oswald also nicht einfach die Abwanderung, sondern förderte auch die Zuwanderung. Laut dem *Vorwärts* wurden die «schönen Hoffnungen» der Bündner Arbeiter auch durch «die – milde ausgedrückt – recht eigenartige Lohnpolitik» enttäuscht, denn die HOVAG drückte die Löhne «auf ein Minimum». Zudem gab es «fortwährenden Wechsel in der Belegschaft. Einmal hiess es: ‹Wir haben zu viel Arbeiter›, worauf Entlassungen vorgenommen wurden. Dann wurden wieder neue Arbeiter eingestellt.» Dadurch habe die HOVAG, so die Kritik des linken *Vorwärts*, «eine Atmosphäre der Unsicherheit» erzeugt, «um kollektive Aktionen für Lohnaufbesserungen zu verunmöglichen».[23]

Vereinzelte Journalisten legen nach der Lektüre des Geschäftsberichts die Beisshemmung ab, die typisch war für die Berichterstattung über ein «nationales Werk» in Kriegszeiten. *Die Tat* kritisiert vor allem die «Geheimniskrämerei» des subventionierten Betriebs und fordert: «Mehr Licht in die Holzverzuckerung!»[24] Die Forderung ist berechtigt. Nur ein kleiner Kreis von Politikern, Beamten und Experten sowie die Mitglieder der Überwachungskommission kennen die Vertragsbedingungen. Die Öffentlichkeit weiss weder, wie viel öffentliche Gelder bis anhin in die HOVAG geflossen sind, noch wie viel diese am «Emser Wasser» verdient.

Die Kritik der *Finanz-Revue* ist grundlegender und hellsichtig: Der Bund hätte die HOVAG besser als Regiebetrieb aufgezogen, die Investitionen als «Mobilisationskosten» abgeschrieben und damit «eine klare Situation geschaffen». Nach den Lieferverzögerungen sei nun zu hoffen, dass wenigstens die Nachkriegszeit «das Experiment» rechtfertige. «Es ist nämlich zu erwarten, dass mit der Besserung der Versorgungslage, resp. der Zufuhren, die einzuführenden Produkte billiger zu stehen kommen als sie in Ems hergestellt werden. Dann würde die Frage auftauchen, wie das Dilemma zu lösen wäre.»[25] Es ist ein Dilemma, das es in sich hat. Das überdimensionierte und unrentable Treibstoffwerk zwingt Oswald, neue Produkte zu entwickeln und neue Märkte zu erschliessen. Zu diesem Zweck wird er zweifelhafte Allianzen schmieden und manchmal zu unschönen Mitteln greifen.

ERBE DES «DRITTEN REICHS» (1945–1949)

Das ausgebombte I.G.-Farben-Werk Leuna (12. Mai 1945)

Erbe des «Dritten Reichs»

«We take the brain»

Während Sondereinheiten der Alliierten das besetzte Deutschland nach industriellem Know-how und Spezialisten durchkämmen, muss sich die HOVAG auf die Friedenswirtschaft einstellen.

Als amerikanische Soldaten das Leuna-Werk besetzen, liegt das Juwel der I.G.-Farben in Schutt und Asche. 80 000 alliierte Brand- und Sprengbomben haben es in eine bizarre Industriewüste mit ausgebrannten Benzintanks und geplatzten Pipelines verwandelt. Direktor Schneider empfängt die Sieger am Fabriktor, Generaldirektor Heinrich Bütefisch glänzt durch Abwesenheit.[1] Als ihn die Amerikaner in seiner Jagdhütte aufspüren, bringen sie ihn nach Schloss Kransberg ins ehemalige Führerhauptquartier Adlerhorst, das sie zum Vernehmungszentrum für nationalsozialistische Führungskräfte umfunktioniert und hämisch «Camp Dustbin» (Mülleimer) getauft haben. Hier trifft Bütefisch seine Kollegen aus dem I.G.-Farben-Aufsichtsrat und viel Prominenz wie den Stararchitekten Albert Speer, den Industriellen Fritz Thyssen, den ehemaligen Reichsbankpräsidenten Hjalmar Schacht und die weltbekannten Raketenspezialisten Hermann Oberth und Wernher von Braun.[2]

Bald treffen im Leuna-Werk die ersten Vertreter der Technical Forces ein. Diese 3000 Mann starke Spezialeinheit durchkämmt militärische und zivile Forschungseinrichtungen und fahndet nach Patentschriften und Produktionsunterlagen, Laborproben, Werkstücken und modernen Maschinen.[3] Die I.G.-Farben-Werke sind besonders lohnende Jagdgründe. Der Konzern, zu dem sich 1925 die acht wichtigsten deutschen Chemieunternehmen zusammengeschlossen hatten, entwickelte sich mit mehr als 200 000 Angestellten zum weltweit grössten Chemie- und Pharmaunternehmen, beschäftigte mehr Nobelpreisträger als die besten Universitäten und stellte Farben, Fasern, Medikamente, Sprengstoffe und Giftgase her.

Vor der Kapitulation sind tonnenweise Unterlagen versteckt oder vernichtet worden, doch für die T-Forces gibt es noch immer genug zu tun. Auch in Leuna. «Nun begann, den Augen der Öffentlichkeit nahezu verborgen, eine fieberhafte Tätigkeit», heisst es in einer Firmengeschichte. «Sie fotografierten, fotografierten, packten Kisten und Kisten.» Der Wissensdurst der Besatzer ist unersättlich. «Laufend kamen Wirtschaftsexperten westlicher Chemietrusts – in Uniformen der amerikanischen oder englischen Armee steckend – ins Werk und führten mit der Werkleitung Aussprachen und Verhandlungen.»[4] Meist ist es Johann Giesen, der Leiter der anorganischen Chemie, der ihnen Auskunft gibt, sie durch die Ruinen führt und versucht, sich mit den neuen Machthabern gut zu stellen. Er hat noch keine Ahnung, dass er einmal im Bündnerland arbeiten wird, und weiss wohl nicht einmal, dass ein Dorf namens Domat/Ems existiert.

Da an der Konferenz von Jalta beschlossen worden ist, Sachsen und Thüringen zur sowjetischen Besatzungszone zu schlagen, bleibt den T-Forces wenig Zeit. Doch sie arbeiten schnell und gründlich. Ein US-Regierungsdokument spricht sogar von «Staubsauger-Methode».[5] Zu Recht. Als die Amerikaner am 30. Juni 1945 abziehen, nehmen sie 11 000 Güterwagen mit requiriertem Material mit, darunter eine komplette Versuchsanlage zur Herstellung der Kunstfaser Perlon, dem deutschen Äquivalent zum amerikanischen Nylon.[6] Unter dem wenig subtilen Motto «We take the brain» werden auch rund 1800 Spezialisten zur Reise in den Westen «aufgefordert, gedrängt, genötigt oder gezwungen», damit sie den Russen nicht in die Hände fallen.[7]

In Leuna werden 28 leitende Chemiker und Ingenieure samt Familien auf Lastwagen verladen, darunter auch Johann Giesen und sein Assistent Hans Käding, der ihm bis nach Ems folgen wird. Unterwegs stossen weitere Fahrzeuge zum Konvoi, mit Spezialisten aus der Thüringischen Zellwolle AG, wo das Perlon aus Leuna verarbeitet wurde. Niemand weiss, wohin die Reise geht. «Die wildesten Gerüchte liefen herum», berichtet später ein Chemiker. «Die einen glaubten, sie würden nach Amerika gebracht, um hohe Stellungen dort einzunehmen; die anderen meinten, wir würden ins KZ eingeliefert.»[8] Nach 24 Stunden und mehreren Pannen kommen sie in der amerikanischen Besatzungszone an, in einem Dorf mit dem idyllischen Namen Rosenthal.[9] «Der Bürgermeister, der herbeigerufen wurde, war genauso überrascht wie wir. Er habe ja schon soviel Flüchtlinge, klagte er. Wir wurden in Scheunen und anderen möglichen und unmöglichen Quartieren untergebracht. Viele schliefen auf der Erde.» Es ist ein tiefer Fall für die Direktoren und Doktoren, und manch einer verbringt eine unruhige Nacht, nicht nur wegen des erbärmlichen Nachtlagers.

Erbe des «Dritten Reichs»

Als die ersten russischen Soldaten das Leuna-Werk erreichen, empfängt sie am Fabriktor ein Transparent: «Wir grüssen die siegreiche Sowjetarmee». Die neuen Besatzer transportieren als Erstes tausend wissenschaftliche Werke und sämtliche Fachzeitschriften ab, dann sichern sie Forschungsunterlagen und «wertvolle Produktionsmaterialien». Ein russischer Chemiker organisiert die Räumungs- und Instandstellungsarbeiten, und wenig später trifft die erste technische Kommission ein, um in Stalins Auftrag die Schwerwasseranlage zu inspizieren.[10]

Derweil inventarisieren die Amerikaner in Rosenthal ihre menschliche Kriegsbeute. Und ein Wissenschaftler hält diese Erfahrung in launigen Reimen fest:

«Mittags hiess': Ein Offizier
Aus dem grossen Hauptquartier
Ist gekommen: ‹Alle Mann
Treten auf dem Rathaus an!›
Spornstreichs eilt man hin. Gewiss
Wird nun hell die Finsternis.
Herold unsrer neuen Zeit.
Wir sind da, wir sind bereit!
Und was war's? Ein Fragebogen!
Wer? Wie alt? Woher gekommen?
Akten, Pläne mitgenommen?
Frau und Kind? Wieviel an Zahl?
Fertig! Bis zum nächsten Mal!»[11]

Es ist der Beginn der «Operation Paperclip», mit der 1600 Wissenschaftler im Schnellverfahren entnazifiziert und nach Amerika geholt werden sollen. Der bekannteste ist Wernher von Braun, der die legendäre V2 – kurz für «Vergeltungswaffe 2» – entwickelte. Weder seine Mitgliedschaft bei der SS (Sturmbannführer) noch der qualvolle Tod von 20 000 KZ-Häftlingen und Zwangsarbeitenden beim Bau der V2-Raketen sind für die Joint Intelligence Objectives Agency Grund genug, auf seine Fachkenntnisse zu verzichten.[12] Was genau die Amerikaner wussten, entzieht sich jedoch der Rekonstruktion. Anders als die Personalakten seiner 300 Kollegen, die mit ihm in die USA übersiedelten, wurde von Brauns Akte nicht archiviert.[13]

Die Internierten, die in Rosenthal festsitzen, werden informiert, es stehe ihnen frei, zu gehen. Einige klappern auf der Suche nach Arbeit die I.G.-Werke im Westen ab, andere kehren an ihre alten Arbeitsplätze zurück und versuchen, sich mit den sowjetischen Besatzern zu arrangieren.[14] Für den späteren HO-VAG-Chemiker Paul Kümmel, der den Perlon-Versuchsbetrieb der Thüringischen Zellwolle AG aufbaute, brechen harte Zeiten an, denn er blickt auf eine mustergültige Nazi-Karriere zurück, die 1924 mit seinem Eintritt in die NSDAP begann.[15] Als er bei den Russen denunziert wird, jammert er, die Anschuldigungen seien «sehr bitter». Er sei «in den letzten Jahren nicht davor zurückgeschreckt, vieles der Partei abzulehnen», und habe sogar seinen Nachbarn erklärt, «es gäbe auch anständige Juden».[16] Kümmel ist ein typischer Kreidefresser, doch sein Chef ist auf ihn angewiesen, denn er beherrscht die Herstellung synthetischer Fasern wie kein Zweiter und wird auch zur Schulung russischer Fachleute beigezogen. General Iwan Kolesnitschenko, der Verwaltungschef Thüringens, fällt einen Entscheid, mit dem er gleichzeitig das Gesicht und vaterländische Interessen wahrt: Kümmel darf weiterarbeiten, muss aber für ein Jahr seine Leitungsfunktion abgeben.

Im Frühling 1946 beginnen die sowjetischen Besatzer, die Produktionsanlagen der Thüringischen Zellwolle zu demontieren. Vierzig Spezialisten werden nach Russland zwangsversetzt, um sie dort wieder aufzubauen. Sie bekommen bald Gesellschaft. Im Herbst werden in einer Blitzaktion 3000 Spezialisten eingesammelt. Die «Operation Ossoawiachim», das russische Pendant zur «Operation Paperclip», ist generalstabsmässig geplant. «Abgesehen von einigen unliebsamen Auftritten», rapportiert ein Werkleiter in Leuna, «verlief die ganze Aktion wesentlich menschenwürdiger als die Ende Juni 1945 von den Amerikanern durchgeführte.»[17] Das ändert nichts daran, dass auch diese Spezialisten lebende Kriegsbeute sind. Nicht mehr lange, und auch Oswald wird sich «am Nachlass des untergegangenen Dritten Reichs» gütlich tun. Doch während sich die Amerikaner laut Joachim Schultze «die Besten» sichern und die «zweite Garnitur» an die Russen geht, muss er sich mit denen begnügen, die übrig bleiben.[18]

Sogar in der kriegsverschonten Schweiz dauert es, bis die wirtschaftliche Normalisierung greift. Als die Benzinrationierung im März 1946 aufgehoben wird, fällt auch das Geschäftsmodell der HOVAG in sich zusammen. Das «Emser Wasser» ist ein teures Kriegskind, das niemand mehr kaufen will, und der Bund mit seiner vertraglichen Abnahmepflicht muss schauen, dass er nicht auf der Ware sitzen bleibt. Der Bundesrat, der trotz Kriegsende noch immer mittels Vollmachtenregime regiert, verfügt, dass der Emser Treibstoff dem Importbenzin beigemischt werden müsse. Das verteuert das Benzin und verärgert die Konsumenten. Sie schimpfen nicht nur über den Benzinpreis, sie machen die Mischung für «einen Rattenschwanz von Störungen» verantwortlich, von «Anlassschwierigkeiten» über «Dampfblasen» bis zu verstopften Motoren und zerfressenen Gummidichtungen.[19] Im Sommer protestiert der Strassenverkehrsverband erstmals gegen den «Beimischungszwang», macht aber einen erstaunlichen Vorschlag: Wenn Armee und Staatsbetriebe das «Emser Wasser» vollständig übernehmen, will er den Aufpreis auf das Benzin akzeptieren. Dank diesem «Opfer» sollen die Automobilisten, «wenn auch zu einem hohen Preis, wenigstens brauchbaren Treibstoff» bekommen.[20]

Zwei Anfragen im Parlament fordern die Prüfung dieser «einfachen und rationellen Lösung», denn sie bringe Vorteile für alle: dem Bund mehr Zolleinnahmen, den Automobilisten einen Treibstoff, «der ihre Fahrzeuge nicht ruiniert», und der HOVAG die Freiheit, zu entscheiden, ob sie den bereits bezahlten Treibstoff «vernichten», «noch einmal verkaufen» oder «gratis zur Verfügung stellen» will. Der Bundesrat reagiert ausweichend: Er müsse aus «praktischen und technischen» Gründen vorläufig am Beimischungszwang festhalten, werde aber untersuchen, «ob und in welcher Weise die Treibstoffproduktion auf andere Produkte umgestellt werden kann». Der Unmut über das bundesrätliche «Ausweichmanöver» ist so gross, dass die Finanzverwaltung befürchtet, die «Volksmeinung» könnte «die reibungslose Durchführung» des HOVAG-Vertrags verunmöglichen.[21] Also kommt der Bundesrat der motorisierten Volksseele einen Schritt entgegen und beschränkt den Beimischungszwang auf den Winter.

Er kommt auch der HOVAG erneut grosszügig entgegen: Wegen des harzigen Starts hat er die «Volllieferperiode» bis Ende 1946 verlängert und den Treibstoffpreis so hoch angesetzt, dass Oswald bis zu diesem Zeitpunkt alle Schulden tilgen und die Anlage vollständig amortisieren kann und ihm erst noch 100 000 Franken für die Forschung zur Verfügung stehen.[22] Die Hilfe ist jedoch an eine Auflage geknüpft: Er muss das «Emser Wasser» verbilligen und die Produktion schrittweise reduzieren. Das ist nur möglich, wenn er neue Produkte entwickelt und an den Markt bringt, die den Treibstoff mittelfristig verbilligen und langfristig ersetzen. Für diesen Umbau der Produktion stehen ihm neun Jahre zur Verfügung. Wenn die Bundeshilfe Ende 1955 ausläuft, muss die HOVAG auf eigenen Füssen stehen – oder dichtmachen.

Die Mitarbeiter trauen Oswald zu, dass er das Steuer herumreisst. «Dr. Oswald hat zwanzig Jahre vorausgedacht», erklärt der pensionierte Maschineningenieur Heinz Schneller. «Er hatte Visionen. Er hatte Charisma.» Und wenig Selbstzweifel, möchte man anfügen. «Einmal fragte er mich: ‹Sie, Herr Schneller, tüend Sie au bergstiege? Könned Sie d'Gschicht vo de siebe Horizont? Sie gsehnd nöd emal über der erschti use!› Er hingegen sah weit über den ersten Horizont hinaus. Und das wusste er.»[23] Werner Oswald hält sich bedeckt, was seine Pläne angeht. Im Geschäftsbericht 1946 heisst es lapidar, die HOVAG arbeite «mit vollen Kräften» an der Produktionsumstellung. Die Zukunft liege in der Veredelung von Grund- und Nebenprodukten zu Zwischen- und Fertigprodukten. Doch insgeheim befürchtet sogar Präsident Meili, das reiche nicht aus, um «den Bestand des Werkes in die Friedenswirtschaft hinein zu gewährleisten».[24]

«Mineralöl-Fischer»

Werner Oswald macht einen ehemaligen SS-Hauptsturmführer und engen Mitarbeiter von Reichsmarschall Göring zu seinem Berater, und Mitglieder der HOVAG-Überwachungskommission setzen sich dafür ein, dass dieser in der Schweiz bleiben kann.

Anfang 1947 stellt Ernst Imfeld zufrieden fest, dass die Überwachungskommission (UWK) ihre schwierige Aufgabe «in uneigennütziger Weise und mit Erfolg» erfüllt habe und «ein neuer Abschnitt» in der Geschichte der HOVAG beginne.[1] Dieser Abschnitt, den die Bürokraten in Bern «Nachlieferperiode» nennen, hat es in sich: Zwar sind die Anlagen abgeschrieben und die Bankkredite getilgt, doch weil der Bund weniger Treibstoff übernimmt, muss Oswald Mittel und Wege finden, um die fehlenden Einnahmen wettzumachen. Er redet von Rationalisierung und Veredelung, von Traubenzucker und Futtermittel, doch es ist nicht zu übersehen, dass ihm der grosse Wurf fehlt.[2]

Die Konkurrenz beobachtet ihn mit Argusaugen. «Man weiss nichts über die Absichten von Ems, man weiss nicht, in welcher Richtung sie die Produktion weiterführen und sich auf dem Markt festsetzen will», beklagt sich Ernst Schenker, der Generaldirektor der Lonza. Das in Basel domizilierte Unternehmen betreibt seit 1909 im Walliser Visp eine Fabrik, in der Kunstdünger und eine Vielzahl chemischer Produkte hergestellt werden. Wie die HOVAG hat die Lonza im Krieg Ersatztreibstoff für den Bund produziert; nun befürchtet die Leitung einen «schädlichen Konkurrenzkampf» mit ungleich langen Spiessen, weil die HOVAG vom Bund unterstützt wird. «Das Ziel sollte sein, dass man sich gegenseitig nicht in die Quere kommt», stellt Generaldirektor Schenker fest, die Lonza werde deshalb «mit allen ihr zur Verfügung stehenden Mitteln» sämtliche «Fabrikations-Duplikate» aus Ems bekämpfen.[3] Diese Kampfansage zielt ins Herz von Oswalds Plänen, denn die meisten neuen Produkte, die er ins Auge gefasst hat, figurieren bereits auf der Produkteliste des Konkurrenten. In dieser misslichen Lage sucht Oswald Rat bei einem hochrangigen früheren Nazi: Ernst Fischer, dem ehemaligen Leiter der Mineralölabteilung im Reichswirtschaftsministerium, der im Mai 1944 nach Obersalzberg zitiert wurde, um Hitler das Ausmass der Schäden darzulegen, die alliierte Bomben der deutschen Treibstoffindustrie zugefügt hatten.

«Mineralöl-Fischer» ist es rechtzeitig gelungen, sich in der Schweiz in Sicherheit zu bringen. Während die Alliierten über den Rhein setzten und die Rote Armee auf Berlin vorrückte, heckte er zusammen mit Friedrich Kadgien von der Vierjahresplan-Behörde und Ludwig Haupt, dem Direktor der Kontinentale Öl-Transport (KONTI), einen fast schon genialen Plan aus. Da die drei Spitzenfunktionäre auch im chaotischen letzten Kriegsmonat noch immer auf ein Heer loyaler Untergebener und Helfer zählen konnten, gelang es ihnen, 28 mit Schweröl gefüllte Tankwagen aufzutreiben. Der Zug war ihr Faustpfand für ein Schweizer Visum und ein warmes Willkommen.

Im April 1945 trafen Kadgien und Haupt in der Schweiz ein, um mit Petrola-Direktor Imfeld letzte Absprachen zu treffen. Fischer kümmerte sich derweil um den Zug, der im Tirol feststeckte. Der Schweizer Konsul in Bregenz unterstützte ihn nach Kräften. «Die Schweiz erwartet diese Kesselwagen dringend», informierte er den Grenzposten St. Margrethen. Fischer müsse «unverzüglich» einreisen, um die notwendigen Formalitäten zu regeln, sonst bestehe grosse Gefahr, «dass dieser Zug durch Fliegerangriffe in den nächsten Tagen zerstört wird».[4] Am nächsten Tag traf Fischer in Zürich ein, wo er von Kadgien und Haupt im Nobelhotel Baur au Lac erwartet wurde.

Sie verkauften das Schweröl für 235 000 Franken (heute mehr als 1 Mio. Fr.) an das halbstaatliche Treibstoffsyndikat Petrola, welches das Geld ordnungsgemäss auf ein Sperrkonto überwies. Wenig später überzeugte Petrola-Direktor Imfeld die Verrechnungsstelle, welche die deutschen Vermögenswerte in der Schweiz treuhänderisch verwaltete, 157 000 Franken davon freizugeben. Seine Begründung: Die KONTI schulde einem Mittelsmann, der den Kauf einer Ölraffinerie vermittelt habe, eine Provision. Nur: Die Geschichte war frei erfunden, in Tat und Wahrheit handelte es sich um einen Schweizer Strohmann, der die Zahlung nach Abzug einer Provision an die drei Nazis weiterreichte.[5] (1951 wird die Verrechnungsstelle ihnen auf die Schliche kommen und Klage einreichen. Kadgien lebt zu diesem Zeitpunkt bereits in Argentinien, doch Fischer und Haupt werden verhaftet. Allerdings wird das Verfahren mangels Beweisen eingestellt.[6])

Pünktlich zum Zusammenbruch des «Dritten Reichs» verwandelten sich Fischer, Kadgien und Haupt in respektable Patrioten. Kadgien, der die Plünderung der besetzten Gebie-

Tankwagen der Petrola (um 1944)

«Mineralöl-Fischer»

te organisiert und die geraubten Werte im neutralen Ausland zu Devisen gemacht hatte, versicherte Bundespolizei-Inspektor Max Ulrich, «alles zu melden, was irgendwie Naziumtriebe in der Schweiz betreffe, denn alle senkrechten Deutschen seien ebenso wie die Schweiz an der Bekämpfung dieser Pest interessiert. Deutschland müsse in der kommenden schweren Zeit auf christlicher Basis den Nazismus bekämpfen und Deutschland neu aufbauen.»[7] Die drei machten sich nützlich, indem sie mithilfe ihrer Netzwerke Kesselwagen der Petrola aufspürten, die als Folge der Kriegswirren blockiert oder verschollen waren. Diese holten sie in die Schweiz zurück und ersparten dem Bund damit Verluste in Millionenhöhe.[8] Petrola-Direktor Imfeld revanchierte sich, indem er alle Hebel in Bewegung setzte, damit ihre kurzfristigen Aufenthaltsbewilligungen – ausgestellt zwecks «Kur & Geschäftl. Besprechungen» – immer wieder verlängert wurden.[9]

Anfang 1947 leben Fischer und seine Komplizen noch immer unbehelligt im Kurhotel Verenahof in Baden, obwohl die Alliierten ihre Auslieferung gefordert haben. Ihre Familien haben sie ganz in der Nähe in der deutschen Enklave Büsingen untergebracht. Die drei Frauen passen schlecht in das Bauerndorf: Die Germanistin Hildegard Kadgien, eine blonde Schönheit, lässt die Ozelotjacke, die sie ins Exil gerettet hat, wohlweislich im Schrank hängen. Therese Haupt, bekannt als Opernsängerin Resi Iffland, hatte Hitler in der Rolle der Brünnhilde in Wagners «Götterdämmerung» so sehr beeindruckt, dass er Goebbels «seine Vorliebe für grosse Frauen» gestand; sie singt nun manchmal für die Familie des Vermieters.[10] Über Liese Lotte Fischer ist nur bekannt, dass sie Fischers zweite Frau ist und im Krieg zwei Söhne zur Welt gebracht hat.[11] Das zeugt von Fischers Vorsicht, aber auch davon, dass die Alliierten vor allem hinter Kadgien her sind, der in Görings Auftrag im grossen Stil Wertpapiere, Gold, Diamanten und Kunst geraubt, verschoben, verkauft und versteckt hat. Das ist auch der Grund, warum die Amerikaner ihn zum Verhör auf die Botschaft in Bern bestellt haben. Obwohl sie dabei zum Schluss gekommen sind, Kadgien sei «eine Schlange der niedrigsten Gattung», leben und arbeiten die drei Deutschen dank Imfelds Protektion weitgehend unbehelligt in der Schweiz. Sie treffen sich sogar heimlich mit ihren Familien auf Schweizer Boden.[12]

Wahrscheinlich verdankt Oswald die Bekanntschaft mit Fischer dem UWK-Mitglied und Petrola-Direktor Ernst Imfeld. Als er den ehemaligen Wehrwirtschaftsführer unter Vertrag nimmt, kommt ihm eine in der Schweiz weitverbreitete Kultur des Wegschauens und Profitierens zugute. Exemplarisch dafür ist die Reaktion der Bundesbehörden auf das Schreiben eines deut-

Ernst Fischer (um 1945)

Friedrich Kadgien (1951)

Ludwig Haupt (1951)

«Mineralöl-Fischer»

Ernst Imfeld (1953)　　　　　　Antoinette «Tony» Imfeld (1951)

Erbe des «Dritten Reichs»

schen Flüchtlings, der die drei ehemaligen Nazi-Spitzenfunktionäre als NSDAP-Mitglieder und ehemals «prominente Mitarbeiter» Görings denunziert. Dabei schwärzt er auch die Schweiz an. Kadgien wickle seine «unerlaubten Transaktionen» mithilfe von «hiesigen Bankiers & Kaufleuten» ab und habe «bestochene Mithelfer» in «Kantonspolizeistuben» und der «Fremden- & Bundespolizei».[13] Die Vorwürfe sind alles andere als abwegig. Wie sonst lässt sich erklären, dass «sämtliche Effekten und Koffer» aus Kadgiens Zimmer verschwunden sind, als die Polizei mit einem Durchsuchungsbefehl im Hotel Verenahof aufkreuzt?[14] Und das ist nur eines von mehreren Beispielen.[15] Doch anstatt die happigen Vorwürfe abzuklären, lässt Werner Balsiger, der Chef der Bundespolizei, lieber nach dem anonymen Whistleblower fahnden. Der Auftrag geht ausgerechnet an Inspektor Ulrich, der sich, wie ein Staatsanwalt später feststellt, «unbedenklich» für «Handreichungen» bezahlen lässt und von Emigranten, die ihre Ausweisung befürchten, Geld verlangt und auch erhält.[16]

Der Zufall will es, dass Imfeld zur selben Zeit wieder einmal um eine Aufenthaltsverlängerung für seine Schützlinge nachsucht und so Wind bekommt von den anonymen Anschuldigungen. Schon am nächsten Tag fährt Kadgien nach Bern, um sich mit Inspektor Ulrich zu treffen – worauf dieser den drei Nazis einen Persilschein ausstellt: «Die Aufenthaltsbewilligung von Kadgien, Fischer und Haupt wurde seit Kriegsende von der Petrola in Zürich wie auch von Nationalrat Robert Grimm wärmstens empfohlen, sodass nach allen von uns getätigten Abklärungen kaum anzunehmen ist, dass es sich im vorliegenden Fall um Leute handelt, die die Schweiz aus politischen Gründen verlassen sollten.»[17]

Ulrich versichert auch im Schlussrapport, dass die drei Deutschen «zurückgezogen leben, hiebei der Petrola behilflich sind und anderseits für die geplante Auswanderung nach Südamerika intensiv Sprachstudien betreiben».[18] Es ist eine wundersame Kehrtwende, denn noch Anfang 1945 hat er Kadgiens Überwachung gefordert, denn dieser sei für «ganz grosse Verschiebungen von Vermögenswerten (Brillanten) im Auftrage Görings nach der Schweiz» verantwortlich.[19] Genauso wundersam ist, dass Ulrichs Vorgesetzter, Werner Balsiger, der Fremdenpolizei versichert, es handle sich «nicht um belastete Mitglieder der NSDAP oder untragbare Mitarbeiter des göringschen 4-Jahresplanes», deshalb sei vom «politisch-polizeilichen Standpunkt» nichts gegen die Verlängerung ihrer Aufenthaltsbewilligungen einzuwenden.[20]

Es gibt keine Beweise, dass sich Bundespolizei-Chef Werner Balsiger oder der nachweislich korrupte Inspektor Ulrich bestechen liessen.[21] Abgehörte Telefongespräche zeigen jedoch, dass Ernst Imfeld und seine Frau Antoinette «Tony» Imfeld die drei Nazis nicht nur protegierten, sondern im Kontakt mit Beamten standen, die sie über die polizeilichen Nachforschungen und die Auslieferungsbegehren der Alliierten informierten. Einmal warnt Tony Imfeld die nervösen Deutschen: «Also man hat mir gesagt: Vorsicht. Vorsicht sei am Platz ... ob es wahr ist oder nur Ansage, das habe ich noch nicht herausgefunden, da muss ich mich noch anderswo erkundigen.» Man müsse nun «die Sache ganz ruhig nehmen und nichts tun, um die Aufmerksamkeit noch mehr auf den Fall zu lenken». Kurz darauf gibt sie Entwarnung: «Die Schweizer Seite hat gesagt, für sie ist der Fall erledigt.» Die junge, resolute Hausfrau sorgt auch für Disziplin, warnt vor Schriftverkehr oder kompromittierenden Aussagen am Telefon und notfalls staucht sie die vormals mächtigen Wirtschaftsführer zusammen.[22] Dabei ist ihr Umgangston bemerkenswert familiär. Sie schimpft «Fritzchen» [Kadgien] «einen fertigen Esel» und redet Haupt, mit dem sie anscheinend eine Affäre hat, mit «Darling» und «Herzchen» an.

Imfeld bezahlt den drei Deutschen für die Beschaffung der Tankwagen fürstliche Saläre aus der Kasse der Petrola, was offenbar zu internen Konflikten führt, die ihm zeitweise über den Kopf wachsen. «Einesteils begreife ich seine Nervosität», erklärt Tony ihrem «Darling» Haupt, «ist ja wirklich nicht schön, wie es hier zugeht, so rings um ihn, es wird eben leider geschossen, und dann zuletzt will man ihn aufhängen.»[23] Doch das Leiden zahlt sich aus. Kurz bevor die Petrola aufgelöst wird und Imfeld seinen Direktionsposten verliert, steigt er vom Helfer zum Partner auf. Ende 1947 gründet er mit Haupt die in Tanger domizilierte Société d'études et d'exploitations, die auf Erdölexploration und -ausbeutung spezialisiert ist. Wenig später erfolgt die Gründung der IMHAUKA. Offiziell sind nur Imfeld und sein Bruder Theodor an dieser Handels- und Finanzierungsgesellschaft beteiligt, doch Haupt und Kadgien verstecken sich im Firmennamen (IMfeld-HAUpt-KAdgien).

Es ist eine klassische Win-win-Situation: Imfeld profitiert vom internationalen Netzwerk seiner deutschen Partner und höchstwahrscheinlich auch von Vermögenswerten, die sie im Krieg zur Seite geschafft haben;[24] dafür stellt er ihnen seine juristischen Kenntnisse und seine Beziehungen in der Bundesverwaltung zur Verfügung. Und da es für die Deutschen riskant ist, die sichere Schweiz zu verlassen, reist er an ihrer Stelle ins Ausland. Seine erste Geschäftsreise führt ihn zu den ehemaligen Geschäftspartnern der nationalsozialistischen Erdölspezialisten: In New York arbeiten Fischers alte Freunde von der Standard Oil; Oklahoma und Caracas sind Zentren der Erdölindustrie; in Havanna lebt der Verwaltungsrat einer Zürcher Firma, die Öl aus dem besetzten Rumänien importiert hat;[25] Tanger ist Sitz ihrer Explorationsfirma BIBO und das franquistische Spanien ein sicherer Hafen für Raubgut und Nazis in Nöten. Pflichtbewusst meldet sich Imfeld von der nächsten UWK-Sitzung ab und erklärt Grimm: «Ich muss im Auftrag und auf Einladung verschiedener Klienten das ganze Unternehmen doch starten und freue mich langsam ganz herzlich darauf.»[26] Die Geschäfte der IMHAUKA liegen im Dunkeln. Aktenkundig ist eine Lieferung von argentinischem Gefrierfleisch im Wert von 1,6 Millionen Franken an die Einkaufsgesellschaft der U.S. Army in Deutschland. Das zeigt, dass die IMHAUKA mit grosser Kelle anrichtet und die gesuchten Nazis dank ihrem Schweizer Strohmann sogar mit den Besatzungsbehörden geschäften können.

Es gibt weitere willige Helfer. Einer ist der «Emigrantenschlepper» Max Boden, der vom US-Geheimdienst verdächtigt wird, als Mitglied einer «Nazi-Gang» «dreckige Geschäfte» getätigt zu haben.[27] Belegt ist, dass er Lösegeldzahlungen von jüdischen Hilfsorganisationen an die SS einfädelte und belgische Diamanten und Raubkunst in die Schweiz schmuggelte, zum Beispiel einen Picasso, der in der Kunstsammlung des Waffenfabrikanten Emil Bührle landete.[28] Boden soll den Deutschen, denen in der Schweiz der Boden unter den Füssen zu heiss wird, «Pässe nach irgendeinem südamerikanischen Staat verschaffen». Dafür wollen sie ihm 14 000 Franken zahlen und 100 000 Franken für die drei Pässe hinterlegen.[29] Boden preist sie dem Honorarkonsul von Paraguay als «international führende Spezialisten» der Erdölexploration an und versichert: «Die drei sind Arier, Protestanten, ehemals Deutsche, waren nicht Teil der Armee und zeigten eine untadelige politische Haltung.»[30] Dazu schickt er «beste Referenzen» der Petrola.[31] Ein paar Monate später liefert er den ersten Pass, der sich jedoch als «plumpe Fälschung» entpuppt. Fischer und Konsorten wollen ihr Geld zurück – und finden im Anwalt Max Rohr einen weiteren mächtigen Verbündeten. Der Nationalrat und Präsident der Katholisch-Konservativen Partei zieht für sie bis vor Bundesgericht und erwirkt, dass Boden das ganze Geld zurückzahlen muss, obwohl er einen guten Teil davon bereits für «die Leistung von Schmiergeldern» ausgegeben hat.[32]

Auf Paraguay folgt Uruguay – und auf den windigen Max Boden der achtbare Alfred Zehnder. Der Leiter der Abteilung Politische Dienste im EPD kennt Fischer «sehr gut persönlich», weil er im Krieg Handelsbeauftragter der Schweizer Botschaft in Berlin war. Nun soll er den Türöffner in Südamerika spielen. Die drei Deutschen, versichert ihm Imfeld, seien «im Einverständnis mit den Alliierten» eingereist, und er übernehme «selbstverständlich die volle Garantie» für sie. Nach dem «Totalzusammenbruch alles Bisherigen» sei es ihm ein Herzensanliegen, ihnen «Wege für den Aufbau einer neuen Existenz zu ebnen».[33] Obwohl Zehnder die Akten des Nazi-Trios kennt, vermittelt er einen Kontakt zum Schweizer Konsul in Uruguay und schickt dem «lieben Herr Doktor» Imfeld ungefragt einen Ratschlag, der Gold wert ist: Die Deutschen sollten nicht über Frankreich reisen, «da in letzter Zeit die französische Regierung besonders empfindlich geworden ist in bezug auf die Abwanderung deutscher Spezialisten nach Südamerika».[34]

Zehnder ist nicht der einzige Beamte, der den drei ehemaligen Nazi-Spitzenfunktionären mit seiner Berufsauffassung in die Hände spielt. Andere verschleppen im Namen der Schweizer Neutralität die Auslieferungsanträge der Alliierten, ignorieren hartnäckig irgendwelche Hinweise und behindern die Nachforschungen der Verrechnungsstelle und der holländischen Polizei, die nach den Diamanten fahndet, die Kadgien höchstwahrscheinlich zur Seite geschafft hat.[35]

Am erstaunlichsten ist, dass sich SP-Nationalrat Robert Grimm für Fischer und dessen Kumpane verwendet und seinen Ruf für sie riskiert. Geht es um den Umgang mit Nazis, setzten sich nämlich die meisten der Genossen aus Partei und Gewerkschaft für eine Nulltoleranzpolitik ein. Dabei ist das Risiko, das Grimm eingeht, nicht zu unterschätzen, denn die Schweiz ist klein und die Zahl der Mitwisser beträchtlich. So beschwert sich beispielsweise ein Schweizer Geschäftsmann bei der Bundesanwaltschaft, dass Fischer unbehelligt in der Schweiz lebe und von Imfeld protegiert werde.[36] Auch der Deutsche Waldemar Pabst, der seit 1943 in der Schweiz lebt, beklagt sich bei seinem Freund Eugen Bircher, dass ausgerechnet «Ministerialrat Kadgien, der Haupt-Diamanten- und Devisenschieber Görings, der sich des besonderen Wohlwollens des Herrn Grimm erfreut», sich in der Schweiz frei bewegen könne, während er interniert sei und mit seiner Abschiebung rechnen müsse, obwohl er nie «gegen die Gebote der Menschlichkeit» verstossen habe. Pabst wirft im Glashaus mit Steinen, denn die Linke fordert seine Ausweisung, weil er 1919 als Erster Generalstabsoffizier eines rechtsextremen Freikorps den Befehl gab, Karl Liebknecht und Rosa Luxemburg, zwei prominente Kommunisten, zu erschiessen. Er gönne zwar, schreibt er seinem Freund Bircher, «jedem armen Schwein von Deutschem» das Asyl in der Schweiz, doch es gebe keinen Zweifel, «dass an den Diamanten und an den Devisen, die [Kadgien] im Auftrag seines Ministers Göring hier verschoben hat, die Tränen und das Blut zahlreicher Juden Europas kleben. Trotzdem scheut sich Herr Grimm nicht, einen solchen Ober-Nazi zu beschützen».[37]

Nicht nur Kadgien, auch seine Kumpanen Fischer und Haupt profitieren von den Referenzen des sozialistischen Nationalrats. Vielleicht will sich Grimm, der für die kriegswirtschaftliche Energieversorgung verantwortlich war, erkenntlich zeigen, weil die drei Nazis der Schweiz im Krieg Erdöl lieferten und nachher deren teure Tankwagen retteten. Vielleicht fühlt er sich als UWK-Präsident mitverantwortlich für das Schicksal der HOVAG und sieht in Fischer, einem Treibstoffspezialisten und erfahrenen Manager, einen Garanten für den Erfolg der Produktionsumstellung. Auf alle Fälle ist es nicht das letzte Mal, dass er Fischer mit einer Referenz unter die Arme greift.

Werner Oswald ist der Nutzniesser von Grimms schwer verständlicher Nachsicht, handhabt die Sache aber mit äusserster Diskretion. Offenbar soll niemand erfahren, dass sich die staatlich gestützte HOVAG von einem Vertrauten Görings beraten lässt.[38] Deshalb ist auch nicht bekannt, ab wann und zu welchen Bedingungen Fischer für ihn tätig ist. Doch sein Einfluss dürfte erheblich sein, denn er arbeitet – zumindest 1954 – halbtags für Ems.[39] Höchstwahrscheinlich stellt er auch den Kontakt zwischen Oswald und Johann Giesen her. Der Chemiker und ehemalige I.G.-Farben-Direktor wird eine Schlüsselfigur in der Nachkriegsgeschichte der HOVAG – als Oswalds Berater, Komplize und Albtraum.

«Mineralöl-Fischer»

«Sarabande der erloschenen Menschen»

Johann Giesen, der zweite HOVAG-Berater mit Nazi-Vergangenheit, tritt in Nürnberg als Zeuge der Verteidigung auf und schönt die Lebensumstände von Zwangsarbeitern des KZ Auschwitz-Monowitz.

Am 14. August 1947 hält der amerikanische Chefankläger Telford Taylor seine Eröffnungsrede vor dem Kriegsverbrechertribunal in Nürnberg. Auf der Anklagebank sitzen 23 Manager der I.G.-Farben, ausgestattet mit Kopfhörern für die Simultanübersetzung und in Anzügen, welche die ehemaligen «Götter» der deutschen Industrie nicht mehr auszufüllen vermögen. Taylor beschuldigt sie, «einen grossen Teil der Verantwortung für die Heimsuchung der Menschheit mit dem verheerendsten und katastrophalsten Krieg in der Geschichte der Menschheit zu tragen». Sie hätten sich an der Vorbereitung und Durchführung von Angriffskriegen beteiligt, Kriegsverbrechen und Verbrechen gegen die Menschlichkeit begangen und sich der Versklavung von Zwangsarbeitern und KZ-Häftlingen schuldig gemacht. «Es waren die heutigen Angeklagten und ihre Kreise, weniger die Nazifanatiker und die faulen Eckensteher, welche die Hauptkriegsverbrechen begangen haben», ruft Taylor in den Gerichtssaal. «Sie waren die Fäden in dem dunklen Todesmantel, der sich über Europa senkte.»[1]

Johann Giesen sitzt nicht auf der Anklagebank, obwohl er die Treibstoffproduktion in Leuna leitete, wo Zwangsarbeit alltäglich war. Seit der Internierung in Rosenthal hat seine Karriere wieder Fahrt aufgenommen.[2] 1946 ernannten ihn die Engländer zum Direktor des früheren I.G.-Farben-Werks Uerdingen, wobei ihm zugutekam, dass die meisten ehemaligen Direktoren interniert waren und auf ihren Prozess warteten. Vor den Gerichtsverhandlungen hat er mehrere eidesstattliche Erklärungen zugunsten früherer Vorgesetzter abgegeben und sich als Zeuge der Verteidigung zur Verfügung gestellt.[3] Fischer erscheint nicht vor Gericht, denn er riskiert, auf der Stelle verhaftet zu werden. Deshalb hat er aus dem sicheren Schweizer Exil zwei Affidavits geschickt, um ehemalige Kollegen zu entlasten.[4]

Ein Angeklagter, für den sich Giesen verwendet, ist Walter Dürrfeld, der die Bauarbeiten und den Betrieb des Chemiewerks Auschwitz-Monowitz leitete.[5] Giesen kennt ihn gut, denn er war neben seiner Arbeit in Leuna für den Aufbau der Methanol- und Isobutylanlagen im neuen Zweigwerk verantwortlich.[6] Er hat, wie er im Affidavit erklärt, «1941–1944 das Werk Auschwitz häufig besucht» und «dort zahlreiche Besprechungen über die obigen Anlagen geführt, ab Ende 1943 auch an Bausitzungen teilgenommen, und auch sonst meine Anwesenheit in Oberschlesien immer dazu benutzt, um mich vom Fortschritt der Werkanlagen zu überzeugen».[7] Zu dieser Zeit schufteten sich auf der gigantischen Baustelle Tausende KZ-Häftlinge zu Tode. Die ausgemergelten Männer mussten Säcke und Bauelemente schleppen, die oft schwerer waren als sie selbst. Im Schnitt überlebten sie drei, vielleicht vier Monate. Konnten sie mit der Plackerei nicht mehr Schritt halten, schickte man sie in die Gaskammern im Hauptlager Auschwitz-Birkenau.

Beim 28-jährigen Juden Primo Levi weckt der Prozess unerträgliche Erinnerungen. Er gehört zu den zwei Prozent italienischer Zwangsarbeiter, die Auschwitz III überlebt haben. Oder andersherum gesagt: Er ist keiner der 25 000 Männer, die dort der «Vernichtung durch Arbeit» zum Opfer fielen.[8] Das verdankt er dem Umstand, dass er promovierter Chemiker ist und im Winter 1944/45 in einem warmen Labor arbeiten durfte statt draussen in der eisigen Kälte. Während des Prozesses veröffentlicht Levi unter dem Titel «Ist das ein Mensch?» eine erschütternde Schilderung seiner Leiden. «Vierzehn Tage nach meiner Einlieferung habe ich schon den regelrechten Hunger, den chronischen Hunger, den die freien Menschen nicht kennen, der nachts Träume hervorruft und der in allen Gliedern unseres Körpers wohnt. […] Ich schiebe Waggons, ich arbeite mit der Schaufel, ich ermatte im Regen, ich zittere im Wind. Schon ist mein eigener Körper nicht mehr mein: der Bauch ist aufgedunsen, die Glieder sind verdorrt, das Gesicht ist am Morgen verschwollen und am Abend ausgehöhlt.»

Jeden Morgen, wenn die Häftlinge ausrückten, und jeden Abend, wenn sie ins Lager zurückwankten, spielte eine Musikkapelle – ein sadistisches Ritual, das ihr Leiden im Takt von deutschen Volksliedern verhöhnte. Die «Sarabande der erloschenen Menschen» war laut Levi «der wahrnehmbare Ausdruck eines geometrisch konzipierten Irrsinns und eines fremden Willens, uns zunächst als Menschen zu vernichten, um uns dann einen langen Tod zu bereiten». Kranke und Schwache wanderten nach den Selektionen jeweils «ohne weiteres nach Birkenau und durch den Kamin».[9]

«Sarabande der erloschenen Menschen»

I.G.-Farben-Prozess in Nürnberg (1947)

Amerikanische Karikatur von Hitler als Marionette des I.G.-Farben-Konzerns (o. D.)

Erbe des «Dritten Reichs»

Am 24. Februar 1948 schwört Giesen im Justizpalast von Nürnberg «bei Gott dem Allmächtigen und Allwissenden», er werde «die reine Wahrheit sagen, nichts verschweigen und nichts hinzufügen». Auf der Anklagebank, bewacht von US-Militärpolizisten, sitzen die Männer, welche die I.G.-Farben mit viel Geschick und wenig Skrupel leiteten und Hitlers treue Verbündete waren. Die meisten kämpften als junge Soldaten im Ersten Weltkrieg. Im nächsten Krieg sassen sie in komfortablen Büros und steigerten den Konzerngewinn um ein Vielfaches. Sie waren mitgemeint, als ein Schweizer Offizier bemerkte: «Was heute in Deutschland am Ruder ist, stand 1918 blutjung im Schützengraben und verbrachte entscheidende Jahre unter Bedingungen, die jeden Respekt vor den Menschenleben nahmen.»[10]

Giesen sagt zugunsten von Heinrich Bütefisch, dem früheren Generaldirektor von Leuna und Auschwitz-Monowitz, aus, der Anfang der Fünfzigerjahre ebenfalls Berater von Oswald wird. Dabei kommt die Sprache auch auf die Zwangsarbeit in Auschwitz-Monowitz.

> Anwalt: Hat es Sie verwundert, dass man überhaupt Häftlinge dort zum Einsatz brachte?
> Giesen: Ja – ich weiss nicht, wie ich die Frage beantworten soll.
> Anwalt: War es etwas Aussergewöhnliches?
> Giesen: Das war also – das Auschwitzer KZ kannte ich nicht, denn wir hatten von solchen Dingen sehr wenig Ahnung in unserer Abteilung, aber es war uns ja überall in Deutschland bekannt, und da war nichts Wunderbares – überall waren KZ-Häftlinge, Kriegsgefangene, Strafgefangene zur Arbeit zu sehen, und daher war Auschwitz für mich auch nichts Besonderes.

Dass Giesen «nichts Besonderes» bemerkt haben will, ist unglaubwürdig, denn das Lager Auschwitz III, für und mithilfe der I.G.-Farben gebaut, lag in einer Senke neben dem Fabrikgelände. Also konnten er und seine Arbeitskollegen, gewissermassen aus privilegierter Warte, die Appelle mitverfolgen und die Toten an den Galgen baumeln sehen. Als das Treibstoffwerk in Auschwitz-Monowitz dem Betrieb übergeben wurde, stand für Giesen eine weitere Beförderung an. Als ihm im September 1944 «die Gesamtleitung der Methanolproduktion in der Nazi-Kriegswirtschaftsorganisation» angeboten wurde, erklärte er sich laut den Historikern Lukas Straumann und Florian Schmaltz «selbstverständlich bereit», die neue Aufgabe zu übernehmen.[11]

KZ-Häftlinge auf dem Weg zum Arbeitseinsatz im I.G.-Farben-Werk Auschwitz-Monowitz (o. D.)

Erbe des «Dritten Reichs»

Anwalt: Was hatten sie [vom Lager] für einen Eindruck?

Giesen: Ja, der Eindruck war wohl so; es gab einen Grossteil, anfangs sagen wir mal – man muss unterscheiden – um 1942, um die Zeit, wo ich da war, da sah ein Grossteil der Häftlinge sehr schlecht aus; am Ende des Jahres, sagen wir Ende 1944, als ich zuletzt dort war, da war das Aussehen der Häftlinge ganz anders. [...]

Anwalt: Meinen Sie, dass dies in Verbindung mit den Einrichtungen des Lagers Monowitz stand?

Giesen: Zweifellos mit den Einrichtungen des Lagers Monowitz, aber vor allen Dingen auch damit, dass es der Bauleitung bald gelungen ist, für diese Leute Verpflegung anzuschaffen. Sie waren also ursprünglich bislang nur in einem Lager verpflegt worden, das der SS unterstand, erhielten also SS-Verpflegung oder Lagerverpflegung, und Auschwitz war das bestverpflegte Werk während des Krieges, und man hat also auch da versucht, und mit Erfolg, den Häftlingen ein Essen zu kochen, das nicht nur Geschmack hatte, sondern auch quantitativ ordentlich war. [...]

Die Entwicklung war ganz so wie sie heute erreicht würde, wenn man dem deutschen Volk mehr zu essen gäbe, und ich kann mich ganz gut erinnern, dass zum Schluss des Krieges in den Tiefdruckanlagen des Auschwitzer Werkes eine Gruppe von fünf oder acht Leuten zusammengestellt worden ist, die haben eine Rohrbrücke verlegt. Das ist schon eine Arbeit gewesen, die erstens eine gewisse Kraft voraussetzte, andererseits eine gute Zusammenarbeit voraussetzte. Ich muss sagen, ich war ausserordentlich erstaunt, in welch kurzer Zeit diese Rohrbrücke zusammengebaut wurde, und zwar ordentlich zusammengebaut wurde. Die Leute mussten offenbar Spass an ihrer Arbeit gehabt haben.

Nach dieser zynischen Bemerkung unterbricht der Gerichtsvorsitzende die Befragung. Nach der Pause kommt das Stammlager Auschwitz-Birkenau zur Sprache, das Symbol der Judenvernichtung schlechthin.

Anwalt: Haben Sie einmal etwas beobachtet, von einem besonderen Geruch in der Luft bei Ihren verschiedentlichen Besuchen, wie hier von Häftlingen verschiedentlich erwähnt worden ist.

Giesen: Ich weiss nicht, was hier von Häftlingen erwähnt worden ist, aber ich erinnere mich an einen Tag, als ich schon, als ich auf dem Bahnhof ankam – der Auschwitzer Bahnhof ist nicht weit vom Konzentrationslager weg gewesen –, da fiel mir ein süsslicher Geruch auf. Ich habe dann irgendjemanden gefragt, ich glaube, es war der Fahrer des Wagens, oder sonst irgend jemand, und der behauptete, ich hatte angenommen, es sei eine Leimfabrik – und der behauptete, es seien, es würden im Konzentrationslager A Leichen auf Holzstössen oder irgendwie verbrannt und daher der Geruch. Als ich dann auf der Baustelle war, da wurde nicht gearbeitet, jedenfalls nicht von Häftlingen, und ich fragte und erkundigte mich, warum wird hier denn nicht gearbeitet, und da wurde mir gesagt, dass in dem Konzentrationslager Paratyphus oder Fleckfieber aufgetreten sei und deshalb leben die Leute in Quarantäne und dürften nicht kommen. Ich habe dann für mich den Schluss gezogen, dass in dem Lager grössere Sterblichkeitsfälle vorgekommen wären, deren man eben durch Beerdigung allein nicht Herr werden würde, und dass man daraufhin eben auch Leichen verbrannte.[12]

Das deckt sich mit der eidesstattlichen Erklärung, in der Giesen vor dem Prozess erklärte: «Von Menschenvernichtungen oder ähnlichen Untaten an den Konzentrationslager-Häftlingen habe ich in Auschwitz niemals etwas erfahren, weder durch eigene Wahrnehmungen noch durch Mitteilungen anderer Personen.»[13] Auch das war eine Schutzbehauptung. «Was das berüchtigte KZ-Lager Auschwitz anbetrifft, so kann es keinen Menschen geben, der in Auschwitz und Umgebung gewohnt oder gearbeitet hat und nichts von diesem Vernichtungslager gewusst haben will», erklärt später einer seiner Arbeitskollegen. «Wenn der grosse Kamin des Krematoriums rauchte und der Westwind den Rauch ins IG-Werk trieb, konnte man oft und von allen Belegschaftskreisen die stumpfsinnige und gewissenlose Feststellung hören: ‹Heute riecht's wieder nach Menschenfleisch.› – Was sich in dem KZ zutrug, interessierte die meisten wenig oder nur am Rande.»[14]

Chefankläger Taylor hat keine einfache Aufgabe. Kaum ein Angeklagter zeigt Einsicht, geschweige denn Reue. «Wir alle hoffen nun, dass das Gericht sich frei machen wird von den unglaublichen Beschuldigungen, die uns die Anklage anhängen will», beklagt sich Bütefisch bei seinem Freund Walter Gerlach, dem Rektor der Universität München, «wenn Du all die Einzelheiten wüsstest, würdest Du die Hände über dem Kopf zusammenschlagen – es ist einfach unvorstellbar, in welcher Art man Tatsachen verdreht hat oder unseren Arbeiten und unserem Schaffen Motive unterstellen will, die einfach ausserhalb unseres Ideenkreises liegen.»[15] Auch der spätere HOVAG-Mitarbeiter Carl Rumscheidt, der als I.G.-Farben-Mitarbeiter die französische Chemieindustrie in die deutsche Kriegswirtschaft eingliederte (sprich: sie ausplünderte), bezeichnet den Prozess als «Siegerjustiz», die «direkt in der Kriegspsychose fusse und jeden Gerechtigkeitssinn empöre».[16]

Nach 152 Verhandlungstagen, nach der Befragung von 189 Zeugen und der Begutachtung von 6500 Dokumenten werden zehn Angeklagte freigesprochen.[17] Bütefisch wird zu sechs Jahren Gefängnis verurteilt, elf Mitangeklagte zu Strafen zwischen einem und acht Jahren. Sie werden nach Landsberg ins War Criminal Prison No. 1 überstellt, wo die Amerikaner verurteilte Kriegsverbrecher inhaftieren und – jeweils am Freitag – die zum Tod Verurteilten exekutieren. Bütefisch, der zukünftige Berater von Werner Oswald, wird nicht einmal seine Strafe vollständig absitzen und mir nichts, dir nichts in die Teppichetagen der deutschen Industrie zurückkehren.

«Sarabande der erloschenen Menschen»

«Ein magischer Klang bei der Damenwelt»

Mithilfe seiner Berater holt Werner Oswald deutsche Spezialisten nach Ems, die als Alternative zum Treibstoff eine Kunstfaserproduktion aufbauen sollen.

Unter dem Motto «Was jede Frau über Nylon wissen sollte» lanciert das Zürcher Warenhaus Globus im Sommer 1947 eine Ausstellung. Publikum und Presse sind begeistert. «Anschaulich und gut verständlich werden der chemische Aufbau und die Herstellung dieses vielbegehrten Produktes illustriert, seine vielseitigen Eigenschaften, seine Verwendung und Behandlung dargestellt», loben die *Neuen Zürcher Nachrichten* (NZN). «Mit dieser wissenschaftlich fundierten Schaufenster-Ausstellung hat Globus nun wirklich ein hochaktuelles Thema von allgemeinem Interesse aufgegriffen.»[1]

Nach Mangel und Rationierung steht Nylon für Aufbruch und Aufbau. Es ist ein Symbol für den *American way of life* und die Überlegenheit Amerikas (im Krieg wie im Warenhaus). Und es läutet eine neue Epoche ein. «Man hat einst vom Zeitalter des Eisens gesprochen», sinniert ein Journalist. «Treten wir in jenes des Nylons ein?»[2] Das Wort hat «einen magischen Klang bei der Damenwelt». Doch auch die Männerwelt ist fasziniert – und irritiert. «Warum befassen sich nicht die Psychologen in vermehrtem Masse damit?», fragt der *Nebelspalter*. «Warum sagen sie uns nicht, aus welchen Gründen die Frauen via nahtlose Nylonstrümpfe unbedingt braune Beine haben wollen? Ohne dass man es merken soll?»[3] Mann merkt es trotzdem. Ein Hobbypoet dichtet: «Wir schreiben gegenseitig uns verliebte Zeilen, sie ist scharmant, und ihre Strümpfe sind aus Nylon».[4]

Manchmal wird die Bezeichnung Nylon auch als Sammelbegriff für alle Arten von Kunststoffen verwendet, und es vergeht keine Woche, ohne dass die Presse nicht von neuen praktischen Anwendungen schwärmt, von Schnüren und Seilen, Borsten und Bürsten und von Kunststoffskeletten für den Medizinunterricht.[5]

Nylonausstellung im Warenhaus Globus (1947)

«Ein magischer Klang bei der Damenwelt»

Der Hunger nach synthetischen Fasern ist ungleich grösser als das Angebot. Die Produktionsanlagen in Deutschland sind beschädigt, zerstört oder als Reparationen abmontiert. Damit verfügt der amerikanische Chemiemulti DuPont de Nemours, dem das Nylonpatent gehört, über ein Quasimonopol, doch er kann die Nachfrage nicht abdecken. In der Schweiz ist der Mangel besonders gross. Sie wird von DuPont kaum beliefert, und kein Schweizer Unternehmen stellt die begehrte Faser her. Also müssen sich die Schweizer Strumpffabrikanten für teures Geld auf dem amerikanischen Schwarzmarkt eindecken.

Kunstfasern sind auch Thema, als Oswald sich 1947 mit Johann Giesen über die Zukunft der HOVAG berät. Über das erste Treffen im Frühling ist nichts bekannt, nach dem zweiten im Herbst fällt Oswald, abgesehen von der Gründung der HOVAG, seinen wohl wichtigsten unternehmerischen Entscheid: In Ems sollen künftig synthetische Fasern hergestellt werden. Dieser Vorschlag Giesens überzeugt Oswald nicht nur als Unternehmer, sondern auch als Agronomen und rechtskonservativen Heimatschützer. Später erklärt er, wenn man «Völkerwanderungen grossen Stils» vermeiden wolle, müssten die Menschen angesichts der rasch wachsenden Weltbevölkerung «in ihrem heutigen Wohn- und Siedlungsgebiet ausreichend ernährt und gekleidet werden können».[6] Das Schreckgespenst von unkontrollierten Völkerwanderungen erinnert leise an das Konzept des «Volksganzen», das Oswald 1938 in seinem Manifest beschworen hat. Doch das Mittel, um die alte Gefahr zu bannen, ist neu und modern. Die Anbaufläche für Baumwolle müsse «drastisch» reduziert werden, erklärt er einem Mitarbeiter, um «das Wasser und den Boden zur Nahrungsmittelproduktion zu nutzen und anstelle der natürlichen Fasern synthetische Fasern für die menschliche Bekleidung freizusetzen».[7]

Ohne die «enge technische Zusammenarbeit», die Oswald und Giesen an ihrem zweiten Treffen vereinbaren, wäre es wohl bei der zukunftsweisenden Idee geblieben, denn in der Schweiz fehlt es am entsprechenden Know-how. Giesen verpflichtet sich, sämtliche Produktionsunterlagen zu liefern und die Spezialisten zu beschaffen.[8] Er ist der richtige Mann dafür, denn er hat bereits eine ganze «Truppe von Chemikern und Ingenieuren» nach Uerdingen geholt, um eine Perlon-Versuchsanlage aufzubauen.[9] Alle Mitarbeiter der Emser Werke, die ihn persönlich gekannt haben, schildern ihn als begnadeten Netzwerker. Der Chemiker Joachim Schulze – nicht zu verwechseln mit dem Forschungsleiter Joachim Schultze – erinnert sich: «Er konnte alle Verbindungen herstellen, er hatte überall Freunde, er konnte alle Fäden spinnen.» An diesen Fäden zieht Giesen im

Verlauf der nächsten zwei Jahre einen hoch qualifizierten Spezialisten nach dem anderen ins Bündnerland.[10]

Der erste ist Hermann Zorn, der «Vater der synthetischen Schmierstoffe», dem die Wehrmacht kälteresistente Schmieröle verdankte, mit denen Eisenbahnachsen, Flugzeugmotoren und Maschinengewehre auch im russischen Winterkrieg funktionierten.[11] Als die britischen Besatzer ihn in Rosenthal entdeckten, setzten sie ihn in ein Flugzeug nach England, wo ihn Spezialisten im Rahmen eines Regierungsprogramms verhörten, das den Auftrag hatte, «das geistige Vermögen des besiegten Landes zu plündern, seine Wettbewerbsfähigkeit zu beeinträchtigen und gleichzeitig britischen Unternehmen Vorteile zu verschaffen».[12] Nach drei Monaten kehrte Zorn mit einem Arbeitsvertrag der Anglo-Persian Oil Company in der Tasche nach Deutschland zurück. Er war kaum gelandet, als er «von den Amerikanern ergriffen und nach Rosenthal zurückgebracht» wurde.[13] Er war nicht der Einzige, um den sich die Alliierten rauften. Die Amerikaner stellten fest, dass «wir die Franzosen wieder auf frischer Tat ertappt haben, wie sie Wissenschaftler aus unserer Zone stehlen».[14] Zorn figuriert auch auf der Einkaufsliste der «Operation Paperclip», doch er will nicht in die USA. Lieber wird er im Mai 1948 Forschungsleiter der HOVAG.[15]

Die meisten Perlonspezialisten stammen aus Ostdeutschland, denn das I.G.-Farben-Werk im thüringischen Leuna ist ein Kompetenzzentrum der Caprolactamforschung. Caprolactam, auch Lactam genannt, ist ein chemischer Grundstoff aus Benzol und Phenol, der im Gegensatz zum amerikanischen Nylon nicht kettenförmig, sondern ringförmig aufgebaut ist und sich ebenfalls zur textilen Verarbeitung eignet. Die Entdeckung geht auf Paul Schlack zurück, den Forschungsleiter der Aceta-Kunstseidefabrik in Berlin-Lichtenberg. Als er von der Erfindung des amerikanischen Nylons hörte, begann er, mit Lactam zu experimentieren. Später schrieb er über die Geburtsstunde des deutschen Konkurrenzprodukts: «Als ich am anderen Morgen, also am 29. Januar 1938, in mein Laboratorium kam, da konnte ich feststellen, dass die Flüssigkeit vom Abend zuvor sich inzwischen in eine hornartige Masse verwandelt hatte, die äusserst zäh und elastisch war. Sie liess sich in der Hitze wieder aufschmelzen, und dann konnte ich aus der Schmelze einen feinen Faden abziehen, der sich in der Kälte ebenso wie der Nylonfaden noch auf das Mehrfache seiner ursprünglichen Länge nachrecken liess.»[16] Es war die Geburtsstunde der Kunstfaser Perluran, deren Name später in Perlon abgeändert wurde.

Die I.G.-Farben erstellte in Leuna eine Pilotanlage zur Herstellung von Caprolactam; die im Nachbarort Schwarza gelegene Thüringische Zellwolle AG verarbeitete es zu kriegswirtschaftlich relevanten Produkten wie Fallschirmseide, Hochdruckschläuchen für Flugzeugreifen und Bürsten für das Putzen von Gewehrläufen.[17]

Oswald betreibt bei der Rekrutierung einen beträchtlichen Aufwand. Da Fachkräfte kaum Ausreisebewilligungen erhalten, muss er für die Bewerbungsgespräche jeweils nach Deutschland fahren. Bei den Verhandlungen kommt ihm zugute, dass die Auswirkungen des Marshallplans noch nicht spürbar und freie Stellen Mangelware sind. Die meisten Chemiker und Ingenieure sind dankbar, das kriegsversehrte Deutschland zu verlassen.[18] Es ist für sie, wie der Ingenieurssohn Rüdiger Mayer erzählt, fast eine «Reise durch die Wüste ins gelobte Land».[19] Doch sie kennen ihren Wert und versuchen, ihre Expertise so teuer wie möglich zu verkaufen. Deshalb bietet Oswald an, ihnen Löhne zu bezahlen, während sie noch auf die nötigen Bewilligungen warten, und ihren Familien regelmässig Pakete mit Lebensmitteln und Waren zu schicken, die in Deutschland schwer erhältlich und teuer sind, wie Milchpulver und «Stoff für die Skihosen der Kinder».[20]

Kommt ein Vertrag zustande, müssen zahlreiche bürokratische Hürden genommen werden. Oswald kümmert sich persönlich um den *exit permit*, denn weder ein Schweizer Anstellungsvertrag noch ein Visum garantieren, dass die Alliierten die Ausreise einer spezialisierten Arbeitskraft bewilligen.[21] Auch eine Mitgliedschaft bei der NSDAP ist ein Stolperstein. Nur Parteimitglieder, die beim Entnazifizierungsverfahren als «Entlastete» eingestuft werden, kommen für einen *exit permit* infrage. Da die Leistungsträger der I.G.-Farben ab 1937 erheblich unter Druck gesetzt wurden, in die Partei einzutreten, sind mindestens neun Deutsche, die Oswald anstellt, ehemalige NSDAP-Mitglieder.[22] Die Mehrheit gehört zu den 99 Prozent der Parteimitglieder, die als «Entlastete» oder «Mitläufer» entnazifiziert wurden. Paul Kümmel, der auch dem SS-Reitersturm und dem Nationalsozialistischen Kraftfahrkorps angehörte, das sich an Judendeportationen beteiligte, und Rudolf Gabler, Mitglied beim SS-Motor-Sturm Leipzig und der Allgemeinen SS, wurden jedoch als «Minderbelastete» (Kategorie III) eingestuft.[23] Damit sind sie vom aktiven und passiven Wahlrecht sowie von leitenden Stellungen in politischen Verbänden ausgeschlossen und müssen sich regelmässig bei der Polizei melden. Kaum hat Gabler den Arbeitsvertrag mit der HOVAG in der Tasche, rekurriert er gegen seine Einstufung, die ihm den Weg in die Schweiz verbaut. Die Spruchkammer hat ein Einsehen. Sie urteilt, Gablers «Verstrickung in die NS-Ideologie» sei nicht bewiesen, und stuft

Polizeiliches Meldebuch von Carl Rumscheidt, der bei der Entnazifizierung als «Mitläufer» in die Kategorie IV wurde (1948)

«Ein magischer Klang bei der Damenwelt»

ihn neu als «Mitläufer» ein.[24] Das verbessert seine Chancen auf eine Übersiedlung in die Schweiz beträchtlich.

Fehlt der *exit permit*, drücken die Schweizer Behörden oft ein Auge zu. Es könne «nicht die Aufgabe der schweizerischen Behörden sein, zuerst die Alliierten zu befragen, ob ein [Spezialist] nach der Schweiz kommen oder in der Schweiz verbleiben dürfe», argumentiert 1947 ein Beamter der Fremdenpolizei. «Es ist vielmehr Sache der Besatzungsmächte – und sie haben auch die Machtmittel dazu – solche Deutsche an der Übersiedlung nach der Schweiz in geeigneter Weise zu verhindern.»[25] Ein anderer sieht im *exit permit* gar «eine schwerwiegende Einschränkung der Grundrechte», die «für die Entscheidungen der Schweizer Behörden nicht entscheidend sein darf».[26] Das Bundesamt für Industrie, Gewerbe und Arbeit (BIGA, das heutige SECO) ist vorsichtiger. Es befürchtet, deutsche Firmen könnten versuchen, «sich in der neutralen Schweiz eine Plattform für später zu sichern», und damit «den Argwohn der Alliierten» wecken. «Dem Vorwurf, die Schweiz gewähre politisch belasteten Unternehmen des zusammengebrochenen Nazi-Deutschlands Unterschlupf und fördere wieder dessen Aufbau im eigenen Lande, dürfen wir uns unseres Erachtens unter keinen Umständen aussetzen.»[27]

Rudolf Oswald kümmert sich um die Arbeits- und Aufenthaltsbewilligungen. Der Kanton Graubünden macht in der Regel keine Probleme. Der Kleine Rat versichert der HOVAG sogar: «Bei Zulassung von ausländischen Arbeitskräften werden wir Ihnen entgegenkommen.»[28] Auf Bundesebene entscheidet die Fremdenpolizei, doch die Bundesanwaltschaft und das BIGA haben ein gewichtiges Wort mitzureden. Oft fährt Rudolf Oswald nach Bern, um die Beamten im persönlichen Gespräch zu überzeugen, was für die HOVAG und folglich auch für die Schweizer Wirtschaft auf dem Spiel steht. Unterstützt wird er vom Delegierten für Arbeitsbeschaffung, Otto Zipfel, einem gewichtigen Fürsprecher der HOVAG seit ihrer Gründung. Zipfel erklärt dem BIGA, die Produktionsumstellung erfordere Forschungsarbeiten, «die zur Zeit nur mit ausländischen Fachleuten durchgeführt werden können, da schweizerische Spezialisten nicht oder nur in sehr geringer Zahl zur Verfügung stehen». Er warnt auch, eine Ablehnung «könnte der HOVAG den erwünschten Vorwand geben, dem Bund die Verantwortung zuzuschieben, sofern es ihr nicht gelingt, die Umstellung vorzunehmen. Das sollte unbedingt vermieden werden.»[29]

Die Bundesanwaltschaft überprüft die Gesuchsteller in polizeilich-politischer Hinsicht und gewichtet dabei die Interessen der Industrie meist höher als politische Bedenken. Doch

Deutsche Spezialisten in Ems. Von links nach rechts:
Hermann Zorn, Kurt Kahr, Carl Mayer, Paul Kümmel (1950)

Der deutsche Ingenieur Carl Mayer (links) und
der Schweizer Chemiker Emile Barman (1956)

«Ein magischer Klang bei der Damenwelt»

Hermann Zorn (1950)

Rudolf Gabler (1941)

Johannes Lesche (o. D.)

Kurt Kahr (o. D.)

Carl Rumscheidt (1951)

Carl Mayer (o. D.)

Erbe des «Dritten Reichs»

Anfang 1949, als Oswald mitten in den Rekrutierungen steckt, ändert Bundesrat von Steiger die Spielregeln. Künftig gibt es nur noch Bewilligungen für «Entlastete». Für den Maschinenbau-Ingenieur Hellmuth Comperl, Kategorie «Mitläufer», ist das eine schlechte Nachricht. Sogar als Rudolf Oswald persönlich in Bern vorspricht, reicht es nur für ein befristetes Kurzvisum.[30] Die Praxis der Fremdenpolizei lässt sich kaum rekonstruieren, denn die Archivbestände sind höchst lückenhaft. Sie ist aber mit Sicherheit inkonsistent. Der Chemiker Paul Kümmel beispielsweise kann seine Stelle problemlos antreten – trotz mustergültiger Nazi-Karriere: 1924 NSDAP-Ortsgruppe Leverkusen; 1932 SS-Fördermitglied; 1933 Nationalsozialistische Volkswohlfahrt; 1934 Deutsche Arbeitsfront, Bund Deutscher Technik und Nationalsozialistisches Kraftfahrkorps, wo man ihm bescheinigte: «Seine gefestigte Weltanschauung zeigt stets den überzeugten Nationalsozialisten.» 1936 Blockleiter; 1938 Presseamtsleiter; 1939 Vertrauensmann des Kriegsministeriums.

Nachdem sich Kümmel in der sowjetischen Besatzungszone dank seinen Fachkenntnissen zwei Jahre lang durchmogeln konnte, verliert er Anfang 1948 im Rahmen seiner Entnazifizierung seine Arbeit. Acht Monate später kehrt er an die Spitze des Perlonbetriebs der Thüringischen Zellwolle AG zurück, weil sein Nachfolger, der spätere HOVAG-Chemiker Rudolf Gabler, seiner Aufgabe «nicht so gewachsen» ist.[31] Doch er hat die Nase voll. Anfang 1949 orientiert die HOVAG die Schweizer Botschaft in Westberlin, sie komme für die Flugtickets der Familie Kümmel in die Westzone auf.[32] Kurz darauf wird Kümmel verhaftet; wahrscheinlich haben die sowjetischen Besatzer Wind davon bekommen, dass er sich in den Westen absetzen will. Kaum kommt er frei, haut er nach Westberlin ab und tritt noch im selben Monat seine Stelle in Ems an.[33] Wie die Gebrüder Oswald es geschafft haben, für den politisch Belasteten die notwendigen Papiere zu beschaffen, bleibt ein Rätsel.

Der Braindrain ist für die sowjetischen Besatzer und später für die DDR ein riesiges Problem. Die Perlonfachleute machen sich zunutze, dass überall Kunstfaseranlagen projektiert und gebaut werden, und desertieren scharenweise. Allein das Leuna-Werk verliert 225 von 375 Spezialisten, darunter die vier Leiter des Caprolactambetriebs: Der Chemiker, der den Wiederaufbau leitete, setzte sich 1946 ab, sein Nachfolger Kurt Kahr wechselt im Mai 1948 nach Ems, sein Nachfolger Wilhelm Deiters wird ihm 1952 folgen und 1956 in die HOVAG eintreten.[34] Beim Schwesternbetrieb Thüringische Zellwolle AG präsentiert sich ein ähnliches Bild: Innerhalb eines Jahres wechseln mit Gabler und Kümmel zwei Leiter der Perlonabteilung sowie der Färbespezialist Hugo von Hove und der Maschineningenieur Harry Wegener nach Ems. Dazu kommen Spezialisten anderer Werke wie Hellmuth Comperl, ein ehemaliger Mitarbeiter von Perlonerfinder Schlack, der in Landsberg eine Perlongrossanlage aufbaute.[35] Oder Hans Müller, der in einem I.G.-Farben-Werk in Premnitz ein analytisches Labor für Kunstfasern leitete.

Die Schweizer Bevölkerung ist gegenüber den deutschen Einwanderern misstrauisch und ablehnend. Das ist in Graubünden nicht anders. Schon im Sommer 1945, als internierte Wehrmachtsangehörige bei der HOVAG zum Einsatz kamen, berichtete der *Vorwärts:* «Die Arbeiter weigerten sich mit Recht, neben diesen arroganten Nazis zu arbeiten.»[36] Damals wurde der Arbeitseinsatz nach einer Interpellation im Grossen Rat beendet.[37] Nun sind die Deutschen zurück – nicht als Verlierer, nicht als Internierte, sondern als Spezialisten, Berater und manche sogar als Vorgesetzte. In Ems und Umgebung stossen sich viele an der «deutschen Obrigkeit» bei der HOVAG, sogar in Bern schimpft ein Beamter, als «Vertrauensleute» der Brüder Oswald seien die Deutschen «kleine Götter im Werk».[38]

Oswald schert sich genauso wenig um diese Beschwerden wie um die politische Vergangenheit der deutschen Spezialisten. Für ihn zählt, dass er auf das Wohlwollen von Beamten in Chur und Bern zählen kann, die der Wirtschaft im Allgemeinen und der HOVAG im Besonderen unter die Arme greifen wollen. Er verpflichtet innert kurzer Zeit ein hochkarätiges Team aus Deutschland und erklärt im Herbst 1948 sichtlich stolz, er habe «mit Unterstützung der Überwachungskommission und durch eigenes zähes Bemühen Verbindungen angeknüpft und mit Erfolg versucht, tüchtige ausländische Fachleute für Ems zu engagieren».[39] Die zentrale Rolle seiner Berater Fischer und Giesen, die ihm mindestens 16 hoch qualifizierte deutsche Mitarbeiter zugehalten haben, kehrt er unter den Teppich.

Mit dem Fachwissen der Perlonspezialisten allein ist es jedoch nicht getan. Es braucht Pläne für die Werkanlagen und die Maschinen. Um sie zu beschaffen, scheut Oswald auch vor krummen Touren nicht zurück.

«Intrigenversuche auf dem Patentgebiet»

Werner Oswald ist hinter Bauplänen von Anlagen und Maschinen her, die in deutschen Perlonbetrieben gestohlen wurden. Doch die Konkurrenz ist gross und zu allem entschlossen.

Alfred Friederich überlässt nichts dem Zufall. Zuerst hat der technische Direktor der Thüringischen Zellwolle AG einen Mitarbeiter in die Schweiz geschickt, um das Terrain zu sondieren. Dann meldet er bei den sowjetischen Besatzern eine Geschäftsreise in die Westzone an. Das ist nicht einmal gelogen. Es ist nur eine etwas spezielle Geschäftsreise, denn als Friederich seinen Koffer packt, versteckt er zwischen Hemden und Unterhosen «Fabrikationspläne» und Unterlagen zum Verspinnen von Lactam, die er seinem Arbeitgeber gestohlen hat. Im August 1948 trifft er in der Schweiz ein. Das Einreisevisum verdankt er Oberstleutnant Schaufelberger, welcher der Fremdenpolizei versichert hat, es bestehe «ein wesentliches militärisches Interesse» an der Herstellung synthetischer Fasern, und Friederich könne darüber hinaus «wichtige militärische Angaben» über die Ostzone machen. In Tat und Wahrheit wirft Schaufelberger seinem Freund Oswald einen Stein in den Garten.[1]

Direktor Friederich ist nicht der Einzige, der im Westen industrielles Know-how aus der Ostzone versilbern will. Sogar in der Schweizer Presse ist zu lesen, die Sowjetpolizei ermittle, weil im Leuna-Werk «wichtige Dokumente» verschwunden seien.[2] Das Ausmass dieses illegalen Handels mit gestohlenen Industrieunterlagen ist nicht bekannt, doch es muss beträchtlich sein. Weil sie helfen, Entwicklungs- und Lizenzkosten einzusparen, sind sie heiss begehrt, während sie für die Verkäufer das Sprungbrett für eine neue Existenz im Westen sind.

Oswald hofiert den Gast aus der Ostzone nach allen Regeln der Kunst. Er hat ihm schon vor der Reise versichert, «er werde auf alle Fälle eine Anstellung bei uns finden». Nun führt er ihn durch den Betrieb und macht ihn mit seinen Chemikern bekannt. Als sich Friederich «sehr lobend» äussert, glaubt Oswald die Sache bereits in trockenen Tüchern. Er täuscht sich. Ein paar Tage später, nach einem Geschäftsessen, eröffnet ihm Friederich, «er sei nicht mehr frei». Er habe sich an eine «Gruppe gebunden, die dank ihrer Grösse und Kapitalstärke ohne weiteres den Kampf gegen [den Chemie-Giganten] Dupont aufnehmen könne und aufnehmen wolle» und «den Bau einer Fabrik mit einer Tagesproduktion von 20 Tonnen in Kanada» plane. Zu den Investoren gehören deutsche, englische und kanadische Banken und die Zürcher Parcofil, die auf den Bau von Textilmaschinen spezialisiert ist. Ihr Kopf ist der griechisch-rumänische Bankier Alexandru Scanavi, dem Elisabeth von Rumänien, geschiedene Königin von Griechenland, ihr Herz und die Verwaltung ihres Vermögens anvertraut hat. Mit den Erträgen finanziert die Ex-Königin, die in der Schweiz lebt, die kommunistische Guerilla, die ihren Schwager, den König von Griechenland, stürzen will.[3] Die «rote Elisabeth» und ihr Geliebter glauben nicht nur an das wirtschaftliche Potenzial von synthetischen Fasern, sie zahlen wohl auch besser als der notorisch geizige Oswald. Doch dieser lässt sich nicht so leicht abschütteln. Als er auf ein Treffen mit der Investorengruppe drängt, teilt ihm Friederich mit, er habe die Unterlagen dem Zürcher Ständerat und Stadtpräsidenten Emil Klöti zur sicheren Aufbewahrung anvertraut.

    Ende September 1948 kommt es zu einem parlamentarischen Gipfeltreffen, an dem Emil Klöti sowie die Nationalräte Robert Grimm (auch UWK-Präsident), Armin Meili (auch HOVAG-Präsident) und Andreas Gadient (auch HOVAG-Verwaltungsrat) teilnehmen. Diese merkwürdige Zusammenkunft lässt sich aufgrund der verfügbaren Informationen nicht einordnen, zeigt aber, wie viel Einfluss Oswald besitzt und welchen Wert er den Dokumenten beimisst. Er selbst lässt sich nicht blicken, sondern schickt seinen Bruder vor. Laut Rudolf Oswald zeigt die Besprechung, dass «Herr Ständerat Dr. Klöti absolut nichts von [den Dokumenten] in Händen hatte und nichts von ihnen wusste», und dass Friederich ein wüstes «Kesseltreiben» gegen seinen Bruder inszeniert habe.[4] Diese Erklärung macht den Aufmarsch von drei Nationalräten und einem Ständerat, die sich über gestohlene Industriepläne unterhalten, erst recht rätselhaft. Auch die Akten der HOVAG-Überwachungskommission und Grimms Nachlass helfen nicht weiter, doch nach der Fürsprache für Fischers Aufenthaltsbewilligung ist es das zweite Mal, dass der Sozialist Grimm dem Kapitalisten Oswald in einer fragwürdigen Angelegenheit Schützenhilfe leistet.

    Aktenkundig ist, dass die Gebrüder Oswald zum Halali auf Friederich blasen. Als Erstes versuchen sie, die Verlängerung seines Visums zu hintertreiben und damit seine Zusammenarbeit mit der Konkurrenz zu erschweren. Sie informieren die Bündner Fremdenpolizei und die Generalstabsabteilung, die Friederichs Einreise befürwortet haben, sie hätten an seiner Anwesenheit «kein Interesse mehr». Sie kommen zu spät. Am 1. Oktober 1948, nachmittags um vier, meldet die Parcofil beim Zürcher Patentamt ein «Verfahren und [eine] Vorrichtung zur kontinuierlichen Polymerisation von Caprolaktam» an.[5] Es ist der erste Patentantrag im Bereich synthetischer Fasern in der Schweiz – und eine gewaltige Bedrohung für Oswalds Pläne.

Kaum ist Friederich abgereist, beantragt Rudolf Oswald eine Einreisesperre. Sein siebenseitiges (!) vertrauliches Schreiben strotzt vor Verdrehungen und Ausländerfeindlichkeit und gipfelt in der Anschuldigung, Friederich habe nicht nur die HOVAG und ergo die Schweizer Wirtschaft, sondern auch den Nachrichtendienst und ergo die Eidgenossenschaft geschädigt. «Leute, die eine derartige Einstellung gegenüber unserer Landesverteidigung gezeigt haben, können von uns in keiner Form zur Mitarbeit herangezogen werden, weil sie jederzeit fähig sind, auf Grund eines höheren Angebotes Kenntnis und Erkenntnisse einem Dritten zur Verfügung zu stellen», erklärt er dem Vizedirektor der Fremdenpolizei. «Es scheint uns, wir hätten genügend skrupellose Elemente in unserem Land, auf die weder militärisch noch moralisch irgendein Verlass ist und die sich nur nach dem reicheren Brotkorb orientieren. Solche Ausländer sind und bleiben unerwünscht, so dass sich nach unserer Auffassung die Verfügung einer Grenzsperre rechtfertigt.»[6]

Schaufelberger tritt als Vertreter des Nachrichtendiensts nach. Zuerst habe Friederich «grosse Worte gemacht», sich dann wegen seiner Familie «ängstlich» gezeigt und «obendrein» die HOVAG «mit Industrie-Spionage» schädigen wollen. Das sei «nicht sehr gentleman-like, vielmehr skrupellos», er habe darum «alle Hebel in Bewegung» gesetzt, um Friederich «auf schnellstem Wege wieder dorthin zu schicken, von woher er gekommen war».[7] Der Vorwurf der Industriespionage wiegt besonders schwer. Schaufelberger prangert Friederichs «Intrigenversuche auf dem Patentgebiet» an, und Oswald will wissen, dieser habe in Zürich «sogenannte Schreibtischpatente» entworfen, die nicht «erprobt», sondern «nur theoretisch zusammenkomponiert» seien. «Inwieweit dabei unsere Erklärungen über die Gestaltung der eigenen Kunststofffaserproduktion anregend gewirkt haben, können wir leider nicht übersehen.»[8] Das ist ziemlich dreist, vor allem wenn man sich vor Augen hält, dass Werner Oswald sich die gestohlenen Unterlagen unbedingt unter den Nagel reissen wollte. Aber weil auch Andreas Gadient – Nationalrat, Bündner Regierungsrat und HOVAG-

Verwaltungsrat – die Einreisesperre unterstützt, hat Friederich schlechte Karten. Die eidgenössische Fremdenpolizei schlussfolgert scharfsinnig, man habe es hier mit einem Deutschen zu tun, der «hemmungslos» seine Interessen verfolge: «Bei solchen Ausländern muss immer auch damit gerechnet werden, dass sie sich in anderer Weise (Nachrichtendienst) dem ersten Besten verkaufen und damit unser Land schädigen können. Auch aus vorsorglichen Gründen dürfte daher eine Einreisesperre gerechtfertigt sein.»[9]

Es ist nicht der einzige Triumph der Gebrüder Oswald. Etwas später kommt ihnen zu Ohren, die Investorengruppe sei vertragsbrüchig geworden und Friederich kämpfe um seine Unterlagen. Geht es um ihren Vorteil, sind sie nicht nachtragend. Es kommt zur zweiten Verhandlungsrunde, diesmal in Konstanz, auf deutschem Boden. Oswald reibt Friederich dabei die Einreisesperre unter die Nase, doch der glaubt an einen schmutzigen Trick. Er unterschätzt den Einfluss der Gebrüder Oswald: Kurz darauf kann er zwar unbehelligt in die Schweiz einreisen, wird aber in Zürich verhaftet, wobei die Polizei «Fabrikationspläne und Beschriebe über die Herstellung einer synthetischen Faser» sicherstellt.[10] Am nächsten Tag wird er freigelassen und muss sofort ausreisen. Ob er mit der HOVAG später noch ins Geschäft kommt, ist aus den Akten nicht ersichtlich. Doch Oswald bietet sich unverhofft eine zweite Chance.

Am 28. Dezember 1948 machen sich vier Angestellte der Thüringischen Zellwolle AG auf den Weg von Schwarza in den Westen. Einer will für seine Mutter Medikamente besorgen, der Chemiker Rudolf Gabler und die Maschineningenieure Johannes Lesche und Kurt Bauer wollen ein neues Leben anfangen.[11] Gabler ist es schon lange leid, dass ihn die russische Direktion «scharf» überwachte und vor die Wahl stellte, «in die SED einzutreten oder auf jede berufliche Karriere zu verzichten».[12] Als er aber von einer wohlmeinenden Übersetzerin informiert wurde, sein Name stehe auf der Liste der nächsten Zwangsversetzungen in die UdSSR, war die Sache für ihn klar: Er musste weg. So rasch als möglich.[13]

Als die vier Männer losmarschieren, stecken in Bauers Rucksack gestohlene «Konstruktions- und Baupläne» einer neuen Perlonanlage. Das ist der Grund, weshalb sie auf der anderen Seite der Zonengrenze, im bayrischen Bopfingen, von ihrem ehemaligen Vorgesetzten Walter Schieber erwartet werden. Im Krieg war SS-Oberbrigadeführer Schieber der Stellvertreter von Albert Speer und leitete das Rüstungslieferungsamt, das unter anderem die Giftgasproduktion kontrollierte. Nebenbei entwickelte er aus Zellstoffabfällen die «Biosyn-Vegetabil-Wurst», mit der im KZ Mauthausen Ernährungsexperimente gemacht wurden, bei denen viele der unterernährten Häftlinge starben.[14] Aber weil ihn die Amerikaner nach dem Krieg als Spezialisten für das Nervengas Sarin anstellten und für ihren Geheimdienst rekrutierten, ging seine Entnazifizierung flott über die Bühne. «Dr. Schiebers Talente», heisst es in einem offiziellen Memo, «sind für die USA von so grosser Bedeutung, dass sie weitaus wichtiger sind als sein politischer Hintergrund.»[15] Neuerdings betreibt er einen schwunghaften Handel mit gestohlenen Industrieunterlagen.[16] Damit verdient er sich nicht nur eine goldene Nase; in der Logik des Kalten Kriegs vollbringt er eine gute Tat, weil er die russische Wirtschaft destabilisiert. Er hat Gabler sogar aufgefordert, nicht nur Pläne zu stehlen, sondern auch «Fachkräfte der Perlon-Abteilung zum Verlassen der sowjet. besetzten Zone zu beeinflussen».[17]

Gabler und seine Kollegen kommen nicht weit. Sie werden an der Zonengrenze – laut Gabler «vermutlich durch Verrat» – von der Volkspolizei verhaftet. Auf dem Wachposten Wurzach kann sich Gabler durch ein Toilettenfenster zwängen und fliehen. Er rennt um sein Leben. Als er endlich die Grenze erreicht, ist es stockdunkel. «Obwohl die Zöllner Spürhunde einsetzten und mit Leuchtkugeln nach ihm suchten, konnten sie ihn nicht mehr fassen», schreibt seine Stieftochter. Er stürzt sich in den eiskalten Grenzfluss und rettet sich auf die bayrische Seite, wo ihm ein Pfarrer trockene Kleider überlässt.[18] Er schlägt sich bis zu Schieber durch und verfasst auf dessen Wunsch einen Bericht über die Thüringische Zellwolle AG, der mit der Feststellung endet, die Flucht weiterer «4–5 Spezialisten würde die endgültige Lahmlegung der ausschliesslich der russischen Aufrüstung dienenden Schwarzaer Perlon-Anlage und Projekte bedeuten».[19] Wahrscheinlich geht der Bericht an die CIA, doch Schieber spielt ein doppeltes Spiel. Die amerikanische Journalistin Annie Jacobsen hat Belege gefunden, dass er nicht nur ein amerikanischer Agent, sondern auch ein «sowjetischer Maulwurf» war.[20] Gut möglich also, dass er Gabler und seine Kollegen verraten hat, denn er war der Einzige, der über ihren Grenzübertritt Bescheid wusste.

Lesche und die anderen zwei Kollegen werden am nächsten Tag nach Gera in die berüchtigte Untersuchungshaftanstalt des Ministeriums für Staatssicherheit überführt und von einem sowjetischen Militärtribunal wegen Spionage zu 25 Jahren Arbeitslager verurteilt. Stichtag der Entlassung ist der 28. Dezember 1973 – dann wird Lesche 66 Jahre alt sein.[21] Johanna Gabler setzt sich fünf Tage später mit kleinem Gepäck und drei Kindern nach Westberlin ab. Ihren Schmuck hat sie in der Handtasche versteckt, im Kinderwagen schläft die Jüngste auf dem Meissner Teeservice. «Da standen wir nun, frühmorgens im Januar 1949, und warteten auf den Zug nach Berlin», erinnert sich die älteste Tochter. «Warum wir drei oder vier Unterleibchen übereinander anziehen sollten und noch mehrere Schichten Kleider am Leib trugen, konnten wir Kinder noch nicht begreifen.»[22]

Schieber möchte eine «Studiengesellschaft für Kunstfasern» gründen, doch für Gabler, der für eine Familie zu sorgen hat, ist das zu wenig konkret. Also kontaktiert er frühere Arbeitskollegen, die bereits im Westen leben, und bittet sie, ihm bei der Arbeitssuche zu helfen. Einer seiner Briefe landet auf Umwegen auf Oswalds Schreibtisch, und dieser vereinbart sofort ein Treffen in Deutschland.[23] Doch einmal mehr droht die Parcofil ihn auszustechen. Ihr Direktor stand mit Gabler und Lesche bereits in Kontakt, als diese im letzten Sommer zum ersten Mal gestohlene «Zeichnungen, Versuchsberichte, Muster etc.» in den Westen schmuggelten und bei einem Freund versteckten. Er schickte ihnen sogar einen Arbeitsvertrag, der – aus einsichtigen Gründen – strenge Geheimhaltungsklauseln und Konkurrenzverbote enthielt. Damals wurde man nicht handelseinig, doch nach seiner Flucht hat Gabler die Verhandlungen wieder aufgenommen.

Gabler erwähnt die gestohlenen Pläne auch Oswald gegenüber, und dieser leitet sofort die nötigen Schritte ein, um sich die wertvolle Beute zu sichern: Ein Bekannter von Giesen, der Industrielle Friedrich Uhde, der die Hydrieranlagen für das I.G.-Farben-Werk Auschwitz-Monowitz gebaut hat, schickt einen Mitarbeiter los, um die bei einem Freund Gablers versteckten Pläne auf ihre Echtheit und Güte zu prüfen. Die Dokumente überzeugen ihn. Also fährt Oswald ein zweites Mal nach Deutschland, um Gabler eine Anstellung anzubieten, samt erstem Lohn bar auf die Hand und «monatlich ein Lebensmittelpaket und zusätzlich Trockenmilch (soweit möglich)» bis zur Übersiedlung der Familie in die Schweiz. Doch Gabler fühlt sich moralisch verpflichtet, auch für Lesche und dessen Familie «eine Versorgungsgrundlage» zu schaffen.[24] Noch am selben Abend schreibt er Maria Lesche: «Hoffentlich fühlen Sie und haben Sie das Vertrauen, dass wir um Ihr und Ihres Sohnes schweres Schicksal zutiefst erschüttert sind und alles zu tun bereit sind, um Ihnen zu helfen.» Oswald habe sich, im Austausch für die Pläne, vertraglich verpflichtet, sie zwei Jahre lang finanziell zu unterstützen und Lesche nach seiner «eventl. Freilassung» anzustellen.[25] Diese Übereinkunft erspart Oswald zeit- und kostenintensive Entwicklungsarbeiten, macht ihn aber zum Komplizen beim Diebstahl von Industrie-Know-how.[26]

Der Parcofil teilt Gabler mit: «Um meine Familie nicht in eine ausweglose Notlage zu bringen, sehe ich mich gezwungen, sofort ein anderes Angebot anzunehmen.» Das ist erstaunlich, denn in seinem Nachlass findet sich ein Vertragsentwurf der Parcofil, der eine «einmalige Abfindung von Frs. 100 000» für die «schriftlichen Unterlagen über Betriebsverfahren und Konstruktionszeichnungen» vorsieht. Eine «ausweglose Notlage» sieht anders aus, denn bei der HOVAG muss Gabler für dieses Geld fast sieben Jahre lang arbeiten. Offenbar hat er auf das viele Geld verzichtet, um Lesche nach der Entlassung aus dem Gefängnis eine Stelle bei der HOVAG zu sichern. Oder Oswald hat ihm ein Angebot gemacht, das die 100 000 Franken der Parcofil aussticht.

Gabler gibt auch Schieber einen Korb. Ohne Ingenieur sei die Studiengesellschaft nicht zu realisieren, doch er könne es nicht verantworten, weitere Kollegen zur Flucht anzustiften und «in unmögliche Lebensverhältnisse zu bringen».[27] Schieber tobt. Er beschuldigt Gabler, sich «mit Hilfe des Materials» unrechtmässig zu bereichern. Und mit Schieber will man sich nicht anlegen. Er droht, er werde Gablers Ausreise «unter allen Umständen verhindern» und «Schritte bei der Regierung Nordrhein-Westfalen und über die linksorientierte Presse» unternehmen, «um eine Verwertung der Unterlagen unmöglich zu machen».[28]

Es kommt noch schlimmer. Friedrich Uhde hat zwar die wertvollen Pläne für Oswald sichergestellt, doch sie werden aus seinem Büro gestohlen. Nun wächst Gabler die Sache vollends über den Kopf. Er beschliesst, sich von den Unterlagen «restlos abzusetzen», und bittet Oswald, ihn «auch mit leeren Händen» einzustellen.[29] Weil mit diesem Entscheid auch die Zahlungen an Maria Lesche in der Luft hängen, droht ein Freund der Lesches, dass er «vor einer Anzeige, gleich in welcher Richtung, nicht zurückschrecken werde», um allfälligen «Nutzniessern auf Kosten anderer endgültig das Handwerk zu legen».[30] Zu allem Überfluss mischt sich auch noch Alfred Friederich, der Direktor der Thüringischen Zellwolle, ein. Als hätte er selbst nichts mit dem illegalen Handel mit Industriewissen zu tun, droht er Gabler, er wisse, dass ehemalige Angestellte «Originale, Pausen und Aufzeichnungen der Perlonabteilung in den Westen geschafft und dort teils selbst verwertet, teils Dr. Schieber in die Hände gespielt haben, der damit die Welt bereist». Der Vorstand werde sich «jede Person und jede Gesellschaft im In- und Ausland» merken, «die sich mit oder ohne Beihilfe Schiebers Schwarzaer Material angeeignet hat und davon Gebrauch macht».[31]

Wie das Seilziehen um die Pläne ausgeht, ist aufgrund der verfügbaren Quellen nicht abschliessend zu rekonstruieren.

«Intrigenversuche auf dem Patentgebiet»

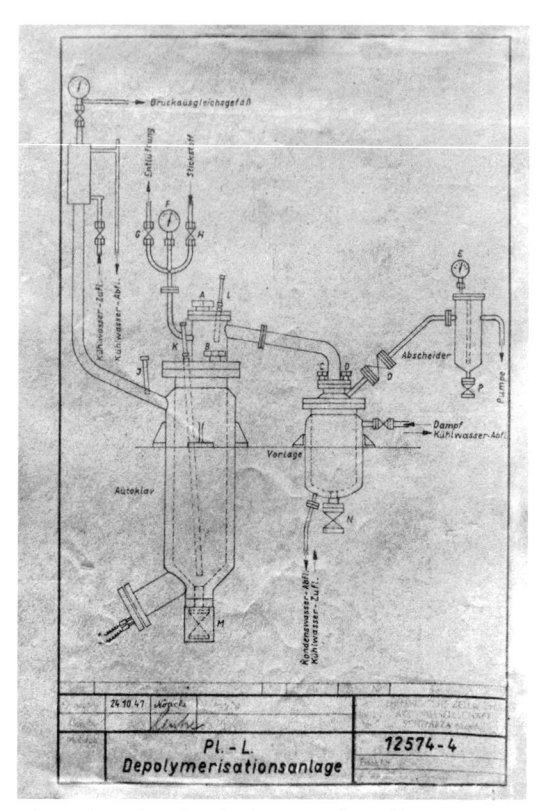

Plan der Thüringischen Zellwolle AG, der von Joachim Schultze aus dem Archiv in Ems entwendet wurde (1947)

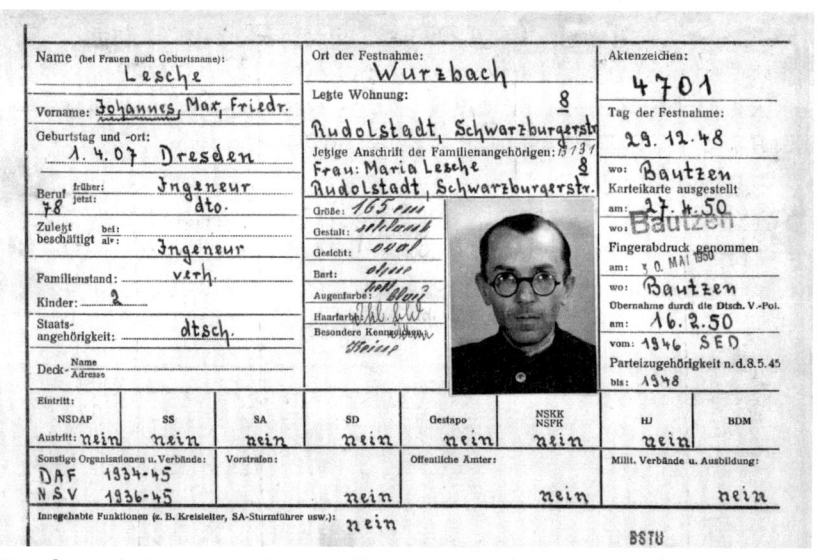

Strafanstalt Bautzen: Personalkarte von Johannes Lesche (1950)

Erbe des «Dritten Reichs»

Friedrich Uhde erwähnt in einem Brief, dass Oswald «einige Kopien» der gestohlenen Dokumente in seinen Besitz bringen konnte.[32] Mindestens ein bei der Thüringischen Zellwolle gestohlenes Dokument – der Konstruktionsplan einer Depolymerisationsanlage – landet, auf welchem Weg auch immer, in Ems und später im Nachlass von Joachim Schultze.

Maria Lesche erfährt erst nach einem Jahr, wo ihr Mann gefangen gehalten wird. Seither darf sie ihm monatlich einen Brief schicken und ihn einmal jährlich besuchen. Mit Gründung der DDR im Herbst 1949 wird Johannes Lesche in den «Stasi-Knast» Bautzen verlegt, wo er in der Elektrowerkstatt arbeitet und in der Freizeit Lateinisch lernt. Die Führungsberichte vermitteln eine leise Ahnung von der Kontrolle und dem politischen Druck, denen er unterworfen ist. «L. zeigt eine gute Einstellung zu unserer Republik», lautet ein Eintrag von 1955. «Seine Einordnung in die Gemeinschaft ist gut.»[33] Ob Maria Lesche von Oswald finanziell unterstützt wird, ist nicht bekannt.[34] Gemessen am Wert der Unterlagen sind die insgesamt 9600 Deutsche Mark, die er ihr bezahlen wollte, eh nur die Brosamen vom reich gedeckten Tisch. Doch für sie wäre das Geld existenziell. Sie lebt von staatlicher Fürsorge und hat vor lauter Not ihren Sohn in die Obhut eines Freundes im Westen gegeben.[35] Laut Uhde erhält die «schwergeprüfte Frau» immerhin «Lebensmittelpakete aus der Schweiz», über die sie und ihre Tochter «überglücklich» seien.[36]

Als die DDR 1956 eine Amnestie für politische Gefangene beschliesst, stuft die Gefängnisleitung Lesche als würdigen Kandidaten ein: «L. lehnt das Verhalten der Bonner Regierung ab und ist gewillt, nach seiner Haftentlassung für die Erhaltung des Friedens einzutreten. Auch will er sein ganzes Wissen als Ingenieur dem Aufbau unserer Deutschen Demokratischen Republik zur Verfügung stellen». Doch der «Gnadenerweis» lässt auf sich warten. «Die alte Unruhe bemächtigt sich meiner aufs Neue, dass alles Hoffen wieder vergebens sein könnte», fleht Maria Lesche den Staatsanwalt an. «Bitte helfen Sie mir, dass meine Kinder ihren Vati bald wieder haben.»[37] Am 21. Dezember 1956 setzt Lesche seine Unterschrift unter die Entlassungsverfügung. Drei Monate später flieht er nach Westberlin, Frau und Tochter folgen kurze Zeit später.[38] Im Frühjahr 1958 tritt er die Stelle an, die Oswald ihm vor einem Jahrzehnt in Aussicht gestellt hat.

«Ein ungetreuer Direktor»

Die englischen Alliierten feuern Johann Giesen wegen Industriespionage zugunsten der HOVAG, doch in der Schweiz kehrt man die brisante Neuigkeit unter den Teppich.

Zwei deutsche Perlonspezialisten, die Werner Oswald im Herbst 1948 unter Vertrag nimmt, kommen nicht direkt in die Schweiz, sondern machen zuerst einen Abstecher ins Bayer-Werk Uerdingen, das von Johann Giesen geleitet wird. Der eine ist der Maschinenbau-Ingenieur Hellmuth Comperl, dem Oswald nach dem Anstellungsgespräch in Deutschland handschriftlich versichert hat: «Mit heutigem Datum betrachte ich Sie als meinen Mitarbeiter. […] Sie werden hiermit als Leiter des in Ems aufzubauenden textilen Betriebes angestellt.» Bis Comperl seine Arbeit in Ems aufnimmt, bezahlt ihm Oswald monatlich 1000 Deutsche Mark sowie «sämtliche Reise- und Aufenthaltskosten», doch «in allen innerdeutschen Belangen» soll er sich an «Herrn Dr. Giesen» halten.[1]

Im Werk Uerdingen studiert Comperl die Pläne der geplanten Perlonversuchsanlage und steht mit Oswald in regem Briefkontakt.[2] Er schickt ihm unter anderem Unterlagen zu «Bearbeitungstechniken» von Spinnmaschinen. Oswald unterbreitet sie dem Winterthurer Maschinenbau-Unternehmen Rieter, das «äusserst interessiert» und «im Prinzip zu einer Mitarbeit bereit» ist. Trotz «enormer Arbeitsüberlastung» ist Rieter einverstanden, «sofort eine, eventuell zwei 4-zeilige Spinnstrassen zu bauen». Das bedeute, frohlockt Oswald, «dass wir bis in ca. 6 Monaten die Maschinen hätten, um sie im Versuch zu erproben».[3]

Damit der Entwicklungschef von Rieter Einblick «in die Originale» nehmen kann, nimmt Oswald ihn nach Uerdingen mit.[4] Fünf Jahre später verkauft Rieter seine «Spinn- und Streckzwirn-Maschinen» für Kunstfasern «auf der ganzen Welt» – und Comperl nimmt für sich in Anspruch, dass er «die grundsätzlichen Unterlagen und Erfahrungen» dafür geliefert hat.[5]

Comperl korrespondiert auch mit dem deutschen Textilmaschinenhersteller Edmund Hamel, der sich bereit erklärt, ihm sein Know-how zum Spinnen von Perlon zur Verfügung zu stellen. «Wir Deutschen sind nun einmal ziemlich rechtlos geworden in der Welt», begründet er seine Hilfsbereitschaft. «Aus diesem Grunde müssen wir mehr denn je zusammenhalten.» Er rät Comperl zu grösster Vorsicht im Briefverkehr und verwendet selbst zahlreiche Abkürzungen: «Wegen Weiterentwicklung der P. Sp. Maschinen [Perlon-Spinn-Maschinen] unterhalten wir uns am besten mündlich. Für Briefe eignet sich ein solches Thema nicht gut. Der Censor hat mitunter zuviel Interesse.»[6]

Anfang 1949 wechselt Comperl von Uerdingen nach Dortmund ins Ingenieurbüro Friedrich Uhde, wo er einen Spinnkopf und eine Streckmaschine für synthetische Fasern konstruiert.[7] Gut möglich, dass er dafür Unterlagen aus Uerdingen verwendet, denn Oswald schreibt ihm: «Ich hoffe, dass auch wegen den Spinnpuppen alles über Uerdingen in Ordnung geht, sodass wir wirklich keine Zeit verlieren.»[8] Derweil bemüht sich Rudolf Oswald um die Arbeits- und Aufenthaltsbewilligung. Da Bundesrat von Steiger die Bestimmungen verschärft hat, verlangt die Fremdenpolizei eine amtliche Bestätigung, dass Comperl «nie der Partei, der SS oder einer ähnlichen Organisation angehört» hat oder aber als «Entlasteter» denazifiziert wurde.[9] Doch Comperl ist als «Mitläufer» eingestuft, es dauert deshalb mehr als ein halbes Jahr, bis er ein Visum erhält, das erst noch nur drei Monate gültig ist.[10]

Der Chemiker Kurt Kahr ist der Zweite, der einen Zwischenhalt in Uerdingen einschaltet und von dort «eine komplette Sammlung von Plänen für Apparate, Rohrleitungen usw.» nach Ems mitbringt.[11] Fünf dieser Dokumente befinden sich heute im Nachlass von Forschungsleiter Joachim Schultze: zwei Konstruktionspläne für Caprolactamanlagen, zwei Fliessschemata und ein Mengenschema. Alle tragen die Herkunftsbezeichnung «Farbenfabrik Bayer, Werk Uerdingen» und ein Datum zwischen November 1947 und September 1948, dem Zeitpunkt, als Kahr seine Stelle bei der HOVAG antritt.

Giesen muss an den Plänen und den Spezialisten, die er der HOVAG zuhält, ein kleines Vermögen verdient haben. Laut Bergier-Bericht hat er mit Oswald eine einmalige Zahlung von 300 000 Franken plus eine Umsatzbeteiligung an der Perlonproduktion in Ems vereinbart.[12] Doch er überspannt den Bogen. Am 15. November 1949 wird er von Douglas Fowles, dem britischen Controller der Bayer-Werke, zitiert und muss über unregelmässige Bilanzen und die «Beziehungen» zwischen Uerdingen und Ems Auskunft geben. Giesen leugnet «jede über

Kontaktlieferungen hinausgehende Zusammenarbeit».¹³ Trotzdem kommt es zu einer «ernsten Auseinandersetzung» zwischen ihm und seinem deutschen Vorgesetzten, Ulrich Haberland, und Fowles setzt Giesens Kündigung auf: «Nach unseren Feststellungen haben Sie seit längerer Zeit enge geschäftliche Verbindungen mit der HOLZVERZUCKERUNGS-A.G. in Ems (Schweiz) unterhalten und dieser Firma Erfahrungen vermittelt, ohne dass hierüber entsprechende Abmachungen mit unserer Firma getroffen worden sind.» Ein «vertrauensvolles Zusammenarbeiten» sei nicht mehr möglich, er sei fristlos entlassen.¹⁴

Das Kündigungsschreiben wird nie abgeschickt, denn mit dem Chemiker Heinz Krekeler ist ein einflussreicher Fürsprecher aufgetaucht. Er kennt Giesen, seit dieser als junger Mann ins I.G.-Werk Ludwigshafen eintrat, inzwischen ist er Wirtschaftsberater, stellvertretender Vorsitzender des FDP-Landesverbands Nordrhein-Westfalen und unterhält beste Beziehungen zu den französischen und amerikanischen Besatzern.¹⁵ Giesens Kündigung kann oder will er nicht abwenden, doch er zieht ihr die Zähne. Obwohl die Abklärungen «einwandfrei» ergeben haben, dass ein Chemiker und ein Werkmeister in Giesens Auftrag gratis eine Schwefelsäureanlage in Ems in Betrieb gesetzt haben, verkürzt Fowles das dreijährige Konkurrenzverbot auf ein Jahr – bei vollem Lohn. Sogar sein Ton ist konzilianter. Mit britischem Understatement stellt er fest, man könne die «Entsendung» von Mitarbeitern ohne Gegenleistung «gelinde gesagt höchstens als eine sehr merkwürdige Angelegenheit betrachten».¹⁶ Dass er gleichzeitig Giesens Assistenten, den Chefbuchhalter, den Leiter des Konstruktionsbüros und zwei Sekretärinnen beurlaubt, zeigt jedoch die Dimensionen von Giesens ungetreuer Amtsführung.¹⁷

Die Entlassung sorgt für Schlagzeilen wie «Werkspionage und Bilanzfälschung» oder «IG-Direktor verschiebt Patente». Sogar der *Spiegel* berichtet, in Uerdingen sei «ein ungetreuer Direktor» entlassen worden, weil er «geistiges Werkeigentum» verschoben habe.¹⁸ Am deutlichsten ist die Magdeburger *Volksstimme*. Sie vermeldet, Giesen habe einer Schweizer Firma «patentierte Produktions-Geheimnisse der Bayer-Werke verraten», und schätzt, dass er die deutsche Wirtschaft um «etliche Millionen» geprellt habe.¹⁹ Die *Westdeutsche Rundschau* nennt dafür Namen: Direktor Giesen sei mit Dr. Zorn, dem Leiter eines Schweizer Unternehmens, «freundschaftlich verbunden», darum habe er den Chemiker Kurt Kahr beauftragt, «geheime Fabrikationsmethoden» in die Schweiz zu bringen.²⁰

Die Meldung zeigt, dass Oswald es meisterhaft verstanden hat, sich hinter seinen Mitarbeitern zu verstecken. Doch offensichtlich befürchtet er Schlimmes, denn zu dieser Zeit setzt Comperl eine Art eidesstattliche «Erklärung» auf, hinter der nur sein Vorgesetzter Oswald stecken kann. Darin bestreitet er alles, was auf irgendeine Art nach Werkspionage riecht und ihm, Giesen und Oswald gefährlich werden könnte. Das Dokument enthält nachweislich mehrere Unwahrheiten: Comperl erklärt zwar korrekt, er habe Oswald am 26. November 1948 kennengelernt, versichert aber fälschlicherweise: «Zu einer Einigung kam es jedoch nicht, da Herr Dr. Oswald sich nicht binden konnte und erklärte, zunächst einige Vorfragen klären zu müssen.» Wahr ist, dass Oswald ihm am folgenden Tag schriftlich bestätigte: «Mit heutigem Datum betrachte ich Sie als meinen Mitarbeiter.»[21] Obwohl der Vertrag Comperl verpflichtete, sich in allen «innerdeutschen Belangen» an Giesen zu halten, versichert er in seiner «Erklärung», er habe Giesen aus eigener Initiative darum gebeten, «mir die Möglichkeit zu geben, in Uerdingen am Reissbrett zu arbeiten. Er tat dies einmal, weil ich als langjähriger I. G. Angehöriger ihn um Unterstützung bat und sodann, weil er annahm, dass meine Anwesenheit und Erfahrung für Uerdingen von Vorteil sein könne.»

Es stimmt auch nicht, wie Comperl behauptet, dass in Ems punkto Kunstfasern «nach einem nicht nur grundsätzlich, sondern auch in seinen Einzelheiten verschiedenen Verfahren gearbeitet werden sollte». Die Verfahren, welche die Deutschen in Ems entwickeln, basieren nachweislich auf Perlongrundpatenten der I.G.-Farben. Andere Behauptungen Comperls können nicht mit Quellen widerlegt werden, muten aber unglaubwürdig an, weil sie passgenau die Vorwürfe kontern, die nach Giesens Entlassung in der Luft liegen: «Ich habe dann etwa drei Wochen lang in Uerdingen für mich gearbeitet, ohne irgendwelche Unterlagen und Hilfe seitens der dortigen Herren zu erhalten. Während dieser Zeit habe ich in Uerdingen nicht einen einzigen Betriebsraum betreten und mit keinem der Betriebsleute über die dortigen Verfahren gesprochen. […] Ich erkläre ausdrücklich, dass ich von Uerdingen aus keinerlei Verfahrens- und Konstruktionsunterlagen für eine Perlonanlage erhalten habe.»[22]

Ob Comperls «Erklärung» je verwendet wurde, ist nicht bekannt, doch es gibt ein zweites solches Dokument. Es stammt ausgerechnet von Kurt Kahr, der laut Forschungsleiter Schultze «eine komplette Sammlung von Plänen» von Uerdingen nach Ems mitbrachte. Er schildert darin, wie man sich in Ems im Winter 1948/49 für eine «noch patentrechtlich ungeschützte Verspinnungsweise» entschieden habe. Auch wenn die Hintergründe unklar sind, bekommt man doch den Eindruck,

Johann Giesen und Werner Oswald (um 1955)

Johann Giesen (rechts) mit Ehefrau und dem deutschen HOVAG-Ingenieur Carl Mayer (um 1955)

Erbe des «Dritten Reichs»

auch diese «Erklärung» sei aufgesetzt worden, um allfällige Vorwürfe von Patentverletzung und Industriespionage zu entkräften.[23] Damit schützen Kahr und Comperl sich selbst, sie schirmen aber auch Oswald ab, der sie nach Uerdingen geschickt hat und dank dem Wissen und den Plänen, die sie nach Ems gebracht haben, viel Geld spart.

Weil der britische Controller auf eine Anzeige verzichtet, muss sich Giesen nicht vor Gericht verantworten, doch seine hoffnungsvolle Nachkriegskarriere endet jäh. Die Betriebsspionage zugunsten der HOVAG erklärt wohl auch, warum die Bergier-Kommission im Archiv der Ems-Chemie keinen Vertrag gefunden hat, der die Zusammenarbeit von Giesen und Oswald regelte.[24] Dieser hat wohl gar nie existiert, weil es die beiden Männer – aus nachvollziehbaren Gründen – vorgezogen haben, ihre Abmachung nicht zu verschriftlichen. Giesen hat Oswald trotzdem am Wickel, denn er weiss zu viel. Nur so ist zu erklären, dass Oswald ihm jahrelang nicht näher definierte «Alimente» bezahlte.[25]

Die Neuigkeit von Giesens Kündigung gelangt mit etwas Verspätung auch in die Schweiz. Im Dezember 1949 bringen die *Neuen Zürcher Nachrichten* als Erste eine Notiz über die «Unregelmässigkeiten» in Uerdingen und einen «unbefugten Erfahrungsaustausch zwischen dem Werk und einer Schweizer chemischen Fabrik». Die Zeitung betont aber: «Vor Abschluss der Untersuchung wird Einblick in die Hintergründe nicht gewährt.»[26] Es folgen drei Wochen weihnächtliches Schweigen im Blätterwald. Einzig der Wirtschaftsjournalist der *Schaffhauser Nachrichten* geht der Sache nach – und entdeckt Erstaunliches. «Nach dem ‹Emser Wasser› das ‹Emser Nylon›?»,[27] fragt er am 3. Januar 1950. In Ems werde seit Monaten an der «Erzeugung von Nylon oder nylonähnlichen Fasern» geforscht, und die Vorarbeiten seien bereits so weit fortgeschritten, dass die HOVAG noch dieses Jahr «mit der industriellen Erzeugung» beginne. «Wir werden also früher oder später mit ‹Emser Nylon› versorgt werden!»

Zwei Tage später verschickt die Nachrichtenagentur Schweizer Mittelpresse eine Meldung, die einen merkwürdigen Umweg genommen hat: «Im ‹Manchester Guardian› war kürzlich eine Meldung aus Düsseldorf zu lesen, wonach ein gewisser Dr. Giesen […] entlassen wurde, weil die Auslieferung von Fabrikationsgeheimnissen des ‹Perlon-Verfahrens› an die Holzverzuckerungs AG Domat-Ems aufgedeckt worden war.»[28] Heute würde jede ernst zu nehmende Schweizer Zeitung eine solche Meldung aufgreifen, besonders im Fall eines staatlich gestützten Unternehmens. Doch damals gibt sich die Presse erstaunlich zugeknöpft. Zwar drucken vereinzelte Tageszeitungen die Agenturmeldung ab, doch kein einziger Journalist recherchiert die Hintergründe. Auch Robert Grimm schaut weg. In seinem persönlichen HOVAG-Dossier finden sich zwar der Artikel des *Manchester Guardian* und die Schweizer Agenturmeldung, doch laut den Sitzungsprotokollen der UWK bringt er die Sache nicht zur Sprache.[29] Auch als Imfeld 1952 an einer UWK-Sitzung erklärt, Oswald habe seinen Berater Giesen 1949 zur Seite geschoben, weil dieser sich gegen «unsinnige Investitionen» in Ems gewehrt habe, schweigt Grimm eisern, obwohl er es besser weiss.[30]

Grimms Verhalten ist schwer verständlich. Hat er in Giesen einen Garanten für die erfolgreiche Produktionsumstellung in Ems gesehen? Hat er geschwiegen, weil er als UWK-Präsident der HOVAG keinen Schaden zufügen und als guter Sozialist die Arbeitsplätze in Ems sichern wollte? Hat er gute Miene zum bösen Spiel gemacht oder Oswald zur Rede gestellt, ohne die Aussprache zu dokumentieren? Seine Haltung gegenüber Oswalds Nazi-Beratern wirft noch mehr Fragen auf. Wusste er, dass Giesen mitverantwortlich war für die unmenschliche Behandlung von Zwangsarbeitern im I.G.-Farben-Werk Auschwitz-Monowitz? Wusste er Bescheid über Fischers Rolle im «Dritten Reich»? Es war mit Sicherheit schwieriger, etwas über Giesen in Erfahrung zu bringen als über den ehemaligen Wehrwirtschaftsführer und Göring-Vertrauten Fischer, denn nur schon dessen Stellung liess kaum Zweifel, dass er in Verbrechen des nationalsozialistischen Unrechtsstaats verstrickt war. Und trotzdem verwendete sich Grimm dafür, dass Fischers Aufenthaltsbewilligungen verlängert wurden. Vielleicht spielte mit, dass Fischer im Krieg Hand geboten hatte, um die Schweiz mit Erdöl zu versorgen, oder dass er als Manager nicht dem Bild der Nazis entsprach, die Grimm 1940 in einer Brandrede als «kulturlos[e]» und «brutal[e]» «Landsknechte» gebrandmarkt hatte.[31] Jedenfalls ist es für den Sozialisten Grimm kein Ruhmesblatt, dass er offensichtlich nicht wahrhaben wollte, dass der rohe Landsknecht und der aalglatte Schreibtischtäter die zwei Seiten derselben Medaille waren.

Meines Wissens wurde Werner Oswald für seine Rolle bei der Industriespionage im Bayer-Werk Uerdingen und bei der Thüringischen Zellwolle nie belangt. Als ich das Thema Christoph Blocher gegenüber anschnitt, behauptete er zuerst im Brustton der Überzeugung: «Also beim Nylon, da waren wir nicht auf die Deutschen angewiesen.» Ich wandte ein, ich könne aber belegen, dass Oswald illegal Pläne von deutschen Perlonanlagen beschafft habe, worauf Blocher überraschend einräumte: «Das war alles vor meiner Zeit, da war ich nicht dabei. Ich weiss aber, dass es Prozesse gab. Die Firmen haben gegen Ems geklagt, weil die Leute Pläne, Knowhow und Zeugs und Sachen gebracht hätten.» Da ich noch nie von irgendwelchen Prozessen dieser Art gehört hatte, bat ich Blocher um weitere Informationen. Darauf präzisierte er, die deutschen Firmen hätten «schon geklagt, aber nicht gerichtlich». Er könne aber nicht sagen, «ob das ins Leere gelaufen ist oder ob man denen etwas bezahlt hat», denn er habe sich nie für diese Sache interessiert. «Für Historiker mag das interessant sein, aber hätte es sich um etwas Ernsthaftes gehandelt, hätten die [Firmen], deren Rechte verletzt wurden, etwas dagegen unternehmen können. Wenn sie nichts unternehmen, war es nichts Ernsthaftes oder Wichtiges. Und wenn sie etwas unternehmen, dann wurde die Sache geregelt. Und fertig.»[32]

«Ein ungetreuer Direktor»

KUNSTFASERN
(1950–1955)

Nylonstrümpfe an der Mustermesse Basel (1954)

Kunstfasern

«Geheimsphäre in Ems»

Werner Oswald wehrt sich mit Händen und Füssen gegen eine Anpassung des Bundesvertrags und trickst die Überwachungskommission aus.

Als die HOVAG Anfang 1950 ankündigt, sie werde in Kürze «Emser Nylon» auf den Markt bringen, gibt sie der Spekulationen über die «Geheimsphäre in Ems» neue Nahrung.[1] Die *Schaffhauser Nachrichten* befürchten, eine nationale Kunstfaserproduktion sei nicht konkurrenzfähig und Oswald werde über kurz oder lang wieder die hohle Hand machen. Zusammen mit anderen Zeitungen argwöhnt sie, die Entwicklung der Kunstfaserproduktion sei nur möglich, weil sie vom überteuerten «Emser Wasser» finanziert werde.[2] Belege dafür können die Journalisten keine liefern, denn der Geschäftsbericht der HOVAG ist dürftig wie eh und je, und der Bundesrat hält den Vertrag auch vier Jahre nach Kriegsende eisern unter Verschluss und will sich nicht dreinreden lassen.[3] Eine Petition der Benzin- und Heizölimporteure, die mit 50 000 Unterschriften das Ende des Beimischungszwangs forderte, ignoriert er einfach, und die Kleine Anfrage von LdU-Nationalrat Jaeckle, der diese «veraltete Kriegsgeheimnistuerei» kritisiert, schiebt er auf die lange Bank.[4] Die «Ersatztreibstoff-Angelegenheit» gehört, wie die *Schaffhauser Nachrichten* bereits 1948 moniert haben, fraglos «ins Ressort der schweizerischen ‹Geheimpolitik›».[5]

    Das ist typisch für die Haltung des Bundesrats, der nicht vom Vollmachtenregime abrücken will. Zwei Volksinitiativen, die 1946 die Rückkehr zur direkten Demokratie forderten, verschleppte er drei Jahre lang. Am 11. September 1949, kurz bevor Giesen in Uerdingen aufflog, kam es zur Abstimmung über die Initiative «Rückkehr zur direkten Demokratie». Entgegen den Empfehlungen von Bundesrat und Parlament wurde sie mit knapper Mehrheit angenommen.[6] Trotzdem wird das Notrechtregime erst 1952 aufgehoben. Bis dahin kann der Bundesrat auch in Sachen HOVAG ungestört schalten und walten.

Unterschriftensammlung der «trustfreien» Benzinimporteure zur Abschaffung des Beimischungszwangs (1947)

Kunstfasern

So kommt es, dass die Öffentlichkeit keine Ahnung hat vom Kleinkrieg, der seit Beginn der Nachlieferperiode Anfang 1947 zwischen der HOVAG und den Bundesbehörden tobt. Er ist für beide Seiten kein Ruhmesblatt.[7] Damals kündigte Oswald die endgültige Produktionsumstellung für 1949 an, doch es zeigte sich schnell, dass er den Mund wieder einmal zu voll genommen hatte. Er brachte zwar neue Produkte wie Formaldehyd und Reinmethanol auf den Markt, doch sie warfen keinen Gewinn ab und konnten deshalb auch nicht mithelfen, den Treibstoff zu verbilligen.[8] Anfang 1949 kostete das «Emser Wasser» fast zehn Mal so viel wie Importbenzin, was der Verband der Benzinimporteure als «grotesk» bezeichnete.[9] Oswald machte steigende Löhne und verteuerte Rohmaterialien dafür verantwortlich, doch das war nur die halbe Wahrheit. Im Preis enthalten waren nämlich auch Beiträge für den Schuldendienst, den Erneuerungsfonds, die Forschung, die kalkulatorischen Zins- und Abschreibungskosten sowie ein Gewinn, der es der HOVAG erlaubte, Dividenden auszuschütten.[10] Das liess grossen Spielraum für die Festsetzung des Treibstoffpreises, und Oswald war ein unverfrorener und oft unverschämter Verhandlungspartner: Er enthielt der Überwachungskommission (UWK) wichtige Informationen vor, zermürbte sie mit endlosen Ausführungen und kaum überprüfbaren Statistiken und fällte eigenmächtige Entscheide.[11] Lief etwas schief, und das war öfters der Fall, waren entweder andere schuld oder es war höhere Gewalt im Spiel. Kurzum: Oswald versprach viel, hielt wenig und spielte auf Zeit.[12]

Im Herbst 1948 war die Geduld der UWK erschöpft. Sie wollte endlich einen verbindlichen Zeitplan sehen. Oswald wehrte sich mit Händen und Füssen. Gestelzt erklärte er, Forschung hänge von «Imponderabilien ab, die im menschlichen Sektor liegen», darum könne er keine «zeitlichen Garantien für den Forschungserfolg von Chemikern» eingehen.[13] Trotzdem verpflichtete ihn die UWK, sechzig Fragen über «die Situation, die Absichten und die Zukunftsmöglichkeiten der HOVAG» zu beantworten.[14] Von den Antworten war sie «sehr enttäuscht»; vor allem Oswalds Erklärung, er könne den Treibstoff frühestens 1950 verbilligen, wenn die Perlonproduktion anlaufe, sorgte für grossen Unmut.[15] Sogar Professor Schläpfer, der Oswald sonst immer unterstützt hatte, meinte: «Wir waren large und müssen deshalb klar sehen.»[16] Da die UWK endgültig genug hatte von den «gewaltigen Schwierigkeiten und Sorgen» und den «jährlich wiederkehrenden Diskussionen», beschloss sie einstimmig, den 1943 abgeschlossenen Vertrag anzupassen und den Treibstoffpreis künftig im Voraus zu fixieren.[17] Es war der Auftakt zu einer einjährigen zermürbenden Kraftprobe.

«Geheimsphäre in Ems»

Während der Verhandlungen schwankte Oswald zwischen Jammern und Empörung, verstand sich aber auch meisterhaft aufs Schmeicheln. Es sei ihm bewusst, bauchpinselte er UWK-Präsident Robert Grimm, «wie viel das Werk Ems, seine Belegschaft und wir selbst Ihrer Weitsicht und Ihrem Wohlwollen verdanken» – nur um sofort klarzustellen, Fixpreise seien völlig inakzeptabel.[18] Als er zum x-ten Mal den «Existenzkampf» der HOVAG beschwor, konterte Grimm, er erwarte mehr «Unternehmergeist», und Ernst Imfeld doppelte nach: «Wir haben das Unternehmerrisiko hinausgeschoben solange es ging. Jetzt geht es eben nicht mehr.»[19] Doch Oswalds Starrsinn und seine schier unerschöpfliche Energie brachten die Kommissionsmitglieder immer wieder an ihre Grenzen. Dann gab Imfeld Durchhalteparolen aus und erklärte, «dass wir in diesem dornenvollen Gebiet wirklich nur die Pflicht für die Landesverteidigung getan haben und tun».[20]

Oswald kann bei diesem Seilziehen um die Vertragsanpassung auf ein paar treue Mitstreiter zählen. Sein Bruder Rudolf begleitet ihn zu heiklen Gesprächen, beruhigt die aufgebrachten Gemüter und glättet im Nachgang die Wogen. Auch auf VR-Präsident Meili ist Verlass, obwohl er in seinen Memoiren behauptet: «Es fiel mir immer schwerer, unter Einsatz meines Ansehens eine Sache zu verteidigen und zu vertreten, von der ich selber nicht mehr überzeugt war.» Doch sein Pflichtbewusstsein (oder sein Faible für Verwaltungsratsmandate?) ist stärker. «Wäre ich aber früher abgetreten, zu einem Zeitpunkt, als sich das Unternehmen in einem besonders verwundbaren Zustand befand, hätte ich ihm geschadet. Das wollte ich indessen nicht tun.»[21]

Oswalds rührigster Helfer ist jedoch Nationalrat Andreas Gadient, Mitbegründer der Bündner Sektion der Demokratischen Partei, Vater des Ständerats Ulrich Gadient und Grossvater der Nationalrätin Brigitta Gadient. Als er 1948 aus der Bündner Regierung ausschied, hatten Regierungsräte noch keinen Anspruch auf Rente, und der frühere Militärkritiker und Antikapitalist wurde «mit keinem einzigen der sonst üblichen Verwaltungsratsmandate oder mit sonstigen Aufgaben und Diäten bedacht».[22] Einzig Oswald sah seine Chance und packte zu. Er machte den 55-Jährigen zum «Beauftragten für Sonderaufgaben» und informierte die UWK, als Nationalrat und ehemaliger Regierungsrat könne Gadient bei der «Pflege des Verkehrs» mit der Bündner Regierung und der «Vertretung unserer Interessen» in Bern «äusserst behilflich» sein.[23] Damit hatte er zweifellos recht. Gadients «hohe Intelligenz», seine «unermüdliche Arbeitskraft» und seine «aussergewöhnliche rednerische

Begabung» für «kontradiktorische Duelle» haben ihm über die Parteigrenzen hinweg Respekt verschafft. Zudem sitzt er in wichtigen Kommissionen, wo er laut *Neuer Bündner Zeitung* «hinter den Kulissen noch kräftiger als im Rat selbst seinen ganzen Einfluss zum Wohl des Landes» ausübt.[24] Den Vorwurf seiner Parteifreunde, er habe sich an ein «kapitalistisches Renditeunternehmen» verdingt, kontert Gadient, er müsse Bündner Arbeitsplätze verteidigen.[25]

Oswald und Gadient sind ein ungleiches Paar. Der eine wurde mit dem sprichwörtlichen silbernen Löffel im Mund geboren, der andere musste als Bergbauernsohn «schon früh erfahren, was Kampf heisst im Wirtschaftsleben. Harte Arbeit um das tägliche Brot, Tag für Tag, musste geleistet werden.»[26] Auch ihre politischen Biografien passen wie die Faust aufs Auge. Oswald verkehrte im Umfeld von Eugen Birchers rechtsnationalem Vaterländischem Verband und der nazifreundlichen Terra-Film. Gadient verurteilte «Vertreter der Säbelpolitik» wie Oberst Bircher, die während des Generalstreiks «soziale Probleme mit Maschinengewehren» lösen wollten, und schwärmte von «der Solidarität der Arbeitenden in der Fabrik und am Pfluge».[27] Eins haben die beiden Männer jedoch gemeinsam: ihre impulsive und oft ruppige Art. «Es gab für uns in der Politik nur ein Entweder-Oder, Kalt oder Heiss», erinnert sich ein politischer Kampfgefährte Gadients, «Lauheit war uns zum Ausspeien verhasst.»[28]

Gadient ist ein Mann der markigen Worte und blumigen Vergleiche und besitzt ein untrügliches Gespür für populistische Argumente. Während einer Parlamentsdebatte über die einheimische Treibstoffproduktion verkündet er, es könne nicht sein, dass die Schweiz «den Wald und damit die Berggebiete opfere, nur deswegen, weil heute der Sprit aus volksdemokratischen Staatsbrennereien des Ostens oder aus Zucker, der mit kubanischen Negern produziert wird, franko Schweizer Grenze billiger erhältlich ist».[29] Als Lobbyist der HOVAG spielt er gekonnt mit seinen verschiedenen Hüten, sodass nie ganz klar ist, ob er sich als Nationalrat für das Landesinteresse oder als Sonderbeauftragter für die Interessen seines Arbeitgebers starkmacht. Dabei geht er unzimperlich ans Werk. Ein Bundesbeamter fühlt sich so bedrängt, dass er seinen Vorgesetzten anfleht, Gadients «persönliche Konsultationen» zu unterbinden.[30]

Auch die Mitglieder der UWK, die Gadient mit schöner Regelmässigkeit heimsucht, können ein Lied davon singen.[31] So kreuzt er während der Auseinandersetzung um den neuen Vertrag in Imfelds Anwaltskanzlei auf und will wissen, wie «das Ultimatum zu überwinden» sei. Es kommt zu einem «teilweise sehr lebhaft geführten» Schlagabtausch. Gadient argumentiert, die HOVAG habe «unter grossen Opfern dem Land gute Dienste geleistet», sie könne den Vorschlag der UWK unmöglich annehmen, «weil sie nicht weiss, was die Lonza tut, weil sie nicht weiss, wie sie ihre neuen Produkte absetzt und weil sie vollkommen darüber im Unklaren ist, ob die Forschungen und Bestrebungen bezüglich Nylon [...] erfolgreich sein werden oder nicht». Imfeld entgegnet, es sei genau umgekehrt. Das Land habe «unbestrittene Verdienste für die HOVAG», und er sähe «lieber ein Ende mit Schrecken als ein Schrecken ohne Ende». Doch Gadient hat ein dickes Fell. Er zeigt Verständnis für Imfelds «sachlichen Standpunkt», und die beiden gehen «absolut freundschaftlich» auseinander. Doch Imfeld warnt die anderen UWK-Mitglieder, man müsse wohl mit weiteren «solchen Bemühungen» rechnen.[32] Und so ist es. Auch der Jurist Peter Herold, der seit Kurzem die Finanzverwaltung in der UWK vertritt, erhält Besuch – und lästert anschliessend, Gadient sei für ihn «ein rotes Tuch».[33]

An den Verhandlungen über den neuen Vertrag ist auch Max Iklé beteiligt, der Oswald wahrscheinlich zum Ausflug in die Welt der nazifreundlichen Terra-Film animiert und ihm 1937 die Terra-Film-Vertriebs AG abgekauft hat. Iklé hat 1948 die Leitung der Finanzdirektion übernommen, als Eberhard Reinhardt in die Generaldirektion der Schweizerischen Kreditanstalt wechselte. Obwohl Reinhardt in den Anfangszeiten der HOVAG wenig von Oswald und dessen unternehmerischen Fähigkeiten hielt, haben sich die beiden gefunden: Zwei Jahre nach seinem Abgang beim Bund wird Reinhardt Taufpate von einem der Oswald-Söhne.

Es ist schwierig zu beurteilen, wie unbefangen Iklé – immerhin ein Dienstkamerad Oswalds – sein Amt ausübt. Aus den Akten geht meist nicht klar hervor, ob er in Absprache mit seinem Vorgesetzten, dem Vorsteher des Finanzdepartementes, handelt oder ob er seinen beträchtlichen Spielraum als Chefbeamter zugunsten der HOVAG nutzt. Zu Beginn seiner Amtszeit ist er Oswald offensichtlich wohlgesinnt. Er empfängt ihn, allein oder mit Bruder Rudolf, öfters in seinem Büro in Bern und verhilft ihm zu handfesten Vorteilen.[34] Als er sich für die Heraufsetzung des Treibstoffpreises einsetzt, kommentiert Oswald mit entwaffnender Offenheit: «Wenn dieser Antrag durchgeht, dann werden wir mit einem blauen Auge davonkommen.»[35] Als der Ärger der UWK-Mitglieder immer grösser wird, hält Iklé ihnen entgegen: «Das Werk steht nun einmal und beschäftigt ca. 1000 Arbeiter [...]. Eine Stilllegung ist politisch ausgeschlossen. Es gibt keinen Weg zurück, sondern nur vorwärts.»[36] Er nimmt den Dienstkameraden auch persönlich in Schutz. Als Imfeld

Max Iklé (1956)

Andreas Gadient (links) auf dem HOVAG-Areal (um 1955)

«Geheimsphäre in Ems»

Familie Oswald und Freunde. Ganz rechts: Eberhard Reinhardt, ehemaliger Finanzdirektor im Eidgenössischen Finanzdepartement; ganz links: Rudolf Oswald und Maria «Queen Mary» Oswald-Waller; mit Handtasche: Victor Oswalds erste Frau Edith Ledeboer (um 1952)

Kunstfasern

sich entrüstet, man könne Oswald «kein Wort mehr» glauben, entgegnet Iklé, es sei «nicht anzunehmen, dass Ems den Bund bewusst täuschte. Es ist weder ein Staatsverbrechen begangen worden, noch waren die Investitionen ganz widersinnig.»[37] Mitte der Fünfzigerjahre schliesslich, um ein letztes Beispiel zu nennen, wird sich Iklé ins Zeug legen, damit die HOVAG Schwerwasser für den ersten Schweizer Atomreaktor liefern kann.[38]

Iklé weiss um Oswalds mangelnde «diplomatische Fähigkeiten», darum versucht er, ihn im persönlichen Gespräch vom Vertragsvorschlag der UWK zu überzeugen.[39] Doch sogar er beisst auf Granit. Oswald weigert sich, einen Entscheid zu treffen, der für die HOVAG «grosse Gefahren in sich schliesst».[40] Stattdessen unterbreitet er einen Gegenvorschlag, der für ihn noch vorteilhafter wäre als der bestehende Vertrag. Grimm ist sauer und rüffelt VR-Präsident Meili: «Es befremdet die Kommission, dass Sie unsere Vorschläge zu einem Versuch benützt haben, an die Vertragsgrundlagen zu rühren.» Für ihn sei die Diskussion «abgeschlossen».[41] Doch Oswald lässt nicht locker.[42] Als er den Vorschlag der UWK nach einem halben Jahr noch immer «vehement» ablehnt, kommt es zum Eklat: Grimm wirft die HOVAG-Vertreter aus dem Sitzungszimmer. Als die UWK über das weitere Vorgehen beratschlagt, klopft es an die Türe. Es ist Rudolf Oswald, der erklärt, man nehme das Angebot an. Grimm, eigentlich eine konziliante Natur, poltert, es sei nicht mehr gültig.[43]

Schliesslich werden Oswald vorab fixierte Preise für die restlichen 50 000 Tonnen Treibstoff regelrecht «aufgenötigt».[44] Damit trägt er zum ersten Mal seit Gründung der HOVAG ein unternehmerisches Risiko.[45] Ein durchaus tragbares Risiko. Zwar schiebt die UWK seinen Begehrlichkeiten einen Riegel, kommt ihm aber in einem entscheidenden Punkt entgegen: Die HOVAG kann 1950 und 1951 je 10 000 Tonnen liefern. Das ist so viel wie bei Kriegsende und sichert ihr die Mittel für den Aufbau der Perlonproduktion. Anschliessend sollen die Liefermengen und die Preise schrittweise gesenkt werden. 1955, wenn der letzte Tropfen Treibstoff ausgeliefert ist, soll die Bundeshilfe eingestellt werden.

Die Neuregelung hat eine Schwachstelle: Sie bringt keine Lösung für den Konflikt zwischen HOVAG und Lonza. Oswald beharrt auf der Produktion von Salpetersäuredünger, mit dem er das Methanol ersetzen will. Die Lonza als Schweizer Marktführerin für Kunstdünger sieht darin eine unzulässige Konkurrenzierung durch die staatlich gestützte HOVAG. Grimm, der seit drei Jahren vergebens versucht, eine Übereinkunft zu vermitteln, hat gelernt, dass von Oswald kein freiwilliges Entgegenkommen zu erwarten ist. Also greift er zur Daumenschraube und sorgt dafür, dass der Bundesrat mit der Unterzeichnung des Vertrags zuwartet, bis Oswald einlenkt.[46] Seine Rechnung geht auf. Oswald wird ziemlich schnell ziemlich nervös. Der Lactam-Versuchsbetrieb in Ems läuft, und die deutschen Spezialisten stehen in den Startlöchern, um die Grossanlage zur Produktion von Kunstfasern zu erstellen. Doch solange er den Vertrag «nicht Schwarz auf Weiss besitzt», ist ihm der Startschuss für das Fünf-Millionen-Projekt zu riskant.[47]

Zur selben Zeit stockt Oswald den HOVAG-Verwaltungsrat auf, um für künftige politische Auseinandersetzungen besser gewappnet zu sein. Die drei Neuen sind Paul Gysler, BGB-Nationalrat und Sekretär des Gewerbeverbandes, FDP-Ständerat Erich Ullmann und Nationalrat Joseph Condrau, der die Konservative Volkspartei Graubünden (Die Mitte, ehemals CVP) vertritt und als Grossrat und Verleger der *Gasetta Romontscha* eine gewichtige Stimme im Kanton ist. Die Wahl der Parlamentarier in den Verwaltungsrat wird zwar im Geschäftsbericht erwähnt, aber nicht ins Handelsregister eingetragen.[48] Offenbar will Oswald nicht an die grosse Glocke hängen, dass mit Gadient und Meili nun fünf der vierzehn Verwaltungsräte eidgenössische Parlamentarier sind. Er beliefert sie regelmässig mit «Circularen», in denen er über «all die kleinen Zänkereien» informiert, «mit denen wir uns gegenwärtig auseinander zu setzen haben», und erwartet, dass sie sich in den Räten, den Kommissionen und in der Wandelhalle für die HOVAG starkmachen.[49] Charlotte Peter, Tochter von Oberingenieur Peter und ehemalige PATVAG-Verwaltungsrätin, meint 2019, das sei typisch. «Ob Politiker, Industrielle, Banker oder Militär, Oswald kannte immer die richtigen Leute, die er wie Schachfiguren einsetzte. Er hatte eine gute Nase und fand immer die Leute, die ihm nützlich waren. Er hatte ein unglaubliches politisches und psychologisches Geschick und überall die Finger in der Pastete.» Er sei ein «Schlaumeier und Schlitzohr» mit «unglaublichem Netzwerk» gewesen, aber als Mensch «kühl» und «distanziert»: «Seine Freundschaften waren immer Zweckfreundschaften. Er kalkulierte gut und hatte immer das richtige Geschenk für jeden.»[50]

Da Oswalds unternehmerischer Erfolg von vorteilhaften Absprachen mit dem Bund abhängt, ist politisches Lobbying besonders wichtig für ihn. Doch links der Mitte wird sein bürgerlich-parlamentarischer Stosstrupp harsch kritisiert.[51] Eine Gewerkschaftszeitung argwöhnt – wie sich bald zeigen wird, zu Recht –, Oswald wolle im Parlament «eine solide Mehrheit» für noch mehr Staatshilfe «zimmern». Dank dem «früher sehr antikapitalistisch streitbaren» Gadient reiche seine «parlamentarische Versicherungsstreuung» von «halblinks bis ganz rechts». Dort sitze mit Meili einer der «ganz forschen Verfechter der Privatwirtschaft», der keine Gelegenheit auslasse, «ihre Tugenden und Vorzüge ins hellste Licht zu rücken, wobei gleichzeitig vor dem Staatssozialismus und ähnlichen greulichen Entwicklungen kräftig gewarnt wird!» Dass Meili für den «Abbau der staatlichen Eingriffe» in die Privatwirtschaft plädiert, provoziert die Gewerkschaftszeitung zur bissigen Bemerkung: «Es ist nun aber das Unglück Meilis, dass seine ganze Lebenstätigkeit immer mit dem Staate und seiner Planwirtschaft verbunden war. Schon als Architekt baute er Schulhäuser und Kirchen im Auftrag der öffentlichen Hand, als Direktor der Landesausstellung schuf er ein Werk der eidgenössischen Planung». Auch als HOVAG-Präsident kreise Meilis Tun «unaufhörlich um den Staat und seine Subventionen», denn keine Aktiengesellschaft lebe «so sehr und so ausschliesslich von der Unterstützung durch die öffentliche Hand». Meili müsse daher «den Tenor seiner privatwirtschaftlichen Lobreden» endlich den Tatsachen anpassen.[52]

Oswald holt auch einen Juristen mit privilegiertem Zugang zur Bundesverwaltung an Bord. Im Sommer 1949 gründet er die FIRBRON AG, die das von der HOVAG produzierte Lactam zu Kunstfasern verspinnen soll, und macht UWK-Mitglied Peter Herold zum Präsidenten der neuen Firma. Herold, der kürzlich den Staatsdienst verlassen und eine eigene Anwaltskanzlei eröffnet hat, stellt ordnungsgemäss seinen Sitz in der UWK zur Disposition, doch Grimm will nicht auf sein juristisches Fachwissen verzichten. Lieber nimmt er in Kauf, dass ein Verwaltungsratspräsident von Oswalds Gnaden Einblick in sämtliche Interna der Kommission hat, welche die HOVAG kontrollieren soll. In dieser «Doppelstellung», wie Herold den Interessenkonflikt elegant bezeichnet, setzt er sich dafür ein, dass der Bundesrat den neuen Vertrag so rasch als möglich unterschreibt und Oswald endlich grünes Licht für den Bau der Perlonanlage geben kann. «Nach meiner Auffassung ist der heute noch vorhandene, zeitliche Vorsprung vor internationalen Grossprojekten die beste Gewähr für das Gelingen der Kunstfasererzeugung», beschwört er seinen ehemaligen Vorgesetzten Iklé. «Er darf also nicht verloren gehen.»[53] Doch für einmal stellt sich sogar Iklé taub. Als Oswald realisiert, dass er drauf und dran ist, sich auch noch das Wohlwollen des Dienstkameraden zu verscherzen, akzeptiert er «in letzter Minute» die Bedingungen der Lonza und erklärt sich einverstanden, in der Schweiz keinen Dünger zu verkaufen.[54]

Als der Bundesrat am 12. Dezember 1949 den neuen Vertrag durchwinkt, kann Grimm seine «grosse Genugtuung» nicht verhehlen.[55] Auch Oswald kann sich glücklich schätzen, wenn auch aus anderen Gründen. Er hat die Kurve knapp gekratzt. Zwei Tage später berichtet die erste Schweizer Zeitung über Giesens Entlassung wegen Industriespionage für eine Schweizer Firma. Er hat auch Grimm und die Lonza ausgetrickst: Er hat sich ausbedungen, dass er wenigstens das Ammonsulfat, das bei der Lactamproduktion anfällt, als Dünger auf dem Schweizer Markt absetzen darf, hat aber die Vertragsunterzeichnung abgewartet, um die Mengen, mit denen er rechnet, offenzulegen. Als die Lonza davon erfährt, erklärt sie die mühsam ausgehandelte Vereinbarung sofort als nichtig.[56]

Was den Treibstoff angeht, hat Oswald zwar die Schlacht, aber noch lange nicht den Krieg verloren. Er bereitet bereits den Boden für neue Forderungen vor. «Dr. Oswald hofft nach wie vor, dass es ihm gelinge, die Treibstoffproduktion auch nach Beendigung des Bundesvertrages aufrechterhalten zu können», notiert Iklé nach einer Besprechung. Die HOVAG könne den Treibstoffpreis massiv senken, sobald «die Nylonproduktion» in Gang komme. Voraussetzung sei jedoch, dass sie mehr Treibstoff produzieren könne. Und zwar mehr als je zuvor. Würde der Bund ihr, so Iklé weiter, «einen Absatz von 15 000 Tonnen garantieren, wäre sie sogar in der Lage, dem Kanton Graubünden ca. 1 Million Franken als Beitrag an den interkantonalen Finanzausgleich abzuliefern! Das sind allerdings noch Zukunftsträume!»[57]

Kunstfasern

«Ebenso schwierig wie heikel»

Mit der INVENTA gründet Werner Oswald eine Firma für Patentverwertung, doch die Konkurrenz verwickelt ihn in einen jahrelangen erbitterten juristischen Streit, um ihn an der Herstellung von Kunstfasern zu hindern.

Anfang 1950 wird die Luzerner Kantonspolizei von «zuverlässiger Seite» darauf aufmerksam gemacht, «dass im Hause vis-à-vis dem Hotel National sich 4 Ausländer, vermutlich Deutsche, aufhalten und dort ein Büro oder eine Konstruktionswerkstätte betreiben». Erste «diskrete Nachforschungen» über das «dubios erscheinende Unternehmen» ergeben, dass es sich um die INVENTA AG für Forschungen und Patentverwertung handelt, die vor drei Jahren mit 100 000 Franken gegründet wurde und im Patentanwalt Alois Troller einen einzigen Verwaltungsrat besitzt. Als ein Polizeibeamter die Firma genauer unter die Lupe nimmt, entpuppen sich die «4 Ausländer» als zwei Deutsche: Ingenieur Wilhelm Braun, der auf den Bau chemischer Anlagen spezialisiert ist, und Chemiker Carl Rumscheidt, ein ehemaliger Arbeitskollege von Giesen und Fachmann für synthetisches Benzin und Dünger. Sie werden in der Kleinstadt Luzern argwöhnisch beobachtet, und ein Polizist ärgert sich ganz offiziell, dass man der «7-köpfigen Ausländerfamilie [Rumscheidt] Unterkunft gewährt, trotz der noch bestehenden Wohnungsnot». Auch die Fremdenpolizei ist hier weniger kulant als in Graubünden: Sie verhindert seit bald zwei Jahren, dass Braun seine Familie in die Schweiz holen kann.[1]

Dank den polizeilichen Ermittlungen wissen wir heute, wer auch noch bei der INVENTA arbeitete: Der Mechaniker Hans Himmelrich ist ein «Experimentator mit regem Impuls, der sich mancher Illusion hingibt» und der seine Stelle einem Offizier namens «Oswald in Zürich», der «früher in Luzern auf Dietschyberg gewohnt hatte», verdankt. Es steht in den Sternen, warum Oswald ausgerechnet einen jungen Mann angestellt hat, der als politisch «unzuverlässig» (sprich: links) gilt und bei der kommunistischen Arbeiterbühne mitwirkt, während er in Ems dafür sorgt, dass der Betrieb «von kommunistischem Einfluss verschont» bleibt.[2] Zudem besitzt Himmelrich ein «umfangreiches» Vorstrafenregister und einen Hang zu Tätlichkeiten. Einer 17-Jährigen, die sein verliebtes Werben nicht erhören wollte, schlug er mehrfach die Faust ins Gesicht. Seiner Mutter gegenüber rechtfertigte er sich: «Es het e frächi Schnorre g'ha, jetzt han ehm d'Schnorre verschlage.»[3]

Dafür ist die Sekretärin Gertrud Kübler eine «seriöse, anständige und intelligente Person», die zusammen mit einem «Bürofräulein» den Laden schmeisst. Wie der Polizeirapport kritisch anmerkt, überlässt sie ihre vier Kinder tagsüber einer Hausangestellten und engagiert sich in ihrer Freizeit beim Heimatschutztheater in Kriens, das vor dem Krieg gegründet wurde, um die Mundart gegen das Hochdeutsche und die Schweiz gegen den Einfluss der Nazis zu verteidigen.[4] Dass Frau Kübler ausgerechnet mit einem ehemaligen NSDAP-Mitglied und einem kommunistischen Laienschauspieler zusammenarbeitet, entbehrt nicht der historischen Ironie, doch ihr «versöhnlicher Charakter» ist dem Betriebsklima bestimmt förderlich.[5]

Was die Luzerner Polizei nicht weiss: Die INVENTA wurde gegründet, nachdem Oswald und Giesen 1947 übereingekommen waren, eine Studiengesellschaft mit eigenem Labor auf die Beine zu stellen und deren Forschungsergebnisse zu patentieren.[6] Ob Giesen in irgendeiner Form an der INVENTA beteiligt war, ist unklar; in Oswalds Reich führte ihre Gründung zu einer Neuordnung: Die INVENTA übernahm von der PATVAG die Patentverwertung und kaufte ihr für 125 000 Franken die Verfahren zur Herstellung von Reinmethanol und Formaldehyd ab, die sie mit namentlich nicht bekannten «Drittpersonen» entwickelt hatte. Der Vertrag stipulierte strikte Geheimhaltung, weil – so zumindest die Begründung – keine Patentierung geplant war.[7] Das ist merkwürdig, denn normalerweise liess Oswald alle, auch wenig bedeutsame Verfahren, patentieren. Wahrscheinlich war die Patentierung also gar nicht möglich, weil das Know-how für die Verfahren – wie bei den Kunstfasern – entweder aus dubiosen Quellen stammte oder bereits patentrechtlich geschützt war.[8] Zu diesem Verdacht passt, dass die INVENTA diese Verfahren lange Zeit nur an die HOVAG und an Firmen hinter dem Eisernen Vorhang lizenziert.[9]

Die INVENTA hat den Auftrag, Verfahrenswissen zu patentieren und zu lizenzieren. Am Beispiel der Harnstoffanlage in Ems, die 1950 in Betrieb genommen wird, lässt sich zeigen, wie die Zusammenarbeit geregelt ist: Die HOVAG überlässt der INVENTA sämtliche Pläne und Unterlagen, muss über alle Verbesserungen des Verfahrens informieren, sich an Verkaufsverhandlungen beteiligen und alle für Kunden bestimmten Pläne überprüfen. Dafür ist sie mit 25 Prozent an den Erträgen beteiligt. Übersteigt das Auftragsvolumen eine Viertelmillion Franken, und das ist eher die Regel als die Ausnahme, sinkt die Gewinnbeteiligung auf 15 Prozent.[10] Das ist noch immer unerhört viel. Lizenziert die INVENTA Patente oder Verfahrenswissen im Auftrag anderer Firmen, erhält sie nur 5 Prozent. Es ist ein Beispiel von vielen, wie die nicht subventionierten Firmen der Gebrüder Oswald von der staatlich gestützten HOVAG profitieren.

Auf Vermittlung von Johann Giesen hat die INVENTA 1948 auch die Auslandvertretung des deutschen Ingenieurbüros Friedrich Uhde übernommen und diesem geholfen, die alliierte Briefzensur zu umgehen. Damit Uhdes Offerten nicht in die Hände der englischen Alliierten fielen, die Kopien anfertigten und an englische Firmen weiterreichten, organisierte man einen «Umweg». Die Dokumente wurden mit «einer Inlandpostverbindung bis zur Grenze, einem Botengänger über die Grenze und anschliessender normaler Schweizer Postbeförderung» nach Luzern geschickt.[11] Der Geschäftsinhaber Friedrich Uhde zeigte sich erkenntlich für diesen Service, indem er die Pläne, die Gabler und Lesche bei der Thüringischen Zellwolle gestohlen und im Westen deponiert hatten, prüfen liess und sie für Oswald in Verwahrung nahm.[12]

Friedrich Uhde weiss, dass er sich auf die beiden Deutschen bei der INVENTA verlassen kann, denn sie haben früher für ihn gearbeitet. Im Gegensatz zu seinen eigenen Mitarbeitern, die für Geschäftsreisen ins Ausland einen nur schwer erhältlichen *exit permit* benötigen, können Rumscheidt und Braun unkompliziert reisen und betreuen deshalb Uhde-Projekte in Ungarn, der Tschechoslowakei und mehreren westeuropäischen Ländern. Das erklärt auch, wieso plötzlich Geschäftsleute aus dem Ostblock bei der jungen, unbekannten INVENTA anklopfen.[13] Sie sind nicht gern gesehen in Luzern. Parkiert ein Auto «aus der russischen Zone» vor Rumscheidts Wohnung, avisieren die Nachbarn sofort die Polizei. Drei Ungarn, die sich für eine Stickstoffanlage interessieren, werden sogar beschattet. Sie hätten sich «ruhig und unauffällig» benommen, heisst es im Rapport des Luzerner Nachrichtendienstes. «Ihre zur Verfügung stehende Freizeit verbrachten sie vorwiegend im Zimmer und in der Hotelbar. Diese Gäste verhielten sich immer sehr reserviert, und eine Kontaktnahme mit anderen Gästen war nie feststellbar.»[14]

Erst zehn Jahre später wird der Luzerner Polizei aufgehen, dass die INVENTA «sehr eng» mit den Emser Werken zusammenarbeitet.[15] Dass sie für diese Erkenntnis so lang braucht, spricht nicht für ihren Scharfsinn, ist aber ganz im Sinn von Oswald, der nach Möglichkeit verschweigt, dass die Firma zu seinem Konzern gehört. Er hat triftige Gründe für seine Diskretion: Die INVENTA versilbert nicht nur Know-how, das via Treibstoff finanziert wurde; laut Joachim Schultze tut sie sich auch «am Nachlass des untergegangenen Dritten Reichs» gütlich: «Es begann damit, dass man, kaum dass die nach ursprünglich deutschem Knowhow gebauten Anlagen in Ems liefen, eigene Patente nahm, die nicht oder weniger bedeutsame Verfahren beschrieben. Durch die Art der Abfassung entstand aber der Eindruck, die Verfahren seien völlig neu und sie erfüllten somit quasi den Charakter von ‹Grundpatenten›. Das war auch möglich, weil die deutschen Chemiker (Dr. Kahr) in Ems Erkenntnisse oder Kenntnisse, die sie schon vorher gemacht, aber wegen der Kriegs- oder Nachkriegsverhältnisse nicht mehr in Deutschland angemeldet hatten, nun für Ems schützen liessen.» Diese neuen Patente erwecken laut Schultze den Eindruck, die INVENTA verfüge über «umfassendes Wissen und Erfahrung».[16]

Später schreibt der Chemiker Rudolf Gabler zum Thema Perlon, er und seine deutschen Kollegen hätten Oswald «die Inbetriebnahme eines Werks ermöglicht, welches in seiner Arbeitsweise und in seinen finanziellen Auswirkungen nicht der Sperrwirkung von geschützten Verfahren der Konkurrenz unterliegt». Diese «Befreiung» von den «Patentsperren der Konkurrenzverfahren» habe der HOVAG die «Übernahme fremder Verfahren gegen Lizenz» erspart, die «wesentlich mehr» gekostet hätten als die Entschädigung, die er und andere deutsche Mitarbeiter dafür verlangten.[17]

Oswald spart dank den Deutschen eine schöne Stange Geld, bewegt sich aber auf dünnem Eis. Um keine Angriffsfläche zu bieten oder gar schlafende Hunde zu wecken, werden die Unterschriftsberechtigungen der deutschen INVENTA-Mitarbeiter nicht publiziert und die Namen der deutschen Chemiker und Ingenieure in den Patentanmeldungen nicht aufgeführt. Stattdessen tritt die INVENTA als alleinige Urheberin auf.[18] Zwei Patente von Paul Kümmel sind nur die Ausnahmen, welche die Regel bestätigen, und werden bezeichnenderweise nicht in der Schweiz, sondern weit weg in den USA angemeldet.[19] Die erfolgsverwöhnten ehemaligen I.G.-Farben-Mitarbeiter müssen sich gefallen lassen, dass ihre Namen unterschlagen werden, denn sie sind abhängig von Oswald, der für die Verlängerung ihrer Arbeitsbewilligungen und den Nachzug ihrer Familien sorgt.

Bis Sommer 1950 meldet die INVENTA die beeindruckende Zahl von dreissig Patenten an, die sämtliche Stufen der Lactamherstellung abdecken.[20] Sie haben einen einzigen, aber gewichtigen Nachteil: Sie bauen auf den Grundpatenten des Perlonerfinders Paul Schlack auf.[21] Im Normalfall hätte die HOVAG bei der I.G.-Farben Lizenzen dieser Grundpatente erworben, doch seit deutsche Patente eine wertvolle Kriegsbeute sind, ist das nicht mehr möglich. Das hat für Oswald weitreichende Konsequenzen, doch um das zu verstehen, braucht es einen kurzen Rückblick auf die Geschichte der deutschen Patente nach dem Zweiten Weltkrieg.

Vier Monate nach Kriegsende ordnete US-Präsident Harry Truman an, «dass feindliche wissenschaftliche und industrielle Informationen schnell, öffentlich, frei und allgemein verbreitet werden sollen».[22] Das hatte zur Folge, dass die T-Forces und die Field Information Agency Technical (FIAT), eine tausend Mann starke Einheit der US-Armee, die deutsches Industriewissen sammelte, alle ihre Berichte veröffentlichten. Allein das Wissen über die «Entwicklung synthetischer Fasern in Deutschland» füllte mehr als tausend Seiten.[23] «Dieser Bericht», meinte ein amerikanischer Textilfabrikant, «hätte für meine Gesellschaft einen Wert von 20 Millionen Dollar, wenn sie ihn ausschliesslich haben könnte.»[24] Nächster Schritt war das Kontrollratsgesetz Nr. 5, das im Herbst 1945 erlassen wurde und die Alliierten ermächtigte, alle deutschen Vermögenswerte im Ausland, darunter Patente im Wert von rund 300 Milliarden Mark, zu beschlagnahmen.[25] Schliesslich ermächtigte das Londoner Abkommen im Juli 1946 alle Unterzeichnerstaaten, gebührenfreie Lizenzen für sämtliche in ihrem Land registrierten deutschen Patente zu erteilen.[26] Oswalds Pech war, dass die neutrale Schweiz das Londoner Abkommen nicht unterzeichnete, weil sie die Enteignung deutscher Vermögen ablehnte. Das führte laut einem Anwalt zur paradoxen Situation, dass die deutschen Patente «auf der ganzen westlichen Welt, mit Ausnahme der Schweiz, aufgehoben und wertlos» waren.[27] (Er vergass das ebenfalls neutrale Schweden und Deutschland, wo die Patente ihre Gültigkeit ebenfalls behielten.)

Ende 1949 beantragt INVENTA-Präsident Troller eine Lizenz für vier Perlon-Grundpatente. Das Gesuch geht an die Verrechnungsstelle, die sämtliche deutschen Vermögenswerte in der Schweiz treuhänderisch verwaltet und darum auch die deutschen Patentinhaber vertritt. Troller beantragt Abhängigkeitslizenzen, also Lizenzen, von denen ein Unternehmen abhängig ist, damit es mit eigenen Patenten arbeiten kann. Im Gesuch versichert er ausdrücklich, dass die INVENTA-Patente auf «langjähriger Forschungsarbeit» basieren und der HOVAG ermöglichen, «einen vollwertigen Ersatz» für Perlon und Nylon herzustellen.[28] Gleichzeitig droht er, die INVENTA werde «sofort» den Rechtsweg beschreiten, falls die Verrechnungsstelle die Lizenzen verweigere. Es gehe hier nicht nur um «eine neue und interessante Beschäftigungsmöglichkeit» für die HOVAG, sondern um «eine eigene und kräftige nationale Industrie», die mehrere Tausend Arbeitsplätze schaffen werde.[29]

Der wahre Grund für die Eile liegt anderswo. Es ist erst sechs Wochen her, dass Giesen aufgeflogen ist und die Alliierten seine illegale Zusammenarbeit mit der HOVAG unter die Lupe nehmen. Kommt ans Licht, dass Kahr und Comperl die Pläne der Perlon-Versuchsanlage in Uerdingen studiert haben und ihr Wissen in die INVENTA-Patente eingeflossen ist, könnte die Verrechnungsstelle unter Umständen die Lizenzen verweigern. Doch ohne Abhängigkeitslizenzen keine Perlonproduktion in Ems, und ohne Perlonproduktion keine erfolgreiche Umstellung.

In Bern sorgt das Gesuch der INVENTA für viel Kopfzerbrechen.[30] Walter Stucki, der Bundesratsdelegierte für Spezialmissionen, warnt, die Sache sei «sowohl technisch, wie juristisch, wie auch wirtschaftspolitisch ebenso schwierig wie heikel» und müsse «nach allen Richtungen» abgeklärt werden.[31] Stucki war Chefunterhändler beim Washingtoner Abkommen, das 1946 auch den Status der deutschen Vermögenswerte in der Schweiz regelte, und sein Wort hat Gewicht. Also werden zwei Gutachten in Auftrag gegeben: eines beim Amt für geistiges Eigentum, das andere beim renommierten Chemieprofessor Rudolf Signer (der im selben Jahr 15 g reine DNA nach London bringt, dank derer die DNA-Doppelhelix entdeckt wird).[32] Signer attestiert den Patenten «namhaften technischen Fortschritt» und sieht die Voraussetzung für die Abhängigkeitslizenzen «in vollem Umfange» gegeben.[33] Im März 1950 informiert die Verrechnungsstelle die INVENTA, die Lizenzen seien bewilligt, die Gebühren werde sie später festlegen.[34]

Der Entscheid ist laut den *Schaffhauser Nachrichten* «sehr umstritten». Sie hält es sogar für wahrscheinlich, dass sich verschiedene Wirtschaftsgruppen dagegen zur Wehr setzen.[35] Es sind prophetische Worte. Kurz darauf droht die französische Rhodiaséta mit einer Klage, falls die Verrechnungsstelle ihre exklusiven Perlonlizenzen für die Schweiz nicht anerkennt.[36] Die Absicht dahinter ist klar: Sie will ihre Ansprüche rechtlich absichern, damit sie von der INVENTA Lizenzzahlungen fordern kann.[37] Um diesen Anspruch zu verstehen, muss man in die Zeit kurz vor dem Zweiten Weltkrieg zurückblenden, als der US-Chemiemulti DuPont Polyamid 6.6 patentieren liess, das die Märkte unter dem Namen «Nylon» eroberte, und die I.G.-Farben kurz darauf Perluran, das spätere Perlon, zum Patent anmeldete.[38] Anstatt sich einen mörderischen Konkurrenzkampf mit ungewissem Ausgang zu liefern, vereinbarten die beiden welt-

Kunstfasern

weit grössten Chemieunternehmen, sich gegenseitig «unwiderrufliche» Lizenzen an den Nylon- respektive Perlonpatenten einzuräumen – mitsamt dem Recht, Unterlizenzen zu vergeben.

Als nach dem Krieg die deutschen Auslandpatente beschlagnahmt wurden, blieben die Perlonlizenzen von DuPont unangetastet, weil sie den Vertrag mit der I.G.-Farben unter amerikanischem Recht abgeschlossen hatte. Deshalb war es DuPont möglich, Perlon-Unterlizenzen für europäische Länder zu vergeben, wie beispielsweise die Lizenz für die Schweiz an die französische Rhodiaséta.[39] Doch die Rechtsunsicherheit ist gross, und viele Fragen sind offen: Ist der Vertrag zwischen DuPont und der I.G.-Farben noch gültig, obwohl der Krieg seine Anwendung verhindert hat? Hat die US-Regierung während des Kriegs den Vertrag mit dem grössten Chemiekonzern im «Dritten Reich» aufgehoben? Oder verstösst er gar gegen amerikanisches Recht, weil der Sherman Antitrust Act Monopolabsprachen verbietet? Die Schweizer Botschaft in Washington bemüht sich redlich, diese und weitere, nicht weniger komplexe Fragen abzuklären, ohne dabei «besonderes Aufsehen» zu erregen.[40] Doch nicht einmal eine Anfrage bei DuPont schafft Klarheit. Schliesslich anerkennt die Verrechnungsstelle die Ansprüche der Rhodiaséta, weil sie einen Prozess vermeiden will – und schafft damit neue Probleme.

Gestützt auf diesen Entscheid, erteilt die Rhodiaséta der Schweizer Société de la viscose suisse (Viscose SA) eine Unterlizenz und legitimiert sie, von der INVENTA Gebühren für die Abhängigkeitslizenzen zu fordern. Damit nicht genug: Rhodiaséta überlässt der Viscose SA auch ein vierzigseitiges Gutachten des Genfer Anwaltsbüros Kirker & Cie., das 1877 das Schweizer Patent No. 1 eingereicht hat und auf geistiges Eigentum spezialisiert ist.[41] Die Anwälte greifen die Perlonpatente der INVENTA frontal an. Inhalt und Abfassung der Patentansprüche sowie die «Rekordzeit» der Veröffentlichung seien ein Beleg dafür, dass die INVENTA von Anfang an «ihre Chance in der verworrenen Situation» gesehen habe. Sie habe sogar, und das sei absolut unüblich, gewisse Patente zuerst in den Niederlanden eingereicht, um auf diesem Umweg die Glaubwürdigkeit der Patentanmeldungen in der Schweiz zu stärken. Die Anwälte von Kirker sind ihr Geld wert. In ihrem Auftrag haben Fachleute ein Muster «Emser Nylon» untersucht und sind zum Schluss gekommen, es sei mit dem deutschem Perlon chemisch identisch. Wie sie sich das Muster beschafft haben, obwohl die Kunstfaser aus Ems noch nicht im Handel ist, bleibt ihr Geheimnis.[42] Doch sie haben der Viscose SA ein mächtiges Instrument in die Hand gegeben, um Oswalds Pläne zu durchkreuzen.

«Ebenso schwierig wie heikel»

«Eine schweizerische Lösung»

Werner Oswald kündigt die erste Kunstfaser an, die von A bis Z in der Schweiz hergestellt wird; doch die Konkurrenz, die mit dem Ausland kooperiert, ist um Welten schneller.

Der Berner *Bund* lässt die Katze zuerst aus dem Sack. Am 1. Februar 1950 meldet er, die synthetische Faser aus Ems heisse Grilon, eine Wortschöpfung aus Graubünden und Nylon.[1] Der Artikel basiert auf einer Pressemeldung der HOVAG und beschwört die wirtschaftliche Unabhängigkeit, als herrsche noch immer Krieg. Oswald behauptet, wie schon bei der Lancierung der Holzverzuckerung, es handle sich um ein Schweizer Verfahren: Die «im Lande selber hergestellte Spinnmasse» mache die Textilindustrie international konkurrenzfähig, und für das Verspinnen habe die HOVAG eine «schweizerische, vom Ausland unabhängige Lösung gesucht und gefunden». Kurz: Es handle sich bei Grilon um eine «schweizerische Lösung».[2] Das *Bündner Tagblatt* jubiliert: «Freuen wir uns also, dass dieser Ausgangsstoff für zahlreiche Industrien nun in der Schweiz und ausgerechnet in Graubünden selbst produziert werden soll. Wir haben allen Grund, das initiative Vorgehen des Herrn Oswald mit Freude zu begrüssen.»[3] Die NZZ ist ebenfalls beeindruckt, wenn auch etwas gestelzter: Die HOVAG-Leitung habe «durch ihre Initiative die Voraussetzung für eine landeseigene Polyamidfaser-Erzeugung gelegt, was nach der jahrelangen Stagnation, in der der schweizerische Markt für die Nylongarne belassen wurde, besonders wünschbar war».[4]

Doch nicht alle sehen das Heil in nationaler Selbstversorgung. *Die Tat* beurteilt das «Streben nach Autarkie, das in allen Publikationen und Äusserungen der leitenden Männer von Ems zum Ausdruck kommt», als «veralteten engen Nationalismus».[5] Auch das *Berner Tagblatt* findet es unverständlich, dass die Selbstversorgung «ohne Rücksicht auf die damit verbundenen Kosten» gepriesen wird, vergisst aber, dass Oswald es gewohnt ist, dass die Mehrkosten zulasten der öffentlichen Hand gehen.

Das *Berner Tagblatt* ist auch die einzige Zeitung, die bezweifelt, dass Grilon eine Schweizer Entwicklung ist. «Sind dazu», fragt es maliziös, «nicht im Wesentlichen die kostspieligen Forschungsergebnisse einer *deutschen* Industrie und *deutscher* Wissenschafter verwendet worden?» Das *Berner Tagblatt* weiss sogar, dass Amerika gegen «die Verwendung deutscher Vorarbeiten in Ems protestiert und die Auslieferung der hier engagierten fünf deutschen Chemiker verlangt» hat. Die brisante Meldung verpufft. Kein Schweizer Journalist versucht, mehr in Erfahrung zu bringen. Einzig ein gewissenhafter Inspektor der Bundespolizei macht in der Staatsschutzfiche der HOVAG einen Vermerk.[6]

Am selben Tag, als der Markenname Grilon enthüllt wird, fragt ein Inserat: «Nylonmangel in der Schweiz?» Inserent ist Karl Schweri, bekannt als Gründer der Discountkette Denner, der für Perlon aus Deutschland wirbt, das er mit seiner Firma PLABAG importiert. Lieferantin ist die Kunstseidenfabrik Bobingen, wo Perlonerfinder Paul Schlack die Pilotanlage wieder aufgebaut hat, welche die Amerikaner vor dem Einmarsch der Russen in Berlin abmontiert und nach Süddeutschland gebracht hatten.[7] Schlack hat die Perlonproduktion – unter dem Markennamen Bobina – erst kürzlich aufgenommen, und Schweri hat sich mit seinem untrüglichen Geschäftssinn sofort die Alleinvertretung für die Schweiz gesichert. Der Preis für die Lizenz ist stolz und gibt einen Anhaltspunkt, wie viel Geld Oswald dank den Perlonspezialisten und ihren Plänen und Patenten einspart. Laut Schweri-Biograf Karl Lüönd, der auch die offizielle Firmengeschichte der Ems-Chemie verfasst hat, bezahlt Schweri für die vierjährige Verkaufslizenz eine Million Deutsche Mark plus einen Vorschuss von sieben Millionen auf die künftigen Lieferungen, die zum Ausbau der Produktionsanlage dienen.[8] Die *Frankfurter Allgemeine Zeitung* behauptet sogar, Schweri habe zum grossen Ärger der deutschen Aktionäre die Weltverkaufsrechte erworben.[9] So oder so, Schweri ist ein begnadeter Verkäufer. Um Schweizer Textilunternehmer zu überzeugen, sein Bobina-Perlon zu verarbeiten, holt er Schlack nach Zürich und offeriert Vertretern aus «Wissenschaft, Industrie und Handel» Freikarten für einen Vortrag. Wenig später sichert er sich den Markennamen Mirlon und dichtet: «Ganz ausser jedem Zweifel steht: MIRLON bürgt für Qualität.» Den Hausfrauen verspricht er, «das nervenaufreibende Flicken» von Socken und Strümpfen sei Vergangenheit, genauso wie «Übermüdung» und «schlechte Laune» – falls sie es wie Frau Müller machen: «Soooo schön wie Frau Müller möchten Sie es auch einmal haben, nicht wahr, liebe geplagte Mutter und Hausfrau? Zeitunglesen, Radiohören – ja das wäre es! Und dabei sind die Kinder von Frau Müller immer

Inserat der PLABAG für Mirlon-verstärkte Strickwolle (1951)

Kunstfasern

tiptop angezogen.» Frau Müllers Trick: mit Mirlon gemischtes und darum besonders strapazierfähiges Strickgarn.[10]

Drei Tage nach der Lancierung des Markennamens Grilon taucht die zweite Konkurrenz auf. Die Viscose SA informiert, sie werde innerhalb Jahresfrist das Verspinnen von Nylonmasse aufnehmen.[11] Im Gegensatz zu Oswalds Unternehmen verfügt die Viscose in Emmenbrücke, die 1906 als erste Schweizer Kunstseidenfabrik gegründet wurde, über langjährige textile Erfahrung.[12] Mit dem Entscheid, Nylon zu verspinnen, hat sich die Direktion jedoch Zeit gelassen: Sie nahm zwar 1937, kaum war Nylon erfunden, Kontakt mit DuPont auf und sicherte sich 1940 die Option für eine Lizenz, wartete aber bis 1947, bis sie die Lizenz und Land für den Bau eines Fabrikgebäudes erwarb.[13] Erst unter dem Druck der HOVAG unterzog sie den «alten Plan» einer «neuen Prüfung» und kam zum Schluss, der Absatz von Kunstseide werde unter dem «Vordringen des Nylon» leiden, was «eine teilweise Umstellung» der Produktion rechtfertige.[14]

Für Oswald ist die Ankündigung keine Überraschung. Ihm ist schon im Frühjahr 1949 zu Ohren gekommen, die Viscose wolle sich «auf dem Nylon-Gebiet produktiv festsetzen». Also versuchte er, aus der Konkurrentin eine Kundin zu machen. Nach drei Besprechungen war das Geschirr zerschlagen, und Rudolf Oswald informierte Finanzdirektor Iklé: «Emmenbrückes Bestreben ging dahin, uns von der Herstellung einer textilen Faser abzuhalten.»[15] Der Präsident der Viscose schob den Schwarzen Peter umgehend zurück. Er habe eine «Produktionsteilung» vorgeschlagen: in Ems die Herstellung von Spinnsalz, in Emmenbrücke das Verspinnen. Doch der Vorschlag sei an Oswalds «sturer Haltung» gescheitert.[16]

Oswald versuchte sein Glück anderswo. Er schickte zwei seiner neuen deutschen Mitarbeiter, Forschungsleiter Hermann Zorn und Perlonspezialist Paul Kümmel, zur St. Galler Textilfirma Stoffel, die 2000 Leute beschäftigt und ihre kostbaren «Stoffel-Tüechli» in die halbe Welt exportiert. «Die Herren waren sehr beeindruckt von der vorzüglichen Knitterfestigkeit der von uns vorgelegten Perlon-Seidenkravatte», heisst es im Protokoll von Zorn, der damals noch nicht wusste, dass Perlon künftig Grilon heissen sollte. «Auch der Regenmantelstoff aus Perlonseide sowie die Perlonregenschirmseide haben einen tiefen Eindruck bei den Herren des Stoffel-Konzerns gemacht.» Man gelobte «vertrauensvolles» Zusammenarbeiten und schied in Minne.[17] Dann folgte … Funkstille.

Im Frühling 1949 lief in Ems der Lactam-Versuchsbetrieb an, im Herbst begannen die Perlon-Spezialisten mit der Projektierung der Grossanlage. Für Oswald war der Moment ge-

Spinnhalle der FIBRON (1955)

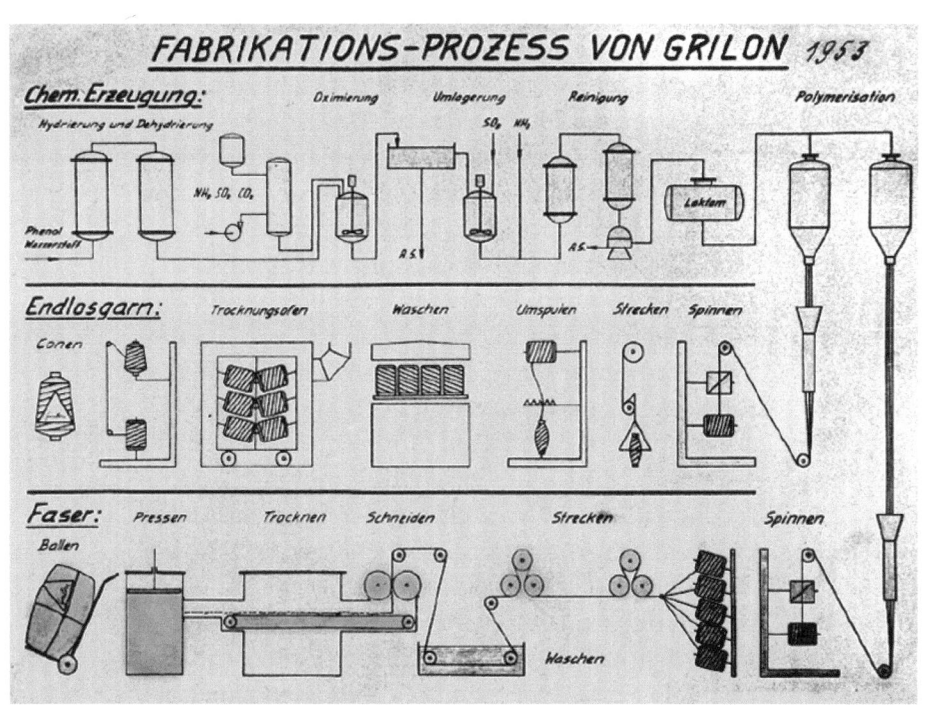

Schema des Grilon-Fabrikationsprozesses (1953)

Kunstfasern

kommen, um dem Kanton Graubünden das Messer an den Hals zu setzen: Die HOVAG-Tochter FIBRON werde eine Textilfabrik bauen, doch Verspinnen und Zwirnen sei «ein ebenso interessantes als schwieriges Problem», es sei deshalb fraglich, ob Domat/Ems der richtige Standort sei. Der Kleine Rat verstand den Wink mit dem Zaunpfahl. Eilfertig versicherte er, er werde die FIBRON «in jeder möglichen Weise in der Lösung auftauchender Aufgaben und zu überwindender Schwierigkeiten» unterstützen, sich für die Baubewilligung der fensterlosen Fabrik einsetzen und Hand bieten bei Gesuchen an die eidgenössische Fremdenpolizei, falls die in der Schweiz «völlig neue Fabrikation» ausländische Spezialisten und «geübte weibliche Arbeitskräfte» (sprich: italienische Textilarbeiterinnen) benötige. Er werde auch ein Auge zudrücken bei der «Schädigung der Fischerei des Rheins durch Abwasser». Diese sei von «untergeordneter Bedeutung» und stehe «in keinem Verhältnis» zu den Vorteilen, welche die Ansiedlung der FIBRON dem Kanton bringe. Noch wichtiger war, dass der Kleine Rat dem jungen Unternehmen auch steuerlich entgegenkommen wollte. Es war nicht das erste Mal. Er hatte der HOVAG bereits 1947 eine «weitgehende Steuererleichterung» gewährt, um sie während der Umstellung zu entlasten. Der FIBRON wollte er sogar eine «maximale Steuererleichterung» gewähren und sie fünf Jahre lang «völlig» von Steuern befreien. Einzige Bedingung: Sie müsse Sitz, Leitung und Produktion in Graubünden ansiedeln.[18]

Im Frühling 1950 verlegt Oswald den Sitz der FIBRON von Zürich nach Domat/Ems und erweitert den Verwaltungsrat, der bisher einzig aus Präsident Peter Herold bestanden hat. Dabei dreht er die personelle Verzahnung in seinem Imperium noch einen Zacken weiter. In den Verwaltungsrat ziehen ein: PATVAG-Präsident Rudolf Oswald, HOVAG-Präsident Armin Meili, HOVAG-Forschungsleiter Hermann Zorn sowie die HOVAG-Verwaltungsräte Andreas Gadient und Kreditanstalt-Direktor Heinrich Blass; dazu vier Vertreter von Textil- und Maschinenbauunternehmen, die sich finanziell an der FIBRON beteiligen, unter ihnen die Firma Rieter, die für die FIBRON – nach Plänen aus Uerdingen – die Textilmaschinen baut.[19]

Einzig der Verband der Benzinimporteure stört die Harmonie. Er ist dahintergekommen, dass FIBRON-Präsident Herold noch immer Mitglied der Überwachungskommission (UWK) ist, und droht mit einem öffentlichen Vorstoss.[20] «Warum hat man es so weit kommen lassen?», stöhnt ein Beamter im Finanzdepartement.[21] Finanzdirektor Iklé schiebt die unangenehme Frage rasch an UWK-Präsident Grimm weiter, und dieser zaubert ein paar Rechtfertigungen aus dem Hut, die zeigen, dass die Kommission, die Oswald kontrollieren sollte, Teil des Problems geworden ist. Grimms erste Rechtfertigung: Die FIBRON sei ein selbstständiges Unternehmen, an dem neben der HOVAG und den Gebrüdern Oswald «zur Hälfte» anderes Kapital beteiligt sei. Sogar wenn das zutreffen würde, wäre die *good governance* nicht gewährleistet – doch es ist falsch. HOVAG und PATVAG besitzen zusammen zwei Drittel der FIBRON-Aktien, weshalb die Gebrüder Oswald das Sagen haben.[22] Grimms zweite, ebenfalls zweifelhafte Rechtfertigung: «Auch charakterlich setzen wir ohne weiteres voraus, dass Herr Dr. Herold die nötige Distanz zwischen seiner Tätigkeit als Mitglied der Überwachungskommission und als Präsident der FIBRON zu wahren wissen wird.» Trotzdem kommt Grimm zum Schluss, es sei «psychologisch» wohl besser, wenn Herold aus der UWK austrete. Nur so könne man den «Anwürfen» zuvorkommen, «die bei der Mentalität gewisser interessierter Kreise der Bundesverwaltung gegenüber erhoben werden könnten».[23] Statt einzuräumen, dass die UWK ihre Unabhängigkeit geopfert hat, regt sich Grimm also lieber über die «Mentalität» all derer auf, die kritische Fragen stellen.

Zwischenzeitlich hat Iklé für das leidige Problem eine Lösung gefunden. Sie ist nicht aktenkundig, aber offenbar FIBRON-freundlich, denn nach Grimms Stellungnahme legt er schleunigst den Rückwärtsgang ein. Er informiert Herold, den er neuerdings als «mein Lieber» tituliert: «Ich bin mehr und mehr zur Überzeugung gelangt, dass der von uns besprochene Weg über kurz oder lang in eine Sackgasse führen würde, aus der wir ohne ein blaues Auge nicht mehr herauskämen. Würde es sich nur darum handeln, in allen Fällen den Nachweis der Sachlichkeit zu erbringen und die zu erwartenden Angriffe formell einwandfrei abzuwehren, so könnten wir es ruhig darauf ankommen lassen. Es wird aber kaum jemand einfältig genug sein, es uns so leicht zu machen.» Er erachte Herolds Rücktritt für ratsam, «um jeden falschen Schein und jedes Missverständnis im vornherein auszuschliessen».[24] Wenig später scheidet Herold unter Verdankung seiner Dienste aus der UWK aus – nicht ohne vorher eine Abklärung verhindert zu haben, ob die HOVAG die Gelder des Erneuerungsfonds vertragskonform verwendet hat.[25] Im Sommer 1950 verkündet Meili an der Generalversammlung, die Grilon-Produktion sei «in vollem Aufbau» und die Qualität der Muster unschlagbar. Da das Steuerabkommen geheim ist, kann er den Entscheid, die FIBRON in Domat/Ems anzusiedeln, als Akt industrieller Wohltätigkeit feiern, mit dem die HOVAG «den volkswirtschaftlich schwachen und einseitig orientierten Kanton» erneut «befruchten» wird.[26] In Ems wird derweil fleissig gebaut, dank einem Kredit der HOVAG von 2,3 Millionen

Franken und eines 4,5-Millionen-Bankkredits, für den sie garantiert.[27] Im Herbst führt Oswald die UWK durch die neue Anlage und verspricht vollmundig, sie werde noch vor Jahresende in Betrieb gesetzt.[28] Den «Lunch» lässt er auf Schloss Haldenstein servieren, das er kürzlich gekauft hat und nun für repräsentative Zwecke nutzt.[29] Zur selben Zeit konstatiert *Die Tat*, um das Grilon sei es «etwas stiller» geworden. Zwar sei die «Aufnahme des Verkaufs» für den Herbst angekündigt, doch der Versuchsbetrieb habe die Erwartungen «nicht ganz» erfüllt. Auch habe die FIBRON Mühe, «das nötige Personal zu beschaffen», da im Bündnerland eine angestammte Textilfacharbeiterschaft fehle.[30]

Ende 1950 wartet die Schweiz noch immer auf die Kunstfaser aus Ems – und die Viscose SA klagt auf Nichtigkeit des INVENTA-Patents zur «Herstellung hochschmelzender Fasern und Fäden aus Polyamiden». Sie argumentiert, dem Patent fehle die Neuheit und der technische Fortschritt, doch die Absicht ist unverkennbar: Nachdem die Arbeitsteilung zwischen Ems und Emmenbrücke gescheitert ist, will die Viscose SA auf gerichtlichem Weg verhindern, dass Oswald in die textile Verarbeitung einsteigt. Wie gut ihre Chancen stehen, ist ungewiss. Da das Textilgesetz aus einer Zeit stammt, als Kunstfasern noch nicht einmal erfunden waren, vermisst der Prozess juristisches Neuland, und das Gericht gibt als Erstes zwei Expertisen in Auftrag.[31]

Im Februar 1951 macht die Viscose SA ihr Versprechen wahr. Auf der Fassade des neuen Fabrikgebäudes prangt ein riesiger NYLON-Schriftzug, in den Hallen bedienen Männer in weissen Overalls futuristisch anmutende Maschinen. An der Generalversammlung lobt der Präsident die «vorbildliche Zusammenarbeit» der Belegschaft, dank der die Produktion «innerhalb der geplanten, sehr kurzen Zeitspanne» aufgenommen werden konnte.[32] Das ist nur die halbe Wahrheit. Während Oswald alles selbst machen und kontrollieren will, sind für die Viscose SA internationale Kooperationen eine Selbstverständlichkeit. Die pünktliche Betriebsaufnahme verdankt sie nicht zuletzt den Forschungsberichten und Plänen der französischen Lizenzgeberin Rhodiaséta und den aus den USA importierten Maschinen.[33] Ihre Kapazität beträgt monatliche 50 Tonnen, was, wie die Zeitschrift des Textilarbeiter-Verbandes erklärt, «einem Faden von 30 Millionen Kilometern – oder etwa 750 Mal dem Erdumfang» entspricht.[34] Kein Wunder, prophezeit die Presse eine «Nylon-Überproduktion» und einen «scharfen Konkurrenzkampf». Laut den *Neuen Zürcher Nachrichten* ist dieser bereits im Gang: «Die Viscose hat für den Start bestimmte Kampfpreise angesetzt, die niedriger als im Ausland sind, um der Holzverzuckerungs AG den Zugang zum Markt zu erschweren.»[35]

In Ems und in Emmenbrücke wird Nylon fabriziert
Der Chnab, der einst das Alphorn blies ...

Konkurrenzkampf Ems–Emmenbrücke (*Nebelspalter* 1950)

Kunstfasern

Kurze Zeit später gründet Oswald die GRILON SA, die für Marktanalysen und den Verkauf von Grilon im In- und Ausland zuständig ist. Derweil verkündet die FIBRON, die Inbetriebnahme der Grilon-Anlage stehe kurz bevor, und lädt die Bundeshaus-Journalisten zu einer Besichtigung ein.[36] Euphorisch berichtet der Berner *Bund*: «Der laienhafte Besucher eilt an riesigen Dampf- und Zuckerkesseln vorbei, sieht die grosszügigen Hallen, die zur Aufnahme der neuen Spinnmaschinen bereitstehen, wo sich die ersten Produktionsarbeiter mit den letzten Installateuren treffen und staunt gleichermassen über die Geheimnisse der modernen Technik […] wie über die menschliche Triebkraft, die Direktor Werner Oswald verkörpert, der energisch und souverän einen Aufbau leitet, der einen an die besten Pionierzeiten der schweizerischen Industrie gemahnt.»[37]

Die Realität sieht anders aus. Der Textilunternehmer Carl Abegg tritt verärgert aus dem Verwaltungsrat aus, Forschungsleiter Hermann Zorn gerät immer mehr unter Druck, und die FIBRON teilt in einer kryptischen Pressemeldung mit, die Produktion verzögere sich wegen verspäteter «Rohmateriallieferung für einige Ausstattungen».[38] Ende 1951 sind erst «kleine Mengen» Grilon produziert, die FIBRON schreibt einen Verlust von 350 000 Franken, und ein Finanzexperte des Bundes rät, Darlehen und Aktien «vollständig» abzuschreiben, da die FIBRON in den nächsten Jahren weder mit Erträgen rechnen noch das Darlehen der HOVAG zurückzahlen könne.[39]

Es gibt noch mehr schlechte Nachrichten. Das Obergericht Luzern ordnet die Löschung des beklagten INVENTA-Patents an. Ihm fehle eindeutig die «erfinderische Neuheit», es handle sich um ein «rein chemisches Veredelungsverfahren», das die Patentschrift als Herstellungsverfahren «konstruiert» habe.[40] Die INVENTA zieht das Urteil ans Bundesgericht weiter, denn es steht viel auf dem Spiel: Die Löschung des Patents könnte die Abhängigkeitslizenzen infrage stellen, und das wiederum könnte für die Grilon-Produktion noch vor dem Start das endgültige Aus bedeuten.

Im Frühling 1952 gilt der Viscose-Stand an der Basler Mustermesse als einer der Höhepunkte. «Die kompliziertesten Plissierungen, die zartesten Spitzen können gewaschen und müssen nicht einmal mehr gebügelt werden. Herrensocken aus nylonhaltigem Mischgarn müssen wir nie mehr flicken. So tragen künstliche Textilfasern, geschaffen von Menschengeist und Menschenhand, dazu bei, unser Leben nicht nur leichter, sondern auch schöner und farbiger zu machen.»[41] Das Wirtschaftswunder ist in der Schweiz angekommen – symbolisiert durch das Nylon der Viscose. Grilon sucht man an der Messe vergeblich.

«Parasitäre Erscheinungen»

Um ein Verfahren zur Gewinnung von Phenol aus Holz zu entwickeln, geht der deutsche Industrielle Hugo Stinnes eine Kooperation mit Werner Oswald ein. Doch seine Direktoren sind davon alles andere als begeistert.

Werner Oswald wird nicht müde, Grilon als einzige «schweizerische, vom Ausland unabhängige» Kunstfaser anzupreisen. Damit setzt er sich von der Konkurrenz ab, welche die Spinnmasse importiert, und redet – wie schon beim Treibstoff – der wirtschaftlichen Autarkie das Wort. Passend dazu soll Phenol, ein Ausgangsstoff der Grilonproduktion, künftig aus dem Lignin gewonnen werden, das bei der Holzverzuckerung anfällt, aber in Ems mangels Alternative als Heizmaterial verfeuert wird. «Damit müsste für die gesamte Kunstfaserfabrikation, mit Ausnahme des Schwefels in Schwefeldioxyd, kein fremder Rohstoff zugeführt werden», schwärmte Oswald schon 1948. «Bis auf diesen Nebenstoff würde damit die gesamte Kunstfaser-Herstellung ihre Rohstoffgrundlage in unserm einheimischen Holz, dem Wasserstoff aus unseren einheimischen Wasserkräften und dem Stickstoff aus der Luft besitzen.»[1]

Die Idee ist nicht nur kühn, sie fügt sich nahtlos in den ideologischen Überbau der HOVAG ein, der auf der wirtschaftlichen Autarkie fusst. Sie hat jedoch eine Schwachstelle: Die Phenolgewinnung aus Holz ist als Verfahren weder ausgereift noch im industriellen Massstab erprobt. Zorn versicherte der UWK, es sei möglich, «dass man Phenol auf diesem Wege erhalten wird. Wenn alles gut verläuft, dann sehen wir hierüber im Spätherbst 1949 klar.»[2] Es war der Silberstreifen am Horizont, auf den die UWK gehofft hatte. Sie bewilligte einen ausserordentlichen Forschungsbeitrag von 100 000 Franken zur «Schaffung des geistigen Rüstzeugs» und beschaffte zusätzliche Bundesgelder, damit Professor Schläpfer und seine Mitarbeiter im Zürcher Labor der HOVAG die Ligninforschung vorantreiben konnten.[3]

Oswald geht das alles zu langsam. Im Frühling 1950 verkauft er seine Idee bereits als Wirklichkeit, und das *Düsseldorfer*

Handelsblatt berichtet: «Unter Mitwirkung deutscher Fachleute ist es schliesslich gelungen, eine neue Faser herauszubringen, deren Ausgangsstoff Lignin ist.»[4] Niemand überprüft die Behauptung vor Ort. Kritik gibt es trotzdem. Das deutsche Branchenblatt *Die Konfektion* erinnert daran, die Idee sei «keineswegs neu», vor dem Krieg seien in Deutschland «ähnliche Versuche durchgeführt worden, die aber wegen ihrer Unrentabilität wieder aufgegeben werden mussten».[5]

Im Sommer 1951 kommt Oswald dem Traum von der eigenen Phenolproduktion einen grossen Schritt näher, als ihn sein Berater Ernst Fischer beim deutschen Industriellen Hugo Stinnes einführt. Im Krieg sassen «Mineralöl-Fischer» und Stinnes, einer der grossen Ersatztreibstoff-Produzenten Deutschlands, zusammen im Aufsichtsrat der Kontinentale Öl-Transport (KONTI). Sie müssen sich prächtig verstanden haben, auch politisch: Fischer war seit 1932 Mitglied der NSDAP, Stinnes nahm Anfang 1933 an einem Geheimtreffen von Industriellen teil, die für den NSDAP-Wahlfonds drei Millionen Reichsmark spendeten.[6] Die gegenseitige Sympathie hat den Zusammenbruch des «Dritten Reichs» überlebt, deshalb kann Fischer seinem Schweizer Arbeitgeber die Tür von Stinnes' Büro und das Fabriktor der Papier- und Zellstoffwerke Feldmühle, einem der grossen deutschen Papierproduzenten, öffnen.

Stinnes und Oswald haben ähnliche Probleme: Sowohl bei der Zellstofferzeugung als auch bei der Holzverzuckerung gehen wertvolle Stoffe verloren, die sie gern verwerten würden. Also schliessen sie sich zur Forschungsgemeinschaft HOFELD (ein Zusammenzug von HOVAG und Feldmühle) zusammen, um chemische Verfahren für die «wirtschaftlich bessere Ausnutzung des Rohstoffes Holz» zu entwickeln.[7] Für Oswald ist es ein Schulterschluss mit einem klingenden Namen, denn Stinnes' Vater war einer der mächtigsten Unternehmer Deutschlands. Als er 1924 starb, hinterliess er einen internationalen Konzern, der rund 1500 Unternehmen kontrollierte, darunter Banken, Brauereien und Bergbauunternehmen, Stahlwerke und Schifffahrtsgesellschaften, Verlage und Chemiewerke. Doch die Zeiten, als «reich wie Stinnes» ein geflügeltes Wort war, sind passé. Das zeigt auch die Feldmühle AG. Vor dem Krieg produzierte sie jährlich 300 000 Tonnen Papier und zählte zu den zehn grössten Unternehmen Deutschlands. Nach dem Krieg verlor sie drei Viertel ihrer industriellen Kapazitäten an die sowjetischen Besatzer, während die Alliierten die Werke im Westen kontrollierten.[8] Stinnes jr. hat die Verfügungsgewalt über das Unternehmen erst Ende 1949 zurückgewonnen. Kurz darauf hat die erste Generalversammlung der Nachkriegszeit einen neuen

Bedienungsstand der Caprolactamsynthese (1953)

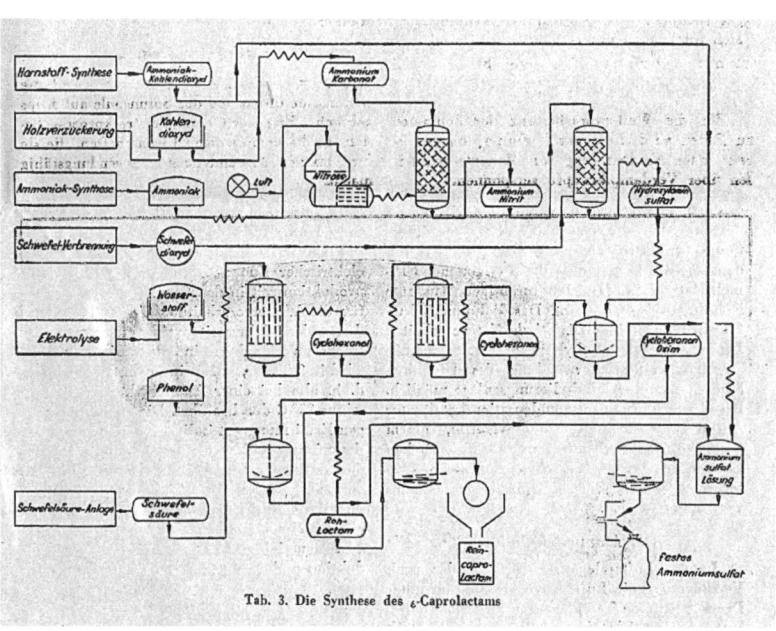

Schema der Caprolactamsynthese (1955)

Kunstfasern

Aufsichtsrat bestellt und Stinnes zum Vorsitzenden ernannt. Seither ist er damit beschäftigt, auf den Trümmern einen neuen Konzern zu errichten.[9]

Der HOFELD-Vertrag stipuliert, dass sich Stinnes und Oswald die Aufgaben und die Kosten teilen. Die Laborforschung und der Betrieb einer kleinen Versuchsanlage finden unter dem Dach der Feldmühle Papier- und Zellstoffwerke AG in Wesseling bei Bonn statt, die Erprobung der Verfahren im grösseren Massstab in Ems.[10] Ausgangspunkt ist die vom Bund finanzierte Ligninforschung Professor Schläpfers; die INVENTA soll die Forschungsresultate patentieren und lizenzieren.[11] Leiter des HOFELD-Forschungslabors wird Johann Giesen, der seit bald zwei Jahren in Wesseling arbeitet. Dass er nach seinem Rauswurf bei Bayer in Uerdingen bei Stinnes untergekommen ist, verdankt er Fischer, der mit einer Klappe gleich zwei Fliegen schlug. Er sorgte dafür, dass Oswalds Komplize gut versorgt wurde; gleichzeitig brachte er ein eigenes Projekt voran: Er wollte Stinnes als finanzkräftigen Partner für die Produktion von Kunststofffolien gewinnen. Mit Erfolg. Stinnes stellte Giesen als Forschungsleiter für das «Foliengebiet» ein und stellte ihm ein Labor mit sieben Mitarbeitern zur Verfügung.[12]

Ein Jahr später wurden zwei Firmen gegründet, die Giesens Forschungsergebnisse verwerten sollten: die deutsche Contiplast, an der Fischer mit 2 Prozent und Stinnes und ein deutsches Maschinenbauunternehmen mit je 49 Prozent beteiligt waren, und die Kunststoffwerke AG im aargauischen Brugg. Hier versteckte sich Fischer hinter dem Schweizer Ingenieur Max Olivier, der als Gründer, Geschäftsführer und Verwaltungsrat auftrat.[13] (Die beiden verdanken ihre Bekanntschaft wahrscheinlich Fischers Beschützer Ernst Imfeld, der später zusammen mit Olivier eine Firma namens Polystar gründen wird.[14]) In Sachen Kunststoffwerke hielt sich Fischer auch gegenüber seinem deutschen Partner Stinnes bedeckt. Er informierte ihn einzig, in der Schweiz sei «mit Beteiligung der mir nahestehenden Firma Dipl.-Ing. Max G. Olivier & Co., Zürich, eine Gesellschaft gegründet worden, die im nächsten Jahr mit der Verarbeitung von Saran beginnen wird».[15] Das erste Produkt, das die Schweizer Tarnfirma des ehemaligen Wehrwirtschaftsführers herstellte, war ausgerechnet ... eine Plastikhülle für das Dienstbüchlein der Schweizer Soldaten.[16]

Giesens Anstellung bei der Feldmühle ist nur ein Beispiel dafür, wie erfolgreich Fischer im Hintergrund die Fäden zog. Auf seine Empfehlung nahm Stinnes gleich mehrere ehemalige I.G.-Farben-Manager unter seine Fittiche. Einer war Walter Dürrfeld, früher Betriebsleiter von Auschwitz-Monowitz, der im I.G.-Farben-Prozess zur Höchststrafe von acht Jahren Gefängnis verurteilt worden war, aber bereits 1950 wieder freikam.[17] Stinnes empfing auch Dürrfelds ehemaligen Vorgesetzter, den Aufsichtsrat Heinrich Bütefisch, mit offenen Armen.[18] Dieser war in Nürnberg wegen Versklavung von Zivilisten und KZ-Insassen, Misshandlung, Einschüchterung, Folterung und Ermordung versklavter Menschen zu sechs Jahren Gefängnis verurteilt worden – obwohl ihm Fischer und Giesen während des Prozesses mit Affidavits und Zeugenaussagen zu Hilfe geeilt waren.[19] Nach seiner vorzeitigen Entlassung wurde Bütefisch umgehend in den Aufsichtsrat der Feldmühle gewählt.[20] Weil er sich in dieser Funktion auch um die HOFELD kümmert, lernt er Oswald kennen, der ihn später als seinen dritten deutschen Berater engagieren wird.

Die alten Kameraden verfolgten mit Wohlwollen, was sich in Wesseling tat. Hans Kehrl, Hitlers «General der zivilen Wirtschaft» und Fischers ehemaliger Vorgesetzter, der trotz einer Verurteilung zu 15 Jahren Gefängnis bereits Anfang 1951 freigekommen war, rühmte Stinnes: «Von den allerverschiedensten Seiten, so zuletzt von unserem gemeinsamen Freund Herrn Dr. Fischer, habe ich gehört, dass Sie in ganz besonders netter Weise einer ganzen Reihe von ‹Spätheimkehrern und Heimatvertriebenen› behilflich gewesen sind, einen neuen Start im Leben zu erhalten.»[21] Es war eine zynische Parallele zwischen den Kriegsgefangenen, die erst nach Jahren aus russischen Lagern zurückkehrten (Spätheimkehrer), den aus den Ostgebieten Geflohenen (Heimatvertriebene) und den Verantwortungsträgern der I.G.-Farben, die vorzeitig aus dem Gefängnis entlassen wurden.

In Wesseling selbst hielt sich die Begeisterung über das «Hereinströmen artfremder Elemente» arg in Grenzen. Feldmühle-Direktor Oswald Dittrich störte sich nicht so sehr an der politischen Vergangenheit der ehemaligen «IG-Grössen», sondern an ihrem Dünkel und ihren Machtspielchen, die mit sich brachten, dass für sie – «Dr. Fischer an der Spitze» – «aus alter Gewohnheit 50 % der Arbeit in der Entfesselung von Positionskämpfen und in Ohrwurmpolitik besteht».[22]
Fischers Fürsprache für die Kollegen ist exemplarisch dafür, wie sich die ehemaligen I.G.-Farben-Manager gegenseitig wieder in die Steigbügel halfen. Schon 1948 hatte der Bayer-Vorstandsvorsitzende Ulrich Haberland einen ultimativen Appell verschickt: «Ich halte es für eine Ehrenpflicht und das Vorrecht der ehemaligen leitenden I.G.-Farben-Angestellten – soweit sie dazu in der Lage sind –, ihre in Nürnberg angeklagten Kollegen und deren Familien nicht im Stich zu lassen und sie wenigstens vor Not zu unterstützen.»[23] Das Beispiel Bütefisch zeigt, dass die Soli-

Kunstfasern

darität ungebrochen war. Nach der Feldmühle wählten ihn auch die Ruhrchemie und die Deutsche Gasolin in den Aufsichtsrat.[24] Otto Ambros, der ebenfalls für den Einsatz von KZ-Häftlingen verurteilt worden war, schaffte es gar in fünf Aufsichtsräte und wurde Berater des ersten Bundeskanzlers der BRD. »Die stille, allmähliche, schleichende, unaufhaltsame Wiederkehr der Gestrigen scheint das Schicksal der Bundesrepublik zu sein», diagnostizierte der deutsche Soziologe und Politikwissenschaftler Eugen Kogon bereits 1954. «In der Wirtschaft halten sie ohnehin nicht erst seit heute die Hebel in ihren sicheren, ach so zuverlässigen, so welterfahrenen, so angesehenen Händen – nun wieder die Hände der Macht.»[25]

Die Stelle als Forschungsleiter der HOFELD ist für Giesen eine Verlegenheitslösung. Er hat sie nur angenommen, weil er sich vergebens als Direktor der Farbwerke Hoechst beworben hat.[26] In Bern ist man über seine Wahl jedoch rundum zufrieden. Der Betriebswirtschaftsprofessor Alfred Walther, der im Auftrag des Bundes die HOVAG durchleuchtet, meint anerkennend, damit liege die Ligninforschung «in den Händen eines anerkannten Fachmannes». Als er im Herbst 1952 nach Wesseling fährt, um sich über den Stand der Phenolforschung zu informieren, empfangen ihn Giesen und Oswald mit allen Ehren, erteilen ihm «jede gewünschte Auskunft» und zeigen ihm die Versuchsanlage, wo aus Lignin, das eigens aus Ems angeliefert wird, täglich fünf Liter Phenol gewonnen werden. «Ich glaube, nach meinem Besuch in Wesseling sagen zu können, dass die Ligninaufspaltung in der Versuchsanlage gelungen ist», schreibt Walther in seinem Bericht. Zurzeit baue die HOVAG in Ems eine halbtechnische Versuchsanlage mit einer Tagesleistung von 120 Litern, die den Betrieb im Frühling 1953 aufnehmen werde. Man dürfe damit rechnen, dass sie «zum Ziel gelangen» werde.[27]

Ende 1952 verkauft Oswald das Fell des Bären wieder einmal, bevor er ihn erlegt hat. In einem Bericht der Schweizer Filmwochenschau über die HOVAG erklärt der Off-Sprecher: «Im Laboratorium aber hat man den Weg gefunden, um aus den nicht verzuckerbaren Teilen des Holzes Phenol zu gewinnen, den Rohstoff für Lactam, aus dem nylonartige Plastics und Textilprodukte entstehen. Als Endlosgarn werden sie verarbeitet, oder zusammengefacht als Spinnband oder als zarte Flocken. So veredelt dieses grosse Werk im Tag- und Nachtbetrieb einheimische Rohstoffe.»[28]

Wortwörtlich genommen ist an dieser Aussage nichts falsch, doch in Kombination mit den Bildern erweckt sie den Eindruck, in Ems werde bereits Phenol produziert. Im Gegensatz dazu stellt Professor Walther fest, bis zur industriellen Phenolgewinnung brauche es noch «viel Forschungsarbeit» und «viele Versuche». Weil die Direktion seiner Meinung nach schon früher «zu rasch vorgegangen» ist und «teure Umbauten» verursacht hat, rechnet er auch beim Phenol mit «Fehlern und Umbauten». Immerhin liefert er eine wohlwollende Erklärung für Oswalds Fehlentscheide: «Der Zwang, noch vor Ablauf des Mischtreibstoffvertrages ein rentables Produkt herauszubringen, hat einerseits stimulierend gewirkt, aber andererseits auch zu einem ungesunden Galoppieren verführt.» Auch Oswalds Prognosen scheinen ihm – zu Recht, wie sich herausstellen wird – viel zu optimistisch. Ursprünglich wurde die «Ligninumwandlungs-Grossanlage» auf Frühling 1952 angekündigt, nun geht man in Ems von 1956 aus. Professor Walther rechnet «bei vorsichtiger Abwägung aller Umstände» mit 1959, denn mit dem Bau der Phenolanlage allein sei es nicht getan. «Die Konvertierung und die Schwefelanlage müssen vergrössert, die Lactamanlage muss von 770 Tonnen auf 3300 Tonnen Kapazität erweitert werden. Dementsprechend muss auch die Ammonsulfatanlage, die heute eine Kapazität von 7200 Tonnen hat, auf 16 500 Tonnen ausgebaut werden.»[29] Damit skizziert der Professor unwissentlich das chemische Grosswerk, von dem Oswald schon lange träumt. Doch vorläufig muss das Phenol für die Grilon-Herstellung für teures Geld importiert werden.

«Der Kopf der ganzen Schieberkette»

HOVAG-Berater Ernst Fischer verdient sich eine goldene Nase mit dubiosen Ostgeschäften, von denen auch die Gebrüder Oswald und der deutsche Industrielle Hugo Stinnes profitieren.

Sechs Jahre nach Kriegsende lebt Ernst Fischer noch immer im diskreten Hinterhaus des Kurhotels Verenahof in Baden.[1] Seine Frau und die beiden Söhne hat er im sonnigen Lugano untergebracht, wo er sie am Wochenende besucht. Unter der Woche ist er ein viel beschäftigter Mann. Jeden Morgen steigt er in seinen Citroën, fährt auf der Überlandstrasse von Baden nach Zürich und parkiert vor dem Geschäftshaus im Seefeld, wo die Firma Max Olivier, Maschinen, Apparate, Stahl und Eisen AG acht Räume mietet und «3 Bürofräuleins» beschäftigt.[2] In seinem Büro mit Blick auf den Zürichsee arbeitet Fischer halbtags für Werner Oswald, kümmert sich um die Geschicke der Contiplast und der Kunststoffwerke AG Brugg, berät die Hydrocarbon-Mineralöl, die weltweit Raffinerien plant und baut, und amtet als Aufsichtsrat der ATLAS-Werke Bremen, eines Maschinen- und Schiffbauunternehmens, das seinem Freund Hugo Stinnes gehört.[3] Was er auch noch macht und was aus seinen Kumpanen Friedrich Kadgien und Ludwig Haupt geworden ist, lässt sich teilweise dank Polizeiberichten und Gerichtsakten rekonstruieren.

Kadgien war der Boden unter den Füssen Anfang 1950 zu heiss geworden. Die niederländische und die belgische Polizei verdächtigten ihn, während des Kriegs geraubte Diamanten von 32 000 Karat in den eigenen Sack gesteckt zu haben; die Franzosen waren wegen Gemälden hinter ihm her, die er für Görings Kunstsammlung beschafft hatte, und die Amerikaner hatten festgestellt, dass sein Schweizer Strohmann zu Unrecht eine Provision erhalten hatte.[4] Im Februar 1950 bestiegen Kadgien und seine Frau in Genua ein Kreuzfahrtschiff, das sie nach Brasilien brachte.[5]

Ernst Fischer und Ludwig Haupt fühlten sich noch immer sicher in der Schweiz. Haupt war für eine in Italien ansässige amerikanische Ölfirma tätig.[6] Fischer beteiligte sich im selben Monat, als Kadgien das Weite suchte, an der Gründung der Zürcher AG für Commerzielle Chemie (AGCC), die auf alten Seilschaften ehemaliger I.G.-Farben-Kader aufbaute und sich auf Ostgeschäfte spezialisierte. Offiziell zeichnete Fischer als Verwaltungsrat, doch der deutsche Nachrichtendienst vermutete, er sei der eigentliche «Kopf der ganzen Schieberkette».[7]

Es mag Zufall sein, dass der Anwalt Willy Häne, der früher für den Lichtspieltheater-Verband gearbeitet und im Krieg den Zürcher Ableger des militärischen Nachrichtendienstes geleitet hatte, Verwaltungsratspräsident der AGCC wurde.[8] Wahrscheinlicher ist, dass Werner Oswald als ehemaliger Filmverleiher und Nachrichtendienst-Offizier ihn mit seinem Berater Fischer zusammengebracht hatte.

Die Firmengründung erfolgte zur selben Zeit, als das Coordinating Committee on Multilateral Export Controls (COCOM), ein Zusammenschluss der NATO-Staaten unter Führung der USA, seine Arbeit aufnahm. Ziel des COCOM war es, den Technologieexport in den Ostblock zu verhindern und die Lieferung zahlreicher Güter stark einzuschränken. Rein rechtlich war es nicht mehr als ein informelles Gremium. Doch seine Sanktionsdrohungen, hinter denen die Wirtschaftsmacht USA stand, waren ein mächtiges wirtschaftspolitisches Instrument.[9] Das machte die neutrale Schweiz zur idealen Drehscheibe für die Ostgeschäfte der AGCC, die griechischen Tabak, ägyptischen Reis und dringend benötigte Maschinen aus der BRD in die DDR lieferte. Im Gegenzug bezog sie vor allem preisgünstige Chemikalien, die meist aus dem Leuna-Werk stammten, wo Fischer früher stellvertretender Geschäftsführer war.[10] Das zeigt, dass seine Beziehungen zum ehemaligen I.G.-Farben-Werk, das nun «Volkseigener Betrieb Walter Ulbricht» hiess, die politischen Veränderungen unbeschadet überstanden hatten.

Um die Spuren der Waren zu verwischen, baute die AGCC in kurzer Zeit ein ausgeklügeltes Netzwerk auf, das aus Büros in Berlin, Frankfurt, Mailand, München, Salzburg und Wien sowie zahlreichen «befreundeten» Firmen bestand. Das Berliner Büro beispielsweise pflegte die Kontakte zur DDR; die Interchemie in Tanger schloss die Verträge ab; und Chemie und Industrie-Commerz in München besorgte falsche Ursprungszeugnisse für die DDR-Chemikalien.[11]

Dieses Geschäftsmodell war auch für Oswald interessant, denn die Versuchsanlage für die Grilon-Produktion war im Frühling 1950 fast fertiggebaut, und für den Betrieb benötigte die HOVAG grössere Mengen Phenol und Cyclohexanon.

Die Beschaffung dieser Chemikalien war Aufgabe der PATVAG. Kurz nach Gründung der AGCC tätigte sie ihr erstes Kompensationsgeschäft mit Ostdeutschland: Als Vertreterin der Rio Tinto Company lieferte sie spanischen Pyrit in die DDR und bezog dafür preisgünstige Chemikalien. Wie bei den Kompensationsgeschäften mit spanischen Agrarprodukten und den Pyritlieferungen während des Kriegs fungierte PATVAG-Verwaltungsrat Victor Oswald als unverzichtbarer Aussenposten. Er beschaffte nicht nur den Pyrit, er verkaufte auch einen Teil der Chemikalien. Im Sommer 1950 inserierte er erstmals in einer spanischen Zeitung und bot Chemikalien aus «Deutschland» an – en gros (Mindestmenge zehn Tonnen) und in grosser Auswahl (Säuren, Kunstharze, Kadmiumfarben, Wachse, Gummi, Bronzepulver, Farbstoffe und Radium für medizinische Zwecke).[12]

PATVAG-Präsident Rudolf Oswald kümmerte sich um die Geschäfte in der Schweiz. Das zeigt ein Einfuhrgesuch für 280 Tonnen DDR-Chemikalien, darunter 100 Tonnen Phenol und 60 Tonnen Cyclohexanon, das er Ende 1950 nach Bern schickte. Der Vertrag datierte vom Frühling 1950, war also kurz vor dem Ausbruch des Koreakriegs abgeschlossen worden, der eine Verknappung vieler Rohstoffe zur Folge hatte. Deshalb war die PATVAG, wie Rudolf Oswald im Gesuch schrieb, «in der bevorzugten Lage, noch über Produkte verfügen zu können, die überhaupt nicht oder nur schwer erhältlich» seien. Offenbar befürchtete er, die Einfuhr aus dem Ostblock könnte nicht bewilligt werden, denn er beschwor wortreich das «nationale Interesse» und erklärte, «es wäre unverantwortlich, diese [Mangelwaren] der Schweiz vorzuenthalten». Zudem sei die HOVAG dringend auf die Lieferung angewiesen, darum sei bereits «eine Zisterne Cyclohexanon durch Österreich im Anrollen». Dass er das Gesuch acht Monate nach Vertragsabschluss, aber kurz vor Ankunft der Chemikalien an der Schweizer Grenze einreichte, lässt vermuten, dass er die Behörden überrumpeln wollte. Mit Erfolg. Das Volkswirtschaftsdepartement erteilt seinen Segen für den Import.

Öffentlich zugängliche Daten über die Gesamtmenge der Chemikalien, welche die PATVAG aus der DDR importierte, fehlen genauso wie Angaben zu den Mengen, die sie der HOVAG lieferte. Ein Expertenbericht geht 1953 von insgesamt 90 Tonnen Cyclohexanon in drei Jahren aus. Doch das kann nicht sein. Allein in Rudolf Oswalds Gesuch war von 60 Tonnen Cyclohexanon die Rede. Ob die HOVAG, wie es im Bericht heisst, der PATVAG in der Regel weniger als den Weltmarktpreis bezahlen musste, lässt sich ebenfalls nicht überprüfen.[13] Unbestritten ist jedoch, dass solche Kompensationsgeschäfte höchst lukrativ sind. Beim einzigen aktenkundigen Geschäft lieferte die PAT-VAG für 7 Millionen Franken spanischen Pyrit, verdiente daran 450 000 Franken und kaufte mit dem Gewinn Chemikalien in der DDR, die 10 bis 15 Prozent billiger waren als auf dem Weltmarkt.[14] Unter dem Strich dürfte sie also gegen 1 Million Franken verdient haben.

Auch die Geschäfte der AGCC liefen wie geschmiert. Bereits nach dem ersten Geschäftsjahr konnte sie eine Nettodividende von zehn Prozent ausschütten.[15] Doch im Sommer 1951 machte ihr die Politik einen Strich durch die Rechnung. Die Schweiz verpflichtete sich im sogenannten Hotz-Linder-Gentlemen's-Agreement, die Embargopolitik der COCOM mitzutragen. Und wieder wurde in Zürich zur selben Zeit eine Firma gegründet, die dazu diente, die neuen Restriktionen zu unterlaufen. Und wieder war Fischer der Drahtzieher im Hintergrund. Doch anders als bei der AGCC tauchte sein Name nirgends mehr auf. Max Olivier fungierte, wie schon bei der Kunststoffwerke AG, als Strohmann und gründete in Zürich die Max G. Olivier AG, Maschinen, Apparate, Stahl und Eisen. Olivier zeichnete als Verwaltungsrat und Geschäftsführer, der Innerschweizer Bauunternehmer Max Gambaro als Verwaltungsratspräsident. Das passte perfekt, denn Gambaro besass einschlägige Erfahrung, wie man amerikanische Handelsrestriktionen umgeht. Allerdings hatte er dabei nicht immer eine glückliche Hand. So hatte er sich von den Amerikanern erwischen lassen, als er drei amerikanische Hightech-Strassenbau-Maschinen in den Ostblock liefern wollte. Sein Baugeschäft landete auf der schwarzen Liste, und in seiner Wohngemeinde Küssnacht kochte die Volksseele hoch. Ein Kantonsrat warnte sogar in einer Gratisbroschüre vor dem Bauunternehmer, der – «geblendet vom nackten Materialismus» – Geschäfte tätige, die «früher oder später die Freiheit und Unabhängigkeit unseres Landes gefährden». Gambaro konterte die «böswillige Verleumdung, Ehrabschneidung und üble Nachrede» mit einem Flugblatt, doch sein Ruf war ramponiert.[16]

Der «Fall Gambaro» zeigt, welches Reputationsrisiko der Osthandel birgt – auch für die Brüder Oswald. Doch sie hatten alles schlau eingefädelt. Die billigen DDR-Chemikalien tauchten in den Büchern der staatlich gestützten HOVAG als – ideologisch unverfängliche – Lieferungen der Schwesterfirma PATVAG auf, der Rest der Ware wurde von Victor Oswald in Spanien verkauft. Das funktionierte in der Schweiz. Doch die CIA liess sich nicht täuschen. Sie verfasste im Sommer 1950 einen Bericht über die drei «OSWALD Brothers». Allerdings ist das Dokument mit dem Titel «East-West Trade» nicht erhalten, deshalb ist unklar, was der US-Geheimdienst über den Osthan-

Deutsche Broschüre, die vor dem illegalen Osthandel und den «roten Ratten» warnt (um 1952)

«Der Kopf der ganzen Schieberkette»

del der Brüder wusste.¹⁷ (Übrigens: Für Victor Oswald war es bereits das vierte Mal in diesem Jahr, dass sich die CIA mit ihm befasste. Und es sollte nicht dabei bleiben: 1963 gerät er erneut ins Visier der Amerikaner, weil er den gleichen Nachnamen wie der Kennedy-Mörder Lee Harvey Oswald trägt und sich kurz vor dem Attentat mit Thomas Eli Davis, einem Waffenschieber und Geschäftspartner von Jack Ruby, dem Mörder von Lee Harvey Oswald, getroffen hat. Dem US-Botschafter in Madrid erklärt Victor Oswald, er habe sich höchstens zehn Minuten mit dem amerikanischen Waffenschieber unterhalten, weil dieser sich nur für «Viehgeschäfte» interessiert habe.¹⁸)

Auch Ernst Fischer geht beim Handel mit den DDR-Chemikalien möglichst vorsichtig ans Werk, und er hat ebenfalls gute, wenn auch andere Gründe dafür. Er will die Aufenthaltsbewilligung, die er Imfelds Protektion und Grimms Referenzen verdankt, nicht aufs Spiel setzen und besitzt Anfang 1952 nicht einmal eine Arbeitsbewilligung. Zudem hat er bereits Ärger mit der Justiz: Anfang 1951 hat die Schweizerische Verrechnungsstelle Haupt wegen Urkundenfälschung und ihn und Haupt wegen Mithilfe zum Betrug angezeigt. Der Verdacht, sie hätten sich mit falschen Angaben und mit Hilfe eines Strohmannes 157 000 Franken erschlichen, wog so schwer, dass sie drei Tage in U-Haft gesetzt wurden. Kaum waren sie entlassen, türmte Haupt, wie vor ihm schon Kadgien, nach Südamerika, doch die Klage ist noch immer hängig.

Fischer zieht die Strippen im Hintergrund so geschickt, dass die Max G. Olivier AG rasch zum wichtigsten Knotenpunkt im Netzwerk der AGCC avanciert. Um die Handelsrestriktionen mit dem Osten zu unterlaufen, werden in Italien drei Firmen gegründet, die falsche Ursprungszeugnisse sowie falsche Aus- und Einfuhrzertifikate besorgen. Sie werden von österreichischen Grafen geführt, die im Krieg zwar Ländereien und Privilegien verloren haben, nicht aber ihre Weltgewandtheit und das Fingerspitzengefühl, das es im Verkehr mit den italienischen Behörden braucht. «Die so prompte Bedienung», meldet einer der Grafen nach Zürich, «ist einzig und allein darauf zurückzuführen, dass wir die Räder unseres Freundes geschmiert haben und sie mit kleinen Spritzen dauernd versorgen.»¹⁹

Im Austausch für die DDR-Chemikalien liefert die Max G. Olivier AG vor allem Eisenwaren, Maschinen und Apparate des Stinnes-Konzerns, die auf verschlungenen Wegen in die DDR gelangen. Meist werden die BRD-Waren in Chiasso mit falschen italienischen Papieren versehen und von dort «nach dem Osten umdisponiert». Die DDR-Chemikalien wer-

Kunstfasern

den in «neutralisierten» Säcken geliefert, und die Spediteure, mit denen die Max G. Olivier AG zusammenarbeitet, kennen sämtliche Schliche, um die Ostware illegal in die Schweiz zu holen. Sie wissen, dass die Einfuhrpapiere am Grenzübergang Buchs «sehr genau kontrolliert» werden, dass sie die Papiere am Zoll in St. Margrethen nachträglich «gegen Blankopapiere auswechseln» können. Haben die Chemikalien die Grenze passiert, werden sie von mehreren Schweizer Firmen unter dem Label «GERM-West» verkauft oder in andere westeuropäische Länder weiterspediert.[20]

Fischer verdient sich mit diesen Kompensationsgeschäften eine goldene Nase, doch während die Max G. Olivier AG boomt, gerät die AGCC ins Trudeln. Die Preise der Chemikalien, die der Koreakrieg ursprünglich in die Höhe getrieben hat, sind eingebrochen, während sie auf prall gefüllten Lagern sitzt.[21] Im Sommer 1952 steht es so schlecht, dass ein Verwaltungsrat nach dem anderen das Handtuch wirft. Als Letzte springen der Direktor und der Präsident vom sinkenden Schiff.[22] Die Wahl von Theodor Imfeld zum neuen Präsidenten ist der schlagende Beweis dafür, dass Fischer das Sagen hat: Dieser ist ein gescheiterter Hotelier, Wirt und Metzger, und seine einzigen Qualifikationen für den Job bestehen darin, dass er der Bruder von Fischers Beschützer Ernst Imfeld und eine willige Marionette ist.[23]

Drei Monate später ist die AGCC pleite. Die Bilanz ist erschütternd: Ein Schuldenberg von 13 Millionen steht einer Barschaft von 400 Franken und «zweifelhaften» Aktiven von 1,5 Millionen Franken gegenüber.[24] Die Nachricht von der «Riesenpleite» schlägt ein wie eine Bombe. Es stinke «nach kapitalistischer Fäulnis, nach Spekulantentum und politischer Charakterlosigkeit», schimpft die *Berner Tagwacht*.[25] Auch der *Vorwärts* hält die AGCC für eines dieser «Spekulationsunternehmen», die alles verschieben, «was nach Profit riecht, Nylonstrümpfe oder Uranium, Buntmetall oder Medikamente».[26] Ein bisschen weniger wohlfeile Entrüstung und etwas mehr Recherche hätten nicht geschadet. Ein Blick ins *Handelsamtsblatt* fördert nämlich Erstaunliches zutage: Während die AGCC abgewickelt wurde, erhöhten drei mit ihr «befreundete» Firmen fast gleichzeitig ihr Kapital: die Max G. Olivier AG von 50 000 auf 200 000 Franken, die Kunststoffwerke AG von 50 000 auf 150 000 Franken und die INFITRA sogar von 100 000 auf 500 000 Franken. Alle diese Firmen werden von Fischer kontrolliert, auch die INFITRA, bei der Theodor Imfeld zwar offiziell Gründer, Verwaltungsrat und Geschäftsführer ist, in deren Firmenname sich aber – analog zur IMHAUKA (IMfeld-HAUpt-KAdgien) – Fischers Name versteckt (INfeld-FIscher TRAding).[27] Das Geld, das in diese drei Firmen abgeflossen ist, macht fast die Hälfte des Aktienkapitals der AGCC aus, und Fischer ist der Mastermind, der die sterbende Firma vor dem endgültigen Aus noch schnell ausgeweidet hat.

Am 26. Februar 1954, drei Wochen nach dem Bekanntwerden der AGCC-Pleite, durchforsten sieben Polizisten jede Ablage, jede Schublade, jeden Bundesordner und das Kellerabteil der Max G. Olivier AG, eine Sekretärin und ein Angestellter werden abgeführt, ebenso ein Italiener und ein Deutscher, die das Pech haben, dass sie ausgerechnet an diesem Tag für eine Besprechung mit Fischer angereist sind. In der Mappe von Paul Kohl, einem Mitarbeiter der Münchner Chemie und Industrie-Commerz, findet die Polizei ein Schreiben, das zeigt, dass die PATVAG nicht nur Ostgeschäfte nach dem Muster der AGCC getätigt, sondern mit Fischers Tarnfirma Max Olivier zusammengearbeitet hat. Dem Schreiben ist zu entnehmen, dass die PATVAG in der BRD als Käuferin von Wärmeaustauschern aufgetreten ist, die aber nicht nach Ems, sondern in die DDR geliefert wurden.[28] Im Verhör wartet Kohl mit einer gewundenen Erklärung über die ebenso gewundenen Wege der Wärmeaustauscher auf und versichert, das Geschäft sei völlig legal gewesen. Doch die Chancen stehen gut, dass seine Beteuerungen genauso unwahr sind wie die Angaben, die er zu seiner beruflichen Stellung macht. Laut Polizeirapport stellt sich erst später heraus, dass er kein «einfacher Angestellter», sondern der Schwager des Firmeninhabers ist.[29] Unklar bleibt, ob das Dokument in Kohls Mappe eine einmalige Kooperation zwischen der PATVAG und der Max G. Olivier AG dokumentiert oder ob es die Spitze des Eisbergs ist. Gut denkbar ist, dass Fischer die Kompensationsgeschäfte beider Firmen einfädelt und während der monatlich zwölf Tage, die er für Oswald arbeitet, billige DDR-Chemikalien für die HOVAG und für den Weiterverkauf durch Victor Oswald in Spanien beschafft.

Max Olivier wird in Untersuchungshaft gesetzt und mehrmals verhört. Fischer hat hingegen Glück im Unglück. Er ist nicht verhaftet worden, weil er während der Razzia nicht im Büro war, und besitzt seit einem Jahr eine Arbeitsbewilligung. Nachdem ein Gericht die Klage der Verrechnungsstelle abgewiesen hatte, beschwerte sich sein Anwalt bei der Fremdenpolizei, die Untersuchungshaft und das langwierige Verfahren hätten seinem Klienten «grossen Schaden zugefügt». Als Wiedergutmachung forderte er nicht nur eine Verlängerung der Aufenthaltsbewilligung, sondern auch eine Arbeitsbewilligung. Die Empfehlungen von Dr. Oswald, Dr. Imfeld und Nationalrat Grimm, die Fischer unisono «eine einwandfreie Persönlichkeit»

Kunstfasern

bescheinigten, taten das ihre, damit die Behörden ihm beide Bewilligungen ausstellten.³⁰

Fischer kann auch von Glück reden, dass ihn sein Partner Max Olivier durch alle Böden deckt und behauptet: «Dr. Fischer ist nicht beteiligt an den Geschäften, die wir abwickeln, das Büro steht ihm gratis zur Verfügung und auch eine Sekretärin für seine Arbeiten, weiter übernehmen wir die Telefonspesen.» Fischer helfe einzig dabei, die noch «pendenten Geschäfte» der bankrotten AGCC abzuwickeln. Beschlagnahmte Dokumente belegen das Gegenteil: Fischer war massgeblich an der Beschaffung der Maschinen bei Stinnes beteiligt und wusste sowohl über die Herkunft der Chemikalien als auch die falschen Ursprungszeugnisse Bescheid.³¹ Doch im Verhör beweist er gute Nerven. Er streitet nicht nur alles ab, er spielt sich sogar als Retter in der Not auf: «Ich hätte schon früher Gelegenheit gehabt, in Deutschland eine Stellung anzunehmen, wenn nicht dieser Zusammenbruch der AGCC gekommen wäre. Ich habe aber dem Verwaltungsrat versprochen mitzuhelfen, den Schaden nicht noch grösser werden zu lassen.» Mit der «Abwicklung der Geschäfte im Einzelnen» habe er jedoch nie etwas zu tun gehabt.³²

Olivier muss sich als Einziger vor Gericht verantworten. Der Staatsanwalt, der zwei Dutzend Lieferungen untersucht und die Wege der Waren minutiös rekonstruiert hat, fordert wegen wiederholter Urkundenfälschung eine bedingte Gefängnisstrafe von einem Monat und 5000 Franken Busse – angesichts der Profite, welche die Kompensationsgeschäfte abgeworfen haben, ein Pappenstiel. Oliviers Anwalt argumentiert, der Gesetzgeber habe Verstösse gegen ausländische Ein- und Ausfuhrbestimmungen absichtlich nicht unter Strafe gestellt, «weil diese Vorschriften meistens eminenten schweizerischen Wirtschaftsinteressen widersprechen». Der Richter folgt seiner Argumentation. Er spricht Olivier frei, verknurrt ihn aber dazu, die Verfahrenskosten zu bezahlen, weil es «verwerflich» gewesen sei, falsche Ursprungszertifikate zu beschaffen.³³

Hugo Stinnes, der den Zürcher Prozess aus der Ferne mitverfolgt, ist trotzdem so beunruhigt, dass er die Urteilsbegründung kennen will. Doch Oliviers Anwalt kann ihn beruhigen. Der Freispruch besitze «materielle und formelle Rechtskraft, d. h. die Behörden können nicht mehr auf den Entscheid zurückkommen», und er habe erreicht, «dass den ausl. Behörden in dieser Untersuchungssache keine Rechtshilfe oder Auskunft durch schweizerische Amtsstellen gegeben werden dürfen».³⁴

Für Fischer geht die Angelegenheit glimpflich aus. Im Mai 1954, zwei Wochen nach seiner Einvernahme, meldet er sich bei der Fremdenpolizei ab und zieht zurück nach Deutschland.

Obwohl die Alliierten seine Repatriierung forderten, konnte er auf den Monat genau neun Jahre unbehelligt in der Schweiz leben und sich eine neue Existenz aufbauen. 1954 kann er so gut wie sicher sein, dass kein deutsches Gericht ihn für seine Nazi-Vergangenheit belangen wird. Höchstens Nazis, denen das Blut direkt an den Händen klebt, werden noch zur Rechenschaft gezogen. Sogar der Haftbefehl für den berüchtigten KZ-Arzt Josef Mengele wird erst 1959 ausgestellt. Ein Vertrauensverhältnis zu Göring, der Titel Wehrwirtschaftsführer, die Plünderung der rumänischen Erdölvorkommen, die Mitgliedschaft in zahlreichen nationalsozialistischen Organisationen und ein von Hitler verliehenes Ritterkreuz des Kriegsverdienstkreuzes reichen für eine Strafverfolgung nicht mehr aus.

Für Werner Oswald ist Fischers Wegzug ein herber Verlust. Er verliert nicht nur einen intelligenten und durchtriebenen Mitarbeiter mit einem hochkarätigen Beziehungsnetz – er und Robert Grimm verlieren einen Freund. Im Herbst 1955 schreibt er Fischer: «Vergangenen Mittwoch war ich mit unserem gemeinsamen Freund, Herr Nationalrat Grimm, zusammen. Er hat sich einlässlich über Ihre neue Tätigkeit erkundigt und mich gebeten, Ihnen seine herzlichsten Grüsse zu übermitteln. Er verbindet dabei gleichzeitig den Wunsch, dass Sie bei einer nächsten Reise doch mit ihm zusammentreffen möchten, um die alten Beziehungen wieder zu erneuern.»[35]

Kunstfasern

«Grilon stricke, nüme flicke!»

Die Emser Kunstfaser kämpft mit Kinderkrankheiten, Johann Giesen wird neuer HOVAG-Forschungsleiter, und die meisten deutschen Spezialisten kehren Ems nach ein paar Jahren den Rücken.

Es ist noch dunkel, als die sieben Zürcher Stadtpolizisten im Frühling 1952 mit notariell plombierten Socken an den Füssen losmarschieren. «Ich selber bin ohne Schuhe und nur in Socken gelaufen. Andere stülpten sich die Socken über die Turnschuhe. Dann ging's, meist im Laufschritt, teils marschierend, die knapp 30 Kilometer nach Rapperswil. Wir brauchten etwa drei Stunden, trainiert und fit wie wir waren», erinnert sich der pensionierte Polizist Heinrich Wicki. «Sie sagten uns, es gehe um einen Produktversuch. Aber das Wichtigste für uns waren die 20 Franken, die es pro Mann als Vergütung gab. Das war viel Geld damals.» Zurück in Zürich, dokumentiert ein Fotograf den Zustand der Socken, und ein Notar beglaubigt, «dass 1 Paar MIRLON-Socken erst nach einer Laufstrecke von 45 Kilometern Löcher aufwies, 3 Paare nach einem Marsch von rund 30 Kilometern noch keine Löcher hatten und 1 Paar nach 24 Kilometern die ersten Löcher zeigte.» Als Beweis für alle Ungläubigen stellt das Warenhaus Oscar Weber die Socken im Schaufenster aus, und ein ganzseitiges Inserat mit Fotos des Marsches verkündet: «MIRLON ist 20 Mal strapazierfähiger!»[1]

Der Sockenmarsch ist der Auftakt zu einer spektakulären Werbekampagne des Perlonimporteurs und späteren Denner-Gründers Karl Schweri. Doch die Konkurrenz schläft nicht. Während Schweri Kinder in Mirlon-Strumpfhosen fünf Kilometer auf den Knien rutschen lässt und ein «tapferes Grüpplein» Wanderer in Mirlon-Socken über den Gotthard schickt, bringt die Viscose SA das «sehr schöne, voluminöse und ausserordentlich widerstandsfähige Handstrickgarn Edlon» auf den Markt.[2] Um es zu promoten, wird ein Wettbewerb für «neue Verwendungsmöglichkeiten» der Kunstfaser Nylsuisse ausgeschrieben. Gewinner ist ein «auf das Format einer Damenhandtasche zusammenfaltbarer Schlafsack für unerwartete Logiergäste».[3]

Nur Werner Oswald hat nichts vorzuweisen. Im HOVAG-Geschäftsbericht 1952 heisst es ausweichend, man habe den Ausbau der Lactamsynthese «programmgemäss weitergeführt».[4] Doch laut einem Bundesexperten kämpft die FIBRON, die das von der HOVAG produzierte Lactam verspinnen soll, «mit grossen technischen Schwierigkeiten». Die Grilon-Fasern sind qualitativ ungenügend, und ihr Verkauf deckt nicht einmal die Produktionskosten.[5] In der Not feuert Oswald seinen Forschungsleiter Hermann Zorn und bietet den Posten seinem alten Komplizen Johann Giesen an, der bereits Forschungsleiter der HOFELD ist.[6] Giesen verhandelt aus einer Position der Stärke heraus, denn er weiss Bescheid über die Industriespionage, auf welcher die Grilon-Produktion basiert. Nur so ist zu erklären, dass er sich auch einen Sitz im HOVAG-Verwaltungsrat und einen Wohnsitz auf Schloss Haldenstein sichert. Oswald ist sogar bereit, sozusagen als Kirsche auf dem Sahnehäubchen, das Medizinstudium von Giesens Tochter in Zürich zu finanzieren.[7] Und Giesen kommt nicht allein. Er bringt Hans Käding mit, mit dem ihn eine lange Geschichte verbindet: Der Chemiker war schon in Leuna Giesens Mitarbeiter, wurde von den Amerikanern mit demselben Transport nach Rosenthal verfrachtet und folgte ihm nach Uerdingen, wo er mit ihm zusammen gefeuert wurde. Auch für diesen Mitwisser wird in Ems gut gesorgt: Er wird technischer Leiter und wenig später Direktor der FIBRON.[8]

Giesen pendelt in seiner neuen Doppelfunktion zwischen Domat/Ems, Zürich und Wesseling. «Er kam und ging in Ems», erzählt der Chemiker Joachim Schulze. «Wenn er kam, hiess es: ‹Der Giesen kommt!› Und dann haben sie ihn mit Pauken und Trompeten empfangen.»[9] Das ist ganz nach Giesens Geschmack, denn er liebt den grossen Auftritt. «Als Giesen in Chur eintraf», erinnert sich der Chemiker Henri Silberman, «weigerte er sich, in den Volkswagen einzusteigen, der auf ihn wartete. Er verlangte einen Mercedes.»[10] Giesen fährt auch nicht, er lässt fahren. Zum Glück, muss man anfügen. «Einmal, während der Fasnacht, fuhr er selber und hatte am Morgen noch immer zu viel Promille», weiss der pensionierte Maschineningenieur Heinz Schneller. «Die Polizei hielt ihn an, und ein Polizist meinte: ‹Sie können ja kaum gehen!› Giesen antwortete: ‹Ich gehe nicht, ich fahre.›»[11]

Alle, die Giesen kannten, kommen früher oder später auf «Pilsner Urquell, Steinhäger und Churchill-Morning-Cigarren» zu sprechen.[12] «Kam man zu ihm ins Büro, sah man ihn meist fast nicht vor lauter Zigarrenqualm», erinnert sich Schnel-

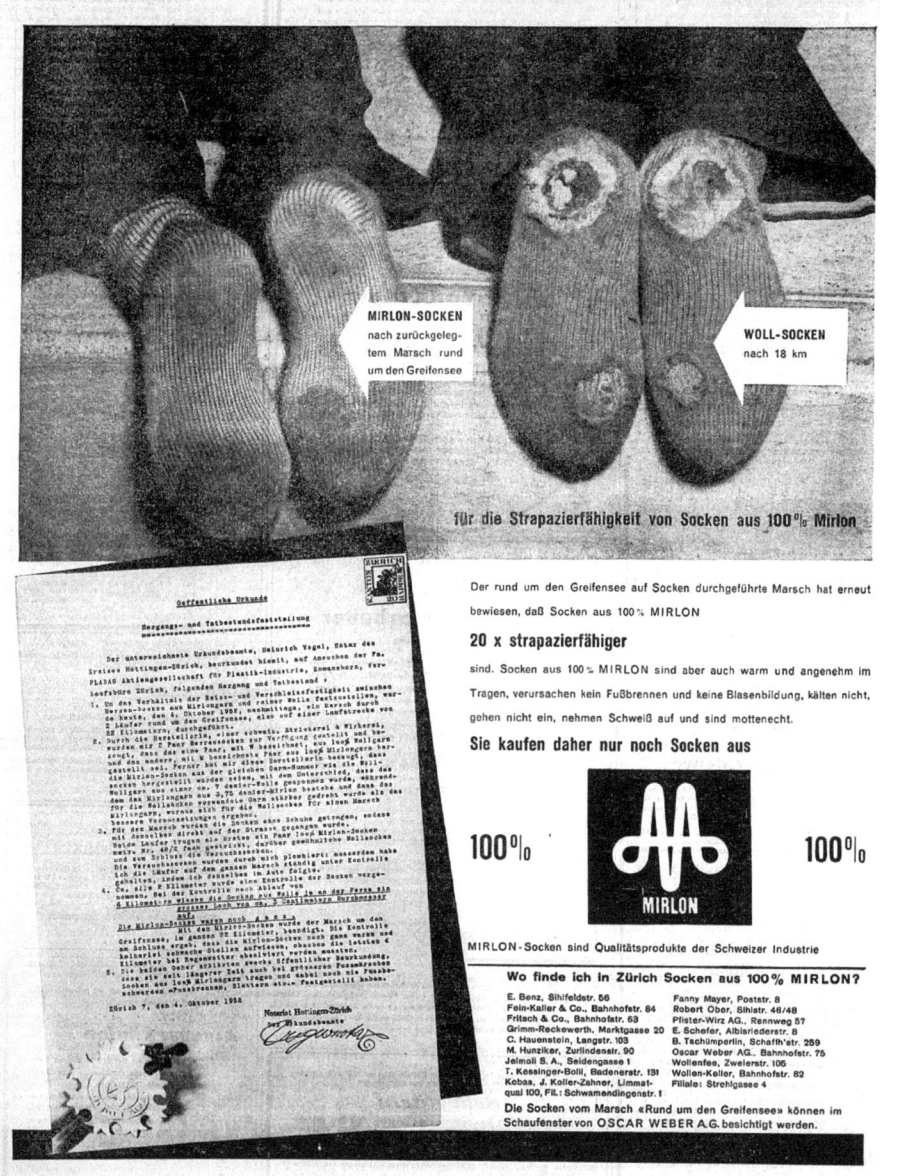

«Sockenmärsche» für die Vermarktung der Perlon-Faser Mirlon (1952)

«Grilon stricke, nüme flicke!»

ler. «Wir sagten jeweils: ‹Wir müssen hinunter in die Hölle.›» Schulze wurde von Kollegen gewarnt: «Da musst du saufen können, sonst bist du von Giesen nicht akzeptiert!» Doch der neue Forschungsleiter ist beliebt. «Er war ein gemütlicher Mensch», erzählt Peter Hoffenberg. «Er sass in der Kantine, wo man sonst keine Vorgesetzten sah.»[13]

Giesen nimmt auch Henri Silberman unter seine Fittiche. Er und seine Eltern sind jüdische Flüchtlinge, die sich in die Schweiz retten konnten, aber die meisten Verwandten im Holocaust verloren haben. In einem «Rückblick auf mein Leben» schreibt Silberman, Giesen habe mit ihm «sofort eine gute Beziehung» angeknüpft. «Das ist eine der seltsamen Wendungen, die der Sieg der Alliierten mit sich brachte», sinniert er als alter Mann. «Dr. Giesen war während des Krieges für die Leuna-Werke verantwortlich. Leuna beschäftigte jüdische Deportierte aus dem nahe gelegenen Konzentrations- und Vernichtungslager Auschwitz. Giesen war selbst bei seinen deutschen Chemie-Untergebenen ein gefürchteter Führer. Er schreckte nicht davor zurück, ihnen zu drohen und ihnen zu sagen, dass er sie ins Konzentrationslager stecken würde, wenn sie ihm nicht strikt gehorchten.» Silberman bringt einiges durcheinander, und seine Anekdote über den «gefürchteten Führer» ist mit Vorsicht zu geniessen, doch das Aufeinandertreffen von Nazi und Nazi-Opfer in Ems ist real. Noch im hohen Alter kann es Silberman kaum fassen, dass der gefürchtete Nazi und der fürsorgliche ältere Herr ein und dieselbe Person sind: «Dieser Giesen war es, der mich in Freundschaft aufnahm und mein Beschützer in der Emser Fabrik wurde, wo er meine Arbeit leitete.»[14] Auch Giesens Beziehung zu Werner Oswald und seinen Kindern ist «freundschaftlich». Er habe Giesen, schreibt Christoph Oswald, der zweitälteste Sohn, «sehr gut gekannt. Ich habe ihn schon als Knabe sehr lieb gehabt, er mich auch. Er war der Taufpate meines jüngeren Bruders.»[15]

In Bern setzt man grosse Erwartungen in Giesen und hofft, der neue Forschungsleiter werde «ein Gegengewicht» zu Oswald und seinen «Fehlinvestitionen» schaffen.[16] Trotzdem zieht UWK-Mitglied Imfeld bei Fachleuten, die er «über andere deutsche Kreise» kennengelernt hat (wahrscheinlich meint er Fischer und Konsorten), Erkundigungen über Giesens «Fähigkeiten und Möglichkeiten» ein. Dieser sei offenbar ein fähiger «Industrie-Organisator», teilt er UWK-Präsident Grimm mit, aber kein Chemiker, «dem man die Entwicklung eines chemischen Betriebes inklusive Forschung anvertrauen dürfte». Umso mehr müsse endlich geklärt werden, was in Ems «möglich ist und was als Traum bezeichnet werden muss».[17]

Kunstfasern

Am 1. Juli 1952 steht Giesen der UWK einen ganzen Nachmittag lang Red und Antwort. Er gibt den Fachmann, der alles besser weiss, will aber «nicht die Verantwortung dafür übernehmen, dass meine Ratschläge auch befolgt werden». Unbequeme Fragen pariert er mit der saloppen Feststellung: «Ich bin kein Prophet.» Dabei ist er schlüpfrig wie ein Stück nasse Seife. Einmal desavouiert er Oswald und redet der UWK das Wort, dann ergreift er Partei für seinen Arbeitgeber und versichert, spätestens 1955 müsse Phenol «nicht mehr zu Phantasiepreisen eingeführt werden». Das ist, wie sich zeigen wird, vor allem Eigenlob und Selbstüberschätzung, doch die UWK ist dankbar für jeden Lichtblick. Die Verzögerung bei der Lancierung von Grilon erklärt er mit fehlenden Kapazitäten: «Dass hier Schwierigkeiten bestehen, ist nicht zu verwundern, wenn man bedenkt, dass Du Pont & die IG mit Hunderten von Chemikern 15 Jahre bis zur Entwicklung von Nylon resp. Perlon brauchten. Es kann nicht erwartet werden, dass Ems mit 5 Chemikern in kürzester Zeit diesen Vorsprung aufholt.» Damit hat er zwar nicht Unrecht, lenkt aber elegant davon ab, wie viel Zeit (und Geld) in Ems dank Industriespionage gespart worden ist. Erst gegen Ende der Sitzung lässt Giesen die Bombe platzen. Sie ist ganz im Sinn von Oswald: Eine Verbilligung des Treibstoffs dank der Grilon-Produktion sei «auf Jahre nicht zu erwarten». Angesichts des weltweiten Preiszerfalls müsse man froh sein, wenn Ems die bisherigen Verluste wettmachen und einen bescheidenen Verdienst erwirtschaften könne. Das sei wiederum nur möglich, wenn weiterhin Lignin aus der Holzverzuckerung für die Phenolgewinnung zur Verfügung stehe. «Hier liegt der springende Punkt», schliesst Giesen. «Eine Umstellung vom Treibstoff weg ist ausgeschlossen.»

Kaum hat er den Raum verlassen, brechen sich Entrüstung und Enttäuschung Bahn. Imfeld: «Bis 1950 liess [die HOVAG] uns im Glauben, sie betreibe die Umstellung von Treibstoff auf andere Produkte, während sie heute erklärt, das sei gar nicht möglich, da sie als Treibstoffwerk gebaut sei.» Grimm: «Kein Versprechen der Hovag wurde bisher gehalten. Auch die nun für die Zukunft abgegebenen Versprechen entbehren jeder Grundlage und sind als blosse Hoffnungen zu werten.» Iklé hält als Einziger dagegen: «Was in Ems passiert ist, sind die alltäglichen Fehler junger Industrien, die beim besten Willen nicht vermeidbar sind. Die Besonderheit liegt nur darin, dass sie in der Regel der Unternehmer selbst zu tragen hat.»[18]

Im Frühling 1953 läuft endlich die erste Produktionsstrasse für das Grilon-Spinnsalz.[19] Für einen Stand an der Mustermesse ist es jedoch zu spät. Hier glänzt – «originell und farbenfroh!» – einmal mehr die Viscose SA. «Blickfang des wer-

Basler Mustermesse: Viscose-Papageien (1953) und Grilon-Katze (1954)

Kunstfasern

betechnisch ausgezeichnet gelösten Standes sind fünf Riesenpapageien, deren exotisches Gefieder aus Nylongeweben aller Qualitäten und Farbtöne die bunte Vielfalt der Produkte auf modischem Gebiet andeutet.»[20]

Wenig später erscheint das erste Grilon-Inserat. Darin erklärt ein schwarz-weisses Schaf: «Für die Qualität meiner Wolle bin ich abhängig von Klima und Boden. Synthetische Fasern aber sind in ihrer Qualität nur abhängig von Scharfsinn und Gewissenhaftigkeit der Menschen. Neu erschien GRILON – die erste schweizerische synthetische Faser – jedem ausländischen Produkt ebenbürtig.»[21] Manchmal muss das Schaf raufenden Buben Platz machen: «Da lacht die Mutter. Knaben müssen ihre Kräfte messen. Aber diese beiden hier werden dennoch nichts zerreissen können.» Selbstverständlich dank der «erstaunlichen Widerstandskraft» von Grilon: «Stark, scheuerfest, schön, preiswert.»

Neben den Viscose-Papageien und Schweris Sockenmärschen kommen diese Kleininserate äusserst bescheiden daher, doch im Lauf der Zeit wird das schwarz-weisse Schaf von farbigen Katzen, Elefanten und einem Steinbock für den (behaupteten) Bündner Ursprung von Grilon abgelöst. Passend dazu wird in heimeligem Dialekt geworben: «Grilon stricke, nüme flicke!» Doch die späte Lancierung hat einen hohen Preis. Da sich die Konkurrenz bereits auf dem Markt etabliert hat, muss Grilon «mit enormen Reklamespesen» eingeführt werden; zudem hat die weltweite Produktion von synthetischen Fasern markant zugenommen, sodass der Preis eingebrochen ist.[22] Oswald ist auch zu spät, um Hugo Stinnes für die Grilon-Produktion zu gewinnen. «Man muss sich dort einschalten, wo die Entwicklung erst anfängt oder zumindest weitergeht», erklärt ihm der ehemalige I.G.-Farben-Aufsichtsrat Otto Ambros und warnt vor der drohenden Überproduktion. «Auch kann man es meines Erachtens nicht verantworten, zu der Erzeugung von fast 1000 [Monatstonnen] Perlon (BASF, Bayer, Hüls) noch eine Grilon-Erzeugung aufzunehmen. (Grilon ist Perlon!)»[23]

Erschwerend kommt hinzu, dass die Perlonlizenzen, auf denen die Grilon-Produktion beruht, den Zugang zu zahlreichen Märkten verbauen. Exporte nach Belgien, Dänemark, Portugal, Mexiko, Bolivien, Chile, Marokko, Tunesien, Südafrika und Pakistan sind zwar möglich, doch der Export in die USA, um ein Beispiel zu nennen, hängt von der Zustimmung des amerikanischen Chemiegiganten DuPont ab. Also reisen Rudolf Oswald und INVENTA-Präsident Alois Troller zum DuPont-Hauptsitz in Wilmington, wo man ihnen versichert, man sei einer Vereinbarung nicht abgeneigt, doch zuerst müssten sie ihre Differenzen mit der Rhodiaséta ausräumen. Das ist einfacher gesagt als getan. Die Leitung der französischen DuPont-Lizenznehmerin ist nicht nur verärgert, dass die Schweizer ihr den belgischen Markt mit Kampfpreisen streitig machen. Sie hegt den Verdacht, Grilon verletze das Nylonpatent.

Im Februar 1953 fahren Rudolf Oswald und Troller nach Paris. Am Hauptsitz der Rhodiaséta bereitet man ihnen einen ausgesprochen kühlen Empfang und verlangt, das Produktionsverfahren in Ems zu überprüfen. Troller hält sich «vereinbarungsgemäss» zurück, da ihn Rudolf Oswald «für ein allfällig späteres Einrenken in Reserve» hält. Doch das ist in weiter Ferne. «Der Block der Rhodiaceta blieb fest und wies alle Vorschläge konsequent ab», schreibt Rudolf Oswald nach dem Treffen. Das Einzige, worauf man sich einigen kann, ist die Fortsetzung der Verhandlungen nach einer Mittagspause.

In Anbetracht der «versteiften» Atmosphäre ändert Rudolf Oswald die Taktik und macht seinem Ruf als gewiefter Verhandlungspartner wieder einmal alle Ehre. Er erklärt sich einverstanden, dass eine «vollkommen unabhängige Persönlichkeit» das Grilon-Verfahren prüft. «Die Herren waren zwar anfänglich reserviert, tauten dann aber im Verlaufe des Gesprächs so sehr auf, dass man wirklich behaupten darf, die zweite Besprechung sei in bestem Geiste der Verständigung verlaufen.» Man einigt sich auf ETH-Professor Heinrich Hopff als Experten, doch Rudolf Oswald muss die verbindliche Zusage vom Einverständnis seines Bruders abhängig machen. Es ist nicht bekannt, ob der Streit um den belgischen Markt beigelegt werden konnte oder ob die Einigung an Werner Oswalds notorischem Misstrauen scheiterte.[24]

Wenigstens in der juristischen Auseinandersetzung mit der Viscose SA kann Oswald punkten. Nachdem das Obergericht Luzern die Löschung des beklagten Patents verfügt hatte, zog die INVENTA das Urteil weiter. Nun verlangt das Bundesgericht von den Luzerner Richtern eine Neubeurteilung.[25] HOVAG-Präsident Meili nutzt die Gunst der Stunde, um an der Generalversammlung 1953 gegen die Viscose SA zu stänkern und den Aktionären zu versichern, im Gegensatz «zu gelegentlich kursierenden Gerüchten» verletze Grilon «keine fremden Schutzrechte».[26] Die Freude währt kurz. Das Obergericht Luzern kommt bei der Neubeurteilung im Herbst 1953 zum gleichen Ergebnis wie beim ersten Mal und verfügt, das strittige INVENTA-Patent sei «wegen unvollständiger Definition des Anspruches» zu löschen.[27]

Die Viscose SA geht sofort zum Angriff über. Sie hat inzwischen, neben der Rhodiaséta, eine weitere Verbündete ge-

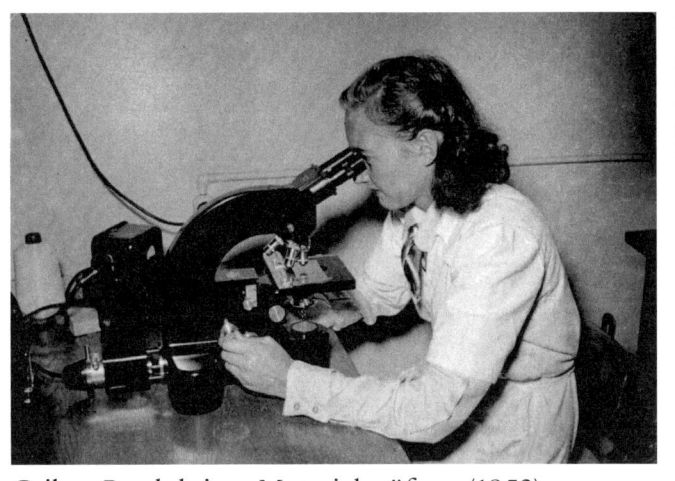

Grilon-Produktion: Materialprüfung (1953)

Spulenkontrolle (1953)

Fadenstreckanlage (1953)

GRILON

DIE SCHWEIZERISCHE VOLLSYNTHETISCHE TEXTILFASER

LEICHT

STARK

WEICH

SCHEUERFEST

Grilon

Grilon-Werbung (1953)

«Grilon stricke, nüme flicke!»

funden: die BASF, eine Rechtsnachfolgerin der I.G.-Farben, die zusammen mit dem Werk Ludwigshafen auch die Perlonpatente übernommen hat. Da die leitenden Chemiker in Ludwigshafen von Giesens «Verrat der Caprolactamsynthese an die Schweiz» überzeugt sind, hat die BASF die Viscose SA ermächtigt, auch in ihrem Namen Lizenzgebühren zu fordern.[28] Die Viscose SA steigt hoch ein und fordert für die Abhängigkeitslizenzen eine Umsatzbeteiligung von 10 Prozent. Als die INVENTA 2,5 Prozent bietet, ist ihr das Angebot nicht einmal eine Antwort wert.[29] Nach weiteren unerfreulichen Verhandlungen geht sie trotzdem auf 7 Prozent hinunter, und die INVENTA erhöht auf 3 Prozent. Darauf zieht die Viscose SA erneut vor Gericht.[30] Der Streit wird erst 1961 juristisch entschieden und die Emser Werke zur Zahlung von 2 Millionen Franken Lizenzgebühren verknurrt. Rudolf Oswald schreibt dem Direktor der Viscose: «Wir hatten uns im Verlaufe des Verfahrens wiederholt überlegt, ob es nicht zweckmässig wäre, den persönlichen Kontakt schon früher aufzunehmen. Ich bedaure heute, dies nicht vorher getan zu haben.»[31]

Zu den Angriffen von aussen kommen interne Konflikte. FIBRON-Verwaltungsrat Alfred Niederer ist so empört über den «nichtssagenden» Geschäftsbericht 1953, dass er mit Oswald hart ins Gericht geht. Als Besitzer eines Textilunternehmens, das an mehreren Standorten in der Ostschweiz spinnt, verzwirnt und webt, stellt er unter dem Markennamen Nigrila auch ein Garn auf Grilon-Basis her.[32] Er weiss also, wovon er redet. Und seine Vorwürfe sind happig: Oswald investiere «ohne Rücksicht auf eine normale Entwicklung» und gebe sich «der primitiven Illusion» hin, er könne die Probleme mit dem «Zukauf von Maschinen» lösen. «Heute haben wir einen Schuldenberg und Produktionsmittel, die man nur unter gewaltigen Preiskonzessionen in Betrieb halten kann, und deren Rentabilität bereits heute fraglich ist.» Niederer wirft Oswald vor, er täusche die Aktionäre, weil Verluste «mit ‹Inbetriebsetzungskosten› bezeichnet wurden und heute unter Aktiven in der Bilanz stehen». Zudem enthalte die Bilanz «mit grosser Sicherheit ganz erhebliche Nonvaleurs», weil sie praktisch wertlose Anlagen und Maschinen als Aktiva ausweise.

Niederer führt die Misere auch darauf zurück, dass sich Oswald «inoffiziell» als «Chef» von FIBRON und GRILON aufführe, «ungezählte Eingaben» der Direktoren und Verwaltungsräte in den Wind geschlagen und alle Reorganisationsbemühungen «sabotiert» habe, obwohl er nicht die «primitivsten Kenntnisse» von Textilproduktion besitze und durch seine «bekannte laienhafte Art» die Kunden vergraule. Er habe, schimpft Niederer, «das für die Fibron schwerwiegendste Jahr vertrödelt». Das sei keine Unternehmensführung, schimpft Niederer, sondern ein «Roulettespiel». Um das Vertrauen der Kunden wiederherzustellen, verlangt er: «Sämtliche schädigende und laienhafte Einflüsse einzelner Herren in der sogenannten Leitung der Fibron müssen sofort ausgemerzt werden.» Es brauche einen neutralen Ausschuss des Verwaltungsrats, der die Geschäftsführung «bis in alle Details» kontrolliere und die Einhaltung der Kompetenzen überwache.[33]

Niederers Schreiben führt offenbar zu unschönen Szenen, denn zwei Wochen später tritt er aus dem FIBRON-Verwaltungsrat aus. Er nimmt auch in seinem Demissionsschreiben zuhanden von Präsident Herold kein Blatt vor den Mund: «Sicherlich werden Sie nicht um Selbstvorwürfe herumkommen, die dahin gehen müssen, dass Sie sich nur auf Ausführungen von Herren verliessen, die, wie Ihnen allen bekannt war, weder von einer fachlichen, noch von einer kaufmännischen seriösen Geschäftsführung eine Ahnung haben. Es liegt nun an Ihnen, alle diese Dinge, die Sie schliesslich toleriert haben, zu korrigieren.» Er persönlich wolle «keine Minute mehr mit den derzeit verantwortlichen Herren am gleichen Tisch zusammenarbeiten und in dieser Umgebung meine Zeit vertun».[34]

Auch die Perlonspezialisten proben den Aufstand. Da ihre Arbeitsverträge auf fünf Jahre abgeschlossen wurden, stehen Neuverhandlungen an. Waren sie anfänglich dankbar für eine Anstellung in der Schweiz, so bietet ihnen das Wirtschaftswunder in Deutschland neue Chancen und stärkt ihre Verhandlungsposition. Hellmuth Comperl ruft den Gebrüdern Oswald in Erinnerung, dass er während der Vertragsverhandlungen seine Forderung von monatlich 2000 auf 1500 Franken heruntergeschraubt hat, «in der Annahme, dass das Salär im Lauf der Vertragsjahre entsprechend gesteigert würde». Doch er habe erst im fünften Jahr eine magere Lohnerhöhung von 200 Franken erhalten. Das sei besonders «unbefriedigend», beschwert sich Comperl, weil nicht honoriert werde, dass «die Erstellung der gesamten Grilonfabrik» nur dank «der von mir mitgebrachten Spezialkenntnisse möglich war». Er fordert deshalb eine Entschädigung für die «mitgebrachten Erfahrungen auf dem Gebiet der synthetischen Seide und Faser». Rudolf Oswald bewilligt 400 Franken Lohnerhöhung und stellt eine Entschädigung in Aussicht, sobald «ein günstigerer Zeitpunkt der Geschäftslage» dies erlaube.[35]

Comperls Erfolg ermutigt Rudolf Gabler, ebenfalls Forderungen zu stellen. Mit der Begründung, die «Planung der Gesamtanlage» und die «Erstellung der Produktionsanlage» sei einzig ihm zu verdanken, verlangt er eine einmalige Entschädigung von einem Prozent des Anlagewerts sowie fünf Prozent der

Lizenzgebühren, welche die INVENTA dank der «Übermittlung unserer Kenntnisse an die Firma Rieter» kassiert.[36] Dass Gabler weitere fünf Jahre in Ems arbeitet, lässt vermuten, dass er eine Entschädigung erhalten hat, doch Rüdiger Mayer, der Sohn des deutschen HOVAG-Ingenieurs Carl Mayer, ist überzeugt, die Gebrüder Oswald hätten «alles eingestrichen, ohne die zu beteiligen, die den Aufschwung erst möglich gemacht hatten». Dass die deutschen Spezialisten, ausser einem «für damalige (deutsche) Verhältnisse ordentlichen Gehalt», in der Regel «ziemlich leer ausgegangen» seien, hält er für den Grund, «dass fast keiner lange geblieben ist».[37]

Tatsächlich kehren die meisten Deutschen Mitte der Fünfzigerjahre Ems den Rücken. Neben mangelnden Aufstiegsmöglichkeiten, unterdurchschnittlichen Löhnen und verlockenden Jobangeboten aus Deutschland spielt auch die Fremdenfeindlichkeit eine Rolle. Zehn Jahre nach Kriegsende sind die Ressentiments der Bündner Bevölkerung noch immer gross. Das zeigt exemplarisch der Beschwerdebrief eines Taminsers an den Bundesrat: «Nachdem die Deutschen nun wieder salonfähig sind, werden gewisse unter ihnen bei uns noch arroganter auftreten als bisher. Ich habe nichts gegen die Deutschen, wenn sie sich hier ihrer Vergangenheit angemessen zurückhaltend benehmen, aber ‹Sauschwaben› […] habe ich noch nie leiden mögen. Leider hat es solche auch bei der Holzverzuckerungs AG in Domat/Ems. Einer ist zu meinem Ärger sogar mein Nachbar geworden.»[38] Er ist nicht der Einzige im Bündnerland, der sich über die «deutsche Obrigkeit» in Ems ärgert. Auch ein «waschechter, rechtdenkender Schweizer» und «ehrlicher Steuerzahler» aus Chur schimpft: «Vor allem stösst sich jeder patriotisch Gesinnte daran, dass in dem so stark betonten ‹wehrwirtschaftlichen› Unternehmen ausgerechnet Ausländer an höchsten Stellen postiert sind, während fähige anwesende Schweizer das Gleiche zu leisten im Stande wären.»[39]

Am meisten leiden die Kinder der Zuwanderer. «Die Feindseligkeit gegenüber uns Deutschen war täglich spürbar», erinnert sich Gablers Stieftochter Barbara Ziegler. «Auf dem Schulweg wurden wir Mädchen oft von der Dorfjugend verprügelt und mit Steinen beworfen. ‹Wir brauchen keine Schwaben in der Schweiz›, riefen sie.»[40] Die Frau des Chemikers Joachim Schulze hat – aus der Perspektive einer Mutter – ähnlich unschöne Erinnerungen: «Wenn sich die Kinder in der Schule in Zweierreihe aufstellen mussten, wollte niemand mit meiner Tochter einstehen und ihr die Hand geben. Eines Tages kam sie nachhause und fragte: Wer ist denn eigentlich Hitler? In der Schule sagen sie mir, ich sei Hitler.»[41]

Kunstfasern

In der Werksiedlung Padrusa, wo Schweizer und Ausländer laut Rüdiger Mayer «durcheinander wohnten», ist diese Form offener Fremdenfeindlichkeit unbekannt. Hier sind die zugezogenen HOVAG-Angestellten und ihre Familien unter sich. «Wenn es in Ems überhaupt so eine Art Separierung gab, dann zwischen Unter- und Oberdorf», erinnert sich Mayer. «Ersteres war das alte romanische, stockkatholische Domat mit den Ureinwohnern, und letzteres das neue fabriknahe Oberdorf mit der Werksiedlung ‹Padrusa›, wo alle diejenigen wohnten, die während der Anfangsphase der Hovag neu hinzugezogen sind, fast alle aus dem Unterland, und eben auch einige Deutsche.»[42]

Einige deutsche Perlonspezialisten nehmen neue Stellen in der Schweiz an, einer zieht in die USA, ein anderer nach Kanada. Die Mehrzahl kehrt in die Heimat zurück. Doch Schweizer Fachkräfte zieren sich, bei der HOVAG zu arbeiten. Laut Forschungsleiter Schultze gehen sie «lieber zur besser zahlenden Basler Chemischen Industrie, die auch einen besseren Namen als das Ems unter Dr. Oswald» hat.[43] In die Lücken springen Zuwanderer aus der DDR, denen man in Ems den Spitznamen «Ostgoten» verpasst. Die meisten kommen aus dem Betrieb Walter Ulbricht, dem ehemaligen Leuna-Werk, und einem auf Faserchemie spezialisierten Forschungsinstitut in Berlin-Teltow. Sie alle sollen, wie schon die erste Generation deutscher Spezialisten, in Ems neue Produktionsbereiche aufbauen.

Bei ihrer Rekrutierung wiederholt sich die Geschichte auf tragische Weise. Der Chemiker Joachim Hecht wird «wegen versuchten Verlassens der DDR ohne erforderliche Genehmigung» verhaftet und zu einer mehrjährigen Zuchthausstrafe verurteilt. Er kommt ins Haftarbeitslager Unterwellenborn, wo er im Stahlwerk Maxhütte zwei Jahre lang am Hochofen malocht, um seine Strafe abzukürzen. Nach der Entlassung flüchtet er sofort in den Westen.[44] Auch dieses Mal hält Oswald, wie schon im Fall von Johannes Lesche, sein Versprechen und stellt Hecht ein. Als dieser in Ems eintrifft, arbeiten dort sieben ehemalige Kolleginnen und Kollegen und sein Vorgesetzter aus dem Forschungsinstitut Berlin-Teltow.[45] Er ist allein angereist, seine Ehe ist während der Haft zerbrochen.[46]

Die Zuwanderer aus Leuna finden sich in Ems sofort zurecht, zumindest räumlich. Joachim Schultze hat, «ohne die Zusammenhänge zu kennen, das Gefühl, das mir aus Leuna bekannte [Werkgebäude] zu betreten. Die Übereinstimmung ging bis in Details des Treppenaufgangs, der Gänge, der Laboreinrichtungen und Toiletten.» Die Büro- und Laborgebäude der FIBRON sind, wie er feststellt, «praktisch Kopien der Leuna-Gebäude».[47]

«Grilon stricke, nüme flicke!»

Die Unterlagen aus der Thüringischen Zellwolle AG, die Johannes Lesche und seinen Kollegen zum Verhängnis wurden, sind zu diesem Zeitpunkt noch immer im Gebrauch und werden von den Eingeweihten «Rucksackunterlagen» genannt. Davon hat der Österreicher Peter Hoffenberg, der seine Stelle in Ems 1961 antritt, allerdings keine Ahnung. Er kommt nur dank einer Unachtsamkeit hinter das gut gehütete Geheimnis: «Diese Konstruktionspläne waren säuberlich in Ordnern abgelegt und wurden im Büro neben dem ‹Technikum› aufbewahrt, zuoberst in einem Wandschrank. Der Schrank war so hoch, dass man eine Leiter brauchte, um sie herunterzuholen. Als ich einmal allein im Büro war, lagen zwei Ordner auf einem Tisch. Darin entdeckte ich Konstruktionspläne eines VEB-Betriebs.» An den Namen des Volkseigenen Betriebs kann er sich nicht erinnern, aber er sieht die Dokumente noch immer vor sich. «Sie trugen Hakenkreuze, die mit dem Namen des VEB-Betriebs überzeichnet waren. Ich schwöre, dass ich die Hakenkreuze gesehen habe.» Für den Juden Hoffenberg ist es eine schockierende Entdeckung. Dazu kommt das mulmige Gefühl, seine Mitwisserschaft könnte ihm gefährlich werden. «Als ich hörte, dass mein Vorgesetzter kam, klappte ich die Ordner schnell zu. Ich war ja nur ein B-Aufenthalter und wollte meine Aufenthaltsbewilligung und meine Stelle nicht riskieren.»[48]

Dank deutschen Beratern, deutschen Spezialisten und Industriespionage ist es Werner Oswald nach «unendlichen Anlaufschwierigkeiten» (HOVAG-Präsident Meili) gelungen, in Ems einen neuen, zukunftsträchtigen Betriebszweig aufzubauen. Die Grilon-Produktion ist das grösste, ehrgeizigste und auf lange Sicht erfolgreichste Projekt, das er nach dem Krieg in Angriff genommen hat. Doch es ist nicht das einzige. Auf Anraten seines Freundes Paul Schaufelberger lässt er sich auf ein ungewöhnliches, um nicht zu sagen abenteuerliches Unternehmen ein: die Entwicklung einer Flugabwehrrakete.

Kunstfasern

RAKETEN
(1946–1955)

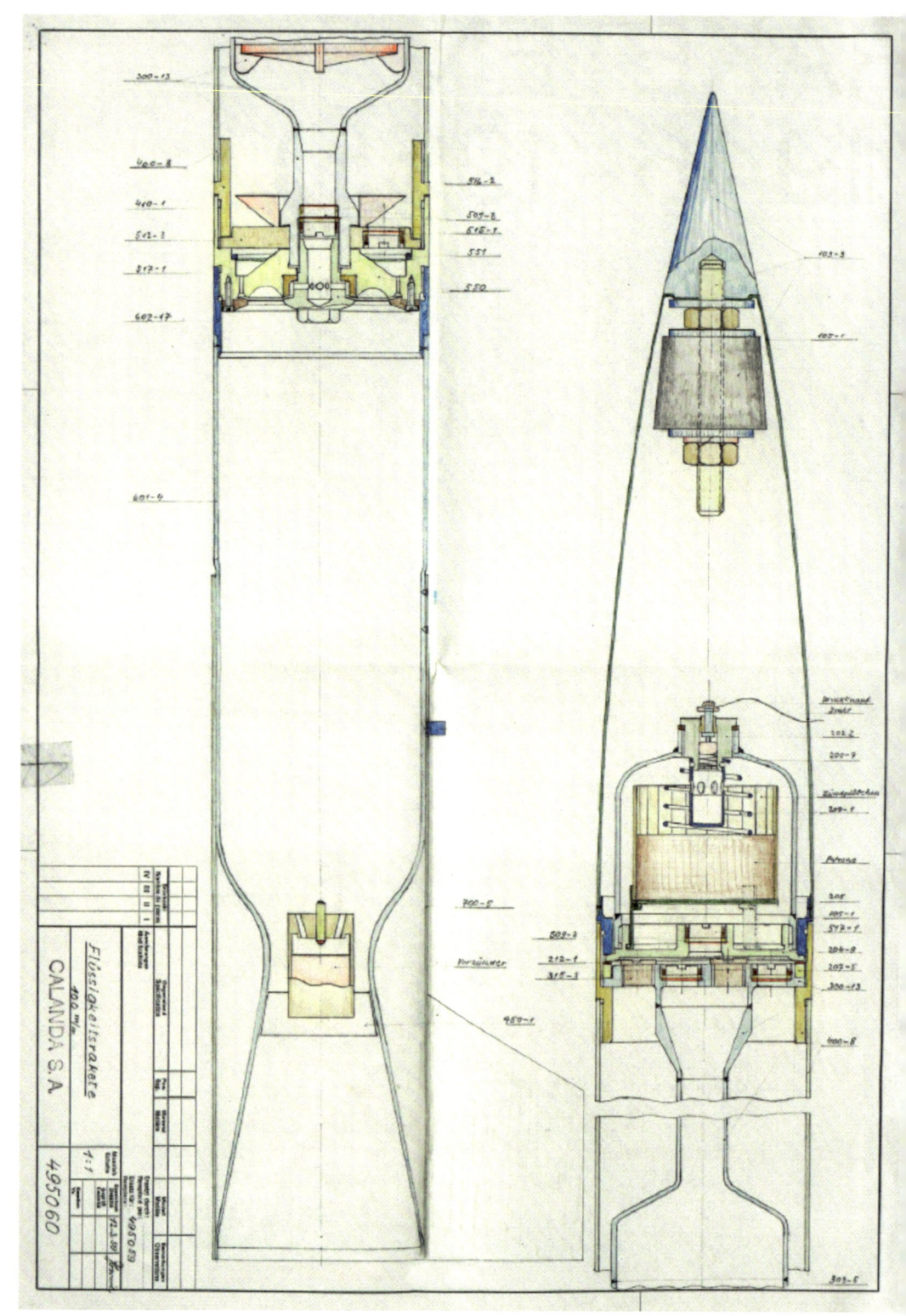

Flüssigkeitsrakete der Calanda S.A. (1959)

Raketen

«Der Herr von Peenemünde»

Paul Schaufelberger rät Werner Oswald, von Ersatztreibstoff für Autos auf Raketentreibstoff umzusatteln und mithilfe seines deutschen Schützlings Heinz Stoelzel eine Flüssigkeitsrakete zu entwickeln.

Behutsam giesst Heinz Stoelzel die hoch konzentrierte Salpetersäure in den Trichter, schraubt den Verschluss zu und fixiert die Rakete im Abschussgestell. Dann suchen er und seine Helfer Deckung hinter der Bretterwand des improvisierten Prüfstandes, der im Sommer 1947 in einem Schweizer Wald, weit weg von neugierigen Blicken, in einer namenlosen Lichtung steht. Stoelzel ist dennoch wie aus dem Ei gepellt, mit lässigen Bundfaltenhosen, einem weissen Hemd und einem scharfen Scheitel im Haar, denn der Versuch wird auf Foto und Film festgehalten: für die Forschung und für sein Portfolio. «Der Durchmesser der Rakete betrug 8 cm, ihre Länge 70 bis 85 cm. Der Schub erreichte 239 kg», schreibt er später in der Zeitschrift *Raketenwelt* über das Experiment. «Diese kleinen Flüssigkeitsraketen wurden ausschliesslich für zivile Zwecke entwickelt. Sie sollten zur Hagelverhinderung und darüber hinaus zur Wetterbeeinflussung verwendet werden.»[1] Stoelzel lügt. Akten im Bundesarchiv zeigen, dass er nach seiner Internierung im Mai 1945 versucht hat, bei einem Schweizer Rüstungsbetrieb unterzukommen.

Dass Stoelzel zur HOVAG findet, ist Paul Schaufelberger zu verdanken, dem Dienstkameraden Werner Oswalds aus der Gruppe Rigi. Für den Rüstungsspezialisten des EMD steht ausser Zweifel, dass die Schweizer Armee nach den Erfahrungen des Zweiten Weltkriegs möglichst schnell Raketen beschaffen wird. Also schlägt er Oswald vor, von «Emser Wasser» für Autos auf Treibstoff für Raketen umzustellen.[2] Wahrscheinlich rennt er offene Türen ein, denn Oswald ist auf der Suche nach neuen Geschäftsideen, und Schaufelbergers Vorschlag ist einleuchtend: Die Wehrmacht benutzte als Raketentreibmittel entweder ein Gemisch aus Flüssigsauerstoff und Alkohol oder ein Gemisch aus Visol[3] und hoch konzentrierter, aus Methanol gewonnener Salpetersäure – und in Ems steht sowohl eine Alkohol- wie eine Methanolanlage.[4] Doch es gibt ein Problem: Der Chef der Kriegstechnischen Abteilung (K.T.A., heute Bundesamt für Rüstung armasuisse), der für die Abklärungen zur Anschaffung von Raketen zuständig ist, favorisiert Raketen mit Pulverantrieb. Also muss Oswald selbst für die Nachfrage nach Raketentreibstoff sorgen. Sollte es ihm gelingen, eine Flüssigkeitsrakete zu entwickeln und sie dem Eidgenössischen Militärdepartement (EMD) zu verkaufen, wäre der Fortbestand seines Treibstoffwerks wohl gesichert.

Zwei Trümpfe hat er bereits in der Hand: Einer ist, analog zum «Emser Wasser», die autarke Produktion im Kriegsfall. Der andere ist Stoelzel, der in der Heeresversuchsanstalt Peenemünde tätig war, wo die legendäre V2, die weltweit erste Grossrakete mit Flüssigkeitsantrieb, entwickelt wurde. Dass der junge Deutsche ein begnadeter Schaumschläger ist, dem Schaufelberger aus sehr persönlichen Gründen auf den Leim gekrochen ist, kann Oswald zu diesem Zeitpunkt nicht wissen.

Heinz Stoelzel trat als Sohn eines Berufsoffiziers mit 19 Jahren in die Wehrmacht ein und kam 1942 als junger, ehrgeiziger Offizier nach Peenemünde, wo er Adjutant von Wernher von Braun wurde. Mit dem Forschungsbetrieb kam er kaum in Berührung. Er war für die Anstellung der Offiziere und die Verleihung von Orden und Ehrenzeichen verantwortlich und musste dafür sorgen, dass sich der Erfinder von Hitlers «Wunderwaffe» auf die fürs Vaterland wirklich wichtigen Dinge konzentrieren konnte.[5] Doch er verstand es, sich in Szene zu setzen. Tauchte ein Fotograf auf, stand er wie zufällig neben seinem berühmten Vorgesetzten. Genauso geschickt schob er sich ins Gesichtsfeld von Walter Dornberger, dem Kommandanten von Peenemünde, was gar nicht so einfach war, denn in der Heeresversuchsanstalt lebten und arbeiteten 12 000 Menschen.[6] 1944 wurde Stoelzel aus unbekannten Gründen zuerst an die russische Front, von dort nach Frankreich und später nach Italien versetzt.

Am 1. Mai 1945, eine Woche vor der deutschen Kapitulation, rettete er sich bei Müstair in die Schweiz.[7] Als er zu Protokoll gab, er habe drei Jahre lang in der Entwicklungsabteilung in Peenemünde gearbeitet, wurde sofort das Bureau Technische Studien avisiert. Dieser Spezialservice des EMD, der Informationen über Technik und Taktik fremder Armeen sammelt, liegt seit der Gründung 1942 in den Händen von Paul Schaufelberger. Seine Ernennung war eine gut gemeinte Geste von Nachrichtendienstchef Roger Masson, die ihre Wirkung jedoch komplett verfehlte. Schaufelberger hatte 1940, nach seiner unfreiwilligen Versetzung von der Gruppe Rigi ins Hauptquartier von General

Raketentest von Heinz Stoelzel in der Schweiz (um 1947)

«Der Herr von Peenemünde»

Generalmajor Walter Fellgiebel gratuliert Mitarbeitern des Raketen-Teams der Heeresversuchsanstalt Peenemünde für einen erfolgreichen Testflug der V4: Wernher von Braun (hintere Reihe in Zivil), rechts neben ihm Hauptmann Heinz Stoelzel (1942)

Raketen

Guisan, auf eine Karriere als Berufsoffizier gehofft und beklagte sich bitterlich, er wolle als «Soldat von Ehre» nicht «auf dem Gnadenweg» befördert werden.[8] Doch Masson blieb bei seinem Entscheid, und so wertete Schaufelberger bis Kriegsende deutsche Zeitungen und Wochenschauen aus, um möglichst viel über die Wehrmacht in Erfahrung zu bringen. Stoelzel war für ihn ein Glücksfall, denn über die deutschen Raketen war nur wenig bekannt. Doch für den Berufsoffizier einer untergegangenen Armee, der nichts anderes als das Kriegshandwerk gelernt hatte, war Peenemünde der einzige Trumpf, der ihm geblieben war, und er hatte nicht vor, ihn leichtsinnig aus der Hand zu geben. Beim ersten Treffen mit Schaufelberger redete er nur über «den allgemeinen Stand» der letzten Projekte in der Heeresversuchsanstalt, lieferte aber «nichts Wesentliches».[9]

Nach drei Wochen Internierung – «persönliche Reinigung, Neocidbehandlung, Quarantäne» – wurde Stoelzel in ein Lager für Wehrmachtsoffiziere in Weesen verlegt.[10] Während internierte Soldaten in Massenlagern auf Stroh schliefen und oft körperlich hart arbeiten mussten, hatten Offiziere Anrecht auf ein Bett mit Matratze und Tage in Musse. In Weesen waren sie standesgemäss in drei Hotels mit Blick auf den Walensee untergebracht, allerdings mit strikten Auflagen: Berufsverbot, Anwesenheitsappelle, Vorträge zur «demokratischen Umerziehung», Fraternisierungsverbot und Lichterlöschen um zehn Uhr. Das konnte den «V2-Hauptmann», wie die Kameraden Stoelzel nannten, nicht aufhalten. Nach einem Monat hatte er einen Plan und die nötigen Ausnahmebewilligungen des Lagerkommandanten: Er durfte zur «Verwendung rückstossangetriebener Geräte» (vulgo: Raketen) forschen, wissenschaftliche Aufsätze publizieren, Kontakte zur ETH pflegen und mit Privatfirmen verhandeln.

Stoelzel ging zielstrebig ans Werk. Als Erstes erschrieb er sich einen Ruf als Raketenspezialist. In seinem Artikel in der Technikbeilage der NZZ vermied er jede Anspielung auf die todbringenden Einsätze der V2 und schilderte Peenemünde als Versuchslabor, wo «Hunderte von Wissenschaftlern» neue Technologien «für friedliche Zwecke» entwickelten. Seine Schilderungen lesen sich wie ein Roman vom Bahnhofskiosk: «Der leitende Ingenieur meldet: ‹Aggregat und Schussrichtung klar!›; auf das Kommando ‹Feuer frei!› werden die letzten Schalterbedienungen ausgelöst. [...] Dann fallen einige Funken aus dem Triebwerk, eine breite Flamme folgt, die sich auf dem Boden nach allen Seiten züngelnd und knatternd ausbreitet: die Vorstufe ist eingeschaltet und arbeitet einwandfrei. Nach wenigen Sekunden setzt ein donnergleiches ununterbrochenes Getöse ein, die

Flamme wird blitzartig zu einem gigantischen Feuerstrahl, der gegen die Erde prallt, während die Rakete zuerst langsam senkrecht nach oben steigt.» Statt in London und Antwerpen, wo die V2 fast 10 000 Menschenleben gefordert hat, landet die Rakete in der Ostsee, wo sie einen «grossen, grünen Fleck auf dem Wasser» hinterlässt. Stoelzels Artikel schliesst mit einem hoffnungsfrohen zivilen Ausblick: Raketen zur Postbeförderung seien «keine utopischen Zukunftsgedanken», die «Überwindung des Atlantischen Ozeans» sei in einer «knappen Stunde» möglich.[11]

Stoelzel wickelte auch Schaufelberger um den Finger. Seine Schmeicheleien waren Balsam auf die wunde Soldatenseele von Schaufelberger, der nicht verwinden konnte, dass er bei der Demobilisation samt seinem Bureau von der Generalstabsabteilung in die EMD-Materialsektion verschoben worden war.[12] Er fühlte sich «beiseitegeschoben, übergangen und vergessen» und gestand Oberst Masson, dass ihm «oft das Weinen näher sein könnte als das Lachen». Er hoffe auf eine andere Lösung, um «nicht auch noch den Glauben an alle Ideale und die Heimat verlieren zu müssen».[13]

Masson konnte oder wollte sich nicht für ihn einsetzen, denn seit die Öffentlichkeit erfahren hatte, dass er sich mitten im Krieg mehrmals – und einmal sogar auf deutschem Boden – mit Walter Schellenberg, dem Chef des deutschen Auslandsnachrichtendienstes, getroffen hatte, kämpfte er um seinen guten Ruf. Also wandte sich Schaufelberger an General Guisan höchstpersönlich und bat «um den Schutz meiner Soldatenehre». Auf zwei eng beschriebenen Seiten zählte er alle Ungerechtigkeiten auf, die er erduldet, und alle Opfer, die er für das Vaterland erbracht hatte. Er wolle Oberst Masson nicht kritisieren, erklärte er dem General im Ruhestand. «Als Soldat, der vor sich selbst und seiner Arbeit Achtung haben will, kann ich mich jedoch nicht damit abfinden, dass die Angelegenheit, die mich jahrelang seelisch schwer bedrückte, unerledigt bleibt.»[14]

Schaufelberger suchte auch die Unterstützung von Gustav Däniker. «Soldat ist man eben mit dem Herzen und nicht mit der Uniform», klagte er dem ehemaligen Vorgesetzten. «Ich hasste den üblichen Bluff. Ich vertraute auf das Herrentum des Offiziers und war zu stolz, um mich vor Thronen zu bücken oder mich um mein Vorwärtskommen selbst zu bemühen. Ich war der Ansicht, es gelte wenigstens in der Armee der Grundsatz ‹dem Tüchtigen freie Bahn›. Ich weiss heute besser, was gilt!» Dass er Oberst Däniker sein Herz ausschüttete, war kein Zufall. Er sah in ihm einen Leidensgenossen, dem die Armee ebenfalls übel mitgespielt hatte und der darum wissen musste, «was es heisst, soviel Unrecht und so krassen Undank quittieren zu müssen».[15]

Im Gegensatz zu Schaufelberger konnte Däniker auf eine brillante Militärkarriere zurückblicken. Er hatte an der École supérieure de guerre in Paris studiert, galt als charismatischer Vorgesetzter und wurde 1938 zum Kommandanten der Schiessschule Walenstadt ernannt. Doch 1941 propagierte er in einer «Denkschrift» die «Anpassung» der Schweiz an ein «neues Europa». Einer der Kernsätze lautete: «Wir bilden uns merkwürdigerweise hierbei auch sehr viel darauf ein, fernerhin als ‹Querschläger› durch ein neues Europa zu fliegen.»[16] Die Schrift brachte Däniker 15 Tage scharfen Arrest ein und kostete ihn seine Anstellung bei der Armee und den Respekt der meisten Dienstkameraden. Das machte es schwierig, für Schaufelberger ein gutes Wort einzulegen.

Nach seinem unrühmlichen Abgang bei der Armee übernahm Däniker die Leitung der militärtechnischen Abteilung bei Oerlikon-Bührle.[17] Das war nicht frei von politischer Ironie, denn das Zürcher Rüstungsunternehmen lieferte damals ausschliesslich an die Achsenmächte. Die Waffenverkäufe während des Kriegs machten aus Emil Bührle den reichsten Mann der Schweiz, doch je näher der Frieden rückte, desto harziger lief das Geschäft. Die USA setzten Oerlikon-Bührle auf die schwarze Liste, der Bundesrat verbot im Herbst 1944 die Ausfuhr von Waffen, und die Verkäufe von Kanonen, dem Verkaufsschlager der Oerlikon-Bührle, brachen praktisch vollständig ein. Bührle musste sich etwas einfallen lassen. Er versuchte sich als Textilproduzent und liess das «Ipsophon» entwickeln, einen Anrufbeantworter mit verschlüsselter Fernabfrage.[18] Doch er hatte nicht vor, sich vollständig aus dem Waffengeschäft zu verabschieden. Und da Raketen als Waffen der Zukunft galten und das entsprechende Know-how in der Schweiz fehlte, kam Schaufelbergers Protégé wie gerufen.

Stoelzel packte auch diese Chance beim Schopf und begann, Däniker zielstrebig zu umgarnen. Er lobte seine militärwissenschaftlichen Publikationen in den Himmel, teilte seine «unmittelbaren persönlichen Erfahrungen an der Ostfront» mit ihm und wurde schnell ein gern gesehener Hausgast. Der Einsatz zahlte sich aus, denn schon im Herbst 1945 brauchte er handfeste Unterstützung: «Hier hat sich inzwischen insofern eine Krisis entwickelt, als unsere Repatriierung drohend vor der Tür steht», meldete er Däniker. «Für mich z. B. wäre eine normale Heimschaffung in etwa 3–4 Wochen von üblen Nachteilen. Ich wäre daher Herrn Oberst zu gehorsamstem Dank verbunden, wenn ich Sie noch einmal ‹ausserdienstlich› sprechen dürfte.»[19] Ob mit oder ohne Dänikers Hilfe, Stoelzel konnte in der Schweiz bleiben und machte sich daran, unter Anrufung von

Däniker weitere Türen aufzustemmen. Seine Briefe an Professor Max Waldmeier, den Direktor der Eidgenössischen Sternwarte, und ETH-Professor Jakob Ackeret, den Leiter des Instituts für Aerodynamik, waren von kriecherischer Höflichkeit und unverfrorener Hochstapelei. So behauptete er frech, er habe «mehrere Jahre lang in führender Stellung» an den «bekannten V2-Geräten» gearbeitet.[20] Sein mangelndes Fachwissen überspielte er mit pseudowissenschaftlichem Geraune und dem Hinweis, seine Schriften seien «ganz allgemein gehalten, weil sie ursprünglich nur für Laien der Armee bestimmt waren». Er bluffte so überzeugend, dass Professor Ackeret, ein weltweit führender Experte für Überschallflug, auf einem der Briefe handschriftlich vermerkte: «Miterbauer der V1 und V2-Raketen».[21]

Stoelzel beteuerte immer wieder, dass er «ausschliesslich wissenschaftliche Versuche» durchführe, die er «in den Dienst der Menschheit zu Friedenszwecken» stelle. Seine Umtriebigkeit machte ihn dennoch verdächtig. Ein anonymer Informant meldete den Internierungsbehörden, ein «gewisser Stölzel» behaupte, er sei «einer der Erfinder der deutschen Geheimwaffe ‹V2›» und besitze die Fabrikationspläne. Alles deute auf «eine sehr gefährliche Sache» hin. «Misstrauen ist schon deshalb am Platz, weil Oberst Däniker und Bührle dahinter stecken.» Offenbar wusste der Informant, dass sich Emil Bührle – unter Umgehung des Versailler Vertrags – an der verdeckten Wiederaufrüstung Deutschlands beteiligt hatte. Nun befürchtete er, die Geschichte könnte sich wiederholen. «Unter dem Deckmantel der Wissenschaft versuchen gewisse deutsche Kreise (zu denen auch Oberst Däniker gehört), ihre Versuche für die V-Waffen in der Schweiz in aller Ruhe fortzusetzen, um dann im richtigen Moment sofort wieder die kriegsmässige Fabrikation aufnehmen zu können in einem neutralen Land.»[22] Schaufelberger erstickte jede Abklärung im Keim, indem er den Kollegen der Flüchtlingssektion erklärte, er stehe mit Stoelzel offiziell als Vertreter der Generalstabsabteilung in Kontakt.[23]

Nach einem halben Jahr im Internierungslager zog Stoelzel nach Zürich in die Villa Mythental. Die Hausherrin, Lily Reiff-Sertorius, «eine stattliche weisshaarige Dame», führte seit ihrer Heirat mit einem schwerreichen Zürcher Seidenindustriellen einen Salon und beglückte Kulturschaffende auf Durchreise mit ihrer Gastfreundschaft.[24] Thomas Mann, einer der Hausgäste, hatte die Villa deshalb «Geniehospiz» getauft und ihr im «Doktor Faustus» ein literarisches Denkmal gesetzt. Es war ein weiter Weg vom Grenzübergang Müstair ins Mythental, wo die Gäste von einem Diener, einer Köchin und mehreren Zimmermädchen umsorgt wurden.[25] Doch es kam noch besser. Oberst

Däniker respektive Oerlikon-Bührle stellten Stoelzel ein Konstruktionsbüro samt Teilzeitsekretärin zur Verfügung, damit er an der «billigen Massenherstellung» einer Rakete arbeiten konnte. Stoelzel holte als Erstes einen Ingenieur aus dem Internierungslager, der sich im Gegensatz zu ihm aufs Zeichnen und Konstruieren verstand. Dann unterbreitete er dem EMD ein Exposé über die Entwicklung einer «Flüssigkeitsrakete für artilleristische Raketengeschosse».[26] In Bern zog man mangels eigener Experten den Physiker Alois Dittli bei, einen begnadeten Tüftler, der in den Dreissigerjahren die erste Schweizer Rakete gebaut hatte.[27] Er war der Erste, der Verdacht schöpfte. Ihm fiel auf, dass Stoelzel «kaum über ausreichende technische Grundlagen» verfügte, aber auffallend oft auf seine Kontakte mit ETH-Professoren verwies.[28]

Wie geschickt Stoelzel sein Lügennetz webte, zeigte sich im Frühling 1946, als er wegen unerlaubter Erwerbsarbeit verzeigt wurde. Ein Bührle-Ingenieur versicherte der Polizei, Stoelzels Tätigkeit sei «eine derart wichtige und neuartige Sache», dass auch das EMD Interesse zeige. Er werde auch nicht bezahlt für seine Tätigkeit, sondern erhalte lediglich von einem Hilfswerk 400 Franken im Monat.[29] Dass das Geld aus der Kasse von Oerlikon-Bührle stammte, war ein kleiner Schönheitsfehler, der niemandem auffiel.

Stoelzel nahm auch die nächste Hürde mit Bravour. Während die meisten deutschen Internierten heimgeschafft wurden, erreichten Oerlikon-Bührle und Oberstdivisionär Friedrich Rihner, der Chef der Flieger- und Fliegerabwehrtruppen, dass er bleiben konnte.[30] Bis Rihner merkte, dass Stoelzels Fachwissen «sehr oberflächlich» war, hatte dieser mit Eugen Bircher bereits einen neuen, noch einflussreicheren Fürsprecher gefunden.[31]

Seit Oberst Bircher als Organisator der umstrittenen Schweizer Ärztemissionen in deutschen Lazaretten an der Ostfront gearbeitet hatte, bildete er sich etwas auf seine «Kriegserfahrungen» ein. Sogar im Nationalrat brüstete er sich: «Ich bin vielleicht der Einzige in diesem Saale, der einmal einen Raketenangriff mitangesehen hat. Ich kann Ihnen sagen, dass einem da Hören und Sehen vergeht.»[32] Er korrespondierte fleissig mit Schaufelberger über «Raketenprobleme», und dieser spielte ihm vertrauliche EMD-Dokumente zu.[33] Und da eine Hand die andere wäscht, bat Bircher den Chef der Eidgenössischen Fremdenpolizei, Stoelzel von der Liste der nächsten Repatriierung zu streichen, weil er mit deutschen Wissenschaftlern in Verbindung stehe, «die an dem Raketenproblem mitgearbeitet haben und die für uns früher oder später von Wert sein könnten».[34]

«Der Herr von Peenemünde»

Karikatur, die Eugen Bircher während einer «Ärztemission» an der deutschen Ostfront zeigt (1945)

Oberst Eugen Bircher (um 1943)

Raketen

Im Sommer 1946 konnte Stoelzel, wahrscheinlich dank Schaufelbergers Protektion, an der ETH Zürich einen Vortrag über die V2 halten.[35] Doch damit überspannte er den Bogen. «Sind wir – oder vielmehr unsere Behörden – wirklich nicht nazifreundlich?», fragte die *Nation* indigniert. «Wie wäre es sonst möglich, dass ein deutscher Offizier an der Eidgenössischen (!) Technischen Hochschule einen Vortrag hält, um unter dem fadenscheinigen Mantel der Wissenschaft Nazipropaganda zu treiben?»[36] Die *New York Post* griff die Meldung auf, titelte «Nazis find Refuge with ‹neutral› Swiss» und berichtete, dass sich «wichtige deutsche Wissenschaftler über die Grenze in dieses ‹neutrale› Paradies geschlichen haben».[37] Die Neutralität in Anführungszeichen war typisch für das amerikanische Misstrauen gegenüber einem Land, das die Achsenmächte mit Waffen beliefert und den Eigennutz offenbar zur Staatsmaxime erhoben hatte. In der Schweiz hingegen fühlte man sich auf den Schlips getreten. «Es geht schon wieder los», meckerte *Die Tat*. «Die Schweiz als Sündenbock.»[38]

Bundesrat Eduard von Steiger kam die schlechte Presse äusserst ungelegen. Er stand bereits unter Beschuss, weil der frühere I.G.-Farben-Direktor und SA-Standartenführer Wilhelm von der Bey die Bewilligung erhalten hatte, in einem Basler Chemieunternehmen zu arbeiten. Da die berühmt-berüchtigte Metapher der Schweiz als «stark besetztes kleines Rettungsboot mit beschränktem Fassungsvermögen und ebenso beschränkten Vorräten» von ihm stammte, höhnte die *Arbeiterzeitung*: «Das Rettungsboot des Herrn von Steiger ist also wieder einmal gar nicht so voll; es haben noch allerhand Leute drin Platz.»[39] Also verlangte von Steiger Abklärungen, und die Bundesanwaltschaft fand heraus, dass Stoelzel bereits als 16-Jähriger in den «Stahlhelm» eingetreten war, einen rechtsnationalen, antisemitischen Bund ehemaliger Frontsoldaten des Ersten Weltkriegs, der die Weimarer Republik bekämpft und einem «völkisch grossdeutschen Reich» das Wort geredet hatte.[40] Nach der Integration des «Stahlhelm» in die SA hatte Rottenführer Stoelzel in SA-Uniform an Fackelzügen und Kameradschaftsabenden teilgenommen, schönte aber im Verhör seine politische Biografie nach Kräften. Er sei den SA-Anlässen nach «wenigen Monaten» ferngeblieben, weil ihm «die weltanschauliche Richtung» fremd geblieben sei. Auch NSDAP-Mitglied wollte er nicht gewesen sein, nur Patriot.[41] Er machte seine Sache dermassen gut, dass die Bundesanwaltschaft zum Schluss kam, es sei verantwortbar, dass er «unter die Nicht[partei]mitglieder eingereiht wird».[42] Nur ein einziger Beamter fand, «dass es allmählich Zeit wird, den Knaben loszuwerden».[43] Dieser Meinung waren auch die

Verantwortlichen von Oerlikon-Bührle. Sie setzten inzwischen nicht mehr auf die von Stoelzel propagierten Flüssigkeitsraketen, sondern auf Raketen mit Pulverantrieb. Doch der deutsche Hauptmann fiel einmal mehr auf die Füsse: Werner Oswald war bereit, mit seiner Hilfe eine Rakete zu entwickeln, die mit Emser Treibstoff fliegen würde.

Im Frühling 1947 vertraut Stoelzel seinem Beschützer Schaufelberger – und damit indirekt auch Werner Oswald – an, er könne die Pläne der deutschen Kleinflüssigkeitsrakete Taifun beschaffen. Diese zwei Meter lange, ungesteuerte Rakete war als Alternative zu den Grossraketen entwickelt worden, die Unmengen an Material und Treibstoff verschlangen. Die Taifun war klein und billig, doch ihr Gefechtskopf enthielt ein halbes Kilogramm hochexplosiven Sprengstoff, der ausreichte, um einen Bomber vom Himmel zu holen.[44] Es waren insgesamt nur 600 Stück dieser Kleinrakete hergestellt worden. Ein Grossauftrag, der kurz vor Kriegsende ergangen war, konnte nicht mehr ausgeführt werden.

Stoelzel kennt tatsächlich Landsleute, die in Peenemünde Pläne der Taifun zur Seite geschafft haben und gewillt sind, diese zu verkaufen. Da sie jedoch keine Ausreisebewilligung bekommen, müsste er die Dokumente auf deutschem Boden behändigen. Doch für einen Internierten ist ein Ausflug über die Landesgrenzen nicht vorgesehen, und seit er ins Visier von Bundesrat von Steiger geraten ist, gilt er in der Bundesverwaltung als «sehr exponierter Fall», an dem sich kein Beamter die Finger verbrennen will. Schliesslich macht Schaufelberger das schier Unmögliche möglich: Er bringt seinen Vorgesetzten, den Chef des Nachrichtendienstes, dazu, beim Polizeidepartement militärische Interessen an der Reise geltend zu machen – worauf Stoelzel ein Visum erhält.[45]

Welche Art Unterlagen Stoelzel in Konstanz behändigt, ist genauso wenig bekannt wie ihr Preis und die Quelle, aus der das Geld stammt. Nach seiner Rückkehr notiert der Beamte, der das Visum ausgestellt hat: «Stölzels Reise verlief gut; keine Schwierigkeiten; wertvolle Informationen wurden zurückgebracht. Oberstleutnant Schaufelberger erklärt sich voll zufrieden.»[46] Sogar Bundesrat von Steiger wird informiert, es sei der Generalstabsabteilung gelungen, mit «führenden Fachmännern der deutschen Rüstungsindustrie Fühlung zu nehmen und dadurch unserer Armee wichtige Angaben kriegstechnischer Natur zu beschaffen».[47] Doch es ist nicht in erster Linie die Generalstabsabteilung, die von Stoelzels Ausflug profitiert; der hauptsächliche Nutzniesser heisst Oswald. In einem internen Dokument der PATVAG wird später erwähnt, Stoelzel habe kurze Zeit nach dem Krieg «unter primitivsten Bedingungen» die ersten, auf der Taifun basierenden Versuche für die Entwicklung einer Schweizer Flüssigkeitsrakete gemacht. Einiges spricht dafür, dass es sich dabei um die fotografisch dokumentierten Versuche im Wald handelt.[48]

Kaum hat Stoelzel angefangen, für Oswald zu arbeiten, als im Sommer 1947 erneut ein Sturm der Entrüstung über ihn hinwegbraust. Die linke Presse hat erfahren, dass er seinen Vortrag über die V2 auch vor der Basler Offiziersgesellschaft gehalten hat, und verlangt ultimativ, dass «der Herr von Peenemünde» endlich ausgewiesen wird.[49] Doch zwei Jahre nach Kriegsende gibt es in diesen Fragen bereits keinen Konsens mehr, stattdessen zieht sich bereits ein Graben quer durch die Gesellschaft, der den Anfängen des Kalten Kriegs geschuldet ist. Für die meisten Bürgerlichen hat die Wehrkraft der Armee eindeutig Vorrang vor politischen oder moralischen Bedenken. «Die Weltlage ist zu ernst, als dass wir uns den Luxus leisten können, in Ressentiments zu machen», meint die *Solothurner Zeitung*. «Wir haben in nüchterner Entschlossenheit das zu tun, was unsere eigene Sicherheit erfordert.»[50]

Ebenfalls im Sommer 1947 stellt Emil Bührle der EMD-Spitze eine neue Acht-Zentimeter-Flugabwehrrakete mit Pulverantrieb vor. Will Oswald der Schweizer Armee eine Flüssigkeitsrakete und den Treibstoff dazu verkaufen, muss er sich sputen.[51] Zur selben Zeit stösst Paul Schaufelberger auf eine rüstungstechnische Goldmine: Deutsche Waffenspezialisten sind bereit, ihr Fachwissen zu teilen, wenn er ihnen bei der illegalen Durchreise nach Argentinien behilflich ist.

«All diese Dinge sind sehr schmutzig»

Oberstleutnant Paul Schaufelberger hilft, Spezialisten der nationalsozialistischen Rüstungsindustrie nach Argentinien zu schleusen und zweigt dabei Know-how und Raketen-Baupläne ab, von denen auch sein Freund Werner Oswald profitiert.

Nach einem kurzen Fussmarsch erreichen Hans und Liselotte Kleiner am 12. Juni 1947 das Restaurant Zum Schweizerhaus, das einen Steinwurf hinter der deutschen Grenze steht. In der menschenleeren Gaststube hängt noch der Rauch der Villiger-Stumpen vom Vorabend. Kleiner bestellt zwei Café crème und erkundigt sich, ob er einen Anruf machen könne. Zwei Stunden später wendet auf dem Kiesplatz vor dem «Schweizerhaus» ein Taxi. Als es am Zollamt Thayngen vorfährt, schöpft Wachtmeister Brütsch sofort Verdacht. Der Mann auf dem Rücksitz streckt ihm zwei Pässe der Republik Argentinien durchs offene Wagenfenster entgegen, die erst vor sechs Tagen auf dem Konsulat in Zürich ausgestellt worden sind, doch der Wachtmeister findet auch beim zweiten Durchblättern kein Schweizer Visum. Der Inhalt der Reisetaschen bestärkt ihn darin, dass hier etwas nicht stimmt. «Rasierseife, Zahnpaste, Seife, etc.» sind nämlich deutsche Produkte und lassen auf einen illegalen Grenzübertritt schliessen.[1]

Auf dem Zentralposten Schaffhausen erklärt «Juan» Kleiner, er lebe in Buenos Aires und sei geschäftlich in der Schweiz. Er und seine Frau seien am 6. Juni 1947 von Madrid nach Zürich geflogen. Die Adresse seiner privaten Gastgeber will er nicht preisgeben, um ihnen «keine Unannehmlichkeiten zu bereiten». Das argentinische Konsulat bestätigt, dass es sich um echte Pässe handelt, doch am 6. Juni ist in Zürich Dübendorf keine Maschine aus Spanien gelandet. Nun ändert Kleiner die Taktik. Er könne «keine genaueren Angaben machen, weil er gewisse hochstehende Persönlichkeiten decken müsse», wolle aber auf keinen Fall «nach Deutschland ausgewiesen werden, denn dann wären ihm ein paar Jahre Kohlenbergwerk sicher». Nach Rücksprache mit der Bundesanwaltschaft wird das Ehepaar Kleiner verhaftet und nach Bern überführt.[2]

Raketen

Der ehemalige Wehrwirtschaftsführer Hans Kleiner ist einer der ersten Deutschen, die via Schweiz nach Argentinien geschleust werden. Die meisten sind Rüstungsspezialisten, andere politisch belastete Nazis, viele sind beides. Präsident Juan Perón, der nie einen Hehl aus seiner Bewunderung für Hitler gemacht hat, empfängt sie mit offenen Armen, denn sie sollen aus Argentinien eine «dritte Weltmacht» machen, indem sie Flugzeuge, Raketen und Nukleartechnologie entwickeln und eine nationale Rüstungsindustrie aufbauen.[3] Kleiner ist dafür ein perfekter Kandidat: Als Mitbesitzer der im Raketenbau weltweit führenden Schmidding-Werke entwickelte er Raketentriebwerke und baute in Zusammenarbeit mit dem Flugzeugwerk Heinkel ein mit Raketen bestücktes, auf den lieblichen Namen Julia I getauftes Kampfflugzeug.[4] Im Verhör redet er allerdings lieber von «Apparatebau» und präsentiert sich als Opfer der Gestapo: «Meine oppositionelle Einstellung brachte mir dauernd Schwierigkeiten, die schliesslich im November 1944 durch Denunziation eines Mitarbeiters zu einem Verfahren beim Sicherheits-Hauptamt in Berlin führten.» Dabei war Kleiner ein Nazi der ersten Stunde, leitete im Krieg den Hauptausschuss Flugzeugausrüstung im Rüstungsamt und setzte in den Schmidding-Werken Zwangsarbeiter und KZ-Häftlinge ein. Ein guter Grund, aus Deutschland zu verschwinden, aber nicht der einzige: Die Alliierten haben die Entwicklung von Raketen in Deutschland verboten, was für Kleiner einem Berufsverbot gleichkommt.[5]

    Am nächsten Morgen verhört die Bundesanwaltschaft nicht nur Kleiner, sondern auch den Argentinier Herbert Helferich, der laut Hotelkontrolle in der Nacht vor der Verhaftung des Ehepaars Kleiner im Hotel Bahnhof in Schaffhausen übernachtet hat. Helferich, oft auch «Helfrich» genannt, ist nicht nur ein findiger Menschenschmuggler; für Peróns Raketenprogramm ist er ein Glücksfall. Als er noch Deutscher und Architekt beim paramilitärischen Bautrupp «Organisation Todt» war, beteiligte er sich am Bau der Abschussrampen in Peenemünde, wo er sich mit Wernher von Braun und vielen Raketenspezialisten anfreundete.[6] Im Verhör gibt er sich zugeknöpft und beantwortet alle Fragen zu Kleiner mit einem noblen «Ich enthalte mich einer Meinungsäusserung». Er wird auch nicht gesprächiger, als man ihn wegen Kollusionsgefahr in Haft setzt.

    Zur selben Zeit ein paar Büros weiter versuchen Eduardo Heer, Legationsrat der argentinischen Gesandtschaft, und Oberst Rodolfo Jeckeln, Vizedirektor der *fábricas militares*, die Situation zu retten. Wortreich versichern sie Werner Balsiger, dem Chef der Bundespolizei, Kleiner sei «politisch unbelastet», nur darum habe man ihm und seiner Frau «Gefälligkeitspässe»

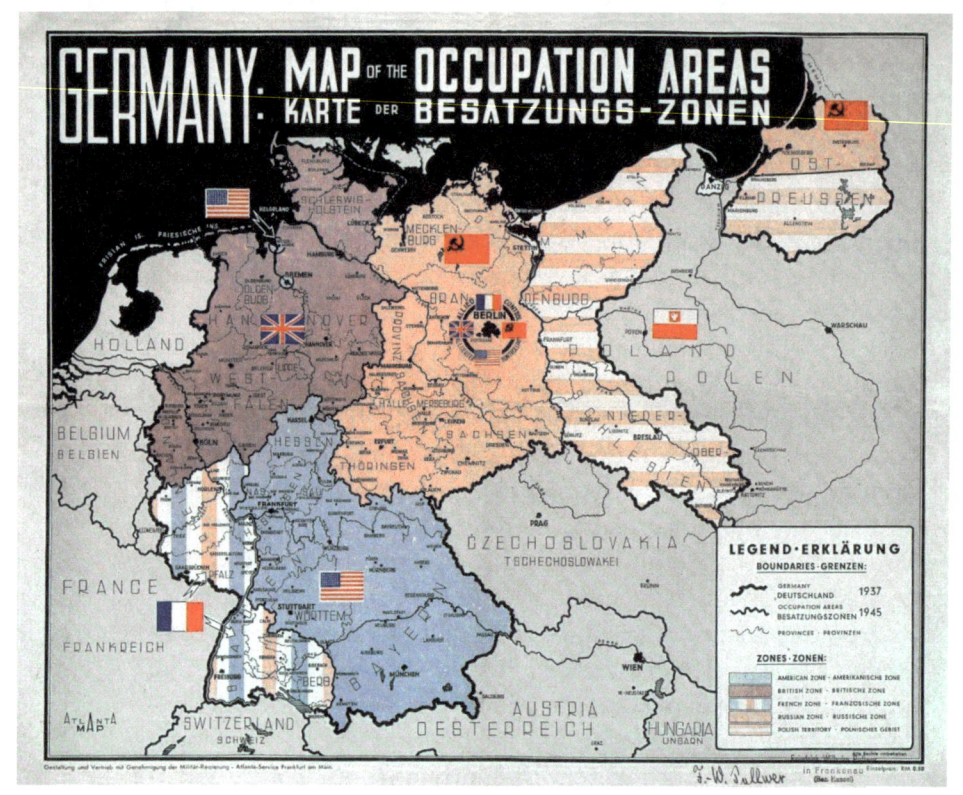

Die alliierten Besatzungszonen (um 1945)

Raketen

ausgestellt. Da sich Oberst Jeckeln auf Oberstleutnant Schaufelberger beruft, greift Balsiger zum Hörer. Schaufelberger erklärt, dass er mit Oberst Jeckeln «in nachrichtendienstlicher Beziehung stehe und sich davon Gutes verspreche auch für die Zukunft». Deshalb empfehle er «dringend», den Kleiners die Weiterreise zu erlauben. Seine Schilderung von Jeckeln als aufrichtigem und «wertvollem» Verbindungsmann wirkt von A bis Z abgesprochen, bewirkt aber Wunder. Balsiger nimmt den beiden Argentiniern das Versprechen ab, dass sie Kleiner innerhalb einer Woche ausser Landes bringen, und lässt Helferich und das Ehepaar Kleiner auf freien Fuss setzen.

  Das Flugzeug Richtung Buenos Aires hat kaum abgehoben, als Schaufelberger dem Bundespolizei-Chef für sein «Entgegenkommen» dankt. Ihm allein sei es zu verdanken, schmeichelt er Balsiger, dass Kleiner dem Bureau Technische Studien äusserst «wertvolle Angaben über deutsche Erfindungen» gemacht habe, «die im Kriege nicht mehr zur Auswertung gelangen konnten (Pulver-Rakete, neueste Pulver-Rezepte u. a.)». Dank diesen Informationen könne das EMD «Millionen für Versuche auf diesem Gebiet» einsparen.[7] Was Schaufelberger nicht sagt: Die Schweiz hat einen fetten Fisch vom Haken gelassen. Kleiner wird nach seiner Ankunft in Buenos Aires von Präsident Perón persönlich im Regierungspalast empfangen.[8]

  Der Fall Kleiner ist die holprige Hauptprobe für das argentinische Schleppernetz, das in den folgenden Monaten ausgebaut und perfektioniert wird. Schaltstellen sind Genua, Rom und eine Auswanderungsagentur an der Marktgasse 49, mitten in der Berner Altstadt. Ihre Mitarbeiter betreiben eine Art «Operation Paperclip» im Taschenformat, schleusen deutsche Rüstungsexperten über die grüne Grenze und sorgen für ihre reibungslose Weiterreise. Die meisten erhalten ein italienisches Visum und eine Schiffspassage ab Genua, besonders wertvolle Spezialisten wie Kleiner ein Flugticket ab Genf. Offiziell steht die Agentur unter der Leitung von Legationsrat Enrique Moss, doch er ist vor allem ein Aushängeschild mit diplomatischer Immunität. Oberst Jeckeln, Schaufelbergers Nachrichtendienstverbindung, wird nach kurzer Zeit durch Horst Carlos Fuldner ersetzt, einen in Buenos Aires geborenen Sohn deutscher Auswanderer, der als junger Mann nach Deutschland zurückkehrte und in die NSDAP und die SS eintrat. Fuldner ist ein idealer Fluchthelfer: viersprachig, mit allen Wassern gewaschen und einem aktenkundigen Hang zu krummen Geschäften. Kurz vor Kriegsende, wahrscheinlich im Auftrag des deutschen Auslandnachrichtendienstes, brachte er sich und eine Flugzeugladung Bilder in Madrid in Sicherheit, und als die Alliierten ihn auf die

Liste der 200 gefährlichsten Nazis in Spanien setzten und seine Auslieferung forderten, flüchtete er nach Argentinien.[9]

Nun ist Fuldner als «Sondergesandter des Präsidenten» zurück in Europa und schleust laut dem Historiker Uki Goñi «einige der übelsten NS-Verbrecher» nach Argentinien, unter ihnen Adolf Eichmann und Klaus Barbie, den «Schlächter von Lyon».[10] Wenn er nicht in Bern ist, führt Helferich als seine rechte Hand das Büro Marktgasse und koordiniert Schlepper und Anwälte. Georg Weiss, der dritte im Bund, ist ein führender Spezialist für Raketenfernsteuerung, dem in Deutschland «die politische Hitze unter dem Allerwertesten zu heiss wurde».[11] Weiss, der wie Helferich in Argentinien im Schnellgang eingebürgert wurde, übernimmt vor allem heikle Botengänge.[12]

Schaufelberger ist die inoffizielle Nummer vier und als Komplize Gold wert.[13] Als Berufsoffizier besitzt er Autorität; als Schweizer fällt es ihm leicht, einheimische Helfer und Helferinnen zu rekrutieren; als Mitarbeiter des Nachrichtendienstes kann er Einreisebewilligungen besorgen und dank einem unbeschränkt gültigen Visum jederzeit nach Deutschland reisen.[14] Zudem gehört es zu seinem Pflichtenheft, als Leiter des Bureau Technische Studien rüstungsrelevantes Wissen zu sammeln. Den Kollegen im Bundeshaus erklärt er, er habe mit dem Büro Marktgasse ein *gentlemen's agreement,* er könne «jeden deutschen Techniker der Kriegsindustrie», der durch die Schweiz geschleust werde, befragen und so «ausserordentlich wichtiges Material» beschaffen.[15] Schaufelberger verschweigt, welche Gegenleistungen er für dieses Entgegenkommen erbringt. Fehlen Kunden des Büro Marktgasse beim Grenzübertritt die nötigen Aus- oder Einreisepapiere oder werden sie beim Überqueren der grünen Grenze erwischt, versichert er den Beamten, die Einreise erfolge in Absprache mit dem Nachrichtendienst. In besonders heiklen Fällen behauptet er sogar, es handle sich um Informanten, die ihm persönlich rapportieren müssten.[16] Und da er sich als Nachrichtendienstoffizier auf die Interessen der Landesverteidigung beruft, spielen die Beamten willig mit.

Auch Werner Oswald profitiert von der argentinischen Schlepperorganisation. Er greift auf Schleuser des Büro Marktgasse zurück, um deutsche Perlonspezialisten über die grüne Grenze in die Schweiz zu holen. Einer ist Carl Rumscheidt, dem das Allied Military Permit Office im Herbst 1948 eine dreimonatige Bewilligung erteilt, damit er in Ems eine Ammoniakanlage in Betrieb setzen kann. Als sich die Arbeiten verzögern, muss er alles stehen und liegen lassen, um legal zu seiner Familie nach Deutschland zurückzukehren. Um seinem Freund Oswald aus der Patsche zu helfen, stellt Schaufelberger den Kontakt zum Nazi-Fluchthelfer Helferich her. Das lässt sich aus Rumscheidts Personaldossier schlussfolgern, das laut Bergier-Kommission einen «Aktenvermerk über Besprechung mit Dr. Helferich, Bern» enthält.[17] Wer sich mit dem Fluchthelfer traf und was genau besprochen wurde, liesse sich im Archiv der Ems-Chemie nachlesen, doch darf man davon ausgehen, dass eine derart heikle Besprechung Chefsache war und deshalb Werner oder Rudolf Oswald vorbehalten blieb. Rumscheidt kehrt auf legalem Weg nach Ems zurück, weil die Alliierten ihm «ausnahmsweise» eine zweite Ausreise bewilligten.[18] Doch der Kontakt mit dem Büro Marktgasse ist etabliert, und die Gebrüder Oswald scheuen offenbar nicht davor zurück, die Dienste einer Nazi-Fluchthilfe-Organisation in Anspruch zu nehmen. Jedenfalls lassen Erinnerungen von Kindern deutscher Perlonspezialisten darauf schliessen, dass Helferichs hilfreiche Hand im Spiel war, als ihre Väter in die Schweiz einreisten. So hat Rudolf Gabler erzählt, er habe am Tag der Einreise in einem Restaurant in Chur auf einen HOVAG-Mitarbeiter gewartet, der ihn abholen sollte, als ein Polizist auftauchte und ihn kontrollierte. Er gestand, er habe keine gültigen Papiere, und bat: «Sprechen Sie das mit Dr. Oswald ab.» Es war ein Sesam-öffne-dich: Der Polizist verabschiedete sich, und Gabler trat am nächsten Tag seine Stelle an.[19] Wie er die Grenze ohne gültige Papiere überquert hatte, haben seine Kinder nie erfahren, doch Rüdiger Mayer, der Sohn des Ingenieurs Carl Mayer, weiss mehr. Ihm hat der Vater erzählt, dass er «ohne Papiere am späten Abend an der Grenze in der Nähe von Basel gestanden und von einem Auto abgeholt worden sei. Man hätte ihn dann erst nach Zürich und später nach Ems gebracht, wo man schon ein Zimmer für ihn gemietet hatte.»[20]

Schaufelberger vermittelt Oswald nicht nur die Schlepperdienste des Büro Marktgasse, er will mit ihm zusammen das Wissen, das ihm die durchreisenden Rüstungsexperten anvertrauen, kommerziell verwerten. Zu diesem Zweck entsteht im Frühling 1948 eine «private Finanzgruppe».[21] Über diese Investorengruppe ist kaum etwas bekannt, doch Schaufelbergers Fingerabdrücke sind nicht zu übersehen. Neben Oswald beteiligt sich der Neuenburger Henri Montandon, der mit seinem früheren Vorgesetzten, Geheimdienstchef Roger Masson, im Verwaltungsrat einer Marktforschungsfirma sitzt.[22] Massons Nachfolger Robert Frick, der grosse Stücke auf Schaufelberger hält, überredet den Lausanner Industriellen Jean Rochat, in die Raketenentwicklung einzusteigen und «Kapital für Versuche unter deutscher Leitung, aber unter [Schaufelbergers] persönlicher Kontrolle zu riskieren». Bei einem Misserfolg sei das Geld zwar verloren, doch wenn sich die Rakete bewähre, könnten die Investoren mit einer

Produktionsbewilligung des EMD rechnen.[23] Rochat findet das «etwas riskant», doch Schaufelberger verspricht ihm das Blaue vom Himmel. Er habe «erstklassige deutsche Ingenieure» zur Hand, die bisherigen Versuche seien erfolgreich verlaufen, und das Risiko sei «praktisch null». Rochat, der als «gerissener» und «waghalsiger» Geschäftemacher gilt, schlägt ein.[24]

Die «Finanzgruppe» engagiert Stoelzel und den Ingenieur Hans Pohajac, einen ehemaligen Werkmeister aus Peenemünde, und richtet eine Werkstätte in der Nähe von Genf ein.[25] Wie Akten aus dem Bundesarchiv belegen, stehen den beiden für ihre Arbeit auch Konstruktionspläne zur Verfügung, welche die «Finanzgruppe» Schaufelberger respektive dem Büro Marktgasse verdankt. Die Geschichte dieser Pläne zeigt einmal mehr, dass nicht nur Präsident Perón, sondern auch die Gebrüder Oswald von der «Rattenlinie» genannten Fluchtlinie nach Argentinien profitierten.

Im Herbst 1948 zieht ein geheimnisvoller Metallkoffer die Aufmerksamkeit der Flughafenpolizei in Genf-Cointrin auf sich. Sein vermeintlicher Besitzer, Georg Weiss, der Raketenspezialist des Büro Marktgasse, versichert, er kenne den Inhalt nicht, er habe einzig den Auftrag, ihn bei einer *fábrica militar* in Buenos Aires abzuliefern. Als die Polizisten den Koffer öffnen, finden sie drei hermetisch verschlossene Metallbehälter sowie Pläne und Dokumente mit dem Vermerk «Secret» und schalten sofort die Bundesanwaltschaft ein.

Wie es Schaufelberger schafft, dass ausgerechnet er nach Genf geschickt wird, um den beschlagnahmten Koffer zu holen, bleibt sein Geheimnis. Zurück in Bern macht er der Bundesanwaltschaft weis, dass «Herr Dr. Weiss die Weisung hatte, mit den Akten in meinem Büro vorzusprechen, mich aber nicht antreffen konnte». Damit der Koffer freigegeben wird, spielt er den Wert und die Brisanz des Inhalts gezielt herunter. Bei den «Unterlagen zur Errichtung einer Munitions-Fabrik» und zur Herstellung von Munition handle es sich weder um «Geheim-Akten im eigentlichen Sinne» noch um Dokumente, die «für die Siegermächte» von Bedeutung seien. Für die Schweiz hätten allenfalls die «Konstruktions-Unterlagen und Herstellungs-Verfahren für 3 verschiedene Raketentypen» ein gewisses Interesse, sie enthielten jedoch «nichts», was dem EMD «unbekannt» wäre. Schaufelberger weiss sogar, dass die Raketenpläne einem gewissen Professor Kiekebusch und seinem Mitarbeiter gehören. «Beide Herren hatten vereinbarungsgemäss bei ihrer Durchreise hier vorgesprochen und uns die vorgelegten Fragen beantwortet. Ihre Akten hatten sie nicht bei sich, da diese erst später in die Schweiz transportiert wurden.»[26]

Raketen

Schaufelbergers Erklärungen führen zu mehr Fragen als Antworten, denn Heinz Kiekebusch, der Besitzer der Pläne, gehört zu den 1600 handverlesenen Wissenschaftlern, auf welche die Amerikaner ein Auge geworfen haben. Schaufelberger hat den Professor vor vier Monaten heimlich in Deutschland getroffen und Eugen Bircher anschliessend mitgeteilt: «Ganz im Vertrauen gesagt, steht er vor seiner Abreise nach Argentinien, wohin er im Herbst emigrieren will. Die Franzosen muss er dabei hintergehen, deshalb ist Vorsicht am Platze.» Das war mit Sicherheit der Grund, warum der Professor bei der illegalen Einreise die Pläne nicht auf sich getragen hat. Doch auf welchem Weg sind diese in die Schweiz gelangt? Diente Schaufelbergers Deutschlandreise gar dazu, Professor Kiekebusch, einen guten Bekannten von Oberst Bircher, für das argentinische Raketenprogramm anzuwerben und die Pläne zu behändigen?

Kurz darauf kann Schaufelberger seinen Freunden vom Büro Marktgasse melden, der beschlagnahmte Koffer werde «aus ganz besonderem Entgegenkommen» freigegeben. «Auf Grund der Durchsicht ergab sich, dass die Akten nicht unter den Begriff verbotenen Nachrichtendienstes fallen, bzw. nichts in den Akten enthalten ist, das den alliierten Vorschriften zuwiderlaufen dürfte.» Es ist offensichtlich, dass er sich mit diesen Zeilen absichern will. Nicht von ungefähr setzt die Hand eines unbekannten Beamten ein grosses Fragezeichen auf die ordnungsgemäss abgelegte Kopie und notiert daneben, er habe Schaufelberger aufgefordert, über diese Sache «nichts mehr [zu] schreiben».[27]

Schaufelberger hintergeht nicht nur seine Kollegen im Bundeshaus, er spielt auch mit dem Büro Marktgasse ein doppeltes Spiel. Er hat die Raketenpläne, bevor er sie zurückgegeben hat, nämlich kopiert. Ein paar Monate später stellt die Waadtländer Polizei fest, Rochat beschäftige sich mit der Herstellung einer Rakete, «weil ihm Pläne für eine solche Erfindung übergeben wurden, Pläne, die in Genf während der Überführung eines Diplomatenkoffers gestohlen wurden; diese Pläne, die aus Deutschland kamen, waren für Argentinien bestimmt. Wir haben keine genaueren Informationen über die Umstände, unter denen diese Pläne unterschlagen wurden; es heisst jedoch, dass es sich um eine deutsche Rakete handelt, deren Herstellung von den Deutschen aufgegeben wurde, weil sie nicht geeignet war.» Es gibt keinen Zweifel: Es handelt sich um die Pläne, die Weiss nach Argentinien schmuggeln wollte. Sogar der Hinweis auf das Diplomatengepäck trifft zu, denn der offizielle Besitzer des Koffers war Legationsrat Moss, der diplomatische Immunität besass.[28]

«All diese Dinge sind sehr schmutzig»

Anders als die Waadtländer Polizei annimmt, ist es jedoch nicht allein Rochat, der sich mit der Entwicklung der Rakete beschäftigt, es ist die «Finanzgruppe». Doch Oswald profitiert nicht nur von der illegalen Tätigkeit einer Bande schlitzohriger argentinischer Nazi-Schleuser. Er stört sich auch nicht am zweifelhaften Ruf seines Geschäftspartners Jean Rochat, der im Krieg das grosse Geld gemacht hat, indem er – «durch Schmuggler oder gar im Diplomatengepäck eines Landes, dessen Namen er verschwieg» – Industriediamanten aus Frankreich importierte und «Beziehungen zu wichtigen Schiebern der Unterwelt» pflegte.[29]

Laut Bundesanwaltschaft, die ein dickes Dossier über ihn führt, ist Rochat sehr intelligent, zeigte als Kind aber «wenig Vorliebe fürs Lernen». Schon damals galt er als wagemutig und beeindruckte die Kameraden, indem er die Bessières-Brücke, die zwei Lausanner Stadtteile verbindet, auf dem Geländer balancierend überquerte.[30] Um der gestrengen Fuchtel seines Vaters zu entrinnen, setzte er sich als junger Mann nach Paris ab, wurde Alleinvertreter von Oerlikon-Bührle und knüpfte in der Welt des Waffenhandels wertvolle Kontakte. Sein Geschäftsimperium ist schwer zu überblicken und kaum zu durchschauen. Er hat eine Fabrik geerbt, die Halbedelsteine an die Uhrenindustrie liefert, und ist an der Machines Dixi beteiligt, die im Krieg Zünderbestandteile an die Achsenmächte verkaufte.[31] Dass dieses Geschäft schlecht läuft, dürfte mit ein Grund sein, dass sich Rochat für Raketen, die Zünder brauchen, interessiert.

Geht es um die Interessen der «Finanzgruppe», pfeift Schaufelberger auf seine argentinischen Freunde. Das zeigt sich einmal mehr, als ihm die Berner Fremdenpolizei zwei illegal eingereiste Deutsche vorbeischickt.[32] Der mürrisch dreinblickende Mittfünfziger entpuppt sich als Schaufelbergers wichtigster Fang. Hermann Oberth gilt als «Vater der Raumfahrt», und sein 1923 erschienenes Buch «Die Rakete zu den Planetenräumen» ist die Bibel der Raketenforschung. Laut seinem Schüler Wernher von Braun war Professor Oberth der Erste, der «mit dem Gedanken einer wirklichen Weltraumfahrt zum Rechenschieber griff und zahlenmässig durchgearbeitete Konzepte und Konstruktionsentwürfe vorlegte».[33] Das breite Publikum wurde auf ihn aufmerksam, als er 1929 die Rakete für den Stummfilm «Frau im Mond» baute. Der Film steckte eine ganze Generation mit dem Raketenfieber an. «Ich habe ihn sicher zwanzig Mal gesehen, bis ich praktisch jedes Frame auswendig kannte», erzählt 1990 ein aus Deutschland stammender NASA-Ingenieur. «Damals entschied ich, dass es das war, was ich für den Rest meines Lebens machen wollte.»[34] Doch der Mond des österreich-ungarischen Physikers hat auch eine dunkle Seite. Um seine Träume zu verwirklichen, bat er Hitler um Unterstützung und arbeitete an der Entwicklung der V2 mit, bei deren Bau rund 20 000 Zwangsarbeiterinnen und Zwangsarbeiter umkamen. Oberths Biograf Daniel Mellem nennt ihn deshalb einen Getriebenen, «der von der Zukunft träumte und selbst ganz verhaftet war in seiner nationalsozialistischen Gegenwart».[35]

Obwohl Oberth und sein Schwiegersohn Karl Markstaller nach Südamerika weiterreisen wollen, hält Schaufelberger ihre Anwesenheit vor dem Büro Marktgasse geheim.[36] Dafür überzeugt er die Kriegstechnische Abteilung (K.T.A.), beim Professor zwei Exposés über «Raketenbauprobleme» in Auftrag zu geben, und treibt zwei private Sponsoren auf. Rochat verpflichtet sich, Oberth einen zweimonatigen «Erholungsaufenthalt» zu finanzieren; Josef Stemmer, der Autor von «Entwicklung des Raketenantriebes in allgemein verständlicher Darstellung», übernimmt die finanzielle Garantie für Oberths Schwiegersohn.[37]

Im Sommer 1948 kündigt Schaufelberger den «3. internen Raketenversuch Stoelzel» an. «Die beiden letzten Male haperte es noch an Kleinigkeiten, die nur auf die Provisorien und das Schnellprogramm zurückzuführen waren», schreibt er Bircher. «Ich bin überzeugt, dass man ein sehr erfreuliches Resultat erzielen wird.»[38] Es kommt anders. Der Versuch, der in Anwesenheit von Oberst Adolf Kradolfer, dem Leiter des Dienstkreises Munition, auf dem Waffenplatz Thun stattfindet, endet ohne «aussagekräftiges Resultat». Darauf wirft Rochat entnervt das Handtuch, und Schaufelberger muss zähneknirschend eingestehen, Stoelzels Fähigkeiten seien wohl «nicht so gross, wie er anfänglich glaubte».[39]

Diese Einsicht kommt spät, doch es gibt einen triftigen Grund, warum Schaufelberger lange nicht gemerkt hat oder nicht merken wollte, dass er einem Hochstapler auf den Leim kroch. In einem «vertraulichen Memorandum» Jean Malherbes, dem Chef der Lausanner Kriminalpolizei, heisst es, dass der junge Deutsche Schaufelberger «auf die eine oder andere Weise im Griff hatte, aber wahrscheinlich wegen einer Sittengeschichte». Das heisst im Jargon der Zeit, dass sie eine homosexuelle Beziehung unterhielten und Schaufelberger fürchtete, Stoelzel könnte ihn öffentlich diskreditieren. Um diesen für die Fünfzigerjahre schwerwiegenden Verdacht zu untermauern, schildert Malherbe eine Abendgesellschaft in Stoelzels Wohnung, an der neben dem Hausherrn und Schaufelberger mehrere Bekannte teilnahmen, unter anderem ein Beamter der Berner Fremdenpolizei, ein junger Deutscher namens Zendel, der Landsleute gegen gutes Geld ans Büro Marktgasse vermittelte, sowie dessen Geliebte Jeanne Freyt, die bei den Schleusungen assistierte.[40]

An diesem Abend macht sie Zendel «heftige Vorwürfe und behauptete, dass er sie als Mann schrecklich vernachlässige, seit er seine Nächte mit Oberstleutnant Schaufelberger verbringe». Auch der Berner Beamte «bezichtigte Schaufelberger spezieller Sitten» und versicherte den Anwesenden, es werde «bei der Berner Polizei eine Akte zu diesem Thema geführt». Anfänglich wehrt sich Schaufelberger gegen den Verdacht der Homosexualität, dann «ruderte» er laut Polizeichef «zurück und gestand die Existenz einer solchen Akte. Die Affäre wurde durch die Abreise von ZENDEL nach Argentinien unauffällig aus der Welt geschafft, wobei alle Spesen (6.000.– Fr.) von Jean Rochat bezahlt wurden. Lady FREYT reiste etwa zwei Monate später ihrem Geliebten hinterher.» Malherbe erklärt nicht, wofür und vor allem warum Rochat die exorbitanten «Spesen» bezahlte. Doch er kennt pikante Details, zum Beispiel dass Schaufelberger «eine Kollekte bei seinen Offizierskameraden veranstaltete, um allerlei Pakete an die in Ludwigsburg internierten deutschen Offiziere zu schicken». Es waren Liebespakete im wortwörtlichen Sinn. «Man sagt auch über Schaufelberger, dass er sehr persönliche Kontakte – also intime – mit mehreren dieser deutschen Personen hatte, unter denen sich auch eine grosse Anzahl von wenig empfehlenswerten Individuen befanden.» Ein Beweis «für oder gegen die speziellen Sitten von Schaufelberger» könne laut dem Polizeichef «scheinbar in Bern leicht gefunden werden».[41]

Das «Memorandum» des Polizeichefs wirft die Frage auf, ob Schaufelberger sich im Klaren war, dass er es mit einem Hochstapler zu tun hatte, und folglich Oberst Däniker, seinen Freund Oswald und Investoren wie Jean Rochat bewusst täuschte, um sich Stoelzels Sympathien oder Liebesdienste zu sichern. Aber stimmt Malherbes Einschätzung überhaupt? Das «Memorandum» basiert auf zwei Dutzend privaten und geschäftlichen Briefen, die verschollen sind, und da die Akten der Berner Sittenpolizei nicht archiviert wurden, lässt sich auch nicht überprüfen, ob ein Homosexuellendossier über Schaufelberger existierte. Immerhin bietet der Adressat des «Memorandums» eine gewisse Garantie. Sein Name wurde zwar aus dem Dokument herausgeschnitten, doch aus anderen Akten geht hervor, dass es sich um den Chef des Nachrichtendienstes oder den Generalstabschef handelte. So hochgestellten Bundesbeamten gegenüber und in einer derart heiklen Angelegenheit konnte sich ein kantonaler Polizeichef wie Malherbe keinen Fehler erlauben, ohne seine eigene Position zu gefährden.

Doch was sagt das alles über Schaufelberger aus? Homosexuelle Beziehungen waren in der Schweiz nach 1942 nicht mehr strafbar, galten aber Ende der Vierzigerjahre als Schande und oft auch als Sünde. Er hatte also ein Interesse, seine Homosexualität (oder Bisexualität) zu verheimlichen. Im kleinen Bern war das schwierig, erst recht, weil die Polizei (nicht nur in Bern) Schwulentreffs überwachte und sogenannte Homo-Register führte. Ein junger Mann wie Zendel, der sich illegal in der Schweiz aufhielt, Schaufelbergers soziales Umfeld nicht kannte und wahrscheinlich mit seinem Geheimnis weiterreisen würde, war also besonders attraktiv. Vieles deutet darauf hin, dass Schaufelberger die Notlage junger Männer ausnützte, seien es Illegale wie Zendel, von der Deportation Bedrohte wie Stoelzel oder in Deutschland Internierte, für die ein Hilfspaket und die Unterstützung eines Schweizer Oberstleutnants von unschätzbarem Wert waren. Trotzdem riskierte er viel, denn die Stigmatisierung von Schwulen begünstigte Erpressung, und Stricher, die ihre Kunden erpressten, waren keine Seltenheit. Für einen Berufsoffizier wie Schaufelberger war Homosexualität erst recht problematisch. Militär bedeutete Männlichkeit, Homosexualität galt als unmännlich (oder gar «weibisch») und passte schlecht zu «Soldatenehre» und «Mannesehre» – zwei Begriffe, die Schaufelberger auffallend oft verwendete. Auch ohne Küchenpsychologie zu betreiben, darf man sich fragen, ob seine Depressionen und das anhaltende Gefühl der Zurücksetzung mit seiner sexuellen Ausrichtung zusammenhingen und seine Militärkarriere nicht am schwäbischen Dialekt scheiterte, sondern weil Vorgesetzte und Dienstkameraden ahnten, dass er, wie man damals sagte, «vom anderen Ufer» war. *Last but not least* stellt sich die Frage, ob Werner Oswald über Schaufelbergers Homosexualität Bescheid wusste und für seine Zeit bemerkenswert tolerant war – oder ob er einmal mehr den eigenen Vorteil höher gewichtete.

  Im Herbst 1948, nach fast anderthalb Jahren, erfährt die Bundesanwaltschaft von Schaufelbergers Helfersdiensten für das Büro Marktgasse, denn sie hört den Telefonanschluss eines seiner Freunde ab, den er öfters nutzt. Ein Telefongespräch, während dem sich Schaufelberger über einen missglückten illegalen Grenzübertritt aufregt, ist besonders entlarvend: «Und wenn man mir gesagt hätte, Rafz, dann hätte ich gesagt, meine Herren, wenn Sie Schwierigkeiten wollen, dann müssen Sie es dort machen. […] Zuerst macht man den Kanton Bern verrückt, dann macht man den Kanton Basel verrückt, und dann geht man noch in den Kanton Zürich, und jetzt fehlt nur noch der Kanton Thurgau, dann ist die ganze Schweiz im Bild, alles wird geschwätzt, das ist doch ein katastrophaler Blödsinn.»[42] Da Schaufelberger auffallend oft von Basel redet, kontaktiert ein Bundespolizei-Inspektor den Chef des basel-städtischen

Paul und Elsa Schaufelberger-Hauser (um 1950)

Raketen

Nachrichtendienstes. Dieser rechtfertigt sich, er habe erst kürzlich erfahren, dass Schaufelberger den Deutschen nicht nur aus nachrichtendienstlichen Interessen bei der Einreise geholfen und die Basler Polizei «schändlich hintergangen» habe. «Wir werden uns jedenfalls hüten, ihm jemals wieder in irgendeiner Form behilflich zu sein.»[43] Er habe Schaufelberger klipp und klar mitgeteilt, «diese Schweinerei» müsse aufhören, und seinen Leuten den Befehl erteilt, alle Reisenden, die sich auf Schaufelberger berufen, zurückzuschicken.

Schaufelberger muss von den Ermittlungen erfahren und das Büro Marktgasse gewarnt haben, denn unter den Argentiniern und ihren Helfern bricht Nervosität aus: Carlos Fuldner, der Kopf der Schlepperorganisation, bricht Hals über Kopf seine Zelte ab und kehrt nach Buenos Aires zurück. Kurz darauf setzt sich mit Samuel Pomeranz auch der erfahrenste Schlepper nach Argentinien ab. Weil er Frau und Kinder in der Schweiz sitzen lässt, nimmt ihn Eduard Feer, der Schweizer Botschafter in Buenos Aires, ins Gebet – und erfährt dabei Dinge, die er «sehr schmutzig und unsympathisch» findet. Pomeranz berichtet von «Intrigen und gegenseitigen Betrügereien, wie man es kaum für möglich gehalten hätte. Fuldner hat Pomeranz betrogen, Fuldner ist von Helferich denunziert worden, alle zusammen beschuldigen den Dr. Weiss, ein früherer Gestapo-Agent gewesen zu sein.» Kurz darauf versichert ihm ein anderer ehemaliger Mitarbeiter des Büro Marktgasse, viele der Geschleusten «gehörten besser vor die Nürnberger Gerichte als nach Argentinien».[44] Der Botschafter ist erschüttert. Er warnt Alfred Zehnder, den Chef der Abteilung Politische Angelegenheiten, das Trio Fuldner-Helferich-Weiss gelte sogar in argentinischen Regierungskreisen als «Intriganten, Abenteurer und als 110%ige Nazi». Es sei höchste Zeit, ihrer «zweifelhaften Tätigkeit» in der Schweiz einen Riegel zu schieben.[45]

Schlicht «unerklärlich» ist dem Botschafter, warum seine Informanten Schaufelberger als «Gewährsmann» des Büro Marktgasse bezeichnen. Pomeranz behauptet sogar, dass Schaufelberger «über all die Schlepperdienste» Bescheid wusste, «hinten herum die Wege ebnete» und sich der «passiven Bestechung» schuldig machte. Feer ist misstrauisch, schliesslich geht es hier um die «Ehre eines Schweizer Offiziers». In einem Brief an Heinrich Rothmund, den Chef der Fremdenpolizei, gibt er zu bedenken, die «drei Brüder» (Fuldner, Helferich und Weiss) hätten über ein «Schmiergeldkonto» verfügt. Es sei für sie deshalb ein Leichtes, das Geld in den eigenen Taschen verschwinden zu lassen und zu behaupten, sie hätten «dem oder jenem im Bundeshaus für seine Dienste Geld geben müssen».[46]

«All diese Dinge sind sehr schmutzig»

Schaufelberger ergreift die Flucht nach vorn – und zwar gleich doppelt. Am 17. Dezember 1948 heiratet er Elsa Hauser, die Besitzerin des Hotels Schweizerhof in Luzern. Er ist mit ihr befreundet, seit die Gruppe Rigi im «Schweizerhof» einquartiert war. Damals war ihr Ehemann so eifersüchtig auf Schaufelberger, dass er drohte, «mit den fünf Kindern seine Frau zu verlassen». Doch die Dienstkameraden waren überzeugt, dass zwischen dem Oberstleutnant und der Hotelière «nichts gespielt hat, was das Licht des Tages nicht absolut ertragen würde».[47] Das Ehedrama mündete in Schaufelbergers diskreter Versetzung und einer Scheidung. Es bleibt das gut gehütete Geheimnis des Brautpaars, wie viel Zuneigung und wie viel Kalkül bei der Hochzeit mitspielen, doch die Verbindung dient beiden: Er kann den Verdacht ausräumen, er sei homosexuell; sie wird im stockkatholischen Luzern das Stigma der geschiedenen Frau los. «Gut Ding braucht lang Weil!», gratuliert ein deutscher Oberst a. D. dem 44-jährigen Bräutigam. «Da Du ziemlich lang gezögert hast, an den Start zu gehen, dürfte die gemeinsame Lebensfahrt umso glückhafter werden.»[48]

Schaufelberger lässt sich noch rasch versprechen, dass Helferich für Hermann Oberths Übersiedlung nach Argentinien sorgt, dann geht er auf Tauchstation. In Gesellschaft seiner frisch angetrauten Gattin wartet er im luxuriösen Hotel Dorchester in London, bis Gras über beide Affären wächst. Während dieser Zeit schliesst Helferich das Büro Marktgasse,[49] und die Beamten der Fremdenpolizei hoffen, dass «dieses trübe Kapitel» endgültig abgeschlossen sei.[50] Nur Oberth sitzt in der Tinte. Da ihm das Geld ausgeht, sucht er verzweifelt «irgendwelche» Arbeit; der weltberühmte Raketenforscher will sogar Nachhilfestunden geben, wenn er nur nicht nach Deutschland zurückkehren muss, wo er sich «von den Russen bedroht» fühlt. Doch er hat einen Notfallplan. «Falls die Pläne für Argentinien nicht erfüllt würden», erzählt er einem Beamten, wolle er «mit Hilfe v. Oberst Schaufelberger ev. an die Fa. Rochat in Lausanne gelangen, um für Indien anzuknüpfen.»[51] Statt nach Indien verschlägt es den weltbekannten Wissenschaftler schliesslich ins Berner Oberland, wo er im Auftrag der Kunstfeuerwerkfabrik Hamberger mit einer im Krieg erprobten, «neuartigen und besonders billigen Pulverrakete» experimentiert und die Kühe auf der Weide erschreckt.[52]

Zurück aus London, verknüpft Schaufelberger die Fäden, die er dank des Büro Marktgasse, des Bureau Technische Studien und des Nachrichtendienstes in der Hand hält. Das Ergebnis nennt sich «Konsortium für 10 cm Fliegerabwehrrakete mit Flüssigkeitsantrieb», und anders als bei der «privaten Fi-

Hermann Oberth (vorne) und Wernher von Braun (auf dem Tisch sitzend) bei der NASA (1956)

«All diese Dinge sind sehr schmutzig»

nanzgruppe» sind alle Mitglieder und ihre Arbeitsteilung bekannt: Schaufelberger zeichnet für das «Arrangement» und sieht sich bereits als künftiger Direktor; Rochat ist «Geldgeber» und verantwortet die mechanische Entwicklung der Rakete; Rudolf Oswalds Dienstkamerad Hans Baasch ist als Vertreter der Firma Hasler (heute Ascom) zuständig für «Steuergeräte» und reicht unter der Hand vertrauliche EMD-Unterlagen zum Thema Flugabwehr nach Ems weiter.[53] Die Sparte «Flüssiger Treibstoff» liegt wenig überraschend bei der HOVAG und ist Chefsache: «Verwaltung Dr. Rudolf Oswald, Chemiker Dr. Werner Oswald».[54]

Das Büro Marktgasse hat laut seinem Schlepper Samuel Pomeranz etwa 300 Deutsche über die Schweiz geschleust.[55] Im Bundesarchiv finden sich Spuren von rund 70, unter ihnen zahlreiche hochkarätige Spezialisten der nationalsozialistischen Rüstungsindustrie. Alle anderen sind offenbar unter dem Radar der Behörden geflogen. Argentinien weiss Schaufelbergers Dienste zu schätzen. 1951 wird er von Präsident Perón als «offizieller Gast der argentinischen Nation» eingeladen, um die «hervorragenden Beziehungen» zwischen den beiden Ländern «weiter zu festigen» und sich «über verschiedene Fragen seines Arbeitsbereichs zu informieren».[56] Ob Schaufelberger die Einladung angenommen hat, ist nicht bekannt.

Der argentinische Historiker Uki Goñi ist überzeugt, Schaufelberger sei geschmiert worden, stützt sich aber einzig auf die Aussage von Pomeranz.[57] Schaufelberger, der laut eigenen Angaben 1939 «mittellos» in die Schweiz gekommen war, lebte im Krieg vom mageren Sold eines Wehrmannes, und die Strumpfwirkerei seiner Familie in Deutschland war während und kurz nach dem Krieg wohl wenig profitabel. Trotzdem versteuert er 1953, bei einem Jahreseinkommen von 62 000 Franken, ein Vermögen von fast 1,2 Millionen Franken.[58] Im Dunkeln bleibt, ob es sich dabei einzig um das Frauengut der Hotelerbin Elsa Schaufelberger-Hauser handelt oder ob ein lukrativer Nebenverdienst dazu beigetragen hat.

Falls Schaufelbergers einziger Lohn darin bestanden hat, dass er durchreisende Rüstungsfachleute befragen konnte, fragt sich, wieso er dafür reihenweise Beamte und Kollegen hinters Licht führte. Eine mögliche Antwort findet sich in einem Brief an Oberst Bircher, dem er schrieb: «Während alle Staaten sich deutscher Techniker bedienen, tat man das bei uns aus Schiss vor der Strasse und der Linken nicht. Darin lag einer der grössten Fehler und der dümmsten Versäumnisse. Dafür wettern dann die Roten wegen der Höhe der Militärausgaben trotzdem sie einem das Sparen durch Heranziehung deutscher Fachleute verhinderten.»[59]

Raketen

In dieser Logik ist Schaufelberger ein (heimlicher) Held, weil er die armeekritischen «Roten» austrickst und die Unterlassungssünden des Staates wettmacht. Schien ihm folglich die Zusammenarbeit mit Nazis wie Fuldner und Helferich gerechtfertigt, um für die Schweizer Armee rüstungsrelevantes Wissen zu beschaffen? Nahm er dafür in Kauf, dass sich Nazis vor ihrer Verantwortung drücken konnten? Oder fand er nichts dabei, in einer verqueren Logik den Schweizer Staat zu hintergehen, um das «Heimatland» zu retten? Jenseits patriotischer Rhetorik zeigen die «Finanzgruppe» und das Raketenkonsortium, dass Schaufelberger nicht nur aus ideellen Motiven gehandelt hat. Beide wurden gegründet, um das Wissen und die Pläne, die er sich angeeignet hatte, kommerziell auszuwerten.

Ein Ziel der «Finanzgruppe» und des Konsortiums war, der HOVAG ein neues Geschäftsfeld und dem «Emser Wasser» neue Absatzmöglichkeiten zu erschliessen. In öffentlichen Archiven finden sich jedoch keine Quellen, aus denen ersichtlich wird, was Oswald über die Rolle Schaufelbergers im argentinischen Schleppernetz wusste. Völlig unwissend wird er nicht gewesen sein, sonst wäre im Personaldossier von Rumscheidt kein «Aktenvermerk über Besprechung mit Dr. Helferich, Bern» zu finden.[60] Es ist auch anzunehmen, dass er als Investor über die dubiose Herkunft der Raketenbaupläne Bescheid wusste. Doch ohne den Zugang der Bergier-Kommission zum Archiv der Ems-Chemie wäre nicht einmal bekannt, dass einer der Gebrüder Oswald sich mit dem Nazi-Schlepper Helferich getroffen hat.

Noch ein letztes Wort zur bekanntesten Figur in diesem wenig rühmlichen Kapitel der HOVAG-Firmengeschichte. Eine Zusammenarbeit des Raketenkonsortiums mit Hermann Oberth kam nicht zustande, obwohl sich Jean Rochat offenbar darum bemühte.[61] Doch man darf getrost davon ausgehen, dass unter den Dokumenten, die dank Schaufelberger den Weg nach Ems fanden, auch die von Oberth für die K.T.A. verfassten Exposés über «Raketenbauprobleme» waren.

«Der zeit- und kostensparende Weg»

Deutsche Fachleute entwickeln in Ems eine Flab-Rakete, doch weil sich das EMD finanziell nicht beteiligen will, muss Werner Oswald einen finanzstarken Partner finden.

Das Wetter ist nass und viel zu kalt für die Jahreszeit, und das Testgelände beim Albulapass liegt nur knapp unter der Schneefallgrenze. Hier findet am 2. September 1950, ein gutes Jahr nach der Gründung des Raketenkonsortiums, die erste offizielle Demonstration der Emser Rakete statt. Als Bundesrat Karl Kobelt, der Generalstabschef und der Chef der Kriegstechnischen Abteilung (K.T.A.) eintreffen, steht die Abschussvorrichtung schon bereit, und Männer in Übergewändern schieben vier dünne, mannshohe Raketen mit zwei kleinen Flügeln in den Raketenwerfer. Mitarbeiter des Armeefilmdienstes durften kürzlich bei einem Probeschiessen den Abschuss und die Flugbahn filmen, die Rakete aber weder aus der Nähe betrachten noch beim Einfüllen des Treibstoffs und dem Laden des Gefechtskopfs dabei sein.[1] Vor dem Start erklärt Andreas Gadient, in seiner Doppelfunktion als HOVAG-Verwaltungsrat und Nationalrat, den hohen Gästen, die Rakete könne fast zwei Kilogramm Sprengstoff mitführen und erreiche eine Höhe von 12 Kilometern und eine Geschwindigkeit von 1200 Metern pro Sekunde. Noch besser: Sie sei billig zu produzieren und für den «Massenbeschuss» geeignet, vergleichbar den legendären Stalinorgeln an der Ostfront.[2] Dank diesen Eigenschaften könne sie die Lücke in der Schweizer Fliegerabwehr «rasch und wirksam» schliessen.[3]

Alles klappt wie am Schnürchen. Die Geschosse fliegen «regelmässig und stabil», und Kobelt findet anerkennende Worte.[4] Rudolf Oswald nutzt die Gunst der Stunde, um ihm darzulegen, man sei «für die Fortführung dieser Entwicklungsarbeiten auf die Unterstützung von Ausländern angewiesen». Und zwar auf sechs Spezialisten für Raketen, zwei für Zünder und einen für Panzerabwehrgeschosse. Hauptmann Stoelzel ist nicht mehr dabei, er ist durch den österreichischen Ingenieur

Friedrich Halder ersetzt worden, der wahrscheinlich dank dem Büro Marktgasse und Schaufelberger zur HOVAG fand. Jedenfalls hat die K.T.A. diesem Ende 1948 auf Schaufelbergers Empfehlung hin zwei Exposés – «Die Luftverteidigung» und «Ungesteuerte Abwehrraketen» – in Auftrag gegeben.[5] Kopien davon sind unter der Hand nach Ems gelangt, wo eine unbekannte Hand sie mit einem roten «VERTRAULICH» abgestempelt und den Namen des Verfassers herausgeschnippelt hat.[6]

Im Gegensatz zum Schaumschläger Stoelzel hat Halder Physik, Mathematik und Maschinenbau studiert, besitzt einen Doktortitel und ist Spezialist für Fliegerabwehr. Er diente während des Kriegs bei der Amtsgruppe für Flakentwicklung und Rüstung im Reichsluftministerium, wo er eine Denkschrift verfasste, in der er seine Amtsgruppe als einen Haufen einfältiger Traditionalisten desavouierte, welche die technische Entwicklung verschlafen würden. Er sagte (zu Recht) voraus, die Flakartillerie könne mit der Flughöhe und der Geschwindigkeit von Bombenflugzeugen bald nicht mehr Schritt halten, deshalb müsse die Wehrmacht Flabraketen entwickeln.[7] Sein Vorgesetzter entfernte die undiplomatischen Spitzen aus der Denkschrift und unterbreitete sie Reichsmarschall Göring – zusammen mit einem Programm für die beschleunigte Entwicklung von ferngelenkten Pulverraketen und Projektilen mit Zielfindungsautomatik.[8] Hitler fand das «R-Programm» zwar «utopisch», mischte sich aber nicht ein.[9] Als Göring es widerwillig akzeptierte, wurde Halder zum Leiter des Referats 5 befördert. Eine der Kleinraketen, die er in der Flakversuchsstelle Karlshagen in Peenemünde-West entwickelte, war die Taifun, mit der Stoelzel später in der Schweiz hausierte.

Als die Amerikaner nach dem Krieg Erkundigungen einzogen, versicherte man ihnen, Halder sei nie in der Partei gewesen, er verdanke seinen Aufstieg einzig seinen Fähigkeiten und technischen Fertigkeiten.[10] Das ist natürlich Unsinn, denn seine Position als Chef der Flakversuchsstelle Karlshagen war ohne NSDAP-Mitgliedschaft undenkbar. Ein Empfehlungsschreiben für die Wehrmacht gibt zuverlässigere Auskunft: «Obwohl er [in Österreich] während der Jahre 1933–1938 als alter Parteigenosse schärfstem Druck ausgesetzt war, machte er nie aus seiner Überzeugung ein Hehl und scheute sich auch nicht, durch Waffenaufbewahrung u. s. w. am aktiven Widerstand mitzuwirken.»[11] Kurz nach dem Anschluss Österreichs wurde er «Betriebszellenobmann» und trat «jederzeit mit dem Einsatz seiner ganzen Energie und Persönlichkeit für die Interessen des Betriebes wie der Belegschaft im Sinne des Nationalsozialismus ein».[12]

«Der zeit- und kostensparende Weg»

Friedrich Halder (um 1939)

Ludger Volpert (um 1940)

Eine von Volperts Erfindungen: das Kompressorflugzeug Nr. 2 (1931)

Als Halder im Frühling 1949 seine Stelle beim Konsortium antrat, verpflichtete er sich, «innert einem Jahr mit 3–4 Mitarbeitern eine Serie von Versuchsraketen herzustellen». Dieser straffe Zeitplan war nur möglich, weil die «fertigen Zeichnungen, Fabrikationspläne und Zeitstudien» der Rakete «vollständig» vorlagen und Halder «die nach den ersten Schiessversuchen in Deutschland noch in Aussicht genommenen Änderungen» kannte. Ihm standen auch die «genauen Rezepte» für den in Peenemünde verwendeten Treibstoff Visol 6 zur Verfügung,[13] doch laut Oswalds Briefing musste er einen Treibsatz entwickeln, «der der Rakete zu einer maximalen Beschleunigung und Geschwindigkeit verhilft und auf der andern Seite bestmöglichst abgestimmt ist auf die produktiven Gegebenheiten unseres Werkes».[14]

Halder lieferte er auch den ideologischen Überbau für das Emser Raketenprogramm. Das Papier lehnte sich inhaltlich an das Pamphlet an, mit dem er den Verantwortlichen im Reichsluftministerium die Leviten gelesen hatte: «Wer dem Personenkreis angehört, der die Entscheidung zu treffen hat, welche aktiven Abwehrmassnahmen entwickelt und in Fertigung gehen sollen, wird sich jederzeit bewusst sein müssen, was für ein grosses Vertrauen des ganzen Volkes auf ihm ruht, und welche ungeheure Verantwortung ihm damit auferlegt ist. Es geht dabei nicht darum zu wissen, was im Augenblick getan werden soll, sondern stets darum, was für den Soldaten in zwei oder mehr Jahren unerlässlich sein wird, um einem Gegner wirkungsvoll begegnen zu können.»[15]

Rochat liess 150 000 Franken für den Bau der Versuchsrakete springen, und Halder und seine Leute bezogen eine Baracke am Rand des Fabrikgeländes in Ems. Das Team bestand ausschliesslich aus deutschen Rüstungsspezialisten: Stoelzels ehemaliger Mitarbeiter Hans Pohajac und Ingenieur Ulrich Günther hatten beide in der Heeresversuchsanstalt Peenemünde gearbeitet. Günther besass obendrein eine auf Raketenzünder spezialisierte Firma. Zwar hatte die Belegschaft vor dem Einmarsch der Russen alle Pläne vernichtet, doch war er zuversichtlich, die Zünder aus der Erinnerung nachbauen zu können.[16] Der Ingenieur Ludger Volpert war auf Flugzeugmotoren spezialisiert, behauptete aber, er kenne auch «die Besonderheiten der V2 perfekt».[17] Er hatte in den Dreissigerjahren ein propellerloses «Flügelvortriebsflugzeug» entwickelt, das als «umwälzende Erfindung» angepriesen wurde, aber nie abhob. Im Krieg war er Stabsingenieur bei der Luftwaffe und an der Entwicklung des Hubschraubers «Kolibri» beteiligt. Laut seiner Personalakte bei der Wehrmacht war seine Einstellung zum nationalsozialistischen Staat «sehr positiv», darum musste Schaufelberger, um ihn in die Schweiz zu holen, wieder einmal auf die Interessen der Landesverteidigung pochen.[18] Später sorgte er dafür, dass Volpert in England den Prototyp des Raketenmotors bauen konnte.[19] Gadient erwirkte, dass das EMD Volpert eine 75-Millimeter-Kanone zur Verfügung stellte, die allerdings vollständig zerstört wurde, weil ein Geschoss vorzeitig explodierte. Rochat kam für den Schaden auf und erzählte stolz: «Herr Bundesrat KOBELT wurde von Herr Nationalrat Gadient persönlich über diesen Unfall informiert und stellte mir auf dessen Bitte hin sofort eine neue Kanone für die Fortsetzung unserer Versuche zur Verfügung.»[20]

Auch der österreichische Mathematiker und «Raketentheoretiker» Josef Zbornik hätte es ohne Schaufelberger wohl nicht über die Grenze geschafft. Mit seiner Anstellung beglich Halder eine alte Schuld, denn Zbornik hatte ihn in den Dreissigerjahren als Hilfslehrer in einem Landschulheim angestellt und ihm ermöglicht, nebenbei eine Doktorarbeit zu schreiben. Als NSDAP-Mitglied bürgte Zbornik auch für seine nationalsozialistische Gesinnung und ebnete ihm nach dem Anschluss Österreichs den Weg zur Offiziersausbildung bei der Wehrmacht. Auch Zbornik machte damals einen Karrieresprung. Da die NSDAP «seine antisemitische und nationale Gesinnung würdigte», wurde er zum Studienrat an der Nationalpolitischen Erziehungsanstalt Wien-Theresianum befördert. Nach dem Krieg machte er geltend, er habe jüdischen Schülern vorschriftswidrig ein Maturitätszeugnis ausgestellt und entlassenen jüdischen Lehrern eine Abfindung bezahlt, um ihnen die Emigration in die USA zu ermöglichen. Das trug ihm die Bestätigung ein, seine Parteimitgliedschaft sei «weniger in Gesinnungs- als in Opportunitätserwägungen» zu suchen, doch im Schuldienst war trotzdem kein Platz mehr für ihn. Um sich und die Familie über Wasser zu halten, zog Zbornik in die Provinz und nahm eine Stelle als Lohnbuchhalter an.[21] Im Sommer 1949 reiste er «mit einer Gruppe von Wissenschaftlern durch Vermittlung der Nachrichtensektion» in die Schweiz ein.[22]

Schaufelberger holte auch die Infrarotspezialisten Josef Menke und Ernst Doerpinghaus in die Schweiz, die Modelle und Muster mitbrachten, unter anderem den optischen Torpedozielsucher Schwertfisch, ein Infrarotzielgerät, einen Infrarotsteuerkopf für Raketen und den Zielsucher, den die Wehrmacht für die Schmetterling-Rakete verwendet hatte.[23] Er liess die beiden Deutschen im Glauben, er kümmere sich als Vertreter des Nachrichtendienstes um sie, und verpflichtete sie zu absoluter Geheimhaltung, trat aber auf wie ihr Manager: Er suchte ein Labor, in dem sie arbeiten konnten, und organisierte Zusammenkünfte mit Leuten, die sich für eine kommerzielle Auswertung ihrer Erfindungen interessierten. Der Ansturm war überwältigend und zeugte gleichzeitig von Schaufelbergers unglaublichem Netzwerk und dem überwältigenden Interesse an der neuen Infrarottechnologie. In kurzer Zeit präsentierten sich der Raketenbevollmächtigte der französischen Armee, der argentinische Botschafter, der amerikanische und der britische Militärattaché, Vertreter des spanischen Generalstabs sowie mehrere in- und ausländische Rüstungsunternehmen, unter ihnen Emil Bührle und sein Entwicklungschef, die sich besonders für einen Infrarotabstandszünder für ihr Raketenprogramm interessierten.[24]

Als trotzdem keine Offerten eingingen, wurden die Deutschen misstrauisch. Sie hatten den Eindruck, es gehe Schaufelberger einzig darum, «dass eine von ihm betreute (ob privat oder dienstlich ist nicht bekannt) Raketenentwicklung in der Schweiz (Chur) mittels der Infrarot-Steuergeräte […] die Raketenentwicklungen bei der Fa. Bührle konkurrenzieren» sollte. Also trafen sie sich hinter Schaufelbergers Rücken mit Bührle, um ihm das Modell eines Abstandszünders zu präsentieren. Schaufelberger war fuchsteufelswild, als er davon erfuhr, und traktierte Menke und Doerpinghaus mit «unflätigen Ausdrücken». Er konnte sich solche Ausfälle leisten, denn sie verdankten ihm ihre Aufenthaltsbewilligung und die Bewilligung für ihre Forschungsarbeiten. «Unter Androhung polizeilicher Massnahmen» mussten sie ihm eine Aufstellung aller «selbständig gepflegten Verhandlungen» vorlegen und den Infrarotzünder für die Emser Rakete weiterentwickeln.[25]

Werner Oswald trat beim Raketenprojekt kaum je in Erscheinung, doch im Hintergrund fällte er alle wichtigen und meist auch die weniger wichtigen Entscheide. Er beauftragte Halder, für den Treibsatz Versuche mit reinem Methanol und – analog zum «Emser Wasser» – einem Gemisch aus Methanol und Alkohol zu machen, und stellte ihm dafür einen Treibstoffexperten der HOVAG zur Seite. Als sich ein Gemisch aus hoch konzentrierter Salpetersäure, sogenannter Hoko-Säure, und Vinylethylether bewährte, gab er das nächste Ziel vor. Und zielte wie immer hoch: «Ich ersuche Sie, die Anlagegrösse für 100 000 Raketen auszulegen, d. h. für ca. 150 000 kg Vinyläthyläther pro Jahr», schrieb er Halder und Gadient, dem er die Aufsicht über das Raketenteam übertragen hatte. «Ich bin nicht unterrichtet, ob man für solche Anlagen von irgendwelcher Firma die Konstruktionsunterlagen in aller Detaillierung bekommt oder ob wir diese selbst entwickeln müssen. Im letzteren Fall bitte ich um Einreichung eines Versuchsprogramms mit Versuchsbudget.»[26]

«Der zeit- und kostensparende Weg»

Die Aussenkontakte überlässt Oswald meist Schaufelberger und Gadient, die ein eingespieltes Team sind. Als Gadient in der Nähe von Domat/Ems ein Gelände für Raketentests suchte und der Gemeindepräsident von Tamins ihm das Gebiet «hinter dem zweiten Waffentobel» vorschlug, sorgte Schaufelberger für Akzeptanz in der Gemeinde, indem er der Sache einen offiziellen Anstrich gab. Er versicherte auf Briefpapier des EMD, dass die Generalstabsabteilung «an der erfolgreichen Durchführung der vorgesehenen Schiessversuche sehr interessiert ist und die damit verbundenen Entwicklungsarbeiten sehr begrüsst».[27] Die Geschosse seien ungeladen, für allfällige Schäden komme eine Versicherung auf, und Major Baasch (notabene ein Dienstkamerad von Rudolf Oswald) bezahle die Absperrposten. Statt Raketen wurden in der Korrespondenz nur «Schiessmittel» erwähnt, und der Gemeindepräsident wusste einzig, dass es «um ein Produkt» ging, «das die Hovag herstellen könnte».[28]

Zwei Wochen nach der Raketenvorführung auf dem Albula landet auf Bundesrat Kobelts Schreibtisch ein Exposé zur Raketenfrage von Oberst Bircher. Timing und Inhalt sind für die Gebrüder Oswald optimal. Laut Bircher beweist der Koreakrieg, dass Raketen aus der modernen Kriegsführung nicht mehr wegzudenken sind. «Die Amerikaner haben nicht umsonst nach ihrem Einmarsch in Deutschland geradezu ‹Gehirnjagden› (brain hunting) auf deutsche Forscher gemacht, wobei die politische Vergangenheit keine Rolle spielte. [...] In ähnlicher Weise haben die Russen in Peenemünde die Pläne erbeutet und die Ingenieure nach Russland weggeführt.» Die Schweiz sei hingegen hoffnungslos im Hintertreffen. Zwar habe die K.T.A. «volle 8! Jahre eifrig gepröbelt», doch das Resultat seien «ein paar tausend Flugzeugraketen, deren Präzision aber gar nicht sichergestellt ist». Das zwölfseitige Exposé gipfelt in der Feststellung, die Schweiz könne «nur mit grösster Sorge der nahen und weiteren Zukunft entgegenblicken». Um Kobelt Dampf zu machen, schickt Bircher Kopien an die EMD-Spitze und die parlamentarische Militärkommission. Gleichzeitig reicht er im Nationalrat eine Kleine Anfrage zu den Lücken «in unserem militärischen System» ein, die vom Bundesrat Auskunft darüber verlangt, wer diese Lücken verantworte und bis wann sie gefüllt werden könnten.[29]

Die Emser Offensive ist perfekt orchestriert. Kurz nach Birchers Vorstoss folgt ein Brief von Rudolf Oswald und dem Lausanner Industriellen Jean Rochat, die Bundesrat Kobelt wortreich die Vorteile ihrer «Kleinflüssigkeits-Rakete» darlegen. Im Gegensatz dazu seien Pulverraketen «von schwer herstellbaren und schwer lagerfähigen Treibpulvern» abhängig, und nicht einmal der Bau einer Pulverfabrik könne «die Kalamität der Glycerinbeschaffung in Kriegszeiten» aus der Welt schaffen. Das ist eine Spitze gegen Bührles kleinkalibrige Pulverrakete und eine perfekte Startrampe für die Emser Flüssigkeitsrakete. «Umso grössere Bedeutung kommt daher der Möglichkeit zu, die bereits bestehenden Anlagen von Ems zur Stärkung unserer Landesverteidigung heranziehen zu können durch die Verwendung neuer flüssiger Treibstoffe.» Es brauche eine Rakete, die dem Land dank Treibstoff «aus einheimischen Komponenten» die «materialmässig völlige Unabhängigkeit vom Auslande» sichere.

Damit ist die Katze aus dem Sack. Und anders als beim Grilon, bei dem der Beitrag der deutschen Spezialisten kleingeredet wird, ist bei der Armee Klartext angesagt: «Wenn wir in der verhältnismässig kurzen Zeit von gut zwei Jahren zu so erfreulichen Resultaten gelangten, so liegt dies zum Teil im Umstand, dass wir durch die Heranziehung einer auf diesem Gebiet in Peenemünde tätig gewesenen Equipe frühere Fehlentwicklungen vermeiden und Mängel, die sich beim Entwicklungsschluss in Deutschland gezeigt hatten, beheben konnten.» Das Konsortium habe «ein Raketenmodell gewählt, das im letzten Kriege zwar nicht mehr zum Einsatz gelangte, das aber den Forderungen der deutschen Flabwaffe entsprochen hatte». Man beschränke sich aber nicht «auf einen blossen Nachbau», sondern habe «wesentliche Neuerungen und Verbesserungen» vorgenommen und ein Antriebssystem entwickelt, das «allen bisherigen Typen überlegen ist». Trotzdem sei die Emser Rakete billig – «bei Serienfabrikation ca. Fr. 400.–» – und «innert nützlicher Frist» einsatzbereit.

Rudolf Oswald und Rochat versichern dem Bundesrat, das Konsortium sei zur «beschleunigten Weiterführung der Vorversuche und Entwicklungsarbeiten bereit, sofern hierfür die notwendigen Voraussetzungen geschaffen werden». Damit stossen sie zum Kern der Sache vor. «Wenn wir bis anhin unter Aufwendung beträchtlicher privater Mittel in aller Stille gearbeitet haben, dann nicht zuletzt aus der Erkenntnis heraus, dass nicht nur Pläne, sondern Beweise und zwar in Form flugfähiger Modelle vorzuzeigen sind», erklären sie Kobelt selbstbewusst. «Wir sind überzeugt davon, dass der eingeschlagene Weg richtig war und daher auch einer Förderung durch das EMD wert ist.»[30]

Als Kobelt in eine Besprechung einwilligt, putzt man sich in Ems heraus. Am 29. September 1950 wird die Calanda SA aus der Taufe gehoben, benannt nach dem Bergmassiv, das vom Firmensitz Haldenstein aus zu sehen ist. Die Firma besitzt auch schon den ersten Patentanspruch. Ein halbes Jahr vor ihrer offiziellen Gründung hat sie ein Patent angemeldet für ein «Verfahren zur Zündung der flüssigen Treibstoffe einer Rakete sowie Rakete zur Durchführung des Verfahrens».[31] Das Kapital von 100 000 Franken stammt je hälftig von Jean Rochat und von der HOVAG.[32]

Am 16. Oktober 1950 findet im Sitzungszimmer des Nationalrats das Gipfeltreffen statt, auf das Oswald seit mehr als drei Jahren hingearbeitet hat. Das EMD ist durch Bundesrat Kobelt, den Generalstabschef und sechs hochrangige Beamte vertreten, Ems durch eine ebenfalls hochkarätige Delegation, bestehend aus Andreas Gadient (Nationalrat und HOVAG-Verwaltungsrat), Armin Meili (Oberst, Nationalrat, HOVAG-Präsident), den Gebrüdern Oswald und Jean Rochat als Vertreter der Calanda SA. Zu Beginn hält sich Werner Oswald vornehm zurück, aber als es um die «möglichst grosse Unabhängigkeit vom Ausland» geht, redet er sich ins Feuer und schwärmt vom Emser Raketentreibstoff, «der vollständig aus schweizerischen Urprodukten hergestellt werden kann (Holz, Wasser usw.)». Während er das Loblied der Autarkie singt, bleibt Rochat der kühl rechnende Geschäftsmann. Ihn interessiert, ob die Calanda SA mit finanzieller Unterstützung des EMD rechnen kann. Kobelt wiegelt ab und beendet das Treffen mit einer salbungsvollen, aber belanglosen Erklärung. Es sei noch zu früh für verbindliche Zusicherungen, doch «das notwendige Wohlwollen» sei vorhanden. «Im Interesse der Sache hoffen wir sehr, dass es Ihnen gelingen möge, die Entwicklung zum Erfolg zu führen.»[33]

Anfang 1951 kann Halder «bedeutende Fortschritte» vorweisen: Das Triebwerk ist erprobt, ein «Brennstoff von stabiler Viskosität» gefunden und eine «Zwillingsabschussrinne» entwickelt.[34] Wenig später sind die ersten 200 Raketen gebaut und werden im Verlauf von ein paar Monaten in Tamins und im Albulagebiet verschossen. Die Testergebnisse sind ermutigend, und das Triebwerk funktioniert erstmals «einwandfrei». Trotzdem hat Halder alle Hände voll zu tun. Die grössten Sorgen bereiten ihm die Streuung, der Aufschlagzünder und die Druckpatrone. Die K.T.A. hat ihm zwar gratis und franko die Patrone zur Verfügung gestellt, die sie für ihre eigene Pulverrakete entwickelt hat, doch diese weist «Unzulänglichkeiten» auf.[35] Auch für dieses Problem kennt Schaufelberger den richtigen Mann, der ihm erst noch einen Gefallen schuldet: Als Eugen von Holt, der Entwickler der Taifun-Druckpatrone, während seiner «Übersiedlung» nach Spanien bei ihm vorbeischaute, gab er ihm den Auftrag, ein Exposé über Nipolit-Sprengstoff zu verfassen.[36] Da von Holt im spanischen Exil aber selbst mit der Entwicklung einer Rakete beschäftigt ist, hat er keine Zeit, sich mit der Calanda-Rakete zu beschäftigen. Zur Lagerung von Flüssigkeitsraketen, schreibt er Halder, könne er sowieso keine Angaben machen. «Längere Lagerzeiten waren während des Kriegs nicht notwendig.»[37]

Die Argentinienauswanderer, die von Schaufelberger unterstützt wurden, sind dankbarer und kooperativer. Der Raketenfachmann Julius Henrici schickt Pläne der ferngesteuerten Schmetterling-Rakete samt einer Bewilligung der argentinischen Regierung, die Schweizer dürften sich Notizen machen.[38] Auch der Kampfflieger Werner Baumbach zeigt sich erkenntlich, dass Schaufelberger seine Frau und seinen Sohn davor bewahrt hat, nach Deutschland zurückgeschickt zu werden. Anlässlich einer Europareise nimmt er, zusammen mit einem ehemaligen Dienstkameraden der Luftwaffe, an einer Besprechung (unbekannten Inhalts) in Ems teil.[39]

Im Frühjahr 1951 macht Schaufelberger die Bekanntschaft des Deutschen Kurt Füllner, der sich als ehemaliger Mitarbeiter von Wernher von Braun und Direktor der PAG Near East United Laboratories of Physics in Kairo ausgibt. Er behauptet, er besitze nicht nur «eine Unmenge von Dossiers über alle Raketenprobleme», sondern Informationen über einen neuartigen «Super-Brisanzstoff», der Raketentreibstoff und Sprengstoff in einem sei.[40] Schaufelberger ist skeptisch, doch Oswald hat Angst, eine Chance zu vertun. Seinem Bruder Victor schreibt er, er halte Füllners Versprechungen zwar «für nicht realisierbar», aber die Versuche könnten «mit geringen Kosten» durchgeführt werden, «und dazu sollten wir ihn bringen».[41] Als Füllner darauf besteht, er könne «den Beweis» für die Wirkung des «Super-Brisanzstoffes» nur in seinem Labor in Kairo antreten, kennt Schaufelberger einmal mehr den richtigen deutschen Fachmann.[42] Der Deutsche Erich Dinner, der Schwager des Waffenhändlers Walter Heck, war im Krieg Direktor einer Sprengstofffabrik; nun lebt er als Berater der ägyptischen Armee in Kairo.[43] Und er schuldet Schaufelberger einen Gefallen, weil ihm dieser in seiner Funktion als Nachrichtendienstmitarbeiter zu einem Schweizer Identitätsausweis für eine mysteriöse Spanienreise verhalf, von der er wertvolle Baupläne für einen Panzer mitbrachte.[44] Als die Calanda SA ihn kontaktiert, kann Dinner wenig Gutes berichten. Füllner suche sich offensichtlich Länder wie Ägypten aus, «die mangels geeigneter Messanlagen nicht in der Lage sind, seine Angaben nachzuprüfen».[45]

Den Rest der Geschichte kann man später im *Spiegel* nachlesen. Das Nachrichtenmagazin schildert, wie «Oberstleutnant Schaufelberger und Nationalrat Dr. Gadient» sich eine «der wenigen noch freien deutschen Kapazitäten» aus Peenemünde sichern wollten und hofften, Füllner könne auch «Pläne des ‹Rheinboten›, des unvollendeten V-Waffentyps Nr. 4, aus dem von ihm erwähnten Geheim-Archiv herbeischaffen». Als er dafür 10 000 Franken Vorschuss verlangt habe, seien sie zwar stutzig geworden, hätten ihm aber für einen Test seines Superbrisanzstoffes «600 Fränkli als dreitägigen Spesenersatz, freie Fahrt, Logis und Verpflegung» sowie einen «Auswertungsvertrag mit vollem Erfinderschutz bei Beweisführung im Messlabor» angeboten. Den Vorschuss hätten sie ihm jedoch verweigert, worauf Füllner «den eidgenössischen Boden» verärgert verlässt habe.

Es kommt noch peinlicher. Das Nachrichtenmagazin entlarvt Füllner als Schreibmaschinenmechaniker, der mit dem Halbwissen hantiert, das er bei seinem Bruder, einem Büroangestellten des Raketenforschers Rolf Engel, aufgeschnappt hat. Seine guten Beziehungen in Kairo verdankt er einem Ultraschallgerät, das er dem Leibarzt des Ministerpräsidenten angedreht hat. Dieses hat der rheumageplagten ägyptischen First Lady Linderung und ihm Zugang zu Regierungskreisen verschafft.[46] Kaum hat der *Spiegel* das «Reklamegenie» enttarnt, lässt die Bundesanwaltschaft einen Safe aufbrechen, den Füllner bei einer Bank an der Zürcher Bahnhofstrasse gemietet hat. Sie findet darin 300 Gramm Sprengstoff, eine Handgranate, einen Zünder und ein Raketenmodell mit der Aufschrift «P. A. G., NEAR-EAST, Cairo». Den Tipp verdankt sie Oberstleutnant Schaufelberger, der Füllner eins auswischt, weil er Oswald und Gadient ein Jahr lang an der Nase herumgeführt und sie zum Gespött gemacht hat.[47]

Mit der Zeit wird immer offensichtlicher, dass Oswald die Bedeutung der Originalpläne überschätzt und die Komplexität der Aufgabe und die Kosten unterschätzt hat. Er konnte sich zwar einen Aerodynamik-Fachmann ersparen, weil Halder die Taifun-Rakete «im Windkanal des Heeres in Peenemünde» bereits «gewissenhaft» vermessen hatte. Auch der amerikanische «Forschungsbericht Nr. 172: Aerodynamische Entwicklung des Geräts Taifun», für den die T-Forces Spezialisten in Peenemünde befragt hatten, ersparte Entwicklungskosten. Doch seit Stoelzels erstem primitivem Versuch im Wald sind bereits vier Jahre vergangen, und Oswald und Rochat haben bereits weit über eine Million Franken ausgegeben. Gadient, der das Calanda-Team beaufsichtigt, macht immer mehr Druck, doch Halder wehrt sich und weist auf die beschränkten Mittel hin: «Ein Zeitprogramm lässt sich im Hinblick auf die Vielfalt der Aufgaben, die sehr geringe Zahl der verfügbaren Kräfte und in Anbetracht der Abhängigkeit von Witterung, Terminen und Brauchbarkeit der Lieferungen, der unvorhergesehenen Schwierigkeiten und Forderungen, denen jede Entwicklung unterworfen ist, nicht genau festlegen.»[48]

Raketen

Zu allem Unglück wackelt auch Schaufelbergers Position im EMD. Sein Vorgesetzter in der Materialsektion hat sich schon zur Zeit des Büro Marktgasse über Schaufelbergers «sehr persönliche Art» der Berufsauffassung beschwert, und seither hat sich der Konflikt weiter zugespitzt.[49] Der Generalstabschef nutzt darum einen Wechsel an der Spitze des Nachrichtendienstes, um Schaufelberger dem neuen Nachrichtendienstchef Charles Daniel zu unterstellen. Doch kaum ist dieses Problem gelöst, macht die Administration Probleme. Nach einem Jahrzehnt im Soldverhältnis soll Schaufelberger endlich regulär angestellt werden – allerdings, wie sich dieser bei Oberst Bircher beklagt, nur «als Mitarbeiter 2. Klasse». Damit habe er «in dieser materialistischen Welt» nicht einmal das Recht, «von den Früchten meiner Arbeit wenigstens die Wursthaut zu bekommen, wenn schon die Wurst andere gefressen haben». Die Sache mache ihm «innerlich schwer zu schaffen», denn in seinem Alter sei es schwierig, «eine angemessene Stellung» zu finden, doch könne er es «mit der Ehre eines Mannes» nicht länger vereinbaren, für Leute zu arbeiten, die seine «Opfer und Leistungen» nicht honorierten.[50]

Mit seiner Drohung, den Bettel hinzuschmeissen, scheucht Schaufelberger gleich drei Nationalräte auf. Bircher, Gadient und Meili teilen EMD-Vorsteher Kobelt in einem gemeinsamen Brief mit, sie fänden es «in grösstem Masse bedauerlich, wenn Herr Oberstleutnant Schaufelberger den Dienst quittieren würde». Er brauche endlich «die Anerkennung und Aufmunterung für die geleistete Arbeit durch den Mund der höchsten Stellen». Den drei Parlamentariern schwebt «eine kameradschaftliche Aussprache» vor, «sei es durch den Chef des E. M. D. oder eines dazu Beauftragten».[51] Ihre «dringende Bitte», ein Bundesrat solle Schaufelbergers geknicktes Ego aufrichten, hat grosses Gewicht, nicht nur weil Bircher ein Duzfreund von Kobelt ist, sondern weil sie Kopien an den Generalstabschef und an den Chef des Nachrichtendienstes schicken. Was Kobelt unternimmt, ist nicht aktenkundig, doch zwei Monate später, als Bircher sich erkundigt, ob man mit Schaufelbergers «Weiterverwendung» rechnen könne, versichert Nachrichtendienstchef Daniel, er habe alles getan, um dessen finanzielle Situation zu verbessern. Er freue sich, dass er «diesen Kameraden, den ich für seine berufliche Tätigkeit sehr schätze», behalten könne.[52] Es lässt sich nicht belegen, dass Oswald im Hintergrund die Fäden zog, doch ist nicht anzunehmen, dass VR-Präsident Meili und Cheflobbyist Gadient sich ohne sein Wissen für Schaufelberger eingesetzt haben. Jedenfalls zahlt sich die Intervention aus, nicht nur finanziell. Seither lässt Oberst Daniel seinem Mitarbeiter «die grösste Freiheit».[53]

«Der zeit- und kostensparende Weg»

Zu dieser Zeit beschäftigen sich Oswald und Schaufelberger auch mit obskuren Spezialisten und abstrusen Projekten, die das Rüstungsprogramm der HOVAG ergänzen und bei der Umstellung helfen sollen. Füllners «Super-Brisanzstoff» ist nur ein Beispiel für die Hoffnungen, die sie an skurrile Erfindungen knüpfen. Ein anderes ist das Geheimprojekt «Hexenkessel» des Österreichers Mario Zippermayr, der Flakraketen mit riesigen Kohlenstaubgeschossen bestücken will, um mit der Druckwelle der Explosion ganze Bombergeschwader zum Absturz und halbe Städte zum Einsturz zu bringen. Da Kohlestaub deutlich billiger ist als Sprengstoff, machte die deutsche Luftwaffe während des Kriegs entsprechende Versuche, über deren Ergebnisse bis heute gestritten wird. Seit Kriegsende gilt Zippermayr als tot oder in russischer Gefangenschaft verschollen, doch 1950 kreuzt er quicklebendig in Schaufelbergers Büro im Bundeshaus auf und erklärt, die Amerikaner, die Engländer, die Franzosen und die Russen seien hinter ihm her. Wenn er «für die Sicherheit seiner Person eine Staatsgarantie erhalte», stelle er der Schweiz seine Erfindung zur Verfügung. Da er ein Angebot aus Südamerika (Argentinien?) hat, schlägt er ein internationales Kohlestaub-Joint-Venture vor, damit die Versuche, die «wegen des Fremdenverkehrs» in den Schweizer Bergen «kaum durchführbar» seien, in Südamerika stattfinden können.[54] Dank dem «Entgegenkommen» der HOVAG können in Ems «Mahlversuche» mit Materialien durchgeführt werden, die sich für «Staubexplosionen» eignen. Dabei wird auch «Ligninstaub» hergestellt, weil Oswald offenbar vorschwebt, für den «Hexenkessel» Abfälle der Holzverzuckerung zu verwerten (und die Ligninstaubbomben vielleicht mit Emser Raketen zu verschiessen, die mit Emser Treibstoff angetrieben werden?). Oswald ist nicht der Einzige, der von Zippermayrs Idee fasziniert ist. Auch Bührle ist hinter dem «Hexenkessel» her und fragt beim EMD an, ob man ihm «bei der Wahl eines Versuchsgeländes (abgelegenes Tal im Engadin) behilflich sein würde». Auf Initiative des Generalstabschefs findet im Bundeshaus sogar eine Konferenz statt, an der Gadient als Vertreter der HOVAG teilnimmt. Da die Kosten eines einzigen Versuchs jedoch auf drei Millionen Franken geschätzt werden, verschwindet der «Hexenkessel» schliesslich in der Versenkung.[55]

Nach dem ersten Geschäftsjahr der Calanda SA legt Halder einen Rechenschaftsbericht vor. Er lobt den «zeit- und kostensparenden Weg» der Entwicklung, listet «pflichtgemäss» einige «Hemmnisse» auf und bittet den Verwaltungsrat um mehr Personal.[56] Zu diesem Zeitpunkt hat Oswald mit dem Genfer Rüstungsunternehmen Hispano Suiza (HS) bereits einen neuen Investor an der Angel. Ende 1951 werden an einer ausserordentlichen Generalversammlung die Karten neu gemischt. Das Kapital wird auf eine halbe Million aufgestockt, wobei die HOVAG ihre Investition auf 100 000 Franken verdoppelt. Gadient, der aus der eigenen Tasche 25 000 Franken investiert, übernimmt den zweiten Verwaltungsratssitz, welcher der HOVAG zusteht. Die Hispano Suiza als Mehrheitsaktionärin stellt mit Louis Birkigt, dem Sohn des Firmengründers Marc Birkigt, den Präsidenten und mit Conrado José Kraémer, Birkigts Mann für trübe Geschäfte, einen Verwaltungsrat.

Die Statutenrevision stellt sicher, dass Haldenstein Firmensitz bleibt und die Calanda SA den Raketentreibstoff von der HOVAG beziehen muss. Während die Raketenentwicklung bei der Calanda verbleibt, übernimmt Rochat die Geschossentwicklung samt dem Ingenieur Ludger Volpers. Die Zünderentwicklung geht an die HOVAG, die sie für 45 000 Franken der INVENTA weiterverkauft.[57] Die Vermarktung der Zünder geht an die PATVAG und wird die Gebrüder Oswald schon bald in Kontakt mit einem der weltweit bekanntesten Nazis bringen.

«Der zeit- und kostensparende Weg»

«Der gefährlichste Mann in Europa»

Um mit der ägyptischen Armee ins Geschäft zu kommen, verwenden sich die Gebrüder Oswald für Hitlers liebsten Haudegen, den ehemaligen SS-Obersturmbannführer Otto Skorzeny.

Am Morgen des 23. Juli 1952 fahren auf den Strassen von Kairo Panzer auf, und Soldaten besetzen die staatliche Rundfunkstation. Mohammed Naguib, der Anführer des unblutigen Staatsstreichs, verkündet am Radio: «In seiner jüngsten Geschichte hat Ägypten eine kritische Zeit durchgemacht. Es war eine Zeit grosser Korruption und Unstabilität der Regierung. Bestochene Leute trugen viel zu unserer Niederlage im Palästinakrieg bei. Aber jetzt haben wir uns selber gesäubert, und innerhalb der Armee sind die militärischen Angelegenheiten Persönlichkeiten anvertraut worden, in deren Fähigkeit, Charakter und Vaterlandsliebe wir volles Vertrauen haben.»[1]

Noch im selben Monat meldet sich eine ägyptische Militärdelegation in Ems an. Sie will den Zünder begutachten, den die Calanda SA entwickelt hat, um ihre «ausserordentlich rasch fliegende» Rakete «binnen nützlicher Frist nach dem Auftreffen zur Detonation zu bringen».[2] Für die Brüder Oswald ist das eine riesige Chance, denn die Offiziere, die König Faruk gestürzt haben, wollen – ähnlich wie Perón in Argentinien – eine nationale Rüstungsindustrie aufbauen. Die Sache hat nur einen Haken. General Naguib, der neue Oberbefehlshaber der ägyptischen Streitkräfte, hat der Delegation einen waffenkundigen Berater zur Seite gestellt, der von der Schweiz 1948 mit einer Einreisesperre belegt wurde.[3] Und das mit gutem Grund.

Seit SS-Hauptsturmführer Otto Skorzeny 1943 am Handstreich teilnahm, mit dem Benito Mussolini nach seiner Absetzung aus der Gefangenschaft befreit wurde, ist er einer der bekanntesten Nazis. Da auch ein Fotograf zum Einsatzkommando gehörte, konnte sich der fast zwei Meter grosse Hüne medienwirksam neben dem Duce in Szene setzen.[4] Er zwängte sich sogar ungefragt auf den Rücksitz des Fieseler «Storch», mit dem der gestürzte Diktator in die Freiheit geflogen wurde. Mit seinem Gewicht brachte Skorzeny das Kleinflugzeug fast zum Absturz, hievte sich aber auf die Titelseiten der Nazi-Presse, die den SS-Mann euphorisch als «Befreier Mussolinis» feierte.

Bei Kriegsende wurde Skorzeny interniert, 1947 stellten ihn die Amerikaner vor Gericht, unter anderem weil er und seine Leute in amerikanischen Uniformen operiert hatten. Der Chefankläger bezeichnete ihn als «den gefährlichsten Mann in Europa», doch der Richter sprach ihn frei, weil ein britischer Offizier vor Gericht versichert hatte, auch die westlichen Alliierten hätten in fremden Uniformen gekämpft. «Scarface», wie ihn die Alliierten wegen seiner auffälligen Schmisse nannten, blieb weiterhin interniert, machte sich aber kurz vor seiner Anhörung vor dem Nürnberger Kriegstribunal aus dem Staub und ging auf Tauchstation. 1950 meldete er sich zurück und strickte mit der reisserischen Autobiografie «Geheimkommando Skorzeny» an seinem Heldenmythos weiter. Er liess sich in Madrid nieder, eröffnete ein Ingenieurbüro, wurde Militärberater von Franco und betätigte sich laut dem bundesdeutschen Nachrichtendienst als «freischaffender Künstler im Nachrichtengeschäft».[5]

Auch wenn ein Entnazifizierungsausschuss ihn kürzlich als «minderbelastet» eingestuft hat – Skorzeny ist und bleibt ein Nazi. Er ist mit einer ganzen Reihe Kriegsverbrecher befreundet, die Zuflucht in Franco-Spanien gefunden haben, verkehrt im Madrider Nazi-Treff Restaurant Horcher und pflegt Kontakte mit Alt- und Neo-Nazis weltweit.[6] Auch seine Lebenspartnerin, Ilse Gräfin Finck von Finckenstein, eine Protegée von Hitlers Reichsbankpräsident Hjalmar Schacht, ist kein unbeschriebenes Blatt.[7] Sie wird verdächtigt, «eine rechtsgerichtete politische Bewegung zu finanzieren».[8]

Dank einem spanischen Pass befindet sich Skorzeny öfters auf Geschäftsreise. Als er im Frühling 1951 ein paar Stunden als Transitpassagier im Flughafen Zürich-Kloten verbrachte, meldete ein Grenzbeamter: «Skorzeny beabsichtigt mit den Schweizer Behörden Kontakt aufzunehmen, um umgehend auch wieder einmal unser Land besuchen zu dürfen. Er arbeite als beratender Ingenieur zur Zeit in Spanien und habe gute Verbindungen mit Deutschland und einigen südamerikanischen Staaten.» Die Einreisesperre empfinde er als reine Schikane, er habe nur seine Pflicht als Soldat getan.[9]

Wenig später traf bei der Bundesanwaltschaft eine Meldung aus Deutschland ein, Skorzeny sei mutmasslich «das Haupt einer Verbrecherbande», die sich «mit Falschgeldverbreitung, Devisenschiebungen, Menschen-, Waffen- und Rauschgiftschmuggel» befasse. Sie operiere hauptsächlich in Madrid

Otto Skorzeny mit Hitler (1943)

Otto Skorzeny in seinem Büro in Madrid (um 1955)

Raketen

und Tanger, ihr Hauptquartier befinde sich jedoch in einer Villa am Silsersee.[10] Als die Bündner Polizei die ominöse Villa nicht fand, kam Schaufelberger zum Zug. Einer seiner Informanten berichtete ihm, er habe Skorzeny kürzlich am Flughafen Lissabon getroffen: «Er zeigte mir seinen Pass, den er zu dieser Reise nach Portu. benützte – er lautete auf Otto Skor!!! Auf diesen Namen reiste er vor 4 Monaten auch nach Deutschland!!» Er habe aber versichert, er kenne keines der mutmasslichen Mitglieder der gesuchten Verbrecherbande.[11]

Im Sommer 1951 ersuchte Skorzeny offiziell um die Aufhebung der Schweizer Einreisesperre. Überbracht wurde das Gesuch vom Lausanner Bankier und Verleger François Genoud, einem überzeugten Nazi und Holocaustleugner, der sich die Rechte am Nachlass von Martin Bormann gesichert und darin enthaltene Äusserungen über Hitler geschönt hatte.[12] 1955 würde Genoud auch die Rechte an Goebbels Schriften erwerben und aus dem Erlös der Publikation die Anwaltskosten von Klaus Barbie und Adolf Eichmann bezahlen. Einer englischen Journalistin gestand er: «The truth is, I loved Hitler.»[13] Skorzenys Gesuch wurde abgelehnt. Offizielle Begründung war seine frühere Mitgliedschaft bei der Allgemeinen SS.[14]

Ein Jahr später, als Skorzeny erneut ein Einreisevisum stellt, halten die Behörden an ihrem Entscheid fest und verweigern ihm das Visum, um die ägyptische Delegation nach Ems zu begleiten. Am 24. September 1952 trifft in Bern ein mehrseitiges Wiedererwägungsgesuch von PATVAG-Präsident Rudolf Oswald ein, der sich für Skorzeny als «Berater der mohammedanischen Liga, insbesondere aber von Herrn General Naguib» verwendet: «Da die Dislokation der Prüf- und Demonstrationsapparaturen leider nicht in Frage kommt und demzufolge die Demonstration in der Schweiz durchgeführt werden muss, bitten wir Sie höflich, dem Einreisegesuch von Herrn Skorzeny […] zu entsprechen.» Um seinem Gesuch Nachdruck zu verleihen, erklärt er, für die PATVAG stehe viel auf dem Spiel. Sie befinde sich «in Abschlussverhandlungen» mit der Regierung in Ägypten, «wo eine neue Waffenfabrik sich im Aufbau befindet».[15] Mit anderen Worten: Die Gebrüder Oswald wollen den Ägyptern eine Lizenz für den Bau ihres Zünders verkaufen. Zu diesem Zweck machen sie sich für einen weltbekannten Nazi stark und ziehen am selben Strick wie Nazi-Verleger Genoud.

Doch warum geht eine ägyptische Militärdelegation ausgerechnet in Domat/Ems auf Einkaufstour? Und wie kommt General Naguib dazu, Skorzeny anzuheuern? Die Suche nach Antworten führt nach Kairo und nach Madrid, genauer zu PATVAG-Verwaltungsrat Victor Oswald.

Nach der Niederlage im Palästinakrieg 1948/49 wollte König Faruk eine Rüstungsindustrie aufbauen und die Armee reformieren. Zu diesem Zweck holte er, ähnlich wie Präsident Perón, zahlreiche deutsche Fachleute und Nazis ins Land. 1951 machte er den ehemaligen SS-Standartenführer und Wehrwirtschaftsführer Wilhelm Voss, der als Generaldirektor der Reichswerke Hermann Göring, Direktor der Brünner Waffenwerke und Präsident der Škoda-Werke beste Voraussetzungen mitbrachte, zum Leiter des ägyptischen Rüstungsprogramms.[16] Voss heuerte neben Ingenieuren der Nazi-Rüstungsindustrie auch den Raketenpionier (und ehemaligen SS-Hauptsturmführer) Rolf Engel an, um ein Raketenprogramm auf die Beine zu stellen. Artilleriegeneral a. D. Wilhelm Fahrmbacher sollte mithilfe ehemaliger Wehrmachtsoffiziere die ägyptischen Streitkräfte auf Vordermann bringen. «Ich fühle mich hier blendend», schrieb er den alten Kameraden in Deutschland und ermutigte sie, nach Kairo zu ziehen.[17] «Schliesst ruhigen Herzens mit allem in unserer augenblicklich nicht sehr schönen Heimat ab. Ihr verliert nichts und verbessert Euch hier in jeder Beziehung.» Sie kamen so zahlreich, dass der britische Oberbefehlshaber der Suez-Kanal-Zone in Anspielung auf Rommels Afrikafeldzug nach London kabelte: «In Ägypten rommelt es schon wieder.»[18] Nach dem Sturz von König Faruk stellten sich die meisten dieser Deutschen in den Dienst der Revolutionsregierung, die ebenfalls ehrgeizige Rüstungspläne hatte.

Im Sommer 1952 tummeln sich in Kairo also zahlreiche ehemalige und weniger ehemalige Nazis, denen zuzutrauen ist, dass sie den Kontakt zwischen der ägyptischen Regierung und Skorzeny hergestellt haben.[19] Aber wie findet eine ägyptische Militärdelegation den Weg ins abgelegene Domat/Ems? Hier kommt das Netzwerk von Victor Oswald ins Spiel, zu dem Rüstungsfirmen wie die spanische Plásticas Oramil und die Oerlikon-Bührle gehören, aber auch der Schah von Persien und der König von Saudi-Arabien, die im grossen Stil Waffen im Westen kaufen.[20] Dass Abd al-Aziz ibn Saud ihm ein altes Schwert geschenkt hat, lässt vermuten, dass er mehr als ein paar Maschinengewehre nach Saudi-Arabien verkauft oder vermittelt hat. Doch nur ein einziges seiner Waffengeschäfte ist gut dokumentiert: 1947 kaufte er mithilfe eines amerikanischen Strohmanns zehn ausrangierte Flugzeuge der US Air Force, die er nach Israel weiterverkaufte.[21] Er belieferte aber auch die Gegenseite und verkaufte Secondhand-Waffen an Ägypten.[22]

Victor Oswald bringt es in kurzer Zeit zu einem «beneidenswerten Vermögen». 1952 wird die Casa Oswald gebaut, das erste von acht Häusern, das die Architektin Matilde Ucelay für ihn entwirft.²³ Er habe, so Christoph Blocher, der ihn in Madrid besuchte, «hochrangig» gewohnt, «mit Dienern mit weissen Handschuhen auch an Werktagen».²⁴ Das verdankt «Don Victor» nicht zuletzt der Gabe, sich zur richtigen Zeit am richtigen Ort anzudienen. Im spanischen Bürgerkrieg hat er sich rechtzeitig auf die rechte Seite geschlagen, geniesst seither beim Franco-Regime «einen guten Ruf und Unterstützung» und verkehrt privat mit der Familie des Generalísimo.²⁵ Don Victor, wie er in Spanien hiess, macht daraus kein Geheimnis; sogar in Ems ist es ein Gemeinplatz, dass er dem spanischen Diktator «sehr nahesteht». Wie nahe weiss Hans Zollinger, der in die Familie Oswald eingeheiratet hat und ihn persönlich kannte. Er erzählt, Victor Oswald sei einer der ganz wenigen gewesen, der nicht auf Waffen durchsucht wurde, wenn er sich mit Franco traf.²⁶

Victor Oswald ist jedoch schlau genug, auf mehr als eine Karte zu setzen. Wegen seiner «wertvollen Dienste» – wahrscheinlich, wie schon erwähnt, als Informant alliierter Geheimdienste – geniesst er auch «die Wertschätzung und das Vertrauen der angelsächsischen Gremien». Sie machten den neutralen Schweizer nach Kriegsende zum Liquidator und Verwalter mehrerer deutscher Unternehmen in Spanien.²⁷ Auch mit den Amerikanern steht er auf gutem Fuss. Sie sind ihm nicht zuletzt dankbar, dass er Alfred W. Barth, dem Vizepräsidenten der Chase National Bank, Anfang 1950 eine Audienz bei Franco verschafft und den Boden für eine 62-Millionen-Dollar-Anleihe geebnet hat.²⁸

Es war perfektes Timing, denn zu diesem Zeitpunkt stand Victor Oswald wegen Verdachts auf illegalen Devisenhandel unter Hausarrest. «Es scheint daher», sinnierte der Schweizer Botschafter, «dass Herr Oswald den schlechten Eindruck, den diese Nachricht hinterlassen hatte, gekonnt zum Verschwinden brachte, indem er möglich machte, dass der Caudillo und der Handelsminister ihn zusammen mit einem Geldgeber aus Amerika empfingen.» Die Strafuntersuchung schien dem Botschafter kein Grund zur Sorge; Victor Oswald verfüge «über alle Mittel, um sich die Unterstützung eines ausgezeichneten Anwalts zu sichern und viele private oder offizielle spanische sowie ausländische Kontakte zu seinen Gunsten spielen zu lassen, falls er dies wünscht».²⁹ Es wurde nicht nur das Verfahren eingestellt; kurz darauf avancierte Victor Oswald zum offiziellen Vertreter der Chase Manhattan Bank in Spanien.³⁰

Victor Oswald war zweifellos ein gerissener Geschäftsmann. Oberingenieur Peter hielt ihn sogar für «noch schlauer als Werner». Nicht alle teilen diese Einschätzung. Der Maschineningenieur Heinz Schneller ist überzeugt: «Die Schlauheit von Dr. Oswald war unergründlich. Er hat seine Brüder am richtigen Ort eingesetzt.»[31] So oder so, die Zusammenarbeit der Gebrüder Oswald ist kongenial. Sie sind grundverschieden, und jeder ist für das HOVAG-Imperium unentbehrlich: Rudolf ist der Ruhige und Verschwiegene; viele sehen in ihm «die Nummer zwei» oder Werners «Handlanger», doch geht es um ausgeklügelte Verträge und schwierige Verhandlungen, ist er unschlagbar. Christoph Blocher hält ihn sogar für «durchtrieben» und kennt eine Anekdote dazu. Der langjährige Gemeindeschreiber von Domat/Ems habe ihm erzählt: «Bei Werner Oswald wussten wir, dass wir zu kurz kamen, wussten aber wenigstens, wo. Bei Rudolf Oswald wussten wir, dass wir zu kurz kamen, aber nicht, wo.»[32]

Victor und Werner sind hingegen wie Tag und Nacht. Victor ist sozial geschmeidig und leutselig, Werner herrisch und aufbrausend, laut Blocher sogar «sehr grob und unflätig». Victor ist ein Lebemann, Werner ein Asket, der in Ems auf einer Liege im Büro übernachtet, um das Geld für ein Hotelzimmer zu sparen.[33] Victor ist in mehreren Sprachen zu Hause, Werner steht, wie schon sein Deutschlehrer mit Bedauern festgestellt hat, sogar mit seiner Muttersprache auf Kriegsfuss. Mit dem Englischen hapert es erst recht. Als er in New York eine wertvolle Sammlung alter Schweizer Münzen kaufen will, begleitet ihn der kleine Bruder, um zu dolmetschen.[34] Victor heisst in Ems «de Wiki», doch niemand käme auf die Idee, von «Werni» zu reden. Er ist – für viele bis heute – «de Tokter Oswald» oder «de Dr. W.».

Einzig Arthur, der älteste Bruder, ist nicht erkennbar aktiv im Firmenimperium. Der Elektroingenieur ist nach dem Studium auf den Dietschiberg zurückgekehrt, kümmert sich um seine alte Mutter und baut an einer riesigen Freiluft-Modelleisenbahn, die man heute im Verkehrshaus Luzern bestaunen kann. Erst nach dem «Tod von Queen Mary» gründet er eine eigene Familie.[35] In den Akten taucht er ein einziges Mal auf: als Besitzer von acht Prozent des PATVAG-Aktienkapitals.[36]

Doch zurück zu Skorzeny: Die Bundesanwaltschaft brütet drei Wochen lang über Rudolf Oswalds Wiedererwägungsgesuch und kommt zum Schluss: «Nach unserer Auffassung überwiegt die politische Belastung des Skorzeny die wirtschaftlichen Interessen, die für die Schweiz auf dem Spiele stehen.» Die Einreise eines «der bekanntesten Exponenten der SS» sei «vom politisch-polizeilichen Standpunkt aus untragbar».[37]

Am nächsten Tag erfährt der Chef des militärischen Nachrichtendiensts, in Madrid gelte Victor Oswald als «Beschützer v. Skorzeny». Der Militärattaché der Schweizer Botschaft hat ihn bereits auf Oswalds Waffengeschäfte mit der arabischen Welt hingewiesen, nun informiert ihn der Botschafter:

«Tatsache ist, dass Oswald sehr deutschfreundlich ist. Er beschäftigt heute nach seinen eigenen Angaben zirka 60 Angestellte auf seinem Büro, die in der Mehrzahl Deutsche sind. Oswald unterstützt Skorzeny, der in Madrid an der Gran Via Nr. 23 ein Büro besitzt, in welchem mehrere ehemalige SS-Leute arbeiten. Oswald hat die Absicht, Skorzeny nächstens auf sein eigenes Büro zu nehmen im Zusammenhang mit der bereits gemeldeten Waffenlieferungs-Angelegenheit für die arabischen Staaten. Oswald, mit dem ich zwei Mal gesprochen habe, macht keinen Hehl aus seiner Tätigkeit und seinen Sympathien.»[38]

Dieses Schreiben beantwortet nicht nur die Frage, warum eine ägyptische Delegation nach Ems reisen will, sondern auch, warum Skorzeny sie begleiten soll. Der Chef des Nachrichtendiensts informiert sofort die Bundesanwaltschaft und das EMD – und lässt sich zum fragwürdigen Kommentar hinreissen, dass es Victor Oswalds Unternehmen «nicht an ‹Exotik› mangelt». Bundesrat Kobelt reicht die Information an den Chef der K.T.A. und die Finanzverwaltung weiter. Die Reaktion von Finanzdirektor Iklé ist, um das Mindeste zu sagen, zwiespältig. Er findet, die Abklärungen sollten weitergeführt und «die Brüder des Oswald von den Verdächtigungen in Kenntnis gesetzt werden».[39] Von «Verdächtigungen» zu reden, wenn Victor Oswald selbst «keinen Hehl» aus seinen Waffengeschäften und seinen Sympathien für Skorzeny macht, ist das eine. Das andere ist, dass Iklé ausgerechnet die Brüder informieren will. In den Akten deutet nichts darauf hin, dass irgendetwas abgeklärt wurde und auch nicht, dass die Brüder Oswald ins Bild gesetzt wurden. Doch in Anbetracht der langjährigen Beziehung der beiden Dienstkameraden darf man annehmen, dass Werner Oswald informiert wird – und dankbar ist, den Bruder in Spanien warnen zu können, dass der Schweizer Botschafter und der Nachrichtendienst ein Auge auf ihn geworfen haben.

Wenig später meldet sich noch einmal der Militärattaché. Auch er hat inzwischen mit Victor Oswald geredet und ist überzeugt, Skorzeny sei «eine Art Anziehungszentrum» für Nazis. «Vorgestern war zu vorgerückter Stunde ein eingereister Nazi so betrunken, dass er plauderte. Auf die Frage, was er hier mache, sagte er, er sei gekommen, um seinen Chef Skorzeny zu besuchen und ihm Bericht zu erstatten. Es scheint, dass Skorzeny eine Art internationaler SS-Chef und das Zentrum eines Nachrichtendienstes geworden ist, der ziemlich weit reicht. Näheres ist mir vorläufig nicht bekannt. Ich möchte aber bezweifeln, dass Skorzeny (wie Oswald mir gegenüber behauptete) keine politischen Aspirationen mehr habe.» Auch über die Waffengeschäfte weiss er mehr. Hjalmar Schacht sei zum zweiten Mal innerhalb von kurzer Zeit in Madrid aufgekreuzt und habe «mit Skorzeny und Oswald Fühlung gehabt, wobei nun ausser den Waffenlieferungen für die arabischen Staaten auch solche für die Türkei und Abessinien in Aussicht genommen sein sollen».[40]

Mehr über die Waffengeschäfte von Otto Skorzeny und Victor Oswald herauszufinden, ist schwierig. Mit Unterstützung des amerikanischen Filmwissenschaftlers Paul Nagle konnte ich immerhin einen Enkel Victor Oswalds ausfindig machen. Doch der Madrider Werbefachmann zieht es vor zu schweigen. Trotz mehreren Anrufen, die seine Hausangestellte entgegennahm, hat er nie zurückgerufen – obwohl das Motto seiner PR-Firma lautet: «Wir werden mit dem Wunsch geboren, ehrlich zu kommunizieren.»[41]

Auch die zahlreichen Biografien und Dokumentarfilme über das «Narbengesicht» führen nicht weiter. Sie datieren seinen Erstkontakt mit Ägypten fälschlicherweise auf das Jahr 1953. Victor Oswalds Name taucht nur in «The Skorzeny Papers» des amerikanischen Majors Ralph Ganis auf, der Skorzenys Nachlass ersteigert hat. Ganis versucht nachzuweisen, dass Skorzeny zu einer verschworenen Gruppe gehörte, die Präsident John F. Kennedy ermordete. Das Buch enthält keine Fussnoten, aber ein paar glaubhafte Informationen über Victor Oswald. Ganis nennt ihn eine «mysteriöse Figur» und schreibt: «Er spielt in den Skorzeny-Papieren eine Schlüsselrolle als Geschäftspartner und spezieller Vertrauter.» Die beiden hätten gemeinsam Waffengeschäfte getätigt und seien eng mit der Firma H. S. Lucht «liiert» gewesen, einem deutschen Import-Export-Unternehmen, das 1950 unter Mitwirkung von Werner Naumann, dem ehemaligen Staatssekretär in Goebbels Propagandaministerium, gegründet wurde. Die Firma pflegte enge Beziehungen zur Sozialistischen Reichspartei Deutschlands, die einen «Nationalsozialismus minus Hitler» vertrat und als «ultimatives Ziel» die «Wiederherstellung eines autoritären deutschen Staates» verfolgte.[42] Skorzeny war laut Ganis der «spanische Vertreter» von H. S. Lucht und reiste öfters nach Deutschland, um sich mit seinen Neo-Nazifreunden zu treffen.[43] Über Victor Oswalds Beziehung zu dieser dubiosen Firma oder seinen Waffengeschäften mit der arabischen Welt macht Ganis jedoch keine näheren Angaben.

Aktenkundig ist, dass Skorzenys Beziehung zur ägyptischen Armee durch die Ablehnung seines Schweizer Visums höchstens kurzfristig getrübt wurde. 1953 droht er dem Besitzer der Waffenfirma Esperanza, «dass er seinen Einfluss bei General NAGUIB geltend mache, um den Auftrag stornieren zu lassen, wenn er nicht am Waffengeschäft zwischen Esperanza und der ägyptischen Regierung ‹beteiligt› werde».[44] Auch die geschäftlichen Beziehungen von Skorzeny und Victor Oswald gehen weiter. 1954 führt die inzwischen mit Skorzeny verheiratete Gräfin von Finckenstein den Geschäftsführer des deutschen Wolff-Konzerns bei Victor Oswald ein.[45] Da sie keine Visaprobleme hat, übernimmt sie die Geschäftsreisen, auch in die Schweiz. Im selben Jahr informiert Schaufelberger die Bundesanwaltschaft, sie komme «öfters» nach Zürich und Genf, «um dort für Skorzeny ‹Geschäfte› zu erledigen».[46] Warum er dem Ehepaar Skorzeny und damit indirekt auch dem Bruder seines Freundes Werner Oswald einen Knüppel zwischen die Beine werfen wollte, geht aus den Akten nicht hervor.

Noch eine letzte Bemerkung zu Skorzeny. 1965 beschwert er sich, dass die Grenzbeamten in Zürich-Kloten noch immer mit einer Kriegsverbrecherliste der Alliierten von 1945 arbeiten: «Ich glaube, dass auch die Schweiz, heute nach 20 Jahren, einen deutschen Offizier, dessen Name durch militärische Einsätze bekannt wurde, nicht mehr disqualifizieren kann, weil er seine Pflicht als deutscher Offizier getan hat.» Er verlange, dass sein Name «aus dieser diffamierenden Liste gestrichen wird» und er Zwischenlandungen in Zürich oder Genf nützen könne, um «einige Besorgungen zu machen».[47] Die Schweizer Behörden bleiben hart, auch als er sich drei Jahre später in einer Klinik behandeln lassen will.[48]

Skorzenys *15 minutes of fame* haben Langzeitwirkung: Auch 35 Jahre nach Mussolinis handstreichartiger Befreiung sind die Medien fasziniert vom SS-Hünen und den Mythen, die sich um «den gefährlichsten Mann in Europa» ranken. Was die Rolle der offiziellen Schweiz angeht, so zeigt das Beispiel Skorzenys, dass sie vor allem negative Schlagzeilen in der internationalen Presse scheut. Bei anderen, weniger bekannten, aber im Krieg ungleich viel einflussreicheren Nazis waren die Behörden viel nachsichtiger. HOVAG-Berater Fischer konnte unbehelligt neun Jahre lang in der Schweiz leben und seinen Geschäften nachgehen; HOVAG-Berater Bütefisch, ein im Gegensatz zu Skorzeny verurteilter Menschenschinder, erhielt zur selben Zeit, als Skorzeny die Einreise verweigert wurde, mindestens zwei Mal problemlos ein Visum.[49] Schreibtischtäter sehen halt wie gewöhnliche Bürolisten aus und erregen weniger Aufsehen als «Scarface» Skorzeny.

«Das missglückte Emser Experiment»

Werner Oswald droht mit Entlassungen, falls die Bundeshilfe nicht verlängert wird, und erhält Schützenhilfe vom Kanton Graubünden und der linken Presse.

«Schon November … die Wolken türmen sich und verkünden Schnee. Ein anderes Anzeichen für den Winter. Das ‹Emser Wasser› hat wieder angefangen in den Kühlern zu klopfen … Lassen wir es nach Belieben in unseren Motoren explodieren, so wie das Gewitter am Novemberhimmel donnert.»[1] Mit diesen poetischen Zeilen läutet die *Gazette de Lausanne* den Winter 1952 ein. Zum fünften Mal wird das Benzin mit Emser Treibstoff versetzt. Doch je weiter weg der Krieg rückt, desto kleiner ist die Akzeptanz für die Kosten, die der staatliche Beimischungszwang mit sich bringt. Dass das «Emser Wasser» im Ruf steht, die Motoren zu beschädigen, macht die Sache nicht besser. «Meinetwegen sollen die Emser mit ihrem Wasser machen, was sie wollen», schnödet ein Automobilist, «ich glaube, dass mit einem so schlechten Benzin unser schöner Wagenpark bald flöten ginge im Kriegsfall. Unser Feind mit dem besseren Benzin würde sich totlachen.»[2] Immerhin ist das Ende absehbar. Die HOVAG produziert schneller als vertraglich vorgesehen und wird den letzten Tropfen Treibstoff schon 1953 ausliefern. Offen ist, wie es danach weitergehen wird.

Für Werner Oswald steht ausser Frage, dass er eine Verlängerung der Bundeshilfe erreichen will. Er geht deshalb auf Schmusekurs mit Parteien, Verbänden und Vereinen. Wenn auf seine Einladung «sehr hochgestellte Persönlichkeiten»,[3] Kommissionen und Delegationen nach Ems pilgern, flattern zur Begrüssung die Flaggen der Schweiz, des Kantons und der Gemeinde Domat/Ems über dem Werk. Die wichtigen Gäste führt er persönlich durch die Anlage, oft unterstützt von den Regierungsräten, die den Kanton im Verwaltungsrat vertreten. Das gibt den Führungen einen offiziellen Anstrich und den Gästen ein Gefühl von Wichtigkeit. Manchmal darf Armin Meili ihnen erklären, als VR-Präsident sei er «dankbar» für ihre «moralische und, wenn es sein müsse, auch die politische Unterstützung».[4] Manchmal strapaziert Cheflobbyist Andreas Gadient ihre Geduld mit Referaten, die locker zwei Stunden dauern.[5] Den Abschluss bildet in der Regel ein informeller Austausch bei Speis und Trank, um alte Kontakte aufzufrischen und neue Fäden zu spinnen.

Oswalds wichtigster Verbündeter ist der Kanton Graubünden. Der Kleine Rat weibelt seit bald zwei Jahrzehnten für ihn, und ohne kantonale Gelder wäre das Werk gar nicht erst gebaut worden. Inzwischen hat sich das Kräfteverhältnis jedoch verkehrt: Der Kanton ist abhängig von der HOVAG, die mit mehr als tausend Angestellten der grösste private Arbeitgeber in Graubünden ist. Darum hat die Bündner Regierung den Bundesrat schon im Frühling 1952 ersucht, den Vertrag mit der HOVAG zu verlängern, da bereits ein eingeschränkter Betrieb «eine Katastrophe» wäre.[6]

Am 1. April 1952 finden erste Verhandlungen statt. Die Emser Delegation, bestehend aus drei Bündner Regierungsräten und den «Experten» Werner Oswald und Andreas Gadient, sitzen im Bundesratszimmer Finanzdirektor Iklé und drei Bundesräten gegenüber: Max Weber, der mit dem Finanzdepartement auch das HOVAG-Dossier übernommen hat, Wirtschaftsvorsteher Rodolphe Rubattel und Josef Escher vom Post- und Eisenbahndepartement (heute Departement für Umwelt, Verkehr, Energie und Kommunikation, UVEK), der sich als Walliser um die Lonza sorgt. Oswald verspricht wieder einmal das Blaue vom Himmel. In «ca. 5 Jahren» werde die HOVAG in der Lage sein, neue Produkte aus dem «nationalen Rohstoff» Holz herzustellen und den Treibstoff markant zu verbilligen. Gadient sekundiert. Für die Ligninforschung sei die HOVAG auf die Einnahmen aus dem Treibstoff angewiesen, ergo brauche es eine Verlängerung des Beimischungszwangs. Und für diesen, ergänzt Iklé als Jurist und treuer Verbündeter, brauche es endlich eine gesetzliche Grundlage. Nach einem wenig ergiebigen Hin und Her verlangen die Bundesräte von Oswald einen schriftlichen Bericht, wie er «die Lage nach 1956» einschätze. Dann wird die Sitzung aufgehoben.[7]

Am nächsten Tag treffen sich dieselben Bundesräte mit Vertretern der Walliser Regierung und der Lonza. Sie sind beunruhigt, weil Oswald darauf beharrt, auf dem Stickstoffdünger-Markt sei «Platz für zwei». Die Politiker beteuern zwar ihr «grosses Verständnis» für die «soziale Seite» des Problems, zeigen aber wenig Verständnis dafür, dass die Umstellung in Ems zulasten ihrer Lonza gehen solle.[8]

Beimischungszwang (*Nebelspalter* 1951)

Raketen

Oswald setzt dem Bundesrat in seinem fünfseitigen Bericht in «brutaler Offenheit» auseinander, warum die HOVAG eine Reduktion der Treibstoffproduktion nicht überleben würde. Ohne Absatz- und Preisgarantie des Bundes müsse er die Fabrik «bis auf unbedeutende Sekundärbetriebe schliessen und den grössten Teil unserer Belegschaft entlassen».[9] So direkt hat er noch nie gedroht. Gleichzeitig versucht er, das EMD ins Boot zu holen. Die Armee, erklärt er Bundesrat Karl Kobelt, müsse der HOVAG in Friedenszeiten eine «gesicherte Rendite» garantieren, weil sie im Kriegsfall auf den inländischen Treibstoff angewiesen sei. Er schraubt seine Forderungen sogar noch höher: von jährlich 10 000 auf 12 500 Tonnen und von fünf auf zehn Jahre Bundeshilfe. Nur die Drohung bleibt sich gleich. Ein Aus für die Treibstoffherstellung bedeute «die Schliessung des ganzen Werkes».[10]

Alle diese Verhandlungen finden ohne Wissen der Öffentlichkeit statt, doch in der Sommersession 1952 weist LdU-Vertreter Erwin Jaeckle darauf hin, der Vertrag mit der HOVAG laufe in drei Jahren ab. Mit einem Postulat fordert er den Bundesrat auf, endlich Auskunft über Ems zu geben und die Bundeshilfe «sukzessive» abzubauen.[11] Seit MIGROS-Gründer Gottlieb Duttweiler 1936 den Landesring (LdU) ins Leben gerufen hat, propagiert diese Partei eine «sozial verantwortliche Marktwirtschaft» als «Dritten Weg» zwischen «rücksichtslosem» Manchester-Kapitalismus und staatlich «dirigierter Wirtschaft».[12] Als Advokat eines staatlich abgefederten Kapitalismus kämpft Jaeckle gegen wirtschaftliche Monopole und das nach dem Krieg unnötig verlängerte Vollmachtenregime; ihm ist aber auch die Subventionierung der HOVAG in Friedenszeiten, die der öffentlichen Kontrolle entzogen ist, ein Dorn im Auge. Er hat schon 1947 eine Kleine Anfrage zum Beimischungszwang eingereicht – die der Bundesrat aber partout nicht beantworten will.[13]

Jaeckles jüngster parlamentarischer Vorstoss zielt in dieselbe Richtung und verspricht für die HOVAG nichts Gutes, denn als Nationalrat und Chefredaktor von *Die Tat*, des Sprachrohrs des LdU, ist er eine gewichtige Stimme im öffentlichen Diskurs. Oswald setzt ihm deshalb in einer mehrseitigen «vertraulichen und persönlichen Orientierung» auseinander, die HOVAG sei ohne Treibstoff «noch auf lange Zeit hinaus nicht lebensfähig», weil sie auf die Verbundwirtschaft von Grilon und Treibstoff angewiesen sei. Da aber alle neuen Produkte «stufenweise den Treibstoff verbilligen» würden, stehe er «voll zu dem bisher in Ems betriebenen Ausbau». Er schliesst mit einem Argument, mit dem er in den nächsten Jahren immer wieder den Anspruch auf Bundeshilfe verteidigen wird: Die HOVAG sei nicht nur wegen ihres kriegswirtschaftlichen Nutzens gegründet worden, sondern um Graubünden «auch in Friedenszeiten zusätzliche ganzjährige Arbeit und Verdienst zu sichern». Deshalb müsse die Politik dem Unternehmen die «erforderlichen Fristen» zur Erreichung dieses Ziels einräumen.[14]

Oswalds Brief an Jaeckle ist der Auftakt einer gross angelegten PR-Offensive.[15] «Propagandaminister» Gadient, wie ihn ein SP-Nationalrat getauft hat, tourt durchs Land und warnt in Vorträgen vor dem «Ausbluten einzelner Land- und Berggebiete». Das sei politisch brandgefährlich, denn «ohne gesundes wirtschaftliches Fundament wächst keine Kultur; ohne materielles Substrat verkümmern auch die geistigen Werte». Damit der «Bergler» nicht in einem «hoffnungslosen Existenzkampf» aufgerieben werde und seine Seele «nicht hoffnungslos verkrampfe und veröde», so Gadients Forderung, müsse man in den Berggebieten Industrie ansiedeln. Das verlange aber «bedeutende Opfer der Allgemeinheit» – die er wenig überraschend am Beispiel der HOVAG exemplifiziert.[16] Ein anderer Vortrag steht unter dem Motto «Graubünden muss geholfen werden». Der «redegewaltige» Bündner Nationalrat schildert «packend und einseitig» die Geschichte der HOVAG und wäscht «den motorisierten Kritikern» des «Emser Wassers» den Kopf. Doch das Problem, meint die NZZ, liege nicht dort, wo Gadient es hinstelle, sondern in der «Unübersichtlichkeit», mit der «die kriegswirtschaftlichen Interessen des Landes, die wirtschaftlichen Interessen des Kantons und gewisse private Interessen so gemixt wurden, dass eben der Eindruck entstand, hier würden ‹Päckli g'macht›».[17]

Auch Verwaltungsratspräsident Meili tourt durch das Land, sorgt an der Jahresversammlung des Touring Club Schweiz aber für eine «politische Explosion», über die breit und nicht zum Vorteil der HOVAG berichtet wird. Stolperstein ist eine Podiumsdiskussion über eine Studie, die Wirtschaftsprofessor Theo Keller im Auftrag des Strassenverkehrsverbandes erstellt hat. Er kommt darin zum Schluss, die HOVAG habe die Allgemeinheit bereits neunzig Millionen Franken gekostet und stelle eine volkswirtschaftliche «Dauerbelastung» dar, die sich in Friedenszeiten nicht mehr rechtfertigen lasse. Auf dem Podium sitzen neben Keller und Meili auch der Generalsekretär des Strassenverkehrsverbandes und der Delegierte für wirtschaftliche Landesverteidigung. Meili ist «äusserst gereizt» und wirft Professor Keller «skrupellose Hetze» und «Kreditschädigung» vor. Dieser pariert: «Wenn man gegen die Argumente nichts einwenden kann, dann versucht man den totzuschlagen, der die Argumente gemacht hat. In dieser Weise kämpfe ich nicht.» Als Replik verliest Meili eine Botschaft von UWK-Präsident Grimm, der sich von der Studie mehr «kritische Würdigung» der HOVAG gewünscht hätte – eine Intervention, welche die Presse am nächsten Tag als «Rohrkrepierer!» bezeichnet. Doch der Vertreter des Strassenverkehrsverbandes lässt sich nicht beeindrucken. Er droht mit einem Referendum, falls der Bundesrat die Hilfe verlängert. Das anschliessende Bankett wird, wie *Die Tat* hämisch bemerkt, «leider in Abwesenheit von Herrn Meili abgehalten».[18]

Anfang 1953 liegt auch eine betriebswirtschaftliche Studie des Finanzdepartements vor. Oswald hat die dafür nötigen Unterlagen erst auf mehrfaches Drängen herausgerückt, und das, obwohl Finanzdirektor Iklé ihm hoch und heilig versprochen hatte, die Studie nur verwaltungsintern zu nutzen.[19] Dabei hat sich der Betriebswirtschaftsprofessor Alfred Walther um Ausgewogenheit und Fairness bemüht. Und gut zugehört. Gewisse Passagen seiner 150-seitigen Studie klingen wie ein Echo auf Oswald. Er attestiert der HOVAG eine vorbildliche «Gesamtdisposition», das Verwaltungsgebäude sei «einfach gehalten», die Betriebsführung «sparsam» und die Buchhaltung «vorbildlich». Leider setze man in Ems auf eine veraltete «Erfolgsüberwachung», die Aufwand und Ertrag nicht für einzelne Produkte ausweise und darum zur «Selbsttäuschung» führe. (Andere hätten wohl eher «Fremdtäuschung» gesagt.) Die Studie belegt erstmals schwarz auf weiss, was kritische Stimmen schon lange behaupten: Der Treibstoff, der jährlich vier Millionen Franken abwirft, subventioniert die anderen Produkte, denn «ziemlich grosse Beträge» der allgemeinen Unkosten werden einzig dem Treibstoff angerechnet. Dennoch ist keines der neuen Produkte gewinnbringend, und in der Absicht, «sich durch massive Abschreibungen zu entlasten», hat die HOVAG weit mehr als zulässig abgeschrieben. Kurz: Sie hat «am Mischtreibstoff sehr viel verdient und an den übrigen Fabrikaten viel verloren».

Walther hat in Ems auch Misswirtschaft vorgefunden. Die Leitung habe «sehr teure Anlagen erstellt», die sich als «Fehlinvestition» erwiesen hätten. Diplomatisch fügt er an, er wolle keinesfalls «die an sich bewundernswerte Initiative der Leitung» schmälern. «An der Energie, ein gestecktes Ziel à tout prix erreichen zu wollen, hat es in Ems nie gemangelt, aber es hat eine Bremse gefehlt, die so initiative Industrieleiter eben einfach brauchen.» Falls der Bund sich entscheide, die HOVAG zu erhalten, müsse man zwingend die «organisatorische und personelle Konstellation» verändern.[20]

Der Betriebswissenschaftler hat auch untersucht, ob Grilon die HOVAG aus der Sackgasse herausführen kann. Er ist hin- und hergerissen, sieht grosse Chancen und ebenso grosse Risiken, denn «auch die Konkurrenz wird nicht müssig bleiben».

Sicher sei einzig, dass die Nachfrage nach Kunstfasern wachsen werde. Zur Wirtschaftlichkeit kann er sich nicht äussern, weil er keinen Einblick in die Bücher der FIBRON nehmen durfte. Deshalb ist nach wie vor unklar, ob sie der HOVAG für das Lactam einen marktüblichen Preis bezahlt oder in der Lage ist, ihr eines Tages das Darlehen von fast zehn Millionen Franken zurückzuzahlen. Das Fazit ist auf alle Fälle wenig ermutigend: «Man muss den letzten Schritt tun, wenn man das, was bereits eingesetzt ist, nicht verlieren will. Dazu braucht es aber noch sehr viel Geld.»[21] Das wiederum kann nur der Treibstoff liefern. Viel Treibstoff. Laut Studie so viel wie gegen Ende des Kriegs.[22]

Als die Presse Wind von der Studie bekommt, fordert sie die Veröffentlichung, doch Iklé hält sich ans Versprechen, das er Dienstkamerad Oswald gegeben hat, und hält sie eisern unter Verschluss. Nicht einmal die UWK bekommt sie zu Gesicht.[23] Das spricht auch Bände über deren Zustand. Seit der niederschmetternden Sitzung im letzten Sommer, als Johann Giesen die Abhängigkeit der Grilon-Produktion vom Treibstoff darlegte, hat sie kein einziges Mal mehr getagt. Imfeld fühlt sich, wohl nicht ganz zu Unrecht, «auf ein Nebengeleise» geschoben[24] und würde den Bettel am liebsten hinschmeissen. «Das heutige Durcheinander», warnt er Grimm, «schadet uns persönlich, schadet dem Ansehen der Kommission, aber kann sich, wenn wir dann einmal offen werden müssen, sehr gegen alle die Leute drehen, die jetzt dieses unheimliche Durcheinander erzeugen und schüren.»[25] Damit spielt er wohl auf Iklés Amtsführung und Oswalds Lobbying an, doch es gibt noch mehr Gründe, wieso der UWK nach fast zehn Jahren der Schnauf ausgegangen ist: Professor Schläpfer und Grimm, der kürzlich einen Herzinfarkt erlitten hat, sind beide über siebzig, und Imfeld ist mit seinem Anwaltsbüro und der IMHAUKA beschäftigt.[26] Doch bevor an Rücktritt zu denken ist, muss die UWK dem Bundesrat einen Schlussbericht abliefern.

Anfang 1953 treffen sich die Mitglieder mehrmals, diskutieren den Inhalt, feilen an der Form und lecken ihre Wunden. «Ems hat uns langsam hintergangen», schäumt Imfeld. «Wir müssen hierfür nun einfach eine Formulierung finden.»[27] Das Kapitel «Enttäuschte Erwartungen» bringt die Stimmung auf den Punkt: «Die UWK kann dieses Kapitel nicht verschweigen. Es gehört zum Verständnis unserer Schlussfolgerung. Zugleich ergibt sich mit dürren Worten ein Überblick über Hoffnungen, Erwartungen und Versprechen. Sie sprossen am Wege einer langen Entwicklungsgeschichte, der des fruchtbaren Erdbodens ermangelte, um sich bewähren zu können.» Das Fazit der UWK fällt weniger blumig aus, ist aber ganz nach dem Geschmack der

Lonza und der Viscose SA, die sich seit Jahren über den Kampf mit ungleich langen Spiessen beklagen. Es lautet, die HOVAG müsse endlich ihren «Traum» aufgeben, «ein Unternehmen der Grosschemie zu sein und es zu werden und mit indirekter Bundeshilfe eine Konkurrenz zu bestehenden Betrieben aufzuziehen». Stattdessen solle sie «erhalten, was der Staat durch seine Abnahme- und Preisgarantie bewusst gefördert hat».[28] Im Begleitschreiben erklärt Iklé dem Bundesrat: «Die Kommission ist nicht zu konkreten Lösungsvorschlägen gelangt. Herr Nationalrat Grimm bedauert dies und teilte mit, dass ihn selbst das Ergebnis nicht zu befriedigen vermöge.»[29]

Im Mai 1953 bittet das Bündner Parlament den Bundesrat erneut um die Erhaltung der HOVAG und appelliert an die Automobilisten, «in freundeidgenössischer Solidarität dieses bescheidene Opfer zu bringen».[30] Der Zeitpunkt ist wohl gewählt. Die letzte Treibstofflieferung ist absehbar, und drei Nationalräte haben einen Vorstoss zur Zukunft der HOVAG angekündigt. Die Zeit, in der Bund und HOVAG die Angelegenheit mehr oder weniger *en famille* regeln konnten, ist endgültig vorbei. Da Jaeckles letztjähriges Postulat, das den stufenweisen Abbau der Bundeshilfe fordert, noch immer hängig ist, nutzt Oswald den Umstand, dass die MIGROS «Damen- und Töchter-Badekleider aus Wolle verstärkt mit Grilon» ins Sortiment aufgenommen hat, um ihm wieder einmal einen langen Brief zu schreiben. Um Jaeckle auf seine Seite zu ziehen, greift er das Lieblingsthema von MIGROS-Gründer Gottlieb Duttweiler und ein zentrales Anliegen des LdU auf: den Kampf gegen wirtschaftliche Monopole. Die HOVAG, jammert Oswald, sei «seit Jahren einem Dauerangriff ausgesetzt», weil sie «das Stickstoffdüngermonopol» der Lonza und «das Nylonmonopol» der Viscose SA bedrohe. Dabei gehe es der «franzosenhörigen Société de la Viscose Suisse» einzig darum, «die Ertragslage der französischen Muttergesellschaft» zu sichern, die letztes Jahr eine Nettodividende von 26 Prozent ausgeschüttet habe.[31] Doch wie die nächste Session zeigen wird, geht Oswalds Appell in die Binsen.

Eine Interpellation von Gewerkschaftsführer Arthur Steiner, die auch Grimm unterschrieben hat, verlangt Auskunft, ob der Bundesrat die Arbeitsplätze in Ems zu erhalten gedenke. Imfeld ist besorgt, dass die wenig rühmliche Rolle der UWK im Parlament zur Sprache kommen könnte. Also bestürmt er Grimm, dieser solle «Ems mit seinen Lügnereien in die gebührenden Schranken zurückweisen» und öffentlich klarstellen, dass weder er selbst noch «der Bundesrat von damals oder heute» verantwortlich dafür sein, dass sich die HOVAG zwar «zu einem grossen, chemischen Werk» entwickelt habe, aber weiterhin vom Treibstoff abhängig sei. Er erinnert Grimm auch an die herausragende Rolle, die dieser im Generalstreik 1918 spielte, und schmeichelt ihm: «Und nun, lieber Papa Grimm, halte wieder in einer wirklich grossen sozialen Angelegenheit eine Deiner grossen Reden, wie Du dies in entscheidenden Augenblicken, die unserm Ländchen aufgezwungen wurden, weiland so oft und hervorragend getan hast; Problem und Redner halten sich in der Grösse und in der Bedeutung und in der Tragweite und in den Konsequenzen die Waage.»[32]

Es kommt nicht so weit. Weil sich der Bundesrat während der Session nicht zur Interpellation äussern will, fällt auch die Diskussion und mit ihr Grimms Auftritt ins Wasser. Dafür hat Jaeckle eine Sternstunde, als er das Postulat begründet, mit dem er den «allmählichen Abbau der Bundesleistungen» und einen Ausbau der staatlichen Kontrolle anregt. Der Bund, erklärt er den Ratskollegen, habe es mit einem «Gewirr» von fünf Firmen zu tun, das «juristisch und auch wirtschaftlich für den Aussenstehenden völlig undurchdringlich» sei.[33] Da er die Firmen namentlich aufzählt, wird die INVENTA erstmals öffentlich mit der HOVAG in Verbindung gebracht und Werner Oswald aus der Deckung gescheucht. Kurz darauf wird im Handelsamtsblatt die Löschung der (gar nie publizierten) Prokura des deutschen INVENTA-Mitarbeiters Wilhelm Braun und seine Ernennung zum Direktor veröffentlicht.[34] Fortan führt die INVENTA auch die Namen der deutschen Erfinder in den Patentschriften auf; offenbar will sie den Anschein vermeiden, dass es etwas zu verstecken gibt.

In den Sechzigerjahren wird Oswald die schmuddeligen Kinderjahre der INVENTA aus den Annalen der Emser Werke tilgen. Obwohl die Firma 1947 gegründet wurde, heisst es in einer englischsprachigen Kundenbroschüre: «Seit 1952 ist die INVENTA eng mit den Emser Werken verbunden.»[35] Auch die Familie Blocher wird die deutschen Perlonspezialisten und deren Erbe unter den Teppich kehren: In der Ausstellung zum siebzigjährigen Firmenjubiläum wird zwar eine Patentschrift des Chemikers und früheren NSDAP-Mitglieds Kurt Kahr ausgestellt, sein Name aber sorgfältig abgedeckt. Als Kahrs Sohn nach dem Besuch der Ausstellung darum bittet, dass man ihm eine Kopie der Patentschrift überlässt, bleibt seine E-Mail unbeantwortet.[36]

Jaeckles angriffiger Auftritt im Nationalrat zeigt, dass Oswalds Intervention wirkungslos verpufft ist. Nun soll sein Lobbyist die Sache richten. In einem Brief von Nationalrat zu Nationalrat beklagt sich Gadient, dass Jaeckle «die Einseitigkeiten des Gutachtens Keller und die offenkundig von der Lonza und Emmenbrücke inspirierten Zeitungsangriffe» kritiklos übernommen habe, und bittet um ein persönliches Gespräch: «Um der drückenden Schwüle Zürichs zu entgehen, würde ich Ihnen gerne einen luftigeren Bündner Ort vorschlagen, aber ich fürchte, dass Sie mich dann wieder als Verwaltungsrat Graubündens der Einseitigkeit und Voreingenommenheit zeihen.»[37] Ob es zur Aussprache kommt, ist nicht bekannt, doch Jaeckle heizt die öffentliche Debatte, welche die parlamentarischen Anfragen losgetreten haben, mit kritischen Artikeln – «Emser Wasser und Subventionsmilch» – weiter an.[38]

Im Gegensatz dazu stellt sich die linke Presse schützend vor Ems, erklärt es zum «Prüfstein eidgenössischer Solidarität» und schiesst aus vollen Rohren gegen die kapitalistischen «Trusts», welche die HOVAG zugrunde richten wollten.[39] Die *Berner Tagwacht* findet es «sonnenklar», dass die «Hetze» vom «internationalen Nylontrust» und von den «vier Riesentrusts» ausgeht, «welche über den ganzen Erdball den Benzinhandel beherrschen», und ruft zum Widerstand auf. Die «organisierte Arbeiterschaft» dürfe es nicht zulassen, dass «fremde Ölmagnaten» die Schweizer Treibstoffpolitik diktierten.[40]

Dieser und ähnliche Artikel erscheinen in der Basler *Arbeiter-Zeitung,* dem Zürcher *Volksrecht* und der *Genossenschaft,* die einen «Kampf auf Leben und Tod» beschwört.[41] Aber auch viele bürgerliche Blätter rühren die Werbetrommel für Ems.[42] Das kommt nicht überall gut an. Der Verband der Kunstseidenfabrikanten unter Leitung von Viscose-Präsident Edouard de Goumoëns beschwert sich beim Bundesrat über die «demagogische Pressekampagne der Emser-Werke» und fordert «Aufklärung» über «den wahren Sachverhalt».[43] Das Luzerner *Vaterland* stärkt dem wichtigsten Industriebetrieb im Kanton Luzern den Rücken und kritisiert die «sozialistischen Gazetten», die «fanatisch Partei für Ems und den Beimischungszwang ergreifen und zu diesem Zwecke alle Register ihrer alten Klassenkampforgel ziehen».[44]

Die bedingungslose Unterstützung der Linken ist in der Tat bemerkenswert. Es ist noch nicht lange her, dass die sozialdemokratische *Berner Tagwacht* mit der HOVAG so ungnädig umgesprungen ist, dass Oswald den ehemaligen Chefredaktor Grimm bat, bei der Redaktion ein gutes Wort einzulegen.[45] Nun stellt sich die linke Presse geschlossen hinter einen Patron, der «linksextreme» Arbeiter bei der Bundesanwaltschaft denunziert und Gewerkschafter entlässt, damit die HOVAG «von kommunistischem Einfluss verschont» bleibt.[46] Das ist nicht nur, aber auch das Ergebnis einer gewieften PR-Strategie. Viele Berichte gleichen Publi-Reportagen, inklusive von der HOVAG zur Verfügung gestellter Fotos. Andere erinnern mehr an Grilon-Werbung als an Journalismus. Wie der Artikel in der *Genossenschaft,* in dem es heisst: «Wieviele Frauen haben es schon gemerkt. Sie haben seit einiger Zeit weniger Strümpfe zu stopfen.» Das hätten sie der «einzigen Kunstfaser» zu verdanken, «die vollauf, von Anfang bis zum Schluss, in der Schweiz hergestellt wird». Über diese Rampe führt die *Genossenschaft* ihre Leserschaft zur antikapitalistischen Botschaft, Millionäre und Wirtschaftsbosse befürchteten, «ein fortschrittlicher Betrieb» werde «an dem mächtigen Kuchen, den sie zu verteilen haben, etwas wegknabbern».[47]

Ernst Imfeld verfolgt die «verrückt aufgezogene Presse-Propaganda» mit Argwohn.[48] Und ist nicht der einzige. Auch *Die Tat* (unter Leitung von Chefredaktor Jaeckle) kritisiert, die HOVAG führe mithilfe «sachunkundiger» Journalisten einen «ausgedehnten Propagandafeldzug».[49] Die *Handelszeitung* hält die Kampagne sogar für ein Lehrbeispiel, «wie es heutzutage möglich ist, bestimmte Interessen mit geschicktem Propagandaaufwand durchzusetzen». Doch die entscheidende Arbeit findet laut der *Handelszeitung* hinter den Kulissen statt, «in Form von politischer Beeinflussung, des Spielenlassens von Beziehungen und von persönlicher Bearbeitung von Mann zu Mann». Der Artikel schliesst mit einer halbherzigen Kollegenschelte: «Die Bemühungen der Presse, durch Würdigung aller Umstände zu einem unabhängigen Urteil zu kommen, sind äusserst selten, was angesichts der komplexen Materie und der vielen undurchsichtigen Verflechtungen auch verständlich ist.»[50]

Was Grimm über die HOVAG-Kampagne denkt, ist nicht bekannt, doch es sieht aus, als ob ihm Werner Oswald im Verlauf der Jahre sympathischer geworden wäre. Allerdings hat sich Oswald weidlich um ihn bemüht, wohl weil er als UWK-Präsident grossen Einfluss auf die Geschicke der HOVAG hat. Im Sommer 1951, als Grimm Ferien im Bündnerland machte, hat ihm Oswald geschrieben: «Es macht mir eine besondere Freude, Sie und Ihre verehrte Gattin nächsten Montagvormittag in Soglio abzuholen.»[51] Im Sommer 1953 bedankt er sich bereits «recht herzlich» bei Grimm «für den gemeinsam verbrachten Tag im Engadin und am Dienstag darauf in Ems und der Herrschaft». Dieses Mal ist auch Oswalds ältester Sohn mit von der Partie. «Der kleine Werner war überglücklich, dass er am Sonntag bei dieser langen Reise zugegen sein konnte. Er fand, dass Frau [Grimm] viel mehr dabei sein sollte, dann könnte er ebenfalls mehr mit den Grossen, ohne zu stören, auf die Reise gehen.»[52] Es ist der einzige Geschäftsbrief, in dem Oswald eines seiner Kinder erwähnt. Abgesehen von den Erziehungsmethoden im Hause Oswald (der «kleine Werner», der die «Grossen» nicht stören darf, ist bereits achtjährig), dokumentieren diese Zeilen, dass Grimms «Enttäuschung» über die HOVAG solche Begegnungen nicht verunmöglicht haben. Wahrscheinlich sind Oswalds Avancen eh nur Strategie. Er habe, erzählt Christoph Blocher, Grimm «gehasst wie die Pest» und sei öfters über den «huere Grimm» hergezogen.[53]

Die öffentliche Debatte zwingt Oswald zu einem anderen Umgang mit der Presse. Bis anhin hat er sie mehr oder weniger ignoriert, denn er hatte sie nicht nötig; nun hält er zum ersten Mal seit dem Spatenstich 1941 in Ems eine Pressekonferenz ab. Sekundiert von Gadient pocht er im August 1953 auf die volks- und kriegswirtschaftliche Bedeutung der HOVAG, polemisiert gegen die «monopolistischen Ansprüche» der Lonza und führt zwei Ostschweizer Unternehmer vor, die «grosse Befriedigung» bekunden, «dass das Nylon-Monopol des amerikanischen Dupont-Konzerns mit seinem Zweigunternehmen in Emmenbrücke eine qualitativ sehr leistungsfähige Konkurrenz gefunden hat».[54] Kurz darauf dürfen Vertreter der «wesentlichsten Zeitungen des Landes» zum ersten Mal an der Generalversammlung teilnehmen. Meili fährt ebenfalls einen neuen Kurs: In seiner Präsidialansprache gibt er erstmals einen Überblick über den Gesamtkonzern und räumt ein, die Grilon-Entwicklung sei via Treibstoff finanziert worden. Er pocht aber darauf, die HOVAG habe die vertragliche Verpflichtung, «neue Produkte zu entwickeln», deshalb könne «eine gewisse Konkurrenzierung anderer Industrien eintreten». Die Rede gipfelt wenig überraschend in der Feststellung, die HOVAG habe ein Recht auf Bundeshilfe, und die inländische Treibstofferzeugung sei «frei von Engherzigkeit zu beurteilen und zu behandeln».[55]

Die NZZ, welche die leicht gekürzte Rede veröffentlicht, bemerkt anerkennend, endlich habe die HOVAG ihre «nicht immer verständliche Zurückhaltung» abgelegt. UWK-Mitglied Imfeld hat weniger Freude. Bei ihm klingelt an diesem Morgen ununterbrochen das Telefon, weil Freunde und Bekannte «klipp und klar» wissen wollen, «ob denn wirklich diese Dinge, die da Meili erzählte, wahr seien, und wenn ja, wer denn bundesseitig für diese Katastrophe verbindlich zeichne». Ihre Reaktionen zeigen nicht zuletzt, wie wenig die Öffentlichkeit über die HOVAG weiss. Imfeld schwant Böses. Er befürchtet, dass die Mitglieder der UWK «in Verantwortlichkeiten gedrängt werden, die wir wirklich nicht annehmen können», und dass «Zweifel und Kritiken entstehen, die ganz unangenehme Konsequenzen haben können». Er erkundigt sich sogar bei Grimm, «ob wir alle sofort unsere gesamthafte Demission einreichen sollen».

Das sei zwar «kein ehrenvoller Abgang», schaffe aber «wenigstens die notwendige Ausgangslage, um uns in der geeigneten Weise sonst zu verteidigen».[56] Es kommt nicht so weit, doch in den folgenden Wochen sind Imfeld und Grimm damit beschäftigt, den Ruf der UWK zu verteidigen. «Im Übrigen bitte ich Dich», beschwört Imfeld den «lieben Grimm», «Dich nicht zu ärgern und bin mit allerbesten Grüssen und Wünschen Dein Ernst.»[57]

In der Herbstsession greift die Debatte auf den Ständerat über. Anlass ist eine Petition des St. Galler Freisinnigen Willi Rohner, der sich um die Textilunternehmen sorgt, die von der staatlich gestützten HOVAG konkurrenziert werden.[58] Obwohl der Bundesrat keine Stellung nimmt, erzwingen die Bündner eine Diskussion.[59] Sie nimmt dramatische Züge an: Mit «einer Vehemenz ohnegleichen» prallen «gewaltige Interessen und tiefgreifende Sorgen» aufeinander, mit «harten, ja grausamen Tönen»[60] wird «eine Psychose» geschürt,[61] während es dem neuen Finanzvorsteher Max Weber schwerfällt, «auf's Maul zu sitzen».[62] Die HOVAG-Gegner bilden eine geschlossene Front und lassen keinen Zweifel aufkommen, dass der Bundesrat «vor einer sehr heiklen Aufgabe steht, bei deren Lösung sich die eidgenössischen, kantonalen, die öffentlichen und privaten Interessen zu einem Knäuel verknoten».[63]

Auch Finanzdirektor Iklé ist nicht zu beneiden. Er hat von Grimm die «unerquickliche» Aufgabe übernommen, zwischen HOVAG und Lonza zu vermitteln. Der Streit zwischen den beiden Chemiewerken eskaliert mehr und mehr zur Konfrontation zwischen zwei Bergkantonen, und von Iklé wird erwartet, wie er jammert, «dass er die Hovag stütze und die Lonza beschütze». Die Verhandlungen sind eine Tortur, nicht nur für ihn. «Da sass dann zu meiner Rechten Werner Oswald, den es vor Zorn fast verjagte, wenn [Lonza-Direktor] Dr. Schenker seine Position verteidigte. Dieser war ein eigenartiger Charakter. Rein äusserlich erinnerte er an einen Asiaten. Asiatisch waren aber auch seine Verhandlungsmethoden. Er konnte sich minutenlang in eisiges Schweigen hüllen, während die Gesprächspartner auf seine Stellungnahme warteten.»[64]

Nerven kosten auch die Besprechungen mit der Autolobby, die auf der Abschaffung des Beimischungszwangs beharrt. Sie rechnet vor, dass er der HOVAG seit 1947 jährlich zwischen sieben und zehn Millionen Franken eingebracht habe, was ausreiche, «um die Löhne der gesamten Arbeiterschaft zu bezahlen, ohne dass ein Streich Arbeit geleistet würde».[65] Allfällige Konzessionen macht sie davon abhängig, dass kein Franken aus dem Treibstoff in die Grilon-Produktion fliesst. Doch für eine solche Garantie fehlen Iklé die Informationen und Zahlen. Ein Zusatzbericht von Professor Walther, der hier Klarheit schaffen sollte, ist daran gescheitert, dass Oswald «eine Durchleuchtung der Fibron» kategorisch abgelehnt und sich geweigert hat, «auch noch seine letzten Karten aufzudecken».⁶⁶

Je weiter das Jahr vorrückt, desto entschlossener treten die HOVAG-Gegner auf. Die Kantone Luzern und Wallis bombardieren den Bundesrat mit Eingaben und Bittschriften. Auch der Kanton Solothurn steigt neuerdings auf die Barrikaden und verlangt, dass die Alkoholverwaltung für den Sprit der Cellulosefabrik Attisholz gleich viel zahlt wie für den Sprit aus Ems. Auch der mächtige Schweizerische Handels- und Industrieverein, der meist als «Vorort» bezeichnete Dachverband der Wirtschaftsverbände, will beim Entscheid mitreden. Für Oswald ist das keine gute Nachricht, denn die meisten Mitglieder sind Gegner staatlicher Subventionen und empören sich darüber, dass «eine kleine Gruppe, wenn nicht sogar ein einzelner Mann», sich mit drei Millionen Franken die «Verfügungsgewalt» über ein Unternehmen sichern konnte, in das die Allgemeinheit seit Kriegsende rund achtzig Millionen investiert hat.⁶⁷ Vorort-Präsident Heinrich Homberger lästert sogar: «Diese Missgeburt des Dirigismus in die Wirtschaft eingliedern zu wollen, ist nichts anderes als die Quadratur des Zirkels.»⁶⁸

Kein Wunder, liegen in Ems die Nerven blank. Ein Bündner Informant Jaeckles behauptet sogar, Oswald drohe, «wenn der Bund Ems nicht weiterhin helfe, [werde] er sich mit den Emserwerken in die Luft jagen».⁶⁹ Auch Gadients Laune lässt zu wünschen übrig. Bei einer Betriebsführung attackiert er die Presse in so «scharfem Ton», dass er sich entschuldigen muss. Kleinlaut erklärt er, er sei «durch jüngste Äusserungen gereizt», es sei nicht recht, «die Leistungen von Dr. Oswald so zu übergehen».⁷⁰

Im Herbst 1953 holt der Strassenverkehrsverband einen alten Vorschlag aus der Schublade: Wird der Beimischungszwang abgeschafft, zahlen die Automobilisten drei Jahre lang freiwillig 0,8 Rappen pro Liter Benzin bis zu einer jährlichen Höchstproduktion von 5000 Litern respektive einem Höchstbetrag von vier Millionen Franken, der direkt an die HOVAG fliesst. An dieses «Opfer» knüpft die Autolobby die Bedingung, dass das Unternehmen streng überwacht wird. Eine Kommission soll die Kompetenz haben, Beschlüssen des Verwaltungsrats und der Leitung zu blockieren und notfalls «die Ausschaltung» von Direktoren zu verfügen, «die für die verhängnisvolle Entwicklung seit Kriegsende verantwortlich sind».⁷¹

Die Reaktion der HOVAG und der Bündner Regierung lässt nicht auf sich warten. Sie stellen klar, es brauche eine

Jahresproduktion von 10 000 Litern plus Beimischungszwang, um «die Entlassung von 876 Werksangehörigen» zu vermeiden, und laden zu einer gemeinsamen Pressekonferenz.[72] In der «herrlichen gotischen Ratsstube» des Churer Ratshauses, vor rund hundert Journalisten, werben sie um «Verständnis für den Sonderfall Graubünden» und appellieren an die «Solidarität der Eidgenossen».[73] Doch offensichtlich ist es ihnen zu riskant, sich einzig auf die Solidarität zu verlassen. Drei Juristen stellen nämlich ein Rechtsgutachten vor, das zum Schluss kommt, der Bund sei «grundlegend» verpflichtet, die HOVAG am Leben zu erhalten – auch nach Ablauf des Vertrags.[74]

Die Pressekonferenz zeugt von einem fast schon symbiotischen Verhältnis des Kantons mit einem privaten Unternehmen. Anstelle der ebenfalls anwesenden Brüder Oswald erklärt Regierungspräsident Ettore Tenchio, falls die HOVAG jährlich 10 000 Tonnen Treibstoff zum Preis der Gestehungskosten plus einer «kleinen Marge von 10 Prozent» für die Forschung liefern könne, sei sie bereit, dem Bund «vollen Einblick in die Rechnungsführung» zu gewähren.[75] Nach der Veranstaltung besuchen die Journalisten das Emser Werk, bevor sie in ihre Büros zurückkehren.[76] Am nächsten Tag lobt die *Neue Bündner Zeitung,* es sei den Gastgebern gelungen, «zur Klärung des sehr komplexen Sachverhaltes beizutragen und die öffentliche Diskussion auf den Boden der ruhigen Zwiesprache zu stellen, den sie da und dort in der letzten Zeit zu verlieren drohte».[77]

Finanzvorsteher Max Weber, einer der profiliertesten linken Ökonomen in der Schweiz, hält sich die ganze Zeit auffallend bedeckt. Er hat sich geweigert, die parlamentarischen Vorstösse zu beantworten, und nicht einmal seine Mitarbeiter wissen, wie er die Zukunft der HOVAG sieht.[78] Am 6. Dezember 1953 versenken die Stimmbürger Webers Bundesfinanzreform. Zwei Tage später gibt Weber seinen Rücktritt bekannt.[79] Doch bevor er geht, formuliert er seinen Vorschlag für eine «Übergangslösung». Der Bund soll der HOVAG weitere zwei Jahre je 10 000 Tonnen Treibstoff und 1600 Tonnen Alkohol abnehmen; im Gegenzug muss Oswald eine «umfassende» Kontrolle akzeptieren – nicht nur der HOVAG, sondern auch ihrer Tochterfirmen.[80]

Am letzten Arbeitstag im alten Jahr zieht Finanzdirektor Iklé Bilanz. Er kommt «auf die stattliche Zahl» von achtzig Konferenzen und Besprechungen zur Lage der HOVAG.[81] Ende Januar 1954 räumt Max Weber sein Büro. Sein Nachfolger, der FDP-Politiker Hans Streuli, ist der vierte Bundesrat, der sich an der HOVAG die Zähne ausbeissen darf.

Raketen

«Das Eingreifen hoher Persönlichkeiten»

Nationalrat Gadient zieht sämtliche Register, damit Jean Rochat, einer der Verwaltungsräte der Calanda SA, eine Bewilligung zur Herstellung von Kriegsmaterial erhält.

Andreas Gadient ist ein vielseitiger Mann. Als «Propagandaminister» von Ems, wie ein Nationalratskollege ihn spöttisch getauft hat,[1] zieht er durchs Land und hält Vorträge, um die Öffentlichkeit für die Forderungen der HOVAG zu erwärmen. Er begleitet Werner Oswald auch zu wichtigen Sitzungen mit Politikern und Behörden und brütet mit ihm über Strategien und Massnahmen. Doch ein Teil seiner Tätigkeit findet fernab der Öffentlichkeit statt. Nur einem kleinen Kreis ist bekannt, dass er in Ems eine Gruppe ausländischer Spezialisten beaufsichtigt, die eine Rakete entwickelt, und dass er im Verwaltungsrat der Calanda SA sitzt. Dass er dieses Amt ausserordentlich ernst nimmt, zeigt sich, als Calanda-Verwaltungsrat Jean Rochat im Herbst 1952 ins Visier der Polizei gerät. Auslöser ist ein Gesuch für eine Grundbewilligung zur Herstellung und zum Verkauf von Kriegsmaterial. Dieses wird – zumindest in der Theorie – nur an Bewerber mit untadeligem Leumund erteilt, und Rochat hat das Pech, dass er als Mitbesitzer eines vermeintlich kommunistischen Verlags fichiert ist. Weil er in Lausanne lebt, ersucht die Bundesanwaltschaft die Waadtländer Kriminalpolizei um eine Abklärung. Der Auftrag landet auf dem Pult eines besonders gründlichen Beamten. Nach zwei Monaten liefert Inspektor Campiche einen 13-seitigen vernichtenden Rapport über Rochats Geschäfte, seine Vermögensverhältnisse und sein Privatleben ab – angefangen mit der Feststellung, man sage ihm in Lausanne «die Seele eines Schiebers» und einen «Appetit für dicke Geschäfte» nach, und viele hielten ihn für einen «eingebildeten Angeber» mit «sehr rudimentärer Bildung».

  Mehr als fünfzig Jahre später lassen sich Fakten und Vorurteile nur schwer trennen, doch für vieles legt der Inspektor Beweise vor. Sie werfen nicht nur ein schräges Licht auf Rochat, sondern auch auf die Behörden, die ihm im Zweiten Weltkrieg die «mehr oder weniger stillschweigende Erlaubnis» erteilten, illegal Goldmünzen auszuführen, um in Frankreich Industriediamanten zu beschaffen. Rochat nützte aus, dass die Beamten in die andere Richtung schauten, und exportierte viel mehr Gold als vereinbart. Inspektor Campiche legt strengere Massstäbe an. Er hält sogar Rochats zahlreiche Parkbussen für eine Form von «Lässigkeit, die bestätigt, dass Gesetze für ihn von sehr untergeordneter Bedeutung sind». Auch die meisten von Campiches Informanten sprechen Rochat die moralischen Qualitäten ab, die als Voraussetzung für Waffengeschäfte gelten. Aber sie wollen anonym bleiben, weil er als Geschäftsmann und Mitglied der FDP viele einflussreiche Freunde besitzt. Das ist auch der Grund, weshalb der Inspektor mit «Interventionen» von oben rechnet, falls Rochat die Bewilligung verweigert wird. Also sichert er sich doppelt ab. Zwei Wochen nach dem ersten Rapport reicht er einen zweiten, ebenso langen nach, der sich vor allem um die Calanda SA dreht. Er hat nämlich herausgefunden, dass Rochat den staatenlosen Ludger Volpert «auf schamlose Weise» ausnutzt, Volperts Erfindungen auf seinen Namen patentieren lässt und diesem keine Tantiemen bezahlt, obwohl er in der internationalen Zone Tanger, einer Hochburg des internationalen Waffenschiebertums, eine Firma gegründet hat, um Volperts Patente auszuwerten.[2]

Conrado Kraémer, der Vertreter der Hispano Suiza im Calanda-Verwaltungsrat, ist ebenfalls an der Firma in Tanger beteiligt. Er behauptet, es handle sich um eine «Absatzorganisation», um die internationalen Geschäfte der HS «zentral, international zusammenzufassen», die Bundesanwaltschaft ist hingegen überzeugt, die Firma diene dazu, Schweizer Waffenausfuhrbestimmungen zu umgehen. Kraémer insistiert auch, dass er für die Hispano Suiza nur «Hilfsdienste» leiste, indem er seine internationalen Verbindungen, seine Sprachkenntnisse und seine kaufmännischen Fähigkeiten in ihren Dienst stelle. Für einen Geschäftsmann, der mehrere Firmen und ein beachtliches Vermögen besitzt, ist das eine eher abenteuerliche Erklärung. Wahrscheinlicher ist, dass Kraémer als eine Art Freelancer die dubiosen Waffengeschäfte der HS abwickelt, um Generaldirektor Birkigt abzuschirmen. Laut Bundesanwaltschaft fungiert er auch als Birkigts Strohmann im Verwaltungsrat von zwei von Rochats Firmen: im Import-Export-Unternehmen EISO und in der BRINRO, die von Tanger aus die Erfindungen der Infrarotspezialisten Menke und Doerpinghaus vermarktet.[3] Später erklärt Kraémer der Bundesanwaltschaft, Birkigt habe die Arbeit der beiden «schon interessant» gefunden, finanziere aber «aus Prinzip keine deutschen Erfinder», weil die Hispano Suiza «immer im Lager der West-Alliierten» gestanden sei. Wahr ist, dass das Genfer Rüstungsunternehmen im Krieg wacker Waffen nach Nazi-Deutschland lieferte – allein zwischen 1941 und 1944 für rund neun Millionen Franken – und dass ein Direktor die Belegschaft noch 1944 dazu aufrief, dankbar zu sein für die deutschen Aufträge.[4]

Inspektor Campiche kommt in seinem Bericht zum Schluss, dass Rochat «mit dem Meistbietenden geschäftet, ohne sich mit moralischen oder politischen Skrupeln zu belasten», deshalb verweigert die Kriegstechnische Abteilung (K.T.A.) ihm die Grundbewilligung für den Waffenhandel.[5] Also reicht Rochat ein abgespecktes Gesuch für die Herstellung und den Verkauf von Zündern ein. Es wird abgelehnt, weil die Waadtländer Polizei ihn inzwischen verdächtigt, bereits Zünder ohne Bewilligung herzustellen.[6] Doch Rochat lässt sich nicht abwimmeln und stellt ein drittes Gesuch. Als sich ein Mitarbeiter der K.T.A. bei der Waadtländer Polizei über den Stand der Ermittlungen erkundigt, sticht er in ein Wespennest. Polizeichef Jean Malherbe antwortet indigniert, «angesichts der bereits erfolgten Intervention verschiedener Parlamentarier bei ihm (u. a. NR Gadient)» weigere er sich, «ohne besondere Weisung» weitere Erhebungen durchzuführen. Zwei Tage später schiebt er nach, Rochat habe die Zünder nur für interne Versuche der HS produziert.[7] Das Risiko, sich die Finger zu verbrennen, ist dem Polizeichef schlicht zu gross, denn neben Nationalrat Gadient haben sich auch der ehemalige Nationalbank-Vizepräsident Paul Rossy und Oberstdivisionär Robert Frick, der ehemalige Nachrichtendienstchef, für Rochat verwendet.[8] Besonders heikel für den Polizeichef ist die Intervention des FDP-Nationalrats (und späteren Bundesrats) Paul Chaudet, denn dieser ist gleichzeitig Waadtländer Regierungsrat und war als Leiter des Justiz- und Polizeidepartements zeitweilig sein Vorgesetzter.

Die «Affäre Rochat» nimmt trotzdem ihren Lauf. Am 6. März 1953 eröffnet der Waadtländer Staatsanwalt ein Strafverfahren wegen illegaler Herstellung von Zündern.[9] Im Verhör gibt Rochat Auskunft über die Calanda SA, Schaufelberger und Stoelzels Raketenversuche, die er mitfinanziert hat, und beruft sich auf wichtige Exponenten des EMD, die Kenntnisse der Projekte hätten. Sogar Bundesrat Kobelt habe, «begleitet von den wichtigsten Offizieren der Armeespitze», an einem Raketentest teilgenommen.[10]

Zur selben Zeit weibeln Rochats einflussreiche Freunde in der Bundesverwaltung. Und wie in Lausanne geraten auch in Bern hohe Beamte in die Defensive. Rochat habe trotz der Ablehnung seines Gesuchs «Kriegsmaterial fabriziert und sich daher strafbar gemacht», rechtfertigt sich Adjunkt Philippe Clerc gegenüber seinem Vorgesetzten Bundesrat Kobelt. «Dieser Umstand zeigt uns, dass die Ablehnung begründet war und dass wir diesem Mann, ungeachtet seiner Beziehungen, kein Vertrauen schenken dürfen. ~~Wir brauchen keinen zweiten XXXX!~~» Die letzte Bemerkung passt Kobelt offensichtlich nicht in den Kram. Er übermalt sie. Die ersten vier Wörter nachlässig, sodass sie noch zu entziffern sind, den Namen hingegen so gründlich, dass er unleserlich ist und unklar bleibt, wen er – in einem internen Dokument! – so vehement schützte. Adjunkt Clerc traute seinem Vorgesetzen in der «Affäre Rochat» jedenfalls nicht über den Weg, deshalb ermahnte er ihn: «<u>Die Auskünfte der Sicherheitspolizei Waadt sollten streng vertraulich behandelt werden, sonst geht [dem EMD] die Bundesanwaltschaft als Auskunftsquelle verloren.</u>» Hätte der Beamte darauf vertraut, dass Kobelt vertrauliche Auskünfte auch vertraulich behandelt, wäre diese explizite, unterstrichene und ungewöhnliche Aufforderung überflüssig gewesen.[11]

Offensichtlich weiss Adjunkt Clerc, wie der Hase läuft. Kurz darauf steht Gadient in seinem Büro und wirft sein ganzes Gewicht als gewählter Volksvertreter für Rochat – und indirekt für die Calanda SA und Oswald – in die Waagschale. Das EMD sei über Rochats Projekte «genau im Bild» gewesen, der Chef des Nachrichtendienstes habe ihn sogar gedrängt, «hohe Summen für die Entwicklung deutscher Patente» aufzubringen. Das EMD handle also «bösgläubig», wenn es Rochat die Produktion von Zündern verwehre. Doch Adjunkt Clerc, der Gadients Auftritt zuhanden von Bundesrat Kobelt verschriftlicht, lässt sich nicht irre machen. Die ganze Angelegenheit werde «zugunsten von Herrn Rochat <u>gedreht</u>», erklärt er dem EMD-Vorsteher und gibt diesem einmal mehr durch die Blume zu verstehen, was zu tun ist. «Herr Rochat wird als skrupelloser Geschäftsmann geschildert. Gerade solchen Konjunkturmenschen dürften wir keine Grundbewilligung erteilen. Wenn wir uns hier schwach zeigen, sind wir nicht mehr in der Lage, die […] Bestimmungen des Bundesratsbeschlusses über das Kriegsmaterial zu gewährleisten.»[12]

Eine Woche später sitzen die Nationalräte Gadient und Chaudet im Büro von Bundesrat Kobelt. Adjunkt Clerc, der das Gespräch protokolliert, staunt nicht schlecht: Beide Nationalräte kennen Rochats Dossier bei der Waadtländer Polizei, und Gadient versichert, «dass die Hauptbeschwerde gegen Rochat (Missbrauch von Patenten des deutschen Ingenieurs Volpert) unbegründet sei. Herr Malherbe hätte die notwendigen

Korrekturen bei den Bundesbehörden vorgenommen.»¹³ Das ist ausgesprochen schlechtes Timing, denn Malherbes «Korrekturen» treffen erst zehn Tage später in Bern ein, und Gadients Vorpreschen verrät, dass er das Ermittlungsergebnis bereits kennt, obwohl Volpert noch gar nicht befragt worden ist. Das Protokoll von Volperts Einvernahme zeigt, was gespielt wird. In der Zwischenzeit hat er die vertraglich vereinbarten Zahlungen erhalten, die er von Rochat lange vergebens eingefordert hatte. Nun ist er wie ein umgekehrter Handschuh und versichert dem Inspektor: «Leider wurde ich über die Entwicklung der Patente nicht auf dem Laufenden gehalten; aber ich mache mir im Moment keine allzu grossen Sorgen.» Er sei «vielleicht etwas nervös» gewesen, als er Rochat angeschwärzt habe, und halte «keinen der damals gemachten Vorwürfe aufrecht».¹⁴

Im Bericht, den Gadient kannte, bevor er überhaupt geschrieben wurde, macht Polizeichef Malherbe wie angekündigt einen Rückzieher: Er wisse von Gadient, dass sich der EMD-Vorsteher mit der Sache befasse und «auf eine Klärung durch die Waadtländer Polizei» warte. Deshalb habe man Rochat und Volpert noch einmal befragt und «diese ganze Angelegenheit, wie uns scheint, auf angemessenere Dimensionen reduziert [ramené à de plus justes proportions]». Der Polizeichef empfiehlt, Rochats Gesuch erneut zu prüfen, und schickt Kopien der Verhöre. Doch die wichtigste Beilage geht vergessen: der Schlussrapport, in dem Volpert als «Handlanger von Herrn Rochat» bezeichnet wird, der «bis zu einem gewissen Grad» Handlanger bleibe, auch wenn die zweite Befragung seine Klagen «auf ihre tatsächliche Dimension reduziert» hätten. Diese Wendung – «ramenés à leur proportion exacte» – hat der Polizeichef in seinem Bericht zu Rochats Gunsten abgeändert, indem er «exact» durch «plus juste» ersetzt hat – ein Werturteil, in dem «justice» (Gerechtigkeit) mitschwingt.

Der Schlussrapport zeugt auch vom politischen Druck, der auf den Lausanner Ermittlern lastete. Sie rechtfertigen sich, die erste negative Beurteilung Rochats könne nicht von französisch sprechenden Waadtländer Polizisten stammen, denn in den Rapporten werde das deutsche Adjektiv «zweideutig» verwendet. Sie getrauen sich aber nicht, das EMD namentlich zu nennen, sondern regen an, eine Begründung bei denen einzuholen, «die Herrn Rochats Versuche in Ems oder anderswo mitverfolgt haben». Sie hätten die negative Beurteilung erwähnt, «weil wir sie in einem objektiven Bericht nicht ausser Acht lassen können».¹⁵

Malherbes Sinnesänderung sorgt im Bundeshaus für Kopfschütteln. «Der Sinneswandel der Waadtländer Kriminalpolizei überrascht uns, und wir fragen uns, ob wir die Objektivität in den Berichten suchen sollen, die wir soeben erhalten haben, oder eher in denen, die wir bereits hatten und die unsere ersten Entscheidungen diktierten», kritisiert ein EMD-Beamter.[16] Ein Jurist der Bundesanwaltschaft ist überzeugt, es liege «ganz offensichtlich eine Kehrtwendung Dr. Malherbes vor, die bedingt ist durch das Eingreifen hoher Persönlichkeiten wie Nationalrat Gadient, Chaudet und anderer mehr». Kaum hat er den Satz geschrieben, erschrickt er über seinen Mut und überschreibt das «ist» mit einem unverfänglicheren «erscheint».[17]

Bundesrat Kobelt sistiert das Bewilligungsverfahren bis zum Abschluss des Strafverfahrens gegen Rochat. Zwei Wochen später stellt ein Waadtländer Untersuchungsrichter das Verfahren ein und übernimmt in seiner Begründung Gadients Argumentation: Rochat habe die Zünder einzig für Versuche produziert, und die Tatsache, dass die Armee ihm eine Kanone zur Verfügung gestellt habe, komme einer stillschweigenden Bewilligung gleich.[18] Postwendend schickt Rochat sein viertes Gesuch, in dem er betont, alle ehrenrührigen Beschuldigungen seien ausgeräumt. Die Polizei habe anerkannt, dass sie «getäuscht» worden sei.[19] Zur selben Zeit brütet die Bundesanwaltschaft über der Frage, ob ein Rekurs gerechtfertigt sei. Obwohl Adjunkt Clerc die schlampigen Ermittlungen kritisiert, ist vom EMD keine Rückendeckung zu erwarten. Es argumentiert, wenn ein Polizeichef «den Rückwärtsgang einlege», könne man Rochat die Bewilligung nicht mehr verweigern. Also kommt die Bundesanwaltschaft zum pragmatischen Schluss, dass sie «nicht königstreuer sein kann als der König, indem sie Berufung einlegt in einem Fall, bei dem sie sich nur die Finger verbrennen kann».[20]

Ein Jahr nach dem ersten Gesuch erhält Rochat die Grundbewilligung für die Herstellung und den Verkauf von Zündern.[21] Die Lobbyisten und Hintermänner der Calanda SA haben triumphiert. Sollte man meinen. Doch es gibt einen Kollateralschaden, den niemand voraussehen konnte. Er heisst Oberstleutnant Schaufelberger.

Raketen

«Unklarheiten fataler Art»

Während ein ehemaliger Nazi die Raketenentwicklung in Ems auf Vordermann bringt, will Nationalrat Eugen Bircher vom Bundesrat wissen, warum Oberstleutnant Schaufelberger im EMD den Hut genommen hat.

Im Sommer 1951 kann Emil Bührle aufatmen. Die Durststrecke ist vorbei. Er hat zwar Anfang 1946 an einer Pressekonferenz verkündet, er werde neu für den zivilen Sektor produzieren, doch es ist ihm – trotz Dieselmotoren, Strumpfwirkmaschinen und dem Anrufbeantworter «Ipsophon» – nicht gelungen, «eine gewinnbringende Friedensproduktion einzuführen».[1] Gleichzeitig, doch ohne es an die grosse Glocke zu hängen, hat Oerlikon-Bührle die Entwicklung von Raketensystemen vorangetrieben: erst mithilfe von Heinz Stoelzel eine Kleinflüssigkeitsrakete, anschliessend dank Plänen aus Peenemünde eine zwei Meter lange, auf der Schmetterling-Rakete basierende Flüssigkeitsrakete und nach dem Bruch mit Stoelzel eine Acht-Zentimeter-Pulverrakete, deren Entwicklung 13 Millionen Franken verschlungen hat.[2] Nun will die US Air Force die Pulverrakete als Standardwaffe im Koreakrieg einsetzen und hat sage und schreibe 240 000 Stück bestellt.[3]

Das setzt jedoch eine Exportbewilligung des Bundesrats voraus. Und dieser steckt wegen des Koreakriegs in der Klemme. «Es ist schwierig», lamentiert Aussenminister Max Petitpierre, «einerseits Herrn Bührle arbeiten zu lassen und andrerseits unsere Neutralitätspolitik nicht zu verletzen.» Anfänglich wird Bührles Gesuch nur von Philippe Etter unterstützt, der gelegentlich mit Bührle auf die Jagd geht. Doch nach einem Jahr des Zögerns und Zauderns lenkt der Gesamtbundesrat ein, verlangt aber eine Staffelung des Exports. Das wiederum passt Bührle nicht. Er droht mit der Entlassung von tausend Arbeitern, bringt seine Lieferanten, den Verband der Maschinenindustriellen, die Metallarbeiter-Gewerkschaft sowie mehrere Parlamentarier in Stellung und bombardiert den Bundesrat mit empörten Briefen. Ein Landesvater nach dem anderen

Friedrich Hansen (1946)

Raketen

kippt um, am Schluss schwenkt noch als einziger EJPD-Vorsteher Markus Feldmann, der Vertreter der Bauern-, Gewerbe- und Bürgerpartei (der Vorläuferin der SVP), das Fähnlein der Neutralität. Am 24. April 1953, drei Monate vor Ende des Koreakriegs, lenkt der Gesamtbundesrat ein.[4] Seither werden die Raketen im Wochentakt in amerikanische Frachtflugzeuge verladen und via USA nach Korea geflogen.[5]

Bührles Erfolg wirft ein grelles Licht auf die triste Lage der Calanda SA. Die Entwicklung ihrer Flüssigkeitsrakete scheint an Ort zu treten, das Areal im künftigen Produktionsstandort Untervaz liegt brach, und der Felsstollen, in dem – analog zu Bührles unterirdischem Testgelände – die Raketen erprobt werden sollen, existiert nur auf dem Papier.[6]

Im Sommer 1953 reisst Louis Birkigt, dem Präsidenten der Calanda SA, der Geduldsfaden. Er schickt einen deutschen Mitarbeiter nach Ems, um die Firma umzukrempeln. Friedrich Hansen ist Physiker und Ingenieur, und es ist erstaunlich, dass er überhaupt eine Aufenthaltsbewilligung besitzt.[7] Noch 1947 urteilte die Bundesanwaltschaft, seine Einreise sei «auch für eine kurze Dauer unerwünscht», da er sich in der Schweiz «aktiv propagandistisch für den Nationalsozialismus betätigt» habe.[8] Die Hispano Suiza, die Hansen einstellen wollte, rekurrierte und versicherte, er habe im Krieg den Abtransport zahlreicher Maschinen aus ihrem Zweigwerk in Barcelona verhindert und 25 Ingenieure des französischen Zweigwerks vor der Deportation bewahrt. Schlussendlich hiess das Zauberwort auch hier «im Interesse der Landesverteidigung». Da Hansen für «wehrwirtschaftliche Forschung» vorgesehen war und ein Schweizer Oberst mit einer guten Referenz nachgeholfen hatte, durfte er sich zuerst wochenweise und ab 1951 dauerhaft in Genf aufhalten.[9]

Noch bevor der Sanierer sich ans Werk macht, verliert die Calanda SA ihren Mann in Bern, dem sie Ideen, Pläne und einen Teil ihrer Mitarbeiter verdankt. Als Paul Schaufelberger seine Kündigung einreicht, hält sich die Betroffenheit im EMD in engen Grenzen. Zwar verdankt der Generalstabschef pflichtschuldig die «wertvollen Dienste» und die «aufopfernde Arbeit», doch Oberst Daniel, der Chef der Nachrichtensektion, kritzelt auf das Kündigungsschreiben «ohne Bedauern».[10] Dem Generalstabschef erklärt er: «Ich wollte mich schon lange von diesem Mitarbeiter trennen, denn ich kannte seine sehr engen Beziehungen mit gewissen Waffenschieber-Kreisen, wo er den Vertreter des Generalstabs spielte. Schliesslich wurde dieser Mitarbeiter eine Belastung für die Sektion, und ich wartete nur auf die Möglichkeit, ihn loszuwerden. […] Deshalb habe ich ihn mehr und mehr am Rand der Abteilung platziert, bis er schliesslich um seine Entlassung bat.»[11]

Auch die Öffentlichkeit erfährt von Schaufelbergers Abgang. «Überall galt er als bestausgewiesener Fachmann in Fragen der Waffentechnik und der auf diesem Gebiet bevorstehenden Entwicklung – ausser bei der Generalstabsabteilung selber», meckert ein mit ihm befreundeter Journalist in der *National-Zeitung*. «An der Sache stimmt auf jeden Fall etwas nicht. Entweder nämlich war der Mann ein Fachmann; dann ist es unverantwortlich, dass man ihn hat gehen lassen, oder um es deutsch zu sagen – weggeekelt hat, oder er war kein Fachmann, dann war es unverantwortlich, ihn 14 volle Jahre im Dienst zu behalten.»[12] Schaufelberger versichert später, er sei «völlig unbeteiligt» an dieser Meldung; Konsequenzen hat sie so oder so. Ein LdU-Nationalrat reicht eine Interpellation zu den «übertriebenen Geheimhaltungstendenzen» des EMD ein und behauptet, man habe einen kritischen Geist mundtot gemacht, der «den Mut hatte, über Waffenkonstruktionen seine eigene Meinung zu vertreten, die nicht immer mit derjenigen des Chefs der Kriegstechnischen Abteilung identisch war».[13]

Da Schaufelbergers Nachlass entsorgt wurde, ist kein Dokument überliefert, in dem er sich selbst zur Kündigung äussert. Doch es gab mindestens drei gute Gründe für den Abgang. Schaufelberger eckte mit seiner groben, aufbrausenden Art zunehmend an. In seinem letzten Führungsbericht hiess es, er leiste sich «aufgrund seines sehr impulsiven Charakters» immer wieder «unglückliche sprachliche Entgleisungen». Kurz darauf beschwerten sich jüngere Offiziere, Schaufelberger habe sich abfällig über den Generalstab geäussert und einen Vortrag über den Nachrichtendienst mit «Geschmacklosigkeiten», «billigen Witzen» und «pointierten» Formulierungen «aus dem Geschlechtsleben» gespickt. Mit seinen hilflosen Witzen über «General Geschlechtstrieb», zugenähte Hosenschlitze und Angehörige des Frauenhilfsdiensts in «Schlupfhosen» hatte Schaufelberger den Bogen überspannt.[14] Nach einer Untersuchung rüffelte ihn der Ausbildungschef: «Ein solches Verhalten verstösst gegen die militärische Zucht und Ordnung. Ich bestrafe Sie daher mit einem Verweis.»[15]

Ein weiterer Grund waren Ermittlungen wegen einer geplanten illegalen Waffenlieferung an den deutschen Grenzschutz. Die Öffentlichkeit wusste noch nichts von diesem Fall, der als Octogon-Skandal in die Schweizer Annalen eingehen sollte, doch die Untersuchung zog immer weitere Kreise. Ende 1952 geriet die Hispano Suiza – und mit ihr die Calanda SA – ins Visier der Bundesanwaltschaft. Schaufelbergers Lage wurde zunehmend ungemütlich, denn er kannte alle in den Fall verwickelten Rüstungsproduzenten und Waffenhändler.[16] Als er im Auftrag von Bundesrat Markus Feldmann einen ausführlichen Fragenkatalog beantworten musste, konnte er seine Nähe zu den Hauptverdächtigen nicht leugnen, versuchte aber, sich herauszuwinden: «Für alle diese Waffenschieber war ich nicht angenehm, nachdem von allen Seiten versucht wurde, mich in das eine oder andere Lager zu ziehen. Ich lehnte alle Angebote ab und beteiligte mich in keiner Form an den Interessen der verschiedenen Gruppen.» Doch scheinbar war ihm nicht wohl bei der Sache. Fünf Tage später legte er seinem Chef die Kündigung auf den Schreibtisch.[17]

Gut möglich, dass bei diesem Entschluss auch die Ermittlungen gegen Rochat eine Rolle spielten, denn je tiefer die Lausanner Inspektoren gruben, desto mehr Hinweise fanden sie, dass Schaufelberger in private Waffengeschäfte verwickelt war. Ob er davon wusste, lässt sich nicht belegen, kann angesichts von Gadients Nähe zum Waadtländer Polizeichef aber auch nicht ausgeschlossen werden.[18]

Am 30. Juni 1953, Punkt zwölf Uhr, verlässt Oberstleutant Schaufelberger grusslos das Büro, um mit Freunden auf seinen neuen Lebensabschnitt anzustossen.[19] Eine Woche später trifft im Bundeshaus das «vertrauliche Memorandum» ein, das hier bereits ausführlich zitiert worden ist, weil darin von seiner Kollaboration mit dem Büro Marktgasse und seinen homosexuellen Beziehungen die Rede ist. Hier wird es ein zweites Mal wichtig, weil Bundesrat Feldmann, der sich mit dem Octogon-Skandal herumschlägt, von der Existenz dieses Dokuments erfährt.[20] Da es nicht mehr auffindbar ist, bittet Feldmann den Waadtländer Regierungsrat Edmond Jaquet um eine Kopie. Dieser schickt eine zensurierte Fassung, denn vor dem Kopieren hat jemand zur Schere gegriffen und Verfasser und Adressat herausgeschnitten. Im Begleitbrief mutmasst Jaquet, «dass das Original wahrscheinlich vom ehemaligen Polizeichef [Malherbe] an den Generalstab geschickt wurde». Vom Vorsteher des Waadtländer Justiz- und Polizeidepartements hätte man sich eine präzisere Auskunft gewünscht, denn das Memorandum ist von Hand geschrieben, und im eigenen Departement einen Inspektor zu finden, der die Handschrift seines ehemaligen Chefs identifizieren kann, wäre wohl keine Hexerei gewesen. Doch vielleicht wollte Jaquet es gar nicht so genau wissen, denn Malherbe war über «viel zu enge Beziehungen zu gewissen Damen» und eine Portugalreise im Dienstwagen gestolpert und entlassen worden.[21] Fragen kann man ihn nicht mehr: Zwei Monate vor Feldmanns Anfrage ist der erst 42-Jährige an einem Herzinfarkt gestorben.

Laut Jaquet basiert das «Memorandum» auf «nicht kontrollierten Informationen und einem Bündel Korrespondenzen», die Rochat den Ermittlern «vorübergehend» überlassen hat. Er schickt Feldmann deshalb auch das Aktenverzeichnis, welches Dokumente im Umfang von 77 Seiten auflistet, darunter Verträge des Raketenkonsortiums, ein Briefwechsel Schaufelberger/Rochat, Briefe an deutsche Raketenspezialisten, zwei Briefe von Rudolf Oswald und ein Brief an Bundesrat Kobelt. Also eine historische Fundgrube. Doch für die Historikerin leider unerreichbar: Die Originale gingen an Rochat zurück, die Kopien, die mit dem Original-Memorandum verschickt wurden, sind im Bundesarchiv nicht auffindbar, und im Waadtländer Staatsarchiv findet sich keine einzige Spur dieser Ermittlungen.

Aber warum hat Rochat der Polizei alle diese Schriftstücke überlassen? Wollte er sich entlasten, indem er der Polizei Beweise vorlegte, dass mit Schaufelberger ein Vertreter des EMD an der Entwicklung der Raketen und Zünder beteiligt und mit Kobelt der EMD-Vorsteher informiert war? Dazu würde passen, dass er Schaufelberger auch während der Octogon-Ermittlungen anschwärzt und zu Protokoll gibt, dieser habe «Fotokopien über technische Entwicklungen nach Spanien und Argentinien geliefert» und sei aus diesem Grund vom Generalstab «liquidiert» worden.[22] Wahrscheinlich geht auch die Denunziation Schaufelbergers als Homosexueller auf Rochat zurück, schliesslich bezahlte er die «Spesen» von Schaufelbergers mutmasslichem Geliebten Zendel, bevor dieser nach Argentinien verduftete. Falls Schaufelberger von dieser Denunziation wusste oder auch nur etwas ahnte, hatte er einen Grund mehr, beim EMD sofort zu kündigen. Und falls seine Ehefrau ahnungslos war, sogar zwei gute Gründe.

Doch warum traf das Memorandum erst ein paar Tage nach Schaufelbergers letztem Arbeitstag in Bern ein? Wieso war es, für einen Polizeirapport absolut ungewöhnlich, von Hand geschrieben? Und warum wurde das Original-Memorandum nicht archiviert? Weil es den Finger auf Schaufelbergers Rolle bei den illegalen Schleusungen des Büro Marktgasse legte? Weil es zeigte, dass er im EMD hoch platzierte Mitwisser hatte? Oder weil der Brief an Kobelt, der mitgeschickt wurde, einen Bundesrat in Verlegenheit gebracht hätte? Und was wusste Kobelt, der Kollege Feldmann auf die Existenz des Memorandums hingewiesen hatte, von der ganzen Angelegenheit?

Aktenkundig ist nur, dass der EMD-Vorsteher mehr wusste, als er öffentlich sagen wollte. Als er am 6. Oktober 1954 die Interpellation zu Schaufelbergers Kündigung beantwortet, erklärt er, dieser habe «aus eigenem Entschlusse seine Tätigkeit in der Generalstabsabteilung aufgegeben, aus Gründen, die in seinem Interesse besser nicht erwähnt werden».[23] Da sich der Interpellant mit dieser Erklärung nicht zufrieden gibt, bessert Kobelt nach: Schaufelberger habe erkannt, «dass auf Grund gewisser Vorkommnisse, die nicht ehrenrühriger Natur waren, eine weitere Zusammenarbeit in der Generalstabsabteilung nicht mehr erspriesslich gewesen wäre».[24] Schaufelberger ist entrüstet. Er reklamiert bei Kobelt, diese Erklärung stelle ihn «als Bürger und Soldat in ein sehr fragwürdiges Licht». Man habe sie «weiterum dahin ausgelegt, dass mit mir etwas nicht in Ordnung sei». Nun platzt Kobelt der Kragen. Er erinnert an das Disziplinarverfahren und an die «Schwierigkeiten» mit Vorgesetzten und Mitarbeitern, es sei also sehr wohl in Schaufelbergers Interesse, dass er keine Einzelheiten genannt habe.[25]

Einen Monat später ist im EMD schon wieder Feuer im Dach, denn EJPD-Vorsteher Feldmann hat Kobelt eine Kopie des Memorandums weitergeleitet. Damit kann das EMD die Causa Schaufelberger nicht mehr länger unter dem Deckel halten, und Feldmanns Intervention verspricht wenig Gutes. Er ist nicht nur intelligent und integer, er geht den Dingen hartnäckig auf den Grund. Er hat sich sogar mit Schaufelberger getroffen, weil er einen Zusammenhang zwischen dem Octogon-Skandal und der Kündigung vermutete.[26] Dabei ist er zum Schluss gekommen, um diesen Nachrichtendienstoffizier bestünden «Unklarheiten fataler Art», und es gebe «Anhaltspunkte dafür, dass der schweizerische Kontrollapparat versagt, sowohl im EMD wie im Justiz- und Polizeidepartement». In Kobelts Departement ortete er «eine mangelnde Koordination» zwischen K.T.A., Nachrichtendienst und Generalstab, im eigenen Justiz- und Polizeidepartement scheint ihm die Arbeit der Bundespolizei «unbefriedigend», nicht zuletzt, weil ihr Chef, Werner Balsiger, «zu schwach» sei.[27]

Als Reaktion auf das Memorandum lässt Bundesrat Kobelt den Generalstabschef Louis de Montmollin antanzen. Dieser hält sich bedeckt. Mehr als die schwammige Auskunft, der Nachrichtendienst sei «im Besitz von Polizeidokumenten, nach denen die Situation von Oberstlt. S. einige Unannehmlichkeiten bereiten könnte», ist nicht aus ihm herauszuholen.[28] Fünf Tage später rückt er doch noch mit der Wahrheit heraus: Im Frühling 1953 habe ihn Nachrichtendienstchef Charles Daniel informiert, Schaufelbergers Name sei «in polizeilichen Dokumenten im Zusammenhang mit Waffenschieberei» aufgetaucht. Es habe aber keine Beweise «für ein Fehlverhalten» gegeben, deshalb habe er Daniel angewiesen, «die Angelegenheit im Auge zu behalten». De Montmollins Kommentar zum Memorandum ist bemerkenswert dürr: Es beweise, dass «der Verdacht, den wir leider erst 1953 hatten, dass Oberstlt. S. sich mit dienstfremden Angelegenheiten befasste, die für das EMD ernste Schwierigkeiten nach sich ziehen könnten, begründet war». Tatsache ist, dass er jahrelang weggeschaut hat. Er wusste nämlich, dass es zur Zeit des Büro Marktgasse mehrere interne Beschwerden über die «sehr persönliche Art und Weise» von Schaufelbergers Amtsführung gab.[29]

Auch Nationalrat Bircher schaltet sich ein. Er regt mit einer Kleinen Anfrage an, dass «diese Angelegenheit untersucht und ein objektiver Bericht erstattet werden soll».[30] Die Aufgabe landet bei Bundesrat Feldmann und ist undankbar, denn Schaufelbergers Anwalt ist ausgerechnet Nationalrat Max Rohr, der Präsident der Konservativen Volkspartei (Die Mitte, ehemals CVP).[31] Es ist nicht das erste Mal, dass Rohr in Oswalds Umfeld auftaucht: Er hat vor Bundesgericht erfolgreich dafür gekämpft, dass Fischer die Auslagen für den gefälschten paraguayanischen Pass zurückerstattet wurden; er hat auch ein Gastspiel im Verwaltungsrat der AG für Commerzielle Chemie gegeben, das zwar nur kurz dauerte, ihm nach der «Riesenpleite» des Unternehmens aber «die ganzen Ferien versaute», weil die linke Presse ihn namentlich mit Spekulantentum und anrüchigem «Osthandel» in Verbindung brachte.[32]

Rohrs Strategie wird schnell klar: Weil Schaufelberger «aus seinem Herzen keine Mördergrube» gemacht habe, sei er «vielen Herren unbequem geworden», er werde aber nicht ruhen, «bis ihm Satisfaktion erteilt» werde.[33] Bundesrat Feldmann kontert, indem er Rohr vertraulich Einsicht ins Memorandum von Polizeichef Malherbe gibt und 16 Fragen dazu vorlegt, die Schaufelberger beantworten muss. Sie drehen sich um die HOVAG, um Friedrich Halder und um Schaufelbergers Schleuserdienste. So will Feldmann wissen, ob Schaufelberger «Verbindungs- und Vertrauensmann deutscher Techniker war, die ihr Land heimlich verliessen».[34] Offensichtlich ist er nicht darüber informiert, dass in irgendeiner Schublade in seinem Departement ein ausführlicher Bericht der Bundesanwaltschaft und ein noch ausführlicherer Bericht des basel-städtischen Nachrichtendiensts zu Schaufelbergers Kooperation mit dem Büro Marktgasse liegen. Es ist, um Feldmann selbst zu zitieren, ein weiteres Beispiel dafür, wie der «schweizerische Kontrollapparat versagt». Oder in diesem Fall wohl eher: versagen will. Auf Nachfrage hat Bundespolizei-Chef Balsiger nämlich versichert, es sei ihm nicht bekannt, dass gegen Schaufelberger je «ein polizeiliches Verfahren durchgeführt werden musste»[35] – und liess seinen Vorgesetzten, der ihn als «zu schwach» einschätzte, gekonnt ins Leere laufen.

Wie es sich gehört, beantwortet Schaufelberger die 16 bundesrätlichen Fragen zum Inhalt des Waadtländer Memorandums. Für die Historikerin wäre es aufschlussreich, seine schriftlichen Antworten zu kennen. Doch ausgerechnet dieses Dokument ist zwar im Aktenverzeichnis aufgelistet, aber aus dem Dossier verschwunden.[36] Aktenkundig ist hingegen, dass Rohr zum Gegenschlag ausholt. Er informiert Feldmann, sein Klient habe «durch puren Zufall» Kopien amtlicher Dokumente gefunden, und droht: «Falls die Vorgesetzten bestreiten sollten, dass Schaufelberger sie auf dem Laufenden gehalten hat, bin ich gern bereit, Ihnen die Unterlagen im Einverständnis mit Schaufelberger zur Einsicht zu überlassen.»[37]

Es bleibt dahingestellt, ob Feldmann einen politischen Skandal verhindern oder, wie er selbst schreibt, «unnötige Härten» vermeiden will. Jedenfalls hält er sich fast wortwörtlich an Rohrs Vorschlag, als er am 2. Dezember 1955, nach mehr als einem Jahr, Birchers Kleine Anfrage beantwortet. Er bestätigt dem Nationalrat kurz und bündig, «dass keinerlei Zweifel an der persönlichen Integrität von Oberstleutnant Schaufelberger gerechtfertigt sind. Oberstleutnant Schaufelberger hat als Soldat während vieler Jahre seine Pflicht treu erfüllt und dem Lande wertvolle Dienste geleistet.»[38] Für Schaufelberger ist es ein Sieg auf der ganzen Linie. Am Tag vor Weihnachten bedankt er sich beim Bundesrat für seine «Rehabilitierung» und erklärt, Feldmanns «Achtung vor der Mannesehre und dem Gerechtigkeitsempfinden» hätten ihn und «zahlreiche Kameraden, Freunde und Bekannte im In- und Ausland tief beeindruckt». Er schätze sich glücklich, «dass durch den Schutz meiner Soldaten- und Bürger-Ehre jene Werte erhalten wurden, welche allein ermöglichen, persönliche Interessen oder das eigene Ich dem Gemeinwohl unterzuordnen. Dass mir bei meinem Wollen auch Fehler unterlaufen sind, ist unvermeidlich. Ich darf aber mit besserem Wissen und Gewissen sagen, dass sie nie unsauberen oder egoistischen Motiven entsprungen sind.»[39]

In der Zwischenzeit hat Friedrich Hansen bei der Calanda SA mit eisernem Besen gekehrt. Friedrich Halder musste den Hut nehmen und gründete im aargauischen Merenschwand eine Firma für die Regenerierung von Feilen und Fräsen.[40] Von der Flabrakete zur Feile – auch der zweite Karriereknick des ehemaligen Leiters von Peenemünde West war heftig, doch der fast Sechzigjährige hat Glück im Unglück: Nach einer Durststrecke von drei Jahren avanciert er zum Berater der Abteilung Raketen- und Lenkwaffentechnologie der österreichischen Luftstreitkräfte.[41]

Mit Schaufelbergers Abgang hat Werner Oswald zwar seinen wichtigsten Vertrauensmann und Informanten im

EMD verloren, doch die wichtigste Aufgabe, die Beschaffung der Pläne und Spezialisten, ist erledigt. Am 1. Oktober 1955 meldet Josef Zbornik, der seit Halders Abgang die «Entwicklungsgruppe» leitet, die «Lösung sämtlicher Aufgaben»: Die Calanda-Rakete verfügt über ein «sicher und genau funktionierendes Triebwerk», und ihr Treibstoff, ein Gemisch aus Alkohol, Hydrazinhydrat und hoch konzentrierter Salpetersäure, ist perfekt auf die Produktionsanlagen in Ems abgestimmt.[42] Mehr noch: Schaufelbergers neue Tätigkeit als Waffenhändler passt perfekt zur nächsten Hürde, die es zu nehmen gilt: Käufer für die Emser Rakete zu finden.

NAPALM
(1954–1955)

Test einer Opalm-Fliegerbombe (1952)

Napalm

«Opalm übertrifft Napalm»

Um neue Absatzmöglichkeiten für das «Emser Wasser» zu schaffen, lässt Werner Oswald eine Napalm-Variante entwickeln und bietet sie der Schweizer Armee zum Kauf an.

Halb Luzern ist während der feuchtkalten Nacht vom 25. auf den 26. November 1954 auf den Beinen. Der freie Westen ist überraschend angegriffen worden, und dieses Mal bleibt die Schweiz nicht verschont. Um 19.10 Uhr regnet es die ersten Bomben. Die Innenstadt steht in Flammen. Es gelingt den zivilen Organisationen, die Brandherde mehr oder weniger unter Kontrolle zu bringen, doch zwischen 3.30 und 3.50 Uhr setzt das zweite Bombardement ein – und mit ihm die erste umfassende Luftschutzübung, bei der die Zusammenarbeit von Luftschutztruppen und zivilen Organisationen erprobt wird. Ortschef Major Schwegler schickt im tanzenden Licht von «Bengalfeuern» 400 Soldaten des Bataillon 3 und 800 Zivilisten in den Einsatz. «Recht drastisch wird um diese Zeit die Bombardierung durch das Abfeuern von Petarden und Raketen sowie durch mehrere grosse Feuer markiert», schreibt am nächsten Tag der *Tat*-Reporter, der die Übung vor Ort verfolgt. «Im Raureif und ordentlich dichten Nebel nehmen sich die Feuer wirklich gespenstisch aus. Viele Einwohner werden durch das nicht alltägliche Donnern aus dem Schlaf geweckt.»[1]

      Samaritervereine richten Sammelstellen für Obdachlose ein und verarzten 160 Schulkinder, die von kundigen Händen in Bombenopfer verwandelt wurden. «Die Verwundungen werden recht plastisch gezeigt, so plastisch, dass die eine oder andere Samariterin noch etwas blasser geworden ist», stellt der Reporter mit männlichem Dünkel fest. Kurz nach vier Uhr rücken die zivilen Dienste aus. «Beim Schwanenplatz und an der Töpferstrasse ist die Feuerwehr in Aktion. Am Reussteg ist eine Equipe des Elektrizitätswerks daran, neue Kabel zu legen. Am Schwanenplatz werden Schienenstränge eingeschweisst und die Fahrleitung aufgehängt.»

Nur ein paar Armeeangehörige wissen, dass in dieser denkwürdigen Nacht auf mehreren Plätzen der Luzerner Altstadt, neben Wohnhäusern und ahnungslosen Zivilistinnen und Zivilisten, auch ein von der HOVAG entwickeltes Brandkampfmittel mit dem Markennamen Opalm abgebrannt wird. «Der knisternde, in den nächtlichen Gassen widerhallende Abbrand des Opalm», stellt der Sektionschef des Luftschutzes zufrieden fest, lasse «im Verein mit Rauchkörpern, Brandbomben und anderem pyrotechnischem Material an drastischer Wirkung nichts zu wünschen übrig.»[2]

Die Presse stellt der Übung ein gutes Zeugnis aus. «Allgemein kam zum Ausdruck, dass die zivilen Formationen mit viel Hingabe und Einsatz arbeiteten und ihre Aufgaben recht geschickt in Angriff nahmen, dass aber noch viel zu tun übrigbleibt, soll unser Zivilschutz wirklich kriegsgenügend werden», urteilen die *Freiburger Nachrichten*. «Die lehrreiche und interessante Übung, die von zahlreichen hohen Offizieren und Zivilschutzchefs aller Landesteile besucht wurde, fand mit dem Einsetzen des Morgenverkehrs nach sieben Uhr ihren Abschluss.»[3] Die leeren Bidons, in denen das Emser Napalm geliefert worden ist, werden noch am selben Tag plombiert und nach Domat/Ems zurückgeschickt.

Napalm, eine Erfindung des amerikanischen Chemikers Louis Fieser, besteht aus Benzin und Aluminiumseife und verdankt seinen Namen den Wirkstoffen Naphten- und Palmitinsäure. Napalm-Gallerte, ein klebriges, dickflüssiges Gel, verbrennt unter sehr hohen Temperaturen und eignet sich als Füllung für Bomben und Flammenwerfer. Die amerikanischen Streitkräfte setzten es bereits im Zweiten Weltkrieg in Deutschland und im Südpazifik ein;[4] im griechischen Bürgerkrieg (1946–1949) verwendeten es die Regierungstruppen gegen die kommunistischen Aufständischen. Doch erst im Koreakrieg, als Napalm laut der *New York Herald Tribune* zur «Waffe Nummer eins» wurde, drang es ins Bewusstsein der Weltöffentlichkeit.[5] Dass dieser Krieg von 1950 bis 1953 vier Millionen Menschenleben – eine Million Soldaten und drei Millionen Zivilpersonen – forderte und ein völlig zerstörtes Land hinterliess, war in erster Linie dem Napalm geschuldet. Zu Beginn des Kriegs erklärte der Oberkommandierende der US Air Force: «Von jetzt ab werden wir in Korea unsere Flugzeuge 24 Stunden lang im Tag einsetzen.»[6] In drei Jahren fielen 32 357 Tonnen Napalm auf die koreanische Halbinsel und verkohlten Städte, Dörfer und ganze Landstriche samt den Menschen, die dort lebten.[7]

Im Juli 1950 berichtet *Die Tat* als erste Schweizer Zeitung über ein «neues Mittel», das in Korea im Panzerkampf zum

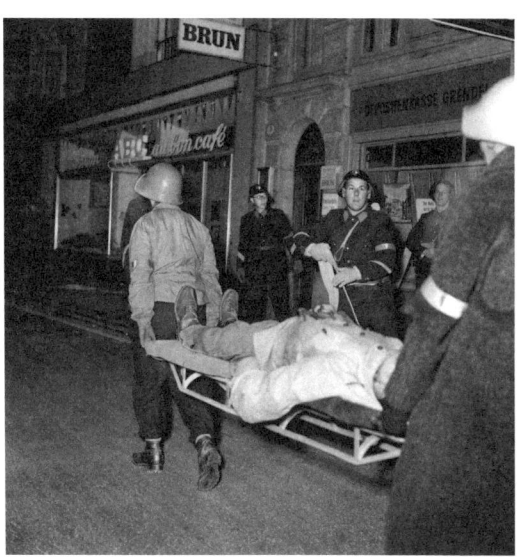

Zivilschutzübung in Luzern (1954)

«Opalm übertrifft Napalm»

Einsatz komme. «Anstatt von Flugzeugen aus Bomben gegen die Panzer zu schleudern, lassen die amerikanischen Flugzeuge um das anvisierte Ziel mit ‹Gasolin-Gelee› gefüllte Bomben fallen. Die Füllung wird als ‹Napalm› bezeichnet. Auf diese Weise wird der feindliche Tank von einem Feuerkreis umgeben, so dass er schliesslich versengt wird.»[8] Wenig später erklärt die NZZ in der Technikbeilage, im Vergleich zu herkömmlichen Sprengstoffen sei Napalm «sehr vorteilhaft». Man könne grosse Mengen «in relativ sehr kurzer Zeit» herstellen, die Produktion sei «auf jedem Flugplatz mit primitiven Mitteln» möglich. Auch die «Wirkung gegen bestimmte Ziele» überzeuge. Eine 200-Liter-Bombe genüge, «um über eine Kreisfläche von ungefähr 60–80 m Durchmesser eine solche Hitze zu erzeugen, die für einen Soldaten mit gewöhnlicher Kleidung unerträglich ist».[9]

Es vergeht fast ein Jahr, bis die Zeitungen erstmals über zivile Opfer berichten. «Die Napalm-Bombe – eine fürchterliche Waffe» überschreibt *Die Tat* den Augenzeugenbericht eines United-Press-Korrespondenten. «Sobald ein Gegenstand getroffen wird, bricht Feuer aus, das Temperaturen zwischen 1500 und 2000 Grad Celsius entwickelt. In wenigen Sekunden haben sich die Flammen auf alles Erreichbare ausgebreitet. Da das Feuer den Sauerstoff in der unmittelbaren Umgebung der Aufschlagstelle verbraucht, ist jedes Opfer – abgesehen von den Verbrennungen – auch der Gefahr des Erstickens ausgesetzt. Da Napalm von gallertartiger Konsistenz ist, bleibt es an allem haften. Seine Opfer werden meist in der Körperstellung getötet, in der sie von der Masse getroffen werden. Manchmal werden sie erstickt aufgefunden, ohne dass irgendwelche Brandwunden festzustellen sind. Die Wirkung der Napalm-Bombe wird dadurch wesentlich erhöht, dass unbedingte Treffsicherheit bei dem Abwurf nicht erforderlich ist. Wenn die Bombe wenige Meter von einem Panzer aufschlägt, erstickt die Besatzung, ehe sie sich ins Freie retten kann. Eine Napalm-Bombe bedeckt eine Fläche von fast 2000 Metern im Quadrat mit ihren sengenden Flammen und vernichtet alles Lebende in ihrem Bereich.»[10]

In den USA werden Berichte über zivile Napalm-Opfer meist als kommunistische Desinformation abgetan. Der Generalstabschef der Air Force versichert der *New York Times,* die Vereinten Nationen hätten «nie Napalm gegen Zivilisten eingesetzt». Dörfer würden «mit Flugblättern und Radiomeldungen vor drohenden Angriffen gewarnt und die Bewohner gedrängt, sich anderswo in Sicherheit zu bringen». Für alle, die es nicht schaffen, hat er einen zynischen Trost zur Hand. Versuche des Chemical Corps hätten gezeigt, «dass der Tod durch Flammenwerfer oder andere Feuerwaffen meist schnell erfolgt».[11]

Erst Douglas MacArthur, der legendäre Oberbefehlshaber der alliierten Truppen im Südwestpazifik, der in Korea ein Jahr lang die UNO-Truppen befehligte, redet Klartext. «Ich habe noch nie eine solche Verwüstung gesehen», bezeugt er vor dem US-Kongress. «Ich glaube, ich habe so viel Blut und Zerstörung gesehen wie kein anderer lebender Mensch, und es hat mir einfach den Magen umgedreht, als ich das letzte Mal [in Korea] war. Nachdem ich die Trümmer und diese Tausenden von Frauen und Kindern und alles gesehen hatte, musste ich mich übergeben.»[12]

Noch gibt es in der Schweiz keine TV-Nachrichten, die – wie später während des Vietnamkriegs – die schockierenden Bilder von Napalm-Opfern in die Wohnzimmer tragen. Die Schweizer Filmwochenschau zeigt den Einsatz von Napalm-Bomben, wenn überhaupt, aus sicherer Distanz und westlicher Perspektive. Es gibt auch keine Pressefotos von den schweren Verbrennungen, die bereits Spritzer von brennendem Napalm bewirken. Sogar in Illustrierten wie dem deutschen *Stern* oder der *Schweizer Woche* sucht man vergebens nach Bildern der Opfer. Die ersten Fotos der neuen «Feuerbombe» werden Ende 1950 veröffentlicht, doch sie zeigen einzig die Explosion einer Napalm-Bombe auf einem Testgelände in den USA sowie einen zu Übungszwecken abgefackelten Panzer.[13]

Unter dem Eindruck des Koreakriegs unterbreitet der Bundesrat dem Parlament ein Rüstungsprogramm von 1,5 Milliarden Franken. «Niemand kann sagen, ob der in Korea ausgebrochene Krieg auf den Fernen Osten beschränkt bleiben wird oder ob er sich ausweiten und auch auf Europa übergreifen wird», heisst es in der Botschaft. «Um so notwendiger ist es für uns, gerüstet zu sein.» Die internationale Lage habe sich «derart verschlimmert», dass die Schweiz «ohne Verzug» aufrüsten müsse. Das Rüstungsprogramm wird mit überwältigender Mehrheit verabschiedet, die sieben Nationalräte der kommunistischen Partei der Arbeit, die dagegen stimmen, werden ausgepfiffen. Einig ist man sich auch, dass einheimische Waffenproduzenten gebührend zum Zug kommen sollen. Ständerat und HOVAG-Verwaltungsrat Erich Ullmann fordert eine Kommission, die darüber wacht, «dass die grossen Fabriken nicht alles wegschnappen, sondern dass seriöse kleinere Firmen auch zum Handkuss kommen».[14]

Für Oswald bringt der enorme Rüstungskredit unternehmerische Chancen. Das militärische Interesse an Napalm ist gross, und für ein Chemiewerk ist die Herstellung ein Kinderspiel. Statt Benzin kann «Emser Wasser» verwendet werden, und falls es der HOVAG gelingt, Phenol aus Lignin zu gewinnen, kann sie auch das Phenolderivat Xylenol herstellen, das die Ame-

Napalm-Einsatz in Nordkorea (1951)

Nordkoreanische Napalm-Opfer (1951)

Napalm

rikaner dem Napalm beimischen.¹⁵ Forschungsleiter Schultze vermutet sogar Synergien mit der Calanda SA, «schliesslich hätte man derartige Brandmunition auch mit Raketen versprühen können».¹⁶

Oswald ist einer der ersten Schweizer, der die neue Wunderwaffe zu Gesicht bekommt. Im Februar 1951, in derselben Woche, als die Botschaft zum Rüstungsprogramm veröffentlicht wird, trifft auf dem Militärflughafen Dübendorf das erste Napalm-Muster aus den USA ein.¹⁷ Ein Kilogramm des Granulats geht an die Eidgenössische Materialprüfungsanstalt (EMPA), je zehn Kilogramm an die Kriegstechnische Abteilung (K.T.A.) und die HOVAG.¹⁸ Auch als die Ferro Corporation, einer der drei grossen amerikanischen Napalm-Produzenten, wenig später ein Muster liefert, wird die Hälfte «per Express» nach Ems geschickt. Sie bietet an, Napalm «vom besten und neuesten Typ» zu liefern oder in der Schweiz eine schlüsselfertige Anlage zu erstellen.¹⁹ Die US-Regierung unterstützt ihre Industrie, indem sie Dokumentar- und Instruktionsfilme über Napalm-Bomben zur Verfügung stellt, Experten zur «Befragung und Diskussion» in die Schweiz schickt und eine EMD-Delegation zu einem Treffen «mit Leuten mit Kampferfahrung» auf einen Luftwaffenstützpunkt in Deutschland einlädt.²⁰ Auch aus Holland und Frankreich, wo nationale Varianten von Napalm produziert werden, treffen Muster und Offerten ein.²¹ Oswald muss sein eigenes Napalm-Projekt also zügig vorantreiben.

Im Herbst 1951, ein halbes Jahr nach der ersten amerikanischen Mustersendung, bittet die K.T.A. um Auskunft über das «Quellverhalten» von «Opalm-Verdicker». Es ist das erste Mal, dass in den Akten des EMD der Markenname des Emser Napalms auftaucht. Mit Albert Schnider und Kaspar Ryffel sind zwar zwei Schweizer Chemiker mit der Entwicklung betraut, doch die Bezeichnung und die chemische Zusammensetzung verraten deutschen Einfluss: Grundstoff ist das Kunststoffpolymer Polyisobuten (PIB), welches das I.G.-Farben-Werk Ludwigshafen-Oppau 1938 unter dem Markennamen «Oppanol B» lancierte. Im Zweiten Weltkrieg wurde Oppanol zur Beschichtung von Gasanzügen verwendet, doch das Polymer dient bis heute zur Herstellung einer Vielzahl von Produkten, von Kaugummi über Folien bis zur Ummantelung von Pipelines.²² Wer in Ems auf die Idee gekommen ist, Oppanol als Verdicker zu verwenden, ist nicht bekannt. Aber weil es sich um ein Kunststoffpolymer handelt, verspricht es Synergien mit der künftigen Grilon-Produktion.

Im Mai 1952 meldet die INVENTA das Patent «Verfahren zum Verdicken flüssiger Brennstoffe» an. Herkömmliches Napalm, so die Patentschrift, besitze mehrere Nachteile: Die «frisch hergestellte Mischung» müsse «durch Altern ausreifen», sie klumpe leicht, brenne «relativ kurz» und bilde bei der Verbrennung einen harzigen Rückstand, «der die Unterlage teilweise gegen die Einwirkung der Hitze schützt». Opalm sei «weitgehend» frei von diesen Nachteilen, brenne «mehr als 100 Prozent länger» und entwickle grössere «Bodenhitze». Als Brennstoff, und damit schliesst sich der Kreis zur Emser Holzchemie, nennt die Patentschrift Ligninhydrierungsprodukte und als Zusatz den Brandbeschleuniger Xanthogenat, der ebenfalls aus Holz gewonnen wird. Obwohl die HOVAG 1953 den weltweiten Patentschutz anmeldet, wird in Ems fleissig weitergeforscht. 1957 wird ein Patent für einen optimierten «Prozess für die Herstellung von verdickten Brennstoffgemischen» angemeldet, das 1962 in Kraft tritt und erst 2019 erloschen ist.[23]

Im Sommer 1952 informiert Werner Oswald die K.T.A., es sei gelungen, ein «verbessertes Napalm» zu entwickeln, man würde «für die ersten Versuche» gern «eine kleine Delegation» in Ems empfangen.[24] Er schlägt auch Abwürfe aus dem Flugzeug vor, will aber das Opalm dafür nicht auf eigene Rechnung produzieren.[25] Die K.T.A. winkt ab. Man habe «mit Privatfirmen das nötige Napalm-Produkt bereits seit längerer Zeit entwickelt», und wolle keine weitere Firma berücksichtigen.[26] Oswald lässt nicht locker, und sein Unterton verrät Empörung. «Sie weisen auf grosse Kosten der Entwicklung hin. Wir können Ihnen nur beipflichten, möchten aber wiederholen, dass wir diese Arbeiten nunmehr abgeschlossen haben, nachdem wir fast 2 Jahre darauf verwendeten. Die Kosten sind für uns also ohnehin aufgelaufen.»[27] Der Chef der Sektion Munition ist betupft, schickt aber zwei Munitionsspezialisten nach Ems, nicht ohne ihnen einzubläuen, sich «in Bezug auf Äusserungen über unser Napalm sowie in Bezug auf die Beurteilung des Produktes der Hovag, des sog. Opalms, grösster Zurückhaltung zu befleissen».[28]

Am 20. Oktober 1952 führen Dr. Schnider und Nationalrat Gadient den EMD-Vertretern drei Stunden lang Opalm-Experimente im Labor und im Freien vor. Um Bombenabwürfe zu simulieren, werden Plastiksäcke mit siebzig Kilogramm Brandstoff in eine Sandgrube geworfen und gezündet. Auch Abfackeln auf Wasser steht auf dem Programm: «Auf dem ruhig fliessenden Abwasserbach des Werkes», heisst es im Bericht der Experten, «brannten 50 kg Gallerte regelmässig ab, der Rest verbrannte nach einem 30 m hohen Fall noch kurz auf dem Rhein.»[29]

In den nächsten Monaten rührt die HOVAG emsig die Werbetrommel und bietet Vorführungen für Zivilschutz-, Luftschutz- und Offiziersgesellschaften an. «Opalm übertrifft

Versuch mit Emser Napalm (1952)

«Opalm übertrifft Napalm»

Napalm», urteilt *Protar,* die Schweizerische Zeitschrift für Luftverteidigung. Bei einer Vorführung von «Elektron, Thermit, Brandbomben, Brandgranaten und Phosphor-Brandkanistern» habe das Emser Napalm die «stärksten Eindrücke» hinterlassen. Es sei «viel wirksamer und im zischenden Abbrand beängstigender als das seit dem Koreakrieg bekannte Napalm». Opalm habe «ein rasendes Feuer» entwickelt, «das mit Prasseln über eine Viertelstunde unvermindert tobte».[30] Dass die Zuschauer ausnahmslos beeindruckt sind, ist auch das Verdienst von Opalm-Erfinder Schnider, der keinen Aufwand scheut, um «die psychologische Wirkung eindrucksvoll zu gestalten». Das geht nicht immer gut. Bei einer Luftschutzübung zieht er sich «Verbrennungen im Gesicht und an einer Hand» zu. Laut der Abteilung Luftschutz sind sie «glücklicherweise leichter Natur» und erfordern nur eine ambulante Behandlung.[31]

Nach diesen begeisterten Berichten führt die K.T.A. mehrere Vergleiche von Opalm und Napalm durch. Neben einfachem Abbrennen werden Brandbomben abgeworfen und ausrangierte Panzer mit «400 kg-Napalm- und Opalmbomben» bombardiert.[32] Im August 1953 wird auch Bundesrat Kobelt zu einem Versuch auf der Allmend Thun eingeladen. «Zu spät unter die Augen gekommen», notiert er auf die Einladungskarte.[33] Noch in derselben Woche gelingt Oswald ein Reklame-Coup, der nicht zuletzt zeigt, wie gut er vernetzt ist: Während der Flugschau zur Eröffnung des Flughafens Zürich-Kloten wird «die neueste schweizerische Feuerbombe» abgeworfen und den 75 000 Zuschauerinnen und Zuschauern über Lautsprecher verkündet, dass «diese eindrucksvolle Abwehrwaffe mit Stoffen aus Ems hergestellt» sei. «Im gleichen Moment», liest man am nächsten Tag in der Presse, «wütete am Boden eine mindestens hundert Meter lange, riesige Feuerschlange. Ihr hätte eine ganze Kompagnie auf einen Schlag zum Opfer fallen müssen.»[34] Die publikumswirksame Demonstration schlägt auch im EMD ein. Wenig später versichert Bundesrat Kobelt in einer Rede zur Landesverteidigung, die Armee stehe kurz vor der Einführung einer «Opalm-Bombe aus Schweizer Fabrikation».[35]

Die frohe Botschaft ist kaum verklungen, als Oswald dem EMD vierzig Tonnen Opalm-Granulat zum stolzen Preis von 16 Franken pro Kilogramm offeriert – falls die HOVAG «mindestens» fünfzig bis hundert Tonnen exportieren darf. Die K.T.A. reagiert zurückhaltend, denn Oswald verweigert die Auskunft über die chemische Zusammensetzung und will auch kein Muster herausrücken, nicht einmal, als ihm «absolute Geheimhaltung gegenüber Dritten» zugesichert wird.[36] Die K.T.A. insistiert, sie könne «keine Abnahmebedingung abgeben für einen

Mischen von Benzin und Verdickerflüssigkeit (1957)

Auffüllen der «Feuerbomben» (1957)

«Opalm übertrifft Napalm»

Opalm-Fliegerbombe im Test (1952)

Napalm

Stoff, der uns nicht genau bekannt ist».[37] Sie nimmt sogar den Umweg über Washington, damit der Schweizer Luftattaché der HOVAG klarmacht, «dass heute mehrere ausländische Produkte mit gleichen oder noch besseren Eigenschaften als Opalm offeriert und in beliebigen Quantitäten bemustert werden».[38] Erst jetzt ringt sich Oswald dazu durch, der EMPA als «Treuhänderin» ein Muster auszuhändigen.[39]

Da die HOVAG ein Sorgenkind des Bundes ist, darf Oswald eine zweite, nachgebesserte Offerte einreichen. Seine Reaktion zeugt von erstaunlichem Mangel an Fingerspitzengefühl. Er offeriert den exakt selben Preis und poltert: «Nachdem wir die ungewöhnlich grossen Entwicklungskosten u. a. für die Flüssigkeitsrakete allein tragen mussten, werden Sie uns kaum zumuten, dass wir auch noch beim Opalm diese Entwicklungskosten selber tragen.» Er erwarte deshalb «gerne möglichst bald Ihre definitive Bestellung». Die Offerte lässt tief blicken. Oswald sieht sich bereits als der künftige Alleinlieferant der Schweizer Armee und hat es auf einen weiteren Bundesvertrag abgesehen. «Wir verpflichten uns ferner zur Aufstellung und Instandhaltung einer Produktionsanlage mit einer Produktionskapazität von 100 eventuell 200 Tonnen pro Jahr», heisst es in der Offerte. «Falls Sie eine noch höhere Kapazität wünschen, sind wir zu Verhandlungen hierüber ebenfalls bereit.» Wie beim Treibstoff und den Raketen argumentiert Oswald mit der Autarkie und dass die HOVAG im Kriegsfall eine «ungleich grössere Sicherheit der Belieferung» bieten könne als ein «Bezug aus dem Ausland».[40] Und er zielt wie immer hoch. Allein die Menge, die er dem Bund liefern will, würde ihm einen Umsatz zwischen 1,6 und 3,2 Millionen Franken bringen. Zudem erwähnt er in der Offerte «Opalm-Flammöl» für Flammenwerfer und «gewisse Exporte».[41]

Als der Bundesrat am 19. März 1954 über die Anschaffung von «Feuerbomben» beratschlagt, stellt Kobelt fest, Opalm sei den ausländischen Produkten zwar «mindestens ebenbürtig», aber fast dreimal so teuer wie Octogel und viermal so teuer wie Napalm.[42] Da man für Opalm-Bomben aber den Emser Treibstoff verwenden könne, stelle sich die Frage, ob die Preisdifferenz «aus nichtmilitärischen d. h. aus volkswirtschaftlichen Gründen gerechtfertigt» sei. Bundesrat Streuli findet, ein «derart bedeutender» Preisunterschied sei «kaum zu rechtfertigen». Als Finanzvorsteher müsse er eine «militärisch nicht gerechtfertigte Verteuerung der Feuerbombenfabrikation» ablehnen. Auch die anderen Bundesräte kaufen lieber 3000 oder 4000 ausländische statt 1000 eidgenössische Feuerbomben, und so lehnt der Bundesrat die Offerte der HOVAG einstimmig ab.[43]

«Opalm übertrifft Napalm»

Das ist ein herber Rückschlag, doch Werner Oswald hat noch andere Eisen im Feuer. Er setzt auf die guten Beziehungen seines Bruders Victor zum Franco-Regime und hat bereits «einige Fässer fertigen [Opalm-]Gels» nach Spanien geschickt.[44] Und er erwartet wichtigen Besuch in Ems.

«In Gottesnamen, montieren wir eben ab»

Als der Bundesrat die Ausfuhr von Opalm verbietet, verlegt Werner Oswald die Produktion nach Deutschland. Bombenhüllen und Zünder sollen jedoch weiterhin in der Schweiz gefertigt werden.

Im Frühling 1954 reisen zwei junge Offiziere aus zwei jungen Ländern nach Domat/Ems. Aung Din ist stellvertretender Militärattaché der burmesischen Botschaft in London, sein Begleiter mit dem Namen Aladand ist Offizier der pakistanischen Luftwaffe. Beide kennen sich mit Napalm aus. Nun will die HOVAG sie «von der Überlegenheit des Opalms» überzeugen.[1]

In Burma herrschen seit der Unabhängigkeit 1948 bürgerkriegsähnliche Zustände, denn kommunistische Gruppierungen und ethnische Minderheiten verweigern der Regierung in Rangun die Anerkennung. Im Südosten des Landes kämpft die Karen National Liberation Army für einen unabhängigen Staat der christlichen Karen. Der Norden wird von Soldaten des Kuomintang kontrolliert, die sich 1949 vor Maos siegreichen Truppen ins Nachbarland Burma retteten und vom nationalchinesischen Formosa (Taiwan) mit Waffen versorgt werden. Während sich Aung Din das Emser Napalm vorführen lässt, spitzt sich die Lage in seiner Heimat weiter zu. Die *New York Times* berichtet vom «erbitterten Kampf zwischen burmesischen Truppen und der nationalchinesischen Guerilla», und die NZZ vermeldet, die Karen hätten einen «autonomen Staat» ausgerufen.[2]

Die Demonstration in Ems ist ein voller Erfolg. Die burmesische Luftwaffe verlangt einen Kostenvoranschlag für tausend Bomben, und die pakistanische Luftwaffe eine Demonstration in Karachi.[3] Schnell ordnet Oswald die Zuständigkeiten neu. Er verschiebt die Rechte am Bombenzünder zur INVENTA und den Verkauf von Opalm – allerdings «in Nichtexklusivität» – zur PATVAG.[4] Da die Gebrüder Oswald alle diese Firmen kontrollieren, ändert das nichts an der Verantwortlichkeit, schirmt aber die staatlich gestützte HOVAG ab. Ein weiterer Grund dürften die Gewinne sein, die das Opalm-Geschäft verspricht. So fallen sie nicht bei der HOVAG an, welche die Entwicklung mit öffentlichen Geldern finanziert hat, sondern bei der PATVAG, die dem Bund keine Rechenschaft schuldet.[5] Diese wird zunehmend zur Schmuddelecke des Konzerns: Sie betreibt den mit einem Reputationsrisiko behafteten Osthandel, ist in die obskuren Geschäfte der Max Olivier verwickelt, vertritt die «neuartige Handgranate aus Bakelit» der spanischen Plásticas Oramil, entwickelt Zünder für allerlei Waffen und soll neu auch die Opalm-Verkäufe abwickeln.[6]

Zuständig für alle diese Geschäfte ist Erwin Widmer, der kaufmännische Direktor der PATVAG, ein grosser, gut aussehender Mittvierziger. Er ist dafür wie geschaffen. Als Bankkaufmann versteht er sich auf die Buchführung und die Abwicklung komplizierter internationaler Zahlungen, er verhandelt mit den Kunden in Englisch, Französisch, Spanisch und Italienisch und besitzt als Oberstleutnant die notwendige Glaubwürdigkeit gegenüber Vertretern ausländischer Streitkräfte. *Last but not least* hat er als Offizier gute Beziehungen zum Militär und als ehemaliger Bundesbeamter zur Bundesverwaltung.[7]

Die Offerte für Burma sieht eine Lieferfrist von einem halben Jahr vor. Damit geht Oswald hart ans Limit, wenn nicht darüber hinaus. Die Anlage, die diskret in einer Baracke am Rand des Werkgeländes in Ems untergebracht ist, besitzt eine Produktionskapazität von täglich 120 Kilogramm Opalm-Granulat – falls zehn Mann im Schichtbetrieb rund um die Uhr arbeiten.[8] Da es für eine 400-Liter-Bombe ungefähr 30 Kilogramm Granulat braucht, reicht eine Tagesproduktion für vier Bombenfüllungen.[9] Für 1000 Bomben macht das 250 Arbeitstage, was bei freien Sonn- und Feiertagen etwa einem Jahr entspricht. Und mit dem Opalm allein ist es nicht getan, es braucht auch die Hardware.

Die Bombenhüllen sollen von der Metallwarenfabrik Gröninger in Binningen produziert werden, die auf Küchenzubehör aus Aluminium und «Extra-Anfertigungen aus allen Metallen» spezialisiert ist.[10] Als Muster dient den Konstrukteuren eine aerodynamische Bombe der Schweizer Armee, doch bei der Aufhängevorrichtung für die Spitfire der burmesischen Luftwaffe tappen sie im Dunkeln, denn es gibt in der Schweiz kein einziges Exemplar dieses englischen Jagdflugzeugs, an dem sie Mass nehmen könnten. Schliesslich hilft die britische Armee unkompliziert weiter und schickt Pläne ihrer eigenen Spitfire-Bombenracks.[11]

Der Auftrag für die Zünder liegt bei der Firma Gerber & Co., die auf Instrumente zur Qualitätsprüfung von Milch spezialisiert ist. Doch die gut schweizerische Fassade trügt. Jim

«Jimmy» Gerber, der das Familienunternehmen in dritter Generation führt, bessert seine Bilanzen mit Waffengeschäften auf.[12] Wie Gerber und Oswald zueinander fanden, ist nicht verbürgt. Wahrscheinlich hatte – wieder einmal – Paul Schaufelberger die Hand im Spiel. Aktenkundig ist, dass er Oberstleutnant Gerber beizog, um einen Waffenhändler zu verhören, was diesem ermöglichte, wertvolle Informationen für das eigene Geschäft abzuschöpfen.[13] Bei seinen Waffengeschäften profitiert Gerber auch von Schaufelbergers Netzwerk von ranghohen deutschen Armeeangehörigen, (aktiven und ehemaligen) Geheimdienstagenten und (sehr aktiven) Waffenschiebern. Einer ist «Patronenkönig» Fritz Mandl, der vor dem Krieg die rechtsradikale österreichische Heimwehr finanzierte und enge Beziehungen zu Mussolini und zum ungarischen Diktator Miklós Horty pflegte. Der Ex-Gatte von Hollywood-Star Hedy Lamarr zieht seine Fäden noch immer rings um den Globus und hat dem «guten Gerber» erst kürzlich die Beschaffung von Tankbüchsen für seine «pakistanischen Freunde» anvertraut.[14] Ein anderer ist der Deutsche Waldemar Pabst, der während des Zweiten Weltkriegs in der Schweiz lebte und sich als Vertreter von Mandl um die Waffenfabrik Solothurn kümmerte, welche die Achsenmächte mit Panzer- und Flugabwehrkanonen belieferte.[15] Pabst hält grosse Stücke auf den «jungen Gerber». Seinem Freund Oberst Bircher versichert er, Gerber sei «ein sehr tüchtiger Kaufmann, ein sehr passionierter Soldat und ein grosser Verehrer von Ihnen».[16]

Die Kunststoffgehäuse für die Bombenzünder sollen in der Tessiner Filiale von Gerber & Co. angefertigt werden. Weil dort schlecht bezahlte italienische Grenzgänger und Grenzgängerinnen arbeiten, wirft die Gewerkschaft Gerber «skrupellosen Geschäftsgeist» vor und stänkert, im grenznahen Melide seien halt «die ‹idealen Bedingungen› vorhanden», um Leute auf eine Art «auszubeuten», die «an Kolonialmethoden» erinnere.[17]

Anfang September 1954 treffen aus Burma der Vertrag und das Bankakkreditiv für tausend einsatzbereite Bomben ein. Es eilt, denn die burmesische Luftwaffe hat eine Lieferfrist von zwei Monaten angesetzt. Also reicht die HOVAG sofort ein Fabrikationsgesuch für 15 Tonnen Opalm ein. Den Warenwert gibt sie mit 250 000 Franken an, doch ein Insider ist überzeugt, in Tat und Wahrheit seien es 2,5 Millionen Franken.[18] Drei Tage später schickt Gerber & Co. das Fabrikationsgesuch für 2000 Zünder ab.[19]

Das Bewilligungsverfahren für die Produktion von Kriegsmaterial umfasst mehrere Stufen: Voraussetzung ist eine Grundbewilligung, wie Rochat sie beantragt hat, danach braucht es für jeden Auftrag eine separate Herstellungs- und Ausfuhrbewilligung. Geprüft werden die Gesuche in zwei Departementen: Im EMD sind die K.T.A. und die Militärverwaltung damit befasst, im EPD (heute Departement für auswärtige Angelegenheiten) ist es die Abteilung Politische Angelegenheiten. Sie beurteilt, ob die Waffenlieferungen politisch vertretbar sind. Geht es um heikle Geschäfte, entscheidet der Bundesrat.

Mit diesem Verfahren wird der Bundesratsbeschluss umgesetzt, der seit 1949 die Ausfuhr von Kriegsmaterial regelt.[20] Ursprünglich wollte der Bundesrat die «Ausfuhr und Durchfuhr» von Waffen, Munition sowie Spreng- und Zündmitteln «grundsätzlich» verbieten, war aber bereit, Ausnahmen zuzulassen, falls diese «weder zwischenstaatlichen Vereinbarungen widersprechen noch den Landesinteressen zuwiderlaufen».[21] Doch eine Allianz aus Rüstungsindustrie, Militär und Gewerkschaften lief Sturm gegen das Exportverbot. Oerlikon-Bührle und die Hispano Suiza drohten mit Entlassungen, die Gewerkschaften eilten den Waffenfabrikanten zu Hilfe («Scheinmoral schafft Arbeitslosigkeit»), und Oberst Bircher warnte vor der Abwanderung der Rüstungsindustrie und einem «schweren Schaden» für die Armee. Nach einer Aussprache mit Emil Bührle signalisierte EMD-Vorsteher Kobelt, die «Frage der elastischeren Handhabung des Bundesratsbeschlusses» sei «auf gutem Wege». Kurz darauf wurde die «Ausfuhr im Bewilligungsverfahren» für Waffen, Munition und Sprengmittel eingeführt.[22] Rein rechtlich hielt der Bundesrat jedoch am «generellen Ausfuhrverbot» fest, was eine bemerkenswerte Diskrepanz zwischen Theorie und Praxis mit sich brachte. Mindestens so bemerkenswert ist, dass er bis Frühling 1954, also fast vier Jahre lang, zuwartete, bis er die Lockerung der Ausfuhrbestimmungen öffentlich machte.[23]

Weil Napalm nicht auf der Liste der Rüstungsgüter figuriert, liegt der Entscheid über die Ausfuhr von Opalm beim Bundesrat, der sich wiederum auf die Einschätzungen des EMD und des EPD stützt.[24] Weil Alfred Zehnder, der Leiter der Abteilung Politische Angelegenheiten, sich schwertut mit der Beurteilung des Gesuchs, unterbreitet er es seinem Vorgesetzten Max Petitpierre: «Herr Bundesrat, ich habe nicht den Mut, die Exportbewilligung zu geben, auf die es hinausläuft. Die Menge ist zwar gering, aber ‹Opalm› ist ein sehr gefährlicher Explosivstoff. Andererseits ist die Lieferantin die Holzverzuckerungs AG, für welche die Eidgenossenschaft bereits enorm viel gemacht und in die sie beträchtliches Kapital investiert hat.»[25] Die politische Lage in Burma spricht eindeutig gegen eine Bewilligung. Vor einem Jahr ist das EPD selbst zum Schluss gekommen: «In diesem Land herrscht politische Unsicherheit. Deshalb haben wir eine negative Haltung, was den Export von Schweizer Kriegsmaterial in diesen Staat angeht.»[26] Doch Petitpierres Stellungnahme ist weder Fisch noch Vogel. Er warnt, politisch sei «grösste Vorsicht am Platze», aber weil es um die HOVAG geht, empfiehlt er, das Ausfuhrgesuch «wenn möglich wohlwollend» zu beurteilen.[27]

Kurz darauf ersucht Erwin Widmer um eine Unterredung mit Bundesrat Petitpierre. Für den kaufmännischen Direktor einer weitgehend unbekannten Firma ist das ziemlich unverfroren, passt aber zu Oswalds System der politischen Einflussnahme. Petitpierre delegiert die Unterredung an Zehnder, der die Aufgabe einem subalternen Beamten namens Bucher weiterschiebt. Buchers Gesprächsnotiz ist der erste von vielen Belegen, dass Widmer kein Freund von Fakten ist. Er behauptet, «dass das Opalm auch an die Schweizer Armee geliefert werde und dass der Export nach Burma gerade erlaube, die Kosten für die Versuche und die Entwicklung zu bezahlen, und daher das Produkt für unsere Armee verbillige». Die Beschönigung der Fakten kommt zu spät, denn die Stellungnahme des EPD ist bereits unterwegs. Doch weil Bucher ein hilfsbereiter Mensch ist, verweist er Widmer an Oberstbrigadier René von Wattenwyl, den Chef der K.T.A., der die Stellungnahme des EMD verfasst.[28]

Ein Treffen mit von Wattenwyl ist nicht aktenkundig. Doch kurz darauf brüstet sich Widmer, dieser habe «seine Pflicht zu unsern Gunsten richtig gemacht».[29] In der Tat empfiehlt EMD-Vorsteher Kobelt dem Gesamtbundesrat, «mit Rücksicht auf das vom Bund unterstützte Werk», die Opalm-Produktion zu bewilligen.[30] Er drängt sogar Kollege Petitpierre, es ihm gleichzutun, indem er ihn beruhigt: «Die Exportfrage würde später von unseren beiden Departementen nach dem üblichen Vorgehen beurteilt.»[31] Doch Petitpierre beharrt weiterhin darauf, keine eigene Meinung zu haben.[32] Dem Gesamtbundesrat ist die Sache nicht geheuer. Er vertagt den Entscheid und ersucht Finanzvorsteher Streuli um eine Drittmeinung. Da Streuli das HOVAG-Dossier am Hals hat, greift er nach jedem Strohhalm und ist der Meinung, Opalm sei «geeignet, die Lösung des Gesamtproblems zu erleichtern», denn anders als Grilon konkurrenziere es «keine bestehenden Betriebe».[33] Am 8. Oktober 1954 fällt der Gesamtbundesrat einen überraschenden und überraschend deutlichen Entscheid: Mit fünf gegen zwei Stimmen (Kobelt und Streuli) lehnt er das Gesuch der HOVAG ab.

Der negative Entscheid trifft Oswald nicht unvorbereitet. Das lässt sich einem Telefongespräch zwischen Widmer mit Oberst Lüthi entnehmen. William Lüthi ist typisch für das Umfeld der PATVAG, wo eine Hand die andere wäscht und alle Hände gierig nach den enormen Gewinnen greifen, die der Waffenhandel verspricht. In dieser Welt sind die Grenzen zwischen Armee, Verwaltung und Privatwirtschaft genauso fliessend wie zwischen legalen und illegalen Geschäften. Oberst Lüthi ist dafür ein gutes Beispiel: Im Krieg war er Militärattaché der Schweizer Botschaft in Finnland, warf aber 1945 wegen eines Konflikts mit dem Botschafter das Handtuch. Zurück in der Schweiz, beschaffte er sich eine Grundbewilligung für den Handel mit Kriegsmaterial, gründete die Firma NORREXIM und tat sich mit einem ehemaligen Bührle-Vertreter zusammen, der im Ruf stand, er «könne nicht unterscheiden zwischen Waffenlieferungen und Waffenschiebereien».[34]

Das Telefongespräch, das Lüthi mit Widmer führt, wird aufgezeichnet und transkribiert, weil die Bundesanwaltschaft ihn verdächtigt, Waffen hinter den Eisernen Vorhang zu liefern. Es ist Zufall, dass das Abhörprotokoll noch erhalten ist, denn Protokolle aus der Zeit vor 1960 wurden in der Regel nicht archiviert. Siebzig Jahre später erlaubt dieser glückliche Zufall einen aufschlussreichen Blick hinter die Kulissen der PATVAG.

Das Gespräch findet eine Woche nach dem Entscheid des Bundesrats statt, am 15. Oktober 1954, um 16.04 Uhr, wie ein Inspektor gewissenhaft notiert. Es beweist unter anderem, dass Widmer in der Bundesverwaltung einen Informanten hat, der ihn mit Interna beliefert.[35]

> Lüthi: Grüezi Herr Genosse!
> Widmer: Ich wollte gleich sagen, das ist dann abverreckt da in Bern oben.
> Lüthi: So?
> Widmer: Ja, die Herren Bundesräte, 5 zu 2.
> Lüthi: Ja oh jeh, o jeh!
> Widmer: Also der von Wattenwyl hat dann seine Pflicht zu unsern Gunsten richtig gemacht, auch der Kobelt und Streuli.
> Lüthi: Jaja, aber der Feldmann, das wäre der Mann gewesen, den man hätte bearbeiten sollen, habt Ihr ihn nicht bearbeitet?
> Widmer: Hä-ä, keine Möglichkeit gehabt, dort. Ja wir haben gehört, es sei etwa 4 zu 2, man könne es riskieren, dann ist der Türk abverr…
> Lüthi: Der Referent war doch Feldmann?
> Widmer: Eben ja.

Lüthi weiss Rat. Man könne das Opalm doch einfach «anders», nämlich als Landwirtschaftsprodukt deklarieren. Widmer kapiert sofort. Er erwähnt den Düngerzusatz Ammoniumsulfat, denn mit Ammoniumperchlorat enthält Opalm-Granulat einen verwandten Grundstoff. Die Konversation ist bruchstückhaft, lässt aber darauf schliessen, dass Lüthi aussereuropäische Kunden für die Opalm-Bomben sucht.

> Widmer: Geht etwas?
> Lüthi: Ich glaube ja.
> Widmer: Ja aber die liegen ja auch unter der Sperre?
> Lüthi: Ja diese nicht.
> Widmer: Doch doch, Burma, Formosa, Israel und die arabischen Länder.
> Lüthi: Jaja aber ihre Sache ist ausgesprochen … das kann man anders deklarieren.
> Widmer: Ach so?
> Lüthi: Das ist Landwirtschaft.
> Widmer: Ah das ist Landwirtschaft, ah der Teufel, hahaha, ja das ist schon besser, dann hätten wir das als Dünger exportieren können.
> Lüthi: Ja klar.
> Widmer: Ammonsulfat?
> Lüthi: Ja klar.
> Widmer: Ja nur, jetzt werden wir halt abmontieren in Wimmis. Das ist ganz einfach.
> Lüthi: Nun denn also mein Beileid!

Die Bemerkung, in Wimmis müsse «abmontiert» werden, ist schwieriger zu deuten. Laut Widmer wird in der Eidgenössischen Pulverfabrik Opalm-Pulver mit HOVAG-eigenen Maschinen produziert, doch im Schweizerischen Bundesarchiv liess sich kein Beleg dafür finden. Stimmt Widmers Aussage, so hilft ein Regiebetrieb des Bundes einem Privatunternehmen, ohne Bewilligung einen Brandkampfstoff zu produzieren.

> Widmer: In Gottesnamen, montieren wir eben ab.
> Lüthi: Ja machen Sie's?
> Widmer: Jaja sicher.
> Lüthi: Das glaube ich nicht.
> Widmer: Doch doch, wir haben schon damit begonnen. […] Wir haben schon eine Exportbewilligung eingeholt in Holland und in Deutschland. Wir wollen sehen, wo es besser geht.
> Lüthi: Schade!
> Widmer: Ja nu. Ich wollte Ihnen das nur schnell mitteilen.
> Lüthi: Danke auf Wiedersehen.

«In Gottesnamen, montieren wir eben ab»

Widmer lügt. Die PATVAG ist weder im Besitz einer deutschen noch einer holländischen Exportbewilligung. Doch eine Woche später sitzt der holländische Waffenhändler Willem N. Giesen in einem Regierungsbüro in Den Haag und erklärt Vertretern des Amts für Militärproduktion und des Amts für Industrialisierung, die HOVAG wolle in den Niederlanden Opalm produzieren.[36]

Vielleicht ist der holländische Giesen entfernt mit Johann Giesen verwandt; wahrscheinlicher ist, dass FIBRON-Präsident Herold, der auch im Verwaltungsrat von Giesens Zürcher Firma Syncotra sitzt, ihn an Oswald weitergereicht hat. Offiziell handelt der holländische Giesen, der früher Eier, Tabak und Nylonstrümpfe aus der Ostzone verscherbelte, «mit Waren aller Art, namentlich mit überseeischen Gebieten»; in Tat und Wahrheit verschiebt er Waffen.[37] Und zwar im grossen Stil. Laut dem Zürcher Nachrichtendienst vermittelte er kürzlich «100 bewaffnete Patrouillenboote» nach Ecuador, Maschinengewehre nach Indonesien, Fiat-Camions nach Mozambique und Militärlastwagen für «20−30 Millionen Gulden» nach «Ostasien». Obwohl er im Zürcher Waffenschiebermilieu verkehrt, nimmt ihm der Nachrichtendienst ab, dass er sich «zu Erholungszwecken» in der Schweiz aufhält und die Syncotra einzig aus «steuerlichen und devisentechnischen Gründen» in Zürich angesiedelt hat.[38]

Giesen geschäftet auch mit der PATVAG, und die wenigen Informationen dazu sind nicht besonders vertrauenerweckend: So trat die PATVAG als Lieferantin für ein «Schwefelgeschäft» mit Finnland auf, das von einem notorischen Waffenhändler vermittelt wurde und von Giesen und einer belgischen, in Lichtenstein domizilierten Firma abgewickelt werden sollte. Erst kürzlich versuchte Giesen einem Handelshaus in Hamburg ein Geschäft mit «Ammoniumsulfat» zu vermitteln, bei dem zwei Dinge stutzig machen: Erstens hat Oberst Lüthi im abgehörten Telefongespräch vorgeschlagen, Opalm bei der Ausfuhr als Ammoniumsulfat zu deklarieren, zweitens sind ausgerechnet Mitarbeiter der Firma Technical-Progress involviert, die von Friedrich Hansen, der für das Raketenteam in Ems verantwortlich ist, gegründet wurde.[39]

Dass Willem Giesen dem holländischen Kriegsministerium letzthin hundert Millionen Schuss Munition verkauft hat, könnte erklären, warum ihm zwei Regierungsstellen in Den Haag binnen 72 Stunden einen Termin einräumen.[40] Während der Besprechung versichert das Amt für Militärproduktion, es habe «keine Einwände» gegen den Export von Opalm-Brandbomben nach Burma, «weder vom politischen noch vom wirtschaftlichen Gesichtspunkt» aus. Es brauche einzig eine Erklärung, dass Burma die Bomben nicht weiterverkaufe. Die Produktion erfordere hingegen eine Bewilligung.[41]

Da bietet Deutschland bessere Bedingungen. Zwar fordert die Verfassung ein Gesetz, das Herstellung, Transport und Verkauf von Kriegsmaterial regelt, doch fünf Jahre nach Gründung der BRD liegt noch immer kein Entwurf vor. Alles, was die PATVAG benötigt, ist eine Ausfuhrbewilligung der Bundesstelle für den Warenverkehr der gewerblichen Wirtschaft (BAFA). Zudem kann Oswald, um die Opalm-Produktion nach Deutschland zu verlegen, erneut auf Schaufelberger zählen.[42] Dieser ist nämlich Teilhaber der DIMEX in Karlsruhe, die sich um den Einstieg ins Napalm-Geschäft bemüht.

Walter Heck, der Inhaber der DIMEX, setzt dabei auf den Chemiker und Sprengstoffspezialisten Horst Vaclav Hajek, der in der Geschichte der PATVAG noch mehrfach auftauchen wird. Hajek behauptet, er habe im Krieg «als Wissenschaftler bei der dt. Kriegsmarine in Kiel» gedient, doch das ist unwahrscheinlich, denn 1942 wurde dem damals 21-jährigen Ingenieurstudenten die Aufnahme in den «NS-Bund Deutscher Techniker» verweigert, weil er noch kein Vorexamen abgelegt hatte.[43] Von 1946 bis 1949 will Hajek als «wissenschaftlicher Experte» im «Kriegs- und Marineministerium» in Paris «verschiedene Arbeiten auf dem chemischen Gebiet (vorwiegend Spreng- und Brandstoffe)» entwickelt haben. Während dieser Zeit hat er zwei Artikel über den Bau einfacher Kernwaffen veröffentlicht, doch seine Person bleibt mysteriös. Rainer Karlsch, der Autor von «Hitlers Bombe», konnte Hajeks «wahre Identität» trotz «umfangreicher Recherchen» nicht klären und schlussfolgerte, es müsse sich um ein Pseudonym handeln.[44] Tut es nicht. Und Hajeks Biografie lässt vermuten, dass er nicht ein begabter Atomforscher, sondern ein begnadeter Angeber war.

Von Paris verschlug es Hajek nach Kairo, wo er von Ex-Wehrmachtsgeneral Fahrmbacher unter die Fittiche genommen wurde und den Militärberater und Sprengstoffspezialisten Erich Dinner kennenlernte (welcher der HOVAG Auskunft über Füllners «Brisanzsprengstoff» erteilt hatte). Während einer Deutschlandreise traf sich Hajek mit Dinners Schwager, dem Waffenhändler Walter Heck, und pries ihm seine neusten Erfindungen an: eine Atomschutzfarbe, Nebelgranaten und Napalm nach eigener Rezeptur. Heck war Feuer und Flamme. Die Gründung der Bundeswehr stand vor der Tür, und es war so gut wie sicher, dass sie auch Napalm beschaffen würde. Panzergeneral a. D. Gerhard Graf von Schwerin, ein Lobbyist und ehemaliger Sicherheitsberater von Bundeskanzler Adenauer, sollte ihm Zugang zu den Stellen verschaffen, die über die Bewaffnung der

Horst Hajek (1951)

Erwin Widmer (1945)

Jim E. Gerber (1954)

Napalm

künftigen Bundeswehr entschieden. Da Schwerin auf der Lohnliste der CIA stand, fühlte er auch den Amerikanern auf den Zahn. Bald konnte er Heck berichten, er habe bei seinen «amerikanischen Freunden bereits ein bemerkenswertes Interesse festgestellt», Napalm in der BRD zu produzieren, und er habe ihnen versichert, Hajek sei in der Lage, «sowohl die amerikanischerseits vorgeschriebene Rezeptur zu erfüllen, als auch – falls gewünscht – seine eigenen Rezepturen anzubieten».[45]

Nun holte Heck den Farbenproduzenten W. L. Schwaab ins Boot, der sich zwar mehr für Hajeks «antiatomaren Schutzanstrich» interessierte, aber auch nicht abgeneigt war, Napalm herzustellen.[46] Ende 1953 fand in der Schwaab Lackfarben GmbH in Weingarten die erste Besprechung mit Hajek statt.[47] Kurz darauf kam Heck zu Ohren, die spanische Armee habe diesen beauftragt, «allerschnellstens eine Fabrik für Napalm herzurichten». Und weil sich offenbar auch Kanada, Argentinien und Brasilien für den Napalm-Spezialisten interessierten, beeilte er sich, mit Hajek einen Exklusivvertrag abzuschliessen.[48] Kurz darauf kam dank Graf von Schwerin ein Treffen mit der US Chemical Division in Heidelberg zustande. Die Amerikaner wünschten eine Demonstration von «Napalm-Flammöl mit Selbstzündung im Ziel», für die sie «die tragbaren Flammenwerfer und das Bedienungspersonal» stellen wollten, und versprachen, die Möglichkeit von «off-shore Aufträgen» für Napalm zu prüfen.[49]

Auch Schaufelberger legte sich ins Zeug, denn er war Teilhaber von Hecks Firma DIMEX. Er sorgte dafür, dass Hajek in der *Allgemeinen Schweizerischen Militärzeitschrift* einen Artikel über Napalm publizieren konnte, in dem er die Beimischung von weissem Phosphor – «zur Erhöhung des moralischen Effektes und zur Erzeugung schwer heilbarer Brandwunden» – und von Peroxyden empfahl, da es «explosionsartige Erscheinungen» bewirke und deshalb die «moralische Schockwirkung» steigere.[50]

Nach der ersten Euphorie begann «ein langer und dornenvoller Weg». Zuerst verschob die Chemical Division den Termin. «Ich habe mir schon gedacht, dass die Amerikaner im letzten Augenblick alles umwerfen würden», meckerte Graf von Schwerin. «Das ist immer so.» Dann bat Hajek um Aufschub, nur um sich kurz darauf «unter Hinterlassung von erheblichen Schulden» nach Belgien abzusetzen. Schliesslich fand die Vorführung ohne den Erfinder statt, und da sich niemand auf den Einsatz von mit Napalm gefüllten Flammenwerfern verstand, musste eiligst ein ehemaliger Major der Wehrmacht aufgeboten werden. Er erfüllte seine Aufgabe jedoch «einwandfrei», weil er «als Pionierkommandant einige hundert Flammenwerferangriffe in Russland geführt hatte». Darauf schickte Heck dem Leiter des Chemical Office eine Offerte, «damit Sie selbst entscheiden können, ob das Napalm für Ihre Armee in Europa, bezw. für die Natoarmee nicht am zweckmässigsten in Deutschland hergestellt werden könnte». Die DIMEX sei in der Lage, «sämtliche fabrikatorischen Einrichtungen zu schaffen, die ein Erreichen der gewünschten Produktionsmenge garantieren». Er erhielt nicht einmal eine Antwort, und so musste er sein Napalm-Projekt schweren Herzens begraben.[51]

Hecks Scheitern ist Werner Oswalds Chance. Als Schaufelberger den Kontakt zur DIMEX vermittelt, ist alles vorhanden, was es für die Opalm-Produktion braucht: ein rühriger Unternehmer, eine Fabrik und eine praktische Gesetzeslücke. Kaum hat die Bundesstelle für den Warenverkehr im November 1954 die Ausfuhr von zehn Tonnen Opalm nach Burma bewilligt, geht es los: Die Maschinen (in Ems? in Wimmis?) werden abmontiert und auf Lastwagen verladen; die Oppanollieferung der BASF Ludwigshafen wird nach Weingarten umdisponiert; die PATVAG mietet sich für monatlich 800 Deutsche Mark bei der Schwaab Lackfarben ein und investiert 40 000 Mark in die Einrichtung und den Kauf weiterer Maschinen; und Opalm-Erfinder Schnider reist nach Karlsruhe, um den Aufbau zu überwachen und Heck in der Herstellung von Opalm nach «Geheimrezept» zu unterweisen.[52] Die Produktionsverlagerung nach Deutschland läuft zwar dem Geist des Schweizer Waffenausfuhrgesetzes zuwider, ist aber dank einem Entscheid des Bundesgerichts seit 1951 legal, falls das Opalm Schweizer Boden nicht berührt.[53]

Auch die Produktion der Bombenhüllen ist auf gutem Weg – dank dem beherzten Einsatz der Metallwarenfabrik Gröninger: Nach dem Nein des Bundesrats pilgerte ihr Direktor nach Bern und jammerte den Beamten vor, er sei auf den Auftrag über 225 000 Franken angewiesen. Die Wallfahrt wirkte Wunder. Die K.T.A. erteilte im Rekordtempo eine Grundbewilligung, und Gröninger reichte umgehend das Fabrikationsgesuch für tausend Bombenhüllen ein. Der zuständige Sachbearbeiter unterbreitete es Alfred Zehnder (dem der Mut gefehlt hatte, den Opalm-Export nach Burma zu befürworten) und erklärte, man habe Gröninger bereits mündlich «die Zusicherung» gegeben, «politisch würden gegen die Ausfuhr dieser ‹Hüllen› keine Einwendungen erhoben». Zehnder fragte zurück: «Der Export geht doch nach Deutschland? Ich bin einverstanden.» – «Nein, die Behälter gehen direkt nach Burma, werden dort gefüllt. Sind Sie trotzdem einverstanden?» – «Ja.»[54] Trotzdem wurde die Produktionsbewilligung für die «Abwurfkörper» mit der Auflage versehen, der Bundesrat müsse über den Export entscheiden.[55]

Anfang 1955, an der ersten Sitzung, an welcher der neue EMD-Vorsteher Paul Chaudet teilnimmt, befindet der Bundesrat über die Ausfuhr der Bombenhüllen. Gröninger hat als Testballon ein erstes bescheidenes Gesuch für 200 Stück gestellt. Es wird anstandslos durchgewinkt, obwohl klar ist, dass die «Behälter» für Bomben bestimmt sind, die nach Burma gehen. Eine Woche später bewilligt der Bundesrat auch den Export der restlichen 800 Hüllen.[56]

Nun muss noch das Zünderproblem gelöst werden. Nach dem Nein des Bundesrats zur Opalm-Produktion hat die Verwaltung das Gesuch von Gerber & Co. als «gegenstandslos» erklärt, und die PATVAG ist in die Lücke gesprungen. Sie hat sofort eine Grundbewilligung für den «Vertrieb von Opalm- und Napalm-Zündern» eingereicht, wobei Widmer durchblicken liess, die Zünder würden in Indien gefertigt, Gerber & Co. liefere nur die Kunststoffgehäuse.[57] Kurz darauf hat der Anwalt der PATVAG Spanien als Produktionsland für die Zünder angeführt, doch es ist mehr als fraglich, ob diese Standorte geprüft worden sind.[58] Es sind wohl eher gezielt platzierte Nebelpetarden, um «Jimmy» Gerber Deckung zu verschaffen. Ende Jahr stellt Gerber & Co. ein Gesuch für die Fertigung von tausend Zündern für den italienischen Waffenproduzenten Bombrini-Parodi.[59] Damit die Finte auffliegt, braucht es einen misstrauischen Zollbeamten, einen couragierten Whistleblower und eine Portion Pech.

«Vor einem Ausfuhrskandal?»

Ein Whistleblower denunziert eine illegale Sendung von Bombenzündern, doch die Behörden ducken sich weg, und der Presse fehlt es an Biss.

Misstrauisch beäugt der Beamte des Zürcher Zollamts den Zeiger der Standwaage. Das geringe Gewicht der Kisten passt schlecht zum Warenwert von 18 000 Franken, und dieser scheint ihm zu hoch für die Deklaration «Kunststoffbehälter für Pakistan». Als er eine der Kisten öffnet, entdeckt er «Becher aus künstlicher plastischer Masse mit eingebautem Zünder aus Messing, abgedreht mit Stahlkugel, für Sprengkörper, ohne Ladung».[1]

Am nächsten Tag herrscht für einen Samstag ungewohnt viel Betrieb auf dem Zollamt. Zuerst will die Speditionsfirma die Sendung zurückziehen. Dann ruft Oberst Widmer von der PATVAG an und will wissen, was los ist. Um elf Uhr warnt ein anonymer Anrufer vor einer falsch deklarierten Sendung. Sie sei nicht «nach Pakistan, sondern ein Stück weiter nach Osten bestimmt», und der Zoll werde in den Kisten «interessante Dinge» finden.[2] Am Nachmittag spricht Widmer persönlich bei Zollinspektor Genhart vor und macht, was er besonders gut kann: Rangniedrigere mit seiner militärischen Autorität und seinen guten Beziehungen ins Bockshorn jagen. Dem Inspektor macht er weis, es hätten sich «verschiedene hohe Magistraten u. a. die Herren Bundesräte Streuli und Feldmann und Herr Minister Zehnder mit dieser Angelegenheit befasst». Doch der Inspektor lässt sich nicht beeindrucken. Er lädt die Kisten auf einen Gabelstapler und deponiert sie in einem Verschlag, den er sicher verschliesst.[3]

Am Montag, dem 14. Februar 1955, meldet sich der Whistleblower ein zweites Mal. Er hat es offensichtlich darauf angelegt, der HOVAG in die Suppe zu spucken, und ist gut informiert. Es gehe um falsch deklarierte Zünder, sie seien für Burma oder Rotchina bestimmt und Teil eines «Millionenauftrags von Napalmbomben», den der Bundesrat nicht bewilligt habe. Bei der HOVAG sei der Fall «mehreren Personen» bekannt, und alle seien erstaunt, «dass sich namhafte und führende Persönlichkeiten zu solchen unreellen Geschäften hingeben und ihre Unterschrift zur Verfügung stellen». Der Anrufer verlangt eine gründliche Untersuchung, dann legt er grusslos auf.

Am Dienstag, 15. Februar, bringen Widmer und der Geschäftsführer von Gerber & Co. die bereits ausgefüllten Fabrikations- und Ausfuhrgesuche für die Zünder persönlich nach Bern. In beiden ist Pakistan als Destination aufgeführt. Widmer macht Eugen Burkhardt, dem Beamten der Kriegstechnischen Abteilung (K.T.A.), gehörig Beine. Die Zeit dränge, die Zünder lägen bereits am Zoll. Burkhardt wendet ein, das sei aber nicht legal, und Widmer erklärt, «der Dringlichkeit wegen» habe Gerber & Co. mit einer auf Italien lautenden Bewilligung produziert. Also leitet Burkhardt die Gesuche an Adjunkt Philippe Clerc weiter. Der Jurist hat sich kürzlich gegen die Erteilung einer Grundbewilligung für Rochat ausgesprochen, findet es aber «in Ordnung», wenn eine Bewilligung für Italien «umdisponiert» wird.[4] Da auch das Politische Departement keine Einwände erhebt, wird – in eigenwilliger Reihenfolge – die Ausfuhr bewilligt und die Produktionsbewilligung in Aussicht gestellt. Damit ist dem Gesetz wenigstens halbwegs Genüge getan.

Am 3. März 1955, drei Wochen nach der Entdeckung am Zoll, bearbeitet die K.T.A. das Produktionsgesuch für die Zünder. Zur selben Zeit braut sich ein Sturm zusammen, mit dem in Bern niemand rechnet. Der Whistleblower, dessen Hinweise folgenlos geblieben sind, vertraut *Tat*-Chefredaktor Jaeckle alles an, was er über diese Sache weiss. Und das ist allerhand: Die Zünder für die Bomben seien «in keinem Lande ausgenommen in der Schweiz» erhältlich, darum habe man versucht, sie illegal zu exportieren.[5] Besonders pikant ist, dass er Direktor Widmer und PATVAG-Präsident Rudolf Oswald vorwirft, sie hätten der Handelskammer Lugano für die in Melide gefertigten Zünder eine gefälschte Ursprungserklärung geliefert und eine irreführende Ausfuhrdeklaration unterschrieben.

Laut Jaeckles Gesprächsmemo heisst der Whistleblower «Dr. Müller», wahrscheinlich handelt es sich um den deutschen Chemiker und HOVAG-Angestellten Friedrich Müller. Dass er sich an *Die Tat* wendet, ist wohl kein Zufall. Jaeckle ist nicht nur ein profilierter HOVAG-Kritiker, er hat 1949 eine Motion eingereicht, um ein «unbeschränktes Waffenausfuhrverbot» in der Verfassung zu verankern. K.T.A.-Chef René von Wattenwyl, der damals für den Bundesrat die Stellungnahme verfasste, fand es «eine schreiende Ungerechtigkeit», dass die Motion die Fabrikation von Kriegsmaterial als «moralisch minderwertiges Gewerbe» hinstellte. Man müsse «schärfstens» Front machen «gegen solche perfiden Bestrebungen, bei denen sich die irregeleiteten Idealisten auf gleicher Ebene mit allen Staatsfeinden unseres Landes befinden». Allerdings musste sogar von Wattenwyl einräumen, dass «verschiedene Vorkommnisse» dazu beigetragen hätten, «das Ansehen dieses Industriezweiges zu schädigen». Die grosse Mehrheit der Rüstungsunternehmen verdiene aber «nur Dank und Anerkennung für ihre im Interesse des Landes liegende Tätigkeit».[6] Seine Ausführungen sind charakteristisch für das Verhältnis zwischen K.T.A. und privater Rüstungsindustrie. Man kennt sich aus dem Militärdienst, tauscht sich fachlich aus und kooperiert, wie beim Opalm und der Calanda-Rakete, bei der Entwicklung neuer Waffen.

Die Abhängigkeit ist gegenseitig: Die Rüstungsindustrie ist auf die K.T.A. angewiesen, weil diese die Fabrikations- und Exportgesuche beurteilt und Waffen auf ihre Tauglichkeit für die Armee prüft. Sie vergibt auch Entwicklungsaufträge, weshalb Waffenproduzenten regelmässig zur Beziehungspflege nach Bern pilgern. Nur Emil Bührle ist mächtig genug, dass die Beamten zur Audienz nach Oerlikon reisen. Er fährt höchstens für ein Gespräch mit dem Chef der K.T.A. oder einem Bundesrat nach Bern.

Die K.T.A. wiederum ist auf die Rüstungsindustrie angewiesen, wenn sie eine wenigstens minimale Unabhängigkeit vom Ausland sicherstellen will. Aus diesem Grund hat sie die «Kriegstechnische Gesellschaft» ins Leben gerufen, in der Militär, Forschung und Rüstungsindustrie vertreten sind. Sie soll «angesichts der Möglichkeit eines totalen Kriegs» einen Beitrag «zu einer ebenso totalen Konzentration unserer Kräfte im Interesse unserer Landesverteidigung» leisten und die «planmässige und rechtzeitige Auswertung der wissenschaftlichen und technischen Entwicklung für die Bedürfnisse der Armee» sicherstellen.[7] HOVAG und PATVAG figurieren nicht auf der Mitgliederliste.[8] Offenbar will Werner Oswald nicht an die grosse Glocke hängen, dass er mit der Entwicklung von Waffen befasst ist.

Als sich EMD-Vorsteher Kobelt bei der Beantwortung der Motion Jaeckle dezidiert gegen ein unbeschränktes Waffenausfuhrverbot aussprach, stützte er sich weitgehend auf von Wattenwyls Stellungnahme: Die Armee könne ihre «Neutralitätsschutzaufgabe» nur mithilfe einer «leistungsfähigen einheimischen Rüstungsindustrie» erfüllen.[9] Damals schimpfte *Die Tat*, die Antwort sei «schwach, denkbar schwach».[10] Aber falls sich der Whistleblower in der Zünderaffäre ebenso klare Worte erhofft hat, wird er enttäuscht.

Jaeckles Artikel trägt zwar die forsche Überschrift «JOURNALISMUS IM ANGRIFF», doch schon der Untertitel fragt zögerlich: «Vor einem Ausfuhrskandal?» Das Fragezeichen ist Programm. Obwohl Jaeckle versichert, der Informant habe seine Aussagen «belegt», stellt er nur Fragen. «Ist es richtig, dass kürzlich ein schweizerisches Zollamt eine Sendung beschlagnahmt hat, die eine falsche Deklaration trug? Ist es richtig, dass diese Sendung, die als Kunstharzbehälter deklariert war, Zünder für Napalmbomben enthielt? Ist es richtig, dass die burmesische Regierung in der ganzen Welt versucht hat, einen Auftrag für Napalmbomben zu placieren? Ist es richtig, dass es ihr nicht gelang und auch die bundesrätliche Bewilligung für eine derartige Ausfuhr verweigert wurde? Ist es richtig, dass eine Schweizer Firma diesen Auftrag dennoch durchführte, indem sie zum Mittel der falschen Deklaration griff? […] Ist es richtig, dass die gefälschte Ausfuhrdeklaration und die nötige Ursprungserklärung auf einer falschen Faktur einer unserer Handelskammern beruhte? Ist es richtig, dass diese Deklaration von einem bekannten Obersten und einem noch bekannteren Unternehmer unterschrieben war? Wir könnten weiter fragen und Namen nennen…»

Am Samstag, 5. März, um 8.55 Uhr, klingelt in Jaeckles Büro das Telefon. Es ist Oberst Lüthi, und er hat den Bammel. «Oberst, läutet an und erkundigt sich, ob ich über seinen Namen im Zusammenhang mit der Napalm-Geschichte Bescheid wisse», notiert Jaeckle. «Ich erkläre ihm, dass dies nicht der Fall ist. Er war es, der sich seinerzeit um die legale Ausfuhrbewilligung bemühte.» Zur Erinnerung: Lüthi hatte die glänzende Idee, Opalm als Dünger getarnt zu exportieren. Nun will er seine Haut retten. «Er ist vor weiteren Schritten bereit, Auskunft zu erteilen.»[11]

An diesem Morgen klingelt es auch im Büro des K.T.A.-Mitarbeiters Eugen Burkhardt. Zwei Mal sogar. Denn sowohl die Oberzolldirektion als auch Oberst Widmer machen ihn auf Jaeckles Artikel aufmerksam. Da die Bundesbeamten den Griffel am Samstagmittag fallen lassen, verschiebt Burkhardt die Sache auf den Montag.[12] Immerhin kauft er auf dem Heimweg *Die Tat*. Er muss nicht einmal blättern, der Artikel ist der Aufmacher auf der ersten Seite.

Am Sonntag ist Adjunkt Clerc so beunruhigt, dass er Bundespolizei-Kommissar Otto Maurer zu Hause anruft und verspricht, sofort eine interne Untersuchung einzuleiten.

Am Montag herrscht im EMD schlecht koordinierte Betriebsamkeit. K.T.A.-Mitarbeiter Burkhardt versucht mehrmals vergeblich, Adjunkt Clerc ans Telefon zu bekommen. Zwischendurch teilt ihm Kollege Meyer telefonisch mit, die fertig bearbeitete Fabrikationsbewilligung für die beschlagnahmten Zünder liege vor. Burkhard ist verunsichert und schlägt vor, sie vorläufig zurückzubehalten. Er liest Meyer sogar einen Teil des *Tat*-Artikels vor, doch dieser findet, «die Sache sei nun in Ordnung» – zumindest behauptet das Burkhardt später, um selbst besser dazustehen. Tatsache ist: Die Bewilligung wird noch am selben Tag verschickt.

Am Dienstag weiss die rechte Hand nicht, was die linke tut. Burkhardt benachrichtigt die Oberzolldirektion, die Ausfuhrbewilligung sei «nach langem hin und her» erteilt worden, und das Zollinspektorat Zürich wird angewiesen, die Zünder freizugeben. Das passt aber dem Zollbeamten nicht, der die Zünder entdeckt hat. Er verfasst ein Strafprotokoll, in dem er den «Tatbestand» und die anonymen Anrufe schildert, und schickt es an die Zolldirektion Schaffhausen.[13] Zur selben Zeit informiert Widmer die Oberzolldirektion in Bern, die PATVAG verzichte auf den Export der Zünder, bis die Vorwürfe geklärt seien.[14] Gegen Abend meldet sich ein Beamter des Zollfahndungsdienstes bei Inspektor Maurer. Er hat entdeckt, dass im Preis der Zünder «die Reise eines Chemikers nach Indochina» inbegriffen ist, der dort «die Napalmmischung herstellen sollte».[15]

Am Mittwoch spitzt sich die Lage zu. Das Strafprotokoll des Zürcher Zollamtes trifft in Bern ein, darauf schreibt Bundespolizei-Inspektor Maurer einen Rapport über «Herr Oberst Widmer», und Adjunkt Clerc lässt die Ausfuhrbewilligung «sofort» sperren.[16] Kurz vor Arbeitsschluss erreicht Widmer ein Expressbrief des neuen EMD-Vorstehers Paul Chaudet, der ihm mitteilt, er habe die Grundbewilligung der PATVAG «mit sofortiger Wirkung» suspendiert.[17]

Am Donnerstag ist K.T.A.-Mitarbeiter Burkhardt so nervös, dass er eine Aktennotiz verfasst, in der er die Verantwortung für die Fabrikationsbewilligung dem Kollegen Meyer in die Schuhe schiebt.[18]

Am Freitag greift der Basler *Vorwärts* den Artikel in *Die Tat* auf und Jaeckle an. «Besonders angriffig scheint uns Jaeckles Journalismus nicht zu sein, wenn er Namen nennen könnte, es aber dennoch nicht tut. Warum nicht? Um welche Firma handelt es sich? Wer ist der bekannte Oberst?»[19] Jaeckle bleibt die öffentliche Antwort schuldig. Im Blätterwald herrscht Schweigen.

Am Samstag, 12. März, eine Woche nach dem *Tat*-Artikel, verlangt die Oberzolldirektion, dass die Ermittlungen auf PATVAG-Direktor Widmer und den Direktor von Gerber & Co. ausgedehnt werden, weil die beiden die falsche Ausfuhrdeklaration unterzeichnet haben.[20] Rudolf Oswald, der laut Whistleblower eine gefälschte Ursprungserklärung unterschrieben hat, wird nicht erwähnt. Im EMD trifft ein persönlich an Bundesrat

Chaudet adressiertes «Exposé über den von der Burmesischen Luftwaffe der Patvag AG erteilten Auftrag für 1000 Opalm-Bomben» ein.[21] Es stammt von PATVAG-Anwalt Hans Seelhofer, einem Berner Burger mit besten Beziehungen. Er hat «mehrere hochkarätige Schweizer Wirtschaftsdelegationen» angeführt und ist persönlich mit Winston Churchill und Tschu En Lai bekannt. Viel wichtiger ist jedoch, dass er unter Bundesrat Kobelt der erste Informationschef des EMD gewesen ist, weshalb ihm in der Bundesverwaltung viele Türen offenstehen.[22]

Anwalt Seelhofer schildert auf zehn Seiten das Opalm-Geschäft mit Burma und lüftet dabei auch das Rätsel um die Destination der Zünder: «Da unser Vertreter seit Monaten mit Pakistan für die Lieferung von Opalm in Verbindung stand und eine [Vorführung] in Karachi vorgenommen werden sollte, hatte er die nötigen Vorkehrungen getroffen, die Zünder in Karachi zu laden und alsdann nach Rangoon zu verfrachten.»[23] Das Schreiben enthält einen Haufen Informationen, ist aber mit quellenkritischer Vorsicht zu geniessen. Laut Anwalt hat die PATVAG die Einwilligung der amerikanischen und der englischen Botschaft eingeholt und Erkundigungen über die politische Lage in Burma eingezogen. Die Regierung habe «glaubwürdig» versichert, «in Ost-Burma befänden sich immer noch zersprengte Truppen, welche als Banden im Dschungel lebten und sich aus Überfällen auf Burmesische Dörfer nährten. Es gehe darum, diese Banden zur Übergabe zu zwingen, und dies könne am besten aus der Luft mit Opalm-Bomben bewerkstelligt werden. Es handle sich dabei nach burmesischen Begriffen um Polizeiaktionen.»[24] Das ist Augenwischerei, denn sogar Widmer schreibt später von Einsätzen «gegen die Rebellen in den Dschungeln».[25] Das Gleiche gilt für das Argument, die 400-Kilo-Bomben seien zu klein für kriegerische Einsätze. Tatsache ist, dass im Koreakrieg die meisten Napalm-Bomben dieselbe Grösse hatten.[26]

Aber warum kauft die burmesische Luftwaffe, die aus einem halben Dutzend ausrangierter westlicher Kampfflugzeuge besteht, Emser Opalm, welches vier Mal teurer ist als Napalm? Anwalt Seelhofer liefert eine abenteuerliche Erklärung: Der PATVAG sei nicht bekannt, «dass Burma sich in andern Ländern, geschweige in der ganzen Welt, erfolglos um den Kauf von Napalm bemüht» habe, es sei «allein die höhere Qualität des schweizerischen Produktes Opalm für den Vertragsabschluss massgebend». Im Begleitschreiben an EMD-Vorsteher Chaudet beteuert er, es liege ihm fern, die laufende Untersuchung zu beeinflussen, er lege aber Wert darauf, «Sie, hochgeehrter Herr Bundesrat, darüber zu informieren, wie meine Klienten diese

Angelegenheit glauben betrachten zu dürfen». Diese hätten in «Zeitnot» gehandelt und im Interesse der Schweizer Volkswirtschaft darauf verzichtet, die «Behälter» (vulgo: Bombenhüllen) billig im Ausland zu produzieren. Widmer habe zudem «freiwillig» und «in loyaler Weise» darauf verzichtet, die Zünder vor «Abklärung der Vorwürfe» zu spedieren.[27]

Das Exposé ist Teil einer konzertierten Aktion. Am selben Tag kreuzt der Gröninger-Direktor im EPD auf und jammert, falls das Geschäft mit Burma ins Wasser falle, bleibe er auf den Bombenhüllen sitzen. Schliesslich verspricht ihm ein Beamter, «im Rahmen des Möglichen behilflich zu sein, obschon wir uns im Grunde genommen nur mit dem politischen Aspekt des Kriegsmaterials zu befassen haben».[28]

Zum Auftakt der Frühjahrssession bringt Jaeckle eine Kleine Anfrage mit, die teilweise die gleichen Fragen stellt wie *Die Tat*. Nur werden dieses Mal Namen genannt. So fragt Jaeckle, ob es wahr sei, dass die falsche Ausfuhrdeklaration und das ebenso falsche Ursprungszertifikat von «Herrn Erwin Widmer, Oberst und Stadtkommandant von Zürich, und von Herrn Dr. Rudolf Oswald, Direktor der Patvag und geschäftsführendes Mitglied der Holzverzuckerung in Ems/Domat», unterschrieben wurden. Allerdings reicht er die Kleine Anfrage nicht ein, sondern legt das Dokument zusammen mit den Aussagen des Whistleblowers ab. Über seine Gründe kann man nur spekulieren.[29]

Die nächsten Wochen stehen ganz im Zeichen der Schadensbegrenzung. Gerber & Co. reicht neue Gesuche ein mit dem korrekten Auftraggeber «War Office, Rangoon». Mit der Begründung, man müsse die Firma vor Schaden bewahren, werden sie in Rekordzeit durchgewinkt.[30] Auch EMD-intern hackt keine Krähe der anderen ein Auge aus. Adjunkt Clerc kommt in seiner Untersuchung zum – nachweislich falschen – Schluss, die Kollegen, welche die Exportbewilligung verantworten, seien über die «Geschehnisse bei der Zollverwaltung» nicht orientiert gewesen. Um vom internen Versagen abzulenken, markiert er Entschlossenheit nach aussen und verlangt, Widmer und der Gerber-Direktor seien wegen widerrechtlicher Ausfuhr von Kriegsmaterial «ins Recht zu fassen».[31]

Als Burkhardt erfährt, dass Clercs Bericht auch an die Bundesanwaltschaft geht, weiss er, dass er in der Tinte sitzt. Tatsächlich wird er als Einziger vorgeladen und verhört. Die Aktennotizen, die er zu seiner Entlastung verfasst hat, helfen ihm nicht weiter. Er muss nach kurzer Zeit vor den augenfälligen Widersprüchen kapitulieren. Das Verhörprotokoll zeichnet das Bild eines Beamten, der sich hinter Akten und Arbeitskollegen versteckt und eine fahrlässige Nähe zu den Gesuchstellern pflegt.

Er weiss Bescheid darüber, dass die «maschinellen Einrichtungen» für die Opalm-Produktion nach Deutschland verlegt wurden, dass die PATVAG einen Techniker nach Pakistan geschickt hat und dass sie versuchte, «vielen Regierungen» Opalm zu verkaufen.[32] Gleichzeitig wird man den Verdacht nicht los, dass er als subalterner Beamter ein perfekter Sündenbock war.

Am 1. April 1955, drei Wochen nach Jaeckles Artikel über die illegale Zünderausfuhr, kommt die Zeitung *Freies Volk* auf den Ausfuhrskandal zurück. Das Motto, das der Herausgeber Fritz Schwarz für die Ausgabe gewählt hat, passt gut zum Whistleblower, der die Sache ins Rollen gebracht hat: «Wer sich vornimmt, Gutes zu wirken, darf nicht erwarten, dass die Menschen ihm deswegen Steine aus dem Wege räumen.» Schwarz ist empört über das fehlende öffentliche Echo auf Jaeckles kritische Fragen und moniert, dass weder die Offiziersgesellschaft noch der Handels- und Industrieverein, die Oberzolldirektion oder die Bundesanwaltschaft Stellung bezogen hätten. «So fragen wir denn: Wie ist diese Verletzung der Gesetze geahndet worden? Oder – wenn man die Sache vertuschen will – warum tut man das?»[33]

Für die Brüder Oswald ist das Schweigen ein Segen. In ein paar Monaten soll darüber entschieden werden, ob die HOVAG weiterhin Bundeshilfe bekommt; ein Waffenskandal ist also das Letzte, was sie sich leisten können. Deshalb muss PATVAG-Anwalt Seelhofer versuchen, ein publizitätsträchtiges Strafverfahren gegen Widmer zu verhindern. Der Bundesanwaltschaft gegenüber argumentiert er, es stünden nicht nur «sehr wesentliche und in Bezug auf Forschungs- und Entwicklungsarbeiten auch nationale Interessen auf dem Spiele».[34] Alle Amtsstellen hätten den Fall als «nicht gravierend» eingestuft, sonst hätten sie nachträglich keine Bewilligungen erteilt. Das ist eine schlecht verhüllte Drohung und wird genau so verstanden.[35]

Der Anwalt drängt auch den «Herrn Kollegen» Clerc vom EMD, sich gegen ein Strafverfahren auszusprechen. Mit Erfolg. In einem internen Papier argumentiert Adjunkt Clerc, die «Verschiebung» einer Bewilligung von einem Land (in diesem Fall Italien) zu einem anderen Land (also Burma) sei zwar nicht zulässig, beruhe aber in der Regel «auf Unkenntnis». Jedenfalls habe das EMD in solchen Fällen noch nie Sanktionen ergriffen. Damit nimmt er nicht nur die PATVAG, sondern auch sich selbst aus der Schusslinie. Er äussert nur einen einzigen und erst noch sehr leisen Zweifel an Widmers Redlichkeit: Man könne sich fragen, ob die Deklaration des Bestimmungslandes «mit Absicht unrichtig erfolgt» sei.[36] Nicht einmal das lässt ihm Seelhofer durchgehen. «Ich möchte nicht, dass in Bezug auf diesen Punkt gegen Herrn Dir. Widmer allenfalls auch nur der Schein einer Verschleierungsabsicht haften bleibt», weist er ihn zurecht. Ihm habe Widmer wörtlich versichert: «Bei der Einholung der Exportlizenz nach Pakistan wurde Herr Burkhardt der KTA genauestens darüber orientiert, dass die Kunststoffbehälter wohl nach Pakistan exportiert, dort aber mit Sprengstoff gefüllt nach Rangoon weiterspediert würden.»[37]

Damit steht das Wort von Oberst und Direktor Widmer gegen das Wort eines subalternen Beamten. Wohl deshalb hält es Adjunkt Clerc für gescheiter, eine Kopie des Schreibens an die Bundesanwaltschaft weiterzuleiten. Dort misst man dem Fall inzwischen so viel Bedeutung bei, dass sich der stellvertretende Bundesanwalt René Dubois persönlich darum kümmert. Er findet, der Bericht der K.T.A. bringe «keine volle Klarheit» über die «Abwicklung dieses Geschäftes», und empört sich – als Einziger – über die «milde Beurteilung» von Widmer. Das rührt nicht zuletzt daher, dass er den Inhalt des abgehörten Telefonats von Oberst Widmer mit Oberst Lüthi kennt. Das Gespräch bekomme, erklärt er Bundesrat Feldmann, «erst heute, nach Entdeckung der Machenschaften der PATVAG AG, besondere Bedeutung» und zeige, dass sich Widmer seines «rechtswidrigen Tuns voll bewusst» sei. Dass ausgerechnet ein Oberst sich zu «solchen Machenschaften» hergebe, sei äusserst «bedauerlich».[38] Noch am selben Tag überweist die Bundesanwaltschaft den Fall zur strafrechtlichen Verfolgung an die Justizdirektion Zürich.

Am 20. Mai 1955 wird Widmer wegen versuchter illegaler Ausfuhr von Kriegsmaterial verurteilt. Da der Richter nur eine «leichte Verfehlung» konstatiert, kommt er mit hundert Franken Busse davon.[39] Zwei Juristen der Bundesanwaltschaft finden, die Strafe «halte sich an der untersten Grenze des Tragbaren», raten aber: «Keine Einsprache.»[40] Seelhofer bestürmt den Chef der K.T.A., damit habe Widmer gesühnt. «Er ist ein Mann, welcher bis heute absolut unbescholten war und einen tadellosen Leumund genoss, was schon daraus hervorgeht, dass ihm wichtige öffentliche Ämter, auch solche militärischer Art, anvertraut worden sind, welche er heute noch innehat und mit Auszeichnung versieht.» Nach diesem Intro, mit dem er Widmer moralisch und hierarchisch in ein vorteilhaftes Licht rückt, geht der Anwalt zur Sache. Die Sistierung der Grundbewilligung habe die PATVAG «hart betroffen» und ihr empfindliche Verluste beschert. Um «weitere schwere wirtschaftliche Einbussen und soziale Rückwirkungen» zu vermeiden, sei sie «auf normale und auf korrekte Beziehungen» mit dem EMD angewiesen. Widmer habe es «an Einsicht in seine Verfehlung nicht mangeln lassen» und werde sich «in Zukunft allergrösster Korrektheit und Genauigkeit in der Befolgung der bestehenden Vorschriften befleissigen».[41] Zehn Tage später erneuert EMD-Vorsteher Chaudet die Grundbewilligung, droht aber, «dass eine weitere Verletzung der geltenden Vorschriften, sei sie auch nur fahrlässig, den endgültigen Widerruf der erteilten Bewilligung nach sich ziehen würde».[42]

Jaeckle lässt es beim Artikel, der nur Fragen stellt, bewenden, und sein Nachlass gibt keinen Aufschluss, warum er die brisante Geschichte nicht weiterverfolgt hat. Am hartnäckigsten ist der Chefredaktor des *Freien Volks*. Doch die Behörden lassen Fritz Schwarz auflaufen. Als er die Bundesanwaltschaft um Auskunft über den Stand der Ermittlungen ersucht, wird seine Anfrage zuerst fichiert und dann an die Oberzolldirektion weitergeleitet.[43] Dort wimmelt man ihn freundlich ab: «Wir begrüssen es, wenn die Presse in Fragen, die unsere Verwaltung berühren, an uns gelangt, um dem Publikum sachliche Aufklärung geben zu können und stehen gerne zur Verfügung, soweit uns dies möglich ist.» Leider sei man aber durch das Amtsgeheimnis gebunden. «Bei allem Verständnis, das wir Ihrem Anliegen entgegenbringen, ist es uns leider nicht möglich, Ihnen den gewünschten Aufschluss zu geben.»[44]

Dank der Diskretion der Behörden, der Zurückhaltung der Presse und der Loyalität von Widmer kommen die Gebrüder Oswald ungeschoren davon. Widmers Busse ist gemessen am vermuteten Auftragsvolumen von 2,5 Millionen Franken ein Fall für die Portokasse und wird nach einem Jahr aus dem Strafregister gelöscht. Damit ist er wieder ein unbescholtener Mann. Wo und von wem die Opalm-Bomben schliesslich zusammengesetzt werden, lässt sich anhand öffentlicher Quellen nicht ermitteln. Laut dem HOVAG-Chemiker Paul Kümmel ist Dr. Schnider 1955 «monatelang in Burma und anderen Gebieten» unterwegs, «um diesen Völkern den Gebrauch und die Handhabung [von Opalm] beizubringen».[45] Leider präzisiert er nicht, um welche «anderen Gebiete» es sich handelte. Meinte er Schniders Vorführung in Pakistan? Oder die Vorführung von HOVAG-Chemiker Kaspar Ryffel in der französischen Kolonie Indochina, wo die Streitkräfte Napalm gegen die Rebellen des Viet Minh einsetzten?[46] (Es ist wenig wahrscheinlich, dass Frankreich Opalm kaufte, denn es verfügte mit Octogel über eine selbst entwickelte, billigere Brandmasse.)

Nach der ersten Lieferung an Burma wird ein Teil der Maschinen nach Ems zurückgeholt, und die HOVAG macht sich auf Kundensuche. Sie schickt Opalm-Muster an Holland und Finnland,[47] während Gröninger als «Muster für Versuchszwecke» vierzig «Bombenkörper aus Aluminium für Opalmbomben» an die Königliche Iranische Armee liefert.[48] Da im Bundesarchiv kein Ausfuhrgesuch für Opalm in den Iran zu finden ist, muss es von der DIMEX aus Deutschland geliefert worden sein. Aktenkundig ist hingegen, dass die HOVAG im Herbst 1955 elf Tonnen Opalm an die PATVAG verkauft hat.[49] Der Endverbraucher ist nicht bekannt, denn es gibt weder ein Produktions- noch ein Ausfuhrgesuch. Das Opalm wurde also entweder legal in Deutschland oder aber illegal in Ems produziert und als Dünger ausgeführt, so wie das Oberst Lüthi empfohlen hatte. Da die HOVAG auch Dünger produzierte und exportierte, liegt das durchaus im Bereich des Möglichen.

In Ems wird unterdessen fleissig weitergeforscht, um die Bomben noch tödlicher zu machen. Man experimentiert mit «Brandsubstanzen auf Basis von Kautschuk, weissem Phosphor, Emulgatoren und brennbaren Lösungsmitteln»[50] und entwickelt eine Produktepalette, die von Opalm A bis Opalm E reicht. Als besonders effizient erweist sich eine Mischung von Natriumperchlorat und Xanthogenat, welche die HOVAG-Chemiker «Perxan» taufen.[51] Der Zusatz «Aspalm», ein Mix aus Heizöl und Asphalt, der die «Klebkraft» der Brandmasse «phänomenal» erhöht, wird sogar patentiert. Die Erfindung wird unter Realbedingungen in Burma getestet. 1957 erklärt Opalm-Erfinder Schnider der K.T.A., die burmesische Armee mische der Gallerte «mit Erfolg» Aspalm bei, welches «eine grössere Klebrigkeit und längeres Brennen» bewirke.[52] Einem Feldversuch dient wohl auch eine Lieferung von 566 Kilogramm Opalm und fünf Fässern Xanthogenat nach Burma, dank dem die Brandmasse «rascher und mit höherer Flamme» abbrennt.[53]

Auch wenn der Bundesrat sich nicht entschliessen konnte, Opalm zu kaufen, so ist das EMD sehr interessiert an diesen Weiterentwicklungen. Die K.T.A. lässt jeweils Muster im Labor untersuchen und macht Feldversuche. In einem Testbericht heisst es über Opalm B: «Dieses Gel soll heftig spratzen und knallen und der Lieferant verspricht sich davon eine erhebliche moralische Wirkung.»[54] Für die HOVAG sind die Testergebnisse einer Abteilung des EMD nicht nur aufschlussreich, sie dürften Widmer bei der Akquisition gute Dienste leisten.

1956 liefert Gröninger weitere 1900 Bombenhüllen nach Burma. Für das Opalm, ohne das die Hüllen wertlos sind, ist aber weder ein Produktions- noch ein Exportgesuch zu finden. Es muss von der DIMEX von Weingarten aus geliefert worden sein.[55] Über den Einsatz all dieser Bomben ist nichts bekannt. Der Australier Andrew Selth schrieb in einer Studie über die burmesische Armee, er habe in Rangoon mit eigenen Augen 500-Pfund-Opalm-Kanister gesehen, hielt es aber für ein amerikanisches Produkt.[56] Auf meine Bitte hin präzisierte er: «Ich bin mir ziemlich sicher, dass ich einige Opalm-Kanister in einer Ausstellung von Waffen und Ausrüstung der burmesischen Luftwaffe im Museum [der Armee] gesehen habe, als ich es 1995 besuchte.»[57] An mehr kann er sich nicht erinnern. Fotos hat er leider keine gemacht.

Wie viel die PATVAG an den Lieferungen nach Burma verdient hat, ist genauso wenig bekannt wie die Zahl der Todesopfer und Verletzten, welche die Opalm-Einsätze gefordert haben. Informationen liessen sich wohl im Archiv der Ems-Chemie und in burmesischen Archiven finden – doch weder die Militärdiktatur in Rangun noch die Leitung in Ems lassen sich gern in die Karten blicken. Der einzige Hinweis stammt aus dem Nachlass von Waldemar Pabst. 1960 brüstete sich Widmer ihm gegenüber: «1955 haben wir in Burma einige Hundert Bomben einsatzbereit gestellt, die noch nicht alle gegen die Rebellen in den Dschungeln verbraucht wurden und die trotz tropischer Einwirkung noch voll verwendungsfähig sind.»[58]

Anfang 1957 meldet sich in Ems ein zweites asiatisches Land, das mit inneren Unruhen und schmalem Budget kämpft und sich vom Napalm aus Ems grosse Zerstörungskraft für wenig Geld verspricht. Zur selben Zeit, als in Sulawesi und Sumatra Aufstände ausbrechen, bestellt die indonesische Armee erstmals Opalm-Bomben.[59] Die HOVAG reicht ein Gesuch für bescheidene 4,5 Tonnen Opalm ein, was wahrscheinlich nicht der bestellten Menge entspricht, sondern ein Testballon ist, um zu prüfen, ob der Wind in Bern gedreht hat. Hat er nicht. Im Gegenteil. «Hier kommt das Opalm!», warnt ein Beamter. «Bitte Minister Kohli vorlegen, mit Vorgutachten ¾ neutral und ¼ negativ.» Robert Kohli, der Nachfolger von Alfred Zehnder als Leiter der Abteilung Politische Angelegenheiten, verweigert die Zustimmung, nicht nur für das Opalm, sondern auch für die Gerber-Zünder und die Gröninger-Bombenhüllen. Er lehnt sogar das Wiedererwägungsgesuch von Gröninger für einen Viertel der ursprünglichen Menge ab.[60]

Es ist das letzte Mal, dass die HOVAG respektive die PATVAG in Bern um eine Bewilligung nachsuchen. Ab 1957 werden Opalm und Bombenhüllen ausschliesslich in Deutschland produziert. Die indonesische Armee wird zur guten Kundin und kauft «zu wiederholten Malen» bei der DIMEX ein.[61] So rollt Widmer 1960 in Weingarten den roten Teppich für eine Regierungsdelegation aus, die 15 Tonnen Opalm kauft. Es wird falsch deklariert und «auf normalem Wege» spediert.[62] Aktenkundig sind vier Bestellungen, wobei unklar ist, ob alle ausgeführt wurden. Es wurde aber Opalm für mindestens 3500 Bomben nach Indonesien verkauft.[63]

Wie in Burma liegt auch der Einsatz in Indonesien weitgehend im Dunkeln. Zu den Sechzigerjahren fand ich einen einzigen Hinweis. Kenneth Conboy, Leiter der Firma Risk Management Advisory in Jakarta, schrieb 2003 in «Kopassus. Inside Indonesia's Special Forces», die indonesische Armee habe 1962 Opalm beschafft, als sie während der sogenannten West-Irian-Kampagne versuchte, das frühere niederländische Westneuguinea zu besetzen. Er schreibt nicht, ob es tatsächlich eingesetzt wurde, nennt Opalm aber «eine sowjetische Napalm-Kopie», ein Irrtum, der bis heute in akademischen Aufsätzen und Internetpublikationen weiterkolportiert wird.[64] (Meine Anfrage, auf welche Quellen er sich stützt, blieb unbeantwortet.) Dass ein Kenner der indonesischen Streitkräfte wie Conboy nicht mehr weiss, zeigt nicht zuletzt, wie erfolgreich die Opalm-Einsätze vertuscht wurden. Es brauchte die jahrelange, akribische Arbeit einer offiziellen Untersuchungskommission, bis erste Belege auftauchten.

2001 erhielt die Comissão de Acolhimento, Verdade e Reconciliacão de Timor-Leste (CAVR) den Auftrag, die Menschenrechtsverletzungen zu dokumentieren, die in Osttimor im Bürgerkrieg 1974/75 und während der 24 Jahre dauernden indonesischen Besetzung begangen wurden. Im Verlauf ihrer Recherchen wurde ihr ein Propagandafilm der indonesischen Streitkräfte zugespielt. Er zeigt Soldaten während der «Operation Seroja» (1975–1979), die als grösste humanitäre Tragödie in der Geschichte Osttimors gilt, «wie sie auf dem Flughafen von Baucau eindeutig Bomben mit der Aufschrift Opalm in die OV-10 Broncos laden. Die Flugzeuge werden dann beim Abheben gezeigt.»[65]

Ein Teil der 8000 von der CAVR befragten Menschen schilderten den Einsatz von Brandbomben. «Wenn die Bomber diese Bomben am Morgen abwarfen, wurden viele Menschen zu Opfern», erinnerte sich der damals 16-jährige Tomás Soares da Silva. «Wir konnten sehen, wenn es eine Explosion gab, dass das Gras verbrannt war […] und in der Gegend war alles zerstört. Wenn es eine Explosion gab, erinnerte der Geruch an Diesel oder Benzin.»[66] Die Kommission schlussfolgerte, dass die indonesische Armee «alle verfügbaren Mittel» einsetzte, um den Widerstand gegen die Besatzer zu brechen, auch «Napalmbomben und andere Brandvorrichtungen, deren Wirkung darin bestand, wahllos alles und jeden in ihrer Reichweite zu verbrennen, einschliesslich Männer, Frauen und Kinder der Zivilbevölkerung».[67] Als der CAVR-Bericht «Chega! » 2006 erschien, waren darin neben Standbildern aus dem Propagandafilm der indonesischen Streitkräfte auch Auszüge eines Geheimdokuments des «Sicherheitseinsatzkommandos Osttimor» von 1988 abgedruckt. Darin

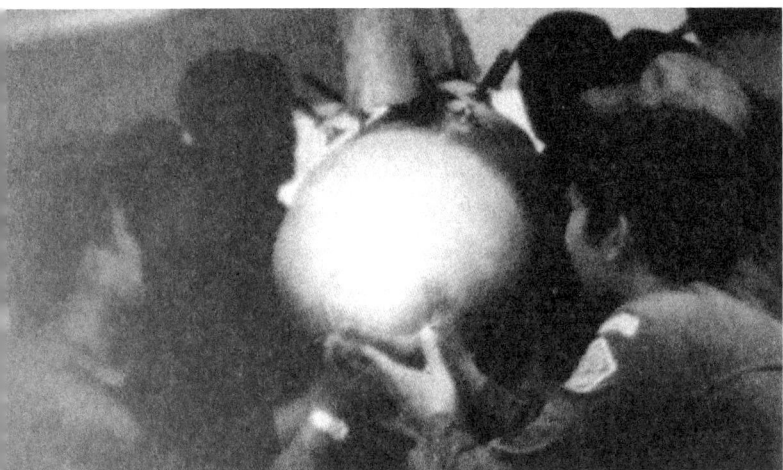

Bilder aus einem Propagandafilm der indonesischen Streitkräfte (um 1977)

«Vor einem Ausfuhrskandal?»

wird unter «Munitionstypen und ihre sichere Reichweite» auch Opalm aufgeführt, mit Eigenschaften wie «Verbrennen von Zielen mit einer Hitze von +/– 1725 Grad Celsius für 15 Minuten in einem Radius von 600 m» und «Anti-Personen- und Weichziele (Häuser), Radius 495 m».[68] Diplomatische Dokumente, welche die Historiker David Webster und Clinton Fernandes vor ein paar Jahren aufgespürt haben, bestätigen nicht nur, dass die indonesische Armee noch 1983 Opalm einsetzte, sondern auch, dass die australische und die kanadische Regierung darüber informiert waren.[69] Falls sie es nach 1980 gegen Zivilpersonen einsetzte, verstiess sie damit gegen die Konvention der Vereinten Nationen zur Ächtung unmenschlicher Waffen, die in diesem Jahr den Einsatz von Brandwaffen verbot.[70]

Vielleicht ist das der Grund, warum die Regierung Indonesiens den Einsatz von Opalm/Napalm in Osttimor bis heute abstreitet. «Das ist ein Krieg der Zahlen und Daten über Dinge, die nie passiert sind», wehrte sich Verteidigungsminister Juwono Sudarsono nach der Veröffentlichung des CAVR-Reports.[71] «Wie hätten wir Napalm gegen die Osttimoresen einsetzen können? Damals hatten wir nicht einmal die Kapazität, Napalm zu importieren, geschweige denn herzustellen.»[72] Xanana Gusmão, der Präsident Osttimors, überreichte UNO-Generalsekretär Kofi Annan den Report mit den Worten: «Wir akzeptieren die Ergebnisse des Berichts als einen Weg, die Wunden zu heilen. Über die [Opfer-]Zahlen kann man streiten. Aber es ist nicht so wichtig, auf die Zahlen zu schauen. Es ist wichtiger, auf die Lehren zu schauen.»[73]

Das sind versöhnliche Worte mit weltgeschichtlicher Bedeutung. Offen bleibt die Frage, wo, wie oft und bis wann die indonesische Luftwaffe von einem Schweizer Unternehmen entwickeltes Napalm eingesetzt hat. In einem internen PAT-VAG-Dokument von 1960 schrieb Oberst Widmer, angerührtes Opalm-Gel könne zehn Jahre lang gelagert werden. Für das Granulat garantierte er «unbeschränkte Haltbarkeit».[74]

POLITIK
(1954–1960)

Papa Staat stellt das HOVAG-Baby ruhig (*Nebelspalter* 1953)

Politik

Mit «grimmiger Sachlichkeit»

Der Bundesrat verabschiedet ein Hilfspaket für die HOVAG, doch der neue Finanzvorsteher Hans Streuli lässt nicht mit sich spassen.

Der Amtsantritt von Bundesrat Hans Streuli am 1. Februar 1954 läutet für Werner Oswald eine neue Ära ein. Bis anhin konnte er darauf zählen, dass die Finanzvorsteher der HOVAG wohlgesinnt waren. Streuli hat sich jedoch schon als Zürcher Finanzvorstand «sehr ungünstig» über Ems geäussert, und ihm eilt der Ruf voraus, dass er Probleme mit «fester Hand» und «grimmiger Sachlichkeit» anpacke und eine fast schon legendäre «Steckköpfigkeit» besitze.[1] Schon an seinem zweiten Amtstag verabschiedet der Gesamtbundesrat das Hilfspaket, das sein Vorgänger Max Weber geschnürt hat und das vorsieht, dass der Bund der HOVAG während zwei weiteren Jahren je 10 000 Tonnen Treibstoff und 1600 Tonnen Alkohol abnimmt.[2] Streuli ist nicht glücklich über die «Übergangslösung». Er hält sie für einen «Notbehelf», weil sie auf den kriegsgeschuldeten, ausserordentlichen Vollmachten beruht, welche die Landesregierung nur zögerlich abgibt, obwohl die Stimmbürger 1949 die Volksinitiative «Rückkehr zur direkten Demokratie» angenommen und das Vollmachtenregime formal beendet haben.[3]

      Die Bundesratskollegen räumen Streuli gerade einmal zwei Monate ein, um die vielen noch offenen Fragen zu klären. Also geht er zügig ans Werk. Im ersten Monat verpflichtet er drei namhafte Experten für eine neue Kontrollkommission: Professor Alfred Walther, der im Auftrag des Bundes eine betriebswirtschaftliche Studie über die HOVAG verfasst hat, den Chemieprofessor und Perlonspezialisten Heinrich Hopff, der an der ETH lehrt, und den Juristen Hans Merz, der zusätzlich die Aufgabe übernimmt, das undurchschaubare Firmenkonglomerat zu durchleuchten.[4] Er räumt der HOVAG zwei Wochen ein, um alle Unterlagen bereitzustellen, und platziert einen Buchhalter in Ems, der die Gestehungskosten laufend überwacht, um zu verhindern, «dass die vom Bund aufgebrachten Mittel ihrem Zweck entfremdet werden».[5]

Den zweiten Monat nutzt Streuli, um sich im Gespräch mit Wirtschaftsvertretern und Bundesbeamten ein eigenes Bild zu machen. Einer charakterisiert Oswald als «gewaltige Hypothek für das Werk, da bar jedes Sensoriums für Zusammenarbeit. Offensichtlich, dass er ausschliesslich befiehlt im Werk, obgleich nicht im Verwaltungsrat.»[6] Ein anderer warnt, Oswald sei ein «ausserordentlich schwieriger Charakter» und «unmöglicher Verhandlungspartner» und habe «mit dem Bund seit 1944 fast ununterbrochen Anstände». Auch die Industrie lehne ihn als Gesprächspartner «praktisch ausnahmslos» ab.[7] Streuli kommt auch zu Ohren, dass Oswald den Wechsel an der Spitze des Finanzdepartementes dazu benutzt hat, um eine Lactamanlage für 2,5 Millionen Franken zu kaufen. Sein juristischer Mitarbeiter Franz Luterbacher, als ehemaliges Mitglied der Überwachungskommission (UWK) ein gebranntes Kind, ist entsetzt: «Uns bringt dieses eigenmächtige Vorgehen in eine äusserst unangenehme Lage. Man wird zu Recht sagen, die Herren in Ems könnten schalten und walten wie es ihnen beliebt, und letzten Endes habe der Bund die Rechnung zu bezahlen. Leider ist es nicht das erste Mal, dass die HOVAG den Bund vor ein fait accompli stellt. Solche Praktiken kann sich nur ein Unternehmen leisten, das überzeugt ist, dass ihm der Staat unter allen Umständen beistehen wird.»[8]

Im dritten Monat reist Streuli mit Iklé und 13 Traktanden in der Mappe nach Chur, wo sie von Oswald und seiner Führungsriege im Hotel Steinbock empfangen werden. Streuli fackelt nicht lang. Er fordert eine «rasche Einigung» mit der Lonza, eine Senkung der Dividenden, eine «bessere Atmosphäre um das Werk» und den Verzicht auf weitere Alleingänge. «Der Bundesrat kann es nicht dulden, vor vollendete Tatsachen gestellt zu werden. Sollte die Kontrollkommission weitere derartige Vorkommnisse feststellen, so müsste die Sistierung der Bundeshilfe in Betracht gezogen werden», rüffelt er Oswald. «Es ist bedauerlich, dass sich das Unternehmen um nichts kümmert, weder um die öffentliche Meinung, noch um die Konkurrenz, noch um das Finanzdepartement. Vor allem gibt es sich auch nicht Rechenschaft über die prekäre Lage, in der es sich befindet. Die Hovag muss sich klar sein, dass sie auch einige Freunde benötigt.» Für die Rechtfertigungen und das Jammern der Gegenseite hat Streuli weder die Zeit noch die Geduld. Nach zwei Stunden hebt er die Sitzung auf, besichtigt kurz das Werk in Ems und fährt nach Bern zurück.[9]

Vier Monate nach Amtsantritt informiert Streuli die Presse; anschliessend stellt er sich dem Parlament. Er gibt freimütig zu, die Übergangsordnung sei nicht ideal, aber jeder Lösungsansatz sei «stets irgendwie auf Befürchtungen und Einwendungen» gestossen. Wenigstens schaffe sie kein Präjudiz, denn im Unterschied zum Bündner Rechtsgutachten sehe der Bundesrat keine Verpflichtung, die HOVAG nach 1955 weiterhin zu unterstützen. Im Ständerat kann der St. Galler FDP-Vertreter Willi Rohner eine Interpellation zur HOVAG begründen und eine Breitseite gegen die «publizistischen Verfechter» im Sold von Ems abfeuern. Im Nationalrat fordert Jaeckle eine Diskussion, die der Rat mit grosser Mehrheit ablehnt.[10] Am nächsten Tag titelt *Die Tat* (und Chefredaktor Jaeckle): «Emser Malaise vor einem müden Parlament».[11]

Die erste Konfrontation mit Oswald folgt auf dem Fuss. Nach 13 Jahren gibt Armin Meili das HOVAG-Präsidium ab. Wenig später tritt der 62-Jährige auch als Nationalrat zurück. An der Abschiedsfeier warnt er die Parteikollegen: Trotz bürgerlicher Mehrheit im Parlament gehe die persönliche Freiheit und die «Selbstverantwortung» zunehmend verloren, und «das Steuer des Staatsschiffes [werde] immer mehr nach links herumgeworfen».[12] Dass er seit 1941 ein Unternehmen präsidiert hat, das fest mit diesem Staatsschiff vertäut ist, scheint für ihn kein Widerspruch.

Meilis Rücktritt bietet Streuli die Chance, das Präsidium mit einer Vertrauensperson zu besetzen. Seinem liebsten Kandidaten, Textilfabrikant und Nationalrat René Bühler, erklärt er, die «Mission» sei «sehr bedeutungsvoll». Der neue Präsident müsse den «allzu persönlichen Einfluss der Geschäftsleitung» unter Kontrolle bringen und die HOVAG in die «freie schweizerische Wirtschaft» eingliedern.[13] Bühler lehnt dankend ab. Auch Georg Heberlein, Textilunternehmer und Iklés Schwiegervater, drückt sich.[14] Der dritte Kandidat, der Sohn eines Deutschen, ist der HOVAG nicht genehm. Vizepräsident Heinrich Blass gibt zu bedenken, man werfe Ems schon jetzt vor, es habe «eine ausgesprochene Tendenz, Deutsche zu beschäftigen».[15] Streuli reagiert unwirsch. Es brauche einen Mann mit industrieller Erfahrung, der «das volle Vertrauen des Departementes hat und damit Gewähr bietet für eine gute und vertrauensvolle Zusammenarbeit».[16]

Da Oswald «diese Art landesväterlicher Fürsorge» entschieden zu weit geht, kommt es zu einer «recht gespannten Situation», doch er geht einer direkten Konfrontation aus dem Weg.[17] Stattdessen muss HOVAG-Vizepräsident Blass, Direktor der Schweizerischen Kreditanstalt, den *go-between* spielen. Seine Aufgabe ist heikel. Er muss nicht nur die bundesrätlichen Vorschläge zurückweisen, ohne allzu viel Geschirr zu zerschlagen; er muss Streuli mitteilen, dass die HOVAG dem Anwalt Hans Pestalozzi «schon weitgehende Zusicherungen gemacht» hat. Streuli greift sofort zum Hörer. Blass windet sich. Einem Bundesrat widerspricht man nicht, auch nicht als Bankdirektor. Dann knickt er ein. Es sei zwar «sehr unangenehm, aber doch möglich», auf Pestalozzis Kandidatur zurückzukommen. Am nächsten Tag rudert er zurück. Die HOVAG halte «unbedingt» an ihrem Kandidaten fest. Streuli wählt seine Schlachten sorgfältig aus. Er zitiert Pestalozzi zu einer «persönlichen Aussprache», nimmt ihm das Versprechen ab, dass er «nicht als Vertreter der Gruppe Oswald» agiert, und sichert sich die Möglichkeit, zwei Verwaltungsratssitze mit Vertrauensleuten zu besetzen.[18] Die Industriellen René Bühler und Heinrich Iselin sagen ihm zu, wenn auch «schweren Herzens» und nur unter der Bedingung, dass sie das Mandat «jederzeit» niederlegen können.[19]

Mit dem Wirtschaftsanwalt Hans Pestalozzi übernimmt der Spross einer alten Zürcher Familie und ein einflussreicher Exponent des rechten Flügels des Zürcher Freisinns. Er ist Kantonsratspräsident, mehrfacher Verwaltungsrat, Vizepräsident der NZZ, Oberst, Zunftmeister und eines von 65 Mitgliedern der 1380 gegründeten «Gesellschaft der Schildner zum Schneggen» und gehört zur kleinen, versippten Elite, die seit Hunderten von Jahren erfolgreich ihre Privilegien verteidigt und die grösste Schweizer Stadt wirtschaftlich und kulturell weitgehend unter ihrer Fuchtel hat. Die *Finanz und Wirtschaft* ist der Meinung, dass Pestalozzi, der «ohnehin nur die Weisungen der Gebrüder Oswald» ausführen werde, bei der HOVAG «nicht am richtigen Platze steht». Die liberale NZZ könne sich «als freiheitliches Blatt, mit einem Vizepräsidenten, der an der Spitze eines Bundesmillionen bettelnden und in jeder Hinsicht unökonomischen Defizitbetriebes steht, kaum wohlfühlen».[20]

Pestalozzi und Oswald, die fast gleich alt sind, haben vieles gemeinsam und bewegten sich als junge Männer in denselben rechtsbürgerlichen Kreisen.[21] Pestalozzi war Mitglied der Freisinnigen Junioren, die nach dem Generalstreik 1918 – ähnlich wie Oberst Bircher und seine Bürgerwehren – zum «Abwehrkampf gegen staatszersetzende Kräfte» aufriefen.[22] 1934 präsidierte er das Zürcher Aktionskomitee, das «alle auf vaterländischem Boden stehenden stimmberechtigten Schweizerbürger» aufrief, die Initiative «Zum Schutz der Armee und gegen ausländische Spitzel» zu unterstützen, die auf dem Mist des Vaterländischen Verbandes und der Frontenbewegung gewachsen war und sich vor allem gegen linke Armeegegner richtete.[23] Pestalozzi steht auch für politische Kontinuität an der Spitze der HOVAG, denn er und sein Vorgänger Meili gehören dem rechtskonservativen Flügel der Zürcher FDP an, wo sie sich öfters die Bälle zuspielen.[24]

Pestalozzi und Oswald haben ausserdem dasselbe Steckenpferd: die hehre Historie. Pestalozzi pflegt seine «Leidenschaft für genealogische Forschung», schreibt an einer Familienchronik und malt Wappentafeln.[25] Oswald sammelt alte Schweizer Münzen, unterstützt archäologische Ausgrabungen im Bündnerland und kauft im Verlauf der Jahre drei Schlösser (Haldenstein, Rhäzüns und Fürstenau).[26] 1965 wird er das «Komitee zur Würdigung der Schlacht von Marignano und ihrer Konsequenzen» gründen, das Sekretariat in die Hände des Werkstudenten Christoph Blocher legen, Spenden für die Renovation des Beinhauses auf dem Schlachtfeld sammeln (auch bei Dienstkamerad Alfred Schaefer, der inzwischen die Generaldirektion der Schweizerischen Bankgesellschaft präsidiert) und zwei Publikationen finanzieren – ein wissenschaftliches Werk und eine «volkstümliche» Publikation, die gratis an die Schuljugend abgegeben wird.[27]

Dieses Engagement sagt viel über den ideologisch-politischen Boden, auf dem Oswald steht. Im Vorwort der Volksausgabe schreibt er, «in Übereinstimmung mit zahlreichen gleichgesinnten Eidgenossen» fühle er sich verpflichtet, diese «Zeitwende nicht wie so vieles andere im Geschehen des heutigen Alltags untergehen zu lassen». Die verheerende Niederlage der Eidgenossen ist für ihn Anlass zur «Selbstbesinnung» und eine «Verpflichtung auf die Schweizer Neutralität». Die Interpretation, die Schlacht bei Marignano stelle eine eidgenössische Zeitwende dar, gilt heute als überholt, wird von Christoph Blocher aber noch immer hartnäckig verteidigt.[28] Bei ihm hat die Zeit als Sekretär des Komitees tiefe Spuren hinterlassen: Vor der EWR-Abstimmung 1992 wird er die Volksausgabe über die «Schicksalstage» von Marignano an die Mitglieder einer parlamentarischen Kommission verteilen.[29] Oswald beweist als Präsident des Komitees nicht nur Sinn für eine national-konservative Auslegung der Schweizer Geschichte, sondern auch für Familientradition. Die Bildredaktion der Publikationen besorgt die deutsche Kunsthistorikerin Anna Maria Cetto, die Schwester von Walther Cetto, dem früheren Geschäftspartner Victor Oswalds beim Filmverleih CEDRIC.

Nachdem Streuli Parlament und Presse über die Übergangsordnung informiert hat, flaut das öffentliche Interesse an der HOVAG merklich ab. Doch in den Kulissen geht der Kleinkrieg weiter, in neuer Besetzung und alter Heftigkeit. Da die Übergangsordnung Ende 1955 ausläuft, benötigt der Bundesrat möglichst rasch Entscheidungsgrundlagen und hat

Werner Oswald (um 1960)

HOVAG-Präsident
Hans Pestalozzi (um 1955)

Erwin Jaeckle, LdU-Nationalrat und Chefredaktor von
Die Tat (1945)

Bundesrat Hans Streuli
(um 1955)

Politik

darum eine «chemisch technische Expertise» zur Produktionsumstellung in Auftrag gegeben. Doch Oswald tanzt den Sachverständigen auf der Nase herum, behindert ihre Arbeit und verunglimpft sie als «Wandschirm für eine Katastrophenlösung».[30]

Professor Merz kann das Gutachten über die rechtlichen und finanziellen Beziehungen der HOVAG zu den «ihr nahestehenden Unternehmungen» mit Müh und Not fertigstellen. Es bietet zum ersten Mal einen Überblick über den Konzern, dokumentiert seine raffinierte Verschachtelung und analysiert, wie sich die Brüder Oswald mit einem bescheidenen Einsatz von einer halben Million Franken die Kontrolle über den ganzen Emser Konzern gesichert haben.

Ende 1954 schlägt die Kontrollkommission Alarm. Oswald behindere ihre Arbeit «unter allen möglichen Vorwänden». Sie könne die Expertise über die Folgen einer vollständigen «Sistierung der Sprit- und Methanolfabrikation» nicht rechtzeitig fertigstellen.[31] Iklé nimmt den Renitenten ins Gebet, doch dieser weigert sich «kategorisch», die nötigen Unterlagen herauszurücken. Der Streit eskaliert. Anfang 1955 informiert die Kontrollkommission, sie erachte es «als fruchtlos, die von Herrn Dr. W. Oswald in unsachlicher Form und mit unrichtigen Behauptungen geführte Korrespondenz fortzusetzen». Es braucht ein Machtwort von Streuli, bis wenigstens die HOVAG-Mitarbeiter der Kommission Auskunft geben dürfen.[32] In einer Umkehr der Tatsachen beklagt sich Oswald: «Entsprechend den bekannten Tendenzen von Herrn Bundesrat Streuli soll das Werk offenbar wie das letzte Mal [bei der Vorbereitung der Übergangsordnung] in Zeitnot hereinmanövriert werden, um es alsdann einem neuen Diktat zu unterstellen, welches das Unternehmen endgültig dem Ruin entgegenbringt.»[33] Er steigert sich in eine regelrechte Untergangsstimmung hinein. Er und seine Gehülfen Giesen und Gadient stilisieren die HOVAG auch semantisch zum Opfer, schreiben von «Gewaltmassnahmen», «Zertrümmerung» und «Amputation», von «hineintreiben», «aufzwingen», «herausbrechen» und «strangulieren», von «Illoyalität», «Unrecht» und dem «Tod des Emser Unternehmens».[34]

Der Bericht der Kontrollkommission fällt schliesslich ganz in Oswalds Sinn aus: Die HOVAG sei ohne Bundeshilfe «nicht lebensfähig», der Bund müsse ihr weitere «ca. 10 Jahre» unter die Arme greifen. Auch die Massnahmen, die sie empfiehlt, decken sich mit Oswalds Plänen: Einstellung der Methanolproduktion, vorläufige Weiterführung der Holzverzuckerung sowie Ausbau der Lactam- und Harnstoffanlage.[35] Der Kommentar von Professor Hopff lässt jedoch tief blicken. *Off the record* meint er zu Streuli: «Vom volkswirtschaftlichen Gesichtspunkte aus betrachtet wäre wohl ein Abbruch der ganzen Holzverzuckerungsanlage nicht die unglücklichste Lösung.»[36] Die Forderungen der Bündner Regierung, die kurz darauf in Bern eintreffen, sind perfekt auf den Expertenbericht abgestimmt. Als loyales Sprachrohr der HOVAG verlangt sie: «Der Substituierung des Sprits muss ein langfristiges Forschungsprogramm zugrunde gelegt werden können. Zehn Jahre sind das zeitliche Minimum.»[37]

Finanzdirektor Iklé, der sich schon seit sieben Jahren mit der HOVAG herumschlägt, wartet als Einziger mit neuen Ideen auf. Seine «Skizze für eine Lösung des Emser Problems» zeigt, dass sein Wohlwollen für Dienstkamerad Oswald gelitten hat: Der Bund solle noch «4–5 Jahre» Alkohol beziehen; als Gegenleistung müsse Oswald aber die FIBRON an ein Textilunternehmen verkaufen, das sich im Gegenzug verpflichte, der HOVAG das Lactam abzunehmen. Damit könne man, so Iklé mit Seitenblick auf die Viscose SA, «Preiskämpfe und Patentprozesse» vermeiden. Die Macht der Gebrüder Oswald will er gründlich beschneiden. Die HOVAG-Stimmrechtsaktien sollen abgeschafft und das Aktienkapital aufgestockt werden.[38]

So unterschiedlich die Vorschläge sind, sie verfolgen dasselbe Ziel: das Überleben der HOVAG zu sichern. Auch für Streuli ist unbestritten, dass ihr «zeitlich und im Ausmass beschränkte Hilfe zuteil werden muss».[39] Kontrovers ist das Wie. Für Oswald wäre die bequemste Lösung, dass der Bund mit Einwilligung der Strassenverkehrsverbände einen Aufschlag auf das Benzin erhebt, doch dazu will Streuli keine Hand bieten. Die zweitbeste Lösung wäre, dass die HOVAG bei der Neuregelung der wirtschaftlichen Kriegsvorsorge mitsegeln kann. Der erste Gesetzesentwurf enthielt einen eigens auf sie zugeschnittenen Artikel zur «Übernahme und Verwendung inländischer Ersatzstoffe» in Friedenszeiten. Doch die Wirtschaftsverbände protestierten gegen den «HOVAG-Schutzartikel», der Tür und Tor für Protektionismus und staatlichen Interventionismus öffne.[40] Als der Bundesrat den Artikel kippte, gingen die Verbündeten von Ems auf die Barrikaden. Also schlug er einen Kompromiss vor: Der Bund sollte im Rahmen der Kriegsvorsorge die Möglichkeit haben, die inländische Treibstoffproduktion «auch bei entspannter internationaler Lage» zu unterstützen, doch jede Form von Bundeshilfe wäre dem Referendum unterstellt. In der bürgerlichen Presse hagelte es dennoch Kritik. Der «Emser Artikel» sei einzig auf Druck der HOVAG zustande gekommen, er sei «unschön, hilflos und abwegig», ein «trojanisches Pferd» und ein «Kuckucksei».[41]

Streuli befürwortet eine separate, dem Referendum unterstellte Vorlage, weil er sich davon eine «viel solidere Rechtsgrundlage» verspricht.⁴² Als Oswald das erfährt, schwankt er zwischen Wut, Erbitterung und Verzweiflung. Für ihn wäre eine «Lex Ems» ein mehrstufiger Albtraum. Er rechnet damit, dass die HOVAG im Parlament ein zweites Mal «diffamiert» wird.⁴³ Falls die Verlängerung der Bundeshilfe eine parlamentarische Mehrheit findet, und das ist alles andere als garantiert, droht ein Referendum, ein teurer und unschöner Abstimmungskampf und eine Volksabstimmung mit ungewissem Ausgang. Für Oswald avanciert der Bundesrat endgültig zum Feind, der sein Lebenswerk zerstören will. Er klagt, Streuli fehle «jegliche Fairness» und die Objektivität, «die man von einem Bundesrat erwarten dürfte», er unternehme alles, damit die HOVAG «finanziell, aber auch moralisch abgewürgt und ausserkantonalen Interessengruppen in den Rachen geworfen» werde. Den Bund, dem die HOVAG ihre Existenz verdankt, der sie über Wasser gehalten und ihr eine vorteilhafte Übergangslösung gewährt hat, sieht er als rücksichtslose, zerstörerische Macht, die sich anmasst, «das Unternehmen nach Gutdünken unter Druck zu setzen und unter Diktat zu stellen, ganz gleichgültig, ob dasselbe in der Lage ist, die Forderungen erfüllen zu können oder nicht. […] Man verweigert dem Unternehmen jede gebührende Rücksichtnahme, die nach Treu und Glauben vom Partner Bund erwartet werden könnte.» Dass die HOVAG dem Bund Rechenschaft ablegen muss, empfindet Oswald als blanke Zumutung. Er sieht nur noch «diffamierende Kontrolle», «Dauerexpertisierungen» und «Methoden, mit denen die Industrien hinter dem Eisernen Vorhang ruiniert wurden».⁴⁴

An einem Wochenende im Mai 1955, als die Kommission des Nationalrats über das Kriegsvorsorgegesetz berät, kommt es zur Schlacht um den Emser «Schutzartikel». Mit dem Bündner Regierungsrat Ettore Tenchio und Nationalrat Gadient kämpfen zwei Freunde der HOVAG an vorderster Front, sekundiert von zwei politischen Schwergewichten: Rudolf Reichling, dem Präsidenten des Bauernverbandes, und Arthur Steiner, der vor zwei Jahren die Interpellation zum Erhalt der Arbeitsplätze in Ems eingereicht hat und inzwischen zum Präsidenten des Gewerkschaftsbundes avanciert ist. Streuli nimmt an der Konferenz teil, um die Referendumsklausel zu verteidigen. In seinem Eintrittsvotum erklärt er, die kriegswirtschaftliche Bedeutung von Ems falle «nicht mehr stark ins Gewicht». Es brauche eine separate Vorlage, um die Bundeshilfe «klipp und klar» zu regeln.

Der Auftritt der Emser Truppe ist gut orchestriert. Ein Wort gibt das andere, ein Votum ergänzt das vorhergehende. Gewerkschaftsführer Steiner pocht auf die kriegswirtschaftliche Bedeutung des Werks und warnt: «Die Situation um Ems wird tragisch.» Regierungsrat Tenchio ist überzeugt: «Wenn Ems isoliert wird, ist es ruiniert.» Die HOVAG dürfe nicht «kaputt» gemacht werden, darum gehöre die Referendumsklausel gestrichen. Nun preschen die Kritiker vor. Einer will «Ems helfen, aber nicht durch ein Hintertürchen». Ein anderer kritisiert, die HOVAG reite «gleichzeitig zwei Pferde», «das der Hilfe an die Bergbauern und das der Kriegswirtschaft». Ein dritter rügt die «enormen Illusionen» der Bündner Regierung, die mit ihrem Rechtsgutachten alles «verchachelt» habe. Sie alle beantragen, den «Emser Artikel» zu streichen.

Gadient hat als alter Fuchs gewartet, bis alle Argumente auf dem Tisch liegen, damit er eines nach dem anderen zerpflücken und das Schlusswort halten kann. Er schimpft, die Referendumsklausel sei «nicht bloss eine Unfreundlichkeit, sondern ein Unrecht» gegen Graubünden. Vor allem sieht er in ihr eine grosse Gefahr für die HOVAG. «Wenn es zu einem Referendum kommt, haben wir die Verbände nicht mehr in den Händen.» Er schliesst mit dem zweifelhaften Versprechen: «Wir sind uns bewusst, dass die Erhaltung von Ems noch eine Zeit lang Opfer erfordert. Aber nicht für ewige Zeiten.» Gadients Auftritt dauert vier Mal so lang wie die anderen Voten und stellt Streulis Geduld auf eine harte Probe. Kaum hat er geendet, informiert der Bundesrat, er müsse vorzeitig gehen. Doch sein Wochenendeinsatz trägt Früchte. Nach «stundenlanger Debatte» unterstützt die Kommission die Referendumsklausel mit 14 zu 10 Stimmen. Der Antrag, den Artikel ganz zu streichen, scheitert, doch die zehn Enthaltungen lassen eine erbitterte Parlamentsdebatte erwarten. Zum Schluss verabschiedet eine erschöpfte und offenbar leicht verwirrte Kommission einstimmig ein in sich widersprüchliches Postulat.[45] Sie fordert gleichzeitig die «Erhaltung der kriegswichtigen Treibstoffproduktion» und die «raschestmögliche Umstellung der Treibstoffproduktion auf andere Industrieprodukte».[46] Es ist ein Beweis mehr, wie schwer sich die Politik mit der HOVAG tut.

Als Erwin Jaeckle das Sitzungsprotokoll studiert, streicht er die wichtigen Stellen rot an und ärgert sich grün und blau. Dann setzt er eine Interpellation zu «Gesetzgebung und Interessenorganisationen» auf, um auf die «wachsende Einflussnahme finanzkräftiger Interessenorganisationen» auf das Parlament aufmerksam zu machen. Als bestes Beispiel für den schädlichen «Managerparlamentarismus» nennt er die HOVAG. «Sie hat tatsächlich ihren Vertreter in der [vorberatenden] Kommission, dessen Namen ich nicht nennen will, aber dieser Vertreter ist selbstverständlich der Auffassung, dass sogar die Referendumsklausel, die der Bundesrat vorsichtigerweise einfügte, gestrichen werden sollte.»⁴⁷ Als Jaeckle die Interpellation einreicht, wissen alle, wer der namentlich nicht genannte HOVAG-Vertreter ist: Gadient wird es ihm nicht verzeihen und ihn innerhalb Jahresfrist vor Gericht ziehen.

Bundesrat Streuli fährt während der Sommersession 1955 einen Etappensieg ein. Mit einer hauchdünnen Mehrheit von 67:64 streicht der Nationalrat den «Emser Artikel» aus dem Kriegsvorsorgegesetz. Damit ist der Weg frei für eine «Lex Ems». Doch die Zeit drängt. Ende Jahr laufen Übergangsordnung und Bundeshilfe aus. Streuli muss die Vorlage deshalb in der Herbstsession durch beide Kammern peitschen. Das ist unüblich, erst recht bei einer so komplexen Materie. Doch sollte es ihm nicht gelingen, steht die HOVAG Ende Jahr am Abgrund.

Mit «grimmiger Sachlichkeit»

«Gott bewahre uns vor solchen Experimenten!»

Nach einer hitzigen Debatte verlängert das Parlament die Bundeshilfe für die HOVAG, doch wirtschaftsliberale Kräfte lancieren erfolgreich das Referendum.

Bundesrat Streuli macht aus seinem Herzen keine Mördergrube. Als er zum Auftakt der Herbstsession 1955 erklärt, warum die «Lex Ems» erst jetzt vorliegt, legt er ihre Leidensgeschichte offen: «Wir haben mit dem Kleinen Rat und der Hovag verhandelt und glaubten immer noch, zu einem Ziel zu kommen. Von Tag zu Tag haben wir den Kalender übermarcht, immer in der Meinung, es würde noch eine Verständigung geben. […] Ich möchte Sie bitten, das zu verstehen und zu entschuldigen. Ich bitte Sie, aber auch alles daran zu setzen, dass die Vorlage verabschiedet werden kann; auch wenn diese Pille nicht leicht zu schlucken ist. Ich verstehe das psychologisch sehr gut. Die Pille wird aber nicht weniger bitter, wenn man noch einige Monate zuwartet. Wir müssen diese Sache zu Ende beraten. Es gibt keinen anderen Weg.»

Nach 15 Jahren hat das Parlament erstmals die Möglichkeit, über die Leistungen des Bundes an die HOVAG zu befinden. Dass Streuli die Vorlage in einer Session durchpeitschen will, sorgt jedoch für Unmut. Ernst Speiser, FDP-Ständerat und Brown-Boveri-Direktor, erklärt, es sei «das komplizierteste und schwierigste Geschäft», über das er je zu befinden hatte. «Überall stossen wir auf ungelöste und vielleicht unlösbare Probleme, und auf Fragezeichen, deren Zahl fast von Tag zu Tag sich mehrt. Ich will hier nur einige nennen. Die Sympathie, die wir alle für den Kanton Graubünden hegen, unsere Überzeugung, dass der Kanton Graubünden finanziell und wirtschaftlich speziell ungünstig dasteht, wird mobilisiert zugunsten einer privaten Aktiengesellschaft, und wer nicht oder nicht hundertprozentig mitmachen will, der wird als Feind des Kantons Graubünden hingestellt.»

Die Vorlage sieht eine fünfjährige Abnahmegarantie über jährlich 26 000 Tonnen Ethylalkohol zu Gestehungskosten vor. Diese betragen 38 Millionen Franken, während dieselbe Menge Alkohol auf dem Weltmarkt nur 10 Millionen kostet. Die Differenz von 28 Millionen soll hälftig zulasten des Bundes und der Benzinkonsumenten gehen, die dafür vom Beimischungszwang verschont bleiben. «Wenn man diese Leistungen in Aktienkapital umwandeln wollte», erklärt Streuli dem Ständerat, «so wäre der Bund nachher Hauptaktionär.»

Im Gegenzug für die Unterstützung muss die HOVAG weitgehende Kontrollen akzeptieren, ihr Kapital von drei auf fünf Millionen Franken erhöhen und sicherstellen, dass sie nicht durch einzelne Aktionäre beherrscht wird. Dieser Artikel zielt eindeutig auf die Entmachtung der Brüder Oswald, deren Stimmrechtsaktien à 25 Franken die gleiche Stimmkraft wie eine Aktie à 500 Franken besitzen. Dieser Eingriff in die Eigentumsrechte ist im Parlament stark umstritten. Den einen geht er viel zu weit, den andern viel zu wenig weit. Ein FDP-Vertreter verteidigt die Stimmrechtsaktien als «ein absolut rechtmässiges Privileg», ein BGB-Vertreter befürchtet gar «eine Vergewaltigung der Hovag». Die Verfechter der unternehmerischen Freiheit finden auch Vorgaben unzulässig, die über die Zeit der Unterstützung hinaus gehen. Streuli stellt klar, die Zeit der Rücksichtnahme sei vorbei. «Es ist eine neue, freiwillige Leistung, die der Bund vorschlägt», bellt er in den Saal. «Er kann hiefür Bedingungen stellen, und die Hovag kann entscheiden, ob sie sie annehmen will oder nicht.» Man einigt sich, dass das Stimmrecht sämtlicher Aktien ihrem Nennwert entsprechen muss. Am Ende des Tages nimmt der Ständerat die Vorlage einstimmig an.

Im Nationalrat gibt es mehr Opposition. Als Erster ergreift Jaeckle das Wort und fordert Nichteintreten. Die HOVAG, die in ihrer kurzen Geschichte bereits 130 Millionen Franken erhalten habe, behaupte seit 1946, die Umstellung sei «heftig im Gange». Sie wisse aber nicht einmal, ob sie in fünf Jahren auf eigenen Beinen stehen werde. «Unterstützen Sie meinen Nichteintretensantrag», beschwört er die Ratskollegen, «unterstützen Sie ihn kräftig, damit er gegebenenfalls dem Emser Werk zur Warnung gereiche.»

Die Kritik an der HOVAG reicht weit ins bürgerliche Lager. Vielen fehlt das Vertrauen in die Geschäftsleitung. Ein Parlamentarier fleht gar: «Und für die Zukunft: Gott bewahre uns vor solchen Experimenten!» Die Voten sind streitbar, aber nicht ohne Humor. «Meine Herren», meint ein Parlamentarier, «ich mache Sie darauf aufmerksam, dass es hier gar nicht um die Bündner Wälder geht, sondern um die Oswälder.» MIGROS-Gründer Duttweiler sorgt für Heiterkeit mit einem Vergleich von Nationalrat und russischer Planwirtschaft. Die Parallelen seien nicht zu übersehen, «bestimmt unwirtschaftlich, bestimmt ein Defizit, und gehen muss es trotzdem! Der Hauptzweck ist die Beschäftigung. Beschäftigung muss einfach her, auch wenn es eine Eichhörnchentrülle-Beschäftigung ist.» Duttweiler kann sich auch einen Seitenhieb auf die Brüder Oswald nicht verkneifen: «Subventionierte aller Kantone, vereinigt euch! Mir scheint, dass in Ems eher die tüchtigen Köpfe fehlen, wobei ich damit den Herren nicht nahetreten möchte, denn ich kenne sie ja nicht. Ich weiss nur von dauernden Misserfolgen, von jahrelangen falschen Voraussetzungen, und schliesse daraus, dass die Köpfe der Aufgabe nicht gewachsen sind.»

Am nächsten Morgen geht die Eintretensdebatte unvermindert heftig weiter. Um seine Vorlage zu retten, bemüht Streuli sogar Weltliteratur: «Zu Beginn seiner Höllenfahrt sagt Dante: ‹Nel mezzo del cammin di nostra vita // mi ritrovai per una selva oscura // che la diritta via era smarrita› [Mitten auf der Reise unseres Lebens fand ich mich in einem dunklen Wald, sodass der gerade Weg verloren ging.] Auch wir befinden uns in einer obskuren waldwirtschaftlichen Angelegenheit, und es fällt uns ebenso schwer wie Dante, den richtigen Weg zu finden. […] Es ist ein verhältnismässig schmaler Pfad, den wir uns durch das Gestrüpp der Interessengegensätze bahnen konnten. Wir schlagen ihn ein, weil wir keinen besseren zu finden vermochten, und bitten deshalb auch diejenigen, die nicht voll befriedigt sind, uns zu folgen […].» Die grosse Mehrheit folgt ihm und stimmt für Eintreten.

Die Detailberatung bringt wenig Überraschendes und eine weitere humoristische Einlage Duttweilers. Er habe gestern einen wesentlichen Unterschied zwischen Kapitalismus und Planwirtschaft vergessen. «In Russland wird nämlich die Führung jeweilen geändert, wenn das Leistungssoll nicht erfüllt wird, in der Schweiz dagegen nicht.» Man könne weder den Berechnungen noch den Versprechen der Brüder Oswald trauen. «Wenn wir einfach 28 Millionen Franken spendieren, sind wir mit Sicherheit in fünf Jahren genau wieder da, wo wir heute stehen, und die Herren werden genau wieder so nett lächelnd erwarten, dass wir nun die nächste Tranche bewilligen.» Er empfehle Ablehnung der Vorlage, sonst werde «nämlich das Referendum kommen und das Volk selbst zum Rechten schauen müssen». Damit ist die Drohung, vor der Oswald sich am meisten fürchtet, laut ausgesprochen.

Als Reaktion auf Jaeckles Schmährede gegen den «Managerparlamentarismus» in der letzten Session verfolgt HOVAG-Verwaltungsrat Gadient die Debatte von der Tribüne aus. Noch einer schweigt. Grimm hat in der vorbereitenden Kommission darauf gedrängt, den Artikel über die Verantwort-

Werkanlagen in Ems (1953 und 1955)

«Gott bewahre uns vor solchen Experimenten!»

lichkeit zu schärfen. Der Bundesrat wollte die Geschäftsleitung verpflichten, «alle Vorkehren zu treffen, um das Unternehmen bis Ende 1960 wirtschaftlich selbsttragend zu gestalten». Er schlug den Zusatz vor, die Leitung sei verpflichtet, «die entsprechenden produktionstechnischen und kommerziellen Massnahmen in eigener Verantwortung laufend zu treffen». Der Antrag spiegelt seine leidvolle Erfahrung, dass Oswald die Schuld an der verzögerten Umstellung dem Bund im Allgemeinen und der UWK im Speziellen in die Schuhe zu schieben pflegte. Geht es um die Brüder Oswald, ist die Formulierung «in eigener Verantwortung» jedoch vielen Nationalräten zu riskant. Es bestehe die Gefahr, warnt ein Bürgerlicher, dass die Absicht verdreht werde und der Bundesrat sogar bei «widersinnig erscheinenden Massnahmen» kein Recht auf Einspruch habe. Grimm selbst meldet sich nicht zu Wort, und sein letzter Versuch, Oswald in die Schranken zu weisen, wird ohne Gegenstimme gestrichen.

Vor der Schlussabstimmung erklärt Jaeckle als Fraktionssprecher, der Landesring stimme geschlossen Nein, beantrage aber eine Überbrückungshilfe für die «bedrohte Arbeiterschaft». Das räume dem Bundesrat Zeit für eine bessere Lösung ein. Er steht auf verlorenem Posten. Der Nationalrat nimmt die Vorlage mit einem überwältigenden Mehr von 135 Stimmen an.

Am Abend trifft sich Streuli mit Werner und Rudolf Oswald. Was die drei besprechen, ist nicht bekannt, doch am nächsten Tag zeigen sich die Folgen. Während Streuli mitverfolgt, wie die Differenzen zwischen den beiden Kammern bereinigt werden, überbringt ihm ein Büttel eine Erklärung der Gebrüder Oswald. Sie kommt reichlich spät, ist aber ein sicheres Zeichen, wie nervös sie sind. Sie versichern, die einzige Funktion ihrer Stimmrechtsaktien sei, das Unternehmen vor einer feindlichen Übernahme zu schützen; trotzdem seien sie einverstanden, diese in Namensaktien umzuwandeln. Ob ihr Einrenken den Gang der Dinge beeinflusst, ist fraglich, aber das ist auch nicht mehr nötig. Mit 28 zu 2 Stimmen stimmt am Nachmittag auch der Ständerat der «Lex Ems» zu.[1] Das Parlament hat der HOVAG eine Gnadenfrist von fünf Jahren eingeräumt, die den Bund und die Treibstoffkonsumenten 28 Millionen Franken kosten wird. Die Gebrüder Oswald können aufatmen. Aber nur kurz.

Die Presse berichtet pflichtbewusst, aber lustlos über die «Redeschlacht» im Parlament. Dieses habe «nicht mit leichtem, aber dafür mit gutem Herzen» entschieden, meint der *Bund,* während die *Schaffhauser Nachrichten* überzeugt sind, es habe «vielleicht gegen die bessere Einsicht» Ja gestimmt. Die Vorlage gebe der HOVAG «eine Gnadenfrist» und wirke «wie eine dritte oder vierte Warnung, welche der Gewarnte nicht mehr ernst nimmt».² Sogar die Gewerkschaften befürchten, das Problem sei «nur verlegt und noch keinesfalls überwunden».³ Über allen Berichten schwebt die Frage: «Wird dagegen ein Referendum ergriffen?»⁴

Am 22. Oktober 1955 kündigt die Genfer Sektion der Liberalen Partei das Referendum an. Kurz darauf wird ein überparteiliches «Komitee für einen Volksentscheid über die Emser-Vorlage» aus der Taufe gehoben.⁵ Es fordert: «Wir wollen keine chronische Subventionswirtschaft» – «Statt einer Kankheitsverlängerung Gesundung!»⁶ Die Presse vermeldet, im Komitee engagierten sich «Persönlichkeiten aus allen Landesteilen», doch mit der Schweizerischen Gesellschaft für chemische Industrie, der Schweizerischen Handelskammer, dem Zentralverband schweizerischer Arbeitgeber-Organisationen und der Gesellschaft zur Förderung der schweizerischen Wirtschaft ist es eindeutig wirtschaftslastig.⁷ Die Unterschriften werden mittels Geschäftsantwortkarten gesammelt. Viele davon kommen ohne Unterschrift zurück, dafür mit bissigen Kommentaren wie «Halunken & Halsabschneider» oder «Pfui Teufel!!!» Ein Bauer, der laut eigenen Worten «sein Herz am rechten Fleck» trägt, hat sogar gedichtet: «In Krisenzeiten aufgebaut. Im Frieden schnell den Dienst vergessen. / Eure Lieb ist abgeflaut. Euer Herz zu klein bemessen. / Wie oft habt Ihr mich schon verdrossen. Ihr selbstgefälligen Eidgenossen.»⁸

Das Referendum kommt in der Rekordzeit von drei Wochen zustande.⁹ Es sei «fällig», urteilen die *Schaffhauser Nachrichten*, «dagegen wird nicht einmal Einwände erheben, wer geneigt ist, der Hilfe an Ems aus sozialen Rücksichten zuzustimmen».¹⁰ Das Referendum ist noch nicht eingereicht, als Oswald sich hilfesuchend an Alfred Schaefer, den Präsidenten der Schweizerischen Bankgesellschaft, wendet. «Es kam zu einer Besprechung auf der Bankgesellschaft», schreibt Iklé in seinen Memoiren. «Dr. Oswald, Dr. Schaefer und ich. Da sassen wir nun, drei alte Dienstkameraden, jeder in völlig anderer Position, und prüften Lösungen, die es erlaubt hätten, den Referendumskampf einzustellen.»¹¹ Schaefer ist überzeugt, ein «mit aller Schärfe geführter Abstimmungskampf» sei schädlich für die Wirtschaft, und wartet mit einer Idee auf. Der «Plan Schaefer» sieht vor, dass die HOVAG bis 1960 mit insgesamt zwölf Millionen Franken unterstützt wird, aber nur noch ein Jahr lang Alkohol herstellt, explizit auf weitere Forderungen verzichtet und dafür sorgt, dass das Bündner Rechtsgutachten in der Schublade verschwindet.

Zu Schaefers Überraschung reagiert Streuli äusserst «positiv».¹² Auch er ist überzeugt, dass eine Volksabstimmung so oder so nichts Gutes bringt. Ein Ja würde die HOVAG darin bestärken, «für alle Zukunft Ansprüche anzumelden», ein Nein «einen Trümmerhaufen zurücklassen, um dessen Rettung sich der Kanton Graubünden mit der letzten Energie einsetzen würde». Schaefer versucht, die Wirtschaftsverbände für seine Idee zu gewinnen. Vergebens. Für sie steht eine «Stützung ohne Gegenleistung» von monatlich 250 000 Franken ausser Frage. Einige trauen den Brüdern Oswald gar zu, dass sie die unrentable HOVAG schliessen und sich die zwölf Millionen in die Tasche stecken. Auch der Präsident des Vorort lässt Schaefer im Regen stehen. Er ist überzeugt, «dass sich nur aus den Trümmern der heutigen HOVAG möglicherweise etwas Kleineres und Vernünftigeres machen lassen wird».[13] Streuli teilt er mit, falls die HOVAG einem Team von Fachleuten «uneingeschränkten Zutritt» gewähre, sei die chemische Industrie bereit, einen Sanierungsvorschlag auszuarbeiten.[14] Für Oswald kommt das wenig überraschend nicht infrage.

Im Hinblick auf die Abstimmung schliessen sich die Gewerkschaften, der Bauernverband und die Waldwirtschaft zum «Komitee für die Erhaltung der Emser Werke» zusammen, und *Die Tat* meldet: «Ems schart die Verbandsmächte um sich».[15] Derweil weibelt Werner Oswald in Bern, damit die Überbrückungshilfe, die Ende Jahr ausläuft, bis zur Abstimmung verlängert wird. Streuli will nichts wissen davon. Die HOVAG müsse die wenigen Monate bis zum Volksentscheid «aus eigener Kraft» überbrücken.[16] An der reichlich verspäteten Generalversammlung Mitte Dezember gibt sich Pestalozzi kämpferisch. Mit seiner Weigerung riskiere der Bundesrat «eine Einstellung des Betriebes mit Entlassungen und Schädigungen der Anlagen».[17] Die Drohung wirkt. Weil der Bundesrat vor der Abstimmung «keinen Schaden anrichten» will, spricht er, ohne dass die Öffentlichkeit davon erfährt, eine weitere, sechsmonatige «Überbrückungshilfe» von mehr als drei Millionen Franken.[18]

Fast gleichzeitig schlägt die Kontrollkommission Alarm. Sie ist auf ungewöhnliche Finanztransaktionen gestossen: Statt der HOVAG ihre Schulden zurückzuzahlen, hat die INVENTA das Kapital um 250 000 Franken erhöht und der HOVAG die Aktien überlassen; dafür hat die FIBRON, die bei der HOVAG bereits mit 1,5 Millionen in der Kreide steht, weitere 3,5 Millionen Franken bekommen.[19] Das hält die Kontrollkommission für «eine unzulässige Unterstützung», denn sie vermutet, die FIBRON habe mit dem neuen Kredit Bankschulden zurückgezahlt.[20] Streuli ist stocksauer. «Im Lichte dieser Zahlen verstehen wir allerdings, weshalb sich die Hovag andauernd in einer Liquiditätskrise befindet», rüffelt er Präsident Pestalozzi.

Das Unternehmen leite «praktisch die ganzen ihm vom Bund zur Umstellung ausbezahlten Beträge» an die Tochtergesellschaften weiter, beklage sich aber, die Treibstoffpreise seien zu niedrig angesetzt. Der Kontrollkommission gibt Streuli den Auftrag, die INVENTA gründlich zu durchleuchten und herauszufinden, was zum «beängstigenden Anwachsen der Verschuldung» der FIBRON geführt hat.[21]

Einen Tag vor Weihnachten werden die Referendumsbögen auf der Bundeskanzlei deponiert. Statt der benötigten 30 000 sind 45 000 Unterschriften zusammengekommen.[22] Damit der Abstimmungskampf «im Ton nicht überbordet», schliessen die gegnerischen Komitees ein *gentlemen's agreement* ab, doch die Fronten sind abgesteckt und die Messer gewetzt.[23] Um seinen Gegnern möglichst wenig Angriffsfläche zu bieten, räumt Werner Oswald schleunigst auf in seinem Reich und kappt die Verbindung zu Hugo Stinnes und der Forschungsgemeinschaft HOFELD.

Ernst Fischers «Kuckucksei»

Werner Oswald drängt auf die Auflösung der Forschungsgemeinschaft HOFELD, denn die Ostgeschäfte und die Nazi-Sympathien seines Partners Hugo Stinnes könnten der HOVAG im Abstimmungskampf schaden.

Bis anhin hat sich Werner Oswald mit Händen und Füssen gegen die Auflösung der Forschungsgemeinschaft HOFELD gewehrt; nun kann es ihm plötzlich nicht schnell genug gehen. Nicht dass seine deutschen Partner etwas dagegen einzuwenden hätten, dass er ultimativ «die vollständige Trennung der Feldmühle- und Hovag-Interessen» auf den 31. Dezember 1955 verlangt.[1] Im Gegenteil. Seit Oswald und der deutsche Industrielle Hugo Stinnes vor mehr als vier Jahren die HOFELD gegründet haben, ist wenig passiert. Forschungsleiter Johann Giesen, der ein Verfahren zur industriellen Gewinnung von Phenol aus Holz entwickeln soll, pendelt zwischen Wesseling und Ems, lässt sich selten blicken und schon gar nicht in die Karten schauen. So läuft auf dem Gelände der Papierfabrik Feldmühle in Wesseling bei Bonn zwar eine kleine Versuchsanlage, die täglich ein paar Liter Phenol liefert, doch die «Ligninumwandlungs-Grossanlage» in Ems, die Oswald ursprünglich auf 1952 angekündigt hatte, ist nicht mehr als eine schöne Idee.

Oswald Dittrich, der Direktor der Feldmühle, hat aus seinem Ärger noch nie einen Hehl gemacht und bereits vor zwei Jahren dafür plädiert, man solle «gewollte oder ungewollte Anhängsel unbarmherzig liquidieren». Damit war nicht nur Giesen gemeint, sondern alle ehemaligen I.G.-Farben-Grössen, die sich in Wesseling eingenistet hatten und ihm das Leben schwermachten. «Das Querschiessen von Dr. Fischer und das Herumhorchen von Dr. Bütefisch hinter unserem Rücken kann man nur bedauern», beklagte er sich bei Stinnes. «Dr. Bütefisch lebt und webt als Organisator in der Grosschemie und kann m. E. nicht mehr substanziell arbeiten. […] Ich bitte Sie, sehr geehrter Herr Stinnes, herzlich, uns von Herrn Bütefisch, den ich überhaupt kaum noch zu Gesicht bekomme, in möglichster Kürze wieder befreien zu wollen.» Auch Stinnes hatte sich mehr versprochen, doch er beschied Direktor Dittrich: «Unsere Auffassungen über die wirtschaftlichen Fähigkeiten beider Herren stimmen nicht überein.» Die Feldmühle könne ihr Geld «gar nicht besser anlegen, als auf dem chemischen Sektor ganz zielbewusst und systematisch durch beste Mitarbeiter zu forschen und [Labor]versuche zu machen». Er war überzeugt, dass sich Bütefisch und Fischer «grösste Mühe» gaben, das Phenolprojekt zum Erfolg zu führen. Bütefisch hielt er für «ein ausgesprochenes Aktivum», zu Fischer äusserte er sich nicht explizit.[2] Doch dieser wickelte von Zürich aus die umfangreichen Ostgeschäfte ab, für die der Stinnes-Konzern die Maschinen lieferte, und offenbar stimmte die Kasse, denn Stinnes versicherte Fischers Schweizer Partner, er habe ausgesprochen «Freude am Geschäft».[3]

1954 nahm Direktor Dittrich einen weiteren Anlauf. Es sei ihm «eine besondere Freude», am Wiederaufbau der Feldmühle mitzuwirken, versicherte er Stinnes, doch die HOFELD, das «Kuckucksei, das uns Fischer ins Nest legte», bereite ihm Sorgen. Inzwischen war er überzeugt, die «Oswald'sche Theorie» zur Phenolgewinnung sei in der Praxis nicht zu verwirklichen. Mehr noch: Er befürchtete, dass «diese für die Feldmühle angeblich so lebenswichtige Sache praktisch an Hochstapelei grenzt». Doch gegen die I.G.-Leute, die in Stinnes' Gunst standen und sich gegenseitig protegierten, kam Dittrich nicht an. «Dr. Bütefisch war im Vorjahr selbst mit uns übereingekommen, die laufende Arbeit in Wesseling beenden zu lassen und uns dann von Dr. Giesen zu trennen», klagte er. «Wenige Monate später wurde uns zugemutet, für Dr. Giesen die Leuna-Pension zu übernehmen. So wandelbar ist Dr. Bütefisch!» Dittrich war auch empört, dass die Feldmühle unwissentlich «die Oswald'schen Alimente an Dr. Giesen» mitbezahlt hatte. Was es mit der «Leuna-Pension» und den Emser «Alimenten» genau auf sich hat, geht aus der Korrespondenz nicht hervor, doch es sieht ganz danach aus, als habe Oswald einen Teil des Lohns, den Giesen als Emser Forschungsleiter kassiert, auf die deutschen Partner abgewälzt. «Sehr geehrter Herr Stinnes, so geht es nicht mehr weiter», flehte Dittrich Ende 1954. «Wir hören nur, dass [Giesen] Chef des Labors in Ems geworden ist, ebenso Mitglied des Verwaltungsrates bei Oswald.» Es stellt sich deshalb «die Frage, auf welche schmerzlose Art können wir den Zauberer Giesen loswerden».[4]

Im Januar 1955 reisten vier Feldmühle-Direktoren in die Schweiz, um Wege zu finden, den HOFELD-Vertrag aufzulösen und Giesen zu kündigen. Die erste Besprechung fand in Ems im Büro von Giesen statt, der die HOFELD vertrat und wohl als Erstes den Jägermeister aus dem Schreibtisch holte.

Bütefisch, der schon am Vortag angereist war, vertrat den Feldmühle-Verwaltungsrat und Oswald die HOVAG. Später wird Oswald behaupten, die Forderungen der Feldmühle-Direktoren hätten ihn «vollständig» überrascht, doch das ist zweifelhaft. Er hat nämlich zehn Tage zuvor einen Brief von Bütefisch erhalten, der zwar in Ems unter Verschluss liegt, aber sehr wohl Informationen über die bevorstehende, für die HOVAG heikle Aussprache enthalten könnte – vor allem, wenn man bedenkt, dass Bütefisch um diese Zeit herum zu seinem Berater avanciert.[5]

Im Verlauf der Besprechung in Ems erging sich Bütefisch in «Platzreden mehr oder weniger zugunsten von Oswald», sodass sich Dittrich vornahm, den Schwätzer von den weiteren Verhandlungen auszuschliessen. Er kam nicht im Traum auf die Idee, dass Bütefisch heimlich die Seiten gewechselt hatte.[6] Doch der ehemalige I.G.-Farben-Aufsichtsrat war – wahrscheinlich Anfang 1955 und wahrscheinlich für 500 Franken monatlich – zu Oswalds drittem Berater mit Nazi-Vergangenheit geworden.[7]

Für den bevorstehenden Abstimmungskampf sind die deutschen Berater eine Hypothek: Immerhin waren Fischer und Bütefisch im «Dritten Reich» hochdekorierte Wehrwirtschaftsführer, Bütefisch war zudem SS-Sturmbannführer, was dem Rang eines Oberst entspricht, und vertrat die I.G.-Farben im «Freundeskreis Heinrich Himmler».[8] Was Oswald über die Vergangenheit seiner drei Berater wusste, ist nicht bekannt. Mit viel gutem Willen kann man ihm zugutehalten, dass weder Giesen noch Fischer für ihre Kollaboration mit dem Nazi-Regime belangt wurden und ihre Vergangenheit wohl versteckten. Fischer dürfte seinen Einfluss und seine guten Beziehungen zu Göring heruntergespielt und Giesen und Bütefisch die Zwangsarbeit in Leuna und das Sterben von KZ-Häftlingen in Auschwitz-Monowitz verschwiegen haben. Dass Bütefisch ein verurteilter Kriegsverbrecher war, der in Nürnberg wegen Versklavung, Misshandlung, Einschüchterung, Folterung und Ermordung von KZ-Häftlingen zu sechs Jahren Gefängnis verurteilt worden war, liess sich jedoch schwer unter den Teppich kehren.

Fragt sich, ob Oswald überhaupt etwas wissen *wollte*. Und ob ihm die Wahrheit genügt hätte, um auf ihre Ratschläge und ihre guten Dienste zu verzichten. Umso mehr, als der Schweizer Nachrichtendienstoffizier Oswald und die ehemaligen nationalsozialistischen Entscheidungsträger zehn Jahre nach Kriegsende einträchtig auf demselben weltanschaulichen Boden standen: Sie sahen die Welt durch die Brille des Kalten Kriegs, hielten den Kommunismus für die grösste Bedrohung und die Aufrüstung Deutschlands als Bollwerk gegen die Sowjetunion für ein Gebot der Stunde. «Mehr als 3 bis höchstens

Der ehemalige I.G.-Farben-Aufsichtsrat Heinrich Bütefisch als Gefangener der Alliierten (1947)

Ernst Fischers «Kuckucksei»

4 Jahre hat die westliche Welt bis zum Ausbruch eines Grosskonfliktes nicht mehr vor sich», heisst es im ersten Brief von Oswald an Bütefisch.[9] Er schrieb ihm auch 1964 wieder, als Bütefisch für seine Verdienste um die deutsche Industrie mit dem Grossen Bundesverdienstkreuz ausgezeichnet worden war. Im Archiv der Ems-Chemie liesse sich nachprüfen, ob er nur Glückwünsche geschickt oder sich auch zu den Protesten geäussert hat.[10] Jedenfalls musste Bütefisch das Ehrenzeichen zurückgeben, weil ein Bürger die Behörden auf die Verurteilung in Nürnberg aufmerksam gemacht hatte.[11]

Im Februar 1955 stand Oswalds Zusammenarbeit mit Bütefisch ganz am Anfang – und Giesens Zusammenarbeit mit Hugo Stinnes' Feldmühle kurz vor dem Aus. Während einer zweiten Sitzung in Zürich kam es zum Showdown. Als Direktor Dittrich erklärte, er wolle Giesen nie mehr in Wesseling sehen, erwiderte dieser nonchalant, sein Kündigungsschreiben an die Feldmühle und die HOVAG sei bereits unterwegs. Zudem machte er «Abgeltungsforderungen» für mehrere Patentanmeldungen geltend, denn «er habe nicht mehr so lange zu leben, dass er die Auswertung der Verfahren in Ruhe abwarten könne». Oswald erklärte, im Gegensatz zur Feldmühle werde er Giesens einjährige Kündigungsfrist «voll ausnutzen», weigerte sich aber, sich zur Auflösung der HOFELD zu äussern. Stattdessen lamentierte er, er habe «stillschweigend» alle Reisekosten Giesens bezahlt und müsse nun für Ems eine eigene Versuchsanlage anschaffen. Laut Sitzungsprotokoll ging sein Gejammer den Deutschen gehörig auf die Nerven: «Da die Argumentation auf dieser Ebene weiterzulaufen drohte, machte Herr Direktor Dittrich dem ein Ende, indem er Herrn Dr. Oswald bat, sich die Sache gründlich zu überlegen und dann mit geeigneten Vorschlägen an die Feldmühle heranzutreten». Doch die deutschen Gäste wahrten die Form: «Nach einem gemeinsamen Mittagessen traten wir die Rückreise an. Herr Dr. Bütefisch verblieb noch in Zürich.»[12]

Noch war das Referendum gegen die Emser Vorlage in weiter Ferne, und Oswald setzte alles daran, die HOFELD zu retten. Gestelzt erklärte er Stinnes: «Sicher sind zahlreiche der Spannungen auf das Fehlen des notwendigen Grades der gegenseitigen Kontaktnahmen und Aussprachen zurückzuführen.» Er schlug vor, die HOFELD mit zwei Forschungsleitern – Giesen in Ems und Professor Ploetz in Wesseling – weiterzuführen, und bat um eine Aussprache, und zwar «im Beisein von Herrn Dr. Bütefisch zu Dritt».[13]

Stinnes hatte Wichtigeres (oder Erfreulicheres) zu tun, und so musste sich Oswald bei seinem Gegenbesuch in Wesseling mit drei Feldmühle-Direktoren begnügen. Dittrich war dieses Mal nicht dabei, doch auch seine Kollegen hatten Oswalds «Lignin-Phantasterei auf Kosten des Partners» satt.[14] Die Aussprache überzeugte sie von ihrem Entschluss, der HOFELD den Garaus zu machen. Statt über die Zukunft zu reden, schimpfte Oswald über Giesen, dieser sei ein «Industriespion» und verrate dem Berliner Unternehmen Synthese-Chemie «seit langem» Forschungsergebnisse aus Wesseling und Ems, die an die amerikanische Hercules Powder Company weitergereicht würden.[15]

Auch die Feldmühle-Direktoren verdächtigten Giesen, hinter ihrem Rücken «nicht zulässige Nebengeschäfte» zu tätigen. Sie fühlten sich aber in erster Linie hintergangen, weil er die Forschung zur Verbesserung der Lactamsynthese nach Ems verlegt hatte – ohne sie zu informieren und «mitsamt der Sachbearbeiterin».[16] Auch Oswald trauten sie nicht mehr über den Weg. Zu Recht. Obwohl vertraglich vereinbart, wurde in Ems gar keine Ligninforschung betrieben. Diese lag ausschliesslich in den Händen von Professor Schläpfer, «der von Bern beauftragt und bezahlt wurde, während die Hovag ihm in Zürich nur ein Labor und einen Laboranten stellte».[17] Oswald hatte die deutschen Partner auch belogen, als er ihnen «wiederholt» versichert hatte, «ausserhalb des Hofeld-Vertrages» bestünden zwischen ihm und Giesen «keine Bindungen». Als sich nicht mehr verheimlichen liess, dass Giesen seit 1952 auch HOVAG-Forschungsleiter war, zogen die Feldmühle-Direktoren den Schluss, das Labor in Wesseling sei von Anfang an eine vom deutschen Partner finanzierte «Aussenstelle der Hovag-Forschung» gewesen. Es war ihnen auch schleierhaft, warum Oswald auf Biegen und Brechen an einem Forschungsleiter festhielt, den er «jeder Mehrgleisigkeit für fähig» hielt, und vermuteten ein «Abhängigkeitsverhältnis», da Giesen wohl «die letzte Chance für ein sonst verlorenes Unternehmen» sei.[18] Sie konnten nicht wissen, dass Oswald ein Interesse hatte, Giesen bei Laune zu halten, weil ihm dieser als Mitwisser und Komplize gefährlich werden könnte.

Oswald bemühte sich weiterhin um eine Aussprache mit Stinnes – immer mit dem Hinweis, er würde es begrüssen, «wenn dies im Beisein von Herrn Dr. Bütefisch geschehen könnte».[19] Doch Direktor Dittrich gewann langsam, aber sicher an Boden. Der Feldmühle-Verwaltungsrat informierte Stinnes, man habe für die HOFELD insgesamt 1,4 Millionen Deutsche Mark aufgewendet und könne bei der Vertragsauflösung mit der Rückzahlung «eines ansehnlichen Betrages» rechnen.[20] Im Herbst 1955 hatte Dittrich seinen Vorgesetzten endlich dort, wo er ihn schon lange haben wollte. Stinnes schrieb ihm: «Die Angelegenheit Dr. Oswald werde ich versuchen, über Weihnachten/Neujahr in der Schweiz zum Abschluss zu bringen. Wir sind uns alle einig geworden, damit Schluss zu machen.»[21] Doch dann kam alles anders.

Als sich abzeichnet, dass das HOVAG-Referendum zustande kommt, drängt Oswald überraschend auf die sofortige Auflösung des HOFELD-Vertrags. Die Feldmühle-Direktoren erklären sich seinen Sinneswandel damit, dass «Auslandsbindungen» den Gegnern der HOVAG-Vorlage «willkommene Argumente» bieten könnten.[22] Oswald versucht dennoch, die Zitrone bis zum letzten Tropfen auszupressen. Er findet hundert Gründe, warum die Feldmühle der HOVAG Geld schuldet, zum Beispiel, weil wegen der vorzeitigen Vertragsauflösung «eine Blockierung» eingetreten sei, oder weil die HOVAG in Zukunft «die Last der Forschung allein zu tragen habe». Er beziffert seinen «Entschädigungsanspruch» auf stolze 200 000 Franken.[23] Doch die Feldmühle-Direktoren haben genug. Sie verweigern nicht nur jegliche Entschädigung, sie wollen sich auch nicht an den kostspieligen Patentanmeldungen beteiligen. «Die Inventa hat aus den Arbeitsergebnissen von Wesseling insgesamt neun Patentanmeldungen getätigt, einige davon in 21 (!) Staaten», informieren sie Stinnes. «Wir haben gegen dieses kostspielige Verfahren, von dem wir erst nachträglich unterrichtet wurden, bereits im Januar 1955 protestiert und zum Ausdruck gebracht, dass praktisch alle Anmeldungen infolge mangelnder Neuheit wertlos sind.»[24]

Oswalds Traum, das Phenol für die Grilon-Produktion aus heimischem Holz zu gewinnen, ist endgültig ausgeträumt. Doch es ist ihm gelungen, rechtzeitig vor dem Abstimmungskampf die Verbindung zu einem Partner zu lösen, der mehreren verurteilten Kriegsverbrechern einen sicheren Hafen geboten hat. Gleichzeitig hat er die Spuren verwedelt, die zu den dubiosen, rufschädigenden Ostgeschäften von Stinnes und Fischer führen könnten, in die auch die PATVAG verwickelt war. Seine Vorsicht ist nicht übertrieben. Bald werden die Gegner der HOVAG-Vorlage versuchen, auch in Deutschland Informationen auszugraben, die den Ruf und die Glaubwürdigkeit der Gebrüder Oswald untergraben könnten. Und bekanntlich genügt in einem Abstimmungskampf manchmal schon ein falsches Wort, um eine Lawine loszutreten.

«Atomforschung ist Zukunft»

Weil Werner Oswald den Mund zu voll genommen hat, führt ein HOVAG-Propagandafilm zu einem erbitterten Schlagabtausch mit den Verantwortlichen des ersten Schweizer Atomreaktors.

Dichte Dampfwolken steigen in den Himmel und verstellen den Blick auf das Fabrikgebäude und die bewaldeten Hügel im Hintergrund. Die Musik ist dramatisch. Es folgt ein abrupter Stimmungswechsel. Zu sanften Klängen öffnet sich eine Tür, das Gesicht eines Mannes schiebt sich ins Bild. Gegenschnitt. Zwei Kinder schlafen unter karierten Bettdecken. Ein kitschiger Heiland an der Wand hat die Hand zum Segen erhoben. Behutsam schliesst der Vater die Tür, pfeift ein Liedchen und tritt aus dem Bauernhaus in den sonnigen Tag hinaus. «Ja, Caduff, es ist alles in Ordnung. Sie schlafen noch friedlich, deine beiden Jüngsten. Und der Hahn hat pünktlich gekräht.» Als Nächstes sieht man Kleinbauer Caduff im Zug sitzen. «Ein Arbeiterzug. Es sind 14 Arbeiter von Disentis, die Tag für Tag, in aller Morgenfrühe, nach Ems zur Arbeit fahren.»

«Unser Mitbürger Christian Caduff» feiert kurz vor Weihnachten 1955 Premiere in Bern. Unter den Gästen sieht man viele Politiker, sogar die Bundesräte Streuli und Feldmann machen der HOVAG ihre Aufwartung. Die Pressemeldung fasst die Handlung zusammen: «Eingebaut in den Tagesablauf des Arbeiters und Bergbauern Christian Caduff zeigt dieser Streifen in sehr ansprechender Weise und leicht verständlich den Aufbau und die Entwicklung der Emser Werke.» Da der HOVAG ein kalter Wind entgegenbläst, soll Caduff – Arbeiter, Kleinbauer, Familienvater und bescheidener, gläubiger Mitbürger – Sympathien mobilisieren und darlegen, wie hart ihn ein Nein an der Urne treffen würde. «Christian Caduff steht Tag für Tag am Schalttableau der sogenannten Lactamanlage», erklärt die Off-Stimme. «Und manchmal fühlt er etwas wie Stolz, dass in seinem Bergkanton ein modernes Werk wachsen konnte, das einer grossen Gemeinschaft Brot und wirtschaftliche Sicherheit gebracht hat.»

Der Propagandafilm ist aufwendig produziert, und Regisseur Kurt Früh, dessen erster Spielfilm «Polizischt Wäckerli» kürzlich im Kino angelaufen ist, hat Bilder gefunden, die an Filme der russischen Avantgarde und des italienischen Neorealismus erinnern. Man sieht Arbeiter und Maschinen, die Treibstoff, Ammoniak, Stickstoffdünger und Grilon herstellen, aber auch ein Unternehmen, das den Spagat zwischen Menschlichkeit und Technik, zwischen gestern und morgen meistert. Oder wie es im Off-Kommentar heisst: Im Krieg ein «eindrucksvolles Beispiel schweizerischen Willens zur Bewahrung der Unabhängigkeit», heute eine «der modernsten Fabriken der Schweiz», in der «forschend, schöpferisch und produktiv» die Zukunft vorbereitet wird. Auch dafür steht Caduff. Er kehrt nach seiner Schicht an einem modernen Schaltpult «in seine bäuerliche Abgeschiedenheit» zurück, um «in seinem kleinen Bauerngut nach dem Rechten zu sehen».

Die Mischung von rückwärtsgewandtem Landi-Geist (Bergbauer Caduff) und zukunftsweisender Technologie (Industriearbeiter Caduff) ist ausgeklügelt, aber leicht zu durchschauen. Nur wenn Caduff für beides steht, für die Scholle und die Fabrik, kann sich Oswald als Schutzpatron der bäuerlichen Bevölkerung und ihrer Traditionen inszenieren. Denn sobald Caduff sein Heimet für ein Übergwändli aufgibt, ist er ein Industriearbeiter, der gerade so gut in Oerlikon oder in der Basler Chemie arbeiten könnte – wo er, nebenbei bemerkt, mehr verdienen würde und wohl bessere Aufstiegschancen hätte.

Eine Sequenz des Propagandafilms geht jedoch sprichwörtlich ins Auge. Sie zeigt eine Halle, in der mehrere riesige Elektrolyseure Wasser in Sauerstoff und den Wasserstoff spalten, der für die Caprolactam-Produktion benötigt wird. Dazu der Off-Sprecher: «Hier wird Schweres Wasser gewonnen, das in der Atomwissenschaft von grundlegender Bedeutung ist.» Kurz nach der Premiere des Propagandafilms erklärt das «Komitee für die Erhaltung der Emser Werke» in einer Pressemitteilung, die HOVAG sei in der Lage, Schwerwasser «zu konkurrenzfähigen Bedingungen» herzustellen.[1] Ein von ihr entwickeltes Verfahren ermögliche es der Schweiz, Schweres Wasser «auf wirtschaftlicher Basis und unabhängig vom Ausland» zu produzieren und damit «einen wichtigen Beitrag zur Entwicklung der Atomenergie» zu leisten.[2] Der Protest der Reaktor AG folgt auf dem Fuss. Er ist geharnischt und zerrt einen Konflikt an die Öffentlichkeit, der seit Monaten hinter den Kulissen schwelt. Um ihn zu verstehen, muss man jedoch fünf Jahre zurückblenden.

1950 erkundigte sich Professor Paul Huber, ein Mitglied der Studienkommission für Atomenergie (SKA), bei der

HOVAG, ob sie Wasser aus ihren Elektrolyseuren liefern könne, das sich für die Weiterverarbeitung zu Schwerem Wasser eignet. Im folgenden Jahr schickte der Chemiker Emile Barman erstmals eine Probe, die 0,1 Prozent Deuterium (D_2O) enthielt, ans Physikalisch-chemische Institut der Universität Basel, wo Professor Werner Kuhn, ein anderer Schweizer Atompionier, sie in einer Versuchsanlage weiter anreicherte. Unter Kuhns Anleitung begann man in Ems, Wasser anzureichern, und erreichte nach ein paar Monaten einen D_2O-Gehalt von fast einem Prozent, also rund fünf Mal mehr als in gewöhnlichem Wasser. Ende 1951 lieferte die HOVAG bereits 4440 Kilogramm angereichertes Wasser nach Basel. Kuhn, der an einer grösseren Pilotanlage baute, bedankte sich überschwänglich, auch im Namen der SKA: «Sie leisten damit einen grossen Beitrag für die im Gang befindliche Abklärung der Möglichkeiten, in der Schweiz schweres Wasser für Versuche zur Ausnützung der Atomenergie herzustellen.»[3]

Treibende Kraft, dass die Schweiz den Anschluss ans «Atomzeitalter» nicht verpasste, war Walter Boveri. 1953 erklärte er an der Generalversammlung der Brown Boveri, die wissenschaftliche Tragweite der Atomforschung lasse sich «noch in keiner Weise ermessen und abgrenzen», klar sei hingegen, dass die Schweiz wegen des rasant steigenden Energieverbrauchs in zwanzig Jahren an die Grenze ihrer hydroelektrischen Energiequellen stossen werde und darum allen Grund habe, sich mit der Atomenergie zu beschäftigen.[4]

Wenig später unterhielt sich Finanzdirektor Iklé mit Paul Scherrer, dem Präsidenten der SKA, über den «Bau einer schweizerischen Atom-Maschine». Dabei setzte er ihm auch «die besonders heikle Situation» in Ems auseinander und wollte wissen, «wie weit das Problem des Weiterbestehens der Hovag ab 1955 mit dem Reaktorprojekt kombiniert werden könne». Scherrer befürchtete, Schwerwasser aus dem abgelegenen Ems könnte nicht «zu einem vernünftigen Preis» geliefert werden. Der wichtigste europäische Produzent, die norwegische Norsk Hydro, überlege sich gerade, die Preise massiv zu senken, und die USA, die bereits enorme Quantitäten für den Eigengebrauch produzierten, würden wohl bald auch den Weltmarkt beliefern. Doch so schnell gab sich Iklé nicht geschlagen. Wenn der Transport des Schwerwassers zu teuer kommt, so seine Überlegung, muss der Reaktor halt in Ems gebaut werden. Dann könnte die HOVAG das Schwerwasser liefern und gleichzeitig billig Strom und Dampf beziehen. «Eine Mitarbeit von Ems bei der Atomforschung mit Entlastung im Treibstoff wäre von unschätzbarer moralischer Bedeutung», erklärte er Oswald Ende 1953. «Treibstoff ist Vergangenheit, Atomforschung ist Zukunft.»[5] Oswald versprach, die Kosten einer Schwerwasseranlage zu berechnen, und seine Fachleute kamen zum Schluss, dass die Produktion von Schwerem Wasser die Ammoniakerzeugung um jährlich 400 000 Franken verbilligen und folglich die Herstellungskosten von Harnstoff und Lactam senken könnte.[6] Iklé war hin- und hergerissen: «Ist es mehr als ein Strohhalm, an den man sich hier klammern könnte?»[7]

Da die Norsk Hydro bis 1960 keine Aufträge mehr annahm, sah Boveri drei Möglichkeiten, Schweres Wasser zu beschaffen: der Norsk Hydro eine Erweiterung der Anlagen zu finanzieren, mit der Lonza eine Firma zu gründen und im Wallis zu produzieren oder aber – «mit Rücksicht auf die eidg. Finanzverwaltung» – mit der HOVAG zusammenzuarbeiten.[8] Oswald war von Anfang an überzeugt, das Spiel sei abgekartet. Bei Bundesrat Streuli beschwerte er sich, dass eine Lösung gesucht werde, «die so weit als möglich um Ems herumführt».[9] Vielleicht hatte er recht, vielleicht hatte er selbst offene Türen zugeschlagen, so oder so hatte er einen hartnäckigen und einflussreichen Fürsprecher. «Herr Dr. Iklé», bemerkte Boveri spöttisch, «wäre sicher kaum einverstanden, Geld an die Norsk Hydro vorzustrecken, wenn gleichzeitig das Emserwerk darben müsste.»[10] Im Frühjahr 1954 legten die HOVAG und die Lonza erste Kostenvoranschläge vor.

Einer, der sich mit der Schwerwasserproduktion auskannte, war Heinrich Bütefisch. Er hatte sich schon früh für den Bau eines Atomreaktors und die Produktion von Schwerwasser in Leuna starkgemacht. Doch während des Kriegs wurde die Atomforschung der Wehrmacht unterstellt und Schwerwasser von der Hydro Norsk im besetzten Norwegen produziert. Als Sabotageakte und alliierte Luftangriffe diese Produktion zunehmend gefährdeten, forcierte Bütefisch den Bau einer Versuchsanlage in Leuna, doch im Sommer 1944 zerstörten alliierte Bomben das Labor und seine atomaren Ambitionen.[11] Neben Bütefischs Lobbying für die HOFELD gaben wohl seine Erfahrungen mit der Erzeugung von Schwerwasser den Ausschlag dafür, dass Oswald ihn zu seinem Berater machte.[12]

Am 1. März 1955, laut Boveri «fast zehn Jahre nach der Bombe von Hiroshima», wurde die Reaktor AG aus der Taufe gehoben. Es war Boveri gelungen, 141 Firmen und Organisationen ins Boot zu holen, die für den Bau eines Atomreaktors 15 Millionen zur Verfügung stellten.[13] In seiner Festrede kam er auch auf das Schwerwasser zu sprechen. Es verschlinge rund die Hälfte der zur Verfügung stehenden Gelder, doch sei man gezwungen, «die Verträge schon heute und zu sehr hohen Preisen abzuschliessen».[14] Drei Monate später unterzeichneten die

HOVAG und die Lonza einen gleichlautenden Vertrag. Er sah von 1956 bis 1960 gestaffelte Lieferung von 3,5 Tonnen Schwerwasser vor. Kostenpunkt: 3,5 Millionen Franken. Der Bund hatte massiven Druck zugunsten der HOVAG ausgeübt.[15] Laut Boveri hatte nicht einmal ein billigeres Angebot aus Deutschland Gnade gefunden: «Man zwang uns, uns auf die Emser-Offerte abzustützen, da gerade wieder ein grosses Geldgesuch vom Parlament behandelt werden musste.»[16]

Die HOVAG erteilte der Winterthurer Maschinenfabrik Sulzer und der Maschinenfabrik Oerlikon einen Konstruktionsauftrag für eine Anlage, die auf einem Patent von Professor Kuhn basierte. Doch eine «International Conference on the Peaceful Uses of Atomic Energy» in Genf mischte überraschend die Karten neu. Die Konferenz, zu der Wissenschaftler aus siebzig Ländern anreisten, war Teil von Präsident Dwight Eisenhowers Initiative «Atoms for Peace». 1953 hatte er der UNO-Vollversammlung versichert, die USA seien entschlossen, «zur Lösung des furchtbaren atomaren Dilemmas beizutragen» und «ihr ganzes Herz und ihren ganzen Verstand einzusetzen, um den Weg zu finden, durch den der wunderbare Erfindungsreichtum des Menschen nicht dem Tod, sondern dem Leben geweiht werden soll».[17] Von da an stellten die USA anderen Ländern Know-how und Uran zur Förderung der zivilen Nutzung von Atomenergie zur Verfügung. Für die HOVAG wurde «Atoms for Peace» zum Stolperstein.

Am 2. Juli 1955 wurde mit einem Transportflugzeug der US-Luftwaffe der heimliche Star der Konferenz eingeflogen. Der Direktor des europäischen Sitzes der UNO, der amerikanische Generalkonsul, der Stadtpräsident von Genf und Professor Scherrer warteten am Flughafen Genf-Cointrin auf seine Ankunft. In der sechs Meter langen, drei Meter hohen und zwei Meter tiefen Kiste steckte ein Swimmingpool-Reaktor. Nach der Konferenz traten die USA ihn für 770 000 Franken an den Bund ab, der ihn der Reaktor AG weiterverkaufte. Für den Betrieb des Versuchsreaktors stellten die USA sechs Kilogramm angereichertes Uran zur Verfügung und offerierten Schweres Wasser zu einem Drittel des Preises, den die HOVAG und die Lonza verlangten.

Für Boveri war klar, dass es «zweifellos ein Unsinn» war, der HOVAG und der Lonza je zwei Millionen Franken für Schweres Wasser zu bezahlen und eine Industrie aufzubauen, «die niemals lebensfähig wäre». Iklé, der ihn zum Vertrag mit der HOVAG gedrängt hatte, sollte nun auch für dessen Annullierung sorgen. Das werde wohl «nicht allzu grosse Mühe bereiten», erklärte ihm Boveri. Oswald habe behauptet, «dass ihm der Preis

Ankunft des amerikanischen Swimmingpool-Reaktors in Genf-Cointrin (2. Juli 1955)

Elektrolyseure in Ems (1953)

Politik

von Fr. 1.– pro Gramm keinen Gewinn lasse (was ich allerdings gar nicht glaube). Ein entgangener Gewinn ist folglich nicht zu entschädigen.» Kurz vor der Parlamentsdebatte über die staatliche Unterstützung der HOVAG legte Boveri jedoch Wert auf die Feststellung, «dass die Anlage im Betrieb nur einen Mann zur Überwachung erfordert. Zur Arbeitsbeschaffung in Graubünden ist sie daher wertlos.»[18]

Boveris Forderung brachte Iklé in Verlegenheit. In der Botschaft des Bundesrats zur «Lex Ems» stand zu lesen, Schwerwasser sei ein für die HOVAG «interessantes selbsttragendes Produkt, welches dazu beiträgt, die Kosten der Elektrolyse etwas zu verbilligen».[19] Nun sah es aus, als sterbe die Hoffnung noch vor der Parlamentsdebatte.

Die Lonza erklärte sich einverstanden, den Vertrag aufzulösen, stellte aber zwei Bedingungen: Die Reaktor AG müsse ihr die aufgelaufenen Kosten vergüten, und der Vertrag mit der HOVAG müsse ebenfalls annulliert werden. Iklé stemmte sich mit aller Kraft dagegen. Er argumentierte, dass die USA einzig ihre Monopolstellung sichern wollten, die Eigenproduktion sei deshalb «von nationaler Bedeutung». Boveri protestierte: «Bei den heutigen Preis- und Angebotsverhältnissen kann aber Bern von uns nicht mehr verlangen, dass wir die Hovag subventionieren.»[20]

Erst auf diesem Hintergrund wird verständlich, warum die öffentliche Erklärung, die HOVAG könne Schwerwasser «zu konkurrenzfähigen Bedingungen» herstellen, die Reaktor AG derart in die Sätze bringt. Sie protestiert vehement gegen «diese Verzerrung der Verhältnisse» und stellt richtig, das Schwerwasser der HOVAG sei weder «konkurrenzfähig» noch ein «Beitrag zur Lösung des Emser Problems» oder «eine entscheidende Förderung unserer Atomwirtschaft».[21] Die Reaktor AG gehe (lies: im Gegensatz zur HOVAG) «haushälterisch» mit ihren Mitteln um und könne sich deshalb keine «Millionenaufwendungen» ohne «echten Gegenwert» leisten. Die Richtigstellung kommt gut an, vor allem bei der Wirtschaftspresse. Die *Finanz und Wirtschaft* warnt vor einer «neuen Illusion» in Ems und die *Handelszeitung* vor einem «Fischzug» der HOVAG auf die Reaktor AG. Der Bund erhält ebenfalls schlechte Noten. Zuerst nötige er die Reaktor AG zu einem Vertrag, dann weigere er sich, «die völlig unbefriedigende Sachlage, bei der (wieder einmal) Millionen draufgehen könnten, zu klären und die dringend nötige Bereinigung vorzunehmen».[22]

Finanzdirektor Iklé ist stinksauer und wäscht Boveri in einem dreiseitigen Schreiben die Kappe: «Von einem Unternehmen, das die Hilfe des Bundes in so hohem Masse in

Anspruch nimmt wie die Reaktor A. G., durften die Bundesbehörden verlangen, dass es ein anderes, ebenfalls vom Bunde unterstütztes Werk nicht boykottiere.» Am meisten ärgert ihn der «versteckte Vorwurf», er habe die Reaktor AG zum Vertrag mit der HOVAG genötigt. Das sei eine «Unfreundlichkeit gegenüber den Bundesbehörden», und es sei bedauerlich, «dass durch einen solchen Ausfall die bisherige gute Zusammenarbeit gestört wird».[23] Es sind zwei Platzhirsche, die ihre Geweihe verkeilen. Der Direktor der Finanzverwaltung, der öffentliche Widerrede nicht gewohnt ist, weil er an einer Schaltstelle sitzt, wenn es um Finanzen und Subventionen geht, gegen den grossbürgerlichen Industriellen, der gern über das «umständliche Getue der Behörden» lästert und «ungehalten» war, weil ein Bundesrat es gewagt hatte, ohne seine Einwilligung einen Bundesbeamten zum Atomdelegierten zu ernennen.[24]

Der öffentliche Schlagabtausch mit der Reaktor AG ist für die HOVAG ein denkbar schlechter Auftakt für den Abstimmungskampf. Er sei «bis heute der schwerste Rückschlag», klagt Oswald.[25] Für das Satireblatt *Nebelspalter* ist er hingegen ein gefundenes Fressen. Ein Mitarbeiter zeichnet eine Karikatur mit der Überschrift «Schweres Emser Wasser», die einen Jungen im Kittel eines Chemikers zeigt, der im Labor auf dem Schoss des zufrieden lächelnden Papa Staat sitzt und eifrig experimentiert. Aber weil die Schweiz klein und die HOVAG gut vernetzt ist, erfährt man in Ems davon. Vizepräsident Blass appelliert an den Chefredaktor, auf die Veröffentlichung zu verzichten, doch dieser beharrt freundlich auf seinem Standpunkt. Darauf protestiert Blass, das «seit Jahren andauernde Kesseltreiben gegen Ems» sei ein «Schandfleck im schweizerischen Wirtschaftsleben, denn es sind wohl noch nie über irgendein Unternehmen so viele Unwahrheiten und Verdrehungen publiziert worden wie über Ems».[26] Die Karikatur erscheint trotzdem – mit der Legende: «Im Notfall springt der Papa ein, Drum lasst uns weiter emsig sein!»[27]

Es ist an Rudolf Sontheim, dem Direktor der Reaktor AG, mit Oswald über die Vertragsauflösung zu verhandeln. Das misslingt gründlich. Mit Müh und Not gelingt es Iklé, die Streithähne an einen Tisch zu bringen. Doch Oswald weigert sich, über Inhalte zu reden, bevor sich Sontheim nicht entschuldigt hat. Eine Forderung, die dieser verärgert zurückweist. Die Stimmung wird immer explosiver, schliesslich bricht Iklé die Übung ergebnislos ab. Kein anderes Sitzungsprotokoll in den 13 Laufmetern HOVAG-Akten im Bundesarchiv zeigt deutlicher, wie Oswald mit seiner Sturheit Verbündete vor den Kopf gestossen und Gegner zur Weissglut getrieben hat.[28]

Politik

Die Reaktor AG hatte mit einem Unternehmen der schweizerischen chemischen Industrie einen Vertrag über die Lieferung von schwerem Wasser abgeschlossen und wurde dann in der Folge von den Behörden veranlaßt, auch mit der Holzverzuckerungs AG Ems auf der gleichen Preisbasis von 1 Fr. je Gramm einen solchen Vertrag abzuschließen. In USA ist es daraufhin gelungen, schweres Wasser für 26,5 Rp. je Gramm herzustellen, woraufhin das schweizerische Unternehmen der chemischen Industrie den Bau dieser Anlage sistiert hat, während Ems trotz der völlig veränderten Situation seine Anstrengungen im Ausbau dieser Anlage fortsetzt.

SCHWERES EMSER WASSER

Im Notfall springt der Papa ein,
Drum laßt uns weiter *emsig* sein!

«Schweres Emser Wasser» (*Nebelspalter* 1956)

«Atomforschung ist Zukunft»

Während seiner Festansprache an der Grundsteinlegung des Versuchsreaktors in Würenlingen giesst Boveri weiter Öl ins Feuer. Er schwärmt von der «harmonischen Zusammenarbeit mit der Industrie», bei der es nur «einen grellen Missklang» gegeben habe: den «shylockhaften Starrsinn» der HOVAG. Nach diesem antisemitischen Ausrutscher erklärt er, es sei unmöglich, mit diesem Unternehmen «eine vernünftige Lösung» zu finden, man könne nur hoffen, dass nach der Abstimmung «eine Geschäftsleitung bei der Hovag ans Ruder kommt, die mehr Verständnis für die Notwendigkeit der Gesamtwirtschaft unseres Landes aufbringt». Um sein Scherflein dazu beizutragen, rechnet er vor den versammelten Vertretern von Industrie, Finanzwelt und Elektrizitätswirtschaft mit Oswald ab: «Nach 10 Jahren einer für unser Land beispiellosen Hochkonjunktur, in der ungefähr jede industrielle Tätigkeit zum wirtschaftlichen Erfolg führte, ist die Hovag jedoch noch immer weit von ihrer finanziellen Selbständigkeit entfernt.» Der Bund habe für «dieses völlig lebensuntaugliche Unternehmen» bereits 127 Millionen Franken ausgegeben, zusammen mit den neusten Forderungen käme man gar auf 155 Millionen. «Die Ungeheuerlichkeit dieser Summe kann man sich am besten vergegenwärtigen, wenn man bedenkt, dass sie über 2 Prozent der gesamten nach zwei Weltkriegen noch verbleibenden eidgenössischen Staatsschuld ausmacht.»[29] Das Pro-Ems-Komitee beruft sofort eine Pressekonferenz ein, an der «Propagandaminister» Gadient die Journalisten mit Fakten und Zahlen bombardiert. Doch der Schaden ist angerichtet.[30]

Der Konflikt zieht sich weit über den Abstimmungskampf hinaus. Als in Würenlingen am 17. Mai 1957 der Swimmingpool-Reaktor «Saphir» eingeweiht wird, leistet sich Boveri in seiner Festrede einen genüsslichen Seitenhieb gegen den «wälderverzehrenden Bündner Berggeist Hovag».[31] In derselben Woche schliesst die PATVAG einen Liefervertrag mit dem französischen Commissariat de l'énergie atomique ab und stellt beim Bund ein Gesuch für die Produktion von 8000 Kilogramm Schwerwasser im Wert von 5,2 Millionen Franken. Doch Oswald hat wieder mehr versprochen, als er halten kann. Die Fertigstellung der Schwerwasseranlage verzögert sich, das Gesuch muss storniert werden.[32] Das hindert Präsident Pestalozzi nicht daran, an der Generalversammlung 1958 den Vertragsabschluss zu loben und die Betriebsaufnahme der Anlage vor Ende Jahr zu versprechen.[33] Auch das ist zu optimistisch.

Im Frühling 1960 befasst sich der Bundesrat ein letztes Mal mit dem Emser Schwerwasser. Die Reaktor AG hat den Vertrag einseitig aufgelöst, worauf die HOVAG auf 1,6 Millionen

Franken Schadenersatz geklagt hat. Inzwischen haben sich die Streithähne auf eine Zahlung von rund 900 000 Franken und die Teilung der Gerichtskosten geeinigt.[34] Im Herbst 1960 kann Präsident Pestalozzi endlich verkünden, die Gewinnung von Schwerem Wasser sei angelaufen. Das mache die Schweiz nach Norwegen und Frankreich zum dritten europäischen Land mit einer eigenen Produktion. Die Anlage ist auf maximal 4000 Kilogramm im Jahr ausgelegt,[35] und die PATVAG hat kurz vor Inbetriebnahme ein Gesuch für eine Lieferung von 7000 Kilogramm nach Frankreich gestellt.[36] Inzwischen hat sie den Preis von 1000 auf 623 Franken pro Kilogramm gesenkt, was aber noch immer mehr als das Doppelte dessen ist, was die Amerikaner verlangen. Der Gesamtwert der Lieferung beträgt 4,5 Millionen Franken. Ob sich die Investitionen rechnen, ist nicht bekannt. Jedenfalls träumt Oswald weiter. «Für Dr. Oswald war diese Entwicklung offenbar derart ermutigend», erinnert sich Joachim Schultze, «dass er auch mir gegenüber nicht nur einmal über die Vision sprach, in der Nähe des Werkes Ems mit einem grossen Schweizer Stromunternehmen, ich vermute der ATEL, gemeinsam ein Atomkraftwerk zu bauen. Es blieb aber bei der Vision, Gott sei Dank!»[37]

«Auf 2000 km = 1 Café crème!»

Die Schweiz geht einig, dass noch nie ein Abstimmungskampf mit so viel Häme geführt worden ist und dass die Stimmbürger von der Materie heillos überfordert sind.

Die wenigen glücklichen Besitzerinnen und Besitzer eines Fernsehgeräts und einer Antenne auf dem Dach können am 3. Februar 1956 eine Premiere mitverfolgen: Der Versuchsbetrieb des Deutschschweizer Fernsehens überträgt live eine Sitzung des Churer Stadtrats. Damit sie zur richtigen Zeit über die Bildschirme flimmert, findet sie ausnahmsweise abends statt. Erstes Traktandum: ein Antrag des kantonalen «Komitees für die Erhaltung der Emser Werke» auf finanzielle Unterstützung. Die NZZ ist empört über den «Propagandatürk» und seine laienhafte Inszenierung. «Die Bündner Stadtväter sind keine Fernsehstars. Sie waren sich der ihnen zugedachten Aufgabe durchaus bewusst und liessen das unschwer erkennen. Ihre Propagandareden trugen denn auch nicht den Charakter des Natürlichen, sondern des Einstudierten, was durch die starke Abstützung auf die auf den Pulten liegenden Manuskripte unterstrichen wurde.» Das sei ein «offensichtlicher Missbrauch» des jungen Mediums «zu politischen Propagandazwecken».[1]

Der Bundesrat hat das Datum der Volksabstimmung auf den 13. Mai gelegt, was den gegnerischen Lagern viel Zeit gibt, die Stimmbürger zu bearbeiten und auf ihre Seite zu ziehen. Als die Unterschriften für das Referendum am 23. Dezember 1955 eingereicht wurden, gab die NZZ den publizistischen Startschuss zum Abstimmungskampf. Der Leitartikel zum «Umstellungsproblem bei den Emser Werken» war kritisch-ausgewogen. Er nannte die Treibstofferzeugung «volkswirtschaftlich unnütz und unproduktiv», befürwortete aber eine «Umstellungspolitik nach gesunden wirtschaftlichen Grundsätzen» und liess offen, ob die fünfjährige «Bewährungsfrist» sinnvoll sei.[2] Anfang Jahr folgte die Entgegnung von «Propagandaminister» Gadient.[3] Die Argumente waren dieselben wie 1941, nur in anderer Gewichtung: Kriegsversorgung, Verwertung von Bündner Abfallholz und Arbeitsplätze für das wirtschaftlich schwache Graubünden, angereichert mit Eigenlob (Umstellung «weit über die vertraglichen Verpflichtungen hinaus») und einer Prise Bundes-Bashing (Düngerverbot!). Auch die Replik des Nein-Komitees brachte nichts Neues und gipfelte im Vorwurf, die Vorlage propagiere ein «ungeheuer unwirtschaftliches Experiment».[4]

Die Koalitionen in diesem Abstimmungskampf sind nicht frei von Ironie. Im Ja-Komitee engagieren sich Gewerkschaften und Linksparteien für einen Kapitalisten, der dafür sorgt, dass sein Reich «von kommunistischem Einfluss verschont» bleibt und dass Arbeiter mit «soz. Einstellung» notfalls «zitiert», verwarnt und manchmal sogar entlassen werden.[5] Die Forst- und Holzwirtschaft und der Bauernverband marschieren gemeinsam mit der Linken, der sie sonst spinnefeind sind, und unterstützen einen Industriebetrieb, der unbedeutende Mengen Schweizer Holz verarbeitet und seine Zukunft in Kunstfasern und Kunststoffen sucht.[6] Im Lager der Gegner dominieren dafür wirtschaftsliberale und rechtskonservative Kräfte, von denen die meisten früher dem Vaterländischen Verband und damit der politischen Heimat der Gebrüder Oswald nahestanden. Treibende Kräfte sind die Schweizerische Handelskammer, der mächtige Schweizerische Handels- und Industrieverein, der sogenannte Vorort, und die Gesellschaft zur Förderung der schweizerischen Wirtschaft, die öfters Abstimmungskampagnen für den Vorort führt (beide fusionieren im Jahr 2000 zu Economiesuisse). Sie werden sekundiert von der rechtskonservativen «Aktionsgemeinschaft nationaler Wiederaufbau», besser bekannt als «Redressement national», und der «Schweizerischen Aktion für gesunde Steuern», die das «Gedankengut der freien Marktwirtschaft» hochhalten und Ausgaben der öffentlichen Hand vehement bekämpfen. Diese rechtslastige Koalition ist sogar der wirtschaftsliberalen NZZ suspekt,[7] für die Linke ist sie ein Albtraum. In diesem «grosskapitalistischen Klüngel» regiere der «ganz grosse Geldsack», giftet eine Gewerkschaftszeitung, «der am liebsten die ganze Schweiz in eine Aktiengesellschaft umwandeln würde, um sie mit seinen Stammaktien zu beherrschen».[8] Der Landesring ist nicht Mitglied, arbeitet aber mit dem Nein-Komitee zusammen, und sowohl *Die Tat* als auch die auflagenstarke MIGROS-Genossenschaftszeitung bekämpfen die Vorlage vehement. Auch der Strassenverkehrsverband hält Distanz zum Nein-Komitee; er und seine Mitglieder zählen aber ebenfalls zum Lager der Gegner.

Herzstück der Pro-Ems-Kampagne ist die Solidarität mit dem Bündnerland. Das erste Flugblatt fordert in fetter

«Auf 2000 km = 1 Café crème!»

roter Schrift: «Schweizer Bürger! Hilf auch du dem Bündnervolk» – was sich entschieden besser macht, als Unterstützung für ein Privatunternehmen zu fordern. In Graubünden können die Befürworter der Vorlage auf beinahe bedingungslose Unterstützung zählen, und die Regierung, die seit jeher eine symbiotische Beziehung mit der HOVAG pflegt, agiert im Abstimmungskampf als ihr verlängerter Arm. Sie lässt sich dabei einiges einfallen. So organisiert sie eine dreitägige Pressefahrt, um einer «Kompagnie Redaktoren und Journalisten»[9] zu zeigen, «wie vielgestaltig und ausbaubedürftig das Strassennetz Bündens ist, wie kostspielig und bedrückend der Betrieb der Rhätischen Bahnen, wie abhängig vom Wetter die Hotellerie und wie wichtig das einzige grössere Industrieunternehmen im Kanton, eben die HOVAG».[10]

Das Nein-Komitee geht ebenfalls professionell ans Werk. Schon mit dem rekordverdächtigen Referendum haben seine PR-Fachleute unter Beweis gestellt, dass sie ihr Handwerk verstehen. Nun gibt das 25-köpfige Pressebüro wöchentliche Communiqués heraus, die an rund 300 deutschsprachige Zeitungen verschickt und von diesen meist mehr oder weniger integral abgedruckt werden.[11] Das ist nicht zuletzt dem radikalen Wirtschaftsliberalen Robert Eibel zu verdanken, dem Gründer der rechtskonservativen «Aktion für freie Meinungsbildung», der spezialisiert ist auf Politkampagnen mit Inseraten, die er unter dem Label «Trumpf-Buur» veröffentlicht. Mit Kleininseraten in finanzschwachen Regionalzeitungen sorgt er für den nötigen Goodwill, damit das Nein-Komitee auch redaktionelle Artikel platzieren kann.[12] Das funktioniert nicht überall gleich gut. Vor allem Zeitungen mit bäuerlicher oder linker Leserschaft, die staatliche Subventionen befürworten, verweigern die Annahme der Inserate.[13] Die Grenze zwischen redaktionellem Inhalt und bezahlter Politwerbung wird auch mit anderen Mitteln unterlaufen. Die «Wirtschaftsförderung» und das «Redressement national» verfügen über ein Netz von Journalisten, die unter ihrem Namen bezahlte Gefälligkeitsartikel platzieren.[14] Das Pressebüro der Werbeagentur Rudolf Farner (heute Farner Consulting) liefert zudem eine Reportage über Bauern, die ihr Holz auch ohne HOVAG verkaufen können. Der fertig gelayoutete, mit Bildern angereicherte Gratisartikel wird vor allem von Regionalzeitungen abgedruckt.[15]

Was die Bilder angeht, hat die HOVAG die Nase eindeutig vorn, denn sie verfügt über die attraktiveren Sujets: Arbeiter beim Holztransport, vor feuerspeienden Öfen, in Schutzkleidung, im Übergwändli und beim Mittagessen in der Kantine. Analog zum Propagandafilm werden Menschen in den Mittel-

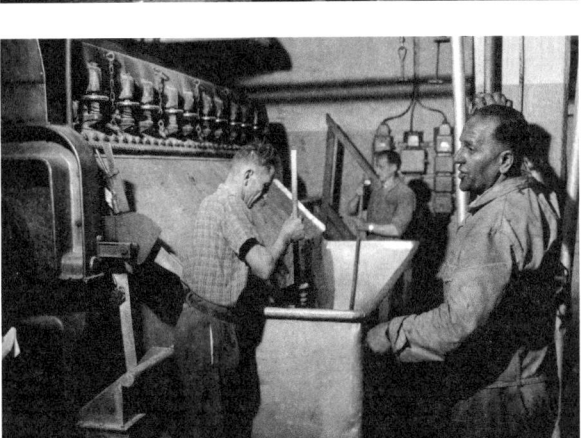

Propagandabilder der HOVAG im Abstimmungskampf 1956

«Auf 2000 km = 1 Café crème!»

punkt gestellt, meist namenlose Fabrikarbeiter, manchmal ihre Ehe- und Hausfrauen mit möglichst grosser Kinderschar, dazu vereinzelte Führungskräfte wie Gadient und die Vertreter des Regierungsrats im Verwaltungsrat. Auffallend ist, wer nicht gezeigt wird: die Brüder Oswald, die deutschen Spezialisten und die weiblichen Angestellten. Auffallend ist auch die Verherrlichung bäuerlicher Lebensweise und traditioneller Geschlechterrollen, die sich an der Ikonografie der Geistigen Landesverteidigung orientiert. Wüsste man es nicht besser, man wäre überzeugt, dass es sich um Fotos aus den Dreissigerjahren oder wenigstens Standbilder einer nostalgischen «Heidi»-Verfilmung handelt, und nicht um Abstimmungspropaganda eines Industriewerks in den Fünfzigerjahren. Die Schweizer Männer, so die Botschaft der Bilder, entscheiden nicht nur über die Erhaltung von industriellen Arbeitsplätzen – in Zeiten von Modernisierung, Technisierung und Amerikanisierung haben sie es in der Hand, ein Stück traditionelle, ländliche Schweiz zu bewahren. Dieser inhaltliche Spagat erinnert an die Hecken, die Werner Oswald einst um sein Holzverzuckerungswerk herum pflanzen wollte, um die ländliche Idylle nicht zu stören. Den Zeitgenossen fällt vor allem auf, dass Ems eine ungewohnt «stark gefühlsbetonte» Kampagne führt.[16] Die *Finanz und Wirtschaft* lästert über die «Gefühlsduselei» der Ja-Komitees,[17] während sich *Die Tat* über den «Tränendrüsen- und Wehleidigkeitsfeldzug» mokiert.[18]

Es ist clever, auf Gefühle zu setzen, denn die Materie ist so komplex, dass Laien auf der Strecke bleiben und Fachleute sich in die Haare geraten. Das zeigt exemplarisch die Propagandaschlacht um die Glyzerinherstellung: Als Oswald mit der HOFELD auch seinen Traum vom eigenen Phenol begraben musste, erklärte er Glyzerin zum Königsweg der Umstellung.[19] Aus Holz gewonnenes Glyzerin war für ihn jedoch nicht einfach ein aussichtsreiches Produkt; es sollte, wie zuvor schon das Phenol, die argumentative Lücke füllen, die beim Aus für die Holzverzuckerung und folglich auch für die Verwertung von heimischem Holz drohte: Es sollte der HOVAG weiterhin die Unterstützung der ländlichen Schweiz und ihrer Interessenvertreter sichern. Deshalb verkündet der Propagandafilm: «Statt Alkohol wird in naher Zukunft aus dem Holz Glyzerin gewonnen.» Das ist nicht nachweislich falsch, doch reichlich optimistisch, denn noch existiert kein industriell erprobtes Verfahren. Ein Expertenbericht des Bundes ist gar zum Schluss gekommen: «Nur der Wunsch ist hier der Vater des Gedankens, und das ist keine Grundlage für industrielle Planung.»[20] Doch beim argumentativen Hantieren mit Glyzerin unterläuft Oswald ein verhängnisvoller strategischer Fehler. Da er beim Seilziehen um die künftigen Subventionen ein zehnjähriges Hilfspaket durchdrücken wollte, behauptete er, für die Umstellung von Alkohol auf Glyzerin benötige die HOVAG zehn Jahre. Für das Nein-Komitee ist das eine Steilvorlage, um den Verdacht zu schüren, Oswald werde in fünf Jahren, nach Ablauf der Bundeshilfe, noch einmal die hohle Hand machen. Falls die HOVAG von ihrem neusten Kind so überzeugt sei, schimpft sogar die NZZ, könne sie ihr Glyzerinexperiment ja «mit eigenem Geld finanzieren».[21]

Mitte März holt der HOVAG-Verwaltungsrat zum Befreiungsschlag aus und erklärt öffentlich, dank «neuester chemischer, technischer und wirtschaftlicher Erkenntnisse» sei die Umstellung auf Glyzerin in fünf Jahren möglich.[22] Man werde deshalb 1960 «auf weitere Hilfsbegehren» verzichten. Es ist ein Schlag ins Wasser. Der «selbstsichere Verzicht auf weitere Bundeshilfe», urteilt die NZZ, sei «so überraschend, dass man diese Versicherung nicht einfach ohne Begründung und genauere Prüfung akzeptieren kann».[23] In den nächsten Wochen schlagen sich die Gegner chemische Erkenntnisse, wirtschaftliche Argumente und politische Boshaftigkeiten um die Ohren, während die Journalisten vor der schier unmöglichen Aufgabe stehen, sich eine unabhängige Meinung zu bilden. «Glyzerin: Ausweg oder Ausrede?»[24] fragen die *Schaffhauser Nachrichten,* und die NZZ rätselt, ob die HOVAG vielleicht doch den «Stein der Weisen» gefunden habe.[25] Der Forst-Verband, der die Verlängerung der Bundeshilfe vehement befürwortet hat, ist so verunsichert, dass er Professor Hopff, ein Mitglied der HOVAG-Kontrollkommission, bittet, die Glyzerinversuchsanlage in Ems zu inspizieren. Oswald zeigt ihm höchstpersönlich die Anlage und erläutert ihm die Fortschritte, die seine Chemiker in letzter Zeit gemacht hätten. Hopff ist sich ziemlich sicher, dass er beschwindelt wird. Doch bis zur Abstimmung ist nicht genügend Zeit für eine eingehende Prüfung, darum beschränkt er sich auf die Feststellung, das Verfahren bedürfe «noch erheblicher Forschungsarbeit».[26]

Die PR-Maschinen laufen auf beiden Seiten auf Hochtouren, doch für das Nein-Komitee wird immer offensichtlicher, dass die HOVAG über «politisch-psychologisch» wirksamere Argumente verfügt, während an ihm das Image des Nein-Sagers haftet. Vorort-Sekretär Ernst Geyer ist überzeugt, es müsse den Stimmbürgern «ein Weg gezeigt werden können, möglichst viele Arbeitsplätze zu erhalten».[27] Sein Vorschlag: Unabhängige Fachleute sollen abklären, «ob und wie sich die Emser Werke selbsttragend in die schweizerische Volkswirtschaft eingliedern lassen». Gleichzeitig soll die Schweizer Wirtschaft ein Konsortium bilden, das in der Lage ist, die HOVAG zu kaufen, zu sanieren und die Arbeitsplätze zu retten.[28] Da für diesen

«Auf 2000 km = 1 Café crème!»

Plan aber vier Millionen Franken nötig sind, nämlich so viel wie das kürzlich aufgestockte Aktienkapital der HOVAG, hängt am wohlfeilen Bekenntnis zur freien Marktwirtschaft plötzlich ein Preisschild. Dank Geyers Einsatz gelingt es, die wichtigen Unternehmen der Chemie, der Maschinen- und der Textilindustrie ins Boot zu holen, die bereit sind, insgesamt drei Millionen Franken zur Verfügung zu stellen.[29]

Es ist ein brillanter Schachzug, denn er entwertet Oswalds zentrales Argument, die Bundeshilfe sei notwendig für die Erhaltung der Arbeitsplätze. Damit gerät das Ja-Komitee in die Defensive. Es verwahrt sich gegen die «Zumutung», dass die HOVAG ihre «technischen und kommerziellen Grundlagen» offenlegen soll. Die Absicht sei durchsichtig, die Konkurrenz wolle das «in Ems ausgearbeitete» Lactamverfahren abgreifen.[30] Doch die Argumentation zeigt: Das Ja-Komitee ist der neue Nein-Sager. Und das Nein-Komitee kann den Aufruf «Graubünden muss geholfen werden» von nun an mit dem Slogan «Graubünden kann besser geholfen werden» parieren.[31]

Der Parteitag des Zürcher Freisinns ist der politische Lackmustest für die neue Strategie. Weil die Abstimmungsparole der Zürcher jeweils Signalwirkung für die Mutterpartei hat, schickt die HOVAG gleich drei Vertreter in den Ring: Präsident Pestalozzi, ein Schwergewicht des Zürcher Freisinns, FIBRON-Präsident Herold und den redegewandten Zürcher Anwalt Albert Züblin.[32] Zu vorgerückter Stunde beschliesst die Versammlung mit 131 zu 52 die Nein-Parole.[33] Damit ist dem Vorort ein entscheidender Durchbruch gelungen. Das Konsortium, lobt auch die NZZ, sei «vertrauenerweckend» und erlaube dem Stimmbürger, «mit gutem Gewissen» ein Nein einzulegen.[34]

Im April finden landauf, landab Veranstaltungen statt, an denen Befürworter und Gegner die Klingen kreuzen. Gadient zieht unermüdlich durchs Land, tritt in verrauchten Sälen und voll gepackten Turnhallen auf und streitet mit Chefredaktor Jaeckle vor dem Luzerner Jugendparlament.[35] Die Journalisten werden mit «einer ungewöhnlichen Masse von Propagandamaterial» bombardiert;[36] es scheint, als hätten beide Seiten «unerschöpfliche Mittel» zur Verfügung.[37] Jedenfalls lästert ein *Weltwoche*-Journalist über die HOVAG, er könne sich nicht erinnern, «jemals vor einer Volksabstimmung eine solche Menge von überflüssigen ‹Aufklärungsschriften› und Public-relations-Material von einer einzigen Institution erhalten zu haben».[38]

Das Nein-Komitee hat bereits mehr als eine halbe Million Franken ausgegeben.[39] Über die Ausgaben des Ja-Komitees respektive der HOVAG liegen keine Zahlen vor, doch Ems-Gegner schätzen, dass allein die Herstellung, die Filmko-

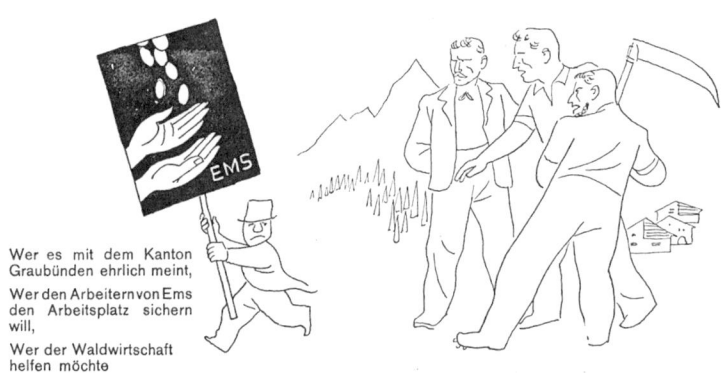

Abstimmungskampf (1956)

«Auf 2000 km = 1 Café crème!»

pien und die Premierenfeiern für «Unser Mitbürger Christian Caduff» 200 000 Franken verschlungen haben.[40] Der Propagandastreifen wird an Veranstaltungen, in Schulen, als Vorfilm von Hollywood-Western und «Polizischt Wäckerli» sowie an Filmabenden der evangelischen Gewerkschaft SVEA gezeigt, zusammen mit «wunderbaren Tonfilmen» wie «Eine Handvoll Reis» und «Internationale Eisbergpatrouille».[41] Allein im Bündnerland sind neun Equipen unterwegs, die den Film täglich ein- bis zweimal vorführen.

Einen Monat vor der Abstimmung ist für die nationalen Parteien und Verbände der Moment gekommen, ihre Stimmempfehlungen auszugeben. Eine bürgerliche Partei nach der anderen beschliesst die Ja-Parole. Die FDP fasst ihre Parole am 22. April 1956 am Parteitag in Freiburg. Ständerat Ernst Speiser verficht als Hauptredner die Nein-Parole und greift den zentralen Mythos der HOVAG an: die unverzichtbaren Dienste, die sie dem Land in dunklen Zeiten geleistet habe. Gezielt sucht er das symbolische Kapital zu vernichten, von dem Oswald nach wie vor zehrt: «Als die Automobilisten nach Treibstoff lechzten, erhielten sie nichts, aber als sie prima Naturware erhalten konnten, mussten sie das teure und berüchtigte Emserwasser zwangsweise abnehmen.» Dann greift er zum Zweihänder. Es sei nicht das erste Mal, dass der Bund ein Privatunternehmen stütze, doch bei der Rettung der Banque d'escompte suisse und der Schweizerischen Volksbank habe er die Ersparnisse der kleinen Leute geschützt. Heute gehe es aber darum, dass ein Privatunternehmen «künstlich aufgepäppelt» werde. «Sollen wir dieses klägliche Gebilde auf weitere fünf Jahre, oder, wie der Kleine Rat des Kantons es forderte, auf weitere zehn Jahre an Staatskrücken humpeln lassen? Oder wollen wir nicht endlich und barmherzig Schluss machen?»[42] Nach zwei Wahlgängen entscheiden sich die Delegierten für die Stimmfreigabe.[43]

Im April schaltet das Nein-Komitee einen Gang höher. Bis jetzt sei man «mit objektiven Argumenten gegen die ausserordentlich stark gefühlsbetonten Argumente unserer Gegner ins Feld» gezogen, heisst es in einem Sitzungsprotokoll der kantonalen Vertrauensmänner. Es sei an der Zeit, dass die Kampagne «bedeutend verschärft» werde.[44] Es ist der Tod des *gentlemen's agreement*. Von nun an wird scharf geschossen und auf den Mann gezielt. Bald beklagt sich das Ja-Komitee, die Brüder Oswald würden «in einer persönlichen Art angegriffen, die mit sachlicher Aufklärung nichts mehr zu tun hat».[45]

Das Nein-Komitee sucht gezielt nach Leichen im Fabrikkeller, doch die Recherchen sind mühselig. Im Bündnerland ist nicht nur die Loyalität gross, sondern auch der soziale Druck.

Sogar der Zürcher NZZ fällt auf, dass «die Herren von Ems und ihre getreuen Paladine den Bündnern seit Wochen klar machen, dass es um ihre ‹Existenz› gehe».[46] Da auch die Abhängigkeiten zahlreich sind, wird in Graubünden mehrheitlich geschwiegen. Es wage sich «keiner an die Öffentlichkeit, insbesondere nicht die Inhaber politischer und öffentlicher Chargen», berichtet das kantonale Nein-Komitee, darum müsse es «im ‹Maquis› für unsere Sache kämpfen».[47]

Trotzdem und vielleicht genau deswegen entwickelt sich das Nein-Komitee zur Anlaufstelle für alle, die den Gebrüdern Oswald eins auswischen wollen. Einer denunziert die Schaufensterpolitik der HOVAG, die zu 98 Prozent Sägemehl verzuckere, aber «nach dem Muster der potemkinschen Dörfer» wichtigen Besuchern des Werks «speziell gekauftes wirkliches Waldabfallbrennholz» vorführe.[48] Ein anderer übermittelt ein Schreiben des Ja-Komitees, das mit erpresserischem Unterton die Spende eines Holzlieferanten der HOVAG anmahnt.[49] Eine besonders ergiebige Informationsquelle ist Alfred Niederer, der vor zwei Jahren unter Absingen wüster Lieder aus dem FIBRON-Verwaltungsrat ausgetreten ist.[50] Er teilt dem Nein-Komitee mit, für ihn sei es Ehrensache mitzuhelfen, den Gebrüdern Oswald, «diesen Piraten der freien Wirtschaft», das Handwerk zu legen.[51]

Ein neuer Bericht der Eidgenössischen Finanzkontrolle zeigt, dass Niederers Analyse der FIBRON zutreffend war: Ihre Geschäfte laufen miserabel, ihre Finanzen sind prekär und die Missstände alarmierend: «In den Lagerhallen der Hovag sollen sich für hunderttausende von Franken Maschinen und Anlagen befinden, die nie montiert wurden (z. T. nicht einmal ausgepackt), weil in der Zwischenzeit ein neues Projekt entwickelt und das alte fallengelassen wurde.» Die Finanzkontrolle nennt keine Quellen, doch der Hinweis, die deutschen «Vertrauensleute» der Brüder Oswald seien «kleine Götter im Werk», spricht für einen Schweizer Informanten. Das würde auch die Schadenfreude darüber erklären, dass die HOVAG kürzlich einen Deutschen «infolge Werkspionage» entlassen habe. (Offenbar haben sich Oswalds Methoden gegen ihn selbst gewendet.) Die Finanzkontrolle fordert, die «unerfreulichen Verhältnisse» sofort zu untersuchen, denn der Bund werde seine «Mitverantwortung» nicht abstreiten können.[52]

Die FIBRON bietet zahlreiche Angriffspunkte, doch das Nein-Komitee merkt schnell, dass die eigentliche Achillesferse der Brüder Oswald die PATVAG ist. Die «Handelsabteilung», weiss das «Redressement national», befasse sich «mit allem, was ihr in die Hände kommt, vor allem mit Quecksilber und

Pyrit aus Spanien, das sicherlich dorthin verkauft wird, wo die höchsten Preise erhältlich sind». Das heisst im Klartext: verpönte Ostgeschäfte. Doch die Brüder Oswald haben sich vor dem Abstimmungskampf nicht nur von der deutschen HOFELD losgesagt, sie haben auch sonst vor der Haustüre gekehrt. Die PATVAG, die ab 1947 das spanisch-italienische Quecksilber-Kartell Mercurio Europeo in Rumänien, Polen, der Tschechoslowakei und den «Balkanstaaten» vertrat, hat seit 1955 nur noch Quecksilberkunden in der Schweiz, Österreich und Westdeutschland.[53]

Das Nein-Komitee bekommt auch Wind von der «Brandbomben-Angelegenheit» und dem Versuch, illegal Zünder für Napalm-Bomben zu exportieren.[54] Beweise, um die Brüder Oswald öffentlich zu desavouieren, fehlen jedoch. Um herauszufinden, ob sie Dreck am Stecken haben, betreibt das Nein-Komitee einen bemerkenswerten Aufwand. Richard Daetwiler, ein führender Kopf des «Redressement national», reist bis nach Baden-Baden, um sich mit dem Chemiker Paul Kümmel zu treffen, der im Unfrieden aus der HOVAG ausgeschieden ist. Kümmel berichtet bereitwillig über die Produktion von Opalm und einer nicht näher umschriebenen «Hg» (Handgranate?) und verspricht, Beweise zu suchen. Zurück in Zürich, stellt Daetwiler einen streng vertraulichen Fragebogen zusammen, der sich um heikle Themen wie deutsche Patente und finanzielle Verflechtungen innerhalb des Emser Konzerns dreht. Eine Frage ist für die Oswalds besonders gefährlich: «Stimmt es, dass die HOVAG Brandbomben oder Teile davon produziert und diese ebenfalls über die PATVAG nach Länder hinter dem Eisernen Vorhang verkauft oder verkauft hat?»[55]

Mangels Beweisen reitet das Nein-Komitee auf dem Vorwurf herum, dass sich die Brüder Oswald an öffentlichen Geldern bereichert haben und weiterhin bereichern wollen. Die Gier der «Herren von Ems» ist die Grundidee des Kampagnenplakats und inspiriert zahlreiche Karikaturen.

Die Brüder kommen inzwischen – im Guten wie im Schlechten – in fast jedem Artikel über die HOVAG vor. Doch als Personen sind sie nicht greifbar. Der einzige öffentliche Auftritt ist ein Vortrag von «Dr. Oswald» (Werner oder Rudolf?) über die elektrizitätswirtschaftlichen Pläne der HOVAG in Chur und steht nicht in direktem Zusammenhang mit der Abstimmung. Umso rühriger sind die Freunde von Ems. An einer Gewerkschaftskundgebung im Hotel Krone in Domat/Ems beschwört Regierungsrat Ettore Tenchio den «Glauben an unsere liebe Heimat» und an die Miteidgenossen: «Die Freiheit ist in den Bergen geboren. Sie wurde von den Bergsöhnen verwaltet und später ins Unterland getragen. Darum hat die Schweiz gegenüber der

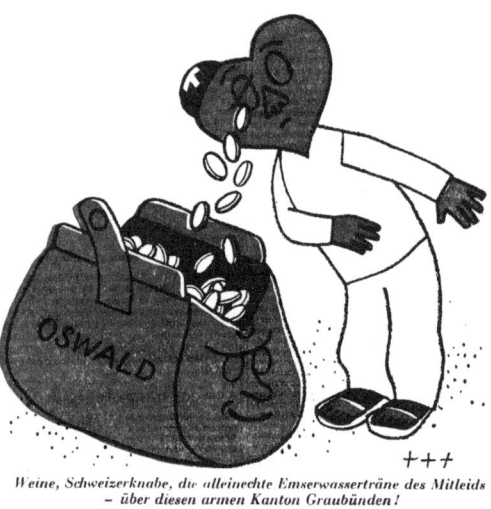

Beliebtes Sujet im Abstimmungskampf:
die gierigen Gebrüder Oswald (1956)

«Auf 2000 km = 1 Café crème!»

Bergbevölkerung aus dieser Verpflichtung heraus immer Sympathie und Solidarität bekundet. [...] In entscheidender Stunde lässt der Freund den Freund nicht im Stich. Nicht, wenn alles gut geht, sondern wenn es brennt, dann schlägt die Stunde der Solidarität.»[56]

Während des Endspurts nehmen die Kampagnen «ausgesprochenen Kampfcharakter» an. «Trommelfeuerartig wird von hüben und drüben auf den Schweizer Stimmbürger eingeschlagen», konstatiert das *Bündner Tagblatt*. Auch andere Journalisten beobachten ein «hitziges», «bodenböses» und «ungemein erbittertes» Ringen, voll «schonungsloser Schärfe», «Demagogie, Verdrehungen und Versprechungen».[57] Man ist sich einig, dass noch nie ein so erbitterter und hämischer Abstimmungskampf geführt worden ist. Das findet auch Gadient, als er in seinem Bauernhaus in Zizers seinen letzten Leitartikel in die Schreibmaschine hämmert. Die HOVAG-Gegner hätten skrupellos «verdächtigt, gefälscht und gelogen» und die Gebrüder Oswald «durch den Schmutz gezogen». Dabei betrage das «Opfer», das «der arme Automobilist» erbringen müsse, nur «auf 2000 km = 1 Café crème».

Er schont auch Gottlieb Duttweiler nicht und beschimpft diesen als «Clown», der sich sonst «vor dem staunenden Volk als Drachentöter der Markenartikler und anderer Trusthalunken» aufspiele, aber nun «als Treiber in dieser Hetzjagd» mithelfe, um «den grössten Markenartiklern, den Basler Chemiebaronen, [...] auch noch den kleinen Emser-Hasen in ihre Küche zu jagen».[58] Duttweiler, nicht aufs Maul gefallen, repliziert, «die Herren von Ems» seien «Zauberer», die «viele Millionen Bundesgelder herangezaubert» hätten.[59]

Mit den mächtigen Chemiebossen, die den putzigen Emser Hasen in die Pfanne hauen wollen, führt Gadient auf der Zielgeraden eine neue Metapher ein: den Kampf des (Bündner) David gegen den (Basler) Goliath. Das letzte Flugblatt des Ja-Komitees zeigt einen Kapitalisten mit Frack und Fratze, der die Fabrik in Ems stranguliert, und einen Bündner Steinbock, der «die mächtigen Herren» auf die Hörner nimmt und «seine Emser Werke» verteidigt. Darunter die Aufforderung: «Steht bis zuletzt treu zur Emser Vorlage.»

Wie sehr Gadients Kreuzzug polarisiert, zeigt eine anonyme, ungelenke Schimpftirade, die auf Jaeckles Schreibtisch landet: «Herrn Dr. Gadient. Emser-Halunke! Mit Erstaunen haben wir in der Tat die Darstellung der Verhältnisse in den Emserwerken gelesen. [...] Wir werden Euch am Sonntag zeigen, wo das Schweizer Volk von Oswald-Gadient-etc.-Banditen denkt. Banditen, Halunggen, Diebe, Räuberhäuptlinge, katholi-

Soll das Geld allein entscheiden?
Gilt der Mensch nichts mehr?

Wie weiland Goliath... Die Großchemie und andere interessierte Industriezweige möchten sich auf möglichst billige Weise eines unbequemen Außenseiters entledigen.

Flugblatt des Ja-Komitees: Ein Kapitalist, Sinnbild für die Basler Chemie, will die HOVAG erdrosseln, doch der wehrhafte Bündner Steinbock vertreibt die Gegner (1956)

«Auf 2000 km = 1 Café crème!»

sche Heuchler und Judasse, Nationalräte, Schieber, Mistfinken und Totengräber jeglicher Moral alles in einer Haut. Hier einen Schuss in den Nacken verdient ihr. Dreckspatzen und Mistfinken von ‹Nationalräten›.»[60]

Das letzte Flugblatt des Nein-Komitees knöpft sich die PATVAG vor, welche die *Finanz und Wirtschaft* die «eigentliche Sparkasse» der Brüder Oswald nennt.[61] Das Unternehmen muss tatsächlich florieren, denn bei der Kapitalerhöhung der HOVAG vor ein paar Monaten hat es 650 000 Franken eingeschossen. Das sei typisch für die «rücksichtslose, spekulative Grundhaltung» der Gebrüder Oswald, heisst es im Flugblatt. Als PATVAG-Eigentümer hätten sie «reichlich finanzielle Mittel», und als HOVAG-Eigentümer würden sie um Bundeshilfe betteln. «Sich selbst wollen sie die Gewinnchancen, dem Bund mit den Benzinverbrauchern dagegen die schlechten Risiken zuhalten!»[62] Nun platzt Werner Oswald der Kragen. Wegen Ehrverletzung durch die Presse reicht er Anzeige gegen unbekannt ein.[63]

Am Dienstag vor der Abstimmung lässt das Nein-Komitee die letzte Bombe platzen. Ein Whistleblower hat ihm Kopien der Steuerabkommen von 1947 (HOVAG) und 1949 (FIBRON) zugespielt, nun informiert es die Öffentlichkeit über «sehr weit» gehende, «geheime Steuerabkommen», die Gadient in einer «unschönen Personalunion» als Finanzdirektor und HOVAG-Verwaltungsrat abgeschlossen habe. Das sei «eine merkwürdige Hilfe an einen armen Bergkanton», spottet das Komitee, aber typisch für die Gebrüder Oswald: 1941 hätten sie dem Kanton eine Million und den Gemeinden eine halbe Million für den Bau des Emser Werks abgeknöpft, aber als Firmensitz für die rentable PATVAG das steuergünstige Zürich gewählt.[64] Am nächsten Tag höhnt *Die Tat*, Gadient habe ein Abkommen «mit sich selbst» abgeschlossen, das «offenbar zum Zwecke hatte, dem armen Kanton Graubünden zu entziehen, was den reichen Herren Oswald wohltun sollte».[65]

Diese Enthüllungen sind für die HOVAG ein Desaster. Gadient zeigt Chefredaktor Jaeckle sofort wegen übler Nachrede an, und das Ja-Komitee beteuert, es handle sich um übliche Steuererleichterungen für frisch angesiedelte Betriebe. Das Nein-Komitee kontert: 1947 sei die HOVAG aber kein neuer Betrieb gewesen, und beide Abkommen hätten den gesetzlichen Rahmen von fünf Jahren überschritten. Fazit: «Der Tatbestand der gesetzwidrigen Begünstigung war also in beiden Fällen erfüllt.»[66]

Der Vorwurf ist nicht aus der Luft gegriffen, aber die wahlkampftaktische Zuspitzung greift zu kurz. Gadients Doppelrolle war breit abgestützt: Die Entsendung von zwei Regierungsräten in den HOVAG-Verwaltungsrat war vom Kanton gewollt und vom Bund abgesegnet, denn sie sollten über die Verwendung der kantonalen Gelder wachen. Zudem hatte Gadient die Rückendeckung der Überwachungskommission (UWK) und der Finanzverwaltung, die sich selbst für eine tiefe Steuerbelastung der HOVAG einsetzten.[67] Die UWK unterstützte ihn auch bei seinem – auf die Umstellung in Ems zugeschnittenen und erfolgreichen – Vorstoss, das Bündner Steuergesetz so auszulegen, dass es auch den Bau neuer Produktionsanlagen für neue Produkte steuerlich begünstigte. Entsprechend handelte es sich nicht um «gesetzwidrige» Begünstigung, sondern um Begünstigung *tout court*. Gesetzeswidrig war allenfalls, dass die Abkommen die Maximalfrist überstiegen. Doch dieser Vorwurf wurde nie geklärt.

Es gibt gute Gründe, die Vetternwirtschaft zu kritisieren, doch das Problem liegt tiefer, nämlich in der Verquickung öffentlicher und privater Interessen: Steuern waren Teil der Produktionskosten, die der HOVAG vergütet wurden. Ein hoher Treibstoffpreis konnte aber zu heiklen politischen Debatten führen, was weder im Interesse der Finanzverwaltung noch der UWK lag. Für Oswald war es jahrelang gehupft wie gesprungen, ob die öffentliche Hand auf Steuereinnahmen verzichtete oder der Bund und die Konsumenten zur Kasse gebeten wurden. So konnte er Grimm seelenruhig drohen: «Wenn wider Erwarten der Bund die [HOVAG] doch noch zur Zahlung einer Kriegsgewinnsteuer verhalten [sic] sollte, müsste diese auf den Treibstoffpreis gemäss Vertrag überwälzt werden.»[68]

Weil die Presse Auskunft über die Steuerbegünstigung verlangt, lässt Finanzvorstand Streuli in den Akten graben.[69] Es stellt sich heraus, dass Iklé und Grimm sich dafür starkgemacht hatten, dass der HOVAG eine «Sonderabschreibung» für kriegswichtige Anlagen gewährt und die Kriegsgewinnsteuer moderat angesetzt wurde. Doch davon erfährt die Öffentlichkeit nichts, denn der Direktor der Steuerverwaltung beharrt darauf, sein Amt habe «keinen Anlass, sich zur Frage öffentlich vernehmen zu lassen».[70] Das Nein-Komitee hat sein Ziel dennoch erreicht: Es hat die Brüder Oswald öffentlich vorgeführt.

Fast gleichzeitig veröffentlicht das *Winterthurer Volksblatt* die Steuerdaten von Rudolf Oswald und rechnet vor, das Einkommen des «Bittstellers» sei in zehn Jahren von 18 000 auf aktuell 102 000 Franken jährlich und das Vermögen von 61 000 auf 1 686 000 Franken gestiegen. Sein Fazit: «Der eidgenössische Steuerzahler soll für Ems bezahlen, damit die Werkbesitzer vorwiegend im steuergünstigeren Kanton Zürich ungeschoren davonkommen.»[71] Das Ja-Komitee empört

«Auf 2000 km = 1 Café crème!»

sich lauthals über die «perfide und zum Glück bis heute in der Schweiz nicht übliche Angriffsmethode». Es sei bekannt, dass Rudolf Oswalds Vermögen überwiegend Frauengut sei. Er hat tatsächlich eine gute Partie gemacht und obendrein geerbt.[72] Das erklärt zumindest einen Teil seines Vermögens. Das sehr hohe Jahreseinkommen, das heutigen 450 000 Franken entspricht, wird in der Gegendarstellung aber mit keinem Wort erwähnt.[73] Das geht schlecht zusammen mit der Erklärung von HOVAG-Vizepräsident Blass, Rudolf Oswald setze «seine ganze Arbeitskraft» für Ems ein, beziehe von der HOVAG aber einzig 2000 Franken Tantiemen als Verwaltungsrat und von der PATVAG «ein kleines Salär, das allerdings dasjenige eines Bankangestellten nicht erreicht!»[74]

Zu Werner Oswalds Einkünften existiert ein einziges öffentlich zugängliches Dokument: Steuerauskünfte für die Jahre 1952 und 1953, die einen Jahreslohn von heutigen 236 000 respektive 263 000 Franken ausweisen. Laut Blass hat er von der HOVAG – ausser 500 Franken Reisespesen im Monat – «bis zum heutigen Tag überhaupt kein Salär» erhalten und bezieht von der PATVAG denselben schlechten Lohn wie sein Bruder. Das lässt verschiedene Schlüsse zu: Blass lügt; er weiss es nicht besser; die PATVAG und/oder die INVENTA, die beiden rentablen Firmen des Konzerns, zahlen den Gebrüdern Oswald horrende Löhne; oder sie haben eine andere, mysteriöse Einkommensquelle.

Dieser Einblick in ihre finanziellen Verhältnisse ist zufällig und rudimentär. Geht es um die Frage, ob sie sich an öffentlichen Geldern bereichert haben, spielt der Konzern, den sie kontrollieren, so oder so eine viel wichtigere Rolle. Das gut informierte Nein-Komitee geht davon aus, dass seit Gründung der HOVAG 35 Millionen Franken in die Holzverzuckerung und 100 Millionen in «Produktionsausweitungen und Versuche» geflossen sind.[75] Noch nie hat der Bund einem Privatunternehmen mehr Mittel zugehalten; mangels Informationen ist es aber nicht möglich, den Wert der HOVAG oder des Gesamtkonzerns zu beziffern.[76] Klar ist: Das Vermögen der Brüder Oswald steckt (und versteckt sich) im Konzern, den sie kontrollieren. Die Öffentlichkeit hat ihnen, wie die NZZ kritisiert, «zwangsweise ein Geschenk von einer Grösse machen müssen, wie es in der Schweiz wohl einzig dasteht: eine fast fertig abgeschriebene grosse Fabrik».[77]

Am Freitag vor dem Urnengang versammelt sich die Belegschaft neben dem Hochhaus der Holzverzuckerung. «Gegen 1000 Frauen und Männer im Arbeitskleid standen Seite an Seite», meldet das Ja-Komitee. «Auf allen Gesichtern spiegelte sich die bange Frage: Wie wird das Schweizer Volk an der Urne entscheiden? Was soll mit uns im Falle einer Verwerfung der Emser Vorlage geschehen?» Auf einem fahnengeschmückten Rednerpult erklärt der Gemeindepräsident von Domat/Ems die Abstimmung noch einmal zum «Prüfstein eidgenössischer Solidarität». Dann darf ein Mitglied der Arbeiterkommission ein Gedicht rezitieren.

> Der Mohr hat seine Pflicht getan
> Der Mohr kann nunmehr gehen.
> Mag's euer Grundsatz sein - wohlan,
> Wir lassen's nicht geschehen!
> Ach, wie vergasset ihr so bald
> Die Zeiten der Gefahren.
> Was Ems und was der Schweizerwald
> Dem Schweizervolk einst waren!

Zum Schluss wird einstimmig eine Resolution verabschiedet: «In dieser für uns schweren Stunde geben wir der Hoffnung Ausdruck, dass sich das Schweizer Volk seiner Tradition gemäss am 12./13. Mai auf die Seite des wirtschaftlich Schwachen stellt und mithilft, uns und unseren Familien eine würdige Existenz in der engeren Heimat zu erhalten.»[78] Was die Belegschaft nicht weiss: Ems rechnet mit einer Niederlage. Zur selben Zeit sitzt Gadient in Streulis Büro und sondiert, was der Bundesrat über «eine allfällige befristete Weiterführung der Überbrückungshilfe» denkt, «um eine abrupte Stillegung der Sprit- und Hefeerzeugung im Interesse der damit beschäftigten Arbeiter zu vermeiden».[79]

Am Samstag erscheinen die letzten Leitartikel und Aufrufe. Beide Komitees haben ein Schlussbouquet an Kleininseraten gezündet. Eines preist den Urnengang fast wie einen Sonderverkauf an: «Stimmbürger, nutzt die einmalige Gelegenheit! – Beseitigt kapitalistische Machenschaften übelster Art – Beseitigt persönliche Bereicherung auf Kosten der Allgemeinheit – Emser Vorlage NEIN.»[80]

Es sind die letzten Zuckungen in einem Abstimmungskampf, der im Urteil der Zeitgenossen «die Grenze des Zumutbaren» überschritten hat.[81] *Die Tat* bringt die Stimmung auf den Punkt: «Uns selbst schwirrt der Kopf von rechtlichen Erwägungen, chemischen Entwicklungsmöglichkeiten, Absatzmärkten, Holzverwertung, Bergbauernproblemen, Überpreisen, Zollschranken, Interventionismus, Landesversorgungsfragen, Steuerzetteln, Rückblicken, Ausblicken, Verfassungsgrundlagen, Verzuckerungsverfahren, Schweren Wassern, Holzindustrie, Transportkosten, Tarifangleichungen, Rohstoff-Fragen,

«Auf 2000 km = 1 Café crème!»

Alkoholübernahmen, Überwachungskommissionen, Schiedsgerichten, Abnahmepflichten, Umstellungsfristen, Besitzverhältnissen, Betriebsverschachtelung, Rentabilität, Landflucht, Laubholzverwertung, Winterarbeit, Vorort, Oswald, Fernsehmissbräuchen, Filmpropaganda und zwei Dutzend ähnlichen Dingen noch. Wie soll sich der Stimmbürger in diesen Fragen zurechtfinden, in denen des öftern selbst die Fachleute getrennter Auffassung sind?» *Die Tat* weiss Rat: «Setzen wir endlich dieser Schinduderei ein Ende!»[82] Auch die *Weltwoche* sieht eine Überforderung der Stimmbürger und fordert: «Unsere Magistraten sollten sich inskünftig darüber Rechenschaft geben, dass auf dem Stimmzettel nur Ja oder Nein, aber nicht ‹keine Ahnung› geschrieben werden kann.»[83]

Der 13. Mai 1956 ist warm und sonnig, für die Frauen ist Muttertag, für die Männer ein «denkwürdiger» Abstimmungstag.[84] Fast 750 000 werfen einen Stimmzettel ein, und viele genehmigen sich anschliessend im «Schäfli» oder im «Leuen» ein Bier, während ihre Gattinnen, Muttertag hin oder her, in der Küche stehen und das Mittagessen zubereiten. Als am Abend bekannt wird, dass der Souverän die Vorlage versenkt hat, reicht René Bühler, Bundesrat Streulis Vertrauensperson im HOVAG-Verwaltungsrat, sofort seinen Rücktritt ein.[85] Max Iklé, Werner Oswalds Dienstkamerad, welcher der HOVAG als Direktor der Finanzverwaltung seit 1948 ein zuverlässiger Verbündeter im Bundeshaus ist, wechselt zwei Wochen später ins Direktorium der Nationalbank. Wie die Gebrüder Oswald den Abend nach der verlorenen Abstimmungsschlacht verbringen, ist nicht überliefert.

«Ein düsterer Tag»

Nach der verlorenen Abstimmung wird die Holzverzuckerung eingestellt, doch der angedrohte Zusammenbruch der HOVAG entpuppt sich als Ammenmärchen.

Der Katzenjammer ist gewaltig. «Ein düsterer Tag hat sich heute morgen über die bündnerischen Täler ausgebreitet», lamentiert die *Bündner Zeitung*. «Düster liegt der Morgen auch über vielen Arbeiterfamilien, deren Los gestern mit der Holzverzuckerung vom Schweizervolke ebenfalls entschieden wurde.» Die Vorlage ist mit 315 594 gegen 429 314 Stimmen gescheitert. Am meisten Ja-Stimmen holte sie in bäuerlichen, waldreichen Gegenden – und selbstverständlich in Graubünden. Hier stehen magere 4000 Nein-Stimmen 23 200 Ja-Stimmen gegenüber. In Domat/Ems haben 28 von 718 Stimmbürger den Brüdern Oswald eine – heimliche – Abfuhr erteilt.[1]

Am Montagmorgen verlässt der erste Bahnwagen das Werk, der Harnstoffdünger für den Schweizer Markt geladen hat.[2] Er ist Oswalds symbolischer Stinkefinger an die Adresse der Lonza und all der Bundesvertreter, die ihn mit ihrem Düngerverbot drangsaliert haben.[3] Am Nachmittag informiert er die Belegschaft in der Werkkantine, er werde die Alkohol- und Hefeproduktion, in der etwa 250 Arbeiter beschäftigt sind, einstellen.[4]

Wie das Nein-Komitee seinen Sieg feiert, ist nicht bekannt, doch Richard Daetwiler vom «Redressement national» ist bester Laune. Er meldet Paul Kümmel, dass «die Würfel gefallen sind, mit einem ganz fetten Nein».[5]

Am Dienstag liefern die Journalisten erste Analysen und Kommentare. Es sind die Städte und die industrialisierten Gegenden, die der Vorlage die deutlichste Abfuhr erteilt und den Gewerkschaften und der Sozialdemokratie die Gefolgschaft verweigert haben.[6] Die Romandie hat die Vorlage haushoch und mit unterirdischer Stimmbeteiligung verworfen. In Lausanne fand gerade einmal jeder siebte Stimmbürger den Weg ins Abstimmungslokal, für die anderen war Ems, wie eine Gewerkschaftszeitung lamentiert, «weit hinten in der Türkei».[7] Kaum jemand zweifelt, dass die HOVAG selbst schuld ist am Ausgang der Abstimmung. Laut *Schaffhauser Nachrichten* ist ihr die «mehrmonatige Durchleuchtung» nicht gut bekommen.[8] Auch Graubünden kommt nicht ungeschoren davon. Es hat laut NZZ «die Identifizierung zwischen Allgemeininteresse und Hovag entschieden zu weit getrieben».[9] *Die Tat* geniesst ihren Sieg und windet sich und dem LdU ein Kränzlein für ihre langjährige und konsequente Opposition gegen Ems.[10]

Auch in der HOVAG-Hauszeitung *Holz und Faser* wird Bilanz gezogen – und abgerechnet. Der Jurist Andreas Kuoni, die rechte Hand Gadients im Wahlkampf, klagt, es sei schwierig geworden, das Volk «für aufbauende, positive Zwecke zu sammeln, leicht dagegen, eidgenössischen Vorlagen, die von der Gesamtheit Opfer, Solidarität und Idealismus erfordern, eine Niederlage zu bereiten». Schuld daran sei der «materialistische Zeitgeist», der besonders in den Städten grassiere: «Die Emser Vorlage ist das Opfer desselben Materialismus geworden, der das Heil des Menschen einseitig in der Mehrung von Komfort, Wohlstand und wirtschaftlichem Reichtum erblickt, ohne Rücksicht auf die menschlichen und reellen Werte, die dabei verloren gehen. Die Technisierung, der Konzentrationsprozess der Industrie und Verstädterung schreiten siegreich fort, ihre Zentren haben eindeutig gegen die Hovag gestimmt.» Der zweite Schuldige ist das «Propagandabureau» und sein Agent, der «public relation man», der «sein propagandistisches Können und seine Beziehungen überhaupt jedem Interesse dienstbar macht, sofern die Angelegenheit für ihn ‹finanziell› interessant ist». Es ist ein argumentativer Hochseilakt, schliesslich war Kuoni Teil der gut geölten PR-Maschine der HOVAG.[11]

Auch die Gewerkschaften liefern eine Analyse, mit der sie das Gesicht wahren vor ihrer Basis, die mehrheitlich gegen Ems gestimmt hat. Zum ersten Mal distanzieren sie sich von der HOVAG-Leitung und behaupten, sie hätten die Vorlage «im klaren Bewusstsein» unterstützt, dass es sich um ein «Seilziehen unter Grosskapitalisten» handle, dass aber die Arbeiter «die Pastete eines negativen Volksentscheides» zu berappen hätten. Dann wird wieder der Klassenfeind ins Visier genommen. Es sei nun am Vorort, ernst zu machen mit dem Konsortium. «Die schweizerische Arbeiterschaft erwartet, dass in Ems kein Arbeitnehmer als Folge des Volksentscheides brotlos wird.»[12]

Was die Zukunft der HOVAG angeht, tappen die Journalisten im Dunkeln, rechnen nach den «Kassandrarufen aus Ems»[13] aber damit, dass der Ruin bereits ans Fabriktor klopft. «Bundesrat und Parlament werden unverzüglich Schritte für kurzfristige Übergangsmassnahmen treffen müssen, um den Kranken am Leben zu erhalten, bis die notwendige Operation vollzogen werden kann», ist die NZZ überzeugt. Es sei nun an der Privatwirtschaft, das Konsortium zu verwirklichen.[14] Doch Werner Oswald denkt nicht im Traum ans Aufgeben. Als erste Schweizer Zeitung veröffentlicht das *Bündner Tagblatt* am Dienstag eine Pressemitteilung des HOVAG-Verwaltungsrats, die HOVAG werde die Hefe- und Alkoholproduktion einstellen und sich auf Kunstfasern, Kunststoffe, Harnstoff und Ammonsulfat konzentrieren. Der Verlust der Arbeitsplätze sei «besonders schmerzlich», man bedaure aber auch die «vielen unrichtigen Behauptungen» über die «Herren Dr. W. und Dr. R. Oswald». Ihnen spreche der Verwaltungsrat in dieser schwierigen Situation sein «volles Vertrauen» aus.[15]

Schweizweit greifen sich die Journalisten an den Kopf. «Die Lage scheint also recht verworren», meinen die *Basler Nachrichten*.[16] Auch die NZZ traut der Sache nicht: «Das Communiqué kann offenbar nicht anders ausgelegt werden, als dass die Hovag-Leitung entschlossen ist, das Heft in der Hand zu behalten, auf Bundeshilfe zu verzichten und jegliche Übernahmeofferte der übrigen Industrie abzulehnen.» Das sei ein «kühner Entschluss», aber «unanständig den Stimmberechtigten gegenüber, an deren Solidarität mit falschen Zahlen und Angaben appelliert wurde».[17] Auch Iklé reibt sich die Augen. «Wer nun gedacht hätte, dass das Unternehmen ohne die schützende Hand des Bundes nicht lebensfähig sei, unterschätzte die grimmige Entschlossenheit Oswalds, sein Ziel trotz aller Widerstände zu erreichen», heisst es in seinen Memoiren. «Die Umstellung des Werkes war offenbar weiter gediehen, als wir annehmen konnten.»[18] Die MIGROS-Presse schreibt vom «Emser Schwindel» und einem missglückten «Raubzug» auf die Bundeskasse, doch den Ausdruck, den die Journalisten in diesen Tagen am häufigsten bemühen, ist «Irreführung».[19] Wie der Chefredaktor des *Freien Volks*, der sprachlich unbeholfen, aber aus vollem Herzen schimpft: «Wenn das keine Irreführung der öffentlichen Meinung war, dann will ich einen Besen konsumieren.»[20]

Am Freitag pilgert eine Delegation, bestehend aus Oswald, Pestalozzi, Gadient und den Bündner Regierungsräten Christian Margadant und Augustin Cahannes (beide auch HOVAG-Verwaltungsräte) nach Bern, um noch einmal die hohle Hand zu machen. Sie bieten den drei Bundesräten, die sie empfangen, eine sorgfältig einstudierte Choreografie. Zuerst kommen die Regierungsräte auf die Überbrückungshilfe zu sprechen, die der Bundesrat Anfang Jahr in aller Stille

Sie prophezeiten: Schließung des Werks, Entlassung von 1400 Arbeitern, Untragbarer Verlust für Graubünden und seine Zukunft... etc.... etc....

Der angedrohte Kollaps findet nicht statt (*Brückenbauer* 1956)

Politik

gesprochen hat, um den von Oswald angedrohten Kollaps der HOVAG vor der Abstimmung zu verhindern.[21] Sie soll, «im Interesse einer weniger brüsken Entlassung der davon betroffenen Arbeiterschaft», um mindestens drei weitere Monate verlängert werden. Und zwar vom Bundesrat in eigener Kompetenz, da weitere Diskussionen im Parlament und in der Öffentlichkeit für die HOVAG nicht mehr tragbar seien. Da Streuli klarstellt, dazu fehle dem Bundesrat die Kompetenz, kommt Pestalozzi zum Zug. Er fordert, «dass die bestehenden Abmachungen mit einer gewissen Grosszügigkeit erfüllt werden, damit das Werk die durch die neue Situation entstehenden Schwierigkeiten überwinden kann». Die Begehrlichkeiten der HOVAG sind zahlreich. Ein Entgegenkommen steht hingegen nicht zur Debatte. Als Streuli sich erkundigt, ob auch Verheirateten gekündigt werde, schnauzt ihn Oswald an: «Wir entlassen nur alte, verheiratete Leute. Die jungen Leute behalten wir.»[22]

Oswald reicht seine Forderungen schriftlich nach, unter dem Strich sind es drei Millionen Franken.[23] Die Experten des Bundes kommen auf weniger als die Hälfte. Zum letzten Mal wird hart gefeilscht. Um Gestehungskosten, Restmengen, Bevorschussungen, Rückerstattungen, Fälligkeiten und Kredite. An zwei Sitzungen brütet der Gesamtbundesrat über der Schlussabrechnung der HOVAG, korrigiert Zahlen nach unten und weigert sich, die kalkulatorischen Zins- und Abschreibungskosten als Teil der Herstellungskosten zu vergüten. Da die Anlagen schon längst abgeschrieben seien, käme das einem «reinen Gewinn» gleich, und der Bundesrat dürfe keine Gelder sprechen, die dem Aufbau neuer Produktionsanlagen dienten.[24] Mit dieser Argumentation schiesst er ein spektakuläres Eigentor, denn es ist das erste Mal, dass der HOVAG diese Vergütung verweigert wird. Der Bundesrat kann von Glück reden, dass er vor leeren Tribünen spielt, denn die Öffentlichkeit ist des Themas überdrüssig und die Presse nicht darüber informiert, dass die Gebrüder Oswald ein letztes Mal versuchen, in öffentliche Kassen zu greifen.

Der Bündner Regierungsrat spielt noch einmal den willigen Helfer. Er fordert Geld für mindestens drei zusätzliche Monate Treibstoffproduktion. Der Bundesrat, mit klarem Volksentscheid im Rücken, lehnt ab und rechnet vor, das würde im Monat fast eine halbe Million oder 1900 Franken pro Kopf der Belegschaft kosten. Das sei doppelt so viel wie der Lohn eines Arbeiters und angesichts der Hochkonjunktur und des ausgetrockneten Arbeitsmarkts nicht zu verantworten.[25]

Mitte Juni informiert Bundesrat Streuli an einer Pressekonferenz, dass der Bund gegenüber der HOVAG keine neuen Verpflichtungen mehr eingehe, aber Hand biete, um «die Li-

Der Gemeindepräsident von Domat/Ems tobt (*Nebelspalter* 1956)

Politik

quidation des Holzverzuckerungsbetriebes unter Vermeidung unnötiger Härten möglichst zu erleichtern». Deshalb werde die Armee die restlichen Treibstoffbestände übernehmen.[26] Am folgenden Tag meldet die Presse: «Der Bundesrat schliesst das Dossier Ems. Die Hovag arbeitet weiter», doch man merkt, dass die Journalisten das Thema satthaben.[27] Nur vereinzelte Leserbriefschreiber vermögen sich noch zu echauffieren. Einer meint, im Nachhinein komme ihm die Sache vor «wie ein nächtlicher Spuk».[28]

Das Ende der Bundeshilfe macht auch die Kontrollkommission überflüssig. Die drei Professoren gratulieren sich gegenseitig, dass sie unter «schwierigen und undankbaren Verhältnissen speditiv und rationell gearbeitet» und «sehr viel zur Klärung der Verhältnisse» beigetragen haben.[29] Sie haben bereits vergessen (oder verdrängt?), dass sie mit ihrer Prognose, die HOVAG sei ohne Bundeshilfe nicht lebensfähig, meilenweit daneben lagen.

Am 3. Juli 1956 geht in Ems eine Ära zu Ende. Nach 14 Jahren wird die Holzverzuckerung eingestellt, und die Hauszeitung schreibt, viele Arbeiter seien von «einer stillen, innern Wehmut» ergriffen worden.[30] Oswald entlässt 150 Leute und informiert den Bundesrat, weitere 100 seien noch damit beschäftigt, die Anlagen zu reinigen. Er werde zwei Methanolstrassen sowie die Sprit- und Hefeanlagen im Wert von 13 Millionen Franken abreissen lassen, es sei denn, der Bund bekunde ein kriegswirtschaftliches Interesse und bezahle die Instandhaltung. Er hat noch eine Neuigkeit: Die HOVAG hat die vom Bund bestrittenen Forderungen dem Schiedsgericht vorlegt, das auch über die Verpflichtungen des Bundes gegenüber HOVAG und Graubünden zu befinden hat.[31] Der Bundesrat, der sich seit 1936 in fast hundert Sitzungen mit dem Holzverzuckerungswerk befasst hat, zieht am 31. Juli einen dicken Strich. In der denkbar knappsten Form informiert er die HOVAG-Leitung, es sei ihr überlassen, was sie dem Schiedsgericht unterbreite und ob sie die Anlagen bis zum Urteil instand halte.[32]

Am 1. August wird in Ems geschmollt. Zwar ist das Gemeindehaus beflaggt, und über der Fabrikanlage flattert «die Schweizerfahne von den ersten Morgenstunden an im freien Talwind».[33] Aber keine Ansprache und keine Nationalhymne. «Als Demokraten wissen wir, dass das Wort des Souveräns anerkannt werden muss», erklärt Gemeindepräsident Albert Brunner der *Weltwoche*. «Hingegen werden Sie begreifen, dass uns zur Feier des 1. August jede Lust und Begeisterung fehlte, nachdem wir sehen konnten, wieviel Kummer und Sorgen die Folgen der Abstimmung über die Emser Vorlage brachte.»[34]

«Ein düsterer Tag»

«Eine Kolonie der Industriekantone»

Die Gebrüder Oswald wollen dick ins Energiegeschäft einsteigen und warnen die Bündner vor den Stromkonzernen aus dem Unterland.

Am 13. März 1956, mitten im Abstimmungskampf über die «Lex Ems», halten die Stimmbürger von Bonaduz eine ausserordentliche Gemeindeversammlung ab. Die Teilnahme ist obligatorisch und das Traktandum hoch umstritten. Die HOVAG will beim Zusammenfluss von Vorder- und Hinterrhein, ganz in der Nähe des Fabrikareals, zwei Kraftwerke bauen und benötigt dazu auch die Wasserkonzession von Bonaduz. Domat/Ems, Felsberg, Rhäzüns, Rothenbrunnen, Tamins und Trin haben ihr die Wasserkonzessionen schon vor einem Jahr erteilt.[1] Einzig Bonaduz hat darauf bestanden, die Gegenofferte der Nordostschweizerischen Kraftwerke AG (NOK) abzuwarten und ein Gutachten einzuholen. Die Nachbargemeinden waren verärgert über das zögerliche Vorgehen und beschwerten sich beim Kanton. Deshalb forderte der Kleine Rat im November 1955 den Gemeinderat Bonaduz auf, den Weg für die Projektierung der Kraftwerke Reichenau I und II freizugeben und der HOVAG die Konzession zu erteilen.[2]

Die Bürger von Bondaduz waren empört, denn wie alle Bündner sind auch sie stolz auf das Vorrecht der Gemeinden, selbstständig über die Nutzung ihrer Wasserkräfte zu entscheiden, während der Kanton einzig die Konzessionen auf ihre Rechtmässigkeit prüft. Der Gemeinderat konterte: «Wir müssten es als Akt schlechter Gemeindeverwaltung bezeichnen, wenn wir vor dem Vorliegen der Konzession [der NOK] die ganze Angelegenheit der Gemeinde vorlegen müssten», und liess die Frist, die ihm der Kleine Rat gesetzt hatte, verstreichen.[3] Also ordnete dieser eine Zwangskonzession an.[4] Das war so ungewöhnlich, dass es sogar im Unterland für Schlagzeilen sorgte.[5] Der Gemeinderat von Bonaduz war derart empört, dass er damit drohte, sein Recht vor Bundesgericht einzuklagen.[6]

Politik

Erst dieser Konflikt brachte ans Tageslicht, dass die HOVAG in aller Stille Wasserrechtskonzessionen gesammelt hatte. Für die Gebrüder Oswald kam die Publizität im dümmsten Moment. Der Abstimmungskampf um die «Lex Ems» stand vor der Tür, und die Gegner stürzten sich dankbar auf das neue Thema. Vor-ort-Sekretär Ernst Geyer polemisierte in der NZZ, die Brüder bettelten zwar um Bundeshilfe, stünden aber «keineswegs ohne Mittel» da. Die PATVAG sei nämlich «mit grösster Intensität hinter Konzessionen für neue Elektrizitätswerke her».[7] Auch die *Basler Nachrichten* fanden es «merkwürdig», dass die HOVAG die hohle Hand machte, während die PATVAG mit über einer Million Franken kapitalisiert war und zwischen 1944 und 1947 drei kleinere Elektrizitätswerke bauen konnte, ohne dafür Geld aufzunehmen.[8]

Für die HOVAG war es ein fast unmöglicher Spagat: Auf der einen Seite musste sie sich bedürftig geben, um die Verlängerung der Bundeshilfe zu rechtfertigen, auf der anderen Seite als finanziell verlässliche Partnerin für den Bau teurer Kraftwerke auftreten. Sie überkleisterte den Widerspruch mit Lokalpatriotismus und argumentierte nach der alten Devise: Was gut ist für die HOVAG, ist gut für das Bündnerland. Falls die NOK zum Zug komme, so ihre Argumentation, bleibe Graubünden «eine Kolonie der Industriekantone».[9]

Das Durchsickern von Oswalds Plänen schreckte insbesondere die NOK auf, die ein Projekt zur Nutzbarmachung des Vorderrheins in Planung hatte, das mehrere Kraftwerke bis hinunter nach Rhäzüns mit einer jährlichen Stromproduktion von fast zwei Milliarden Kilowattstunden vorsah.[10] Die Vorarbeiten waren schon weit gediehen. Die NOK besass Konzessionen von sechs Gemeinden und hatte die Kraftwerke Vorderrhein AG gegründet, um die Speicherkraftwerke Sedrun und Tavanasa samt drei Stauseen zu bauen, während die Bündner Stimmbürger einen Acht-Millionen-Kredit für eine Beteiligung des Kantons bewilligt hatten.[11] Das sei, urteilte damals der *Bund,* «eine Entscheidung von grosser Tragweite», denn die Wirtschaft des Bündner Oberlandes werde von den Wasserzinsen, den Wasserwerksteuern und den Bauarbeiten massiv profitieren.[12]

Die Konzessionen, die sich Oswald gesichert hatte, bedrohten nicht nur das Gesamtprojekt der NOK – er hatte es auf den lukrativsten Abschnitt des Vorderrheins abgesehen, wo er billige Laufkraftwerke bauen konnte, die entsprechend günstige Energie liefern würden. Für die NOK besonders ärgerlich war, dass ihre Stauseen die Voraussetzung für diese Flusskraftwerke schufen, weil sie den Wasserablauf regulierten. «Das Vorhaben ist grossartig», schrieb die NZZ über Oswalds Pläne.

«Man will das Wasser, das andere stauen, für sich ausbeuten, ohne etwas dafür aufzuwenden, und diesen andern, die sich auch darum bewerben, die Konzessionen wegschnappen.»[13]

Es setzte ein erbitterter Wettstreit ein. Die NOK klopfte bei vierzig Gemeinden an und unterbreitete dem Kanton fünf Kraftwerkprojekte, während Oswald zusammen mit dem Schaffhauser Maschinenbau-Unternehmen Georg Fischer die Kraftwerke Reichenau AG (KWR) gründete und ein Projekt für den Ausbau der linksufrigen Zuflüsse des Vorderrheins einreichte.[14] Damit legte sich Werner Oswald mit einem der grössten und erfahrensten Schweizer Stromproduzenten an, denn die NOK, ein Zusammenschluss der Kantone Aargau, Glarus, Zürich, Thurgau, Schaffhausen und Zug, war seit fünfzig Jahren im Geschäft. Doch er hatte den Heimvorteil. Sogar der Bundesrat stellte fest, Oswald werde im «Machtkampf» mit der NOK vom Bündner Bauamt bis hinauf zur Regierung «tatkräftig unterstützt».[15]

Oswald umwarb auch die Kantonshauptstadt. Als er Stadtpräsident Johann Caflisch, dem Nachfolger von Johann Mohr, seine Kraftwerkpläne darlegte, erklärte er freimütig, «aus psychologischen Gründen» wäre ihm mit einer Beteiligung von Chur «sehr gedient».[16] Doch der Eigensinn von Bonaduz stellte für das Projekt eine ernsthafte Gefahr dar. Sollte die Gemeinde tatsächlich bis vor Bundesgericht ziehen, könnte sie den Bau der Kraftwerke Reichenau auf unbestimmte Zeit blockieren. Doch die Politik des Gemeinderats wurde nicht von allen Bürgern getragen. Alt-Stationsvorstand Anton Sievi reichte eine Initiative ein und forderte, Bonaduz müsse seine Wasserrechte der HOVAG abtreten, um dieser «das wirtschaftliche Fortkommen zu erleichtern». Sie wurde von hundert Männern, fast der Hälfte der Stimmberechtigten, unterschrieben.

An der Gemeindeversammlung im Frühling 1956 muss das gespaltene Dorf eine Entscheidung fällen. Als Alt-Stationsvorstand Sievi seine Initiative begründet, erweist er sich als ausserordentlich gut informiert. Er referiert wie ein Experte über kantonales Wasserrecht, zitiert amtliche Schreiben aus Bern und rügt, dass der Gemeinderat eine Sitzung geschwänzt habe. Nicht nur sein Insiderwissen ist verräterisch – im Initiativtext findet sich der Ausdruck «wirtschaftliche Befruchtung», der kaum gebräuchlich ist, von Oswald aber gern und oft verwendet wird. Gut möglich, dass er vergessen hat, dass er in seiner Dissertation vor bald dreissig Jahren gefordert hat, Wasserrechtskonzessionen müssten zwischen den Elektrizitätsunternehmen und dem «unvoreingenommenen, freien Willen der Bevölkerung» ausgehandelt werden – und dass er diesem freien Willen hinter den Kulissen etwas nachgeholfen hat.

Die Gegner des Alt-Stationsvorstands fordern, dass Bonaduz «der stolzen und bisher hoch gehaltenen Autonomie treu bleibe» und sich dem Diktat des Kantons widersetze. Sie berichten auch von schlechten Erfahrungen anderer Gemeinden bei den Konzessionsverhandlungen mit der HOVAG. Rhäzüns beispielsweise habe «keinen Punkt, den der Begutachter empfohlen habe, in den Vertrag hineingebracht». Deshalb dürfe Bonaduz seinen «letzten Trumpf» keinesfalls aus der Hand geben. Je länger der Abend, desto heftiger die Voten, desto persönlicher die Angriffe. Schliesslich meldet sich der Korporationspräsident, ein besonders angesehenes Gemeindemitglied, zu Wort. Er findet es beschämend, dass sich die Gemeinde vor den Osterfesttagen «mit einer solchen Vorlage wie dieser befassen müsse, die den herrschenden Zwiespalt in der Gemeinde noch vergrössere». Es ist schon spät am Abend, als die Initiative mit 129 gegen 104 Stimmen abgelehnt wird.[17]

Die Wasserrechtskonzessionen sind so wichtig, dass «Dr. Oswald», der sich im Abstimmungskampf konsequent im Hintergrund hält, persönlich in den Ring steigt. Zwei geschlagene Stunden lang erklärt er an einer Gemeindeversammlung in Versam seine Ausbaupläne für den Vorderrhein und warnt: «Wenn die letzte Energie auch für den Export verkauft wird, dann werden in ca. 20 Jahren nach Beendigung der Kraftwerkbauten und ausgebauten Strassen für Graubünden schwere Zeiten kommen.» Der Lokalkorrespondent, der über den Vortrag berichtet, kommt zum erwünschten Schluss, «dass das Liebeswerben der NOK mit Vorsicht zu geniessen sei».[18]

Wenn es um den Bau von Kraftwerken geht, predigt Oswald Wasser und trinkt selbst Wein. Unbemerkt von der Öffentlichkeit sucht er finanzstarke Partner in Deutschland und kann dabei auf seinen ehemaligen Berater Ernst Fischer zählen, der im Frühling 1954 nach Deutschland zurückgekehrt ist und kurz darauf versucht hat, seiner neuen Arbeitgeberin, der Dynamit Nobel AG, die Beteiligung an einer «Gruppierung für den Ausbau der oberen Rheinwasserkräfte» schmackhaft zu machen – Bauzeit zehn bis zwanzig Jahre, jährliche Energieproduktion zwischen 800 und 1000 Millionen Kilowattstunden. (Zu diesem Zeitpunkt verbraucht die HOVAG 170 Mio. kWh.[19]) Wahrscheinlich hat Fischer auch als Vermittler fungiert, als Oswald mit dem Stinnes-Konzern, den Farbwerken Hoechst und der BASF ins Geschäft zu kommen suchte.[20] Doch in der kleinen Schweiz haben die Wände Ohren. Und es war ausgerechnet der ehemalige FIBRON-Verwaltungsrat Alfred Niederer, der Wind vom Angebot an die BASF bekam. Um Oswald in die Suppe zu spucken, informierte er den BASF-Generaldirektor, die Stromerzeugung der Kraftwerke Reichenau AG stelle «indirekt eine politische Frage» dar. Diese sei eine Tochterfirma der HOVAG, über deren Zukunft das Schweizervolk – «entsprechend unserer Verfassung» – bald abstimmen werde. «Wir wissen naturgemäss nicht, wie diese Entscheidung ausfallen wird. In jedem Falle dürfte die Entscheidung aber auf die Reichenau A.-G. von entscheidendem Einfluss sein.»[21] Niederer weihte auch Vorort-Sekretär Geyer ein, der die Information im Abstimmungskampf aber nicht einsetzen wollte, solange sie nicht hieb- und stichfest belegt war. Kurz vor dem Urnengang spielte das «Redressement national» den Trumpf trotzdem aus und warnte in einem Flugblatt vor den «künftigen Elektrizitätsbaronen» auf Schloss Haldenstein. Sie seien heimlich auf der Suche nach Aktionären in Süddeutschland, «wohin ein beträchtlicher Teil des Stromes exportiert werden soll».[22]

Dass Oswald ausländische Partner sucht, ist nicht erstaunlich. Die acht geplanten Kraftwerke, vom Oberlauf des Hinterrheins bis zur Kantonsgrenze St. Gallen, wären in der Lage, weit mehr Energie zu erzeugen, als der Kanton benötigt. Allerdings braucht er für seinen Plan die Konzessionen von 35 Gemeinden, und Bonaduz hat gezeigt, dass sie die Achillesferse jedes Bündner Kraftwerkprojekts sind. Doch er hat einen Plan: Eine neue Firma mit dem heimeligen Namen Elektra Rätia soll für die Befriedung der Gemeinden sorgen. An einer Versammlung in Ems erklärt Gadient den Gemeindevertretern, wie sie funktioniert und welche Vorteile ihnen winken: Die Gemeinden und die Georg Fischer AG sollen sich mit je 12,5 Prozent, der Kanton mit 25 Prozent und die HOVAG mit 50 Prozent am Kapital der Elektra Rätia beteiligen, und weil diese eine Minderheitsbeteiligung an der Kraftwerk Reichenau hält, bezahlen die Gemeinden für den Strom nur die Gestehungskosten. Im Gegenzug sind sie jedoch verpflichtet, ihre Wasserrechte abzutreten.

Für Oswald steht viel auf dem Spiel. Verweigern die Gemeinden, die ihm bereits Konzessionen erteilt haben, den Beitritt zur Elektra Rätia, wäre das ein verheerendes Signal an die Gemeinden, die auf seiner Einkaufsliste stehen. Die Gemeindevertreter brüten monatelang über dem Gründungsvertrag und den Statuten, deshalb versucht Oswald ihre Bedenken mit einer mehrseitigen «Botschaft» zu zerstreuen. Sie ist reich an patriotischen und dramatischen Tönen. Graubünden sei «an Händen und Füssen gebunden» und den Kraftwerkunternehmen des Unterlands «auf Gnade und Ungnade» ausgeliefert. Um den «rapiden Ausverkauf» zu stoppen, brauche es einen historischen «Schulterschluss» der Gemeinden: «Möge Graubünden erkennen: Seine Einigkeit ist seine Kraft!»[23]

Nach zähen Verhandlungen liegen Anfang 1957 endlich der Gründungsvertrag und die Statuten der Elektra Rätia vor. Doch kaum hat sich Stadtpräsident Johann Caflisch zum Beitritt durchgerungen, da verunsichert ihn ein Zeitungsartikel über die Kraftwerkpläne der HOVAG erneut. Er stammt aus der Feder von Vorort-Sekretär Ernst Geyer, der den Kampf gegen die Gebrüder Oswald auch nach gewonnener Abstimmungsschlacht beharrlich weiterführt und regelmässig Artikel veröffentlicht, um, wie er selbst zugibt, «im Kreis um Ems Diskussionen auszulösen und Unfrieden zu stiften».[24] Nun warnt er in der NZZ, der HOVAG-Konzern habe «zurzeit die vielleicht grösste seiner politisch-wirtschaftlichen Spekulationen im Tun». Die Elektra Rätia sei ein «Werkzeug», um die Gemeinden «einseitig und fest» an Oswalds Reichenau AG «zu binden», und ihre Beteiligung an der Kraftwerk Reichenau ein schlechter Scherz, denn dort besitze die HOVAG dank ihrem Partner Georg Fischer die Aktienmehrheit und das Sagen. Geyer geht nur in einem Punkt mit Oswald einig: Graubünden stehe vor einer wichtigen Entscheidung. Es habe die Wahl zwischen einem «raschen und gesicherten Ausbau» durch bewährte Unternehmen und «einem Abenteuer» im Schlepptau der HOVAG.[25]

Caflisch zieht seinen Antrag auf Beitritt zur Elektra Rätia sofort zurück, um «weitere fundamentale Fragen» abzuklären. Einige stellt er einem Juristen, andere einem Ingenieur, sechs – zur Finanzierung, zum Zeitplan und zu den Mehrheitsverhältnissen – schickt er Oswald persönlich.[26] Vier Tage später wird Caflischs Brief im freisinnigen *Freien Rätier* abgedruckt. Für Oswalds Kraftwerkpläne ist das ein PR-GAU sondergleichen. Wutentbrannt wirft er Caflisch vor, dieser sei mitverantwortlich, dass die Stimmung «immer unsachlicher wird und vor allem immer mehr in eine Hetze gegen die Emser-Werke ausartet».[27] Um die Kantonshauptstadt in die Knie zu zwingen, wartet Oswald mit Zahlen auf, die schwarz auf weiss belegen, wie sehr sie von der HOVAG finanziell abhängig ist. Die Werkkantine kaufe jedes Jahr für 900 000 Franken Waren ein, während die Lohnsumme der in Chur domizilierten HOVAG-Mitarbeiter 2,2 Millionen Franken betrage, Steuern abwerfe und der lokalen Wirtschaft zugutekomme.

Oswald mag sich empören, doch einen Bruch mit Chur will er nicht riskieren. Also lädt er den Gesamtstadtrat zu einer Werkführung ein, um die Wogen zu glätten. Doch das Ansehen der Elektra Rätia hat schwer gelitten. *Die Tat* nennt sie eine «Zwangsjacke» für die Gemeinden und einen weiteren Beweis für «die Emser Verschachtelungskünste». Sogar das HOVAG-freundliche *Bündner Tagblatt* kritisiert: «An Unverfrorenheit dürften dieser Gründer-Vertrag und diese Statuten ihresgleichen suchen, und die plumpe Art, sich die Gemeinden bei der Vergebung von Wasserkräften gefügig zu machen, grenzt an Unverschämtheit.»[28]

Ein Jahr nach dem Abstimmungskampf über die «Lex Ems» stehen die Zeichen im Bündnerland wieder auf Sturm. «Wochenlange, leidenschaftliche Flugblatt- und Pressekampagnen» erhitzen die Gemüter, während in den Gemeindeversammlungen Gegner und Befürworter der Elektra Rätia «hart aufeinander» prallen. Schliesslich erklären sieben Gemeinden ihren Beitritt. Bonaduz gehört nicht dazu.[29]

«Ein unfeines Sprengmanöver»

Werner Oswald verliert in seiner Heimatstadt Luzern eine Abstimmung und sucht mit einem politischen Husarenstück die Wahl eines Bündner Regierungsrats zu verhindern.

«Dr. Oswald deckt die Karten auf», meldet *Die Tat* im Frühling 1957. Er habe sich in aller Stille die Nutzungsrechte am Flembach gesichert und halte seit einem Monat die Bewilligung für den Bau eines Kraftwerks beim bündnerischen Brigels in der Hand. Nun sei bekannt geworden, dass die Stadt Luzern sich mit 40 Prozent am Projekt beteilige. *Die Tat* ist «von der Selbstsicherheit wirklich verblüfft, mit der die Gebrüder Oswald der Öffentlichkeit bekanntgeben, dass Bündner Energie nach auswärts vergeben werde», während sie gleichzeitig «die innerbündnerische Nutzung der letzten verfügbaren Wasserkräfte» predigen.[1] Das werfe «ein grelles Licht auf die wahre Wasserrechtspolitik» der HOVAG. Auch die NZZ staunt über die «doppelbödige Politik» der Gebrüder Oswald, die sonst jeden Stromexport «mit dem Makel des ‹Landesverrates› behaftet» hätten.[2]

Oswald hat mit dem Stadtrat seiner Heimatstadt Luzern ausserordentlich gut verhandelt. Er bringt die Konzessionen ein, deren Wert er auf 900 000 Franken beziffert, Luzern schiesst denselben Betrag für den Bau der ersten Kraftwerkstufe ein und garantiert Anleihen von sieben Millionen. Für eine so grosse Investition braucht der Stadtrat die Zustimmung des Grossen Rats, doch das scheint eine reine Formsache. Mitten in die Ratsdebatte platzt jedoch ein Entscheid, der alles infrage stellt: Der Bundesrat suspendiert die Bündner Konzession, weil der Bau der zweiten Kraftwerkstufe erst in zwölf Jahren erfolgen soll.[3] Im Kanton herrscht helle Aufregung. Böse Zungen behaupten sogar, Bundesrat Streuli sei befangen. Als ehemaliger NOK-Präsident amte er als «einflussreicher Götti» des unterländischen Konzerns – ein Verdacht, den Streuli empört zurückweist.[4]

Eilends organisiert Oswald für das Luzerner Parlament und die Lokalpresse eine «Gratisfahrt» nach Brigels. Ein

Projektgegner ist überzeugt, damit versuche er, «die Zweifler zu beschwichtigen, die Bedenklichen zu bekehren und die Unbelehrbaren als schlechte Patrioten hinzustellen». Doch die Reise erfüllt ihren Zweck. Am Standort des künftigen Kraftwerks gibt es «romanische Lieder und Bindenfleisch», die Grossräte kehren «hochbegeistert» nach Luzern zurück und genehmigen die Investition.[5] Doch dann taucht überraschend ein Spielverderber auf. Ein freisinniger Anwalt fordert, das Geschäft gehöre vor das Volk, und droht mit einer Beschwerde, die den Baubeginn um mindestens ein Jahr verzögern könnte. Die Stadtväter willigen in einen Urnengang ein, unterschätzen jedoch ein Grüpplein hartnäckiger Freisinniger, die bereits die HOVAG-Vorlage bekämpft haben und Oswald erneut ausbremsen wollen.[6] Ihr Sprachrohr, das *Unabhängige Wochenblatt Luzern,* denunziert die Vorlage als «indiskutabel, unannehmbar, unmöglich», weil Luzern die finanzielle Hauptlast trage, während die Gebrüder Oswald «ohne eigenes Risiko» ein Kraftwerk erhielten.[7] Im Rahmen der Familiengeschichte hat das eine durchaus ironische Note, denn ein halbes Jahrhundert zuvor opponierte Arthur Oswald als führender Vertreter des Luzerner Freisinns gegen «Staatsgelder» für eine private Schokoladenfabrik.

Die Kraftwerkgegner haben einen schweren Stand. Der Landesring gibt als einzige Partei die Nein-Parole aus, und die Emser Propagandamaschine arbeitet auf Hochtouren. Am Freitag vor der Abstimmung druckt die NZZ eine Einsendung ab, die vehement für ein Ja plädiert. Die Luzerner Freisinnigen sind empört. Damit habe die sonst «besonders seriös, grundsätzlich und konsequent redigierte» NZZ einem Mann das Wort erteilt, «der mit machiavellistischer Verschlagenheit auf nichts anderes ausging als auf eine anstössige Stimmungsmache». Man sei in Luzern nicht erpicht, «von ausserhalb her Abstimmungsparolen entgegenzunehmen».[8] Am Tag vor der Abstimmung kommt es noch schlimmer: Der Luzerner Stadtrat gibt bekannt, der Bundesrat habe das Kraftwerkprojekt nach einer Präzisierung der Konzession bewilligt. In letzter Minute bringt eine Handvoll «um die Zukunft der Stadt besorgter Bürger» ein Flugblatt in Umlauf, das die Stimmbürger beschwört, Luzern sei keine Milchkuh, «die sich von den Gebrüdern Oswald melken lassen» wolle. «Darum reussab mit dem Brigelser Wasser.»[9] Am 21. Juli 1957 wird die Vorlage, mit einer mickrigen Stimmbeteiligung von 32 Prozent, ganz knapp verworfen. Die NZZ berichtet hämisch über den «elektropolitischen Fehlstart» und deutet den Entscheid als «Kundgebung gegen das Emserwerk mit seinen Filialgesellschaften».[10] Doch die energiewirtschaftlichen Ambitionen der Gebrüder Oswald sorgen weiterhin für politischen Zündstoff.

Ein Jahr später wird auch Graubünden «wieder einmal vom Kraftwerkfieber geschüttelt».[11] Dieses Mal geht es um die Frage, ob der Kanton für 6,25 Millionen Franken einen Viertel der Aktien der Kraftwerke Reichenau AG erwerben soll. Die Regierung befürwortet den Kauf, allerdings nur unter der Bedingung, dass die HOVAG ihre Beteiligung von 50 auf 45 Prozent reduziert. Werner Oswald macht seinem Ruf als hartgesottener Verhandlungspartner alle Ehre. Die Kommission hat die Vorlage bereits zurückgestellt, als er «5 vor 12» einlenkt.[12] Ob damit sein Einfluss beschnitten wird, ist allerdings fraglich. Die restlichen Aktien liegen nämlich beim Schaffhauser Unternehmen Georg Fischer, das viele für den «Blumenstock» halten, den sich die HOVAG vors Fenster gestellt hat.[13]

Im Dezember 1958 beugt sich der Grosse Rat über das kontroverse Geschäft. Das «Rededuell» dauert – «allerdings durch eine Nachtruhe unterbrochen» – geschlagene acht Stunden und wird von einem HOVAG-Angestellten auf der Zuschauertribüne mitstenografiert. Mehrere Parlamentarier verlangen eine geheime Abstimmung, um den «Tribünen-Spionen» das Handwerk zu legen, doch sie können nicht verhindern, dass die Vorlage mit überwältigender Mehrheit angenommen wird.[14] Die endgültige Entscheidung liegt jedoch bei den Stimmbürgern.[15]

Im Abstimmungskampf kann Oswald noch immer auf die politische Elite zählen. Ein Aufruf, der die Vorlage dem «Bündnervolk» ans Herz legt, trägt die Unterschriften von aktuellen und ehemaligen Regierungsräten, Grossräten, eidgenössischen Parlamentariern und Richtern.[16] Einzig die freisinnige Partei gibt die Nein-Parole aus.[17] Ein paar anonyme «besorgte Steuerzahler» warnen mit Inseraten und Flugblättern davor, öffentliche Gelder für ein «Abenteuer» zu verschleudern, und legen dabei den Finger auch auf Oswalds Klientelwirtschaft: «Alt Regierungsrat Gadient, der Initiant der verfehlten kleinrätlichen Energiepolitik, hat in der HOVAG eine gute Stellung gefunden. Alt Regierungsrat Bärtsch, der die Reichenau-Konzession durch Vergewaltigung der Gemeinde Bonaduz erzwungen hat, versieht heute den Posten eines Verwaltungsratspräsidenten der Reichenau AG. Was winken wohl den Vätern der heutigen Vorlage für Belohnungen?» In Anbetracht dieses Filzes fordern sie: «Hände weg von einer noch engeren Bindung des Kantons mit dem Emser Konzern!»[18] Doch sie stehen auf verlorenem Posten. Am 1. März 1959 wird die Beteiligung des Kantons an der Kraftwerke Reichenau AG mit satter Mehrheit gutgeheissen.

Kurz darauf wird auch die Frage der «besorgten Steuerzahler» nach der Belohnung für die Väter der Vorlage beantwortet: Regierungsrat Augustin Cahannes, der bereits im

HOVAG-Verwaltungsrat sitzt, tritt in den Verwaltungsrat der Kraftwerke Reichenau AG ein.[19] Dabei nutzt Oswald ein Schlupfloch in der Kantonsverfassung, die zwar die Unvereinbarkeit von Regierungsämtern und privatwirtschaftlichen Mandaten vorschreibt, aber eine Ausnahme gestattet: Ein Regierungsrat kann in den Verwaltungsrat eines Privatunternehmens abgeordnet werden, um die Interessen des Kantons wahrzunehmen. Doch sogar die HOVAG-freundliche *Neue Bündner Zeitung* fordert inzwischen, das dürfe nur «mit äusserster Zurückhaltung passieren», denn «Leute, die für eine Funktion bezahlt werden, sind in ihren Entscheiden nicht mehr ganz frei. Das schleckt keine Geiss weg.»[20] Ihre Forderung nach einer «sauberen Trennung zwischen Verwaltung und Geschäft» vermag aber nichts an Oswalds Günstlingswirtschaft zu ändern.

Seit der Gründung 1941 sitzen bei der HOVAG zwei amtierende Regierungsräte im Verwaltungsrat, und in der Regel bleiben sie nach ihrem Rücktritt dort sitzen. Ein gutes Beispiel ist der katholisch-konservative Sebastian Capaul, der obendrein Verwaltungsrat der PATVAG und der Frisal ist, die das Kraftwerk Frisal-Brigels baut. Capaul ist weniger sichtbar als Gadient, doch auch er ist ein einflussreicher und bestens vernetzter Mitstreiter, denn er ist auch Verwaltungsrat und Direktor der Bündner Kantonalbank, Bezirksgerichtspräsident, Präsident der Verwaltungskommission der katholischen Landeskirche Graubünden, Verwaltungsrat der Rhätischen Bahn und des Hotels Badrutt in St. Moritz sowie Autor der «Cronica economica» im rätoromanischen Radio.[21] Oswald revanchiert sich für seine Dienste, indem er auch für den Nachwuchs sorgt. Marcel Capaul studiert Chemie und wird ein Leben lang – und lange Zeit in leitender Stellung – bei den Emser Werken arbeiten. Die Sorge für die nächste Generation ist fester Bestandteil des «Systems HOVAG»: Andreas Gadients Sohn, Nationalrat Ulrich Gadient, wird 1968 Verwaltungsrat der Emser Werke und der PATVAG, die Journalistin Charlotte Peter, die Tochter von Oberingenieur Peter, Verwaltungsrätin der PATVAG Holding.[22]

Oswalds fein gewirktes System von Begünstigungen, Abhängigkeiten und Verpflichtungen basiert mehrheitlich auf informellen Kontakten und spielt normalerweise hinter den Kulissen. Doch die Regierungsratswahlen 1959 zeigen, wie er politische Prozesse zu beeinflussen sucht. Er geht dabei so weit, dass die *National-Zeitung* von einem «schlecht gebastelten Kriminalroman» spricht.[23] Mit dem Rücktritt von Augustin Cahannes verliert Oswald eine verlässliche Stütze im Kleinen Rat. Das ist bedauerlich genug, doch mit Grossrat Emanuel Huonder schickt die Konservativ-Christlichsoziale Partei ausgerechnet einen «unerschrockenen und unverhehlten Gegner» der HO-VAG ins Rennen.[24] Rasch wird ein Gegenkandidat aus dem Hut gezaubert: Andrea Sciuchetti, der Direktor der landwirtschaftlichen Schule Plantahof, hat eine Rechnung offen, weil er im parteiinternen Auswahlverfahren gegen Huonder unterlegen ist. Eine Woche vor den Wahlen kommt es zum «von langer Hand vorbereiteten Streich». Die Demokratische Partei und ein «überparteiliches» Flugblatt fordern die Stimmbürger auf, Huonders Namen auf dem Wahlzettel durch Sciuchetti zu ersetzen. Da die drei grossen Bündner Zeitungen keine Inserate für den Sprengkandidaten annehmen, wird in den Lokalblättern eine «massive Inseratenkampagne» geführt. Gleichzeitig rührt ein zweites, von einem Dutzend Bauern unterschriebenes Flugblatt die Werbetrommel für den «Bauernvertreter» vom Plantahof.

Das Manöver stellt die Bündner Version der Zauberformel (zwei Demokraten, zwei Konservativ-Christlichsoziale und ein Freisinniger) infrage und ist nur dank Gadients Machtposition in der Demokratischen Partei möglich. Seine Anhänger besetzen die wichtigen Posten in der Partei, die darum laut NZZ «weitgehend» unter dem Einfluss der HOVAG steht. Doch viele Parteimitglieder befürchten, der wilde Kandidat Sciuchetti könnte statt Huonder einen ihrer eigenen Kandidaten aus dem Rennen werfen.[25] In der Partei fliegen die Fetzen, und erst in letzter Minute wird «gegen den Willen der Parteileitung und der Gruppe um Gadient» ein Inserat geschaltet, das die Basis warnt, «auf irgendwelche Sprengmanöver hereinzufallen» und den eigenen Kandidaten durch «unangebrachte Gutmütigkeit» zu schaden.[26]

Trotz der «äusserst intensiven und kostspieligen Propaganda» landet Sciuchetti weit abgeschlagen auf dem letzten Platz. Doch für einen Wahlkampf, der nicht einmal eine Woche gedauert hat, sind 6000 Stimmen ein Achtungserfolg, der vom politischen Einfluss des Duos Oswald/Gadient zeugt. Die beiden Kandidaten, die das erforderliche Mehr nicht erreicht haben, werden im zweiten Wahlgang problemlos gewählt, doch die Wahlen hinterlassen in Graubünden «einen bitteren Beigeschmack». Das «unfeine Sprengmanöver der Hovag» (NZZ) hat nicht nur die Demokratische Partei entzweit, es hat auch in der Konservativ-Christlichsozialen Volkspartei für «unliebsame Auseinandersetzungen zwischen Parteifreunden» gesorgt.[27] Die meisten Zeitungen im Unterland kritisieren das «durchsichtige und fragwürdige politische Manöver», wie die *National-Zeitung,* die schimpft: «So weit haben es die Bündner mit ihrem grössten Industrieunternehmen gebracht. Die Bestellung der politischen Behörden wird von der Emser Industriegruppe überwacht und, wenn nötig, beeinflusst.» Entsprechend gross ist die Genugtuung über die «Wahlschlappe» der «Drahtzieher um die Emserwerke». Die *Freiburger Nachrichten* sehen trotzdem keinen Grund zur Freude. «Was Schaden genommen hat», merken sie bitter an, «ist die Demokratie.»[28]

Ein halbes Jahr später gibt Gadient nach 34 Jahren seinen Abschied im Nationalrat. Obwohl er als junger Mann gegen die «Sesselkleber» vom Leder zog und eine Beschränkung auf höchstens drei Amtsperioden forderte, hat er es zum dienstältesten Parlamentarier gebracht.[29] Sein Rücktritt im Alter von 67 Jahren ist keine Überraschung; trotzdem stellt sich die Frage, ob sein umstrittener Einsatz für den Sprengkandidaten Sciuchetti mit hineinspielte. Dass sein aggressives Lobbying für die HOVAG seinen Ruf als Parlamentarier beschädigt hat, steht ausser Zweifel. «Wenn es schliesslich doch zum Rücktritt dieses früheren ‹Volksmannes› und nunmehrigen Vertrauensmannes der Grossindustrie (Hovag) kam», schreibt der Bündner Korrespondent der NZZ, «so dürfte dazu nicht zuletzt die freisinnige Presse beigetragen haben, die an unzähligen Beispielen nachzuweisen vermochte, wie Nationalrat Dr. Gadient seine früher vertretenen politischen Ansichten durch seine Handlungen in den letzten Jahren geradezu mit Füssen getreten hat.»[30]

Die Presse hat den «politischen Superintendenten der Hovag» (NZZ) bereits nach der Abstimmung 1956 aufgefordert, er müsse sich zwischen seinem Nationalratssitz und dem Sitz im HOVAG-Verwaltungsrat entscheiden.[31] Im Jahr darauf trat er aus dem Grossen Rat zurück. Im Herbst 1959 verabschiedet sich Gadient von der eidgenössischen Bühne, doch den Emser Werken bleibt er treu. Als die Regierung bei der Revision des Wasserrechts 1962 mehr Kompetenzen für sich fordert, sorgt er dafür, dass sich «eine starke oppositionelle Gruppe» bildet, «deren Hauptexponenten sich eindeutig aus dem Kreis um die Emser Werke rekrutierten». Doch sein Einfluss ist nicht mehr, was er einmal war. Sämtliche Ergänzungs- und Streichungsanträge der Emser Lobbyisten laufen ins Leere, und der Grosse Rat beschliesst, dass die Regierung in Zukunft eingreifen kann, wenn Wasserkonzessionen gehamstert statt genutzt werden. «Der Bündner Rat hat sich diesmal also geweigert, nach der Pfeife der Emser Werke zu tanzen», stellt die *National-Zeitung* zufrieden fest. «Die Emser Werke müssen endlich einsehen, dass sie nicht auf alle Zeiten hinaus als das Industrieunternehmen Graubündens gelten können, dem sich alles, die übrigen Industrien und die Gemeinden, die Kreise und der Kanton, die Wirtschaft und die Politik, unterordnen müssen.»[32]

Werner Oswald wird kein «Elektrizitätsbaron», und seine Elektra Rätia stirbt einen stillen und schlecht dokumentierten Tod. 1960 stellt die PATVAG das Kraftwerk Frisal-Brigels fertig. Zwei Jahre später folgt, in nächster Nähe der Emser Werke, das Flusskraftwerk Reichenau.[33] Zusammen mit den drei kleinen Kraftwerken aus den Vierzigerjahren produziert der Emser Konzern jährlich 260 Millionen Kilowattstunden.[34] Oswalds Mammutprojekt, das ihn zum Gebieter über elf Kraftwerke und jährliche 1,5 Milliarden Kilowattstunden gemacht hätte, verschwindet in der Schublade. 2003 gibt die Ems-Gruppe die Stromerzeugung auf und verkauft ihre Kraftwerke ausgerechnet an die frühere Erzrivalin NOK.[35]

«Ein unfeines Sprengmanöver»

«Ems – ein Schweizer Wirtschaftswunder»

Werner Oswald ruft in Ems eine neue Firmenkultur aus, bringt die HOVAG auf Erfolgskurs und schmiedet kühne Zukunftspläne.

Gleich mehrere Journalisten fragen sich im Frühjahr 1957, wie es eigentlich um Ems steht. Und weil sie der «Gwunder» packt, fahren sie für einen Augenschein ins Bündnerland. «Erste Überraschung: Keine stillgelegten Werke», stellt der Reporter des Berner *Bundes* fest. «Im Gegenteil, die Schlote rauchen wie die Kamine eines Ozeandampfers; es dampft, zischt und raucht an allen Ecken und Enden.»[1] Auch der Vertreter der *Gazette de Lausanne* staunt: «Dünger. Tonnenweise, Berge von Dünger, aufgeschichtet zu rosa und weissen Haufen in eiligst gebauten Hallen, die nicht einmal mit der Produktion mithalten können. Grilon-Socken. Und noch viel mehr als Socken: Kabel, Tennisschläger, Hemden, Wellen, Zahnräder, Bolzen, ein wahres Sammelsurium an Plastikgegenständen, die noch nicht verkauft, aber schon erprobt werden, die sich als die stärksten der Welt erweisen und, wie man mir versichert, die ungebremste Zustimmung der Konsumenten finden werden. Das ist keine Fabrik mehr. Das ist ein Industriezentrum, ein Umschlagplatz, ein Kombinat. Die Produktivität hat sich vervielfacht, die Grundlagen wurden bereinigt. Der Staat hat (wie wir wissen!) die Subventionen gekürzt. Die Subventionen waren, kurz gesagt, das letzte Hindernis auf dem Weg zum Wohlstand.»[2]

    Werner Oswald hat nach verlorener Schlacht die Produktion von Alkohol, Methanol und Hefe eingestellt und die Anlagen für Lactam, Ammoniak, Ammonsulfat und Harnstoffdünger erweitert. Mit der GRILON & PLASTIC MACHINERY Ltd. hat er in London die erste Auslandvertretung eröffnet, die ein Lager und ein Büro neben dem Hafen in Dover besitzt.[3] Und da er sich nicht mehr um die öffentliche Meinung scheren musste, hat er den INVENTA-Verwaltungsrat um einen ehemaligen Nazi (Johann Giesen) und einen Franco-Freund

(Victor Oswald) erweitert. Er hat die Zäsur auch zum Anlass genommen, um in Ems einen «neuen Geist» auszurufen. «Eine Schlacht ist verloren – die nächste müssen wir gewinnen!», mahnte die Hauszeitung *Holz und Faser*. Die Töne waren schrill, und die angedrohten Sanktionen drastisch. «Restloser Einsatz für unsere Unternehmung und vorbehaltlose Kameradschaft zu unseren Mitarbeitern sind Grunderfordernisse und Voraussetzung aller Neuorientierung. – Wer sich dieser Erkenntnis verschliesst, stört Geist und Team und ist zu eliminieren. Er verkennt den Ernst der Lage und die wichtigste Voraussetzung, sie zu meistern. Wir stehen wirtschaftlich vor ‹Sein oder Nichtsein›, und es liegt in der Hand eines jeden, durch seinen charakterlichen und willensmässigen Anteil zum ‹Sein› beizutragen.»

Das neue Zauberwort hiess «Rationalisierung», und laut *Holz und Faser* konnte es sich die HOVAG nicht leisten, «hier auch nur einen Schritt hintendrein zu hinken». Die Kader mussten die «Organisationsstruktur», die «Kompetenz-Delegation» und die «Unterstellungsverhältnisse» neu ordnen und die «Gemeinschaftsarbeit» – heute würde man «Teamwork» sagen – stärken. Statt Gehorchen war in Ems nun «Mitdenken» gefordert. «Nicht alles muss unbedingt von oben angeordnet werden; nicht der gehorsame Befehlsempfänger, der allmählich zur Einstellung gekommen ist, dass er auch den kleinsten Handgriff nur auf Anregung tun darf und zu tun gedenkt, ist der Typ, der uns vorschwebt.» Damit der ideale Mitarbeiter sich einbringen konnte, wurden «Gespräche am ‹runden Tisch›» und ein «betriebliches Vorschlagswesen» eingeführt. Wie ungewohnt das war, zeigte die Erklärung, was das neue «Gemeinschaftsdenken» nicht war: «Das hat nichts mit Gleichmacherei, nichts mit Kollektivismus oder Sozialisierung zu tun.» Grundlage der neuen Betriebskultur sollte eine «die Persönlichkeit auf jeder Stufe achtende Gesinnung» sei, welche als «Grundlage nicht nur eines ersspriesslichen Zusammenlebens, sondern auch einer optimalen Arbeitsleistung» galt.[4]

Wie sich die interne «Neuordnung» ausgewirkt hat, ist nicht bekannt. Glaubt man Joachim Schultze, so prägte «der Geist von Dr. Oswald noch lange die Unternehmensprinzipien und die Kultur».[5] Nach wie vor haben Mitarbeiter jederzeit, auch zu Unzeiten, zur Verfügung zu stehen. Rüdiger Mayer erinnert sich: «Wenn die Mutter das Telefon abnahm, fragte der Vater immer: ‹Ist es der R. oder der W.?› Das Telefon war im Flur, da stand er dann, und nach einer halben Stunde brachte meine Mutter meist einen Stuhl.»[6] Heinz Schneller berichtet Ähnliches: «Wenn um elf Uhr nachts das Telefon klingelte, wusste ich: Das ist Dr. Oswald. Er fragte: ‹Ich bin noch im Büro.

Störe ich?› Ich war meist schon im Bett, aber das konnte man ja schlecht sagen.»[7]

Nach einem Jahr ohne Bundeshilfe ist die HOVAG auf Erfolgskurs: Sie hat kaum Leute entlassen, ihr Ertrag ist um 300 000 Franken gestiegen, der Reingewinn hat sich auf 200 000 Franken verdoppelt, und sie schüttet eine Dividende von 5 Prozent aus. Die massive Abschreibung bei den Beteiligungen und die Erhöhung des Anlagewerts erklärt sich die *Handelszeitung* mit Gewinnen, die bisher nicht ausgewiesen wurden, und mit «in den Jahren der Bundeshilfe angelegten stillen Reserven».[8] *Die Tat* konstatiert, dass sich die HOVAG «auf privatwirtschaftlicher Basis flott weiterentwickelt» hat.[9] Und der *Brückenbauer* staunt: «Ems floriert wie noch nie!»[10] Es gibt auch kritische Töne. Laut NZZ wäre es «ungerechtfertigt» gewesen, der HOVAG 28 Millionen Franken Bundeshilfe zu gewähren.[11] Die *Weltwoche* wird noch deutlicher: «Und wir, die Dummen, müssen zu unserem grossen Erstaunen feststellen, dass wir trotz unseres Neins am 13. Mai den Herren von Ems mir nichts, dir nichts eine grosse, mit unserem Geld gebaute und schön ausgerüstete, finanzkräftige und Dividenden ausschüttende Fabrikanlage, komplett mit Tochterunternehmen – einfach geschenkt haben! […] Gestehen wir offen: Die Hovag hat das ganze Schweizervolk mitsamt der Regierung hereingelegt.»[12]

Die Ankündigung von VR-Präsident Pestalozzi, die HOVAG halte am Schiedsverfahren fest und fordere vom Bund 16 Millionen, sorgt hingegen für einhellige Empörung. «Diese Mitteilung muss peinlich berühren», schreibt die *Handelszeitung,* «um so mehr, als sie auf dem Hintergrunde eines vorteilhaften Geschäftsabschlusses abgegeben wurde, der nur dank der früheren Bundeshilfe möglich war.»[13] Die *Finanz und Wirtschaft* konstatiert kurz und bündig einen «Beutezug» auf öffentliche Gelder.[14] Doch im Herbst 1959 zieht die HOVAG die Klage zurück. Sie begründet den Schritt mit der «günstigen» Geschäftsentwicklung, die ihr ermöglicht, «auf die Durchsetzung ihrer Rechte zu verzichten».[15] Doch Bundesrat Feldmann glaubt kein Wort. Der wahre Grund sei die Einsicht, auf verlorenem Posten zu stehen. Als Antwort auf das «tendenziöse» Communiqué der HOVAG verschickt der Bundesrat eine Pressemitteilung, erwähnt aber nicht, dass die Kläger die 77 000 Franken Anwaltskosten des Bundes übernehmen müssen.[16] Auch Gadients Ehrverletzungsklage wegen des Berichts der *Tat* über die «geheimen Steuerabkommen» findet einen unspektakulären Abschluss: Beim Vergleich erteilt ihm Jaeckle «volle Satisfaktion» und übernimmt die Gerichtskosten.[17] In der Presse erscheint eine kurze Notiz über den «abgeblasenen Ehrenhandel».[18] Das war's.

Politik

Die HOVAG floriert auch im zweiten Jahr nach der Abstimmung, und die *Finanz und Wirtschaft* stellt fest, sie entwickle sich «zu einem der grössten Unternehmen und zu einem der bedeutendsten Konzerne unseres Landes».[19] Dass Pestalozzi in einer «sehr kritischen, ja aggressiven» Präsidialrede gegen den Bund wettert, kommt hingegen schlecht an. «HOVAG-Präsident auf dem hohen Ross» titel die NZZ und ruft die «Irreführung» von Bund und Stimmbürgern in Erinnerung.[20] «Die HOVAG sollte lieber schweigen», ärgert sich auch die *Basellandschaftliche Zeitung,* da es «die Steuerzahler und vor allem die Benzinverbraucher waren, die den grössten Teil dieser Umstellung finanziert haben.»[21] Im Herbst 1959 arbeiten wieder gleich viele Leute in Ems wie vor der Abstimmung. «Ems – ein Schweizer Wirtschaftswunder», jubelt die sonst kritische *National-Zeitung.* «Umstellung trägt goldene Früchte.»[22]

Die Geschäftsleitung macht für den Erfolg «einige besonders glückliche Umstände» verantwortlich, wie «erfolgreiche Forschungsergebnisse», «die gute Konjunktur» und den «ausgezeichneten Absatz ihrer Produkte im Ausland».[23] Am erfolgreichsten ist die INVENTA, welche die Lactam- und Harnstoffverfahren lizenziert und das Verfahrenswissen der HOVAG versilbert. Bereits 1952 hatte sie 18 Projekte akquiriert, je drei Holzverzuckerungs-, Methanol- und Polyamidanlagen sowie neun Harnstoffanlagen, die «praktisch über die ganze Welt» verteilt waren, «von Kanada bis Südamerika, von Dänemark bis Süd-Afrika und im Osten von Griechenland bis Japan».[24] (Der Geschäftsbericht verschwieg wohlweislich die Länder hinter dem Eisernen Vorhang.) 1954 baute sie die erste Grilon-Anlage in Japan. Der Vertrag war äusserst rentabel: Die Nippon Rayon in Osaka bezahlte neben einer Grundlizenz von 115 000 Franken auch 2 Prozent Lizenzgebühren auf die Produktion; die INVENTA verdiente also an jeder synthetischen Faser, welche die Fabrik verliess.[25] Das Spinnsalz stammte von UBE Kosan, die mit Unterstützung der INVENTA die grösste Spinnsalzanlage im pazifischen Raum gebaut hatte und ebenfalls mit dem Emser Verfahren produzierte.[26] In den Sechzigerjahren entwickelt sich die INVENTA laut Joachim Schultze zu einer «Goldgrube», die während zwei Jahrzehnten «praktisch die gesamte Forschung» in Ems finanziert.

Die Holzverzuckerungs AG, die seit drei Jahren kein Holz mehr verzuckert, wird 1960 offiziell in «Emser Werke» umbenannt und der Firmenzweck in «Herstellung, Vertrieb und Entwicklung von chemischen Erzeugnissen sowie Chemiefasern» abgeändert. Das Kapital der FIBRON wird auf 100 000 Franken herabgesetzt und das Verspinnen der Grilon-Masse ans Mutterhaus übertragen.[27] Seit der Abstimmung hat sich der Reingewinn des Unternehmens fast vervierfacht, und Oswald hat hochfliegende Pläne. Neben Grilon-Fasern und Grilon-Plastikprodukten sollen in Ems künftig Polyester und Epoxidharze für die Bau- und Lackindustrie produziert werden. Das Vorgehen ist dasselbe wie Ende der Vierzigerjahre mit den Perlonspezialisten, mit dem Unterschied, dass Oswald die Spezialisten aus der DDR holt. Wieder sind es günstige, hoch spezialisierte deutsche Arbeitskräfte, die neue Betriebszweige aufbauen und massgeblich zum Erfolg der Emser Werke beitragen; nur dass Oswald neuerdings von einem Chemieunternehmen träumt, das laut Schultze «schon fast in die Grössenordnung anderer europäischer Grossunternehmen dieser Sparte gepasst hätte».[28]

Um diese «Grosschemie-Visionen» zu ermöglichen, entscheidet eine ausserordentliche Generalversammlung im Frühling 1961, das Aktienkapital der Emser Werke auf zehn Millionen Franken zu verdoppeln und Obligationen für den gleichen Betrag auszugeben.[29] «Die Emser Werke befinden sich eben in vollster Blüte», stellt die *Finanz und Wirtschaft* fest. Die Empörung darüber, dass Oswald Staat und Stimmbürger an der Nase herumgeführt hat, ist vergessen. «Der seinerzeitige Zweckpessimismus war also grundlos, was die Stimmbürger, die Ems eine weitere Hilfe versagt haben, mit Genugtuung, und diejenigen, die eine solche Hilfe noch für nötig fanden, mit Beruhigung erfüllt.»[30] Was sich nicht geändert hat, ist die Diskretion der Geschäftsleitung. Sie publiziert nach wie vor keine Umsatzzahlen, und der Geschäftsbericht, der neuerdings mit Farbfotos auf Hochglanzpapier daherkommt, «spiegelt die Einstellung des Unternehmens: Niemand soll merken, wie gut es uns geht…»[31]

Nicht nur die Wirtschaftsjournalisten wundern sich über das «Emser Wunder». Auch die Historikerin fragt sich, wie Oswald, der jahrelang den drohenden Ruin heraufbeschworen und die hohle Hand gemacht hat, scheinbar mühelos auf Erfolgskurs umschwenken konnte. Christoph Blocher hat 1991 eine Erklärung zur Hand: Nach der Abstimmung sei die «Produktionspalette» der Emser Werke «von Grund auf erneuert» worden. «Diese Herausforderung wurde sowohl von der Unternehmensleitung als auch von den Mitarbeitern angenommen. Das Zeitalter der chemischen Grundstoffe hatte begonnen.» In den Sechzigerjahren sei dann ein weiteres Mal «eine totale Neuausrichtung» erfolgt, «die nur durch enormen Willen und Tatkraft aller Beteiligten erfolgreich vollzogen werden konnte».[32] Blochers Erklärung zeigt, dass er mit dem Zepter in Ems auch die rhetorischen Vorlieben seines Ziehvaters übernommen hat. «Wille» und «Tatkraft» tönt halt entschieden besser als Wissens-

Der Chemiker Kurt Kahr (Mitte) in Japan (o. D.)

Werner Oswald empfängt eine japanische Delegation auf Schloss Haldenstein (o. D.)

«Ems – ein Schweizer Wirtschaftswunder»

transfer, vor allem, wenn man ihn ehemaligen NSDAP-Mitgliedern und Spezialisten aus der kommunistischen DDR verdankt. Wie das «Wunder von Ems» tatsächlich zustande kam, lässt sich ohne Zugang zum Firmenarchiv nicht klären, denn mit dem Ende der Bundeshilfe versiegt auch der Strom der amtlichen, heute für die Forschung zugänglichen Akten. Eines lässt sich jedoch mit Sicherheit sagen: Oswald fällte 1947 den richtigen Entscheid, als er auf Kunstfasern setzte.

Werner Oswalds zweiter Plan, mit Flüssigkeitsraketen und Emser Napalm neue Absatzmöglichkeiten für das «Emser Wasser» zu schaffen, ist hingegen gescheitert. Aber weil ihn die Entwicklung eine schöne Stange Geld gekostet hat, will er wenigstens die Investitionen wieder hereinholen. Es ist die Aufgabe von PATVAG-Direktor Erwin Widmer, Kunden und Lizenznehmer für die Calanda-Rakete und das Opalm zu suchen. Dass sich schliesslich drei ausländische Geheimdienste mit den Waffengeschäften der PATVAG befassen, ist nicht sehr überraschend, aber keinesfalls in Oswalds Sinn. Und dass die Geheimdienstoperationen die PATVAG in die nationalen und internationalen Schlagzeilen bringen, noch viel weniger.

WAFFEN-GESCHÄFTE (AB 1960)

Ein Bewohner des jemenitischen Dorfs al-Kawma präsentiert die Überreste einer ägyptischen Brandbombe (1963)

Waffengeschäfte

«Nebelgeräte in der Dachstube»

Die Beschlagnahmung von Flammenwerfern der DIMEX sorgt für eine diplomatische Verstimmung zwischen Frankreich und Deutschland und zwingt PATVAG-Direktor Widmer zu einer Notlüge.

Zwanzig Meilen südwestlich von Cabo de São Vicente kommt es am 9. September 1960 zu einer unfreundlichen Begegnung in internationalen Gewässern.[1] Der deutsche Frachter Las Palmas wird auf seinem Weg nach Casablanca von der französischen Marine abgefangen und durch die Meerenge von Gibraltar nach Algerien eskortiert. Grund ist ein Hinweis des französischen Geheimdienstes, das Schiff habe Waffen für den algerischen Front national de libération (FLN) geladen. Bei der Inspektion auf der Flottenbasis Mers-el-Kébir kommen 15 Kisten zum Vorschein, deren Inhalt als «Schädlingsbekämpfungsgeräte mit Reservebehälter und Zubehör» deklariert, aber für erstaunliche 150 000 Deutsche Mark versichert ist. Absender ist die DIMEX, Empfänger die Zenatia Import-Export in Rabat, eine Tarnfirma des FLN. Die Franzosen sind sicher, dass es sich um Flammenwerfer handelt, und beschlagnahmen die Sendung.[2]

Da französische Kriegsschiffe in den letzten drei Jahren ein gutes Dutzend deutscher Handelsschiffe aufgebracht haben, sorgt die «Affäre Las Palmas» für Schlagzeilen, rote Köpfe und eine diplomatische Verstimmung. Der Botschafter der BRD bringt eine scharfe Protestnote ins Elysée, die Sozialdemokraten im Bundestag ereifern sich über die französische «Piraterie», und die FDP-Fraktion verlangt Auskunft, wie die Regierung deutsche Handelsschiffe künftig «vor völkerrechtswidrigen Übergriffen» schützen will.[3] Auch als die französische Presse den Fund von Flammenwerfern vermeldet, beharrt das Bonner Auswärtige Amt darauf, es handle sich um landwirtschaftliche Geräte.[4]

Um die Sache zu klären, schickt der Chefredaktor der *Hamburger Morgenpost* zwei Mitarbeiter los, um eines dieser «Hochdruck-Universal-Spritzgeräte» zu fotografieren und den Direktor der DIMEX zu interviewen.[5] Im Sekretariat von «Kaufmann H.» finden sie den ersten Hinweis: Aktenordner, die mit «Fla-We Widenmann» und «Fla-We Junker und Ruh», einem Kürzel für «Flammenwerfer», beschriftet sind. Auch das Büro von Walter Heck zeigt, dass er «militärisch interessiert» ist. In einer Ecke entdecken sie zwei mit «Metavon Napalm» beschriftete Kanister, oben auf einem Schrank einen Stahlhelm und einen Tropenhelm. «Ich war nämlich in Afrika», erklärt Heck treuherzig. «Sie müssen aber nicht denken, dass ich ein Militarist sei, weil das Hoheitszeichen mit dem Hakenkreuz noch drauf ist.» Er scheint den Reportern tatsächlich kein typischer Militarist. «Er hat lange Locken und hat früher einmal mit Gartenzwergen und gärtnerischen Geräten gehandelt.»[6]

Heck ist empört über den «Kaperakt» der französischen Marine: «Das ist gar nichts anderes als Piraterie. Wenn wir einen offiziellen Auftrag vom marokkanischen Landwirtschaftsministerium für Spritzgeräte bekommen, können wir doch nicht vorher untersuchen, was zuletzt daraus gemacht wird. Wir haben jetzt zum Beispiel den Auftrag für Nebelgeräte zum Rebenschutz, da kann man doch Tarnnebel daraus machen.» Er versichert, dass sich die Geräte auf der «Las Palmas» «sowohl zum Versprühen von Schädlingsbekämpfungsmitteln wie auch zum Feuerlöschen» eignen, kann aber weder ein Gerät noch einen Prospekt vorzeigen. Immerhin verspricht er, beides zu beschaffen. Als die Presseleute ein paar Tage später nochmals vorbeischauen, präsentiert er ihnen «einen in olivgrüner Tarnfarbe gestrichenen tragbaren Kanister mit Druckzylinder». Obwohl es sich um ein anderes Modell als die Geräte auf der «Las Palmas» handelt, lässt er sich damit ablichten.

Der Artikel über Heck und seine Geschäfte erscheint am 21. Oktober 1960 in mehreren deutschen Zeitungen. Die *Frankfurter Allgemeine Zeitung* hat sich für die pittoreske Überschrift «Nebelgeräte in der Dachstube» entschieden. Fünf Tage später trifft bei der Stadtpolizei Zürich ein Briefumschlag ein, in dem der besagte Artikel steckt. Kein Begleitbrief, kein Absender, nur der Poststempel verrät, dass der Umschlag in Solothurn aufgegeben wurde. Er landet auf dem Schreibtisch von Wachtmeister Egli, zusammen mit dem Auftrag, der Sache auf den Grund zu gehen. Als Erstes sticht ihm ins Auge, dass «Kaufmann H.» dem Reporter erzählt hat: «Wissen Sie, der Colonel Mercier ist mein Feind. Jetzt hören die Franzosen dauernd meine Telefonate mit Afrika und Arabien ab. Ich habe mich schon bei der Post beschwert. An der deutsch-schweizerischen Grenze sind die Leitungen angezapft.»[7]

Der französische Geheimdienstagent Marcel Mercier ist legendär. Laut *Spiegel* hat er «Manieren eines Weltmanns,

Schultern eines Catchers» und eine abenteuerliche Vergangenheit: «Als Mitglied der französischen Resistance und in der Rolle eines Kellners hatte er sich seine Spionage-Sporen in der Kollaborations-Hauptstadt Vichy verdient. In die Hände der Gestapo gefallen, überstand er tapfer alle ‹verschärften Verhöre› von Himmlers Schergen, ohne irgendeinen Mitkämpfer aus dem Maquis preiszugeben.» Nach dem Krieg trat er in den Geheimdienst ein und fand eine neue Mission: die «Bekämpfung kommunistischer Subversion und arabischer Nationalisten».[8]

Für Wachtmeister Egli steht der Name Mercier für einen Skandal, der die Schweiz vor drei Jahren in ihren Grundfesten erschüttert hat. Als Handelsattaché der französischen Botschaft in Bern spionierte Mercier im Schutz seiner diplomatischen Immunität die nordafrikanische Exilgemeinde aus, die den politischen und militärischen Widerstand gegen die Kolonialmacht Frankreich organisierte. Zu diesem Zweck freundete er sich mit Bundesanwalt René Dubois an und brachte ihn dazu, die Telefonleitung der ägyptischen Botschaft anzuzapfen. Da Präsident Nasser die arabischen Befreiungsbewegungen unterstützte, enthielten die Abhörprotokolle auch Informationen über Merciers liebsten Feind, den algerischen FNL.

Gleichzeitig gewann Mercier das Vertrauen von Bundespolizei-Inspektor Ulrich, der sich als katholisch-konservativer Innerschweizer nicht damit abfinden wollte, dass ein welscher Sozialdemokrat sein Vorgesetzter war, und deshalb «mit allen Mitteln» auf Dubois' Sturz hinarbeitete.[9] (Beide tauchen in diesem Buch nicht zum ersten Mal auf: Dubois ermittelte in der Zünderaffäre; Ulrich, einer der dienstältesten Inspektoren der Bundespolizei, verhörte Oswald zu den Betonbomben und führte das Dossier Fischer-Kadgien-Haupt.)

Ulrich brachte Mercier regelmässig Kopien der Telefon-Abhörprotokolle und anderer geheimer Dokumente. Als seine Botengänge zur französischen Botschaft aufflogen, ging Mercier zum Angriff über. Er drohte der Bundesanwaltschaft, er habe «genug Beweise», um Dubois «auffliegen zu lassen». Am 23. März 1957 wurde der erste sozialdemokratische Bundesanwalt tot auf dem Estrich seiner Wohnung gefunden. Er hatte sich mit seiner Armeepistole erschossen und seiner Frau die Notiz hinterlassen: «Ich bin unschuldig, sag es.»[10]

Der Fall, der nie restlos aufgeklärt wurde, war laut *Die Tat* «eine der schmerzlichsten und schwersten Affären» der Nachkriegsschweiz.[11] Inspektor Ulrich wurde wegen verbotenen Nachrichtendiensts und Verletzung des Amtsgeheimnisses zu zweieinhalb Jahren Zuchthaus verurteilt. Oberst Mercier, der wegen seiner diplomatischen Immunität nicht befragt werden konnte, wurde nach längerem Hin und Her ausgewiesen. Das war keine Sanktion, sondern ein schlechter Witz, denn er war schon längst abgereist und führte seinen Kampf gegen Araber und Kommunisten in Deutschland weiter.

Kurz nach Merciers Ankunft in Deutschland flogen in Tanger zwei Kutter des deutschen Waffenhändlers Georg Puchert in die Luft; zwei Jahre später wurde Puchert mitten in Frankfurt samt seinem Mercedes von einer Bombe zerfetzt. Die Explosion war so gewaltig, dass alle Fensterscheiben im Umkreis von siebzig Metern barsten. Kurz vorher hatte Puchert geschrieben: «Bin sehr beunruhigt, werde verfolgt. Hatte eine böse Überraschung (Mercier).»

Sein Kollege, der Waffenhändler Otto Schlüter, hatte bessere Nerven und mehr Glück. Er überlebte vier Sprengstoffattentate, bei denen als Kollateralschaden ein Geschäftsfreund und seine Mutter den Tod fanden. Erst dann zog er sich aus dem Geschäft zurück. Wenig später verlor sein Nachfolger bei einem Sprengstoffattentat beide Hände.[12] Dem eigenartigsten Attentat fiel der Genfer Waffenhändler Marcel Léopold zum Opfer. Er stand vor seiner Wohnungstüre, als ein 15 Zentimeter langer Stahlbolzen seine Lunge und eine Hauptarterie durchbohrte. Die Waffe, die einen Stock tiefer unter einer Fussmatte gefunden wurde, entpuppte sich als eine zum Blasrohr umfunktionierte Fahrradpumpe. «SCHWEIZ: Mord, auf fremdländische Art» titelte sogar das *Time Magazine*.[13]

1959 denunzierte der *Spiegel* als Erster die «rechtsextremistische» französische Rote Hand als Urheberin dieser Attentate und brachte Mercier mit der Terrororganisation in Verbindung.[14] Zeugen hatten ihn jeweils kurz vorher in der Nähe der Tatorte gesichtet, und Waffenhändler berichteten, er habe ihnen geraten, «ihre Geschäfte mit Algerien gegen angemessene Entschädigung aus dem französischen Staatshaushalt aufzugeben».[15]

Heck hat allen Grund, nervös zu sein, denn alle Opfer waren, wie er selbst, Lieferanten des FLN. Im Herbst 1959 führte er dem FLN-Chefeinkäufer Hachemi Serghini auf einem Schrottplatz ausserhalb von Karlsruhe seinen Flammenwerfer vor. Serghini, der eigentlich Mehdi Mabed heisst und den Spitznamen Scheitan (Teufel) trägt, zögerte, kaufte aber immerhin zwei Tonnen «Brandstoff», die Heck an die Zenatia Import-Export in Casablanca lieferte.[16] Von da an lief das Geschäft wie geschmiert: im Januar 1960 drei Tonnen der holländischen Napalm-Variante Metavon;[17] im Februar und im Juni je zehn Tonnen Opalm-Napalm-Gemisch, die als «Metallseife zur Textilveredlung» anstandslos den Zoll passierten.[18] Wahrscheinlich war auch eine Lieferung von zehn Tonnen Opalm, hundert Flam-

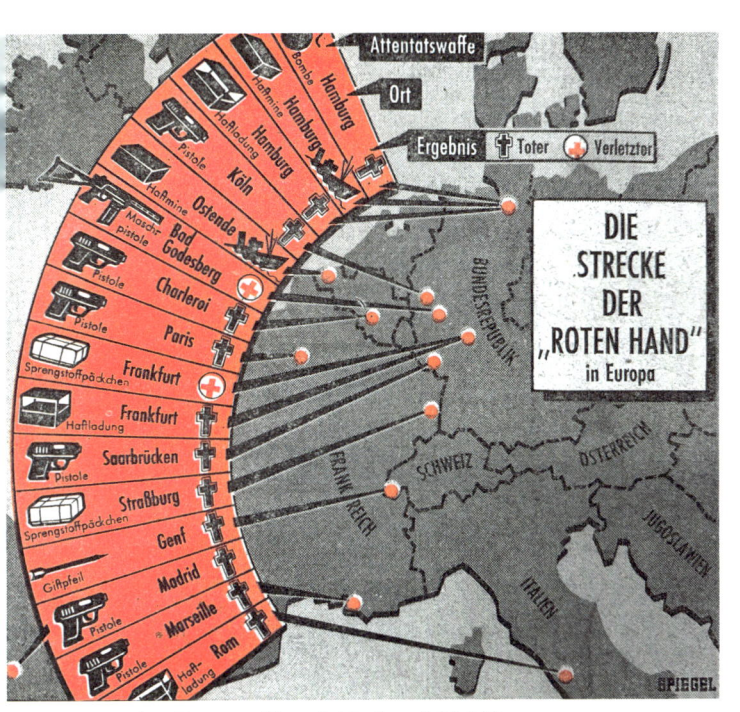

Attentate der Roten Hand (*Spiegel* 1960)

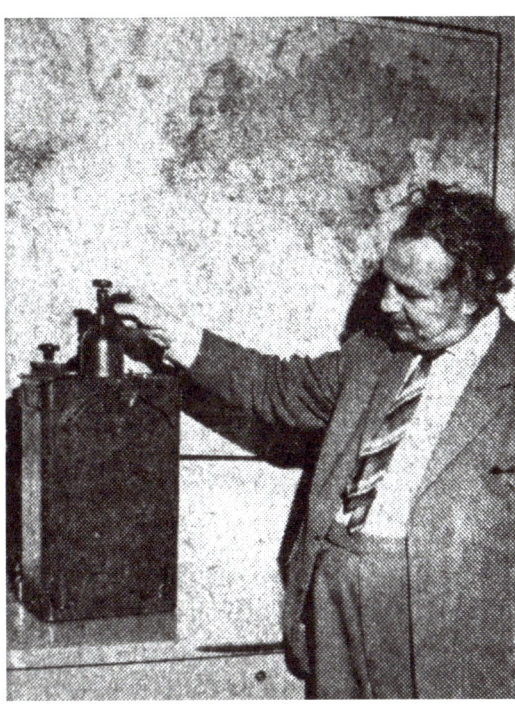

Walter Heck präsentiert ein «Schädlings-
bekämpfungsgerät» der DIMEX (1960)

«Nebelgeräte in der Dachstube»

menwerfern und 20 000 Zündpillen, die ins Nachbarland Libyen gingen, für den FLN bestimmt.[19] Im Februar 1960 gingen erstmals zehn Flammenwerfer an die marokkanische Tarnfirma des FLN, im Sommer noch einmal dreissig – alle deklariert als «Hochdruck-Universal-Spritzgeräte zur Schädlingsbekämpfung». Kurz nach dem Aufbringen der «Las Palmas» verschiffte Heck weitere dreissig «Spritzgeräte».[20]

Sie basieren auf einem Modell der Schweizer Firma SIFRAG, die seit den Dreissigerjahren Flammenwerfer baut. Nach dem Krieg brachte die Firma in Bern-Bümpliz ein weltweit beachtetes Modell mit einer Reichweite von achtzig Metern auf den Markt und experimentierte bereits 1951 mit Napalm-Füllungen.[21] Die DIMEX sicherte sich eine Lizenz des SIFRAG 55, wobei unklar ist, ob die Idee, Opalm in Kombination mit Flammenwerfern zu verkaufen, von Heck, dem DIMEX-Teilhaber Schaufelberger, PATVAG-Direktor Widmer oder gar den Gebrüdern Oswald stammte.[22] Die Absicht war hingegen eindeutig: Man wollte die junge Bundeswehr als Kundin gewinnen. Als das nicht klappte, suchte man anderswo.[23] Interessenten gab es zuhauf, das zeigen die Ausfuhrgesuche der SIFRAG: Allein im Frühling 1955 belieferte sie den Libanon, den Iran und den Irak mit Flammenwerfern im Wert von zwei Millionen Franken.[24]

Heck liess Kopien des SIFRAG 55 in Deutschland anfertigen und bot sie samt Brandmasse zum Verkauf an. Über die ersten Lieferungen ist nur bekannt, dass er problemlos Exportbewilligungen erhielt. 1957 konnte er sogar zehn Flammenwerfer nach Nicaragua liefern, obwohl das Land in einen bewaffneten Konflikt mit Honduras verwickelt war. Die zweite Sendung wurde jedoch nicht mehr bewilligt, weil die BRD inzwischen ein neues provisorisches Genehmigungsverfahren für Waffenexporte eingeführt hatte. Von da an exportierte er laut einem Polizeirapport «vorsätzlich ohne Genehmigung».[25] Dabei arbeitete er eng mit der PATVAG zusammen: Widmer akquirierte, schloss die Verträge und erteilte die Aufträge, Heck produzierte, spedierte und kassierte dafür fünf Prozent Provision.[26]

Bei welchen Operationen der FLN die Flammenwerfer einsetzte, ist nicht bekannt, denn beide Kriegsparteien hielten ihre Napalm-Einsätze streng geheim. So durften die Piloten der französischen Luftwaffe nicht von Napalm-Bomben, sondern nur von «bidons spéciaux» [Spezialkanister] reden. Der Bomberpilot Germain Chambost war der Erste, der 1991 bekannte, «ich habe Spezialkanister abgeworfen» und «einen Mann davonrennen sehen, den ich verbrannt habe».[27] Heute weiss man, dass die französische Armee ab 1956 im grossen Stil Napalm gegen den FLN und die algerische Zivilbevölkerung einsetzte. Dass auch die Rebellen zu Napalm/Opalm griffen, wird in der Fachliteratur nicht erwähnt, obwohl der FLN bei der DIMEX mindestens zwanzig, wahrscheinlich aber eher dreissig Tonnen Opalm-Pulver kaufte.[28] Es ist nicht bekannt, in welchem Verhältnis Opalm-Pulver und Benzin angerührt wurden, wenn das Gel für Flammenwerfer bestimmt war. Geht man vom gleichen Mischverhältnis wie bei den Bomben und der gleichen Tankgrösse wie beim SIFRAG 55 aus, hätte das für mindestens 14 000 und maximal 22 000 Einsätze des DIMEX-Flammenwerfers gereicht – und verheerende Verwüstungen zur Folge gehabt. Es ist deshalb rätselhaft, warum bis heute weder Historikerinnen noch Journalisten bei ihren Recherchen auf Opalm-Einsätze des FLN gestossen sind. Kam das Opalm gar nicht zum Einsatz? Aber warum hätte der FLN dann mehrmals nachbestellt? Es ist eines von vielen bislang ungelösten Rätseln rund um das Emser Napalm.

Doch zurück zu Wachtmeister Egli und seinen Bemühungen, sich einen Reim auf den anonym zugestellten Zeitungsartikel über die Geschäfte DIMEX zu machen. Er entdeckt nämlich eine zweite Spur, die in die Schweiz führt: Dem deutschen Reporter ist ein Brief der «PATVAG Zürich» auf Hecks Schreibtisch aufgefallen. Egli hat noch nie von dieser Firma gehört, doch sein Bauchgefühl sagt ihm, sie «stehe irgendwie im Zusammenhang mit der Sache». Tatsächlich zeigt ein Blick in die Hotelkontrolle, dass Heck im letzten Jahr mehrfach in Hotels in Zürcher Seegemeinden abgestiegen ist. Also greift Egli zum Hörer.

Direktor Widmer greift auf bewährte Taktiken zurück, um die enge Zusammenarbeit der PATVAG mit der DIMEX zu verwedeln: Autorität ausspielen (Direktor und Oberst), Kooperation signalisieren (belanglose Details preisgeben) und die Wahrheit zurechtbiegen: Er räumt zwar ein, Heck sei PATVAG-Vertreter, aber einzig für Geschosszünder. Er verharmlost auch das Geschäft mit den Flammenwerfern, die meist zusammen mit Opalm verkauft werden: Die Bundeswehr habe Heck auf einer Ladung Flammenwerfer sitzen gelassen, darum seien diese nach Marokko exportiert und dort von einem «gewissen Dr. Hajek» zu Schädlingsbekämpfungsgeräten umgebaut worden. «Mit dieser ganzen Sache habe die Fa. Patvag aber nichts zu tun», versichert er Wachtmeister Egli. «Trotzdem sei dieser Zeitungsartikel für die Firma unangenehm und wahrscheinlich werde Heck als Vertreter fallen gelassen.»[29] Ein Bundespolizei-Inspektor, der eine Kopie des Zürcher Polizeirapports erhält, übernimmt die Behauptung, Hajek baue Waffen in landwirtschaftliche Geräte um, genauso kritiklos wie die Einschätzung von Widmers Person. Er trägt in dessen Fiche ein: «W. diente als Auskunftsperson, hat mit der Sache nichts zu tun.»[30]

Horst Hajek ist also zurück. Obwohl er Heck 1954 auf Schulden und enttäuschten Hoffnungen sitzen gelassen hat, montiert er nun die separat nach Marokko gelieferten Sprührohre auf die DIMEX-Flammenwerfer, damit sie einsatzbereit sind. Was er sonst noch macht, ist nicht bekannt. Doch es ist ein eigenartiger Zufall, dass er in Brasilien, wo er die letzten zwei Jahre gelebt und sich als Professor ausgegeben hat, ausgerechnet eine Nebelpetarde entwickelt hat und Heck dem Reporter der *Morgenpost* erzählt hat, er verkaufe auch «Nebelgeräte zum Rebenschutz», die man auch für das Versprühen von militärischem «Tarnnebel» verwenden könnte.

Im Dezember 1960 muss BRD-Aussenminister Heinrich von Brentano in den sauren Apfel beissen und den Bundestag informieren, auf der «Las Palmas» seien «Teile von Flammenwerfern» gefunden worden. Um solchen Zwischenfällen künftig vorzubeugen, ermahnt er die Parlamentarier, müsse möglichst rasch der Entwurf des Kriegswaffenkontrollgesetzes verabschiedet werden.[31] Noch vor der Beratung sticht in Hamburg die «MS Stentor» in See – im Laderaum eine Mustersendung für das Departement of Supply der United Arab Airforce in Damaskus: ein Flammenwerfer, siebzig Kilogramm Opalm- und zehn Kilogramm Napalm-Granulat, dazu fünfzig Brandbombenzünder und je zehn Dosen roter Phosphor und Kaliumperchlorat zur Verstärkung der Brandwirkung.[32]

Im Februar 1961, zwölf Jahre nach der Gründung der BRD, verabschiedet der Bundestag endlich ein Waffenkontrollgesetz, das besagt, dass «Waffen zur Gewaltanwendung zwischen Staaten im Kriegsfalle nur mit Genehmigung der Bundesregierung hergestellt, befördert und in Verkehr gebracht werden dürfen».[33] Die *Karlsruher Zeitung* ist überzeugt, wegen der «Las Palmas»-Affäre sei es «schneller als ursprünglich vorgesehen» angenommen worden.[34] Doch Widmer und Heck haben nicht vor, sich das Geschäft verderben zu lassen.[35] Erst recht nicht, als sie vom Waffenhändler Athanas Kefsisoff kontaktiert werden, der auf der Suche nach Flammenwerfern ist.[36] Vor ein paar Wochen ist in der portugiesischen Kolonie Angola ein Aufstand ausgebrochen. Bauern verbrannten Saatgut, verweigerten die Zwangsarbeit auf den Baumwollfeldern und griffen europäische Händler an. Als sich die Rebellion ausbreitete, beschloss das Salazar-Regime, «alle von subversiven Aktionen befallenen Gebiete schnell zu räumen»,[37] und liess zwanzig Dörfer mit Napalm bombardieren.[38] Nun ist Kefsisoff auf der Suche nach 6000 Flammenwerfern, weil Portugals kleine Streitmacht «in riesigen Steppen, die mit hohem dürrem Gras bewachsen sind», kämpfen müsse.[39]

Am 2. Juni 1961, einen Tag nach der Inkraftsetzung des Kriegswaffenkontrollgesetzes, sitzt DIMEX-Mitarbeiter Heinrich Gompf in einem Flugzeug nach Lissabon. Im Gepäckraum fliegt eine Kiste mit zwei als Schädlingsbekämpfungsgeräte deklarierten Flammenwerfern, fünf Kilogramm Opalm- und vier Kilogramm Napalm-Granulat mit, die in Lissabon von einem Vertreter des Verteidigungsministeriums am Zoll vorbeigeschleust werden.[40] Während der Vorführung setzt Gompf alles daran, die Militärdelegation zu überzeugen, dass der DIMEX-Flammenwerfer der Konkurrenz «ganz eindeutig überlegen» ist.[41] Drei Wochen später trifft in Karlsruhe der ersehnte Telex aus Lissabon ein. Die DIMEX hat den Zuschlag erhalten.[42] Vier Lieferungen von je 1500 Flammenwerfern samt «Zusatzladung», Gesamtwert 13,2 Millionen Deutsche Mark, Nettogewinn mindestens 6 Millionen.[43] Es ist das Bombengeschäft, auf das Heck seit Jahren gewartet hat.

Fast zur selben Zeit fischt Hecks Frau eine Ansichtskarte aus Portugal aus dem Briefkasten. Die Nachricht lautet: «Die schöne Zeit ist bald vorbei, Sie werden demnächst von mir hören, Marianne». Irmtraud Heck hat den unschönen Verdacht, ihr Mann habe mit dieser Marianne «eine Verbindung», doch dieser schwört, er habe den Namen noch nie gehört. Vielleicht sei es eine Autostopperin, an die er sich nicht erinnern könne. Als der Chefeinkäufer des FNL ihm erklärt, Marianne bedeute Frankreich, ahnt Walter Heck, dass das keine gute Nachricht ist.[44] Und täuscht sich nicht.

«Nebelgeräte in der Dachstube»

«Das Ende eines Waffenhändlers»

Nach Walter Hecks Tod stehlen sich alle aus der Verantwortung, doch eine Meldung des österreichischen Geheimdienstes über den KZ-Arzt Josef Mengele bringt PATVAG-Direktor Erwin Widmer gehörig ins Schwitzen.

«Vor seiner Haustüre zusammengeschossen. Kaufmann Opfer eines Revolver-Attentats». So und ähnlich lauten die Schlagzeilen, die am 29. Juni 1961 den Anschlag auf den Waffenhändler Walter Heck vermelden. Die Ermittlungen laufen auf Hochtouren, doch alle Hauptverdächtigen besitzen ein Alibi. Heck scheint auch keine Feinde zu haben. Nachbarinnen und Geschäftspartner schildern ihn übereinstimmend als «angenehm», «verträglich» und «sehr hilfsbereit».[1] Die Angaben zu den zwei Unbekannten, die vor der Tat in der Bachstrasse gesichtet wurden, sind hingegen so widersprüchlich, dass die Polizei die Bevölkerung um Mithilfe bittet.

Hecks engster Mitarbeiter, Heinrich Gompf, kann nicht einvernommen werden. Kriminaloberkommissar Fritz Rottenecker, der die Ermittlungen leitet, hat ihn noch in der Nacht aus dem Bett geklingelt und gefragt, ob er irgendeinen Verdacht habe. Gompf schien ihm «sehr erschüttert», erklärte aber, er könne nicht aufs Kommissariat kommen, wegen dringender Geschäfte müsse er am frühen Morgen nach Portugal fliegen. Er versprach aber, sich nach seiner Rückkehr sofort zu melden.

Drei Tage später trifft im Hotel Ritz in Lissabon ein Telegramm für Gompf ein. Absender ist PATVAG-Direktor Widmer: «PROGRAMMAENDERUNG. SIE FLIEGEN MORGEN ABEND AB ZUERICH DIREKT NACH MAHMUD. UNTERLAGEN HOLE ICH MORGEN IN K. AB UND TREFFE ABENDS 19.08 IN ZUERICH WIEDER EIN. BITTE AM BAHNSTEIG WARTEN. FLUG GEBUCHT. VISUM NICHT ERFORDERLICH. RUFEN SIE MICH HEUTE ABEND 22.00 AN UNTER NR. ZUERICH 34 94 21.»[2]

Tags darauf taucht Widmer im Spital in Karlsruhe auf und verspricht Heck, er werde ihm «in jeder Form helfen», er könne ihn auch «in einem Schwerverletztenheim in der Schweiz» unterbringen. Nachdem er klargemacht hat, dass sich Kooperation lohnt, legt er Heck eine eidesstattliche Erklärung zur Unterschrift vor. Sie besagt, dass Widmer bevollmächtigt ist, die Interessen der DIMEX wahrzunehmen und dass die Produktionsmaschinen, die fünf Tonnen Opalm und die 1100 Bombenzünder, die in der Fabrik in Weingarten lagern, Eigentum der PATVAG sind.[3]

Am selben Tag ruft Gompf das Hauptkommissariat in Karlsruhe an. Er befinde sich in Zürich und müsse im Auftrag der PATVAG noch heute Abend nach Kairo weiterreisen, «um geschäftliche Besprechungen über die Errichtung einer Kunststoff-Fabrik zu führen». Er sei spätestens in fünf Tagen zurück und werde sich sofort melden.[4] «Wenn es ihm vor dem Abflug zeitlich noch möglich wäre, würde er einen Brief schreiben», notiert Oberkommissar Rottenecker. Andernfalls werde Gompf im Flugzeug «einige Zeilen» zu Papier bringen und per Luftpost schicken.

Hecks Zustand ist «sehr bedenklich», doch er will unbedingt auspacken.[5] Er glaubt, wie er Kommissar Rottenecker im Spital zu Protokoll gibt, dass der französische Geheimdienst, der seine Telefongespräche mit Schaufelberger und das Telefonat mit seiner Frau am Abend des Anschlags abgehört habe, hinter dem Anschlag stecke. Nur so lasse sich erklären, dass der Täter ihm vor seinem Zuhause aufgelauert habe. Kommissar Rottenecker müsse unbedingt mit Schaufelberger und seinem Freund, Wehrmacht-Oberst a. D. Otto Wagner, reden, die bestimmt einiges über «die Hintergründe des infrage kommenden Täterkreises» aussagen könnten. Nach zwanzig Minuten wird die Befragung auf Drängen des Stationsarztes abgebrochen. «Heck selbst machte Angaben über seinen Zustand, indem er ohne Umschweife sagte, dass er von der Hüfte ab gelähmt sei und bleiben würde», heisst es im Protokoll. «Er ist sich darüber völlig im Klaren, dass seine Tage gezählt seien.»[6]

Oberkommissar Rottenecker weiss noch nicht, dass Schaufelberger Aktionär der DIMEX ist, aber Oberst Wagner weiss, was er seinem Schweizer Freund schuldet. Heck sei eigentlich kein Waffenhändler, erklärt er dem Kommissar im Brustton der Überzeugung. Er habe es lediglich als «patriotische Pflicht» angesehen, Entwicklungen «für die deutsche Landesverteidigung sicherzustellen, ehe sie möglicherweise in unerwünschte Kanäle abschwimmen». Das sei auch der Grund, warum er «Verbindungen mit Schweizer Kreisen und Persönlichkeiten» unterhalten habe, die «ein wehrhaftes Deutschland» als «Ergänzung des westlichen Verteidigungssystems begrüssen und unterstützen». Wagner sucht selbst Schutz unter dem patriotischen Deckmäntelchen. Er habe Heck «honoris causa» beraten, weil «Zeitverluste in der westlichen und insbesondere in der deutschen Aufrüstung nur der Wehrkraft des Ostens zugutekommen». Er habe aber vor Lieferungen an den FLN gewarnt, und Heck habe ihm «hoch und heilig versprochen, nach dieser Las Palmas-Panne die Finger von diesem Feuer zu lassen. Von da ab mied er mich aber offensichtlich. Ich weiss auch, dass Schaufelberger ihn gleichfalls gewarnt hatte, diesen obskuren Weg zu beschreiten.»[7]

In Gompfs Brief aus Kairo klingt es nicht viel anders. Er sei Heck «vorwiegend beratend» zur Seite gestanden, weil dieser «ein lieber Kerl» gewesen sei. Heck habe ihm nicht einmal seine «Auslagen an Sprit, Verpflegung u. s. w.» erstattet. Das ist faustdick gelogen, denn Gompf arbeitet seit anderthalb Jahren praktisch ausschliesslich für die DIMEX respektive die PATVAG. Seine erste grosse Geschäftsreise führte ihn im Frühjahr 1960 in den Nahen Osten, weil die PATVAG «eine Lieferung von Abwurfbehältern und Brandfüllstoff» nach Jordanien geschickt hatte und Widmer einen Instruktor brauchte, der «die Geräte den jordanischen Fliegern erklären und vorführen» konnte. Als Erstes besuchte Gompf den «Generalvertreter» der PATVAG in Beirut, dann erledigte er seinen Auftrag in Amman und besuchte anschliessend «die Verteidigungsministerien des Libanon und Syrien, die an den gleichen Behältern interessiert waren». Letzte Station war Syrien, denn dort mussten «technische Änderungen an der Aufhängung der Behälter getroffen und konstruiert werden, da die dortigen Techniker damit nicht klarkamen». Nach seiner Rückkehr wurde ihm von Widmer die Leitung des Betriebs in Weingarten angeboten, weil Heck einen Herzinfarkt auskurieren musste. Als er zusagte, wurde «ein Ingenieur aus der Schweiz herangeholt», der ihm «die Maschinen und ihren Einsatz sowie die Mischverhältnisse verschiedener Chemikalien zeigte und schriftlich niederlegte».[8]

In Gompfs Brief sucht man diese Informationen vergeblich. Stattdessen erklärt er, Heck habe sich nur «aus Sanierungsgründen» mit dem FLN eingelassen. «Er hat das Geschäft selbst in den ersten Wochen meiner Mitwirkung ängstlich verschwiegen.»[9] Wenig später meldet Gompfs Frau dem Kommissar, «ihr Mann habe noch 3–4 Wochen in Kairo zu tun».[10] (Schliesslich werden aus den drei Wochen drei Jahre. Doch dazu später.)

Die Ermittlungen zeigen, dass der Anschlag für Hecks Geschäftspartner und Freunde nicht überraschend gekommen ist. Erich Suczek, der wegen Waffenschieberei in Untersuchungshaft sitzt, gibt sogar zu Protokoll, er habe ein Treffen mit dem französischen Militärattaché vereinbart, um diesen zu überzeugen, «dass Heck keine Flammenwerfer nach Algerien liefert oder geliefert hat». Schaufelberger wusste davon und riet ihm, «nicht allein zu dem Treff zu gehen». Weil Suczeks verhaftet wurde, kam die Besprechung nicht zustande, doch er ist überzeugt, dass der Mordanschlag «nicht verübt worden wäre, wenn ich in Freiheit gewesen wäre».

Heck wird von Kommissar Rottenecker noch zwei Mal befragt. Er erzählt von seinen Geschäften und Verhandlungen mit Waffenhändlern, von der Vollmacht, die Widmer ins Spital mitbrachte, und wie es ihn betrübt, dass sein engster Mitarbeiter Gompf ihn nicht besucht. Das Reden fällt ihm unendlich schwer. Beide Besprechungen müssen nach kurzer Zeit abgebrochen werden, weil er «völlig erschöpft» ist.[11]

Am 7. Juli 1961 stösst der Zürcher Wachtmeister Egli bei der morgendlichen Zeitungslektüre auf eine Agenturmeldung mit der Überschrift «Ende eines Komplizen des FLN». Der 51-jährige Walter Heck sei seinen Verletzungen erlegen, doch es fehle noch immer «jede Spur von dem Attentäter. Ein Zusammenhang mit der Tätigkeit der französischen Terrororganisation ‹Rote Hand› wird nicht ausgeschlossen.»[12] Egli folgert haarscharf: «Ihn hat also das gleiche Schicksal erreicht wie den in Genf ermordeten Waffenhändler Marcel Leopold.» Im Büro geht er sofort die Hotelkontrollen durch. Und siehe da: Zwei Monate zuvor ist Heck wieder einmal im «Goldenen Kreuz» in Erlenbach abgestiegen. Und wieder greift Egli zum Hörer. Und wieder gibt sich Direktor Widmer auskunftsfreudig. Er habe Heck am Tag vor dem Anschlag in seinem Büro empfangen, es sei ihm aber nichts Ungewöhnliches aufgefallen. Doch er hat einen Verdacht. Wahrscheinlich habe die Rote Hand, «mit der bekanntlich der berüchtigte Colonel Mercier in Verbindung gebracht wird», Heck umgebracht. Der französische Militärattaché habe ihm jedenfalls versichert, «dass die französischen Behörden an Heck kein Interesse gehabt hätten». Er vertraut Egli auch an, «dass er, obwohl er nicht im eigentlichen Waffenhandel tätig sei, den Eindruck habe, nicht nur in Deutschland, sondern auch hier in Zürich ‹beschattet› zu werden, in Deutschland von Algeriern». Der Zufall will es, dass am selben Tag der Hauptverdächtige im Genfer Mordfall Léopold an die Schweiz ausgeliefert wird. Doch Egli ist überzeugt, dass dieser mit dem Fall Heck nichts zu tun hat.[13]

Drei Wochen nach Hecks Tod wird der Zürcher Waffenhändler Paul Stauffer vor seiner Haustüre regelrecht hingerichtet. Der Gerichtsmediziner stellt «einen Kopfschuss, einen Kopfstreifschuss und drei weitere Schüsse im Rücken» fest, abgegeben «aus relativ kurzer Distanz von hinten». Da Stauffer nach «unbestätigten Gerüchten» Waffen nach Algerien verkauft hat, fällt der Verdacht einmal mehr auf die Rote Hand. «Die Ausführung des Mordes deutet jedenfalls daraufhin, dass hier ein rücksichtsloser und zu allem entschlossener Täter am Werk gewesen sein muss, der nichts anderes als den Tod von Dr. Stauffer wollte und sich um die weiteren Folgen gar nicht kümmerte», schreibt *Die Tat* und zieht Parallelen zu den Anschlägen auf Heck und Léopold.[14]

Für die Kinokette der Familie Scotoni ist der Mord in Zürich ein makabrer Glücksfall. Im Kino Apollo, wo sich in den Dreissigerjahren auch der Firmensitz von Werner Oswalds Terra-Film-Vertriebs befand, läuft der Spielfilm «Die Rote Hand», ein «knallharter Kriminalfilm» mit «unheimlichen Enthüllungen über die grösste existierende Verbrecher-Organisation».[15] Der deutsche Produzent, der auch «Tante Wanda aus Uganda» auf dem Gewissen hat, ist ein Meister der leichten Muse. Der Thriller handelt vom Kampf zwischen Mahora Khan, dem Boss der Roten Hand, und Agent Jonny Zamaris, gespielt vom Frauenschwarm Paul Hubschmid, der die Geheimorganisation zerschlagen soll. Zufällig sind beide in die Nachtclubtänzerin Violetta Scotoni (!) verliebt, entsprechend dramatisch ist das Finale: «Abwehragent Jonny reisst die ranke Soubrette Violetta zum Versöhnungskuss an sich, dann macht er kehrt und verlässt das Theater durch die Hintertür. Im gleichen Augenblick rollt eine schwarze Limousine an die Bordsteinkante, die Mündung einer Maschinenpistole wird durch das Wagenfenster gestupst: Eine Feuergarbe fetzt dem Abwehrmann durch den Leib. ‹Jonny›, schreit Violetta. Doch ein Passant sagt: ‹Da ist nichts mehr zu machen…›»[16] Obwohl der Gute am Schluss in die Bordsteinkante beisst, tourt der Streifen drei Jahre lang durch die Schweizer Kinosäle und nährt den Mythos von der Roten Hand.

Die Ermittler in der Schweiz und in Deutschland finden mehrere Überschneidungen zwischen den Anschlägen auf Heck und Stauffer. Es wurde dieselbe französische Munition verwendet, und sechs Personen standen in Kontakt mit beiden Opfern, unter ihnen Heinrich Gompf, den die deutsche Polizei für eine «Schlüsselfigur» hält.[17] Auch der Schweizer Bundesanwalt Hans Fürst schaltet sich ein. Ihn interessieren allfällige Verbindungen zur Affäre rings um seinen Vorgänger René Dubois. Nach der Lektüre von Eglis Rapport kritzelt er auf einen Zettel: «Erwin Widmer ist mir als fast gleichaltrigem Wädenswiler gut bekannt. Er sollte von uns über seine Beziehungen zu Heck/Ulrich/Mercier genau abgefragt werden.»[18]

Während der Befragung durch Bundespolizei-Inspektor Jakob Rümmeli versucht Widmer krampfhaft, den

Der Spielfilm «Die Rote Hand» (1960)

«Das Ende eines Waffenhändlers»

Fauxpas auszubügeln, der ihm im Gespräch mit dem Zürcher Wachtmeister Egli unterlaufen ist. Um Hecks Rolle kleinzureden, erklärte er damals, dieser vertreibe in Deutschland «ausschliesslich» die Zünder der PATVAG. Doch für diese Zünder war nie eine Exportbewilligung eingeholt worden, weil Heck sie nach den Besprechungen in Zürich jeweils sackweise über die Grenze schmuggelte. Nun korrigiert sich Widmer und behauptet, die Zünder würden «ausschliesslich» in Deutschland durch Heck produziert.[19]

Kurz darauf erscheint Widmer unangemeldet auf dem Polizeipräsidium in Karlsruhe und erklärt Kommissar Rottenecker, er sei «gerade geschäftlich bei der Fa. DIMEX» und halte es für «seine Pflicht», der Polizei alles zu melden, was er wisse. Dabei stellt er zwei merkwürdige Bedingungen: Das Protokoll müsse sicher verwahrt werden, weil er «Repressalien» des FLN befürchte, und Kommissar Rottenecker müsse «auf dem Dienstweg» beim Schweizer Kollegen Rümmeli «das amtliche Ermittlungsergebnis bezüglich meiner Angaben» anfordern. Es ist eine elegante Art, die beiden Ermittler kurzzuschliessen und ihnen mitzuteilen, dass er in beiden Ländern mit der Polizei kooperiert.

Während der Besprechung nimmt Widmer das Wort Opalm nicht ein einziges Mal in den Mund und holt die PATVAG elegant aus der Schusslinie: Heck habe als selbstständiger Kaufmann «auf Lager» gearbeitet und manchmal für die PATVAG «Aufträge erledigt».[20] Mehr nicht. Doch der Kommissar lässt sich nicht täuschen. In seinem Schlussreport heisst es, Widmer sei mit Heck «in enger Geschäftsbeziehung» gestanden, und die PATVAG habe als Hauptgläubigerin ein Interesse daran, dass die Geschäfte der DIMEX auch nach seinem Tod «weitergeführt» würden.[21]

Auch Schaufelberger redet sich aus der Verantwortung. Er habe Heck einmal mit 5000 Franken ausgeholfen, und da dieser das Darlehen nicht zurückbezahlen konnte, habe er es in eine Beteiligung an der DIMEX umgewandelt. «Für [Heck] war es eine Ehrensache, mich nicht zu Verlust kommen zu lassen», versichert Schaufelberger. «Ich habe ihm so oft es ging geholfen, weil er mir leidtat, er hatte eine wirklich nette Familie.»[22] Auch Widmer hat die finanzielle Schieflage der DIMEX erwähnt, doch wahrscheinlich handelt es sich um eine Schutzbehauptung, um das florierende Opalm-Geschäft zu kaschieren. Laut Polizei erzielte die DIMEX nämlich einen Jahresumsatz von 250 000 Deutsche Mark und war in der Lage, täglich 500 Kilogramm Opalm zu produzieren.[23] Auch dass Heck kurz vor seinem Tod einem Mieter wegen «Ausweitung seiner Büros» kündigte, zeugt nicht von finanziellen Schwierigkeiten.[24]

Die Aussagen von Widmer und Schaufelberger scheinen sorgfältig aufeinander abgestimmt. Besonders auffällig ist, wie beide krampfhaft versuchen, sich vom Napalm-Experten Horst Hajek zu distanzieren. «Gegen diesen Mann hatte ich sofort eine Abneigung, und zwar aus persönlichen Gründen und aufgrund meiner Menschenkenntnis. Ich wollte mit ihm nichts zu tun haben», erklärt Widmer der deutschen Polizei. Er habe Heck mehrfach vor diesem «Quacksalber» gewarnt. Schaufelberger stösst ins selbe Horn: «Ich weiss, dass Hajek auch mit der Patvag Zürich Verbindung hatte, dass aber Direktor Widmer nichts mit ihm zu tun haben wollte. Ich warnte Heck nochmals vor Hajek, der fachlich nach meiner Ansicht gar nicht in der Lage war, Heck zu helfen.»[25]

Wahr ist, dass Schaufelberger dafür gesorgt hat, dass Hajek in der Zeitschrift der Schweizerischen Offiziersgesellschaft publizieren konnte. Wahr ist auch, dass Widmer sich 1957, während der Anfänge des Flammenwerfergeschäfts, mindestens zweimal mit dem «Quacksalber» traf. Doch es gibt einen triftigen Grund, warum die beiden unter keinen Umständen mit Hajek in Verbindung gebracht werden wollen: Er heisst Josef Mengele. Einen Tag vor dem Attentat auf Heck wurde das Kommissariat IV der Bundespolizei, das für die Zusammenarbeit mit den westlichen Nachrichtendiensten zuständig ist, avisiert, der berüchtigte, international gesuchte Lagerarzt von Auschwitz sei «unter dem Namen Prof. Dr. Horst HAJEK [geb. 19]21 im Raume Süddeutschland, Schweiz und Österreich» unterwegs.[26]

Diese Meldung der österreichischen Staatspolizei dürfte bei der Bundesanwaltschaft für Nervosität gesorgt haben, denn vier Monate zuvor hat die Schweiz in Sachen Mengele keine gute Falle gemacht. Am Nachmittag des 4. März 1961 erschien der deutsche Journalist Günther Schwarberg, der dem international gesuchten Kriegsverbrecher auf der Spur war, in der Zürcher Polizeikaserne und deponierte, Mengeles Ehefrau habe an der Schwimmbadstrasse 9 in Kloten, in nächster Nähe des Flughafens Zürich, ein Appartement gemietet. Dort habe er einen Mann gesichtet, auf den die Personenbeschreibung Mengeles «etwa zutreffen könnte» und der sich «ausserordentlich vorsichtig» verhalten habe. Da das Wochenende vor der Türe stand, geschah zuerst einmal gar nichts. Doch am Montagmorgen meldete sich ein *Blick*-Journalist und wollte wissen, was die Polizei inzwischen vorgekehrt hatte. Der Kripo-Chef wusste von gar nichts, gab sich aber keine Blösse. «Tue dergleichen, ich sei im Bild», heisst es in seiner Aktennotiz vom selben Tag. Dann besprach er mit den Kollegen das weitere Vorgehen. Noch am gleichen Tag reiste ein deutscher Staatsanwalt an und die Überwachung von Martha Mengele wurde aufgegleist.[27] Gleichzeitig avisierte der Chef der Zürcher Kripo die Bundespolizei und bat um Weisung, «was geschehen soll, wenn wir auf Dr. Josef Mengele stossen».[28] Die Antwort traf am nächsten Morgen um 9.41 Uhr ein: In diesem Fall sei Mengele in Auslieferungshaft zu nehmen. Zur selben Zeit stieg Martha Mengele in Kloten zusammen mit einem unbekannten Mann in einen stahlblauen VW mit deutschem Kennzeichen und brauste davon. Wieso die Polizisten, die den Wohnblock überwachten, keinen Finger rührten, ist bis heute ungeklärt, denn der Tagesrapport setzt erst zu einem Zeitpunkt ein, als Martha Mengele bereits weg ist. Immerhin erfährt die Polizei, sie sei bei der Unterzeichnung des Mietvertrags «sehr aufgeregt» gewesen. «Sie habe in der Aufregung sogar zwei verschiedene Schuhe, gelb und schwarz, angezogen!»[29] Als der deutsche Reporter am folgenden Tag meldete, er habe auf dem Balkon von Frau Mengele einen Mann gesehen, der jedoch keine Ähnlichkeit mit Mengele aufweise, reagierte der Nachrichtendienst-Chef sauer. Er notierte handschriftlich auf dem Protokoll: «Der Mann macht uns am Schluss noch das Konzept kaputt.»[30] Es gibt keinen Beweis, dass es Mengele war, der den Zürchern durch die Lappen ging. Neuere Publikationen gehen davon aus, dass er ab 1960 nicht mehr in Europa war.[31] Für die Zürcher Polizei war es dennoch kein Ruhmesblatt.

Der 16. März 1961 war der 50. Geburtstag von KZ-Arzt Mengele. Am 18. März kehrte Martha Mengele nach Kloten zurück. Drei Tage später nahm die Polizei die Überwachung wieder auf. Martha Mengele stellte ein Gesuch um eine Aufenthaltsbewilligung und gab als Grund an, ihr Sohn sei in einem Westschweizer Internat untergebracht. Da sie kein Französisch spreche, habe sie sich für Zürich entschieden, an dem sie «Gefallen gefunden» habe. Im nächsten Frühling werde sie aber «nach aller Voraussicht zu meinem Mann nach Argentinien zurückkehren». Nun fragte der Beamte: «Ihr Mann Pepo, richtig Josef Mengele, ist doch der wegen Naziverbrechen in Deutschland gesuchte KZ-Arzt?» Darauf Frau Mengele kleinlaut: «Ja, ich muss dies eingestehen.» Er habe sie verlassen, nachdem 1959 ein internationaler Haftbefehl ergangen sei. Seither habe sie nichts mehr von ihm gehört.[32] Die Fremdenpolizei verweigerte ihr die Bewilligung. Am 20. Juli 1961, sechs Tage vor der Meldung, Mengele reise als Professor Hajek irgendwo im deutschsprachigen Europa, wies die Kantonsregierung auch Martha Mengeles Rekurs ab.

Die Öffentlichkeit hat von all dem keine Ahnung, denn der Fall Mengele ist hoch geheim. Und ist es offenbar bis heute. 1999 hat der Bundesrat als Antwort auf eine Einfache Anfrage zu «Josef Mengele und die Schweiz» zwar versichert, er begrüsse «generell die Aufarbeitung dieses Themas durch die Geschichtsschreibung», doch der Bundesnachrichtendienst (NDB) hat sich geweigert, das Mengele-Dossier im Bundesarchiv für dieses Forschungsprojekt zu entsperren. Begründung: Er müsse seine Auskunftspersonen und deren Nachkommen schützen.[33] Der NDB hat auch mein Wiedererwägungsgesuch abgelehnt, mir aber ein Dokument geschickt, in dem Hajek erwähnt wird. Da vorher mehr als die Hälfte des Dokuments geschwärzt wurde, ist unklar, wie es zur Meldung des österreichischen Staatsschutzes kam.

Rätselhaft ist auch, warum sich Widmer und Schaufelberger derart krampfhaft von Hajek distanzierten, wenn doch nur die Bundespolizei über die mysteriöse Verbindung Mengele/Hajek informiert war. Der Schlüssel dürfte in einer Notiz von Bundespolizei-Inspektor Rümmeli liegen. Er schildert darin ein Treffen mit einer «zuverlässigen VP» (Vertrauensperson), die Hajek «persönlich gut» kannte, ihn «mindestens 20 Mal» getroffen und ihn während der Ermittlungen im Mordfall Heck namentlich erwähnt hatte. Letzteres trifft einzig auf Widmer zu; er hat zu Protokoll gegeben, ein gewisser Dr. Hajek baue Flammenwerfer zu Insektenbekämpfungsgeräten um. Während der Unterredung legte Rümmeli der VP kommentarlos «Lichtbilder» von Mengele in Argentinien vor. (Übrigens: Laut Bergier-Kommission, die das Mengele-Dossier konsultieren durfte, sind diese Bilder verschwunden.[34]) Da die Vertrauensperson den Mann nicht kannte, fragte Rümmeli konkret, ob es sich um Hajek handeln könne. Das wurde von der VP aber «eindeutig verneint». Also schlussfolgerte der Inspektor scharfsinnig, Hajek sei «nicht mit Josef Mengele identisch», man könne aber nicht ausschliessen, «dass Dr. Mengele fälschlicherweise die Personalien des Dr. Hajek verwendet».[35]

Rümmelis Aktennotiz verrät nicht, ob er Widmer die Identität des Abgebildeten verraten hat. Der PATVAG-Direktor hatte jedoch ein vitales Interesse, den Namen des mysteriösen Mannes in Erfahrung zu bringen, denn Rümmeli war mit den Schweizer Ermittlungen zum Mordfall Heck betraut, die für die PATVAG gefährlich werden konnten. Und er besass ein Talent, Rümmeli zum Plaudern zu bringen. Das zeigt der Vergleich von zwei Einvernahmeprotokollen: Dem deutschen Kommissar Rottenecker erzählte Widmer, er wisse von Inspektor Rümmeli, dass der Zürcher Waffenhändler Stauffer der algerischen Befreiungsbewegung eine Lieferung «Waffen bulgarischer Herkunft zugesichert hatte».[36] Im Protokoll der Einvernahme durch Rümmeli, die vorher stattgefunden hatte, wird Stauffer aber mit keinem Wort erwähnt. Der Bundespolizei-Inspektor hatte seiner VP Widmer also Einzelheiten aus einer laufenden Ermittlung verraten, ohne dies zu protokollieren. Es gibt noch ein Indiz, dass Widmer über die Verbindung Mengele/Hajek Bescheid wusste: sein überraschender Sinneswandel. Vor der Fotoidentifikation war er kein einziges Mal zu sprechen, wenn Kommissar Rottenecker bei der PATVAG anrief, und als er Heck im Spital besuchte, hatte er es «sehr eilig», nach Zürich zurückzukehren. Nachdem ihm Rümmeli Mengeles Foto gezeigt hatte, erachtete er es urplötzlich als «seine Pflicht», Kommissar Rottenecker «freiwillig» Auskunft zu geben. Offenbar befürchtete er, die Ermittlungen in Sachen Mengele/Hajek könnten die deutsche Polizei zu den illegalen Opalm-Geschäften der DIMEX und der PATVAG führen. Also distanzierte er sich so schnell als möglich aktenkundig von Hajek.

Es ist für die Geschichte der Emser Werke nicht unerheblich, dass Widmer eine Vertrauensperson der Bundespolizei war. Das sicherte ihm Wohlwollen und Vertrauen, und wenn er es geschickt anstellte, konnte er an wertvolle Informationen gelangen und sogar Verdachtsmomente gegen die PATVAG zerstreuen. Sein Status als «zuverlässige VP» dürfte auch erklären, warum Rümmeli ihm bereitwillig Integrität attestierte, obwohl die Akten eine andere Sprache sprechen. Ungelöst bleibt das Rätsel, wie es überhaupt zur Meldung kam, Mengele reise unter dem Namen Professor Hajek. Das Mengele-Dossier im Zürcher Staatsarchiv, das für diese Arbeit entsperrt wurde, enthält mehrere Aliasnamen Mengeles, der Name Hajek ist jedoch nicht darunter.[37] Hajeks Name taucht auch in keiner der wichtigen Mengele-Biografien auf. Wahrscheinlich liegt der Schlüssel zum Geheimnis irgendwo in Brasilien. Nach seiner Flucht aus Argentinien tauchte Mengele nämlich zuerst in Paraguay unter, versteckte sich aber ab Herbst 1960 in Brasilien, wo Hajek seinen Wohnsitz hatte. Die auffällige geografische und zeitliche Übereinstimmung nährt den Verdacht, der deutsche Exilant Hajek habe Mengele seine Papiere überlassen. Ob das Dossier im Bundesarchiv Informationen dazu enthält, bleibt bis auf Weiteres unklar. Mengele starb 1979, doch das jüngste Dokument im Dossier datiert vom 28. März 1991. Da der Bundesrat die Schutzfrist des Archivguts «Bundesanwaltschaft: Polizeidienst (1960–1999)» auf 50 Jahre verlängert hat, kann ich es frühestens am 29. März 2041 konsultieren – sofern ich dann noch am Leben bin.[38]

Heinrich Gompf kehrt erst 1964 nach Deutschland zurück und wird, fast auf den Tag genau drei Jahre nach Hecks Tod, von der Polizei befragt. Er ist in einer komfortablen Lage, er kann dem Toten alles in die Schuhe schieben. So behauptet er, Heck habe Widmer hinters Licht geführt und «nebenher und ohne Wissen des Schweizer Auftraggebers» eine eigene Brandmittelmischung produziert, «die in dem nebenan liegenden Lagerraum eingelagert wurde, sodass sie bei Besuchen von Widmer nicht ohne weiteres zu sehen war». Die Aussage, Heck habe hinter Widmers Rücken Opalm produziert, ist für die PATVAG Gold wert, denn von nun an lassen sich die illegalen Exporte ganz oder wenigstens teilweise auf den Toten abwälzen. Eine andere Bemerkung Gompfs zeigt, wie eng er und Schaufelberger mit der PATVAG verbandelt waren und dass Schaufelberger noch immer wertvolle Kontakte ins Bundeshaus hat: «Ich habe verständlicherweise über diesen Mordanschlag viel nachgedacht und auch mit Herrn Schaufelberger und Herrn Widmer stundenlang die Möglichkeiten durchgesprochen, die zu diesem Mord führten. Obwohl insbesondere Herr Schaufelberger auf Grund seiner früheren Dienststellung noch recht weitgehende Erkundigungsmöglichkeiten hat, haben sich bis jetzt noch keine Anhaltspunkte ergeben, aus denen man auf die Täter schliessen könnte.»[39]

Drei Jahre nach Walter Hecks Tod kann Gompf auch locker zugeben, was die Polizei bis anhin vermutete, aber nicht beweisen konnte: Die auf der «Las Palmas» konfiszierte Sendung bestand «de facto in Flammenwerferkörpern und Zusatzbehältern».[40] Das Attentat selbst wird aber genauso wenig aufgeklärt wie die Morde an den Schweizer Waffenhändlern Paul Stauffer und Marcel Léopold. Während die Zeitgenossen sie der mysteriösen Roten Hand anlasteten, sind sich Historikerinnen und Historiker heute einig, dass sie auf das Konto des französischen Geheimdienstes gehen. Die Attentate waren «zu spektakulär und oft zu professionell», um als «Werk von reinen Amateuren» durchzugehen.[41] Die Rote Hand war keine unabhängig agierende Untergrundorganisation, die sich den Kampf gegen den FLN auf die Fahne geschrieben hatte; sie war eine Erfindung des französischen Geheimdienstes Service de documentation extérieure et de contre-espionnage, der den Mythos gezielt förderte, um vom staatlichen Terror abzulenken.[42] Das erlaubte dem französischen Staat, einen Schattenkrieg zu führen: «Die Staatsoberhäupter hatten weder moralische noch politische Gewissensbisse wegen dem illegalen Morden im ‹Krieg gegen den Terrorismus›, ihre grösste Sorge war, dass solche Mordanschläge nicht zu ihnen zurückverfolgt werden konnten und dass die ‹Abstreitbarkeit› um jeden Preis aufrechterhalten werden musste.»[43] Die französische Regierung hat sich bis heute nicht offiziell zur Roten Hand geäussert, doch mehrere hohe Beamte haben bestätigt, dass die Operationen von den höchsten politischen Stellen der Fünften Republik abgesegnet wurden.[44]

Dieser staatliche «Krieg gegen den Terrorismus» hat mit allergrösster Wahrscheinlichkeit auch Walter Heck das Leben gekostet. Widmer hatte eine andere, weniger wahrscheinliche Erklärung: Heck war ein Opfer des FLN. Es gibt ein Dokument, das auf diese Möglichkeit verweist: eine Aktennotiz von Oberst a. D. Otto Wagner. Er erstellte sie, nachdem ein Bekannter ihm erzählt hatte, die Exil-Algerier hätten Heck zuerst verdächtigt, dieser habe «heimlich mit den Franzosen in Kontakt gestanden und habe dafür gesorgt, dass die Las Palmas beschlagnahmt wurde». Nach seinem Tod liessen sie «diese Version» aber fallen. «Jetzt sehen sie in ihm einen der treuesten Verbündeten und reden nur von ‹ihrem Walter›.»[45]

Es ist bekannt, dass der FLN – auch in den eigenen Reihen – kurzen Prozess machte mit Leuten, die er für Verräter hielt. Doch Oberst Wagner ist nicht zu trauen. Er ist ein Freund Schaufelbergers und mit allen Wassern gewaschen. Im Krieg arbeitete er für die deutsche Abwehr, nachher avancierte er zum Abwehrspezialisten des Büro Gehlen, der Nazi-verseuchten Vorläuferin des Bundesnachrichtendienstes.[46] Wagner ist also Experte im Anlegen falscher Fährten. Belegt ist, dass die französische Marine die «Las Palmas» nicht zufällig aufbrachte. Doch in den Akten des Verteidigungsministeriums heisst es lediglich, der Tipp stamme von einer «normalerweise zuverlässige Quelle».[47] Das hilft nicht weiter, denn im Umfeld der PATVAG und der DIMEX sind Verbindungen zu einem oder mehreren Geheimdiensten eher die Regel als die Ausnahme. Der wahrscheinlichste Kandidat aus dem Umfeld der DIMEX und der PATVAG ist Hajek. Er war nicht nur im Voraus über alle Lieferungen informiert, weil er die Flammenwerfer nach ihrer Ankunft in Marokko zusammensetzen musste; ein Freund Schaufelbergers hielt ihn für eines «der besten Pferde im Stall der Nachrichtenorganisation verschiedener Länder».[48] Welches Interesse Hajek gehabt haben könnte, seine Auftraggeber auffliegen zu lassen, ist allerdings rätselhaft.

Eines lässt sich jedoch mit Sicherheit sagen: Die Namen der Gebrüder Oswald, die als PATVAG-Besitzer die Hauptnutzniesser von Walter Hecks illegalen Waffengeschäften waren, tauchen weder in den Akten der deutschen noch der Schweizer Ermittlungen auf. Und Direktor Widmer, der in ihrem Auftrag das Geschäft mit dem Tod betrieb, erhielt einen Persilschein. Ein Jahr nach dem Attentat notierte Inspektor Rümmeli in Widmers Staatsschutzfiche: «W. gilt als äusserst integre Person.»[49]

Der «Saftladen» in Bonn

Der frühere deutsche Generalstabsoffizier Waldemar Pabst, der zwei politische Morde auf dem Gewissen hat, will der Bundeswehr die PATVAG-Rakete andrehen.

Die Generäle und hochrangigen Funktionäre parkieren ihre Dienstwagen jeweils vor den Holzbaracken am Rhein, die auf keinem Werkplan eingezeichnet und auf keinem offiziellen Werkfoto zu sehen sind. Hier arbeitet – «gut verborgen» – das Emser Raketenteam, dem eine Werkstatt, ein technischer Prüfstand und eine Abschussanlage für Kleinraketen zur Verfügung stehen.[1] Als die Hispano Suiza und Jean Rochat im Frühling 1959 aus der Calanda SA ausgestiegen sind, ging das Präsidium an Rudolf Oswald, doch er hält sich diskret im Hintergrund. Die hohen Gäste werden deshalb von Oberstleutnant Schaufelberger, Professor Zbornik und Erwin Widmer in Empfang genommen, der in seiner neuen Doppelfunktion als neuer Calanda-Verwaltungsrat und PATVAG-Direktor dafür sorgen muss, dass das Geld, welches die Gebrüder Oswald (respektive die öffentliche Hand und die Treibstoffkonsumenten) in die Entwicklung der Rakete gesteckt haben, wieder eingespielt wird.[2] Die drei Männer – interner Spitzname: die «Bedienungsequipe» – tun ihr Möglichstes, damit die Emser Rakete bei den Gästen einen bleibenden Eindruck hinterlässt, aber dass immer wieder hohe Vertreter der Bundeswehr den Weg ins Bündnerland finden, ist Waldemar Pabst geschuldet, der im Bundesamt für Wehrtechnik und Beschaffung (BWB) in Koblenz die Klinken putzt.[3]

Nach 14 Jahren im Schweizer Exil ist Pabst 1955 nach Deutschland zurückgekehrt. Er ist noch immer der gleiche Militärkopf, Antidemokrat und Kommunistenhasser wie während der Weimarer Republik. Entsprechend schwer tut er sich mit der deutschen Nachkriegsgesellschaft. Das gilt auch für seinen Freundeskreis, zu dem laut Pabst neben «mehreren Prinzen und alten tapferen Unteroffizieren» auch sein «Spezi»

Franz von Papen gehört, der als Reichskanzler entscheidend zur Machtergreifung Hitlers beitrug. Diese alten Männer pflegen gemeinsam ihren Groll auf das Vaterland, das ihre – tatsächlichen oder vermeintlichen – Opfer geringschätzt und ihre Werte mit Füssen tritt. «Es gibt keine echte Verantwortung mehr, es gibt keine Führung, keine Autorität, keine Persönlichkeitswerte, nur Verwaltungsordnungen. Wieder ein Beweis, dass diese Zeit nicht mehr unsre ist», lamentiert ein Freund Pabsts, den er aus der ultra-reaktionären Deutschen Vaterlandspartei kennt. «Es ist die Angst vor der Elite, vor der Auswahl, vor der überlegenen Minderheit, kurzum, vor der Aristokratie im richtigen Sinne.»[4]

Pabst will auch partout nicht begreifen, warum «die Saukerle» von *Spiegel* und *Stern* noch immer ein Geschrei machen wegen der Ermordung von Karl Liebknecht und Rosa Luxemburg. Er halte die «rote Rosa» nach wie vor für «eine der gefährlichsten Anarchistinnen, die je ihr Unwesen auf dem Boden unseres Vaterlandes getrieben haben», schreibt er seinem Freund Paul Schaufelberger.[5] «Tatsache ist, die Durchführung der von mir angeordneten Befehle ist leider nicht so erfolgt, wie es sein sollte. Aber sie ist erfolgt, und dafür sollten diese deutschen Idioten [dem damaligen Reichswehrminister Gustav] Noske und mir auf den Knien danken.»[6] Schaufelberger beruhigt ihn. Er solle sich «wegen dem Mist» – immerhin der Ermordung von zwei prominenten Linken, die Pabst angeordnet hat – nicht aufregen, schliesslich «sitze des Soldaten höchster Richter in der eigenen Brust».[7]

Im Frühling 1960 erhält Pabst von Widmer den Auftrag, doch «an geeigneter Stelle in Koblenz unsere Projekte in Erinnerung» zu rufen und geeignete Vertreter der Bundeswehr zu überzeugen, «unsere Entwicklungen in Zürich und Ems zu besichtigen, wobei wir gern bereit sind, den Herren unsere Flüssigkeitsrakete im Schuss zu zeigen».[8] Ende Jahr kann er einen ersten Erfolg verbuchen. Die Bundeswehr kauft für ein Probeschiessen fünfzig Raketen zum Preis von 550 Deutsche Mark pro Stück. Er platzt fast vor Stolz, dass er die Sache «richtig angepackt» hat. Er hoffe, meldet er Widmer, dass die Vorführung «so klappt, wie es notwendig ist, um eine tiefe Bresche in den Wall zu schlagen, der bisher im Vertd. Ministerium bestand, aufgerichtet von den Anhängern der alleinseligmachenden Pulverraketen».[9] Als Dank für Pabsts «grosse und erfolgreiche Bemühungen» schicken ihm Widmer und PATVAG-Präsident Rudolf Oswald eine Pendule und versichern: «Wir hoffen, dass es Ihnen noch lange vergönnt sein wird, weiterhin in alter Frische für uns tätig zu sein, wünschen Ihnen gute Gesundheit [und] volle Erhaltung Ihres regen Geistes.»[10]

Waffengeschäfte

Waldemar Pabst (1935)

Der «Saftladen» in Bonn

Die Bundeswehr möchte vor dem Versuch die Baupläne sehen, doch Widmer will sie nicht herausrücken. «Mit Rücksicht auf den Umstand, dass auf die Rakete kein Schutzrecht eingetragen ist, zögern wir mit Herausgabe der Einzelzeichnungen», windet er sich heraus. «Wir haben es absichtlich unterlassen, die Rakete zu patentieren, damit wir nicht gezwungen waren, Einzelheiten zu veröffentlichen, über deren Auswertung wir in gewissen, unzugänglichen Ländern keine Kontrolle haben.»[11] Der Grund dürfte ein anderer sein: Die PATVAG riskiert, dass einem deutschen Experten die Ähnlichkeit mit der Taifun-Rakete auffällt.

Widmer kämpft an vielen Fronten: Während einer Vorführung brennen mehrere Raketendüsen durch. Zbornik macht zwei Vertreter der Bundeswehr kopfscheu, als er erklärt, er mische der hoch konzentrierten Salzsäure ein Drittel hochgiftiges Hydrazinhydrat bei.[12] Und aus den Raketen, die auf dem Testgelände bereitgestellt wurden, tritt Säure aus. Zbornik reist sofort an und stellt fest, dass die Tanks zu prall gefüllt sind und sich die Säure wegen der sommerlichen Temperaturen ausgedehnt hat. Doch das Missgeschick lässt die Verantwortlichen an der Lagerfähigkeit der Rakete zweifeln.[13] Das Probeschiessen fördert weitere «Kinderkrankheiten» wie unregelmässige Schubentwicklung und mangelnde Zielgenauigkeit zutage.

Pabsts Freund Kurt Gieser, früher Oberst der Wehrmacht, nun Brigadegeneral der Bundesartillerie, ist trotzdem optimistisch. Die PATVAG-Rakete sei den Kleinpulverraketen eindeutig überlegen und erst noch viel billiger. Er werde beim Verteidigungsministerium Entwicklungsgelder von zwei, vielleicht sogar fünf Millionen Deutsche Mark «anfordern».[14] Schaufelberger, der sich als Vater der Rakete sieht, ist euphorisch. Bald kann er seinen früheren Vorgesetzten im EMD unter die Nase reiben, dass sie den Propheten im eigenen Laden verkannt haben.[15] Doch so einfach liegen die Dinge nicht. Die Bundeswehr scheut davor zurück, mit einem Schweizer Unternehmen zusammenzuarbeiten. Stattdessen bietet sie Ende 1961 an, die Lizenz zu erwerben und die Rakete in Deutschland weiterzuentwickeln. Als Widmer abwinkt, verlangt sie 16 teilweise gewichtige Änderungen. Zbornik ist entgeistert und erklärt, dann brauche er mehr Mittel. «Wir wären sonst in der Lage eines Modellschneiders, der über Nacht die Uniformen für eine Division liefern muss.»[16] Doch es ist zweifelhaft, ob sich die Investition lohnt, denn in Ministerialdirigent Maximilian Bohlan, dem Chef der Abteilung Raketenentwicklung, hat die PATVAG einen mächtigen Feind. Er tadelt Oberst Gieser in aller Öffentlichkeit, eine Schweizer Rakete zu «forcieren».[17] Aufgeregt meldet Pabst nach Zürich, er rechne mit einem «Duell». Sein Freund Gieser werde vor einem «Kampf bis zum Äussersten» nicht zurückschrecken. «Sie sehen hier, lieber Kamerad Widmer, dass man hier aufpassen muss wie ein Luchs und dass man überall horchen muss und Vertrauensleute haben, sonst wird man einfach überfahren durch eine festgefügte Clique.»[18] Es klingt wie das Pfeifen eines Jungen im düsteren Wald.

Anfang 1962 liegen mehrere Szenarien auf dem Tisch. Soll die PATVAG die Rechte an der Rakete abtreten? Soll sie zuwarten und auf Entwicklungsgelder hoffen? Die Weiterentwicklung selbst finanzieren? Oder das Projekt schubladisieren? Widmer will «die Entwicklung bis zur Einsatzreife» in der Hand behalten, «auch wenn man die Werkstatt in EMS erweitern und noch einige tüchtige Leute einstellen muss».[19] Doch es liegt nicht an ihm, den Entscheid zu fällen. Es liegt nicht einmal an PATVAG-Präsident Rudolf Oswald. Es ist Werner Oswald, der noch einmal tief in die Tasche greift, weil ihm Schaufelberger «die Aussichten sehr positiv dargestellt hatte und so den Entschluss positiv beeinflussen konnte».[20] Das zeigt nicht nur, dass sich die beiden Männer zwanzig Jahre nach der gemeinsamen Dienstzeit in der Gruppe Rigi noch immer nahestehen. Es ist einer der seltenen Beweise dafür, dass Werner Oswald die Zügel fest in der Hand hält, obwohl sein Name im Zusammenhang mit Waffengeschäften kaum je in den Quellen auftaucht.

In Bezug auf Bohlan, den Feind der PATVAG-Rakete, hat Pabst ein Ass im Ärmel. Genüsslich erinnert er den Ministerialdirigenten an den Spartakus-Aufstand, als sie beide als Mitglieder der Garde-Kavallerie-Division im Hotel Eden untergebracht waren. Es ist das Berliner Hotel, aus dem Rosa Luxemburg und Karl Liebknecht abgeführt und anschliessend auf Pabsts Befehl umgebracht wurden.[21] In einer Gesprächsnotiz schildert Pabst, wie Bohlan zuerst «ausschweifig und zögernd» Stellung zur Rakete bezogen habe. «Erst als P. W. ihn auf die gemeinsamen Erlebnisse im Edenhotel 1919 angesprochen und der Unterhaltung eine mehr persönliche Note gegeben hatte, wurde er mitteilsamer.»[22] Offenbar will Bohlan nicht riskieren, mit den Morden in Verbindung gebracht zu werden. Dann lieber eine Konzession eingehen. Obwohl er sich bereits gegen weitere Versuche mit der PATVAG-Rakete ausgesprochen hat, bewilligt er nochmals ein Probeschiessen.[23]

Kurz darauf lädt Schaufelberger zu einer Lagebesprechung nach Luzern ins Hotel Schweizerhof ein. Auch sein Freund Oberst a. D. Otto Wagner reist an.[24] «Captain Graubart», so sein Übername, ist typisch für das Umfeld der PATVAG: Unter dem Decknamen Dr. Delius leitete er von 1940 bis 1944 das Büro der deutschen Abwehr in Sofia; nach Kriegsende verkaufte er Autozubehör und Waffen und war für die Vorgängerorganisation des Bundesnachrichtendienstes tätig. Als der Aargauer Kantonspolizei 1950 seine häufigen Grenzübertritte auffielen, meldete sie den «spionageverdächtigen Ausländer» nach Bern. «Es laufen zur Zeit gegen Wagner Intrigen, die noch nicht ganz überblickt werden können», antwortete die Bundesanwaltschaft. «Gegen Wagner sind vorläufig keine Anordnungen zu treffen.»[25] Später bot Otto Wagner der Bundesanwaltschaft an, bei der Aufklärung eines Überfalls zu helfen, dem ein Schweizer diplomatischer Kurier in Bulgarien während des Kriegs zum Opfer gefallen war. Der Chef des Schweizer Nachrichtendienstes war ausser sich, als er davon hörte, denn er verdächtigte Wagner, den Überfall selbst angeordnet zu haben. Er hoffe, versicherte er einem Bundespolizei-Inspektor, «dass Sie dieses finstere Individuum am Kragen packen, ihm mit allen Ihnen gut scheinenden Mitteln sein Verhalten uns gegenüber heimzahlen und ihm schliesslich jeden Zugang zu unserem Land verbieten».[26] Das Gegenteil passierte: Wagner lernte Schaufelberger kennen. Drei Jahre später duzt er den «lieben Paul», ist ein gern gesehener Gast im Hotel Schweizerhof, berät die DIMEX bei ihren Waffengeschäften und steht im Kontakt mit «Jimmy» Gerber, der ihm fabrikneue Gewehre und Maschinenpistolen aus Luxemburg andrehen will.[27]

Obwohl Wagner beim Verkauf der Bührle-Pulverrakete nach Ägypten und Syrien mitmischt, will er seine Kontakte auch zugunsten der PATVAG-Rakete spielen lassen.[28] Am Treffen im Hotel Schweizerhof schlägt er vor, die Air Jet American ins Boot zu holen, um leichter an deutsche Entwicklungsgelder zu kommen.[29] Wenig später informiert Widmer Schaufelberger, dass «Captain Graubart» in den nächsten Tagen nach New York fliegen und «Dampf machen» werde.[30]

Auch in Deutschland tut sich etwas. Kurz nachdem Pabst Ministerialrat Bohlan unsanft an seine Vergangenheit erinnert hat, bittet die Bundeswehr um eine Offerte für 300 Raketen, um einen Massenschusstest durchzuführen.[31] Das Raketenteam in Ems gerät an seine Kapazitätsgrenzen, denn obwohl am Rheinufer weitere Baracken errichtet worden sind, kann Professor Zbornik mit seinen drei Raketieren nur zwei Raketen pro Woche fertigen.[32] Hektik bricht aus – für die ein Mitarbeiter teuer bezahlt. «Leider ereignete sich in EMS bei der Prüfung von Zündpillen durch eine grobe Fahrlässigkeit ein Unglück, bei dem unser bester Raketier ein Auge verlor und eine Hand schwer verletzte», klagt Schaufelberger. «Das hat gerade noch gefehlt – um die Lieferzeit verkürzen zu können!!»[33] Dabei ist es ein Hott und Hüst mit der Bundeswehr. Die Bewilligung des Kostenvoranschlags lässt genauso auf sich warten wie das Datum des Probeschiessens. «Seit den letzten Versuchen in Meppen sind bereits wieder 10 Monate vergangen», beschwert sich Pabst bei General Gieser. «Nun ist es aber so weit, dass der Leitung der Firma – wie der Berliner so schön sagt – der Papierkragen platzt. Diese will endlich Klarheit haben, ob ihre Konstruktion ernstlich in Betracht gezogen wird.»[34]

Im Herbst 1962 hält Pabst die Zeit für gekommen, um den obersten Boss einzuschalten. Er schreibt Werner Oswald, Brigadegeneral Gieser würde es begrüssen, «den gesamten Komplex auch mit Ihnen zu besprechen».[35] Oswalds Antwort ist von ausgesuchter Höflichkeit. Er fühle sich «sehr geehrt» und werde sich melden, «sobald sich für mich im Rahmen meiner Reiseprogramme ein solches Zusammentreffen ermöglichen lässt. Ich würde es sehr schätzen, wenn bei dieser Gelegenheit auch unser gemeinsamer Freund, Herr Oberstlt. Paul Schaufelberger, zugegen sein kann.»[36] Pabsts Nachlass, die wichtigste öffentlich zugängliche Quelle zur PATVAG in den Sechzigerjahren, gibt keine Auskunft, ob das Treffen stattgefunden hat. So oder so zeigt Oswalds Brief, dass er keine Bedenken hat, dass mit Waldemar Pabst ein Mann für seinen Konzern arbeitet, den sogar das Schweizer Armeekommando als «heimtückischen Gegner der Demokratie» bezeichnet hat.[37]

Nach dem dritten Probeschiessen am 23. Oktober 1963 verlangt die Bundeswehr weitere kostspielige Änderungen. Sie rühren nicht zuletzt von der «schrecklichen Angst» der Verantwortlichen vor der hoch konzentrierten Salpetersäure. Schaufelberger ist stinksauer und lästert: «Der Umgang mit hoch konzentrierter Säure bedingt gewisse Vorsichtsmassnahmen, was jede Hausfrau weiss. Zu dieser Erkenntnis bedarf es keiner militärischen Bildung.»[38] Auch Zborniks Nerven liegen blank. Er jammert, er schufte «sonn- und werktags», werde aber aussen vorgelassen, obwohl er «der Vater der Flüssigkeitsrakete» sei, denn weder Widmer noch Schaufelberger hätten die leiseste Ahnung, «warum die Rakete eigentlich fliegt».[39] Die Kritik der Bundeswehr nagt an ihm. «Auf der einen Seite soll die Rakete nichts kosten – verstehe! – auf der andern soll sie aber um 1000% mehr Stückchen spielen als die üblichen», beklagt er sich bei Pabst. «Du wirst natürlich sagen: der Käufer hat immer Recht, und ich bin alt genug, um dagegen keinen lauten Einwand zu erheben. Im Vertrauen möchte ich Dir aber doch flüstern, dass es auch [der Bundeswehr] bekannt sein muss, dass das Triebwerk eine bisher nicht erreichte Präzision besitzt (stell' Dir bitte einen Motor vor, der in ca. 0,05 sec auf Betriebsschub gejagt werden kann!) und nicht beliebig abgeändert werden kann.»[40]

Der «Saftladen» in Bonn

Die Anpassungen, welche die Bundeswehr fordert, kosten «mit allem Drum und Dran» etwa zwei Millionen Franken,[41] und Oswald will nicht «noch mehr Geld nutzlos verlochen».[42] Es ist Pabsts Aufgabe, die Nachricht zu überbringen. Am Treffen mit der Bundeswehr poltert er, die PATVAG «fühle sich zum Narren gehalten», man habe sie «unaufrichtig» hingehalten, sodass sie kostbare Jahre verloren habe.[43] Bei seinem Anwalt beklagt er sich: «Schade, rund 5 Jahre so gut wie umsonst gearbeitet!!»[44] Er leckt noch seine Wunden, als er erfährt, die Bundeswehr plane einen letzten Test, um die Gefahr für die Bedienungsmannschaft abzuschätzen. «Es wird also ‹Ernst›!!», informiert er den «lieben Freund und Professor» Zbornik.[45]

Da Widmer kneift, fährt Pabst im Juli 1964 allein zum Probeschiessen in Deutschland. Es ist ganz nach seinem Gusto. «Der Treibstoff zündete und brannte mit 6 bis 15 m hoher Flamme ab», rapportiert er nach Zürich. «Das Fahrzeug wurde vernichtet.»[46] Besonders stolz ist der 85-Jährige, dass er das stundenlange Herumstehen «auf der Heide ohne Baum und Strauch bei 42 Grad in glühender Sonne» weggesteckt hat und noch immer «ganz felddiensttauglich» ist. Trotz Test bleibt es beim «Scheidebrief» der PATVAG «an den Bonner Saftladen».[47] Doch Waldemar Pabst wälzt bereits neue Pläne, wie er seine Rente aufbessern kann.

«Im Schatten und in aller Stille»

Das Ägyptengeschäft der PATVAG gerät ins Visier des israelischen Geheimdienstes, doch die Gebrüder Oswald kommen mit einem blauen Auge davon.

Für die beste Adresse in Basel sind die zwei Männer, die am 2. März 1963 an der Bar des Hotels Drei Könige sitzen, eine Spur zu schäbig gekleidet. Einer ihrer Kollegen nimmt als Kellner verkleidet eine Bestellung entgegen, andere lungern unauffällig in der Eingangshalle herum, draussen lösen sich ein Dutzend zivile Fahnder nach einem ausgeklügelten System ab. Ihr Auftrag: mit allen Mitteln eine Entführung verhindern. Einer der Beamten zischt einem Lokaljournalisten, der zufällig vorbeikommt, ins Ohr: «Jeden Moment fallen Schüsse. Die Luft erträgt keinen Schnaufer mehr. Verschwinden Sie!»[1]

Im Restaurant, an einem Tisch mit Aussicht auf den Rhein, sitzen drei Männer und eine junge Frau. Heidi und Rainer Goercke haben in das Treffen eingewilligt, weil ihr Vater, der deutsche Raketenspezialist Paul Goercke, angeblich in grosser Gefahr schwebt. Organisiert hat es Goerckes Mitarbeiter Otto Joklik, ein österreichischer «Strahlenfachmann», der sich mit mehreren in Amerika gekauften Doktorhüten schmückt. Sein Begleiter, ein hochgewachsener, sportlicher Mann Anfang dreissig, hat sich als Joseph Ben Gal vorgestellt und erklärt, er studiere als Beamter des israelischen Erziehungs- und Kulturministeriums europäische «Jugendprobleme». Doch er interessiert sich offensichtlich mehr für Professor Goerke und seine deutschen Kollegen, die für das ägyptische Raketenprogramm arbeiten, als für «Schwererziehbare».[2] Es gebe eine Geheimorganisation «aus ehemaligen KZ-Häftlingen», erklärt er den Goercke-Kindern, «die durch die erlittenen Grausamkeiten fanatisch geworden seien und vor nichts zurückschreckten, selbst nicht vor Morden, Sprengstoffanschlägen und Entführungen». Ihr Ziel sei, deutsche Wissenschaftler «mit allen Mitteln, auch mit Gewalt» daran zu hindern, im Auftrag von Präsident Nasser die Ausrottung des jüdischen Volkes vorzubereiten.³ Es sei «lediglich eine Frage der Zeit», bis die Reihe an Professor Goercke sei.⁴

Der falsche Kellner schnappt weitere Gesprächsfetzen auf. Ben Gal redet von Adolf Eichmann, der vor zwei Jahren vom israelischen Geheimdienst aus Argentinien entführt und für seine Beteiligung am Holocaust von einem israelischen Gericht zum Tod verurteilt wurde. Falls es zum Krieg zwischen Ägypten und Israel komme, so Ben Gal, müsse auch Professor Goercke damit rechnen, als Kriegsverbrecher vor Gericht gestellt zu werden.⁵ Falls Heidi Goercke aber sofort nach Kairo fliege und ihn nach Deutschland zurückhole, sei «seine Sicherheit nicht mehr gefährdet». Da er «kein Nazi gewesen sei», gebe man ihm eine letzte Chance, denn: «Wir sind keine Gangster oder Verbrecher.» Als er die Geschwister aber zu «strengstem Stillschweigen» verpflichtet, doppelt Joklik nach: «Wenn Sie bei der Polizei piepsen, dann fliegen Sie in die Luft.»⁶

Ein Blick zurück zeigt, dass es ratsam ist, die Drohung ernst zu nehmen: Zum Jahrestag der ägyptischen Revolution am 23. Juli 1962 lud Nasser Vertreter der Weltpresse zur Demonstration von zwei neuen Raketen ein: «El Zafer» (der Sieger) und «El Qaher» (Der Eroberer), Reichweite 300 und 600 Kilometer oder, wie Nasser drohend verkündete, «gerade bis südlich von Beirut».⁷ Zwei Dutzend dieser Raketen, geschmückt mit ägyptischen Flaggen, wurden während der Jubiläumsparade auf Lastwagen durch Kairo gefahren. Die Menschen jubelten und tauften sie «Nassers Zigarren». Tags darauf meldete die Radiostation «Donnergrollen Kairo» auf Hebräisch: «Diese Raketen sind dazu bestimmt, den Arabern das Tor zur Freiheit zu öffnen und ihnen die Heimat zurückzuerobern, die ihnen durch imperialistische und zionistische Verschwörung genommen wurde.»⁸

Israel stand unter Schock. Die Drohung hatte sogar Geheimdienstchef Isser Harel und seine Leute kalt erwischt. Laut einer internen Untersuchung war die Enthüllung von Nassers Raketen «eines der wichtigsten und traumatischsten Ereignisse in der Geschichte der israelischen Geheimdienste» und löste «eine Kettenreaktion mit extremen Folgen» aus.⁹ Kurz darauf lancierte der Mossad die «Operation Damokles» – das Schwert über den Häuptern der deutschen Rüstungsspezialisten, die in Nassers Sold standen.¹⁰ Zuerst erhielten ihre Familien in Deutschland telefonische Drohungen, dann forderten Unbekannte sie auf offener Strasse auf, ihre Ehemänner und Väter sofort nach Hause zu holen.¹¹ Im November setzten die Attentate ein. In Heliopolis, wo die Raketenfachleute arbeiteten, gingen tödliche Paketbomben hoch, und Heinz Krug, der Geschäftsführer der Münchner Handelsfirma INTRA, der für das Raketenprogramm Fachleute rekrutierte und Material beschaffte, verschwand spurlos.[12] Auf Hans Kleinwächter, der ihn ersetzte, wurde zwei Wochen vor dem Treffen im Hotel Drei Könige ein Anschlag verübt, den er nur mit viel Glück überlebte.[13] Die Presse berichtete, ein «in Kairo geborener Muslim» habe das Fluchtauto gemietet, doch Samir Ali, ein Mitarbeiter des ägyptischen Geheimdienstes, hatte ein perfektes Alibi: Er war am Tag des Attentats zusammen mit einem deutschen Journalisten in Kairo fotografiert worden.[14]

Draussen ist es bereits dunkel, als Ben Gal und Joklik das Restaurant verlassen. Sie begeben sich zum Bahnhof und kaufen, unter den wachsamen Augen von Basler Polizisten, Fahrkarten für den Schnellzug nach Zürich.[15] Die Detektive, die im Hauptbahnhof Zürich warten, folgen ihnen unauffällig bis zum Kongresshaus, wo an diesem Abend der legendäre Künstlermaskenball steigt. Joklik verlässt den Ball um 22 Uhr und schlendert Richtung Altstadt. Später kann man im Boulevardblatt *Blick* lesen: «Die Polizei packte zu: sie hielt den Spaziergänger an und brachte ihn auf den Rathausposten.» Kurz darauf wird auch Ben Gal verhaftet. Er trägt einen israelischen Diplomatenpass auf sich, Joklik eine Plastikpistole.[16]

Der Bundesrat verheimlicht die Verhaftung mehr als zwei Wochen lang. Während dieser Zeit laufen die diplomatischen Drähte heiss. Der israelische Botschafter Shmuel Bentsur fordert, dass Ben Gal sofort freigelassen und ausgeschafft werde.[17] Kurz darauf kündigt Deutschland ein Auslieferungsbegehren an, weil Ben Gal und Joklik als «Drahtzieher» bei Krugs Verschwinden und dem Attentat auf Kleinwächter verdächtigt werden. Während die israelische Regierung Druck auf Bonn macht, um das Auslieferungsgesuch zu verhindern, belagert Botschafter Bentsur die Bundesanwaltschaft. «Die Leute sollten besser aufhören, in der Schweiz zu spionieren», meint Bundesanwalt Hans Fürst genervt. Ben Gal sei eindeutig ein in Paris stationierter «Mann der Abwehr».[18]

Als Nächstes malt Bentsur den Teufel an die Bürowand von Bundesrat Friedrich Traugott Wahlen, dem Vorsteher des Politischen Departements. Die Massenvernichtungswaffen, die in Kairo entwickelt würden, seien «eine Bedrohung für die gesamte Menschheit». Die israelische Regierung würde es deshalb schätzen, wenn die Schweiz auf eine Anklage verzichte. Laut Gesprächsnotiz entgegnet Wahlen, «dass in der Schweiz die Gewaltentrennung strikt befolgt wird».[19] Laut *Blick* hätte er die Agenten am liebsten «bei Nacht und Nebel» an die Grenze gestellt, um das leidige Problem loszuwerden.[20] Bentsur verabschiedet sich mit der Bemerkung, Aussenministerin Golda Meir lasse ausrichten, Ben Gal habe mit dem Attentat auf Kleinwächter nichts zu schaffen.[21]

Der Bundesrat entscheidet, die Agenten vor Gericht zu stellen, und überweist den Fall an das Strafgericht Basel-Stadt. Die spröde Pressemeldung, mit der er zum ersten Mal über die Angelegenheit informiert, tritt eine mediale Lawine los. Obwohl es Bundesbeamten verboten ist, mit *Blick*-Reportern zu reden, hat das Boulevardblatt die Nase vorn, denn es hat einen besonders guten Draht zur Polizei.[22] Am 16. März 1963 lässt der Exklusivbericht «Die Falle schnappte in Zürich zu» die «Fernschreiber und Telefondrähte heisslaufen». Die israelische Presse verurteilt einhellig die «unerklärliche Härte» der Schweiz, die sich zum Handlanger Deutschlands mache.[23] Auch Aussenministerin Golda Meir kritisiert das Vorgehen der Schweiz als «schwer verständlich» und richtet einen flammenden Appell an die Regierung der BRD, die deutschen Wissenschaftler in Kairo daran zu hindern, gegen Israel gerichtete Massenvernichtungswaffen zu entwickeln. «Es besteht kein Zweifel, dass die Motive dieser üblen Bande einerseits die Gier nach Gewinn und andererseits eine nationalsozialistische Neigung zum Hass auf Israel und zur Vernichtung der Juden sind», wird sie von der Weltpresse zitiert. «Die deutsche Regierung kann nicht untätig bleiben, wenn 18 Jahre nach dem Sturz des Hitler-Regimes, das Millionen von Juden vernichtete, wieder einmal Angehörige dieses Volkes für Handlungen verantwortlich sind, die der Zerstörung des Staates Israel dienen.»[24] Werde Ben Gal vor Gericht gestellt, droht die Abendzeitung *Ma'ariv*, so werde Israel «nicht zögern, die in seinem Besitz befindlichen aufsehenerregenden Schriftstücke zu veröffentlichen, die von einer engen Zusammenarbeit zwischen Ägypten und ausländischen – einschliesslich schweizerischen – Firmen zeugen».[25]

In der Schweiz sorgen die Angriffe von Golda Meir und die «Pressepolemik» in Israel für Konsternation.[26] Der Basler Staatsanwalt erklärt, es gehe nicht um «Sympathien oder Antipathie gegenüber den beiden miteinander verfeindeten Staaten Israel und Ägypten», sondern «einzig und allein» darum, das Gesetz «gegenüber jedermann durchzusetzen».[27] In der Bevölkerung überwiegt die Sympathie für Israel und seine Agenten, in der Presse sorgen Vorurteile gegen die arabische Welt, antikommunistische Reflexe und Ressentiments gegen die Deutschen für unüblich schrille Töne. Den «Mordprofessoren» in Kairo wird vorgeworfen, als moderne «Reisläufer» eines «kriegslüsternen Diktators» finstere Pläne und «Todesstrahlen» zu entwickeln.[28]

Die «scharfe Kritik» an der Schweiz ist in erster Linie Mossad-Chef Isser Harel zu verdanken, der mit allen Mitteln zu verhindern sucht, dass ein deutscher Richter seine Agenten ins internationale Rampenlicht zerrt.[29] Nach ihrer Verhaftung hat er die führenden Chefredaktoren des Landes versammelt, um sie publizistisch auf Kurs zu bringen und sie um drei ihrer besten Mitarbeiter zu bitten. Es war das erste Mal, dass der Mossad mit Journalisten zusammenarbeiten wollte, doch Harel hatte einen Plan. Die Journalisten sollten nicht nur Nassers Zulieferfirmen auskundschaften, sie sollten Geheimdienstinformationen ohne Quellenangabe in ihre Artikel einstreuen. Nachrichtenagenturen würden die Mossad-Informationen als Ergebnis von vermeintlich unabhängigen publizistischen Recherchen an die internationale Presse weiterreichen, und der Mossad würde dank diesem Trick die Welt aufrütteln und die Schweiz politisch unter Druck setzen.[30]

Als der *Ma'ariv*-Journalist Shmuel Segev am 20. März 1963 in Zürich landet, ruft er sofort bei der PATVAG an, denn sie ist eines von Harels Angriffszielen. Dass Direktor Widmer nicht zu sprechen ist, hält Segev nicht davon ab, ihm publizistisch aufs Dach zu steigen, denn der Mossad hat ihn gut gebrieft. «Die Schweizer Firma Patvag liefert Kriegsmaterial und Experten an Ägypten», titelt *Ma'ariv* am nächsten Tag. Als «Agent der ägyptischen Raketenindustrie» habe PATVAG-Direktor Widmer «elektronisches Material» beschafft, «Atom- und Elektroniksachverständige» kontaktiert und laut «informierter Quelle» kürzlich fünf Tonnen Napalm via Hamburg nach Kairo geliefert.[31]

Alles läuft nach Plan. Die Nachrichtenagentur UPI verschickt eine Kurzfassung des Artikels, die von der internationalen Presse aufgegriffen wird. In der Schweiz sorgt die Meldung für riesiges Aufsehen. «Zürcher Firma verkaufte Napalm an Ägypten», meldet das *Volksrecht*.[32] Und die NZZ fragt ungläubig: «Lieferung von schweizerischem Napalm an Ägypten?»[33] Dank Segev und dem Mossad, der hinter ihm steht, erfährt die Schweizer Öffentlichkeit, dass die PATVAG das Waffenexportmoratorium umgeht, mit dem der Bundesrat 1955 den «Nahen Osten» belegt hat. UPI hat sogar eine Stellungnahme von Widmer eingeholt, die von den meisten Zeitungen unter dem Titel «Klarstellung» abgedruckt wird: Er dementiert «kategorisch», dass die PATVAG «Material für den Raketenbau nach Ägypten geliefert» habe, und versichert, die Opalm-Lieferungen seien «auf vollkommen rechtlichem Wege» erfolgt. Eine deutsche Firma habe den Brandstoff legal produziert und exportiert.[34] Das ist, wie oft bei Widmer, knapp an der Wahrheit vorbei, denn Heck hat für die Opalm-Exporte keine Bewilligung eingeholt.[35]

Widmer befürchtet offenbar, dass Segev noch mehr Pfeile im Köcher hat. Um ihm zuvorzukommen, gibt er Geschäftsgeheimnisse preis, mit denen er freiwillig nie herausgerückt wäre. Doch jeder seiner Sätze ist wohl abgewogen: Das Eingeständnis, die ägyptische Marine habe sich für einen «Torpedo-Zünder» der PATVAG interessiert, birgt wenig Risiko. Heikler ist das Thema Raketen, weil die ganze Welt auf die deutschen Raketenbauer in Kairo schaut. Also verdreht er Angebot und Nachfrage und zeigt mit dem Finger auf die BRD: «Die ägyptische Armee habe auch Interesse gezeigt für eine kleine konventionelle Rakete», heisst es in seiner «Klarstellung». «Es sei aber diesbezüglich kein Geschäft zustande gekommen, da die Deutsche Bundeswehr ihre Hand darauf halte.» Mit Ausdrücken wie «klein», «konventionell» und «Bundeswehr» und der Behauptung, man habe «kein Geschäft» gemacht, spielt Widmer die Sache herunter und zielt wieder haarscharf an der Wahrheit vorbei. Tatsache ist, dass er wegen einer ägyptischen Lizenz ein mögliches Geschäft mit der Bundeswehr nicht aufs Spiel setzen wollte. «Über die Rakete wurde wohl gesprochen, aber nicht gehandelt», hat er Ende 1961 nach einem Kairo-Aufenthalt geschrieben. «Man ist daran nach wie vor interessiert, ist aber bereit zu warten, bis es uns passt.»[36] (Übrigens: Bei Waldemar Pabst kam die Ägyptenreise gar nicht gut an, denn für ihn ist Nasser «ein würdiger Schüler des Oberschweins in Moskau».[37])

Mit seiner «Klarstellung» suggeriert Widmer Transparenz, doch er hat einiges zu verstecken. Es ist noch kein Jahr her, dass er den Erfinder Joszef Szultos informiert hat, die ägyptische Armee sei an der Lizenzierung seiner Maschinenpistole interessiert, und ihm versichert hat: «Wir unterhalten langjährige und sehr intensive Beziehungen mit der ägyptischen Regierung. Einer unserer Ingenieure, Herr Dr. Gompf, ist ständig in Kairo und bekleidet das Amt eines Beraters der höchsten Stellen für militärische Fertigung.» Da dem Exil-Ungaren Szultos die Beziehungen zwischen Ägypten und der UdSSR suspekt waren, unterbreitete ihm Widmer ein grosszügiges Angebot: «Für Ihre allfälligen Reisen nach Kairo übernehmen wir jede Garantie, und der Unterzeichnete würde Sie wünschendenfalls begleiten. Wir hoffen, Sie davon überzeugt zu haben, dass Ihnen in Ägypten keine Gefahr droht, und dass Sie bereit sind, eine Lizenzgabe in Betracht zu ziehen.»[38] Wahrscheinlich kam das Geschäft zustande. Wenig später figurierte auf einer PATVAG-Produkteliste eine «revolutionäre MP nach Preis und Leistung», und Szultos legte den Grundstein zu einer Kunstsammlung, für die sein Lohn als Hausmeister wohl kaum ausgereicht hätte.[39]

Die meisten Zeitungen begnügen sich, die UPI-Meldung und Widmers «Klarstellung» abzudrucken. Einzig ein Editorial im *Volksrecht* ermutigt die israelische Regierung, abzuklären, ob «auch Schweizer Firmen an der Herstellung einer modernen, tödlichen ägyptischen Kriegswaffe beteiligt sind».[40] Das ist bestimmt nicht das, was Widmer lesen will. Um zu verhindern, dass weitere Journalisten ihre Nase in die Angelegenheiten der PATVAG stecken, bietet er Shmuel Segev ein Exklusivinterview an. Am 23. März 1963 steht er ihm anderthalb Stunden lang Rede und Antwort. Im Artikel, der am nächsten Tag in *Ma'ariv* erscheint, fasst Segev das Interview zusammen und schreibt von einer «sensationellen Enthüllung», aber es ist völlig unklar, welche Aussagen tatsächlich von Widmer stammen und was ihm Segev und der Mossad in den Mund gelegt haben. So oder so enthält der Artikel Informationen, die in keiner anderen öffentlichen Quelle zu finden sind. Zum Beispiel, dass Widmer Ende 1962 auf Einladung der ägyptischen Armee für die Demonstration einer Flab-Rakete und einer Panzerabwehrrakete nach Kairo gereist ist und dass bei den Tests in der Wüste nicht nur der Oberbefehlshaber der Luftwaffe und der Raketenspezialist Wolfgang Pilz anwesend waren, sondern auch der Leiter einer «Militär-Fabrik» in Kairo, «ein ehemaliger Nazi-Oberst namens Gompf». (Die Qualifizierung als Ex-Nazi dürfte nicht von Widmer stammen, da Gompf noch immer für ihn arbeitet.)

Der *Ma'ariv*-Artikel enthält weitere überraschende Erklärungen von Widmer. Zum Beispiel, die PATVAG halte in Hamburg eine Lieferung von 500 Napalm-Bomben an Ägypten zurück. Oder dass sie dem israelischen Botschafter in Rom eine Offerte für 500 Bomben zum Preis von 400 000 Franken unterbreitet habe, die Israel aber mit dem Hinweis abgelehnt habe, es produziere «besseres und billigeres Napalm».[41] Ähnliches hat Widmer schon in seiner «Klarstellung» verbreitet. Dort hiess es, die PATVAG habe der israelischen Armee vor sechs Jahren eine Offerte unterbreitet, worauf diese ein «Muster verlangt und später selbst mit der Herstellung begonnen» habe. «Heute liefere Israel selber an verschiedene Länder.»[42] Die NZZ redigierte die wohl absichtlich vieldeutige Aussage und schrieb: «Heute liefere Israel selbst Opalm [!] an verschiedene Länder.»[43] Also was nun, fragt man sich, Opalm oder Napalm? Für die Opfer macht das keinen Unterschied, für die Gebrüder Oswald schon. Stellt Israel nämlich Opalm her, kassiert die PATVAG Lizenzen.

Jenseits dieser Frage ist die Behauptung, Israel produziere eigenen Brandkampfstoff, politisch so brisant, dass sie eine Überprüfung verdient: In der englisch-, französisch- und deutschsprachigen Fachliteratur findet sich kein einziger entsprechender Hinweis, doch im Schweizerischen Bundesarchiv liegen Dokumente, die darauf hindeuten: Im Herbst 1954 verschickte die Firma Gerber, welche Zünder für Opalm-Bomben herstellte, «4000 Napalm-Bombenzünder» an die israelische Regierung.[44] Und im Frühjahr 1955 kritisierte PATVAG-Anwalt Seelhofer, das schleppende Bewilligungsverfahren des EMD sei schuld daran, dass Burma «einen Auftrag für Napalm-Bomben in Israel placierte, welcher auch angenommen und durchgeführt wurde».[45]

Ein anderes Dokument, das zur selben Zeit entstand, weist in dieselbe Richtung. Als Eugen Burkhardt, ein Mitarbeiter der Kriegstechnischen Abteilung (K.T.A.), wegen seiner Rolle in der Zünderaffäre verhört wurde, versicherte er, die PATVAG habe ein Gesuch für «ein Muster von 150 kg Opalm» gestellt, das «für die Regierung Israel bestimmt» sei. Er nahm die Aussage aber noch am selben Tag zurück. Er habe sich geirrt, das Muster sei nicht für Israel, sondern für Holland bestimmt, das Gesuch sei aber noch nicht behandelt worden. Das war nachweislich unwahr, denn die Mustersendung für Holland war bereits einen Monat vorher bewilligt und verschickt worden.[46] Die Gründe für Burkhardts Rückzieher sind nicht bekannt, doch kurz darauf lieferte die PATVAG-Partnerin Gerber & Co. «1 Brandbombenzünder als Demonstrationsmodell» an die Rüstungsfirma Soltam Ltd. in Haifa, die ausschliesslich für das israelische Verteidigungsministerium produzierte.[47] Das deutet darauf hin, dass sehr wohl ein Opalm-Muster nach Israel geliefert wurde, entweder illegal aus Ems oder legal aus Deutschland. Das Ziel blieb dasselbe: In Bern sollte niemand erfahren, dass die PATVAG Israel als Kundin gewinnen wollte.

Der «Brandbombenzünder» stiess offenbar auf Interesse: Wenige Tage später beantragte Gerber & Co. im August 1955 ein einjähriges Visum für den Generaldirektor der Soltam Ltd.[48] Offen bleibt, ob es einen Zusammenhang gibt mit einem Produktionsgesuch der PATVAG vom Vorjahr, als sie 50 000 «elektrische Magnetzünder MZ 5 für Raketen und Hohlgeschosse» samt «Zündpillen» und «Sprengkapselsicherungen» für die israelische Regierung herstellen wollte. Der Auftrag über 1,2 Millionen Franken wurde aus unbekannten Gründen und zu einem unbekannten Zeitpunkt annulliert.[49] Er belegt aber, dass die PATVAG beste Beziehungen mit dem israelischen Kriegsministerium hatte.

Alle diese Mosaiksteinchen ergeben kein aussagekräftiges Bild, dafür wären weitere Recherchen im Archiv der israelischen Armee, der Soltam und der Ems-Chemie notwendig. Bekannt ist, dass die israelische Luftwaffe während der Suez-Krise im Herbst 1956 Napalm einsetzte. Augenzeugen berichteten über Napalm-Angriffe auf Scharm el-Scheich und Port Said, und französische Militärpiloten erzählten einem Korrespondenten des *Manchester Guardian* «ganz offen», sie hätten «während der Kämpfe im Negev die Israelis unterstützt und Napalm eingesetzt».[50] Woher das «Napalm» stammte, und ob es allenfalls Opalm war, wird nirgends erwähnt.

Noch eine Frage muss offenbleiben: Was bezweckte Widmer mit seinem Fingerzeig auf eine israelische Napalm-Produktion? Wollte er ein – wenigstens mediales – Gegengewicht zu den Opalm-Lieferungen nach Ägypten schaffen? Und damit die Israel-freundliche Schweizer Öffentlichkeit beruhigen? Oder machte er der israelischen Regierung klar, er verfüge über kompromittierendes Insiderwissen? Damit die PATVAG in Ruhe gelassen wurde? Da Segevs Artikel Teil einer Mossad-Operation waren, fragt sich auch, warum diese für Israel politisch heikle Information überhaupt abgedruckt wurde. War es am Ende eine über die Banden gespielte Warnung des Mossad an Ägypten?

In *Ma'ariv* ist auch nachzulesen, dass das Interview Widmer zusetzte. Laut Segev verlor er «plötzlich die Beherrschung» und rief: «Ich weiss, dass die Briten mich verraten haben. Ich bin sicher, dass der britische Geheimdienst den Israelis all diese Informationen geliefert hat. Ich habe den Briten einmal von dieser Sache erzählt, weil ich hoffte, sie als meine Kunden zu gewinnen, stattdessen haben sie diese Information weitergegeben.»[51] Widmer scheint also gemerkt zu haben, dass Segev über Geheimdienstinformationen verfügte. Deshalb wandte er sich im Interview indirekt an den Mossad und erklärte, dieser habe mit seinem Vorgehen eine Chance vertan: «Israel und die Patvag hätten gut zusammenarbeiten können. Schliesslich ist Israel, nicht weniger als meine Regierung und die Regierungen anderer Länder, daran interessiert zu wissen, was in Kairo läuft. Ich wäre für Israel die beste Informationsquelle gewesen, aber jetzt ist Schluss damit. Die Patvag hat beschlossen, alle Verbindungen zu Ägypten abzubrechen. Meiner Meinung nach ist das ein Verlust für Israel.»[52] (Mossad-Chef Harel dürfte anderer Meinung sein, denn sollte sich die PATVAG tatsächlich aus Ägypten zurückziehen, hat er eines seiner Ziele erreicht.) Es ist bemerkenswert, dass Widmer sofort Geheimdienste am Werk sieht. Doch er nimmt auch im Alltag ganz selbstverständlich an, dass seine Telefongespräche abgehört und seine Briefe geöffnet werden. Das war der Grund, warum Heck regelmässig für Besprechungen nach Zürich fahren musste.[53]

Auch Schaufelberger geht davon aus, dass er überwacht wird. Im Zusammenhang mit einem PATVAG-Geschäft schreibt er einem Freund: «Den beiliegenden Umschlag verklebe ich zur besseren Kontrolle wegen allfälliger Schnüffeleien im Briefverkehr.»[54] Dass er und die meisten seiner deutschen

Freunde und Bekannten Kontakte zu Geheimdiensten pflegen, ist aktenkundig.[55] Doch es gibt Hinweise, dass das auch auf Widmer zutrifft. 1957 versicherte er einem Bekannten, den er zur Arabischen Handelsbank und den Waffengeschäften zweier in Genf ansässiger arabischer Firmen befragte, er stehe «im Dienst eines oder mehrerer britischer und amerikanischer Geheimdienste». Aber stimmte das wirklich? Schliesslich verrät kein ernst zu nehmender Agent, für wen er arbeitet. Doch die Genfer Polizei, welche die Sache unter die Lupe nahm, kam zum Schluss, es könne kein Bluff sein. Widmer habe «bestimmte Elemente der Organisation und Tätigkeit der genannten Nachrichtendienste» erwähnt, die nur jemand kenne, der «mit diesen Organisationen in Kontakt steht».[56] Aber was bezweckte er mit dem Hinweis, er sammle Informationen für den britischen und den amerikanischen Nachrichtendienst? Wollte er eine falsche Spur legen, weil er in Tat und Wahrheit für die Franzosen spionierte? Es gibt jedenfalls mehrere Hinweise in den Akten zum Mordfall Heck, die in diese Richtung deuten. Widmer verfügte über einen exzellenten Draht zum französischen Militärattaché (dem Nachfolger von Marcel Mercier) und versuchte hartnäckig, das Attentat dem FLN oder den «Arabern» in die Schuhe zu schieben.[57] Auch Mahmoud Khalil, ehemaliger Direktor des Nachrichtendienstes der ägyptischen Luftwaffe, vermutete «Verbindungen» der PATVAG zu «französischen Stellen» und wollte einen deutschen Geschäftsmann auf Widmers Mitarbeiter Gompf ansetzen.[58]

Doch zurück zu Widmers Interview: Auch eine Kurzfassung dieses *Ma'ariv*-Artikels wird durch eine Nachrichtenagentur verbreitet. Am 26. März 1963, drei Wochen nach der Verhaftung der israelischen Agenten, verkündet der *Blick*, gestützt auf die Meldung der Deutschen Depeschen-Agentur: «Zürcher Firma stoppt Bombenlieferung für Nasser». Die Berichterstattung in der Schweiz ist ganz nach dem Geschmack des Mossad.[59] Die *Schaffhauser Nachrichten* beispielsweise melden, Ägypten habe «vor allem Fachleute für ‹Atomsprengköpfe›» gesucht. Und «die ‹Leibwächter› der in Ägypten tätigen deutschen Experten» seien allesamt «ehemalige Nazis».[60] Über den verschwundenen Raketenspezialisten Heinz Krug heisst es, er halte sich in Österreich versteckt, weil er Ägypten «um 700 000 Schweizer Franken betrogen» habe.[61] Das ist reine Desinformation, denn 2018 kann der Mossad-Spezialist Ronen Bergman glaubhaft nachweisen, dass der israelische Geheimdienst Krug gekidnappt, nach Israel verschleppt, monatelang verhört, liquidiert und seine Leiche aus einem Armeeflugzeug ins Meer geworfen hat.[62]

Waffengeschäfte

In derselben Nummer bringt *Blick* einen Bericht, der die Überschrift trägt: «ÄGYPTISCHE WAFFEN-MILLIONEN FLIESSEN IN DAS BRAVE SCHWEIZERLAND». Der Israel-Sonderkorrespondent Georges Martin konnte in Tel Aviv einen «Aktenberg von 152 Seiten Umfang» studieren, der Informationen enthielt «über die Tätigkeit ausländischer Wissenschafter, Ingenieure und Techniker, die für Nassers Grossarabienpläne die Waffen schmieden». Über die Absicht des Informanten, der wohl wie Segev für den Mossad arbeitet, bestehen kaum Zweifel. Der *Blick*-Artikel soll den Druck auf die Schweizer Regierung erhöhen, damit sie die Agenten nicht nach Deutschland ausliefert, sondern nach Israel überstellt.[63] Für die Gebrüder Oswald ist er ein Geschenk des Himmels, denn die PATVAG wird darin mit keinem Wort erwähnt. Es geht einzig um die Zürcher Firmen MECO und MTP, die ebenfalls im Visier des Mossad stehen. Ihr Besitzer ist Hassan Kamil, ETH-Maschineningenieur und Sohn eines ägyptischen Vaters und einer Schweizer Mutter, der früher Waffen von Oerlikon-Bührle nach Ägypten vermittelt hat und nun Rohstoffe, Maschinen und Fachleute für Nassers Rüstungsprogramm beschafft. Das hat ihn reich gemacht, doch als «Nassers Vertrauensmann in Europa» lebt er gefährlich.[64] Letzten Sommer ist ein Privatflugzeug abgestürzt, das er gemietet hatte. Seine Frau, Helene Herzogin von Mecklenburg, fand dabei den Tod, Kamil kam mit dem Leben davon, weil er seine Reisepläne in letzter Minute geändert hatte. Der Verdacht fiel sofort auf den Mossad, doch der *Blick*-Informant in Tel Aviv versichert, das sei Blödsinn. Gut möglich, dass er Recht hat, denn Kamil vermittelt auch Waffen an den FLN.[65]

In den nächsten Monaten fährt *Blick* eine aggressive Kampagne gegen den «Orientalen» und «Multimillionär, der in Kanada fischt und in Rumänien jagt» und mit einer «deutschen Prinzessin» verheiratet war. Oberst Widmer mit den Waffen, die er nicht geliefert, und dem Opalm, das er nicht selbst produziert hat, nimmt sich neben Kamil wie ein Hirtenknabe aus.[66] Entsprechend pfleglich geht die Presse mit ihm um. Einzig die *Weltwoche* schreibt, die Agentenaffäre rücke «gewisse Vorgänge ins Licht der Öffentlichkeit, die sich im Allgemeinen im Schatten und in aller Stille abspielen» und für die Schweiz kein «Ruhmesblatt» darstellten. Sie stellt auch die entscheidende Frage, die noch niemand gestellt hat: «Wer aber ist diese Patvag AG für Chemie und Elektrizität?»

Die Antwort ist verblüffend, rein juristisch gesehen aber falsch: «Ihr oberster Chef hat seinen Wohnsitz in Madrid, handelt mit strategischen Chemikalien und Metallen und erfreut sich der besonderen Gunst des Franco-Regimes.»[67] Victor

Oswald ist aber nicht Präsident, sondern Verwaltungsrat der PATVAG, und es ist unklar, wie viel Einfluss er besitzt. Wahrscheinlich besteht seine wichtigste Aufgabe darin, dem Emser Konzern sein weitverzweigtes Netzwerk zur Verfügung zu stellen. Davon profitieren auch andere Schweizer Unternehmen, wie der Waffenproduzent Dieter Bührle oder Alfred Schaefer, Generaldirektor der Schweizerischen Bankgesellschaft (heute UBS) und Dienstkamerad von Werner Oswald, denen er eine Audienz bei Franco beschafft.[68] Sein privilegierter Zugang zum spanischen Diktator ist Gold wert. Das zeigt ein Schreiben der amerikanischen Continental Oil Company: Sie offeriert ihm 1967 monatlich 1000 Dollar plus Spesen, um den Erfolg ihrer Vertragsverhandlungen mit der Regierung und spanischen Firmen durch seine «direkten Kontakte zu befördern». Zudem soll er für die ersten zehn Millionen Barrel, die dank seinen Vermittlerdiensten verkauft werden, 0,01 Dollar pro Barrel erhalten (ein Total von heute rund 1,5 Mio. Fr.). Hans Zollinger, der mir eine Kopie dieses Briefs gezeigt hat, nennt Victor Oswald deshalb – in Anlehnung an den Spitznamen des schwerreichen Ölhändlers Calouste Gulbenkian – den spanischen «Mister Five Percent».[69]

Geht es darum, Kontakte zu knüpfen und sein soziales Kapital zu mehren, ist Victor Oswald ein Meister. Nicht umsonst hat er einem seiner Neffen eingebläut: «Du musst jeden Tag jemanden kennenlernen, sonst ist es ein verlorener Tag.»[70] Ein paar Beispiele, wie er seine Netze auswirft, sind bekannt: Er beschafft Kapital und Drehbewilligungen für den Historienschinken «John Paul Jones», was ihm im Vorspann einen Dank «für seine vielen Dienste» einträgt und Spanien als wichtigen Drehort für Hollywood-Produktionen etabliert.[71] Als der Multimillionär Calouste Gulbenkian das Goya-Gemälde «Condesa de Chinchón» kaufen will, umgarnt er – allerdings vergeblich – die adligen Besitzer des weltberühmten Bildes, um dem steinreichen Sammler einen Stein in den Garten zu werfen.[72]

Seinen Zugang zum spanischen Adel verdankt «Don Victor» seiner zweiten Frau, von der man sich in Ems erzählt, sie sei eine Nachfahrin des Kaisers von Alba. Nähe zum Adel plus Nähe zum Diktator ist eine Erfolgsformel: «Don Victors» Tochter Marta gehört zur Entourage einer Franco-Nichte und heiratet einen Marquis de Santa Rita.[73] Seine Tochter Victoria angelt sich mit Fernando de Rueda y Sanz de la Garza gar einen Grafen. Laut der Journalistin Charlotte Peter war es «eine Art arrangierter Ehe», welche die Braut nicht glücklich machte, doch als das junge Paar 1960 vom Erzbischof von Córdoba getraut wird, sitzen in den Kirchenbänken die Schönen, Reichen und Mächtigen Spaniens, und die Klatschpostille ABC schwärmt: «Die Braut trug ein elegantes, mit Organza gefüttertes Seidenkleid, einen Tüllschleier und ein prächtiges Diadem mit Brillanten und Saphiren. Sie betrat die Kirche am Arm ihres Vaters und Trauzeugen, des bekannten Investors Don Victor M. Oswald.»[74]

Schah Reza Pahlavis Besuch der Emser Werke im Jahr 1973 ist bestimmt auch Victor Oswald zu verdanken. «Eiligst waren Wände zu weisseln, rote Teppiche auszulegen, alles blitzblank sauber zu machen, um die kaiserliche Hoheit durch unser eigentlich bescheidenes Areal zu führen», erinnert sich Marcel Capaul.[75] Als der Schah im Helikopter aus St. Moritz einfliegt, führen Werner und Victor Oswald ihn gemeinsam durch die Anlagen. Von dort geht es, wie sich Christoph Oswald erinnert, nach Schloss Rhäzüns, «unserem damaligen Gästehaus», wo ein Essen serviert wird.[76]

Kurz darauf präsentiert die PATVAG Pläne für den Bau einer petrochemischen Anlage am Persischen Golf. «Die Offerte steckte in einer Mappe aus Saffianleder», erinnert sich PATVAG-Verwaltungsrätin Charlotte Peter. «Diese enthielt auch Pläne für eine neue Stadt, eine sternförmige Anlage wie Paris mit dem Arc de Triumph, nur stand in der Mitte ein Reiterstandbild von Reza Pahlavis Vater. Victor kannte Leute aus der Entourage des Schahs, einer versprach, er werde dafür sorgen, dass das Dossier auf dem Pult des Schahs lande. Für diesen Dienst verlangte er 15 Millionen Dollar, und die bekam er auch. Dann reiste der Schah nach Genf, die Studenten protestierten. Der Gewährsmann meinte, man müsse ein wenig zuwarten, der Schah sei wütend auf die Schweiz. Aus dem Projekt wurde dann nichts, weil die Mullahs den Laden übernahmen.»[77]

Ob es stimmt, wie die *Weltwoche* 1963 schreibt, dass Victor Oswald das «Chemie- und Waffen-Geschäft» der PATVAG leitet, darf bezweifelt werden. Und sogar wenn er sämtliche Geschäfte mit Chemikalien und Waffen anbahnen und abwickeln würde, schleckt keine Geiss weg, dass die Gesamtverantwortung beim PATVAG-Präsidenten Rudolf Oswald liegt. Er und der PATVAG-Delegierte Werner Oswald haben den Bruder im fernen Spanien offenbar vorgeschoben, um glaubhaft zu machen, dass sie nur die «Bauabteilung» leiten. Der Journalist ist ihnen auf den Leim gekrochen, hat aber trotzdem einen richtigen Schluss gezogen: «Hinter diesem unerfreulichen Handel [mit Waffen] stehen die Konzernherren von Ems, die seinerzeit – man erinnert sich an die Volksabstimmung! – ihr Werk unter rührendsten Angaben im Namen von Land und Volk Graubünden durch die Bundeskasse speisen lassen wollten.»[78]

Der *Weltwoche*-Artikel wirkt wie ein Schuss vor den Bug. Kurz darauf strukturieren die Gebrüder Oswald die PAT-

Der Schah von Persien besichtigt die Emser Werke. Werner Oswald ist der Grossgewachsene in der Bildmitte, hinter ihm der ebenfalls grossgewachsene Victor Oswald (1973)

Rudolf Oswald (o. D.)

Waffengeschäfte

VAG um: Sie gründen die PATVAG Holding mit Firmensitz in Domat/Ems, welche dieselben Verwaltungsräte wie die PATVAG besitzt.[79] Zwei Wochen später erfolgt die Gründung der PATVAG Technik mit Sitz in Zürich, die von der PATVAG «bestimmte» Aktiven und Passiven übernimmt. Am selben Tag wird der Sitz der PATVAG nach Haldenstein verlegt, zwei Monate später wird sie in «PATVAG Kraftwerke» umbenannt und Widmers Unterschrift gelöscht. Und für alle, die jetzt den Faden verloren haben, gibt es einen Trost: Genau das war wohl beabsichtigt – genau wie der praktische Nebeneffekt, dass mit dem Firmensitz jeweils auch die Akten von einem Handelsregisteramt zum nächsten verschoben wurden, was journalistische Nachforschungen erschwert.

Das Echo auf den *Weltwoche*-Artikel fällt äusserst bescheiden aus. Einzig das *Thuner Tagblatt*, das Victor Oswald für einen Spanier hält, empört sich: «Wir finden, dass der Slogan vom ‹Sich-wohl-fühlen-in-der-Schweiz› nur Geltung haben kann für anständige Leute […]. Es wäre an der Zeit, dass man in unserem Lande die mit dem Tod assoziierten Schmarotzer, die sich bei uns eingenistet haben, ausmisten würde.»[80] Doch im Zürcher Rechtsanwalt, LdU-Kantonsrat und Journalisten Manfred Kuhn erwächst den Gebrüdern Oswald ein hartnäckiger Gegner, der sie das Fürchten lehrt. Im Gegensatz zu seinem Parteikollegen und *Tat*-Chefredaktor Jaeckle, der zur Zünderaffäre nur Fragen gestellt hat, reitet Kuhn fulminante Attacken. «Wenn Tel Aviv eines Tages brennt», schreibt er in der Basler *National-Zeitung*, «dann wird die Welt wissen, dass die Brandbomben dieses Massenmordes aus schweizerischen Händen nach Kairo transportiert wurden.» Widmers Aussage, das Opalm sei «auf vollkommen rechtlichem Wege» aus Deutschland geliefert worden, zeuge von erschütterndem «Zynismus» und zeige, dass die PATVAG das für den «Nahen Osten» geltende Schweizer Waffenembargo umgehe. «Ob nämlich Waffen in der Schweiz hergestellt oder in Deutschland durch Schweizer Herstellung beauftragt werden, ist im Effekt dasselbe.»[81]

Kuhn hat zwei Jahre zuvor den Prozess gegen Adolf Eichmann im Gerichtssaal in Jerusalem mitverfolgt.[82] Die Verhandlungen, die den Opfern des Holocaust eine Stimme und dem Massenmord ein Gesicht gaben, beeindruckten ihn zutiefst. Sie machten ihn zum leidenschaftlichen Anwalt für die jüdische Sache – und zu einem ebenso leidenschaftlichen Kritiker der Waffenexportbestimmungen: «Es ist in der Schweiz, in einem Rechtsstaat der sogenannten freien Welt, der sich überdies als Hort der Humanität so viel auf seine Neutralität einbildet, möglich und zulässig, ‹auf vollkommen rechtlichem Wege› und straflos einem Staat Waffenhilfe zu leisten, der ganz offen zum Angriffskrieg, ja zum Genozid rüstet. Es ist dies genauso vollkommen ‹rechtlich› wie die Transporte von Budapest nach Auschwitz ‹vollkommen rechtlich› waren für Adolf Eichmann, jenen Bürokraten, der für diese Art ‹Recht› zum Symbol geworden ist.»[83]

Versionen von Kuhns Anklage erscheinen in mehreren Zeitungen im In- und Ausland.[84] Einer dieser Artikel schliesst mit einer Parallele zwischen den Geschäften der PATVAG und der Schweizer Flüchtlingspolitik im Zweiten Weltkrieg: «Die Schweiz hat sich bereits einmal, während der Schreckensherrschaft des Nationalsozialismus, am Massenmord gegenüber den Juden dadurch mitschuldig gemacht, dass sie untätig blieb und ihre Grenzen aus unzureichenden Gründen vor den Flüchtlingen verschloss. Jene Haltung, die man nachträglich aufs Schärfste verurteilte, war genauso ‹vollkommen rechtlich› wie heute das Waffenschiebertum.»[85] Aber einzig im *Schweizerischen Beobachter* darf Kuhn die Gebrüder Oswald namentlich nennen. Im Artikel «Die schmutzigen Hände der Waffenhändler» kommt er zum Schluss: «Im Verwaltungsrat der Patvag AG sitzen die Brüder Oswald, die seinerzeit im Kampf um die Subventionen für die Emser Werke bekanntgeworden sind. Hätte damals das Volk nicht die Subventionsvorlage verworfen, so müsste man heute sagen, dass die Schweiz mit Steuergeldern Firmen unterstützt habe, die im grauen Markt des Waffenhandels tätig gewesen sind.»[86] Der Gedanke, dass die HOVAG als staatlich gestütztes Unternehmen Opalm, Raketen und Zünder entwickelt hat, ist für Kuhn offenbar so abwegig, dass er nicht einmal im Traum daran denkt.

Nur ein einziger Journalist nimmt Widmers Verlautbarungen zum Anlass für eigene Nachforschungen, und er lebt nicht in der Schweiz, sondern in Karlsruhe. Claus Appelbaum von der *Allgemeinen Zeitung* fragt sich, wer nach Hecks Tod die Opalm-Produktion leitet und die Lieferungen nach Ägypten besorgt hat. Ein Anruf beim Handelsregister fördert zutage, dass der Tote noch immer als persönlich haftender Gesellschafter eingetragen ist. Also fährt Appelbaum nach Weingarten. «An einem sonnigen Apriltag steckte die gesamte ‹Belegschaft› dieser Firma in einer wichtigen Arbeit: Geschäftsführer Klavins, ein ehemaliger Vorarbeiter des Betriebes und sehr braver Mann, dessen Ehefrau und Schwiegertochter und eine spanische Gastarbeiterin wuschen einen blauen Volkswagen. Ein schwarz-heller Schäferhund lag an der Kette und bewachte Betrieb und Wagenwäscher. Los sei hier schon lange nichts mehr, sagte ein Nachbar, der wissen wollte, dass die Glanzzeit der Firma vorbei sei, die Miete aber pünktlich aus der Schweiz gezahlt werde.»

Nun wird Appelbaum erst recht neugierig. «Geschäftsführer Ziganis Klavins liess sich am Telefon sprechen: ‹Es stimmt, das [Opalm] haben wir geliefert›, sagte er in gebrochenem Deutsch, ‹ein Ableugnen wäre sinnlos.› Er berichtete, dass man nur Staatsaufträge annahm, dass auch weitere Aufträge vorliegen, die jedoch nicht ausgeführt werden können, weil dazu die bundesdeutsche Genehmigung fehle. Der Betrieb sei deshalb ‹vorübergehend› stillgelegt.» Beim Bundesamt für gewerbliche Wirtschaft, das für die Exportgenehmigungen zuständig ist, erfährt Appelbaum, es laufe ein Verfahren gegen die DIMEX wegen «falsch deklarierter Exporte». Mehr will der Beamte nicht sagen. Auch die weiteren Recherchen verlaufen im Sand. Man hat zwar überall, wo der Reporter anruft, den Namen DIMEX schon gehört. «Nur wer dahinter steht und eventuell heute noch den Draht zieht – das weiss man nicht. Das Ende des Drahtes soll in der Schweiz liegen.» Immerhin bringt er in Erfahrung, dass der Schweizer Paul Schaufelberger ein Aktionär der DIMEX ist. Aber ein Anruf beim «Direktor des grössten Luzerner Hotels» überzeugt ihn, dass er es mit einem «kreuzbraven Mann» zu tun hat. Nach drei Wochen Recherche ist Appelbaum so klug wie zuvor und fragt sich: «Wer aber tätigte das Geschäft mit Ägypten?»[87] Der deutsche Nachrichtendienst könnte die Frage beantworten. Es ist noch nicht lange her, dass er die Schweizer Kollegen informiert hat, die PATVAG sei die «Hauptgläubigerin der verschuldeten Dimex» und habe ein Interesse daran, dass ihre Geschäfte weitergeführt würden.[88] Ein Inspektor der Bundespolizei hat die Meldung im Dossier «Waffenhändler, Ausländer» abgelegt. Das war's.

    In Israel ist es inzwischen zum politischen Eklat gekommen. Die Pressekampagne des Mossad über Nazi-Wissenschaftler, die Massenvernichtungswaffen herstellen und das jüdische Volk auslöschen wollen, hatte eine eigentliche Panik in der Bevölkerung ausgelöst und drohte, die ersten zarten, noch inoffiziellen diplomatischen Bande mit der BRD zu zerreissen. Premierminister David Ben-Gurion zitierte Mossad-Chef Harel und erklärte, er könne seine Einschätzung der Bedrohung nicht teilen.[89] Es kam zum Streit zwischen den alten Freunden. Harel wurde so wütend, dass er seinen Rücktritt anbot. Und zu seinem grossen Erstaunen nahm Ben-Gurion an. Der Premierminister verbot auch die Publikation des Weissbuchs, das alle Zulieferer des ägyptischen Rüstungsprogramms, darunter bestimmt auch die PATVAG, anprangern sollte.[90] «Isser Harels einst so glänzende Karriere», so das Fazit des israelischen Autors Ronen Bergman, «endete in einem misslungenen Bluff und einer vernichtenden Niederlage.» Ein Ziel hat er jedoch erreicht.

«Im Schatten und in aller Stille»

Das Schweizer Bundesgericht, das sich wochenlang mit dem Entscheid gequält hat, lehnt die Auslieferung der israelischen Agenten an Deutschland ab.[91] Es argumentiert mit einem formalen Mangel: Das Gesuch mache «keine näheren Angaben» zur mutmasslichen Mittäterschaft beim Anschlag auf den Raketenspezialisten Kleinwächter.[92]

Das Basler Strafgericht tut sich ebenfalls schwer, denn der Agent mit dem Decknamen Joseph Ben Gal geniesst als «senkrechter Mann» und «anständiger Charakter» grosse Sympathie in der Bevölkerung.[93] Nach siebenstündiger Beratung wird er wegen Nötigung zur ungewöhnlich milden Strafe von zwei Monaten Gefängnis verurteilt, wobei ihm der Richter zugutehält, dass er «sein Vaterland» in «tödlicher Gefahr» wähnte.[94] Da die Strafe mit der Untersuchungshaft abgegolten ist, wird Ben Gal sofort zum Hinterausgang geführt, wo ein Auto wartet, das ihn nach Frankreich bringt. Sein Komplize Otto Joklik wird wegen Beihilfe zur Nötigung verurteilt.[95]

Ein paar Tage später räumt Direktor Widmer auf. Die DIMEX wird zuerst in «Klavins, Chemische Reinigung» und kurz darauf in «Zigonis Klavins, Metallseifen» umbenannt. Der ehemalige Vorarbeiter avanciert zum Direktor, und vieles deutet darauf hin, dass er in Widmers Auftrag weiterhin Opalm produziert und dieses – wie der neue Firmenname suggeriert und Heck das jahrelang gemacht hat – als «Metallseife» exportiert. Für das Betriebsinspektorat ist jedenfalls klar, dass es sich um den «Zweigbetrieb einer schweiz. Firma» handelt. Bei der ersten Kontrolle zählt ein Inspektor drei Arbeiterinnen und ist zufrieden: «Zu beanstanden war ein nicht geprüfter Feuerlöscher. Sonst keine Beanstandung.»[96]

Präsident Nassers «Opal»

Die ägyptische Luftwaffe bombardiert jemenitische Bergdörfer mit Opalm, und Präsident Nasser muss sich gegen den Vorwurf wehren, seine Luftwaffe setze Giftgas ein.

Als der Nahostkorrespondent Richard Beeston im Juni 1963 die Grenze zwischen Saudi-Arabien und dem Jemen überquert, ist er auf dem Weg zum grössten Scoop seiner Karriere. Auf der Ladefläche des klapprigen Pick-ups kauert seine «lächelnde, schurkisch aussehende» Eskorte, barfüssige, mit Karabinern bewaffnete Huthis, die einen Patronengurt quer über die Brust und die Jambiah, den traditionellen Krummdolch, am Gürtel tragen. «Sie hatten keine Taschen in ihren Gewändern», schreibt Beeston in seinen Memoiren, «also wurden ihre Jambiahs, abgesehen vom Töten von Menschen, dazu benutzt, um ihre persönlichen Sachen sicher aufzubewahren. Dazu gehörten in der Regel Marlboro-Zigaretten, Streichhölzer, manchmal Stifte und Papier und Päckchen von Qat, einem milden Betäubungsmittel, die alle hinter ihren Dolchen verstaut wurden.» Seine eigenen Habseligkeiten stecken in einem Rucksack, darunter Wasserreinigungstabletten, dicke Gummihandschuhe, Zangen, Gläser für Bodenproben und die Gasmaske, die ihm ein Giftgasexperte des britischen Aussenministeriums überlassen hat.

  Auf einer holprigen Piste geht es in Richtung Süden, Richtung Krieg. Manchmal tauchen Ziegen zwischen den Dünen auf und Kinder, die sie hüten. Wenige Kilometer vor der ersten Strassensperre tauschen Beestons Beschützer den Pick-up gegen Maultiere ein, um den Briten in ein Bergdorf zu bringen, das auf keiner Landkarte verzeichnet ist. Drei Tage lang zieht die kleine Karawane durch unwegsames Gelände, vorbei an Terrassen, wo der jemenitische Mokka wächst, und Dörfern aus mehrstöckigen Steinhäusern, die an mittelalterliche Wehrtürme erinnern. Nähert sich das Brummen einer Iljuschin, suchen die Männer Deckung unter knorrigen Bäumen und hinter Felsblöcken.[1]

Es ist Beestons zweite Reise in den jemenitischen Bürgerkrieg. Nach dem Tod des alten Imams im September 1962 putschten in der Hauptstadt Sana'a junge Offiziere, die sich wie ihre ägyptischen Vorbilder «Freie Offiziere» nannten. Der Thronfolger Imam Muhammad al-Badr konnte als Diener verkleidet aus dem Palast flüchten und zog sich ins unwegsame Hochland zurück, wo er die Stämme um sich scharte und den bewaffneten Widerstand organisierte. Doch der Krieg im Jemen ist nicht nur ein Bürgerkrieg, er ist auch ein Stellvertreterkrieg zwischen Präsident Nasser und König Saud, die sich die Führung der arabischen Welt streitig machen: Während die Könige von Saudi-Arabien und Jordanien Imam al-Badr mit Geld und Waffen versorgen, schickt Nasser Soldaten und Flugzeuge, um die republikanischen Offiziere zu unterstützen. Doch seine militärischen Berater hatten das unwegsame Gelände und die Entschlossenheit der Bergstämme unterschätzt, deshalb ging die ägyptische Luftwaffe bald zum Einsatz von Napalm über. Den westlichen Medien waren die Napalm-Einsätze höchstens eine Randnotiz wert. Die *New York Times* brauchte einen einzigen Satz, um zu vermelden, dass in wenigen Monaten mindestens 30, wahrscheinlich aber eher 200 Dörfer mit Napalm bombardiert worden waren.[2]

Auf seiner ersten Reise in den Jemen hat *Daily Telegraph*-Korrespondent Beeston im Hauptquartier des Imams den britischen Parlamentarier Neil «Billy» McLean kennengelernt. Für den strammen Patrioten und ehemaligen Nachrichtendienstoffizier ist der ägyptische Präsident, der sowjetische Militär- und Wirtschaftshilfe bezieht und über das britische Protektorat Aden lästert, ein rotes Tuch.[3] Im Jemen war er in seinem Element. Im Sold von König Saud beriet er den gestürzten Imam, unterwies die royalistischen Truppen «in Taktik und Waffen» und sorgte mit seinem direkten Draht ins britische Aussenministerium dafür, dass Tausende von Gewehren von Aden ins jemenitische Hochland gelangten.[4] Von ihm hörte Beeston zum ersten Mal von Giftgasangriffen der ägyptischen Luftwaffe auf royalistische Dörfer. Als er im *Daily Telegraph* darüber berichtete, horchte die Welt auf. Die israelische Ministerpräsidentin Golda Meir sah sich darin bestätigt, dass Ägypten Chemiewaffen produziere. In der Knesset höhnte sie, wenn Präsident Nasser schon seine Brüder so behandle, könne man nur vermuten, was er «gegen ein Volk einsetzen würde, dessen Vernichtung er jeden Tag fordere».[5] Auch das britische Aussenministerium war alarmiert. Es befürchtete, dass die Sowjetunion «die ägyptische Luftwaffe benutzen könnte, um Experimente mit geheimen neuen Nervengaswaffen an jemenitischen Royalisten durchzuführen».⁶ Der Chefredaktor des *Daily Telegraph* witterte die ganz grosse Story und schickte seinen Korrespondenten schleunigst in den Jemen zurück.

Am späten Abend des dritten Tages erreicht die Karawane ihr Ziel, ein paar Steinhäuser «auf der Spitze eines hohen, zerklüfteten Berges». In seinen Memoiren schreibt Beeston über die Ankunft in al-Kawma: «Ich näherte mich dem Dorf spät in der Nacht. Aus mehr als hundert Metern Entfernung konnte ich das Husten der vergasten Dorfbewohner hören, das nicht aufhörte.» Der nächste Tag bestärkt ihn darin, dass Ägypten Giftgas eingesetzt hat, obwohl es die Genfer Konvention gegen chemische Kriegsführung unterzeichnet hat. «Am Morgen strömten die Dorfbewohner zusammen, sie flehten mich an, Medikamente und Ärzte zu schicken, um ihren Husten und ihre Blasen zu heilen. Das Gesicht einer Frau war deutlich gelb verfärbt. Eine andere Frau war blind, weil sie sich mit kontaminierten Fingern die Augen gerieben hatte. Einer der am stärksten betroffenen Dorfbewohner, den ich sah, war Mohamad Nassr, 12 Jahre alt, er hustete ständig und hatte von den Blasen, die vom Gas herrührten, tiefe offene Wunden von der Grösse einer Münze. Die Gasbombe wurde Anfang des letzten Monats am Abend auf das Dorf abgeworfen, und sechs Menschen, darunter Hadia Rashid, ein fünfjähriges Mädchen, starben qualvoll innerhalb von vier Tagen. Letzten Montag kam es zum siebten Todesfall. Es war ein Junge von 13 Jahren.»

Der Dorfvorsteher erzählt, «dass die Bombe, als sie fiel, eine braune Rauchwolke abgab und einen ‹schmutzigen Geruch› hatte. ‹Wir dachten, es sei nur Rauch, weil niemand je Giftgas erlebt hatte›, sagte er. ‹Kurz danach begannen die Leute Blut zu husten. Einige bluteten aus der Nase.›»⁷ Ein Bewohner ergänzt, «dass ein grosses, aber langsames, tief fliegendes Flugzeug über dem Gebiet kreise und vor Sonnenuntergang vier Bomben abwarf. Zwei davon explodierten mit geringerer Wucht.»⁸ Zum Beweis präsentiert er die Überreste einer Bombe. Später schreibt Beeston: «Sie bestand aus zwei kreisförmigen Bändern aus Metall, die etwa einen Meter breit waren. In jedes waren 15 Kanister geschraubt, die etwa die Grösse eines Autovergasers hatten. Es war offensichtlich ein kompliziertes Stück Maschinerie, wahrscheinlich jenseits der technischen Fähigkeiten der Ägypter.» Beeston zückt die Kamera. Für ihn ist klar: «Da der russische Block die gesamte militärische Ausrüstung für Ägypten liefert, ist es wahrscheinlich, dass die Bombe in Russland oder der Tschechoslowakei hergestellt wurde.»⁹

Am 8. Juli 1963 veröffentlicht der *Daily Telegraph* die Reportage samt Fotos aus al-Kawma auf der Frontseite. «Es hat

Das jemenitische Bergdorf al-Kawma (Richard Beeston, 1963)

Opalm-Opfer Mohamad Nassr aus
al-Kawma (Richard Beeston, 1963)

Waffengeschäfte

schon mehrmals Berichte gegeben, dass ägyptische Flugzeuge Gasbomben auf jemenitische Dörfer abgeworfen haben. Aber mein Besuch in al-Kawma hat zum ersten Mal ohne jeden Zweifel bestätigt, dass diese Berichte wahr sind», versichert Beeston den Leserinnen und Lesern. «Präsident Nasser kann nun die Auszeichnung für sich beanspruchen, dass er die erste Person ist, die zur chemischen Kriegsführung greift, seit Mussolini in den Dreissigerjahren Senfgas gegen äthiopische Stammesangehörige einsetzte.»[10] Der Augenzeugenbericht sorgt weltweit für Schlagzeilen. Jede Zeitung, die etwas auf sich hält, berichtet über die «grauenhaften Enthüllungen» – auch in der Schweiz.[11] Die Angst vor Ägyptens Massenvernichtungswaffen, die der Mossad im Frühling schürte, ist nicht vergessen. Das Boulevardblatt *Daily Mirror* versteigt sich gar zur Behauptung, die ägyptische Luftwaffe werfe Gasbomben ab, «um Nazi-Wissenschaftlern, die ihre neusten tödlichen Tricks testen wollten, einen Gefallen zu tun».[12]

Wenige Tage später wird Mohamad Nassr aus al-Kawma ins Londoner Great Ormond Children's Hospital eingeliefert. «‹Giftgas-Junge› wird eingeflogen» titelt der *Daily Mirror*. Der Übername bleibt am Zwölfjährigen kleben wie das Gift auf der Haut der Dorfbewohner. «‹Giftgas-Junge› nimmt es locker», berichtet der *Daily Herald* am nächsten Tag. «Er hat noch nie einen Fernseher, einen Bus, einen Zug oder ein Krankenhaus gesehen.» Für die Behandlungskosten kommt ein Jemen-Hilfskomitee auf, dessen Schatzmeisterin, Lady Jane Birdwood, eine berüchtigte rechtsextreme Politaktivistin und Kommunistenhasserin, der Presse erklärt: «Wenn wir wissen, welche Art von Gas seine Verletzungen verursacht hat, können die Menschen, die im Jemen leiden, vor Ort behandelt werden.»[13]

Langsam setzt sich das politische Räderwerk in Bewegung. Britische Parlamentarier verlangen eine Untersuchung, und der britische Botschafter informiert Nasser über die tiefe Besorgnis seiner Regierung. Saudi-Arabien fordert das Internationale Rote Kreuz auf, Ärzte in die jemenitischen Bergdörfer zu schicken, und reicht Klage bei der UNO ein.[14] Nasser ist empört und spricht von einer «Schmierenkampagne» Englands, das mit dem Protektorat Aden selbst in den Konflikt verstrickt sei. In einer Pressemeldung stellt er klar: «Die erfinderische und verleumderische Kampagne ist ein verzweifelter Versuch, die aggressiven, provokativen und imperialistischen Aktionen der britischen Streitkräfte an der Südgrenze des Jemen zu vertuschen.»[15] Dem US-Botschafter John Badeau erklärt er, «dass der ‹Daily Telegraph› ihm gegenüber immer extrem feindselig gewesen sei und man dessen Berichte über Giftgas ignorieren sollte».

Der Botschafter ist skeptisch. Er will wissen, ob Ägypten tatsächlich kein Giftgas einsetzt. Nassers Antwort hätte PATVAG-Direktor Widmer nicht gefallen. Am selben Tag kabelt Badeau ans State Department: «Nasser sagte, es sei eine Napalm-Bombe namens ‹Opal› gegen Feldfrüchte und einige Dörfer eingesetzt worden, das sei der Grund für die Berichte über Giftgas gewesen.» Da Badeau den Markennamen des Emser Napalms nicht kennt, hat er nicht «Opalm», sondern «Opal» verstanden: «Ich antwortete, mir vorliegende Informationen würden darauf hindeuten, dass anderes als Napalm eingesetzt werde, insbesondere nicht der ‹Opal›», informierte er Washington. «Ich erwähnte keine Namen für Bomben, sagte aber, mein Bericht deute darauf hin, die Bandbreite könne von Phosphor- bis Senfgas reichen. Nasser sagte dann, dass ‹eine Bombe› verwendet wurde, die in der V. A. R. [Vereinigte Arabische Republik, ein Zusammenschluss von Ägypten und Syrien] hergestellt worden sei, deren genauen chemischen Inhalt er nicht kenne.»[16] Im Communiqué, welches das State Department anschliessend veröffentlicht, wird der «Opal» nicht erwähnt, weil sich auch die Beamten in Washington keinen Reim darauf machen können. Niemand fragt bei Nasser nach, was er mit «Opal» meint, obwohl Diplomaten, Geheimdienste, UNO-Beobachter, Rotkreuz-Ärzte und Wissenschaftler zur selben Zeit versuchen, sich Klarheit über die Art der Bombeneinsätze der ägyptischen Luftwaffe zu verschaffen.

Doch was bedeuten Nassers Auskünfte für die Geschichte des Emser Konzerns? Seine Erklärung, die Luftwaffe setze Opalm ein, deckt sich mit Widmers «Klarstellung», Ägypten habe bei der DIMEX Opalm gekauft, und «eine erste Lieferung von Bomben dieses Typs» sei «bei Kämpfen in Jemen eingesetzt worden». Da in der Schweiz jemenitische Muslime deutlich weniger Fürsprecher haben als israelische Juden, ging diese Information sang- und klanglos unter. Vergleicht man nachträglich die Erklärungen von Widmer und Nasser, sticht jedoch ein Widerspruch ins Auge: Laut Widmer hat die PATVAG eine Lieferung von 500 «Brandbomben» ausgesetzt, die in Hamburg auf die Verschiffung warteten; laut Nasser wurden die Bomben in der V. A. R. «hergestellt».

In den Quellen finden sich mehrere Hinweise, dass Ägypten selbst Opalm herstellen wollte. Im Sommer 1960 schrieb Widmer, «z. Zt. verhandelt Ägypten mit uns über den Kauf der Herstellungslizenz».[17] Ein halbes Jahr später schickte die DIMEX zu Vorführzwecken siebzig Kilogramm Opalm- und zehn Kilogramm Napalm-Granulat, fünfzig Zünder, zehn Dosen roten Phosphor, zehn Dosen des Brandverstärkers Kaliumperchlorat sowie einen Flammenwerfer an eine Deckadresse der ägyptischen Armee in Kairo. Kurz darauf folgte eine «Sendung von Abwurfbehältern», und Gompf reiste nach Kairo, um «den dortigen Ingenieuroffizieren die Änderung an der Aufhängung und den Piloten die Vorschriften für den Abwurf beizubringen». Nach der Vorführung beschlossen die Verantwortlichen, die «Behälter im eigenen Land her[zu]stellen».[18]

Im Sommer 1961, als Gompf sich nach dem Attentat auf Heck nach Kairo absetzte, nannte er der Polizei als Grund, er müsse im Auftrag der PATVAG «Besprechungen über die Errichtung einer Kunststoff-Fabrik» führen. Die Formulierung ist verräterisch, denn Aluminiumseife dient nicht nur als Napalm-Verdicker, sondern auch als Weichmacher für Kunststoff. Wahrscheinlich ging es also um den Bau einer Opalm-Fabrik. Kurz darauf spedierte Widmer die fünf Tonnen Opalm, die nach Hecks Tod in Weingarten lagerten, nach Ägypten.[19] Ein Jahr später regnete es erstmals «Napalm» auf jemenitische Bergdörfer.[20]

Man würde gern mehr über die Ägypten-Geschäfte der PATVAG in Erfahrung bringen, doch das ist nicht so einfach. Jedenfalls behauptet Bernd Schultze, Christoph Blocher habe Mitte der Neunzigerjahre unter anderem auch die «Korrespondenzen mit politisch geächteten Staaten (Südafrika, Ägypten)» geschreddert. Falls das stimmt, könnte also nicht einmal das Firmenarchiv der Ems-Chemie weiterhelfen. Auf ägyptischer Seite sieht es ebenfalls nicht gut aus. Dokumente der Streitkräfte werden nicht im Nationalarchiv verwahrt, wo ausländische Forscherinnen in der Regel ein gutes Jahr warten, bis ihre Gesuche bearbeitet und oft nicht bewilligt werden. Sie liegen in einem separaten Militärarchiv, das oft nicht einmal ägyptischen Forschenden offensteht. Doch ein für die PATVAG ärgerliches Missgeschick, das sich kurz vor der Verhaftung der israelischen Agenten zutrug, produzierte öffentlich zugängliche Akten, die darauf schliessen lassen, dass Ägypten Anfang Sechzigerjahre begann, selbst Opalm zu produzieren.

Eines dieser Dokumente erzählt, was sich am 20. Februar 1963 am Flughafen Kloten zutrug: Als Mohamed El Borai, ein Mitarbeiter der United Arab Airlines, am Zoll ein «Paketchen mit Brief» abholen will, wird er von zwei Beamten des Zürcher Nachrichtendienstes in Empfang genommen. Er erklärt, ein Flugbegleiter habe das Paket von Frankfurt mitgebracht und ihn gebeten, dieses in Verwahrung zu nehmen. Es sei für Dr. Gompf bestimmt, einen guten Kunden, der es persönlich im Büro der United Arab Airlines abholen werde. Es stellt sich heraus, dass das Paket einen «Zündkopf aus Aluminiumlegierung für Geschoss» enthält und einen Begleitbrief von Samir Ali, einem Abteilungsleiter der ägyptischen Militärfabrik No. 72, die auf

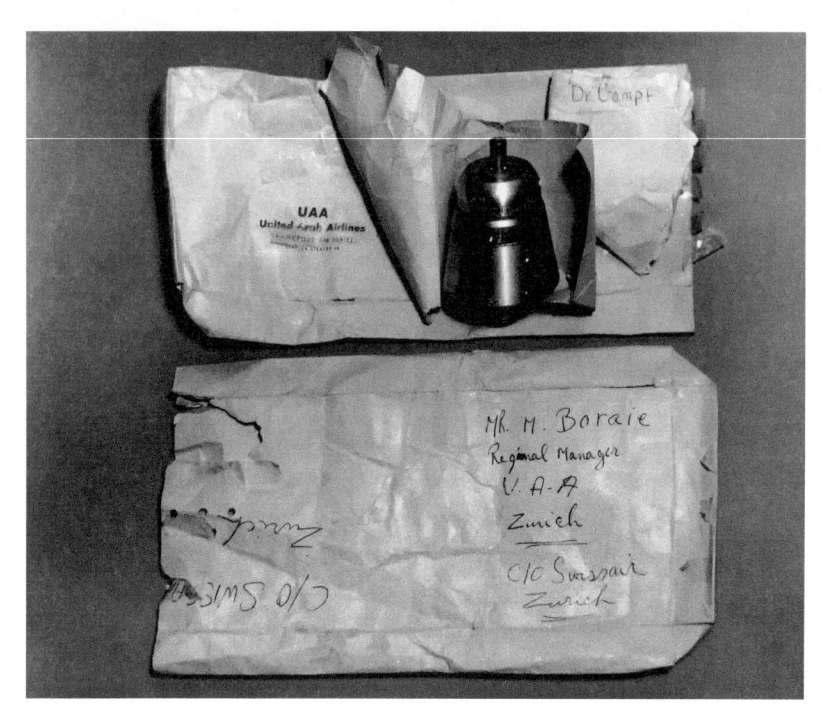

Polizeifoto des Zünders, der für PATVAG-Mitarbeiter Heinrich Gompf bestimmt war (1963)

Waffengeschäfte

Bomben und Leitsysteme für Flugzeuge spezialisiert ist. Darin heisst es in gebrochenem Englisch: «Wir wollen Uhrsystem von Zeitzünder Nr. /208) verwendet in Flab-Granaten auf Kanonen (3.5 & 4.7 Zoll Kaliber) oder wenn als Altmaterial verfügbar können wir die ganzen Zeitzünder bekommen & dann hier modifizieren auf unsere Bedürfnisse hin!» Die Sache sei «sehr dringend». Offensichtlich steht Ali mit Gompf auf vertrautem Fuss, denn er bestellt nicht nur rüstungsrelevante Güter wie «4000 Stahlkugeln für Kugellager», sondern auch ein Haarwuchsmittel und eine neue Windschutzscheibe für einen Borgward Isabella.[21] Beim Zünder, so stellt ein Schweizer Fachmann fest, handelt es sich «um eine Nachahmung eines Modells der deutschen Firma JUNGHANS, welche szt. bei der ‹Wehrmacht› in Gebrauch stand, dessen Patentschriften veröffentlicht sind. Dieses Modell wurde szt. verschiedenenorts in Europa (auch von schweizerischen Firmen, wie Dixi u. a.) für Deutschland fabriziert und später von den Westmächten übernommen. Über diese dürfte es auch nach Russland gekommen sein.»[22]

PATVAG-Direktor Widmer droht eine Neuauflage der Zünderaffäre, diesmal nicht wegen illegaler Ausfuhr, sondern wegen illegaler Einfuhr. Als er dank El Borai von der Sache erfährt, kontaktiert er sofort den Nachrichtendienst und versichert, er werde dafür sorgen, dass Gompf Auskunft gebe.[23] In der Tat taucht Gompf zwei Tage später auf, spielt aber erwartungsgemäss den Ahnungslosen. Er wisse nicht, warum man ihm einen Zünder schicke, er mache in Ägypten ganz andere Geschäfte: «Für die ‹Patvag› verkaufe ich Kunststoffe und andere Erzeugnisse. Umgekehrt versuchte ich, die billigen Arbeitskräfte und kürzeren Lieferzeiten in Ägypten auszunutzen, um ev. Gegenlieferungen zustande zu bringen. Eine solche Gegenlieferung ist die Herstellung von 1000 sogenannten Abwurfbenzinbehältern.» Die ägyptische Armee, die anlässlich von Gompfs erstem Besuch in Kairo erklärt hatte, sie wolle die Hüllen für die Opalm-Bomben «im eigenen Land herstellen», hat also die Produktion aufgenommen. Während dieser Zeit ist offenbar auch eine «Kunststoff-Fabrik» gebaut worden: Nach dem Attentat auf Heck hatte Gompf den Ermittlern erklärt, er fliege für «Besprechungen über die Errichtung einer Kunststoff-Fabrik» nach Kairo, nun verkauft er «Kunststoffe und andere Erzeugnisse».[24] Da er im Auftrag der PATVAG «als technischer Berater der ägyptischen Luftwaffe tätig» ist, dürfte es sich allerdings weniger um «Kunststoffe» als um «andere Erzeugnisse» – sprich Opalm – handeln.[25] In dieses Bild passt, dass auch PATVAG-Direktor Widmer in letzter Zeit «sehr oft» nach Kairo gereist ist, obwohl er mit Gompf einen tüchtigen und bestens vernetzten Vertreter vor Ort hat.[26]

Das lässt darauf schliessen, dass es um wichtigere Geschäfte ging als routinemässig von der DIMEX abgewickelte Opalm-Lieferungen.[27]

Die Schlussfolgerung, die ägyptische Armee habe 1963 selbst Opalm hergestellt, deckt sich mit dem Befund von zwei Spezialisten: Laut Dany Shoham, Mikrobiologe und Ex-Offizier des israelischen Geheimdienstes, nahm Ägypten 1963 die Produktion von Chemiewaffen auf, zu denen auch Napalm zählt.[28] Der Jemen-Spezialist Asher Orkaby setzt den Zeitpunkt der Produktionsaufnahme auf 1962 an und schreibt, die Produktion von Chemiewaffen sei mit der Herstellung von Pestiziden in derselben Fabrik getarnt worden.[29] Das wiederum deckt sich mit einer Aussage von Gompf. Als er 1964, nach seiner Rückkehr nach Deutschland, zum Mordfall Heck befragt wurde, behauptete er nämlich, die DIMEX habe nicht Opalm-Granulat, sondern «Pulver für Insektenbekämpfung» hergestellt.[30]

In der Fachliteratur habe ich nur einen einzigen expliziten Hinweis auf eine ägyptische Napalm-Produktion gefunden: Yezid Sayigh, der Leiter des Programms für zivil-militärische Beziehungen in arabischen Staaten (CMRAS) am Carnegie Middle East Center in Beirut, schreibt, dass in Nebenanlagen der «Military Plant 81 for Chemical Industries» Napalm, Flammenwerfer sowie Kunststoff- und Gummiteile produziert wurden.[31] Hier taucht also wieder die Kombination Napalm/Kunststoff auf, die in Gompfs Newspeak «Kunststoffe und andere Erzeugnisse» heisst. Sayigh konnte auf Anfrage aber nicht präzisieren, in welchem Jahr die Napalm-Produktion einsetzte.

Das alles sind Mosaiksteinchen, die zwar kein vollständiges Bild ergeben, aber darauf schliessen lassen, dass Ägypten zuerst Opalm aus Deutschland importierte, Anfang der Sechzigerjahre die Lizenz kaufte und 1962/63 eine eigene Produktionsanlage in Betrieb nahm. Dann ergibt auch Widmers überraschende Berichtigung, die PATVAG habe nicht nur fünf, sondern 25 Tonnen Opalm nach Ägypten geliefert, plötzlich Sinn. Er hat offenbar befürchtet, ein Journalist könnte eins und eins zusammenzählen und sich fragen, wie Ägypten mit fünf Tonnen Opalm, das für rund 500 Bomben reicht, Hunderte jemenitischer Dörfer bombardieren konnte. Auch seine Erklärung, die PATVAG habe eine Lieferung von 500 «Brandbomben» ab Hamburg gestoppt, erscheint in neuem Licht. Es war wohl eine Finte von Widmer, der davon ablenken wollte, dass Ägypten mit einer Lizenz selbst Opalm produzierte.

Die zweite Zünderaffäre endet für alle Beteiligten glimpflich. Die Fremdenpolizei verzichtet auf eine Einreisesperre gegen Gompf, und die Bundesanwaltschaft beschlagnahmt zwar das Corpus Delicti, stellt aber die Ermittlungen wegen illegaler Einfuhr von Kriegsmaterial ein. Im Schlussbericht attestiert sie Widmer einmal mehr, er gelte «als absolut integere Person».[32]

Was den Giftgasvorwurf betrifft, so kommt das State Department nach «eingehender Prüfung» zum Schluss, das Gas stamme von weissem Phosphor.[33] Auch mehrere Experten sind der Meinung, es handle sich um Phosphorbomben, wie sie bereits im Ersten Weltkrieg und massenhaft im Zweiten Weltkrieg eingesetzt wurden. Die Symptome der Opfer in al-Kawma sind in der Tat typisch für eine Phosphorvergiftung: Sie erbrachen Blut, ihr Fleisch «fiel ab», wenn sie sich kratzten, und oft litten sie tagelange Qualen, bevor sie starben.[34] Ein Ex-Offizier der US-Luftwaffe und mehrere französische Söldner, die auf der Seite der Royalisten kämpfen und Bombenabwürfe miterlebt haben, sind hingegen fest überzeugt, es handle sich um Napalm-Bomben, die nicht richtig explodiert seien.[35] Für Napalm-Bomben wird nämlich ein Zündmechanismus auf Phosphorbasis verwendet, der auf einen Mitarbeiter von Napalm-Erfinder Louis Fieser zurückgeht und bereits im Zweiten Weltkrieg erprobt wurde: Ein Aufschlagzünder bringt eine kleine Ladung von hochexplosivem Sprengstoff zur Explosion, die Bombenhülle wird zerfetzt, die Brandmasse und der in kleine Büchsen eingebaute weisse Phosphor werden in die Luft geschleudert, worauf sich das Phosphor im Kontakt mit Sauerstoff entzündet und das Napalm in Brand setzt.[36]

Dieser Standardmechanismus kommt auch bei den Napalm-Tests des EMD zum Einsatz. Im Protokoll einer «Bomben-Konferenz» im Bundeshaus ist die Konstruktion detailliert beschrieben: Pro «Feuerbombe» werden zwei «Fallzünder» in zwei «Brandbüchsen (Phosphorbüchsen)» eingebaut, diese werden in je eine Blechbüchse eingelötet, die gleichzeitig auch als Verschlusskappen für die mit Napalm-Gel gefüllte Bombe dienen.[37] Auch in die Bombe, die Beeston in al-Kawma fotografierte, sind «Blechbüchsen von der Grösse eines Vergasers eingeschraubt».[38] Auf dem Bild sind vier Büchsen, die nicht oder nur teilweise explodierten, sowie kreisrunde Öffnungen im Deckel deutlich zu erkennen. Es sind allerdings nicht wie üblich zwei, sondern 15 «Phosphorbüchsen», offenbar wurde die Anzahl erhöht, um den Einsatz der Bombe noch tödlicher zu machen.

Alles spricht dafür, dass in al-Kawma Opalm-Bomben eingesetzt wurden, die ungewöhnlich viel Phosphor enthielten und nicht richtig explodierten, und dass McLean der *spin doctor* war, der den Giftgasvorwurf in die Welt setzte und sorgfältig orchestrierte.[39] So sorgte er beispielsweise dafür, dass Bruchstücke der Bombe an ein Labor des israelischen Geheimdienstes gingen, wo prompt Spuren von verbotenem Senfgas festgestellt wurden. Als britische Armeespezialisten, die ebenfalls ein Bombenfragment untersuchten, einzig Reste von Tränengas fanden, stellte ein britischer Geheimdienstoffizier und Kollege von McLean den Befund sofort infrage und behauptete, «dass die Laborresultate vertuscht wurden, weil die Regierung eine Konfrontation über den Einsatz von Chemikalien vermeiden wollte».[40] McLean hatte auch seine Hand im Spiel, als der zwölfjährige Mohamad mutterseelenallein aus al-Kawma nach London gebracht und medienwirksam ins Spital eingeliefert wurde.[41] Als er aus dem Spital entlassen wurde und die Ärzte an einer Pressekonferenz bekannt gaben, seine Verletzungen rührten nicht von Giftgas her, hatte die Presse das Interesse am «Giftgas-Jungen» und den vermeintlichen Giftgasangriffen bereits verloren und räumte diesem Befund, wenn überhaupt, höchstens ein paar dürre Zeilen ein.

Nasser selbst war überzeugt, dass er das Opfer westlicher Desinformation war. Als ihm der amerikanische Botschafter vorwarf, die deutschen Rüstungs- und Raketenexperten in Kairo seien Nazis, fragte er sarkastisch zurück: «Sind deutsche Wissenschaftler, die in grossen Ländern arbeiten, auch alle Nazis?»[42] Der Westen schenkte dem «Diktator am Nil» (*Spiegel*) keinen Glauben. Und tut es teilweise bis heute nicht: Jüngere, mehrheitlich israelische und amerikanische Studien stellen den Einsatz von Giftgas im Jemen-Krieg nach wie vor als historisch verbürgt dar.[43]

Für die Gebrüder Oswald war McLeans Desinformationskampagne ein Geschenk des Himmels, denn der Giftgasvorwurf lenkte vom Einsatz von Schweizer Opalm gegen die jemenitische Zivilbevölkerung ab. Wie sie vom Kalten Krieg profitierten, illustriert eine Reportage der *Schweizer Illustrierten* aus dem Jahr 1964. Ein Schweizer Reporter, der eines der bombardierten jemenitischen Dörfer besucht hatte, schrieb: «Eines der Opfer wurde nach London geschickt, aber man konnte nicht nachweisen, dass es sich um ein bekanntes Gas handelte, und Nasser gab wenigstens diese Waffe auf, die wahrscheinlich den satanischen Hirnen seiner Nazi-Chemiker entsprungen war, die ja immer noch für ihn in Ägypten arbeiten.»[44] Der Kalte Krieg trübte sowohl die Analysefähigkeit als auch das Erinnerungsvermögen des Reporters. Es war noch kein Jahr her, dass Widmer als Direktor einer Schweizer Firma öffentlich erklärt hatte, er habe Opalm an Ägypten verkauft, das «bei Kämpfen in Jemen» eingesetzt werde. Doch diesen Zusammenhang sucht man in der *Schweizer Illustrierten* vergeblich. Dort kann man lesen, dass im Jemen russische Kampfflugzeuge die «Felder und Pflanzungen mit Napalm-Bomben» bombardierten. Die internationale Presse machte sogar den Kurzschluss: sowjetische Bomber = sowjetisches Napalm. Wie das amerikanische *LIFE Magazine,* das 1965 meldete: «Obwohl Nasser den Einsatz von Napalm in Vietnam bedauert, ist der royalistische Jemen mit schwarzen Flecken übersät, die von seinen sowjetischen Napalm-Bomben in das Land gebrannt wurden.»[45] Medienberichte über «Napalm»-Einsätze im Jemen-Krieg waren selten. Stattdessen blickte die Weltöffentlichkeit schockiert nach Vietnam, wo Pressefotografen und TV-Journalisten die zivilen Opfer amerikanischer Brandbomben dokumentierten. Von den Opalm-Opfern im Jemen gab es keine erschütternden Aufnahmen, mit Ausnahme der Schwarz-weiss-Fotografie von Mohamad Nassr, dessen Verletzungen einen Monat nach dem Bombenabwurf schon fast verheilt waren.

Im Jemen gehen die Opalm-Angriffe unvermindert weiter. Im Frühling 1964 flieht ein Pilot der ägyptischen Luftwaffe nach Israel und erklärt an einer Pressekonferenz der israelischen Regierung, er wolle nie mehr Bomben auf jemenitische Frauen und Kinder abwerfen, «die nicht nur Brände verursachten, sondern den Bewohnern schreckliche Verbrennungen zufügten».[46] Ab Januar 1967 intensivieren sich die Bombardierungen und fordern gleichzeitig mehr Todesopfer. Offenbar sind die ursprünglich «dilettantischen» Bomben inzwischen verbessert worden.[47] Nach dreijährigem Schweigen erhebt die internationale Presse wieder den Vorwurf, Ägypten setze Giftgas ein. Doch wieder deutet vieles auf massive Phosphorzusätze in Opalm-Bomben.[48]

Für Nasser entwickelt sich der Krieg zunehmend zum militärischen und wirtschaftlichen Albtraum. Er nennt den Jemen «mein Vietnam» und klagt dem amerikanischen Botschafter: «Ich schickte eine Kompanie in den Jemen und musste sie schlussendlich mit 70 000 Soldaten verstärken.»[49] Sein Vergleich mit Vietnam ist doppelt zutreffend, denn auch Nasser setzt Brandbomben gegen die wehrlose Zivilbevölkerung ein. Erst der Abzug Ägyptens 1967/68 bringt das Ende der Bombardierungen. Die Zahl der Opfer liegt im Dunkeln. Dany Shoham, ehemaliger *senior analyst* des israelischen Geheimdienstes, geht von mindestens 1500 Toten und ebenso vielen Verletzten aus, hält diese aber – meiner Ansicht nach fälschlicherweise – für Giftgasopfer.[50]

Die jemenitischen Opalm-Opfer haben mit Ausnahme von «Giftgas-Junge» Mohamad kein Gesicht und keine Geschichte. Und solange der Bürgerkrieg im Jemen Recherchen vor Ort verunmöglicht und sich die ägyptischen Streitkräfte und die Ems-Chemie weigern, ihre Archive für die Forschung zu öffnen, wird das wohl so bleiben. Offen bleibt auch, ob Fachleuchte aus Ems beim Aufbau der Opalm-Produktion in Ägypten mithalfen. War Opalm-Erfinder Albert Schnider, der auch «Völkern» in Asien «den Gebrauch und die Handhabung» von Opalm beibrachte, involviert? Lehrte er oder einer seiner Kollegen den Ägyptern, die Wirkung von Opalm mit Phosphor zu verstärken und die Bombenhüllen mit den vielen Phosphorbüchsen zu bauen? Laut Forschungsleiter Schultze wurde in Ems jedenfalls «jahrelang» mit Brandsubstanzen wie weissem Phosphor «experimentiert».[51] Dieser war nicht nur hochgiftig, er bot den zynischen Vorteil, dass ihn die Genfer Abkommen nicht verboten. (Sein Einsatz ist erst 1977 durch einen Zusatz zu den Abkommen geächtet worden, allerdings betrifft dies nur Zivilpersonen.)

Viele Fragen bleiben offen, eines ist klar: PATVAG-Direktor Widmer hat die Gebrüder Oswald erfolgreich abgeschirmt; sie sind im Zusammenhang mit den Opalm-Einsätzen im Jemen kein einziges Mal namentlich genannt worden. Kein Wunder, wollen sie auch künftig nicht auf die Einkünfte aus dem Opalm-Geschäft verzichten.

«Palmöl» und «Calypso»

Die Gebrüder Oswald ziehen sich noch weiter in die Kulissen zurück und überlassen es Waldemar Pabst, die Emser Rakete und das Opalm zu lizenzieren – unter der Bedingung, dass er äusserste Diskretion wahrt.

Die Journalisten gehen einig: Zürich hat «seit Jahren keine derartig ungewöhnliche, man darf schon sagen, sensationelle Pressekonferenz» gesehen. Am 8. Juli 1963 prallen im Klubzimmer des Zürcher Kongresshauses Welten aufeinander: auf der einen Seite der Ägypter Hassan Kamil, einer der wichtigsten Lieferanten von Nassers Rüstungsprogramm, welcher der «Zerstörung» seines Rufs entgegentreten will. Auf der anderen Seite Manfred Kuhn, Rechtsanwalt und Publizist, der als «Freund Israels» eine geschickte Kampagne gegen ihn führt.[1]

    Die Waren und Maschinen, die Kamil von der Schweiz aus nach Ägypten vermittelt, sind für die ägyptische Armee bestimmt, ihr Export fällt aber nicht unter das Waffengesetz. Darum arbeitet Kuhn seit gut einem Jahr auf die gesellschaftliche «Ächtung der von Kamil und Konsorten ausgeübten Tätigkeit» hin.[2] Vorläufiger Höhepunkt seiner Kampagne war sein Plädoyer für einen Angestellten von Kamil, der dem Mossad für Ägypten bestimmte, heimlich kopierte Baupläne von Messerschmitt-Düsenjägern angeboten hatte. Das trug dem Hobbyspion ein paar Hundert Franken Busse und eine Anklage wegen wirtschaftlichen Nachrichtendiensts ein. Kuhn machte aus den Gerichtsverhandlungen einen «Schauprozess ersten Ranges», beschuldigte Präsident Nasser, er «bereite den Genozid am israelischen Volk» vor, und griff Kamil und seine Schweizer Geschäftspartner an, weil sie sich als Nassers Söldlinge «an der Vorbereitung eines Kriegsverbrechens von gigantischem Ausmass» beteiligten.[3]

    Kuhns Anklage zeigte Wirkung. Kurz darauf protestierten 320 Professoren gegen Ägyptens aggressive Aufrüstung. Es genüge nicht, dass die Schweiz «lediglich das rechtlich Verbotene» nicht tue: «Wir schulden die klare und entschlossene Selbstbegrenzung angesichts dieser tragischen Situation dem

Staate Israel und dem jüdischen Volke; wir schulden sie aber auch unserem Kleinstaat, der in der Welt immer noch als Symbol des Friedens und der Menschlichkeit steht.»[4] Das Echo war enorm. Die *Weltwoche* schrieb beispielsweise, dass der Aufruf «die Behaglichkeit unserer kleinstaatlichen Existenz jäh in Frage stellt und den schweizerischen Staatsbürger daran erinnert, Verantwortung zu übernehmen und zu tragen. [...] Was im Nahen Osten zerschlagen werden soll, ist auch ein bisschen Schweiz. Wenn Israel ausgelöscht würde, müsste es auch in diesem Land dunkler werden.»[5] Der «Orientale» Kamil war der perfekte Sündenbock und eine ebenso perfekte Zielscheibe, auf den die Presse mit Schlagzeilen wie «Beihilfe zur Vorbereitung des Völkermordes!» oder «Waffenschieber Kamil sofort an die Grenze!» schoss.[6] Einzig der linke Publizist Roman Brodmann kommentierte trocken: «Also schlug man auf den Kamil und meinte die Schweizer Lieferfirmen, zu deren Anprangerung man sich nicht aufraffen mochte.»[7] Kamil selbst hatte stillgehalten, weil er seine Aufenthaltsbewilligung nicht gefährden wollte, doch nach dem Aufruf der «geistigen Elite» trat er die Flucht nach vorn an.

An der Pressekonferenz versichert er den Journalisten, er sei «weder Waffenhändler noch Waffenschieber».[8] Seine 74 wichtigsten Schweizer Geschäftspartner, unter ihnen grosse Unternehmen wie Oerlikon-Bührle und die Schaffhauser Industriegesellschaft (SIG), hätten in den letzten vier Jahren Waren für 23 Millionen Franken und Techniker im Dutzend nach Kairo geschickt. Die meisten Lieferanten seien mittlere Betriebe, die alles, «vom Kugelschreiber bis zur Werkzeugbank», geliefert hätten – und zwar mit ausdrücklicher Genehmigung der Schweizer Behörden. Das zeige, «dass auch viele seriöse schweizerische Firmen keine Bedenken hatten – noch haben – Aufträge von mir entgegenzunehmen, obwohl ihre Inhaber sehr gute Bürger sind».[9]

Der Anwalt Walter Baechi, der die Pressekonferenz moderiert, ist nicht zu beneiden. «Turbulente Szenen» wechseln sich ab mit «tumultuösen Rededuellen» und «persönlichen Anrempelungen». Als Kuhn die Façon verliert und «laut brüllend» aufspringt, gelingt es Baechi nur mit Mühe, ihn «zu einem gesellschaftsfähigeren Ton zu bewegen».[10] Er beendet die Veranstaltung mit der Bemerkung, ihm scheine, «dass durch merkwürdige Leidenschaften ein Mann ungerechterweise das Opfer einer Kopfjagd geworden ist».[11]

Für Kamil ist die Pressekonferenz ein Schlag ins Wasser. Für ihn sei alles «viel schlimmer als zuvor», bemerkt ein Journalist. «Er hätte vielleicht besser getan, zu schweigen, wie es über 300 Schweizer Firmen tun.»[12] Eine, die schweigt und von

Pressekonferenz im Zürcher Kongresshaus: Hassan Kamil
rechts am kleinen Tisch, neben ihm Walter Bächi, oben links
am grossen Tisch der Journalist Manfred Kuhn (1963)

«Palmöl» und «Calypso»

der Kampagne gegen Kamil profitiert, ist die PATVAG. Doch der neue Fokus auf die Lieferanten beendet die Schonzeit. «Die Waffenhändler sind unter uns», schreibt Kuhns Parteikollege Werner Schmid in der *National-Zeitung*. Man dürfe nicht vergessen, dass die PATVAG «Napalm-Brandbomben» geliefert habe, die im Jemen «gegen Frauen und Kinder in wehrlosen Dörfern» eingesetzt würden. Das legale Dreiecksgeschäft zeige: «Wenn es nur des kleinen Umweges über die Bundesrepublik Deutschland bedarf, um nach Kairo Napalm-Bomben zu liefern, dann klaffen im eidgenössischen Waffenhandelsverbot Lücken, die allzu gross sind.»[13]

Kuhn spielt bei seiner Kampagne auch geschickt über die Banden. Er hilft deutschen Journalisten auf die Sprünge (und wohl auch zu Material), worauf sein «journalistischer Intimus» Ludwig A. Minelli die Schweizer Öffentlichkeit informiert, in Deutschland sei man empört über die «Dreiecks-Möglichkeiten», von denen die PATVAG profitiert habe, der gute Ruf der Schweiz sei «in Gefahr».[14] Viele Zeitungen nehmen den Ball auf und fordern strengere Gesetze. Sie verzichten aber darauf, die PATVAG namentlich zu nennen, sogar wenn sie sich über das «teuflische Opalm» empören.[15]

Die Gebrüder Oswald sind alarmiert. Das zeigt ein Brief von Waldemar Pabst. Er ereifert sich, dass ein «betont judenfreundliches Blatt in Hamburg» (er meint wohl *Die Zeit*) zur «Hetze gegen die Patvag und speziell gegen Widmer» geblasen habe und die Schweizer «Linkspresse» ins selbe Horn stosse. Pabst lästert auch über den «sonst so ‹ungewöhnlich mutige› Verwaltungsrat der Patvag», der darauf beschlossen habe, «die Opalmsache einschlafen zu lassen».[16] Das entspricht jedoch nicht den Tatsachen. Die Gebrüder Oswald wollen keineswegs auf das Geschäft verzichten. Sie organisieren es nur anders, um ihren Ruf besser zu schützen.[17] Bei «Anfragen aus England oder den U.S.A.» muss Widmer künftig eine «Genehmigung des Verwaltungsrates» einholen.[18] Die Geschäfte mit politisch weniger salonfähigen Ländern werden ausgelagert. «Der Patvag kommt es vor allem darauf an», schreibt Pabst etwas später, «dass ihr militärisches Dezernat restlos von der Bildfläche verschwindet, und auch jede Zusammenhänge mit anderen, früher auf diesem Gebiete geführten Verhandlungen so gut verwedelt werden, wie dies ein alter Fuchs mit seinen Spuren tut.»[19]

Pabsts geschwätzige Briefe geben wertvolle Einblicke in Interna der PATVAG. Nur dank ihm wissen wir, dass Widmer nach der Agentenaffäre die Produktion von Deutschland nach Portugal verlegen wollte und dass darauf ein lokaler Geschäftspartner namens Pereira «mit Wissen der PATVAG» eine neue

«Brandbombenfüllung» namens «Nafta G» entwickelte, die «genau das gleiche leistet wie das sogenannte Opalm».[20] Da sich Pereira als skrupelloser Geschäftsmann entpuppte, musste Widmer «sehr gut» aufpassen, «um nicht an die Wand gedrückt zu werden».[21] Im Sommer 1964, als die PATVAG wegen Kuhns Kampagne zum zweiten Mal im Visier der Presse steht, raufen sich die beiden Männer wieder zusammen. Sie hätten «Frieden geschlossen», schreibt Pabst, und Pereira habe es übernommen, «sowohl die Rakete wie auch den elektrischen Zünder und die Brandbombenfüllung von Portugal aus nach Abschluss eines Lizenzvertrages mit der Patvag zu exportieren».[22]

Der Portugiese kann die in ihn gesetzten Erwartungen offenbar nicht erfüllen, denn im Herbst 1965 soll Pabst übernehmen. Doch die Stabübergabe ist heikel. «Der springende Punkt ist, dass die Patvag vollkommen im Hintergrund bleiben will bzw. auch muss», informiert Pabst seinen Freund Freiherr Odal von Knigge. «Die Patvag scheut z. Zt. wie der Teufel das Weihwasser jedes Auslandgeschäft mit Rüstungsgerät aus Angst vor der Schweizer Presse, welche 100prozentig auf der Uno-Linie steht.» Deshalb müsse er eine eigene Vertriebsgesellschaft gründen und so tun, als ob «erstmals» ein Kontakt mit Pereira hergestellt werde. Es gibt noch ein Problem. «Können Sie mir vielleicht die Frage beantworten, ob Ihnen ein gewisser Herr Hajek (er nennt sich auch Professor) über den Weg gelaufen ist?», fragt Pabst den in Lissabon lebenden von Knigge. «Näheres möchte ich nicht schreiben, aber es wäre sehr wichtig zu wissen, ob er wirklich nicht mehr in Portugal sein Unwesen treibt. Der Mann ist aller Wahrscheinlichkeit nach eines der besten Pferde im Stall der Nachrichtenorganisation verschiedener Länder. Es könnte für unsere in Aussicht genommene Arbeit unangenehm werden, wenn er sich doch noch in Portugal aufhalten sollte.»[23]

Es ist gut möglich, dass Horst Hajek, vier Jahre nachdem er in Marokko die Flammenwerfer der DIMEX zusammengebaut hat, sein «Unwesen» in Portugal treibt. Laut seiner Schweizer Staatsschutzfiche besitzt er einen Zweitwohnsitz in einem wohlhabenden Vorort Lissabons und eine «Fabrik», deren Standort sich jedoch nicht ermitteln lässt, weil der Beamte sich vertippt hat. «Agda» ist auf keiner Portugalkarte zu finden, vielleicht müsste es «Aguda» heissen, denn in diesem Vorort von Porto wäre die Fabrik günstig gelegen, um das Napalm nach Afrika zu verschiffen, wo Portugal in mehreren Ländern blutige Kolonialkriege führt. Doch stellt Hajek in seiner Fabrik Brandkampfstoff her? Ist er gar der Spezialist, der in Absprache mit der PATVAG die Opalm-Alternative Nafta G entwickelt hat? Auch das ist gut möglich, denn er bleibt dem Napalm treu: In seinem letzten Ficheneintrag 1976 heisst es, er sei «an einem Projekt zur Herstellung von Napalm in Saudi-Arabien beratend tätig».[24]

Waldemar Pabst steht für seine neue Aufgabe als PATVAG-Vertreter ein Prospekt mit Produkteinformationen zur Verfügung. Opalm-Pulver, heisst es darin, sei «das Resultat langjähriger Forschung, praktischer Versuche und taktischer Verwendung» und das «bestmögliche Produkt», um «Flugzeuge und Piloten zu sparen» und «den höchsten Grad der Zerstörung mit möglichst wenig Einsätzen zu erreichen». Seit dem ersten Einsatz in Burma wurde die Taktik perfektioniert. Laut Prospekt gestattet das «enorm dicke» Gel «den Abwurf von blinden Bomben (ohne Zünder), um damit das Ziel mit einer Brandmasse konzentrisch zu überdecken. Diese Masse wird durch den Abwurf einer zweiten Bombe (diesmal mit Zünder) auf dasselbe Ziel entzündet», was erlaube, «die Feuerkonzentration unermesslich zu steigern».[25]

Unterstützt wird Pabst von Oberst a. D. Ernst Behrens, der seine Rente aufzubessern sucht, um sich das Leben im «überteuerten» Bonn leisten zu können. Auch etwas Nervenkitzel scheint willkommen, die beiden alten Freunde gehen die neue, klandestine Aufgabe nämlich mit Schwung und Fantasie an. Zuerst einigen sie sich auf die Codewörter «Palmöl» für Opalm, «Calypso» für Rakete und die Abkürzung «P.» für PATVAG. Dann treffen sie sich mehrmals mit Widmer in Frankfurt, Weingarten und Zürich, um «Klarheit in die Sache zu bringen».[26] Der erste Gang führt sie in die südafrikanische Botschaft, obwohl der UNO-Sicherheitsrat zu einem Waffenembargo gegen das Apartheidregime aufgerufen hat. Hier kommt man überein, dass die Waren «weder aus Deutschland noch aus der Schweiz geliefert werden könnten, sondern aus einem Lande, wo nicht die Gewerkschaften den Ton angeben bzw. die UNO darüber wacht».[27] Doch das Geschäft scheitert, weil Südafrika sich für eine Feststoffrakete entscheidet.[28]

Indien ist der erste Interessent für Opalm, wohl nicht zuletzt, weil es in einen bewaffneten Grenzkonflikt mit China verwickelt ist. Den Kontakt verdanken Pabst und Behrens dem Besitzer einer Import-Export-Firma, der im Ersten Weltkrieg im gleichen Regiment wie Behrens diente. Damals habe sich Wilhelm Tatje, schwärmt Behrens, durch «uranständige vaterländische Gesinnung verbunden mit feinem Takt» ausgezeichnet und «in mulmigen Lagen» immer «Ruhe und kühle Überlegung» bewahrt. Und was für den Soldaten galt, gilt auch für den Geschäftsmann. «Er hat das Anstandsgefühl noch, das früher den Königlichen Bremer Kaufmann ausgezeichnet hat. Man kann sich voll auf seine Seriosität verlassen und kann sicher sein, dass er kein Vertrauen auch nur im Geringsten missbraucht. Er ist eben ein Mann von Ehre.»[29]

Ende 1965 wird die Sache konkret. Indien will die Opalm-Lizenz samt den Maschinen für vier Produktionsanlagen kaufen. Das ist nicht der Reibach, von dem die rührigen Alten geträumt haben. Die «schöne, herrliche, erfreuliche, wohltuende und nicht geringe Spanne zwischen Herstell- und Verkaufspreis», klagt Behrens, würde «unseren Gemütern, Herzen, Bankkonten und Portemonnaies ein wahres Labsal sein, wenn eine Lieferung von Palmöl an die Inder überhaupt in Frage käme. Aber leider wollen sie keins geliefert haben, sondern wollen es selbst herstellen.» Er ist auch enttäuscht, dass die PATVAG für das Rezept 100 000 Franken verlangt. Er verstehe ja, dass Widmer «etwas herausholen möchte, um die Beträge, die er lange Zeit in Weingarten hineingesteckt hat, um die Fabrik über Wasser zu halten, wieder herauszuholen». Aber das Rezept sei «mindestens 8 Jahre alt, und Palmöl nach diesem Rezept ist bereits an verschiedene vorderasiatische Länder geliefert worden».[30] (Pabst erwähnt an anderem Ort auch den Irak.[31]) Widmer will auch die Secondhand-Maschinen in Weingarten nicht hergeben – was zeigt, dass er den deutschen Produktionsstandort noch nicht endgültig aufgegeben hat.[32]

Nach wie vor kümmert sich Pabst auch um die Emser Rakete. Nach dem Aus der Verhandlungen mit der Bundeswehr bietet ihm die PATVAG sogar eine Option auf ihre «militärischen Konstruktionen» an. Er könne diese «zu äusserst entgegenkommenden Bedingungen» erwerben, schreibt Pabst einem Freund, «andernfalls würde [die PATVAG] die Unterlagen in den hintersten Ecken ihrer Schubladen verschwinden lassen!» Als er einschlägt, stellt Widmer sicher, dass keine Spur zur PATVAG führt: Der Vertrag wird «nicht von der Firma als solche unterschrieben», und Pabst darf kein Geld überweisen, da «unter keinen Umständen» bekannt werden darf, «dass die Firma P. die Option vergeben hat».[33]

Auf welche Kundschaft die PATVAG zielt, zeigt der bereits zitierte Prospekt. Darin heisst es, die Rakete eigne sich besonders für «den Dschungel- und Guerilla-Krieg», weil «das zerlegte Abschussgestell auf zwei Tragtieren transportiert und schnell auf- und abmontiert werden kann. Die Beförderung der Raketen auf Tragtieren ist ohne weiteres möglich, wobei je nach Geländeverhältnissen ein Tragtier zwei oder vier schussbereite Raketen tragen kann.»[34] Der erste Interessent ist ein «Konzern» in England, den Pabst und Behrens in ihren Briefen nie namentlich nennen.[35] Bei den Raketen geht es um bedeutend mehr Geld als beim Opalm. Für die Commonwealth-Lizenz verlangt die PATVAG eine Million, für England 600 000 Franken, wobei die Provision für Schaufelberger und Zbornik inbegriffen ist.[36] «Was darüber herausgeholt wird, gehört Dir, Tatje und mir», frohlockt Pabst.

Doch wieder gibt es ein Problem: Der Interessent besteht auf der Vorführung des Triebwerks, und das ist nur auf dem Prüfstand in Ems möglich. Weil das der Geheimhaltungspflicht widerspricht, denkt sich Behrens ein Szenario aus, halb Laientheater, halb Schmierenkomödie: «Bei der Vorführung tritt der Professor [Zbornik] als Erfinder und Konstrukteur als Hauptperson auf. Als Nebenperson erscheint Herr Wi[dmer], und zwar als Vertreter einer Finanzgruppe, welche dem Professor durch Übernahme der Entwicklungskosten seine Arbeit ermöglicht hat. Soweit der Name der ‹P.›, der der ‹Emser Werke› usw. irgendwie bemerkbar wird, lautet die harmloseste Erklärung, dass diese lediglich die Werkräume usw. der Finanzgruppe bzw. dem Professor zur Verfügung gestellt oder meinetwegen vermietet hat. Mit dem Triebwerk habe sie nichts zu tun.» Der frühere Geheimagent Behrens lebt förmlich auf. «Ich halte auf Grund von Abwehrerfahrungen es für besser, eine solche einfache und uninteressante Erklärung zu geben, als wenn man etwa sagen wollte: Die Entwicklung ist durch die Patvag finanziert worden, es soll aber nicht darüber gesprochen werden.»[37]

Pabst zögert, er befürchtet, die Gebrüder Oswald könnten ihnen dennoch auf die Schliche kommen. Also strickt Behrens seine Legende weiter: «Was Calypso anbelangt, so besteht doch nur Gefahr, dass die Os[walds] davon etwas erfahren, wenn Wi[dmer] es ihnen sagt […]. Bei dem Besuch kann man ja sagen, die fremden Herren seien Canadier. Dann sollen die Os. sie in Canada suchen!!!» Behrens wird richtig übermütig: «Ich denke, die Engländer werden durch solche Vorführungen genauso begeistert werden, wie [General] GIESER es war und der ägyptische General, der das Triebwerk gleich für eine Million Sfr. kaufen wollte.»[38] Was es mit dem ägyptischen Angebot auf sich hat und warum die PATVAG nicht darauf eintrat, geht aus dem Brief nicht hervor.

Im Frühling 1966 hat Tatje den Indern noch immer keine Offerte für das Opalm vorgelegt, stattdessen will er mit der PATVAG direkt verhandeln. Pabst ist verärgert und stellt klar: «Die Firma PATVAG will und kann mit diesen nicht friedlichen Zwecken dienenden Konstruktionen nichts anfangen bei der in Bern herrschenden Einstellung, wie ich bereits mehrmals ausgeführt habe. Demensprechend will sie auch hierüber keinen Schriftwechsel führen.»[39] Einen Monat später platzt ihm der Kragen. «Dein Busenfreund Tatje hat uns schmählich im

Stich gelassen», wirft er Behrens vor. «Also Schluss, jedenfalls von meiner Seite, mit der weiteren Zusammenarbeit.»[40] Ob das Indien-Geschäft je etwas geworden ist, geht aus der Korrespondenz nicht hervor.

Etwas später kommt Behrens zu Ohren, die Entwicklung der Pulverrakete bei der Bundeswehr sei ein riesiges Debakel. «Die Chancen sind also noch da für Calypso», frohlockt er.[41] «Nun mal feste drauf los mit einem neuen Anlauf.»[42] Widmer stellt klar, für Verhandlungen mit der Bundeswehr brauche es eine Einwilligung von oben. Papst beruhigt ihn, bevor die Zustimmung «des Dr. O.» nicht «schwarz auf weiss» vorliege, «wird – um mich militärisch auszudrücken – vorn kein Hosenknopf aufgemacht. Oder anständig gesprochen – vorher suche ich den Chef des Truppenamtes (früher Generalstab genannt) nicht auf.»[43] Der Entscheid fällt im Frühling 1967: Die PATVAG will der Bundeswehr ihre Flüssigkeitsrakete nicht noch einmal anbieten.[44] Behrens stellt noch zur Diskussion, ob man sie vielleicht «dem lieben NASSER» andrehen könnte, dann bricht der Briefwechsel ab, und die wichtigste öffentliche Quelle zur PATVAG versiegt.[45]

Da nicht einmal die Geschäftsberichte der Calanda SA und der PATVAG öffentlich greifbar sind, ist nicht bekannt, ob und allenfalls wie sich das Geschäft mit Opalm und Raketen weiterentwickelt hat, doch in den Neunzigerjahren streicht die Ems-PATVAG in einem Prospekt ihre «grosse Erfahrung» in Sachen Boden-Luft- und Luft-Luft-Raketen heraus.[46] Es ist auch nicht bekannt, wie viel die Entwicklung von Opalm und Rakete die Brüder Oswald gekostet hat und wie viel sie daran verdient haben. Gemessen am ursprünglichen Plan, ein neues Absatzgebiet für den Treibstoff der HOVAG zu finden, ist Werner Oswald gescheitert. Trotzdem, und das ist die Ironie dieser Geschichte, hat sich die Entwicklung von Waffen wahrscheinlich gelohnt. Mit den Zündern avanciert nämlich ein Nebenprodukt zum Verkaufsschlager.

Die «Chäpslifabrik»

Die PATVAG-Zünder stehen Pate bei der Entwicklung von Air-Bag-Zündern, und die Antipersonenminen werden aus der Emser Firmengeschichte getilgt.

Der Rahmen ist festlich, der Anlass ernst. Cyrus Vance, ehemaliger Aussenminister von Präsident Jimmy Carter, hat zum Dinner in die US-Vertretung bei der UNO in Genf geladen. Zwischen Birne und Käse überreicht er den Anwesenden eine CD-ROM mit der Aufschrift «Mine Facts». Die kleine Scheibe, so seine Erklärung, sei der «amerikanische Beitrag zu den internationalen Bemühungen, den weltweiten Supermarkt der Minen zu beseitigen».[1] Informationen über 675 Modelle von Antipersonenminen sollen Organisationen bei der Räumung und Entschärfung von Minen helfen.[2] Auch ein Schweizer Journalist wird fündig. Am 16. Oktober 1995 fragt Roger de Diesbach im *Journal de Genève:* «Gibt es Schweizer Personenminen? Wenn das amerikanische Militär das Gelände von Christoph Blocher vermint». Er hat auf der CD-ROM drei bisher unbekannte Schweizer Antipersonenminen entdeckt, darunter die «Patvag 59», Durchmesser 7,2 Zentimeter, gelbes Plastikgehäuse, und die «Patvag M3», Durchmesser 8 Zentimeter, Höhe 2 Zentimeter, Gewicht 95 Gramm, ebenfalls mit Plastikgehäuse. Kurz vor den Wahlen kommt der Artikel für SVP-Parteichef und PATVAG-Besitzer Christoph Blocher zur Unzeit. Kein Wunder, fragt das *Journal de Genève* auch: «Unfreiwillige Einmischung der Amerikaner in die eidgenössischen Wahlen?» Verwaltungsrat Karl Imhof winkt ab. Die Ems-PATVAG, wie die Firma seit 1993 heisst, habe «keine Kriegsgeräte produziert».[3]

Der Zürcher *Tages-Anzeiger,* der die Geschichte aufgreift, konfrontiert Imhof mit dem Geschäftsbericht der Ems-Chemie Holding 1991/92, in dem es heisst: «Das Anwendungsspektrum unserer Komponenten und Zündsysteme reicht von Mittel- bis Grosskalibermunition, Panzer- und Seeminen, Raketen, Panzerkanonen sowie Panzerabwehrsystemen.» Imhof rudert zurück. Wenigstens ein bisschen. «Es entziehe sich seiner Kenntnis, was es mit den im Geschäftsbericht erwähnten Systemen für militärische Zwecke» auf sich habe. Der Wehrbereich sei vom kürzlich verstorbenen Korpskommandanten Rudolf Blocher betreut worden, und dessen Nachfolger sei ferienhalber abwesend. «Auch der allenfalls informierte Ems-Chemie-Chef, Christoph Blocher, sei nicht erreichbar.» Imhof verspricht jedoch, er werde der Sache nach Blochers Rückkehr nachgehen, stellt aber nochmals klar: «Wir stellen keine Minen her, und wir haben nie Minen hergestellt.»[4]

Roger de Diesbach ist verunsichert und fragt sich: «Ist die Nummer 59 das Produktionsdatum? In diesem Fall ist sie überholte Geschichte. Aber es ist merkwürdig, dass eine Mine aus dieser Zeit bereits aus Plastik ist.» Experten, die er um Rat fragt, tippen auf die Siebzigerjahre – und unterschätzen Werner Oswald. Er liess in den Fünfzigerjahren nämlich nicht nur einen Soldatenhelm und einen Griff für das Armeetaschenmesser aus Grilon-Kunststoff entwickeln, sondern auch Minen. 1962 reichte die PATVAG ein Fabrikationsgesuch für 600 für Portugal bestimmte Tretminen aus Grilon ein. Sie zog es zwar ein paar Monate später zurück, wahrscheinlich weil wegen der portugiesischen Kolonialkriege der Ruf nach einem Waffenembargo immer lauter wurde und sie eine Ablehnung befürchtete. Doch das Gesuch im Bundesarchiv beweist, dass die PATVAG sehr wohl Minen entwickelte und diese auch verkaufen wollte.[5]

Über dieses Kapitel der Firmengeschichte ist kaum etwas bekannt. Die erste Spur findet sich 1954, im bereits zitierten Fabrikationsgesuch, als die PATVAG «Zündpillen» nach Israel liefern will, die «zur Verwendung in See- und Landminen (Hohlgeschoss-Tankminen)» dienten.[6] Zwei Jahre später, während Oswald in Rom mit dem Rüstungskonzern Bombrini-Parodi-Delfino verhandelt, schickt das HOVAG-Sekretariat in seinem Auftrag ein Paket an Paul Schaufelberger. «Herr Dr. Oswald glaubt, dass vielleicht der beiliegende TURMIX, der in England hergestellt wurde, sich für Muster von Tellerminen am ehesten eignet», heisst es im Begleitbrief. «Wir müssen Sie allerdings bitten, uns diesen TURMIX wieder zurückzusenden, da dies das einzige Stück dieser Art ist, das wir hier haben.»[7] Auch wenn man wie ich den Zusammenhang zwischen einem Mixer und einer Tellermine zur Panzerbekämpfung nicht versteht, so zeigt der Brief doch, dass Oswald Hand bot zur Entwicklung von Minen.

Schaufelberger bringt den TURMIX zu Oskar Matter, einem PATVAG-Freelancer, der im Keller seiner Villa in Vitznau an tödlichen Konstruktionen tüftelt.[8] Die beiden korrespondieren rege, denn seit seinem Abgang beim EMD ist Schaufelberger im Waffenhandel tätig. In seinem Büro in einem Hinterhaus des Hotels Schweizerhof, das überquillt von Büchern, Waffenkatalogen und militärischen Paraphernalien,[9] setzt er Offerten auf für potenzielle Kunden in Argentinien, Israel oder der BRD und korrespondiert mit Freunden wie dem ehemaligen «Panzergeneral» Heinz Guderian und dem Oberbefehlshaber der Panzergruppe West, Leo Freiherr Geyr von Schweppenburg, die nun am Aufbau der Bundeswehr und des deutschen Nachrichtendienstes beteiligt sind.[10] Auch Schaufelberger brütet in seinem Refugium über neuen Methoden für das alte Handwerk des Tötens.[11] «Ihre 3 Konstruktionen betreffend Sintergeschoss mit Stahlkern werden zweifellos neue Effekte bringen», lobt Matter eine von diesen Erfindungen. «Ich kann mir z. B. denken, dass diese Projektile der neuen kugelsicheren Weste recht übel mitspielen werden.»[12]

Es gibt noch mehr Belege für das Minengeschäft der PATVAG: 1957 prüft sie die Verwendung von Opalm für den «Einsatz als Minen»; 1959 bedankt sich der Chef der Kriegstechnischen Abteilung (K.T.A.) für die «zeichnerischen Unterlagen einer Tretmine»; im selben Jahr muss ein Lehrling in Ems bei einem «Versuch mit metallosen Zündern für Tretminen» assistieren, und einem deutschen Oberst wird «eine kleine Plastik-Tret-Mine» vorgeführt.[13] Die Bezeichnung «Patvag 59» scheint sich also auf das Jahr zu beziehen, in dem diese Antipersonenmine erstmals zum Verkauf steht. Doch die Entwicklung geht weiter. 1964 liegen zwei neue Antipersonenminen vor: die auf der CD-ROM erwähnte M3 und die M2, ebenfalls eine Streumine mit Plastikgehäuse, die aber nur halb so gross ist. Die Sprengkapseln enthalten hochexplosives Pentrit, die Ladung besteht aus zehn respektive achtzig Gramm TNT. «Fallhöhe» und «Lagerfähigkeit» beider Modelle sind laut PATVAG «unbeschränkt».[14] Die Konstruktion dieser Streuminen ist einfach und der Stückpreis niedrig. Die PATVAG bleibt also dem Motto treu, mit dem sie auch Opalm bewirbt: den Kunden für wenig Geld «den höchsten Grad der Zerstörung» zu bieten. Sie empfiehlt sogar eine Kombination: Opalm sei «wegen seiner Klebrigkeit besonders für Bomben und Minen geeignet».[15]

1965 preist Pabst die «Überlegenheit» der «kleinen und grossen Tretminen» der PATVAG über «alle bisher bestehenden» Konstruktionen.[16] Die kleinen Minen sind wegen ihrer dunklen Kunststoffhüllen schwierig zu sehen und mit Metallsuchgeräten nicht zu orten, was die Räumung – auch nach dem Krieg – sehr schwierig macht. Zudem ist die M2 so klein und leicht, dass ein Regenguss oder starker Wind ausreicht, um sie zu deplatzieren.[17] Normalerweise werden solche Minen eingesetzt, um den Vormarsch feindlicher Truppen zu behindern. Wegen der Reichweite von zehn Metern kann eine einzige Mine mehrere Soldaten durch Beinverletzungen ausser Gefecht setzen.[18] Gleichzeitig ist sie so druckempfindlich, dass das Gewicht eines kleinen Kindes genügt, damit sie explodiert.[19]

All das sind Mosaiksteinchen, die – wie beim Opalm – kein Gesamtbild ergeben, aber zweifelsfrei belegen, dass die Gebrüder Oswald im Geschäft mit Minen mitmischten. Doch viele Fragen bleiben offen: Wer waren die Kunden? Wie viele Antipersonenminen wurden insgesamt verkauft? Und wo wurden sie verstreut, um Soldaten und Zivilpersonen zu verstümmeln und manchmal gar zu töten? 1962 schreibt die PATVAG: «Produktionslizenzen wurden in andere Länder verkauft.»[20] Die amerikanische CD-ROM erwähnt als Käufer der «Patvag 59» Portugal und Ägypten, was Einsätze in den Kolonialkriegen in Mosambik, Angola und Guinea-Bissau sowie im Jemen-Krieg bedeutet. Es gibt allerdings kein zweites öffentlich zugängliches Dokument zur Lieferung von PATVAG-Minen nach Ägypten. Widmer erwähnt 1963 in seiner «Klarstellung» nur einen elektrischen Zünder, den die ägyptische Armee gekauft, und einen «Torpedo-Zünder», für den sie sich interessiert habe.[21] In Bezug auf Portugal existieren folgende Quellen: das bereits erwähnte Produktionsgesuch für Grilon-Tretminen, ein Brief von 1965, in dem Waldemar Pabst schreibt, Widmer und der PATVAG-Lizenznehmer Pereira hätten sich in seiner Gegenwart über «kleine und grosse Tretminen, Konstruktion Patvag» unterhalten, sowie ein Brief, in dem er ein Jahr später erwähnt, die PATVAG habe ihm eine Option auf ihre Tretminen eingeräumt.[22] Wie eine PATVAG-Offerte von 1962 zeigt, wurde im Ausland produziert, denn es heisst darin: «Teile der Mine wurden in Deutschland von verschiedenen Firmen produziert und von unserer Vertragsfirma in Weingarten/Baden zusammengesetzt. […] Unsere tägliche Produktionskapazität könnte auf 5000 Stück heraufgesetzt werden.»[23] Das Vorgehen ist also dasselbe wie beim Opalm: Die PATVAG offeriert, schliesst Verträge ab und lässt von der DIMEX im deutschen Weingarten produzieren – offensichtlich auch noch nach Hecks Tod.

Oswalds unternehmerische Logik ist einfach: Er stellt Minen her, um die bereits für die Opalm-Bomben und Raketen entwickelten Zünder respektive das entsprechende Know-how ein zweites Mal zu verwerten. Das Gleiche gilt für die Zünder, über die mehr bekannt ist, als über die Minen. Allein zwischen 1950 und 1960 meldet die INVENTA zwei Dutzend Patente an, darunter Geschosszünder, Magnetinduktionszünder, Zerlegerzünder, Aufschlagzünder, ein Geschosskopf mit eingebautem

Uhrwerkzünder, eine Kapsel für die Ladung mehrstufiger Zündsysteme, ein neues Zündmittel, eine neue Anordnung für den Sprengstoff sowie ein Verfahren, das die Wirkung von Hohlladungsgeschossen verstärkt. Man darf annehmen, dass einmal mehr Schaufelbergers helfende Hand im Spiel ist. Er befragt als Leiter des Bureau Technische Studien deutsche Zünderspezialisten und dürfte dieses Wissen seinem Freund Oswald zur Verfügung stellen.[24] Er vermittelt auch Spezialisten wie den Ingenieur Ulrich Günther, einen der Besten seines Fachs, der im Krieg bei Siemens & Halske den Annäherungszünder «Marabu» für unbemannte Flugkörper und Abwurfwaffen entwickelte.[25] Die Pläne wurden vor dem Einmarsch der Russen vernichtet, doch Günther versichert, er könne sie «aus der Erinnerung» heraus bauen.[26] Oswald profitiert also auch bei den Zündern vom Know-how deutscher Rüstungsbetriebe.

Bei der Gründung der Calanda SA 1952 wird die Entwicklung der Zünder an die INVENTA und ihre kommerzielle Verwertung an die PATVAG übertragen. Das führt laut Rudolf Oswald zu Konflikten, weil die PATVAG der schwedischen Armee «etwas voreilig» eine Zündpille verkauft, welche «die Garantiebedingungen» nicht erfüllt. Da die INVENTA das nicht ausbaden will, verkauft sie der PATVAG die «Günther-Entwicklung» zum Preis der Entwicklungskosten plus 100 000 Franken.[27] Die PATVAG hat hochfliegende Pläne. Sie schliesst im Herbst 1954 einen Vertrag mit der Luzerner Gemeinde Adligenswil ab, der den Bau eines eigentlichen Kompetenzzentrums für Zünder regelt. «Seit Jahren steht unter Führung der Gesellschaft eine Forschergruppe an der Arbeit, um eine elektrische Zündpille zu entwickeln, wobei an diese Pille als Hauptanforderung eine kurze Reaktionszeit bei minimalstem Strombedarf und grösster Sicherheit gestellt wird», heisst es im Vertrag. «Diese Entwicklung ist heute noch nicht abgeschlossen. Die bisher erzielten Resultate legen aber eine Fortsetzung der Forschung auf breiterer Basis nahe. Deshalb erwägt die Gesellschaft, auf der Sigeristen Pfundweid auf dem Gebiet der Gemeinde Adligenswil eine Forschungsstätte zu errichten, die bei zufriedenstellenden Entwicklungsresultaten gleichzeitig zu einer Produktionsstätte ausgebaut werden kann.» Man gedenkt, mit der grossen Kelle anzurichten. Es ist die Rede von «Spezialisten aus dem Ausland», einer Kantine und einer eigenen Busverbindung – und von grosszügigen Steuererleichterungen bei der Ansiedlung des Betriebs.[28]

1955 geht die PATVAG erstmals auf Kundensuche und verschickt Muster ihrer Zünder und Zündpillen an Frankreich, England, Belgien, Holland, Schweden, Spanien, Brasilien, die USA und die NATO.[29] In Ems wird jedoch fleissig weitergeforscht. Ingenieur Guenther wird zur Entwicklung eines pyrotechnischen Zündsatzes der Erfinder Oskar Matter zur Seite gestellt. Dieser hält sein neu entwickeltes «Zündverzögerungsprinzip mittelst Säure» für die Lösung des Problems, nimmt aber Rücksicht auf die Sensibilität des neuen Kollegen. «Wenn ich nun aus eigener Initiative mein neues Prinzip vortrüge, so könnte sich Herr Guenther verletzt fühlen und argwöhnen, ich wollte ihn bei seiner Firma [PATVAG] ausstechen», gesteht er Schaufelberger. «Vorerst muss ich mit ihm die pyrotechnische Zündverzögerung seines Wunsches weiterbearbeiten, bis er einsieht, dass die andere Methode sich besser eignet.» Bis dahin experimentiert er mit Grilon-Stapelfasern, die er in Schwefelsäure auflöst und auf die Zündpillen tupft. «Bei wiederholten Versuchen erfolgte keine einzige Zündung», rapportiert er Schaufelberger. «Dieselben Zündpillen, die mit der Grilon-Flüssigkeit versagt hatten, wurden nun mit gewöhnlicher konzentrierter Schwefelsäure ebenfalls mit dem Glasstab berührt, worauf alle Pillen ohne Ausnahme sofort entflammten.» Schaufelberger antwortet mitfühlend: «Es ist schade, dass das Grilon die Säure verdickt und unwirksam macht.»[30]

Matters Engagement bei der PATVAG endet jäh und unfreundlich. Als Reaktion auf die neu entwickelten Zündsätze, die er nach Ems geschickt hat, kommt ein geharnischter, von Rudolf Oswald und Direktor Widmer unterschriebener Brief zurück: «Anfang Oktober [1956] haben wir den ersten Versuch mit diesem Satz in dem Hof unserer Werkstatt gemacht. Dabei ist der ganze neue Brennsatz detoniert und hat das Zündergehäuse auseinandergerissen. Sehr leicht hätten die dabeistehenden Herren Guenther und Rehmann verletzt werden können. Ganz schlimm wären die Folgen gewesen, wenn wir den Versuch in der Werkstatt gemacht hätten. Selbstverständlich mussten wir darauf die Versuche mit Ihren Brennsätzen einstellen.» Man werde deshalb nur einen Teil der sowieso übersetzten Rechnung zahlen. Matter entgegnet, richtig gehandhabt brenne der Zündsatz ruhig ab, und kontert mit Ironie. Die beschriebene Wirkung sei «im Grunde genommen recht schmeichelhaft. Da jedes dieser Röhrchen nur 0,07 Gramm Füllung enthielt, entspricht der Effekt nach Ihren Schilderungen nahezu dem eines modernen Nuklearsprengstoffes.» Die Antwort, Kopie an Schaufelberger, ist scharf und rechthaberisch: Man bedaure, dass die Zusammenarbeit «zu so unerfreulichem Briefwechsel und zu so minimalen Erfolgen geführt» habe.[31]

An Matters Stelle tritt Alfred Stettbacher, der als «erster Sprengstoff-Fachmann der Schweiz» gilt. Er entwickelt eine «hochbrisante Zündpille für Geschosse», für die sich die schwedische Armee und die Bundeswehr interessierten. Doch der Kanton Luzern verweigert die Bewilligung für die «versuchsweise Herstellung», weshalb Adligenswil aus dem Rennen fällt. Als auch Graubünden abwinkt, will die PATVAG ins sankt-gallische Flums ausweichen. Widmer ködert die Behörden mit den rosigen Aussichten für die lokale Wirtschaft. Es bestehe die Möglichkeit, dass das Maschinenbauunternehmen Hartmann «ausser dem Prototyp noch weitere Anlagen bauen könnte, die aber dann für die serienweise Herstellung der Zündpillen nach dem Ausland verkauft würden».

Drei Monate später ist die Zünderfabrik gebaut, mitten im Dorf, zwischen Schulhaus und Bahnhofstrasse – und ohne Bewilligung. Als das Fabrikinspektorat davon erfährt, verfügt es einen sofortigen Produktionsstopp.[32] Beim Ortstermin mit den Behörden legen sich Widmer und Stettbacher ordentlich ins Zeug. Der Sprengstoffexperte versichert, die Baracke sei vorschriftsgemäss aus Holz und dreissig Meter von den bewohnten Häusern entfernt. Bei einer Explosion würden «kaum grössere Bruchstücke bis zur Nachbarschaft geschleudert», zudem sei die Anlage «nur zeitweise in Betrieb» und nur, wenn er persönlich anwesend sei. Widmer spielt wieder einmal seine militärische Autorität aus. «Als Oberst der schweizerischen Armee und Stadtkommandant von Zürich müssen ihm die möglichen Gefahren bekannt sein», heisst es im Protokoll. «Er und seine Firma sind selber in höchstem Masse daran interessiert, dass sich keine Unfälle in der Anlage ereignen.»[33]

Trotz der Zusicherung, es handle sich um einen Versuchsbetrieb, zählt das Fabrikinspektorat im ersten Jahr vier, im zweiten Jahr drei und während der folgenden drei Jahre noch zwei Arbeiter.[34] Wie viele Zünder sie produzieren, weiss niemand. Aktenkundig ist, dass Heck nach den Besprechungen in Zürich jeweils sackweise Zündpillen nach Deutschland schmuggelt und die Polizei nach seinem Tod in Weingarten 10 000 Stück sicherstellt.[35] 1960 wird die Produktion nach Ems, in Baracken am Rand des Werkgeländes, verlegt.[36] «Diese Schuppen sind bis in die Neunzigerjahre hinein» gestanden, erinnert sich ein ehemaliger Angestellter. «Wir nannten sie ‹d'Chäpslifabrik› oder ‹d'Zünderfabrik›, aber wir wussten nicht genau, was dort gemacht wurde.»[37]

1961 informiert die PATVAG das Steueramt Luzern, sie gedenke, «einen Teil der für Adligenswil in Aussicht genommenen Produktion im Ausland zu realisieren».[38] Wahrscheinlich ist die DIMEX gemeint, die mit einer PATVAG-Lizenz elektrische Zünder und Brandbombenzünder herstellt,[39] vielleicht auch Portugal oder Ägypten, wo die PATVAG Produktionsstätten aufbauen will (und vielleicht aufbaut). Allerdings klagt

Schaufelberger Mitte der Sechzigerjahre, «die Zündergeschichte» habe sich verzögert: «Seit Jahren sprach man auf dem Zündersektor von grossen, in Aussicht stehenden Aufträgen. Die Aussichten seien prima, aber es geht alles so verdammt lange, bis [Widmer] über Entwicklungsgelder aus laufenden Einnahmen verfügen kann.»[40]

Joachim Schultze sieht das anders – und nennt in seinem Manuskript ein weiteres Land. Die PATVAG habe «Zünder für panzerbrechende Waffen entwickelt und im grossen Stil Zündhütchen für Munition gefertigt. Das Geschäft lief über Jahrzehnte in aller Stille sehr erfolgreich, und man machte weltweite Geschäfte, vor allem aber mit spanischen Rüstungskonzernen.»[41] Über die Geschäftsverbindung mit Spanien ist nichts bekannt, aber Exportgesuche im Bundesarchiv zeigen, dass das Geschäft boomt. Sie dokumentieren allein für die Siebzigerjahre Verkäufe in Millionenhöhe, besonders an die schwedische Bofors und die Raketenentwicklung der italienischen SNIA Viscosa.

1968 kommt es zum Wechsel an der Spitze der PATVAG Technik: Rudolf Oswald zieht nach Spanien und überlässt das Präsidium seinem Bruder Werner, mit dem er sich überworfen hat.[42] 1971 tritt Christoph Blocher, der künftige starke Mann, in den Verwaltungsrat ein. Nach Werner Oswalds Tod 1979 rückt er zum Vizepräsidenten auf, während Victor Oswald neuer Präsident wird. Zu dieser Zeit schnellen die Zünderverkäufe in die Höhe. Der Bundesrat hat kurz zuvor entschieden, dass es für den Export von kleinen, billigen Waffenbestandteilen, sogenannten anonymen Serienprodukten, kein End-User-Zertifikat mehr braucht, und die Zünder und Zündsysteme der PATVAG sind typische Serienprodukte. Der Historiker Peter Hug ist gar überzeugt, die neue Regelung sei eigens im Hinblick auf die PATVAG erlassen worden, und nennt sie deshalb «Lex Patvag».[43] Verkaufsschlager ist das Modell «Funkengeber 82». Er wird ab 1982 in «ganz modernen Einrichtungen» hergestellt, welche die alte «Chäpslifabrik» ersetzen.[44] In den zwei Jahren nach seiner Lancierung steigert die Ems-PATVAG ihren Umsatz von 2 auf 25 Millionen Franken.[45] Der rasante Aufschwung kommt Blocher zugute, der die Emser Werke 1982 kauft.[46] Damals brüstet er sich: «Ein neues Bein, das wir aufbauen, ist das der Zünder und Zündsysteme. Die letztes Jahr aufgebaute Anlage wird im laufenden Geschäftsjahr bereits ausgelastet sein und dürfte schon rund sechs bis sieben Prozent des Umsatzes ausmachen.»[47]

Laut einem anonymen Mitarbeiter ist die wichtigste Käuferin des «Funkengeber 82» die iranische Revolutionsarmee. Er erzählt 1996 dem Nachrichtenmagazin FACTS: «Zwei Vertre-

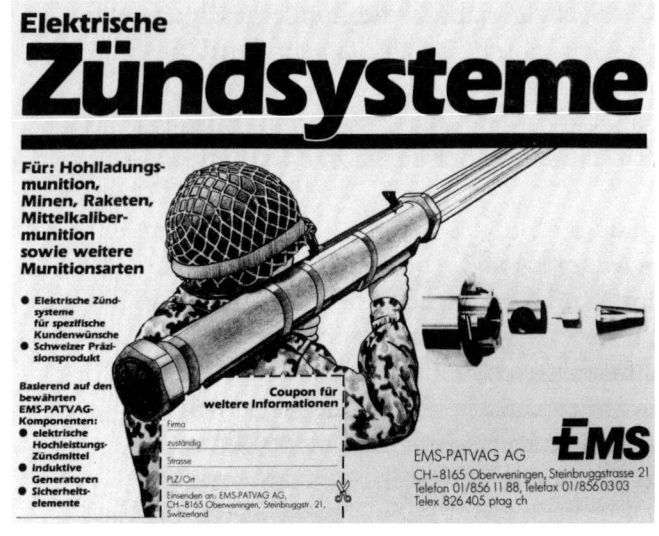

Werbung der Ems-PATVAG (um 1995)

Blocher-Karikatur von H. U. Steger (1988)

Waffengeschäfte

ter der iranischen Defense Industries Organisation (D. I. O.) haben die Patvag 1983 besucht und mit der Geschäftsleitung verhandelt. An diesem Treffen ist der Funkengeber-Export in den Iran besprochen worden.» Dank der «Lex Patvag» konnten die Zünder an eine österreichische Firma verkauft werden, die sie an den Iran weiterreichte, der in einen blutigen Krieg mit dem Irak involviert war. Dieser fordert eine Million Tote und liess bei der Ems-PATVAG die Kassen klingeln. «Zwischen 1983 und 1987 haben wir mehrere Millionen Stück fabriziert», versichert ein anderer, ebenfalls anonymer Mitarbeiter. «Für die Patvag war es ein Riesengeschäft.»[48] Es ist auch ein Déjà-vu: Vierzig Jahre nach dem Whistleblower «Dr. Müller», der *Tat*-Chefredaktor Jaeckle vom illegalen Export von Bombenzündern erzählte, erteilen Mitarbeiter, die sich an Blochers Waffengeschäften stören, dem Journalisten Res Gehriger anonym Auskunft. Einziger, aber gewichtiger Unterschied: Die Zünderexporte in den Achtzigerjahren sind legal.

Blocher führt auch Geschäftsbeziehungen weiter, die Oswald 1954 in Burma angeknüpft hatte. Zusammen mit einer deutschen Firma entwickelt die Ems-PATVAG Mitte der Achtzigerjahre den panzerbrechenden, mit einem PATVAG-Zünder ausgerüsteten Gefechtskopf «HL-500» und schickt ihren «Chef Technische Beratung» für einen Monat nach Rangun, um eine Munitionsfabrik zu beraten. «Blochers Firma unterstützte die Militärdiktatur sowohl mit personellem Einsatz vor Ort als auch mit Zündsystemen für die HL 500-Granaten», schreibt FACTS.[49] Die Ems-PATVAG hat noch weitere politisch zweifelhafte Kunden: 1986 schliesst sie einen Lizenzvertrag mit der chilenischen Armee ab.[50] Obwohl die Schweiz seit dem Putsch von General Pinochet keine Waffenexporte nach Chile mehr bewilligt, ist auch dieses Geschäft legal, denn der Export von Know-how fällt nicht unter das Kriegsmaterialgesetz. Von dieser Regelung profitiert auch das südafrikanische Apartheidregime. Trotz UNO-Waffenembargo lizenziert die PATVAG 1984 eine Zündpille, einen Generator und ein Sicherheitselement – alles Bestandteile eines Zündsystems für panzerbrechende Munition, Raketen und Granaten – an den Rüstungskonzern Armscor. Offenbar ist in Ems jedoch nicht allen wohl dabei. Eingeweihte verwenden für Südafrika das Codewort «Südportugal».[51]

Am 20. Oktober 1995 bringt das *Journal de Genève* einen zweiten Artikel von Roger de Diesbach über die Emser Minen. Diesmal titelt es: «Blocher droht das Pentagon anzugreifen». Die Ems-PATVAG hat nämlich in einer Pressemeldung verkündet, «dass sie nie Antipersonenminen oder Zünder für diese [Minen] produziert habe». Sie werde deshalb prüfen, «ob es wirklich Minen mit dem Namen ‹Patvag 59› und ‹Patvag M3› gibt» und ob diese auf der amerikanischen CD-ROM verzeichnet sind. Falls das US-Verteidigungsministerium den Namen der PATVAG «unrechtmässig» verwendet habe, erwäge man eine Klage.[52]

Der *Sonntagsblick* ergattert ein – nichtssagendes und deshalb unverfängliches – Statement von Blocher: «Wir sind für die Produktion von Personenminen oder Billig-Zündern für solche Minen gar nicht eingerichtet.» Doch das Pentagon beharrt auf Nachfrage, die Informationen auf der CD-ROM seien zuverlässig: «Die Firma mag möglicherweise keine Minen mehr fabrizieren. Die Produkte können trotzdem noch existieren. Das muss man in einem geschichtlichen Zusammenhang sehen.» Also nochmals bei der Ems-Chemie nachgefragt: «Wir sprachen intensiv mit jetzigen und ehemaligen Mitarbeitern», versichert Blochers Anwalt. «Wir sind sicher, in den letzten 40 Jahren nie Personenminen oder Zünder produziert oder vertrieben zu haben. Wir haben auch nie derartige Waffen herstellen lassen.»[53] (Er sagte wohl «Zünder für Minen» und wurde ungenau zitiert, denn die PATVAG verweist noch 2005 auf die wehrtechnische Anwendung ihrer Zünder.[54]) Der Anwalt gibt sich kämpferisch und erklärt, man habe von der US-Botschaft eine Aussprache gefordert und sich eine «klare Vorgabe» gesetzt: «Wir lassen uns nicht verunglimpfen. Wir wollen eine Berichtigung der Informationen auf der CD-ROM des US-Verteidigungsministeriums. Unbekannte missbrauchten oder missbrauchen den Firmennamen einer bekannten Schweizer Firma. Deshalb versuchen wir aufzudecken, wer diese Falschmeldung in die Welt gesetzt hat.»

Nach dem Treffen gibt sich Blochers Anwalt siegesgewiss. Auf der CD-ROM, versichert er dem *Sonntagsblick,* seien «alle verfügbaren Meldungen über Minen gespeichert – ungeachtet ihres Wahrheitsgehalts». Der Minenspezialist der Gruppe für Rüstungsdienste im EMD springt ihm hilfreich zur Seite und spottet, «dass auch der Nachrichtendienst der Amerikaner nur mit Wasser kocht». Doch das National Ground Intelligence Center, die Produzentin der CD-ROM, kontert, es besitze ein Schreiben der PATVAG, in dem es zur «Anti-Personenmine '59» heisse: «Teile der Mine wurden in Deutschland von verschiedenen Firmen produziert und von unserer Vertragsfirma in Weingarten/Baden zusammengesetzt.»[55]

Blochers Anwalt, der zwei Wochen zuvor noch behauptet hat, die PATVAG habe in den letzten vierzig Jahren keine Minen hergestellt, muss nachbessern: «Eine alte Geschichte. Der heutige Ems-Chemie-Chef Blocher hat sein Mehrheitspaket an der Patvag erst Ende Mai 1983 erworben und war zur fraglichen Zeit im Jahre 1962 ein 22jähriger Student.» Das sind zwei unbestrittene Tatsachen, aber keine Antwort auf die ursprüngliche Frage, ob der Emser Konzern je Antipersonenminen hergestellt und verkauft habe. Und schon gar keine Begründung, wie es zur unwahren Behauptung kommen konnte, man sei «sicher, in den letzten 40 Jahren nie Personenminen oder Zünder produziert oder vertrieben zu haben».[56]

Erstaunlich ist, dass die Verantwortlichen in Ems mit ihrem privilegierten Zugang zum Firmenarchiv, zu aktuellen und ehemaligen Mitarbeitern die historischen Fakten nicht ermitteln konnten, während 25 Jahre später eine Historikerin ohne Zugang zum Firmenarchiv die Existenz von drei Modellen von PATVAG-Antipersonenminen einwandfrei dokumentieren kann. Es braucht schon sehr viel guten Willen, um zu glauben, dass sich in Ems kein einziger Hinweis auf diese Produktion finden liess. Wenigstens war die Haltung konsistent: 1987 hatte Christoph Blocher dem *Anzeiger für den Bezirk Affoltern* versichert: «Ich kann nur erklären, dass weder ich noch unsere Firmen weder im In- noch im Ausland je mit Waffen gehandelt haben.»[57] 1996 droht sein Anwalt dem Nachrichtenmagazin FACTS wegen der Geschichte «Blochers Geschäfte mit den Kriegsherren der Welt» eine Klage an. Es bleibt bei der Drohung.[58]

Zur selben Zeit monetarisiert die PATVAG ihre Expertise in Sachen Zünder erstmals auch im zivilen Sektor. Mit dem Zerfall der Sowjetunion und dem Ende des Kalten Kriegs waren die Geschäfte der PATVAG «drastisch» eingebrochen, und Blocher gab seinen Leuten zwei Jahre Zeit, um das defizitäre Unternehmen wieder profitabel zu machen.[59] Sie entwickelten einen Airbag-Zünder für Autos, der 1991 in Produktion ging.[60]

Ein gutes Jahrzehnt nach der Markteinführung verkauft die Ems-PATVAG jährlich 35 Millionen Airbag-Zünder und ist europäische Marktführerin.[61] Sie stellt aber weiterhin «Zündsysteme für die Wehrtechnik» her. «Primer [Zündelemente] von EMS-PATVAG für die Rüstungsindustrie sind weltweit einzigartig dank ihrer Präzision und Technologie», heisst es 2003 auf ihrer Website. «Sie werden entwickelt und hergestellt, um die spezifischen Bedürfnisse und Anforderungen einer globalen Kundschaft zu erfüllen.»[62]

Im selben Jahr wird Blocher zum Bundesrat gewählt, tritt seine Mehrheitsbeteiligung an der Ems-Chemie Holding seinen Kindern ab und übergibt die Leitung des Konzerns seiner Tochter Magdalena Martullo-Blocher. Sie stellt kurz darauf die Zünderproduktion ein und schliesst damit ein Kapitel in der Firmengeschichte, das 65 Jahre früher seinen Anfang mit der Entwicklung eines Raketenzünders nahm.[63] 2009 verlegt sie die Produktion der Airbag-Zünder nach Tschechien, 2019 verkauft sie das Unternehmen «im Rahmen der Konzentration auf Hochleistungspolymere» an die ehemalige österreichische Patronenfabrik Hirtenberger.[64] Es ist das Aus für Oswalds erste Firma, die er 1933 mit 5000 Franken Startkapital gründete – um die Holzverzuckerungslizenz zu erwerben und die, wie er 1937 erklärte, als die Bundespolizei ihn wegen der Betonbomben befragte, auch «zur Unterstützung unseres spanischen Geschäftes» diente.[65]

Fast gleichzeitig mit dem Verkauf der Ems-PATVAG löst sich ein Teil ihrer Geschichte in Luft auf. Auf der Website wird fälschlicherweise «die Gründung der Firma in der Schweiz im Jahr 1963» angeführt und behauptet, dass «die Produktion von elektrischen Zündsystemen für Industrie und Wehrtechnik» in diesem Jahr aufgenommen wurde.[66] Dabei geht Verschiedenes unters Eis: zum Beispiel, dass die PATVAG in Flums bereits 1956 Zündpillen produzierte und zwischen 1954 und 1963 mehrere Gesuche für die Herstellung und den Export von «Minenwerferzündern», «Magnetzündern», «Kristallzündern» sowie «Kurzzeitzündern» für «Panzerwurfgranaten», «Panzerraketen» und «Fliegerraketen» einreichte.[67]

Aus welchem Grund die Verantwortlichen der Ems-Chemie die Anfänge der Zünderproduktion unter Werner Oswald ausgerechnet ins Jahr 1963 verlegt haben, ist eines von vielen Rätseln der Firmengeschichte, die nach wie einer Lösung harren. Doch die Kontinuität in Geschäftsgebaren und Geisteshaltung ist schwerlich zu übersehen: Ems-Gründer Oswald machte Umweggeschäfte mit Opalm, Antipersonenminen und Zündern, sein geistiger Ziehsohn Blocher mit Zündern. Beide lieferten in Krisen- und Kriegsgebiete und an Diktaturen (Oswald nach Burma, Algerien, Indonesien und in den «Nahen Osten», Blocher in den Iran und nach Chile), beide versuchten mit mehr oder weniger Erfolg, Kriegsmaterial an politisch zweifelhafte Länder zu lizenzieren (Oswald an die portugiesische Salazar-Diktatur, die in Afrika Krieg führte, Blocher an die Diktatur in Burma und den Apartheidstaat Südafrika). Damit verstiessen sie zwar nicht gegen den Buchstaben, aber gegen den Geist der Schweizer Kriegsmaterialverordnung. (Die einzigen aktenkundigen Gesetzesverstösse waren die Falschdeklaration der Zünder 1955 und die – nie geahndete – illegale Ausfuhr von PATVAG-Zündern durch Walter Heck.) Noch etwas blieb sich gleich. Die Leitung der PATVAG lag in den Händen hochrangiger Militärs mit entsprechend guten Beziehungen zum EMD: Auf Oberst Widmer folgte unter Blocher ein Oberst im Generalstab und später ein Korpskommandant. Auch die offizielle Firmengeschichte streicht die Kontinuität heraus, setzt allerdings etwas andere Akzente. Dort heisst es über Oswald, Blocher und Martullo-Blocher: «Die drei zeigen in ihrem politisch-moralischen Fundament, in ihrem Persönlichkeitsbild und in ihrem Arbeitsstil bei aller Unterschiedlichkeit auch auffallende Parallelen und ragen weit über den Durchschnitt hinaus.»[68]

Die «Chäpslifabrik»

Epilog: «Erfolg als Auftrag»

Mit wenig Eigenkapital und viel öffentlichen Geldern, mit eisernem Willen und manchmal zweifelhaften Methoden stampfte Werner Oswald ein Treibstoffwerk aus dem Boden und entwickelte es zu einem Konzern weiter, der bei seinem Tod 1979 aus zwölf Unternehmen und einer Holding bestand. Damals wurde der Wert der Emser Werke auf 500 Millionen Franken geschätzt; allein die fast sieben Millionen Quadratmeter Land in ihrem Besitz waren 15 Millionen Franken wert.[1] Diese Erfolgsgeschichte fusste auf Zuschüssen der öffentlichen Hand, die zwischen 1941 und 1956 grob geschätzte 170 Millionen Franken (heute gegen 1 Mrd. Fr.) betrugen. Mit diesem Geld wurde nicht nur der Aufbau und der Umbau der HOVAG finanziert; laut einem zeitgenössischen Wirtschaftsexperten konnte sie während dieser Zeit auch «gewaltige stille Reserven» bilden.[2]

Mit Kunstfasern und Kunststoffen hatte Oswald auf das richtige Pferd gesetzt. Er war ein guter Stratege, beschaffte sich – legal und illegal, aber immer günstig – Know-how und Fachkräfte im kriegszerstörten Deutschland und profitierte vom enormen Wachstum der Wirtschaft in der Nachkriegszeit. Er war selbstbewusst und bestens vernetzt, aber kein besonders guter Manager. Er hörte zu wenig auf seine Leute, hatte die Kosten nicht im Griff, verzettelte sich und fällte überstürzte Entscheide, die sich oft als kostspielige Fehlentscheide entpuppten. Zeitgenossen redeten deshalb von «ungesundem Galoppieren», Christoph Blocher nennt Oswald einen «Draufgänger», und Karl Lüönd beschreibt ihn als «impulsiven Menschen».[3]

Was Oswald antrieb, «alles, auch persönliche Interessen und familiäre Belange», der Arbeit unterzuordnen, geht aus den verfügbaren Quellen nicht hervor.[4] Tatsache ist, dass er sich nicht einmal von drei Herzinfarkten bremsen liess.[5] Er selbst berief sich gern auf seinen (Lokal-)Patriotismus und altruistische Motive wie die Hilfe für arme Bergbauern oder den Kanton Graubünden. Doch vieles, was er in Amtsstuben und Presseverlautbarungen predigte, war wohlfeiles Lippenbekenntnis, mit dem er sich politische Unterstützung, öffentliche Gelder oder sonst einen Vorteil zu sichern suchte. Den Nagel auf den Kopf getroffen hat wahrscheinlich HOVAG-Präsident Meili, der Oswald «auch [!] ideelle Motive» zubilligte.

Eine Anekdote von Christoph Blocher verdeutlicht, wie Oswald es verstand, sein Mäntelchen nach dem Wind zu hängen. In einer Zeit, in der die Konfession auch im Geschäftsleben eine wichtige Rolle spielte, machte er es sich zunutze, dass er als Kind die Konfession gewechselt hatte, weil sein Vater zum Protestantismus konvertiert war. «Bevor ein Kunde kam, klärte Oswald immer ab, ob dieser reformiert oder katholisch war», erzählte mir Blocher. «Dem Katholiken sagte er: ‹Ich bin auch katholisch getauft.› Und dem Reformierten: ‹Ich bin auch reformiert.› Und beides stimmte.»[6]

Macht war wohl Oswalds mächtigster Motor. Sie steht im Zentrum von zahlreichen Anekdoten. Christoph Oswald schreibt voller Bewunderung, dass «jedermann» sich vor seinem Vater «beugte», dass «Fürsten, Könige und Kaiser» bei ihm zu Gast waren und der Schah von Persien «an meines Vaters Tafel speiste – aber nicht der Schah oben am Tisch, sondern mein Vater oben am Tisch, der Schah zu seiner Rechten».[7] Auch eine Anekdote, die Blocher sowohl seinem Biografen Markus Somm als auch mir erzählte, dreht sich um Macht: Nach einem Aufenthalt auf Schloss Rhäzüns wollte Oswald nach St. Moritz fahren, doch der nächste Zug war ein Schnellzug ohne Halt in Rhäzüns. Also herrschte er den Stationsvorstand an: «Sie haben den Schnellzug anzuhalten, wenn ich nach St. Moritz will! Oder muss ich die Regierung anrufen?» Somm sah in diesem Auftritt nicht etwa die Arroganz der Macht, sondern einen Beweis für Oswalds «unglaubliche Suggestivkraft», die Berge versetzen und Züge stoppen konnte: «Der Stationsvorsteher griff zum Telefon, wenig später hielt der Zug in Rhäzüns. Oswald stieg ein, Blocher hinterher.»[8] Noch einer stieg ein: der Geist von Oswalds Doktorvater Ernst Laur. Fuhr der «Bauerngeneral» nach wichtigen Sitzungen nach Hause, nahm er jeweils den Schnellzug, der für ihn im Bauerndorf Effingen einen ausserfahrplanmässigen Halt einlegte.[9]

Was Blocher über die Geschichte des Unternehmens gewusst hat, als er es 1983 kaufte, weiss nur er selbst. Die Vergangenheit von Forschungsleiter Johann Giesen will er jedenfalls nicht gekannt haben. Um sich von diesem zu distanzieren, gibt sich der Politiker ausgesprochen unpolitisch und nennt ihn einen «widerlichen Typen» und «aufgeblasenen Deutschen», der gern «geprotzt» und viel getrunken habe.[10] In der TV-Dokumentation «Ems-Chemie – Dunkle Helfer nach dem Zweiten Weltkrieg» erzählt Blocher, nach seinem Stellenantritt 1969 habe er Giesen «noch zufällig gesehen, habe aber nichts mit ihm zu tun gehabt». Auch mir hat er versichert: «Ich habe Giesen am Anfang kennen gelernt. Der hockte dort oben [in Ems] und hätte schon lange gehen sollen, ging aber nicht. […] Giesen war Alkoholiker, den mussten wir dann ‹wegtun›, ich kannte ihn aber nur am Rand.»[11]

Ein Dokument aus Joachim Schultzes Nachlass belegt jedoch, dass Blocher mehr mit ihm zu tun hatte: Als Giesen im Sommer 1974 Direktoren und Abteilungsleiter über die Reorganisation der Polymerforschung informierte, figurierte auf dem Verteiler auch «Herr Dr. Ch. Blocher», damals Direktionsvorsitzender und Delegierter des Verwaltungsrats der Emser Werke.[12] Zu Giesens Anstellung sagt Blocher in der TV-Dokumentation: «Die Verantwortlichen für die Zwangsarbeit mussten ja alle in Nürnberg vor Gericht erscheinen, aber eine Anklage Giesens wurde nicht in Betracht gezogen. Man sagte, er sei der Aufbauer von aussen gewesen, und er behauptete, er habe gar nicht gewusst, dass es Zwangsarbeiter waren.» Diese schwammige Erklärung lässt offen, *wer* Giesen für einen externen, ahnungslosen «Aufbauer» hielt und *wem gegenüber* Giesen den Ahnungslosen gab. Doch auch Blocher dürfte klar sein, dass Zwangsarbeiter aus einem KZ wegen der gestreiften Kleider sofort zu identifizieren waren.

Geht es um Heinrich Bütefisch, bleibt Blocher ähnlich unpräzise: «Von ihm wusste ich gar nichts. Er war ja 1964 ‹fertig›, und über ihn hat man auch nicht gesprochen.» 1964 war das Jahr, in dem Bütefisch das Verdienstkreuz zurückgeben musste, und «fertig» bezieht sich wohl auf Blochers Erinnerung, Oswald habe irgendwann erklärt: «Mit [Bütefisch] arbeite ich nicht mehr zusammen.» Andersherum gelesen heisst das, dass Oswald sich neun Jahre lang von einem in Nürnberg verurteilten Nazi beraten liess und sich erst aufgrund der negativen Schlagzeilen von ihm trennte.[13] Vom TV-Journalisten auf Bütefischs «dunkle» Vergangenheit angesprochen, erinnert sich Blocher, Oswald habe Ende der Sechzigerjahre «gewarnt»: «Passt auf mit Kontakten, da hat es noch Leute, die unter einer Decke stecken.» Damals habe er gemerkt: «Das ist etwas, was [Oswald] innerlich natürlich sehr abgelehnt hat.» Blocher benennt weder, was Oswald ablehnte (im Kontext deutet «das» vage in Richtung Nationalsozialismus), noch wer mit welchen «Leuten» unter welcher

«Decke» steckte. Klar ist einzig, dass Oswalds «innerliche» Ablehnung keine äusserlich sichtbaren Konsequenzen hatte. Bester Beweis: Giesen fällte in der Forschungsabteilung der Emser Werke noch 1974 wichtige Personalentscheide.

Zur Rolle von Oswalds Beratern im nationalsozialistischen Unrechtsstaat meint Blocher: «Das waren alles ganz tüchtige Leute, das waren keine Dummköpfe, die diese Sachen aufbauten, sondern gescheite Leute, die aber charakterlich versagten.» Seinen Ziehvater nimmt er mit einer Parallele zur aktuellen Geschäftswelt aus der Kritik. «Heute ist es so, dass man in der Industrie nicht immer die Möglichkeit hat zu fragen, wer steht auf der anderen Seite, was hat er für eine Gesinnung. Wir arbeiten auch mit Kommunisten zusammen, obwohl wir keine Kommunisten sind. Das Politische zählt nicht.»[14]

Blocher hält Oswald für eine «komplexe Persönlichkeit», deshalb rät er Journalisten und Historikerinnen: «Wartet hundert Jahre, dann kann man ihn vielleicht beurteilen!» Auch ohne so lange zu warten, lässt sich sagen, dass Werner Oswald ein Mann mit vielen Gesichtern war. Sein spartanisches Wesen, verkörpert durch die legendäre Liege in seinem Büro in Ems, war jedenfalls nur die halbe Wahrheit. Das zeigen Briefe, die David Streiff, Zürcher Fabrikantensohn und ehemaliger Direktor des Bundesamts für Kultur, nach Hause schickte, als er in Wien studierte. Oswald war mit der Familie Streiff bekannt, und als er im Herbst 1966 ein paar Tage in Wien verbrachte, wollte er David Streiff treffen. Dieser war verunsichert und fragte seine Eltern. «Muss ich ihn führen, empfangen, abhören, mich einladen lassen, danke-sagen, begönnert werden?»[15] Zu seiner Überraschung stellte sich heraus, dass Oswald im Wiener Hochadel verkehrte und aufblühte, wenn er mit seinen adligen Bekannten kenntnisreiche «Diskussionen über Verwandtschaften aller Fürsten» führte. (Was, nebenbei bemerkt, das edelsteinbesetzte Kreuz aus der Hauskapelle von Rudolf I. von Habsburg, das sein Arbeitszimmer schmückte, in neuem Licht erstrahlen lässt.[16]) In Oswalds Schlepptau erhielt Streiff Einblick in eine neue Welt: «Was ich kennenlerne, sind eine neue Schicht Menschen, ein Überbleibsel einer vergangenen Zeit; und vor allem, wie unangenehm es ist, zu viel Geld zu haben: Oswald kommt mir wirklich vor als das wandelnde Portemonnaie der Fürsten hierzulande, belächelt hintenherum: ich kann mir nicht vorstellen, dass die Leute ihn so geniessen, wie er sie und wie er es meint, dass er genossen werde.»

Umgeben von Relikten der K.-u.-k.-Monarchie, 700 Kilometer Luftlinie von Ems und Lichtjahre vom protestantisch-puritanischen Zürich entfernt, entpuppte sich Oswald als ein anderer Mensch. Vergessen der «Chrampfer» mit der «siebentägigen Arbeitswoche», vergessen der Patron, der seine persönlichen Interessen seinen Pflichten unterordnete, vergessen der «spartanisch lebende» Familienvater, in dessen Haus zum Abendessen abwechslungsweise Birchermüesli und Aufläufe auf den Tisch kamen.[17] Im Restaurant Sacher, der besten Adresse Wiens, zeigte er sich von einer Seite, die mit dem Image des aufopferungsvollen Patrons nichts gemein hatte und in der Schweiz wohl von den wenigsten goutiert worden wäre. Dem Zürcher Unternehmersohn David Streiff war es jedenfalls «recht peinlich», wie Oswald sich aufführte, denn er «schimpfte andauernd», «jagte die Kellner herum» und orderte auf Schweizerdeutsch, bevor er «unwillig in ein Parlamentarier-Hochdeutsch» wechselte.

Oswalds Auftritt irritierte Streiff dermassen, dass er sich fragte: «Wird man so, wenn man so viel Geld hat? Ich könnte mir immer noch vorstellen, dass man auch freundlich sein kann mit viel Geld – und dass man auch glücklich sein kann damit – aber das ist viell. jugendl. Idealismus.» Er zog einen bemerkenswerten Vergleich. Vielleicht teile ein «Super-Reicher» wie Oswald gezwungenermassen das Schicksal der Märchenfigur Peter Schlemihl, der für einen nie versiegenden Beutel Gold dem Teufel seinen Schatten verkauft hatte, aber «bei allem Geld einsam und verachtet und gefürchtet» war. Doch auch im Kontakt mit David Streiff bestätigte sich der Eindruck von Charlotte Peter, dass Oswald bei der Pflege seines Netzwerks ein «unglaubliches politisches und psychologisches Geschick» an den Tag legte.[18] Wenig später relativierte Streiff sein harsches Urteil: «Oswald tut mir immer noch etwas leid», schrieb er den Eltern, «aber er hat schon eine ganz grosse Seite irgendwie, und ganz nur Portemonnaie ist er für die Leute da nicht; das war sehr ungerecht.»[19]

Das meiste, was in diesem Buch nachzulesen ist, sucht man in der offiziellen Firmengeschichte «Erfolg als Auftrag» vergebens. Begriffe wie «Nationalsozialismus» oder «Nazi» kommen genauso wenig vor wie Opalm, Raketen und Minen, Industriespionage, Patentprozesse und politische Pressionen oder die Namen Schaufelberger, Fischer und Bütefisch. Einzig Giesen hat einen Auftritt. Allerdings einen sehr kurzen. Zu den Anfängen der Kunstfaserproduktion heisst es: «Werner Oswald, fachkundig beraten durch den deutschen Chemiker Johann Giesen, investierte den grössten Teil seiner Mittel in dieses Zukunftsgebiet.»[20] Ende der Durchsage. Dafür finden sich in der von Blocher und seiner Tochter finanzierten und autorisierten Firmengeschichte schöne Sätze wie: «Werner Oswald kämpfte einsam und meistens in der Nacht.» Oder philosophische Betrachtungen zum Unternehmertum. Der Autor Karl Lüönd hat nämlich «anhand der im Fall Ems historisch verbürgten Tatsachen» festgestellt: «Der Unternehmer handelt im eigenen Auftrag und auf eigenes Risiko. […] Die Idee ist ihm nichts ohne den Weg, den er einschlägt, um sie zu verwirklichen, und zwar innert nützlicher Frist und zu angemessenen Kosten. Wenn er durch die Tür und die Hintertür nicht ins Haus kommt, dann eben durch das Fenster oder durch den Kamin. Der unternehmende Mensch liebt andere Menschen, vor allem dann, wenn er sie für sein Projekt einsetzen kann. Der Mensch als Mittel. Punkt! Denn was wirklich im Zentrum steht, ist das Erreichen des Ziels, die Erfüllung des Auftrags.»[21]

Angesichts dieses gleichsam gottgegebenen Auftrags zum Erfolg, so suggeriert die offizielle Firmengeschichte, sind die Mittel, zu denen ein Unternehmer greift, und die Menschen, mit denen er sich umgibt, zweitrangig. Ich habe am Beispiel der Emser Werke zu zeigen versucht, was es bedeuten kann, wenn der Zweck die Mittel heiligt und ein Unternehmer den persönlichen Erfolg höher wertet als gesellschaftliche und politische Verantwortung. Oder wenn er – falls man Werner Oswald ideelle Beweggründe zugutehalten will – anmassend genug ist, um sein Eigeninteresse mit dem Allgemeinwohl gleichzusetzen.

Die Geschichte der Emser Werke ist jedoch mehr als die Geschichte eines einzelnen Industriellen und eines einzelnen Unternehmens. Man kann sie auch als Beispiel lesen, wie in der Schweiz während und nach dem Zweiten Weltkrieg Mechanismen der Macht und bürgerliche Netzwerke spielten, wie Mitglieder der Elite ihren politischen Einfluss, ihre wirtschaftlichen Privilegien und ihr soziales Kapital missbrauchten, wie Vertreter von Exekutive und Verwaltung den Pressionen von Privaten nachgaben und die Presse, die «vierte Macht» im Staat, den Mächtigen zu wenig auf die Finger schaute. Nicht zuletzt zeigt die Geschichte der Emser Werke, wie man sich Lokalpatriotismus und Nationalstolz zunutze machen kann. In Ems war jedenfalls nicht immer Schweiz drin, wo Schweiz draufstand: Im Ersatztreibstoff aus Schweizer Holz steckten Rohstoffe aus Franco-Spanien und Nazi-Deutschland, hinter dem Emser Nylon versteckten sich ehemalige Nazi-Spitzenfunktionäre und Patente, Pläne und Profis aus Deutschland. Sogar das Schweizer Napalm, und als das wurde Opalm angepriesen, wurde in Deutschland produziert!

Viele Fragen zur Geschichte der Emser Werke bleiben offen, und viele Aspekte verdienen weiterführende, vertiefende Recherchen. Ich habe mich um Richtigkeit, Angemessenheit und Fairness bemüht, doch sind mir bestimmt Fehler unterlaufen. Korrekturen und Ergänzungen sind mir darum willkommen.

Epilog

DER EMSER KONZERN 1973/74

OSWALD FAMILIENHOLDING AG

(keine Angaben erhältlich)

↓ ↓

CHEMIE HOLDING AG

Aktienkapital 21 Mio. Fr.
Gewinn 3,1 Mio. Fr.
Dividende 7%

← mit Namenaktien gekoppelt →
Anteil ca. 30% →

EMSER WERKE AG

Aktienkapital 10 Mio. Fr., Gewinn 8,1 Mio. Fr.,
Buchwert der Grundstücke 15,5 Mio. Fr.,
Wert der Anlagen 500 Mio. Fr., Dividende 9%

INVENTA AG

Aktienkapital 5 Mio. Fr.
Anteil 100%
Dividende 12%

ZUR SCHANZENBRÜCKE AG

Aktienkapital 0,2 Mio. Fr.

MICHELIN EMS AG

Aktienkapital 1 Mio. Fr.
(Forschungsgemeinschaft)

UNITIKA

Aktienkapital 5 Mio. Fr.
Anteil 100%
Dividende 12%

PATVAG HOLDING AG

Aktienkapital 0,2 Mio. Fr.

GRILON SA

Aktienkapital 0,1 Mio. Fr.
(reine Verkaufsgesellschaft)

KRAFTWERK REICHENAU AG

Aktienkapital 10 Mio. Fr.
Anteil über 50%
Dividende 6.25%

PATVAG KRAFTWERK AG

Aktienkapital 2,2 Mio. Fr.
Anteil unter 50%
Dividende 10%
Kraftwerke: Pintrun, Tavanasa, Russein
(Beteiligung von Kanton GR und Gemeinden)

FIBRON SA

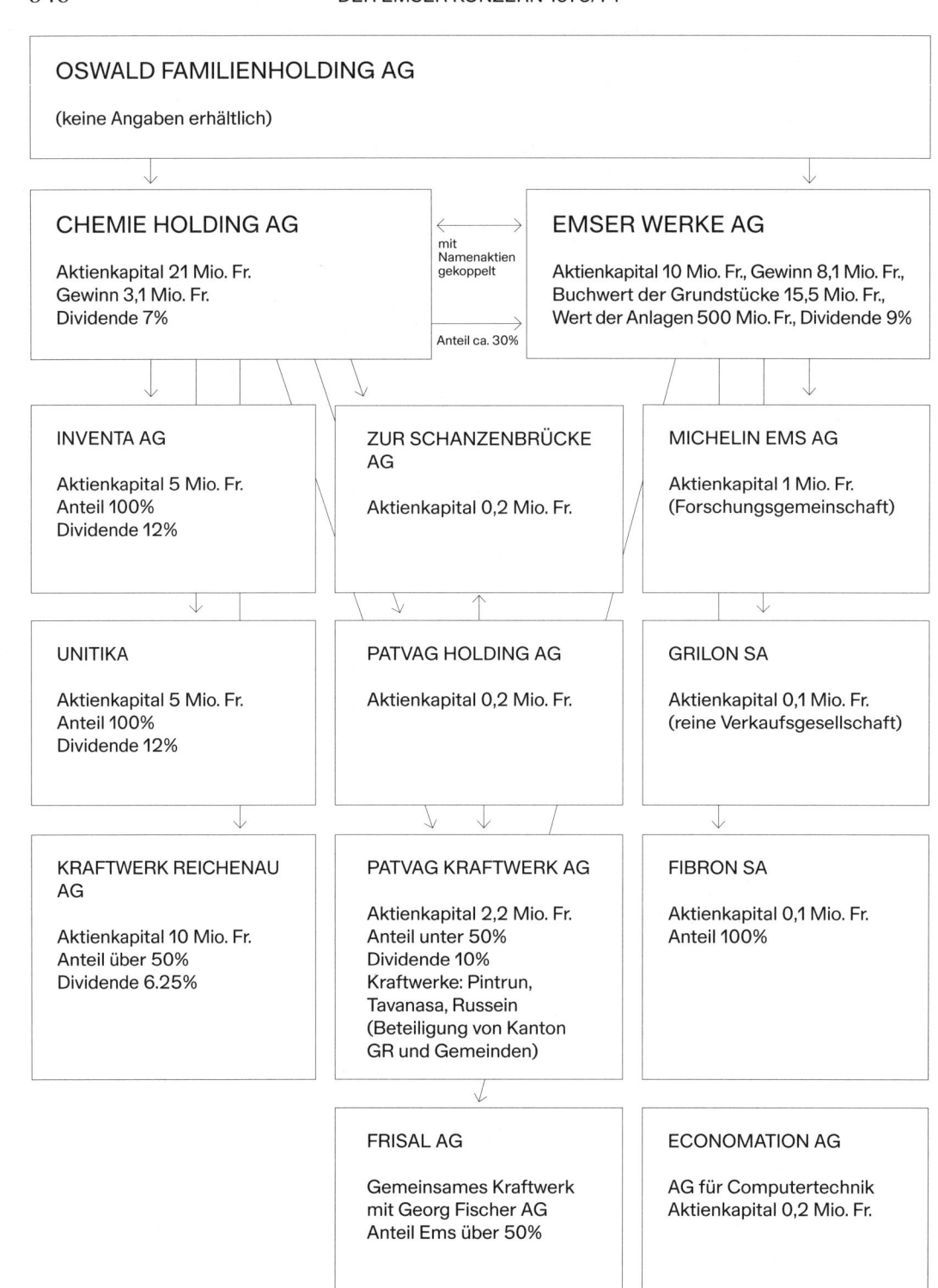

Aktienkapital 0,1 Mio. Fr.
Anteil 100%

FRISAL AG

Gemeinsames Kraftwerk mit Georg Fischer AG
Anteil Ems über 50%

ECONOMATION AG

AG für Computertechnik
Aktienkapital 0,2 Mio. Fr.

Die Angaben basieren auf: *Die Gewerkschaft,* 15.6.1978.

ANHANG

Kurzbiografien

Bircher, Eugen (1882–1956): Chirurg, Nationalrat der Bauern-, Gewerbe- und Bürgerpartei, Oberst und Organisator der umstrittenen «Ärztemissionen» an die deutsche Ostfront im Zweiten Weltkrieg. Gründete als Reaktion auf den Generalstreik 1918 den rechtsbürgerlichen Schweizerischen Vaterländischen Verband, die Dachorganisation der bewaffneten Bürgerwehren, zu dessen Mitgliedern Rudolf Oswald zählte. Gab Werner Oswald Schützenhilfe, als dieser dem EMD die Calanda-Rakete verkaufen wollte.

Bütefisch, Heinrich (1894–1969): Deutscher Chemiker und Vorstandsmitglied der I.G.-Farben. Wurde in Nürnberg wegen Versklavung von Zivilpersonen und KZ-Häftlingen zu sechs Jahren Gefängnis verurteilt. Nach seiner frühzeitigen Entlassung 1951 Vorstandsmitglied des deutschen Papierproduzenten Feldmühle. Kümmerte sich in Wesseling um die HOFELD, die Forschungsgemeinschaft von Feldmühle und HOVAG. Wurde, wahrscheinlich 1955, Werner Oswalds dritter Berater mit Nazi-Vergangenheit.

Däniker, Gustav (1896–1947): Jurist, Generalstabsoffizier, Lehrbeauftragter für Militärwissenschaften. Wurde 1941 aus der Armee entlassen, weil er sich für die Eingliederung der Schweiz in ein «Neues Europa» starkgemacht hatte. Wechselte zu Oerlikon-Bührle, wo er die militärtechnische Abteilung leitete und den deutschen Internierten Heinz Stoelzel unter seine Fittiche nahm, der zuerst für Oerlikon-Bührle, dann für die HOVAG an einer Flüssigkeitsrakete arbeitete.

Fischer, Ernst (geb. 1897): Deutscher Erdölfachmann, I.G.-Farben-Direktor, NSDAP-Mitglied, SS-Hauptsturmführer, Wehrwirtschaftsführer und Vertrauter von Reichsmarschall Göring. Als Leiter der Mineralölabteilung im Reichswirtschaftsministerium verantwortlich für die Versorgung Deutschlands mit ausländischem Öl, organisierte u. a. die Plünderung der rumänischen Erdölfelder. Setzte sich kurz vor Kriegsende in die Schweiz ab und wurde Werner Oswalds erster Berater mit Nazi-Vergangenheit.

Fuldner, Horst Carlos (1910–1992): Argentinisch-deutscher Doppelbürger, NSDAP-Mitglied, SS-Hauptsturmführer, Mitarbeiter des deutschen Auslandsgeheimdienstes. Setzte sich vor Kriegsende nach Spanien ab. Schlüsselfigur bei der Schleusung von NS-Verbrechern und deutschen Rüstungsexperten nach Argentinien. Sein wichtigster Schweizer Komplize war Paul Schaufelberger, welcher der HOVAG dank der argentinischen «Rattenlinie» Raketenpläne und Rüstungsspezialisten vermitteln konnte.

Gadient, Andreas (1892–1976): Lehrer, Mitbegründer der Demokratischen Partei Graubünden, Nationalrat und Regierungsrat. Ab 1941 Verwaltungsrat der HOVAG, trat 1948 in den Dienst von Werner Oswald. Lobbyierte als Emser «Propagandaminister» für die Verlängerung der Bundeshilfe. Auch Verwaltungsrat der Calanda SA und Leiter des Raketenentwicklungsteams in Ems.

Gerber, Jim (1918–1962): Zürcher Unternehmer, handelte u. a. mit Waffen und stellte im Tessin Zünder für die Emser Napalm-Bomben her. Einer seiner Mitarbeiter flog 1955 auf, als er zusammen mit der PATVAG illegal Zünder nach Burma exportieren wollte.

Giesen, Johann (geb. 1896): Deutscher Chemiker, Leiter der organischen Abteilung des I.G.-Farben-Werks Leuna. Als Generalbevollmächtigter für Sonderfragen der chemischen Erzeugung mitverantwortlich für den Einsatz von KZ-Häftlingen beim Bau und Betrieb des Chemiewerks Auschwitz-Monowitz. Nach dem Krieg Direktor des BASF-Werks Uerdingen und Schlüsselfigur beim Aufbau der Kunstfaserproduktion in Ems. Wurde 1949 wegen Industriespionage zugunsten der HOVAG von den Alliierten entlassen, ab 1951 Leiter der Forschungsgemeinschaft HOFELD, ab 1952 Forschungsleiter in Ems.

Gompf, Heinrich (geb. 1898): Deutscher Kaufmann, im Krieg führender Mitarbeiter im Reichsarbeitsdienst. Ab 1960 für die PATVAG und die DIMEX tätig. Setzte sich nach dem Mordanschlag auf DIMEX-Besitzer Walter Heck sofort nach Ägypten ab. War dort drei Jahre lang PATVAG-Vertreter und Berater der ägyptischen Streitkräfte, half wahrscheinlich mit, eine ägyptische Opalm-Produktion aufzubauen.

Grimm, Robert (1881–1958): SP-Nationalrat, führende Figur für die Schweizer Arbeiterbewegung und Mitorganisator des Landesstreiks 1918. Als Leiter des Amts für Kraft und Wärme verantwortlich für die Versorgung der Schweizer Kriegswirtschaft mit Energie, 1943–1953 Präsident der HOVAG-Überwachungskommission. Setzte sich für die Verlängerung der Aufenthaltsbewilligung des ehemaligen Nazi-Spitzenfunktionärs Ernst Fischer ein, der Werner Oswald bei der Produktionsumstellung beriet.

Hajek, Horst (geb. 1921): Deutscher Fachmann für Sprengstoff und Napalm. Setzte in Marokko die Flammenwerfer zusammen, die von DIMEX und PATVAG zusammen mit Opalm dem algerischen Front national de libération verkauft wurden. Laut österreichischem Nachrichtendienst reiste KZ-Arzt Josef Mengele 1961 unter Hajeks Namen in Europa umher, was für PATVAG-Direktor Erwin Widmer zu einer ernsthaften Herausforderung wurde.

Halder, Friedrich (geb. 1897): Österreichischer Ingenieur und Spezialist für Luftabwehr. Während des Kriegs bei der Amtsgruppe für Flakentwicklung und Rüstung im Reichsluftministerium, leitete die Entwicklung von Flak-Raketen in der Versuchsanstalt Karlshagen in Peenemünde-West. Übernahm 1949 die Leitung der Raketenentwicklungsgruppe in Ems. Nach seinem unfreiwilligen Abgang 1955 Berater der Abteilung Raketen- und Lenkwaffentechnologie der österreichischen Luftstreitkräfte.

Heck, Walter (1909–1961): Kaufmann und Inhaber der Firma DIMEX in Karlsruhe-Weingarten. Produzierte für die PATVAG Opalm, Zünder und Minen, lieferte Flammenwerfer und Opalm an den algerischen Front national de libération. Fiel 1961 einem Mordanschlag zum Opfer, der nie aufgeklärt wurde, aber höchstwahrscheinlich auf das Konto des französischen Geheimdienstes geht.

Holzach, Paul (1905–1995): Kaufmann, Freund und Geschäftspartner von Victor Oswald, erster kaufmännischer Direktor der HOVAG, dem 1942 wegen dubioser Geschäfte gekündigt wurde. Gründete 1943 die Interkommerz, eine Zürcher Tarnfirma des deutschen Auslandsnachrichtendienstes, und verschob mithilfe von Victor Oswald rüstungsrelevante Rohstoffe von Spanien nach Nazi-Deutschland. Missbrauchte seine Stellung als Nachrichtendienstoffizier, um Raubgüter aus besetzten Gebieten in die Schweiz und nach Spanien zu verschieben. Nach dem Krieg Waffen- und Osthandel.

Iklé, Max (1903–1999): Jurist, Mitgründer und Verwaltungsrat von zwei Finanzierungsgesellschaften, die zum Nazi-freundlichen Terra-Film-Konzern gehörten. Regte wahrscheinlich an, dass Werner Oswald 1934 die Terra-Film-Vertriebs AG gründete, die er ihm 1937 abkaufte. Ab 1948 Direktor der Eidgenössischen Finanzverwaltung und wohl wichtigster Verbündeter der HOVAG in der Bundesverwaltung. Ab 1956 Direktionsmitglied der Schweizerischen Nationalbank.

Imfeld, Ernst (geb. 1903): Jurist, im Krieg als Leiter des kriegswirtschaftlichen Syndikats Petrola verantwortlich für die Einfuhr von Öl und Benzin, Mitglied der HOVAG-Überwachungskommission. Beschützer und wahrscheinlich Komplize der Nazi-Spitzenfunktionäre Ernst Fischer, Friedrich Kadgien und Ludwig Haupt, die sich kurz vor Kriegsende in die Schweiz absetzten. Vermittelte seinen Bruder Theodor Imfeld als Schweizer Strohmann für Fischer und gründete mit Kadgien und Haupt die Firma IMHAUKA. Führte Fischer wahrscheinlich bei Werner Oswald ein, der diesen zum HOVAG-Berater machte.

Jaeckle, Erwin (1909–1997): LdU-Nationalrat, Zürcher Gemeinderat und Chefredaktor des Landesring-Sprachrohrs *Die Tat*. Einer der besten Kenner und schärfsten Kritiker der HOVAG, kämpfte 1956 gegen die Verlängerung der Bundeshilfe.

Laur, Ernst (1871–1964): Leiter des Bauernsekretariats, Direktor des Bauernverbandes, Privatdozent für Agrarpolitik an der ETH Zürich. Gilt als einer der «Väter» der Geistigen Landesverteidigung, war als Werner Oswalds Doktorvater wichtige Inspiration für die Gründung der HOVAG und ihren ideologischen Überbau.

Meili, Armin (1892–1981): Architekt, FDP-Nationalrat, Direktor der Landesausstellung 1939, Oberst. 1941 erster Verwaltungsratspräsident der HOVAG. Gehörte zum rechtskonservativen Netzwerk von Eugen Bircher.

Oswald, Rudolf (1907–1995): Sohn des Luzerner Regierungsrats Arthur Oswald, Jurist, Gerichtsschreiber, Mitglied der Luzerner Sektion des Schweizerischen Vaterländischen Verbands. Ab 1936 PATVAG-Präsident, ab 1941 Verwaltungsrat und Jurist der HOVAG, später weitere VR-Mandate im Konzern. Spezialist für schwierige Verhandlungen und raffinierte rechtliche Konstrukte. Überwarf sich im Alter mit seinem Bruder Werner, trat aus dem Unternehmen aus und zog nach Spanien.

Oswald, Victor (1909–1993): Sohn des Luzerner Regierungsrats Arthur Oswald, Bankkaufmann, wanderte 1932 nach Madrid aus, wo er mehrere Firmen gründete. Schlug sich im spanischen Bürgerkrieg auf die Seite der Franquisten. War im Zweiten Weltkrieg wahrscheinlich für den deutschen, britischen und amerikanischen Nachrichtendienst tätig. Stellte den für die HOVAG lebenswichtigen Import von spanischem Pyrit sicher und bot Hand, dass sein Freund Paul Holzach rüstungsrelevante Rohstoffe von Spanien nach Nazi-Deutschland verschieben konnte. Heiratete nach dem Krieg in zweiter Ehe in den spanischen Adel ein. Waffenhändler, Geschäftspartner des berühmt-berüchtigten Nazis Otto Skorzeny. Verschaffte ausländischen Top-Bankern Audienzen bei Franco. Verschiedene VR-Mandate im Emser Konzern, dem er sein Netzwerk zur Verfügung stellte.

Oswald, Werner (1904–1979): Sohn des Luzerner Regierungsrats Arthur Oswald, Student von ETH-Dozent und «Bauerngeneral» Ernst Laur, Agraringenieur ETH und Dr. phil. II der Universität Zürich. 1933 Gründung der PATVAG, 1936 Gründung der Holzverzuckerungs AG (HOVAG) und Kauf einer deutschen Holzverzuckerungs-Lizenz. Ab 1941 Leiter der HOVAG. Setzte 1947 auf Synthetikfasern und liess, um neue Absatzmöglichkeiten für den Emser Treibstoff zu schaffen, eine Flüssigkeitsrakete und eine Napalm-Variante entwickeln.

Pabst, Waldemar (1880–1970): Deutscher Offizier, Waffenhändler und Freund von Eugen Bircher. Erteilte 1919 als Erster Generalstabsoffizier eines Freikorps den Befehl, die prominenten Linken Rosa Luxemburg und Karl Liebknecht zu ermorden. Lebte von 1943 bis 1955 in der Schweiz. Zurück in Deutschland versuchte er, der deutschen Bundeswehr die Emser Rakete und das Emser Napalm zu verkaufen.

Pestalozzi, Hans (1902–1968): Wirtschaftsanwalt, Oberst, Zunftmeister, mehrfacher Verwaltungsrat und Vizepräsident der NZZ. Ab 1954 HOVAG-Präsident. Gehörte zum rechtsbürgerlichen Netzwerk Eugen Birchers und seines Vorgängers Armin Meili.

Rochat, Jean (1906–1968): Lausanner Industrieller und Waffenhändler. Werner Oswalds Partner bei der Entwicklung einer Rakete und Verwaltungsrat der Calanda SA. Wurde von Nationalrat Andreas Gadient, Geheimdienstchef Robert Frick und dem Waadtländer Regierungsrat und späteren Bundesrat Paul Chaudet protegiert, als ihm das EMD die Bewilligung für die Produktion von Zündern verweigerte.

Schaufelberger, Paul (1904–1975): In Süddeutschland aufgewachsener Auslandschweizer, Waffenexperte, freundete sich mit Werner Oswald an, als er im Krieg mit ihm zusammen beim Nachrichtendienst diente. Hatte nach dem Krieg die Idee, die HOVAG sollte eine Rakete entwickeln. Beschaffte in seiner Dreifachfunktion als Nachrichtendienstoffizier, Leiter des Bureau Technische Studien im EMD und wichtigster Schweizer Helfer der argentinischen «Rattenlinie» deutsche Spezialisten, Baupläne und Knowhow für das Emser Raketenprojekt.

Skorzeny, Otto (1908–1975): Österreichischer Ingenieur, SS-Obersturmbannführer und «Poster Boy» Hitlers. Wurde bekannt, als er an der Befreiung des gestürzten italienischen Diktators Benito Mussolini teilnahm. Floh nach dem Krieg aus alliierter Gefangenschaft, liess sich in Madrid nieder und handelte mit Waffen. Wichtiger Geschäftspartner von Victor Oswald. Hatte 1952 den Auftrag, eine ägyptische Militärdelegation nach Domat/Ems zu begleiten, erhielt aber keine Einreisebewilligung.

Stinnes, Hugo (1897–1982): Deutscher Unternehmer und einer von 27 Industriellen, die an einem Geheimtreffen Anfang 1933 drei Millionen Reichsmark für den NSDAP-Wahlfonds spendeten. Produzierte im Krieg synthetischen Treibstoff und sass mit Ernst Fischer im Verwaltungsrat der Kontinentale Öl-Transport. Nach Kriegsende von den Alliierten festgenommen, erlangte die Kontrolle über das Familienunternehmen erst 1949 zurück. Gründete mit Werner Oswald 1951 die Forschungsgemeinschaft HOFELD, um ein Verfahren zur Phenolgewinnung aus Holz zu entwickeln. Holte mehrere in Nürnberg verurteilte Kriegsverbrecher ins Unternehmen, u. a. Werner Oswalds späteren Berater Heinrich Bütefisch.

Uhde, Friedrich (1880–1966): Ingenieur und Gründer eines Unternehmens, das auf den Bau von Chemieanlagen spezialisiert war. Baute im Krieg die Hydrieranlagen im I.G.-Farben-Werk Auschwitz-Monowitz. 1948 übernahm die INVENTA die Auslandsvertretung seiner Firma und half ihm, die alliierte Postkontrolle zu umgehen. Uhde stellte dafür bei der Thüringischen Zellwolle AG gestohlene Pläne für die HOVAG sicher.

Widmer, Erwin (1906–1983): Kaufmann, Bankangestellter, nach dem Krieg Beamter im Politischen Departement, Oberst. 1950 PATVAG-Vizedirektor, 1957 Direktor, 1960 Calanda-Verwaltungsrat, 1969 Präsident. Wurde 1955 wegen illegaler Ausfuhr von Zündern für Opalm-Bomben gebüsst. Zuständig für die Produktion von Opalm, Zündern und Minen durch das deutsche Partnerunternehmen DIMEX. Schirmte die Gebrüder Oswald ab, als die Waffengeschäfte der PATVAG öffentlich bekannt wurden.

Zbornik, Josef (1906–1979): Österreichischer Mathematiker, NSDAP-Mitglied, nach dem Anschluss Österreichs Ernennung zum Studienrat der NAPOLA Wien-Theresianum. Nach dem Krieg Entlassung aus dem Schuldienst. Arbeitete ab 1949 als Industriemathematiker und Raketenfachmann in Ems. Übernahm 1955 die Leitung des Raketenentwicklungsteams. Ab 1959 Mathematiklehrer an der Kantonsschule Chur, nebenbei weiterhin für die HOVAG tätig. Sein Einbürgerungsantrag wurde abgewiesen.

Zorn, Hermann (1896–1983): Deutscher Chemiker, forschte für die I.G.-Farben zur Herstellung synthetischer Schmieröle. Bei Kriegsende von den Amerikanern aus Leuna zwangsevakuiert, zeitweise in England interniert, figurierte auf der Liste der 1600 Wissenschaftler, welche die USA für sich verpflichten wollten. Ab 1947 Forschungsleiter der HOVAG, leitete den Aufbau der Grilon-Produktion. 1953 unfreiwilliger Abgang, 1955 Berufung an die TU Wien.

Abkürzungen

BGB: Bauern-, Gewerbe- und Bürgerpartei (heute SVP)
CVP: Christlichdemokratische Volkspartei (heute: Die Mitte)
EFD: Eidgenössisches Finanzdepartement
EMD: Eidgenössisches Militärdepartement (heute: Eidgenössisches Departement für Verteidigung, Bevölkerungsschutz und Sport, VBS)
EPD: Eidgenössisches Politisches Departement (heute: Eidgenössisches Departement für auswärtige Angelegenheiten, EDA)
EVD: Eidgenössisches Volkswirtschaftsdepartement (heute: Eidgenössisches Departement für Wirtschaft, Bildung und Forschung, WBF)
FDP: Freie Demokratische Partei (heute: FDP. Die Liberalen)
K.T.A.: Kriegstechnische Abteilung (heute: Bundesamt für Rüstung armasuisse)
LdU: Landesring der Unabhängigen
PdA: Partei der Arbeit
SP: Sozialdemokratische Partei
UWK: Eidgenössische HOVAG-Überwachungskommission

Anmerkungen

Vorwort

1. Rentsch, Hans Ulrich: Werner Oswald (1904−1979): Bürge der Treibstoffversorgung der Schweiz im Zweiten Weltkrieg. Schweizer Pioniere der Wirtschaft und Technik (43), Zürich 1985; Lüönd, Karl: Erfolg als Auftrag. EMS-CHEMIE: Die Geschichte eines unmöglichen Unternehmens, Bern 2011.
2. Uhlig, Christiane et al.: Tarnung, Transfer, Transit. Die Schweiz als Drehscheibe verdeckter deutscher Operationen (1939−1952), hrsg. von der Unabhängigen Expertenkommission Schweiz – Zweiter Weltkrieg, Bd. 9, Zürich 2001; Straumann, Lukas; Schmaltz, Florian: Das dunkelste Kapitel in Christoph Blochers Ems Chemie, 2002, http://archiv.onlinereports.ch/2002/EmsGiesen.htm – abgerufen am 26.11.2021; Schmaltz, Florian: Das Konzentrationslager Buna/Monowitz, Frankfurt a. M. 2009.
3. Blocher, Andreas: Mein Bruder Christoph, Zürich 1994, S. 29f.
4. Somm, Markus: Christoph Blocher. Der konservative Revolutionär, Herisau 2009, S. 185. Blocher wurde 1971 Vizedirektor, kurz darauf Generalsekretär und 1973 Direktionsvorsitzender.
5. Bundesbeschluss betreffend die historische und rechtliche Untersuchung des Schicksals der infolge der nationalsozialistischen Herrschaft in die Schweiz gelangten Vermögenswerte vom 13.12.1996.
6. E-Mail von Conrad Gericke, Ems-Chemie, 28.4.2020.
7. Zum Beispiel: Hinter der Hovag, NZZ, 11.5.1956; Publizitätsscheues Unternehmen der Chemie, Die Tat, 22.10.1968.
8. Emser Geheimpolitik und Dumpingexporte, Finanz und Wirtschaft, 13.4.1956.
9. Postulat Erwin Jaeckle, Begründung im Nationalrat am 19.6.1953.
10. Schilling, Christoph: Blocher. Aufstieg und Mission eines Schweizer Politikers und Unternehmers, Zürich 1994, S. 59f.
11. E-Mail von Bernd Schultze, 9.11.2020.
12. Zum Beispiel: Blochers Geschäft mit Pinochet, Vorwärts, 12.2.1987; Belieferte Blocher-Firma Iran via schwedischen Waffenkonzern?, Blick, 9.4.1988; Blochers Geschäfte mit den Kriegsherren der Welt, FACTS, 25.1.1996; «Rundschau» wirft Blocher Kriegsmaterialexport vor, Neue Luzerner Zeitung, 6.5.1999; Blocher und Merz: Zwei alte Freunde Südafrikas, Work 21/2012; siehe auch Kapitel Die «Chäpslifabrik», S. 526; Gespräch mit Christoph Blocher am 10.6.2021.
13. Die Blocher-Rede, SonntagsZeitung, 22.6.1997.
14. Siehe Kapitel «All diese Dinge sind sehr schmutzig», S. 250.

Prolog

1. Name aus Gründen des Persönlichkeitsschutzes geändert.
2. Alle Angaben und Zitate zum Mordfall: Landesarchiv Baden-Württemberg – Generallandesarchiv Karlsruhe (GLAK), Staatsanwaltschaft Karlsruhe, Generalia, Strafprozess- und Ermittlungsakten, Hauptakten Mord Walter Heck, 309 Nr. 278−284.

Der «Kaiser von Luzern»

1. Einwohnerregister der Stadt Luzern.
2. Nachruf Arthur Oswald, Luzerner Tagblatt, 25.11.1938.
3. Schilling (1994), S. 54f.
4. Gadient, Ulrich: Dr. Werner L. Oswald, Bündner Jahrbuch, Band 22 (1980).
5. Geib, Gustav: Rechtsgutachten in Untersuchungssachen gegen Leodegar Oswald, Fürsprech in Willisau, Kt. Luzern, betreffend Beleidigung, Verleumdung, Betrug, Aufreizung, Zürich 1850.
6. Nationalzeitung, 11.12.1849.
7. NZZ, 2.1.1850.
8. NZZ, 24.6.1850.
9. StaLU: XJ 15: Urteil Leodegar Oswald Pressevergehen, 26. Hornung 1851.
10. NZZ, 9.7.1855.
11. NZZ, 3.10.1856.
12. Rentsch (1985), S. 11.
13. Berner Intelligenzblatt, 12.7.1890.
14. StaLU: Teilungsprotokoll Leodegar Oswald 1891.
15. Nachruf, Luzerner Tagblatt, 15.11.1938.
16. Der Wengianer, 1890.
17. Lüönd (2001), S. 14 und 30.
18. Schultze, Joachim: Mein Arbeitsleben in der Schweiz/EMS, handschriftliches Manuskript o. J., S. 5.
19. Schultze S. 4; http://standseilbahnen.ch/luzern-dietschiberg.html – abgerufen am 3.11.2021.
20. Schilling (1994), S. 54f.
21. Gespräch mit Christoph Blocher, 10.6.2021.
22. StaLU: X20/141, Polizeiprozedur gegen Dr. Arthur Oswald: Untersuchungsakten des Statthalteramts Hochdorf.
23. StaLU: X20/141, Urteil des Obergerichts Luzern, 20.11.1903.
24. StaLU: X20/141, Untersuchungsakten des Statthalteramts Hochdorf.
25. Nachruf Arthur Oswald, Der Wengianer 1938.
26. Eidgenosse, 4.1.1908 und 15.2.1908.
27. Eidgenosse, 1.1.1909.
28. Rossfeld, Roman: Vom Hoffnungsträger zum Politskandal. Aufstieg und Niedergang der «Lucerna Anglo-Swiss Milk Chocolate Co.», 1904−1911, S. 214, in: Pleitiers und Bankrotteure. Geschichte des ökonomischen Scheiterns vom 18. bis 20. Jahrhundert, Frankfurt a. M./New York, 2012.
29. Eidgenosse, 24.6.1909.
30. Eidgenosse, 15.5.1909.
31. Eidgenosse, 24.4.1909 und 24.6.1909.
32. Rossfeld (2012), S. 210.
33. StaLU: Personaldossier Arthur Oswald, Flugblatt «An die Liberalen des Kantons Luzern», 1.1.1910.
34. Vaterland, 12.1.1910; Eidgenosse, 29.1.1910.
35. Regierungsrats-Ersatzwahl: Für den Sonntag gilt also Wahlenthaltung!, Vaterland, 11.1.1910.
36. Vaterland, 18.1.1910.
37. Eidgenosse, 22.1.1910.
38. Rossfeld (2012), S. 192.
39. Nachruf Arthur Oswald, Luzerner Tagblatt, 28.11.1938.
40. Steiner, Alois: Der Dietschiberg bei Luzern. Seine Besitzer und Betreuer, Der Geschichtsfreund, 136 (1983), S. 39.
41. Nehmiz, Julia: Kaderschmiede Kanti Trogen. Promis auf dem Land, Ostschweizer Tagblatt, 8.10.2017.
42. Koller, Fritz: Meine Schulzeit in der Kantonsschule und im Konvikt in Trogen, Mitteilungen des Kantonsschulvereins Trogen KVT, Nr. 75 (1995/96).
43. Archiv Kantonsschule Trogen: Matura-Aufsatz Werner Oswald, 1932.
44. Stadtarchiv ZH: Einwohnermeldekarte.
45. Laur, Ernst: Die schweizerische Bauernpolitik im Lichte einer höheren Lebensauffassung, Brugg 1918, S. 9, zitiert nach Jost (1992), S. 42.
46. Jost (1992), S. 42.
47. Mercier, Pierre: Action du champ électrique sur la croissance, Bulletin de la Société Vaudoise des Sciences Naturelles, Band 63 (1945−1948), S. 203.
48. Moser, Peter: Agrarpolitik als Ernährungspolitik. Am Konsum orientiert, über die Produktion thematisiert: Die schweizerische Agrarpolitik von 1914/18 bis 1960, in: Langthaler, Ernst; Redl, Josef (Hrsg.): Jahrbuch für Geschichte des ländlichen Raumes, Innsbruck, Wien, München 2005.
49. Oswald, Werner: Wirtschaft und Siedlung im Rheinwald. Ihre Schädigung durch die projektierten Stauseen und die Wiederherstellung durch Realersatz, Thusis 1931.

Bilder für Hitler, Bomben für Franco

1. www.sozialarchiv.ch/2018/01/09/vor-85-jahren-die-wahlschlacht-um-gross-zuerich/ – abgerufen am 3.11.2021.
2. Stadtratswahlen, NZZ, 25.9.1933.
3. www.sozialarchiv.ch/2018/01/09/vor-85-jahren-die-wahlschlacht-um-gross-zuerich/ – abgerufen am 3.11.2021.
4. SHAB, Terra-Film-Vertriebs A.G., 5.3.1934.
5. Kramer, Thomas; Siegrist, Dominik: Terra. Ein Schweizer Filmkonzern im Dritten Reich, Zürich 1991, S. 13.
6. Terra Film-Konzern, NZZ 9.5.1935; Wikipedia: Ralph Scotoni – abgerufen am 20.10.2021.
7. Dumont, Hervé: Geschichte des Schweizer Films. Spielfilme 1896−1965, Lausanne 1987, S. 91 und 137.
8. Kramer/Siegrist (1991), S. 15f.
9. Dumont (1987), S. 143; Hitlers Filmpolitik, VHTL-Zeitung, 6.9.1934.
10. Dumont (1987), S. 137.
11. Kramer/Siegrist (1991), S. 18f; Deutsche Film-Finanzierungs-A.G., NZZ, 13.9.1933.
12. Wikipedia über Hanns Johst – abgerufen am 20.12.2021.
13. Kramer/Siegrist (1991) S. 22f; Urauf-

14 AfZ: NL Max Iklé 2: Erinnerungen, S. 176.
15 SHAB, Terra-Film-Vertriebs AG, 27.3.1937.
16 Dumont (1987), S. 144.
17 Garbely (1990), S. 293.
18 Dumont (1987), S. 154f.
19 Gespräch mit Marcel Capaul, 28.4.2021.
20 BAR E5001F#1000/1859#15*: Schweizer Botschaft in Madrid an Chef der Nachrichten-Sektion [Charles Daniel], 9.10.1952. Victor Oswald war auch Korrespondent für die Luzerner Neuen Nachrichten, siehe Armero, José Mario: España Fue Noticia. Corresponsales Extranjeros en la Guerra Civil Española, Madrid 1976, S. 20; Sahagún, Felipe: El Mundo Fué Noticia. Corresponsales Españoles en el Extranjero – La Información Internacional en España, Madrid 1986, S. 192 (Hinweis von Paul Nagle, UCLA Department of Film, Television und Digital Media).
21 BArch-MA, PERS 6/12395 Cetto, Walther Ernst Ignaz: Empfehlungsschreiben Theo Offergeld, Andernach, an 5. Division, Abteilung IIa, Stuttgart, 29.3.1934.
22 Erste Erwähnung der CEDRIC: Luz, 1.2.1933; El Heraldo de Madrid 28.2.1933; Melograph siehe https://grammophon-platten.de/page.php?500 – abgerufen am 15.10.2019.
23 Estreno de «Una canción brota», Ahora, 17.10.1933.
24 BArch-MA: PERS 6/12395 Cetto, Walther Ernst Ignaz, u. a. Empfehlungsschreiben Kreisführer [Unterschrift unlesbar], Kreis-Kriegerverband Spandau-Osthavel, 24.3.1934.
25 El Director Gerente de ‹Cedric, S.L.› nos habla, Sparta, 15.12.1934.
26 Guillermo Tell, Sparta, 2.3.1935.
27 SHAB, Patvag, 3.1.1936.
28 BAR E7110#1967/32#48386*: Gesandter Egger an Handelsabteilung EVD, 7.4.1936.
29 Heusser, Hans: Der Kampf um Madrid, Bern 1937, S. 67.
30 BAR E2200.38-03#1968/142#444*: Schweizer Botschafter, Madrid, an EPD, 19.10.1936.
31 BAR E5001F#1000/1859#15*: Légation de Suisse en Espagne an Chef der Nachrichten-Sektion, 9.10.1952.
32 www.genealogieonline.nl/de/genealogie-koek/I5433.php – abgerufen am 15.10.2019.
33 BArch-MA: MSG 2/13440: Cetto, Walther, Oberst (1895–1988). Verbindungsoffizier im Führungsstab der Legion Condor – Tagebuch.
34 BArch-MA: PERS 6/12395 Cetto, Walther Ernst Ignaz: Oberbefehlshaber des Heeres an Generalkommando des IX. Armeekorps, 21.4.1936; Anna Cetto an Adolf Hitler, 5.8.1937.
35 BAR E4320B#1974/47#277*: Abhörprotokoll Werner Oswald, 28.4.1937.
36 Das Dossier BAR E4320B#1974/47#276* enthält mehrere solche Fälle.
37 BAR E5200A#1971/41#40*: K.T.A. an Sektion für Munition, 6.4.1937.
38 BAR 4320B#1974/47#277*: Hunziker an Osswald [sic] in Burgos, 19.4.1937.
39 BAR E4320B#1974/47#277*: Abhörprotokoll Werner Oswald, 28.4.1937.
40 Siehe Kapitel «In Gottesnamen, montieren wir eben ab», S. 339.
41 BAR E4320B#1974/47#277*: Abhörprotokoll Hans Hunziker, 12.5.1937.
42 BAR E4320B#1974/47#277*: Generaldirektion PTT, Rechtsdienst, an BA, 15.1.1937.
43 BAR E4320B#1974/47#277*: Abhörprotokoll Werner Oswald, 28.4.1937.
44 Es handelt sich um Professor Peter Heinzmann sowie Dr. Carlo Matteotti, Patrick Liniger, Kandiah Viveksanth, Mitarbeiter Führungsunterstützungsbasis (FUB) der Schweizer Armee.
45 BAR E4320B#1990/266#309*: Statthalter Luzern an BUPO, 24.9.1938.
46 E4320B#1990/266#470*: Bericht über die Hausdurchsuchung bei Weber Rudolf, 12.2.1938.
47 BAR E2001E#1000/1571#787*: Légation de Suisse en Espagne, San Sebastián, an Abteilung für Auswärtiges, EPD, 10.4.1939.
48 BAR E2001E#1000/1571#787*: Victor Oswald an Dr. Fröhlicher [sic], EPD, 13.12.1937.
49 BAR E2001E#1000/1571#787*: Dr. Frölicher an Schweizerische Gesandtschaft Paris, 2.3.1938.
50 BAR E2001E#1000/1571#787*: Victor Oswald an Botschafter Broye, Schweizer Botschaft San Sebastián, 7.3.1939.

«Eine patriotische Tat in ernster Stunde»

1 Stenographisches Bulletin NR, 21.3.1938.
2 ETH-Bibliothek, Hochschularchiv, Hs 771.74 NL Eugen Bircher: Werner Oswald an Bündner Ständeräte und Nationalräte, 26.3.1938.
3 Laur, Ernst: Erinnerungen eines schweizerischen Bauernführers, Bern 1942, S. 199ff.
4 Rentsch (1985), S. 13.
5 Wiege der Emser Werke liegt in Bonaduz, Bündner Zeitung, 21.8.1982. Hinweis von Manuela Bieler, Kulturarchiv Bonaduz.
6 SHAB, PATVAG, 4.3.1933.
7 Lüönd (2011), S. 17f.
8 Stadtarchiv Chur: BII/2.0003.10393 Korrespondenz HOVAG: Projekt zur Erstellung und Betrieb einer ersten schweizerischen Holzverzuckerungsanlage, [Anfang 1936].
9 http://collections.vam.ac.uk/item/O1348549/ad-schultheiss-co-waschereimaschinenfabrik-zurich-brochure-billmax/ – abgerufen am 13.2.2019.
10 Schilling (1994), S. 54.
11 Postulat Von Moos, eingereicht am 27.9.1935.
12 BAR E6101#1968/50#661*: Komitee zur Gründung der Holzverzuckerungs A.-G. an Bundesrat H. Obrecht, 20.4.1936.
13 Stadtarchiv Chur: B II/2.0003.10393 Korrespondenz HOVAG: Stadtpräsident J. Mohr an W. Amsler, Sekretariat Selva, 16.3.1936.
14 BAR E6101#1968/50#631* Notizen, Berichte: Bericht über die Vollieferperiode, 1.4.1947.
15 Stenographisches Bulletin, Nachmittagssitzung vom 24. März 1938, S. 208.
16 ETH-Bibliothek, Hochschularchiv, Hs 771.74 NL Eugen Bircher: W. Oswald an Bündner Ständeräte und Nationalräte, 26.3.1938.
17 https://docupedia.de/zg/Volksgemeinschaft – abgerufen am 23.11.2021.
18 SHAB, Übersee-Handel A.-G., 24.11.1945.
19 Zimmermann, Dorothe: Antikommunisten als Staatsschützer. Der Schweizerische Vaterländische Verband, 1930–1948, Zürich 2019, S. 46f.
20 Innerschweizerische Bauernzeitung, 30.10.1942, zitiert nach Heller, Daniel: Eugen Bircher: Arzt, Militär und Politiker. Ein Beitrag zur Zeitgeschichte, Zürich 1988, S. 235, Anm. 4.
21 Zimmermann (2019) S. 85 und 158.
22 Rede von E. Bircher am 24.10.1942 vor der Delegiertenversammlung des SVV, zitiert nach Longhi, Silvano: Exil und Identität. Die italienischen Juden in der Schweiz (1943–1945), S. 175, Anm. 76.
23 BAR J2.11#1000/1406#60*: SVV an Oberst Willimann, 31.12.1940; SVV an Rudolf Oswald, 6.12.1940; Notizen J. A. Pfenninger, 28.4.1938.
24 Zimmermann (2019), S. 430ff; zu Heussers Aktivitäten siehe BAR E4320B#1990/270#23* Heusser-Berichte, 1934–1946.
25 BAR J2.11#1000/1406#36*: SVV-Sitzungen vom 22./23.10.1938 in St. Gallen, 25.10.1938; https://dodis.ch/46735.
26 Valär, Rico Franc: Weder Italiener noch Deutsche! Die rätoromanische Heimatbewegung, 1863–1938, Diss. UZH 2013, S. 128; Baumann, Werner: Bauernstand und Bürgerblock, 1993, S. 131.
27 Thürer, Andreas: Der Schweizerische Vaterländische Verband (SVV). Ein «antisozialistischer Schutzwall» (1919–1930/31), in: Caillat, Michel et al. (Hrsg.): Geschichte(n) des Antikommunismus in der Schweiz, Zürich 2009, S. 133–146; Heller (1988), S. 110ff.
28 Tagebuch Markus Feldmann, Eintrag vom 25.7.1945.
29 BAR E6101#1968/50#631*: Bericht über die Vollieferperiode, 1.4.1947.
30 Protokoll der Bundesratssitzung, 24.3.1941.
31 Pro Avers, [1939].

Gruppe Rigi

1 Schnee im Mai wird zum Verhängnis für eine Heinkel He 111P des KG 27, Jet & Prop, 5/2019, S. 2ff.
2 BAR E27#1000/721#9981*: RIGI an NS des Armeestabes, 25.5.1940; Chef des Generalstabes Huber an Chef NS, 29.5.1940.
3 Jet & Prop, 5/2019, S. 2ff.
4 Braunschweig, Pierre-Théodore: Geheimer Draht nach Berlin. Die Nachrichtenlinie Masson-Schellenberg und der schweizerische Nachrichtendienst im Zweiten Weltkrieg, Zürich 1989, S. 101ff.
5 BAR E27#1000/ 721#14850*: Bericht über die Tätigkeit der N.S. 1/Ter.Kdo.8 während des Aktivdienstes 1939/1945, 20.7.1945.

6 BAR E27#1000/721#9981*: O [W. Oswald] an Hptm A. Schaefer, 26.1.1940.
7 BAR E27#1000/ 721#14850*: Tätigkeitsbericht M. Waibel 1.9.1942–31.12.1943.
8 Paul Schaufelberger-Hauser zum Gedenken, Vaterland, 24.1.1975.
9 BAR E27#1000/721#9533*: Hauptmann Edmund Wehrli an Oberstdivisionär Herbert Constam, 28.6.1939.
10 E27#1000/721#9981*: Rigi an Hptm. Ernst, 20.1.1940.
11 BAR E27#1000/721#9533*: NS1, Notiz von MFS, 2.2.1940.
12 Jäckel, Eberhard, Axel Kuhn: Hitler. Sämtliche Aufzeichnungen 1905–1924, Stuttgart 1980.
13 Zitiert nach Marc Tribelhorn: Der Zeitpunkt der innern Widergeburt, NZZ, 22.6.2015.
14 BAR J1.204-01#2002/184#29*: Zur Geschichte des «Offiziersbundes» von 1940, Januar 1963.
15 Gautschi, Willi: General Henri Guisan. Die schweizerische Armeeführung im Zweiten Weltkrieg, Zürich 1994, S. 344.
16 BAR E5330-01#1982/1#57*: Aktenstück 47, Einvernahme E. Montalta, 8.8.1940.
17 Gautschi (1994), S. 344.
18 Rings, Werner: Die Schweiz im Krieg, 1933–1945, Zürich 1974, S. 212.
19 BAR E5330-01#1982/1#57*: Aktenstück 71, Einvernahme P. Schaufelberger, 14.8.1940.
20 BAR J1.204-01#2002/184#29*: A. Ernst: Zur Geschichte des «Offiziersbundes» von 1940, Januar 1963.
21 Gautschi (1994), S. 237 und 247.
22 BAR E5330-01#1982/1#57*: Aktenstück 47, Einvernahme Eduard Montalta, 8.8.1940.
23 BAR J1.204-01#2002/184#29* Berichte zum Offiziersbund und zum Nachrichtendienst: Korpskommandant Labhard an General Guisan, 3.8.1940.
24 BAR E5330-01#1982/1#57*: Aktenstück 488, Rapport Eduard Montalda.
25 BAR E5330-01#1982/1#57*: Berichte zum Offiziersbund und zum Nachrichtendienst: Aktenstück 71, Einvernahme Paul Schaufelberger, 14.8.1940.
26 BAR E5330-01#1982/1#57*: Aussage von Werner Oswald vor dem Untersuchungsrichter, 10.8.1940.
27 BAR J1.204-01#2002/184#29*: A. Ernst: Zur Geschichte des «Offiziersbundes» von 1940, Januar 1963.
28 Gautschi (1994), S. 259.
29 Ebd., S. 265.
30 BAR E5330-01#1982/1#57*: Aktenstück 488, Rapport Eduard Montalda.
31 BAR J1.204-01#2002/184#29* Berichte zum Offiziersbund und zum Nachrichtendienst: A. Ernst: Zur Geschichte des «Offiziersbundes» von 1940, Januar 1963.
32 BAR E27#1000/721#9533*: Max Waibel an Oberst Müller, NS, Armeestab, 9.12.1940; P. Schaufelberger an Oberstbrigadier Masson, 21.3.1942.
33 Holzverzuckerung, NZZ, 14.9.1940.
34 Protokoll der Bundesratssitzung, 23.8.1940: Bundesrat an Kleiner Rat GR, 23.8.1940.

«Nit lugg lahn gwinnt»

1 BAR E6101#1968/50#639*: Richtlinien zur Gestaltung der vertraglichen Abmachung zwischem dem eidg. Volkswirtschaftsdepartement und der Holzverzuckerungs A.G., 18.12.1940.
2 AfZ: NL Erwin Jaeckle 670: Besichtigung in Ems durch die Alkoholkommissionen der eidg. Räte, 21./22.1.1953.
3 U. a. Motion Gafner, 24.9.1940; Motion Meili-Zürich und Postulat Müller-Aarberg, 2.12.1940; Interpellation Gfeller-Oppligen 11.12.1940.
4 Kley, Andreas: Vollmachtenregime, in: HLS, abgerufen am 11.01.2021.
5 Nationalrat, Die Tat, 13.12.1940.
6 BAR E6101#1968/50#117*: Eingabe Via Vita, 11.2.1941.
7 Protokoll der Bundesratssitzung, 24.3.1941.
8 Ein grosszügiges Arbeitsbeschaffungs-Projekt in Graubünden, NZZ, 14.9.1940.
9 Stadtarchiv Chur: BII/2.0003.10394 Korrespondenz HOVAG: Stadtpräsident J. Mohr an W. Oswald, 19.9.1940.
10 Schaffhauser Nachrichten, 25.3.1941.
11 Geschäftsbericht HOVAG 1941.
12 WAB: Broschüren Holzverzuckerungs AG: Prospekt der Holzverzuckerungs-A.G. über die Erhöhung des Aktienkapitals in Verbindung mit dem Bau des Alketonswerkes in Graubünden, 15.4.1941.
13 SWA: Bf 77: Holzverzuckerungs A.-G., Finanz-Revue, 4.6.1941.
14 gta: Armin Meili: Erinnerungen, Bd. 3, o. J., S. 29.
15 Die Holzverzuckerung in Graubünden, NZZ, 22.5.1941.
16 BAR E2001E#1967/ 113#11589*: EJPD an Generalkonsulat in München, 23.7.1945.
17 Die Holzverzuckerung in Graubünden, NZZ, 22.5.1941.
18 Stadtarchiv Chur: B II/2.0003.10393 Korrespondenz HOVAG: Stadtpräsident J. Mohr an Kleiner Rat, 5.6.1941.
19 StaGR: X 11 f 2, Kleiner Rat betr. HOVAG: Kleiner Rat an Stadtpräsident J. Mohr, 16.6.1941.
20 Die Holzverzuckerungsfabrik im Bau, NZZ, 7.7.1941.
21 Stadtarchiv Chur: BII/2.0003.10394 Korrespondenz HOVAG: W. Oswald an Stadtpräsident J. Mohr, 26.6.1941.
22 BAR E6101#1968/50#92*: Erklärung Dr. Oswald, Delegierter des VR der HOVAG, 1.5.1941.
23 StaGR: Protokoll des Kantons-Gerichtes in Zivilsachen 1946 C3.140, S. 232, R. Oswald an P. Holzach, 1.3.1942.
24 BAR E6101#1968/50#640*: E. Reinhardt an A. Schulthess, 6.6.1941.
25 BAR E6101#1968/50#639*: E. Reinhardt an den Bundespräsidenten, 30.5.1941.
26 BAR E6101#1968/50#640*: E. Reinhardt an A. Schulthess, 6.6.1941.
27 StaGR: X 11 f 2, Kleiner Rat betr. HOVAG: Kleiner Rat an Stadtpräsident J. Mohr, 16.6.1941.
28 Dito: Kleiner Rat an Stadtpräsident J. Mohr, 2.1.1941.
29 BAR E4320B/1990/ 133#630*: Kapo Zürich an Polizeikommando ND Zürich, Erhebungen über Paul Holzach, 11.11.1943.
30 BAR E2500#1000/719#210*: Auskunft über Holzach Paul, 17.10.1944.
31 StaZ, Protokoll des Kantons-Gerichtes in Zivilsachen 1946 C3.140, S. 241.
32 BAR E4320B/1990/133#630*: Bericht BA, 5.4.1945; StaGR: Protokoll des Kantons-Gerichtes in Zivilsachen 1946 C3.140, S. 246.
33 BAR E6101#1968/50#163*: Aktennotiz, 24.2.1942.
34 BAR E6101#1968/50#631*: Bericht über die Vollieferperiode, 1.4.1947.
35 Stadtarchiv Chur: B II/2.0003.10393 Korrespondenz HOVAG: Unterlagen für den Antrag an den Stadtrat Chur betreffend Beitragsleistung an den Bau der HOVAG, 23.6.1941.
36 Stadtarchiv Chur: B II/2.0003.10394 Korrespondenz HOVAG: Stadtpräsident J. Mohr an W. Oswald, 27.6.1941.
37 Bundi, Simon: Gemeindebürger, Niedergelassene und Ausländer. Eine Bündner Abgrenzungsgeschichte, Baden 2016, S. 385.
38 Stadtarchiv Chur: B II/2.0003.10393 Korrespondenz HOVAG: Stadtpräsident J. Mohr an W. Oswald, 15.7.1941.
39 Hovag im Bau, NZZ, 7.7.1941.
40 Haas, Theo: Vom Bauerndorf zum Industriestandort. Domat/Ems im Wandel der Zeit, Terra Grischuna 1/2019.
41 Stadtarchiv Chur: B II/2.0003.10393 Korrespondenz HOVAG: Stadtpräsident J. Mohr an W. Oswald, 15.7.1941.
42 Nationalrat, Die Tat, 12.12.1940.
43 Linsmayer, Charles: Wie die Landi zum «nationalen Heiligtum» wurde, Bund, 22.11.1987.
44 Zitiert nach Linsmayer, Bund, 22.11.1987.
45 gta: Armin Meili: Erinnerungen, Bd. 3, o. J., S. 23.
46 Hovag im Bau, NZZ, 7.7.1941.
47 Stadtarchiv Chur: B II/2.0003.10393 Korrespondenz HOVAG: Gebr. Caprez Erben an Regierungspräsident A. Gadient und Stadtrat J. Mohr, 19.11.1941.
48 StaGR, X 11 n 1-2 Hovag Allgemeines: Vorstand des bündn. Gewerbeverbandes an Kleiner Rat, 3.7.1942.
49 Stadtarchiv Chur: B II/2.0003.10393 Korrespondenz HOVAG: Stadtpräsident J. Mohr an Ständerat A. Lardelli, 18.9.1941.
50 StaGR: X 11 n 1-2 Hovag Allgemeines: Vorstand des Gewerbeverbandes an Kleiner Rat, 3.7.1942.
51 Stadtarchiv Chur: B II/2.0003.10393 Korrespondenz HOVAG: Gebr. Caprez Erben an Regierungspräsident Gadient und Stadtrat Mohr, 17.11.1941.
52 BAR E6101#1968/50#536*: K.T.A. als Lieferanten des Holzverzuckerungswerkes Ems, 9.11.1942.
53 Stadtarchiv Chur: B II/2.0003.10393 Korrespondenz HOVAG: Stadtpräsident J. Mohr an Ständerat A. Lardelli, 18.9.1941.
54 Lüönd (2011), S. 20.
55 BAR E6101#1968/50#536*: J. Treyer an Technischer Dienst der Armee, Sektion Import und Export, 2.10.1941.
56 BAR E6101#1968/50#161*: J. Treyer an E. Reinhardt, Adjunkt Rechtsdienst der Finanzverwaltung, 27.10.1941.

57 BAR E6101#1968/50#160*: J. Treyer an E. Reinhardt, 16.12.1941.
58 BAR E6101#1968/50#588*: J. Treyer an E. Reinhardt, 5.5.1942 und 15.5.1942.
59 BAR E6101#1968/50#160*: J. Treyer an E. Reinhardt, 16.12.1941; Aktennotiz, 24.2.1942.
60 BAR E6101#1968/50#160*: Aktennotiz A. Meili, 24.2.1942.
61 Lüönd (2011), S. 20.
62 BAR E6101#1968/50#160*: E. Reinhardt an J. Treyer, 13.12.1941
63 Verzögerung im Bau der Holzverzuckerungsfabrik Ems, Oberländer Tagblatt, 30.1.1942.
64 Stadtarchiv Chur: B II/2.0003.10394 Korrespondenz HOVAG: Telegramm des Stadtrats-Ausschusses an A. Meili, 30.5.1942.
65 Stadtarchiv Chur: B II/2.0003.10393 Korrespondenz HOVAG: R. Oswald an Stadtpräsident J. Mohr, 6.4.1943.
66 Stadtarchiv Chur: B II/2.0003.10394 Korrespondenz HOVAG: HOVAG an Stadtrat [unleserlich], 3.6.1942.
67 Stadtarchiv Chur: B II/2.0003.10393 Korrespondenz HOVAG: W. Oswald an Stadtpräsident J. Mohr, 15.7.1941.
68 Dito: Stadtpräsident J. Mohr an A. Meili, 6.4.1943.

Zwei Freunde

1 BAR J1.107#2012/140#443*: Protokoll Kapo ZH, 31.1.1942.
2 StaGR: Protokoll des Kantons-Gerichtes in Zivilsachen 1946 C3.140.
3 BAR E4320B#1990/133#630*: Bericht BA, 5.4.1945.
4 BAR E6101#1968/50#180*: W. Oswald an E. Reinhardt, 1.3.1942.
5 StaGR: Protokoll des Kantons-Gerichtes in Zivilsachen 1946 C3.140: Brief R. Oswald an P. Holzach, 1.3.1942.
6 BAR E4320B#1990/133#630*: Bericht der Bundesanwaltschaft, 5.4.1945.
7 StaGR: Protokoll des Kantons-Gerichtes in Zivilsachen 1946 C3.140.
8 BAR E4320B#1990/133#630*: Leumundserhebung Kapo ZH, 11.11.1943.
9 BAR E2500#1000/719#210*: Abt. für Auswärtiges an P. Holzach, 23.7.1942.
10 StaGR: Protokoll des Kantons-Gerichtes in Zivilsachen 1946 C3.140.
11 BAR E6101#1968/50#180*: E. Reinhardt an A. Meili, 7.4.1942.
12 BAR E6101#1968/50#588*: J. Treyer an E. Reinhardt, 10.4.1942.
13 BAR E6101#1968/50#180*: E. Reinhardt an Bezirksanwalt Gloor, 26.3.1942.
14 BAR E6101#1968/50#180*: E. Reinhardt an J. Treyer, 7.10.1942.
15 StaGR: Protokoll des Kantons-Gerichtes in Zivilsachen 1946 C3.140.
16 StaGR, Protokoll des Kantons-Gerichtes in Zivilsachen 1946 C3.140.
17 BAR E27#1000/721#10666*: Abhörprotokoll, Gespräch Erika Holzach mit Oberst X, 23.11.1942.
18 BAR E27#1000/721#10666*: Oberst Jaquillard an Oberst Masson, 20.11.1942
19 BAR E27#1000/721#10666*: Abhörprotokoll, Telefongespräch Holzach und X, 26.11.1942.
20 Luzerner Tagblatt, 25.11.1938.
21 BAR E2001E#1000/1571#787*: V. Oswald an Bundesrat Motta, 15.2.1939.
22 BAR E2001E#1000/1571#787*: Oberst-Divisionär H. Pfyffer an Bundesrat G. Motta 18.1.1939.
23 BAR E2001E#1000/1571#787*: Notiz Telefongespräch mit V. Oswald, 21.9.1939.
24 BAR E2001E#1000/1571#787*: Schweizer Gesandtschaft San Sebastián an EPD, 21.9.1939.
25 BAR E2001E#1000/1571#787*: Notiz Telefongespräch mit V. Oswald, 21.9.1939.
26 BAR E2001E#1000/1571#787*: Schweizer Gesandtschaft Paris an EPD, 12.8.1939.
27 Paul T. Culbertson, Chargé d'Affaires, Madrid, 9.5.1949, www.cia.gov/readingroom/docs/BERNHARDT,%20JOHANNES_0026.pdf
28 Steenbuck, Kai: Der wirtschaftliche Einfluss des nationalsozialistischen Deutschlands auf den Spanischen Bürgerkrieg, Seminararbeit 1999, www.grin.com/document/95130 – abgerufen am 23.11.2021.
29 BAR E27#1000/721#10666*: Telegramm von P. Holzach an Certus Madrid, 13.1.1943. Die Lista oficial de abonados al servicio telegrafico telex, Ministerio de la Gobernación, Madrid 1959, listet «Certus» als Kurzadresse von Victor Oswald im telegrafischen Verkehr auf.
30 Reginbogin, Herbert R.: Der Vergleich. Die Politik der Schweiz zur Zeit des Zweiten Weltkriegs im internationalen Umfeld, Stäfa 2006, S. 145ff.
31 Ganis (2018), S. 171ff.
32 Paul T. Culbertson, Chargé d'Affaires, Madrid, 9.5.1949, www.cia.gov/readingroom/docs/BERNHARDT,%20JOHANNES_0026.pdf
33 BAR E27#1000/721#10666*: Telefongespräche von Holzach mit Kneubühler, 22.11.1942, und Villinger, 13.1.1943.
34 BAR E2001E#1000/1571#787*: Schw. Gesandtschaft San Sebastián an EPD, 21.9.1939.
35 BAR E27#1000/721#10666*: Telegramm P. Holzach an Certus [V. Oswald], 13.1.1943.
36 Buettner figurierte ab Februar 1942 bis Februar 1945 in: The proclaimed List of Certain Blocked nationals; https://ia801607.us.archive.org/12/items/THEFACTUALLISTOFNAZISPROTECTEDBYSPAIN/THE%20FACTUAL%20LIST%20OF%20NAZIS%20PROTECTED%20BY%20SPAIN.pdf; https://emory.kfjc.org/archive/ftr/1200_1299/f-1225.mp3.
37 BAR E5001F#1000/1859#15*: Schweizer Botschaft Madrid, Militärattaché, an Chef NS, 9.10.1952.
38 E-Mail von Aline Griffith, Condesa de Romanones, an Paul Nagle, UCLA, Department of Film, Television and Digital Media, 13.3.2014; Rosendorf, Neal M.: Franco Sells Spain to America. Hollywood, Tourism and Public Relations as Postwar Spanish Soft Power, London 2014; Ilan, Amitzur: The Origin of the Arab-Israeli Arms Race. Arms, Embargo, Military Power and Decision in the 1948 Palestine War, Hampshire and London, 1996, S. 129; Ganis, Ralph: The Skorzeny Papers, o. O. 2018, S. 151, 177; https://emory.kfjc.org/archive/ftr/1200_1299/f-1225.mp3.
39 Edith Oswald-Ledeboer an Maria Oswald-Waller, Februar 1943.
40 Edith Oswald-Ledeboer an Maria Oswald-Waller, 3.12.1941.
41 Victor Oswald an «liebe Mutter», 11.10.1940.
42 Victor Oswald an «liebe Mutter», 15.2.1941.
43 Victor Oswald an «liebe Mutter», 15.2.1941.
44 Victor Oswald an «liebe Mutter», 15.2.1941.
45 BAR E6101#1968/50#77* Ü: Finanzverwaltung an EVD und EMD, 2.6.1945.
46 BAR E7110#1967/ 32#38406*: PATVAG an Handelsabteilung EVD, 22.10.1948.
47 Rio Tinto: founded on blood, Green Left, September 2000, www.greenleft.org.au/content/rio-tinto-founded-blood – abgerufen am 23.11.2021.
48 StaGR: Protokoll des Kantons-Gerichtes in Zivilsachen 1946 C3.140; BAR E27#1000/721#10666*: BAR E27#1000/721#10666* Holzach P.: Telefongespräch von Holzach mit Villinger, 13.1.1943.
49 BAR E7110#1967/32#38406*: PATVAG an Handelsabteilung EVD, 22.10.1948.
50 SHAB, HOVAG, 8.2.1943.
51 SHAB, PATVAG, 6.6.1943; StaGR, Protokoll des Kantons-Gerichtes in Zivilsachen 1946 C3.140, S. 237.
52 Shraga, Elam: Schweizer Qualitäts-Holzbaracken für die SS-Schergen, in: Speich, Sebastian et al.: Die Schweiz am Pranger, Banken, Bosse und die Nazis, Wien 1997.
53 Breitman, Richard: U.S. intelligence and the Nazis, Cambridge 2004, S. 129ff.
54 BAR J1.107#2012/140#431*: Notiz H. Hausamann, 17.6.1945; Notiz H. Kugler, 17.7.1945.
55 Breitman (2004), S. 129f; BAR J1.107#2012/140#431*: H. Hausamann: Bemerkungen zu den Aussagen Holzachs, [1945].
56 Serels, Mitchell: Espionnage et contre-espionnage; nazi et réfugiés. Tanger durant la Seconde Guerre mondiale, in: Michman, Dan; Saadoun, Haïm (Hrsg.): Les Juifs d'Afrique du Nord face à l'Allemagne nazie, Paris, 2018, S. 222.
57 NARA, Select Documents of the OSS, Holzach, Spain, RG 263, entry ZZ-20, box 003, document 498, 13.5.1946.
58 BAR J1.121#1000/1283#73*: Von W. Schellenberg abgegebene Erklärung, [1945].
59 Email von Aline Griffith, Condesa de Romanones, an Paul Nagle, UCLA, Department of Film, Television and Digital Media, 13.3.2014.
60 NARA, Records of the Office of Strategic Services, RG 226, Interallied and Interservice Military Agencies Records, Records of the Research and Analysis Branch, 12389: XL 13247 Safehaven report on Baquera Kusche and Martin (BAKUMAR), Juli 1945 [enthält Informationen über die Zusammenarbeit von BAKUMAR und dem deutschen Nach-

richtendienst] und XL 30649 Proposed sale of Baquera, Kusche 1 & 1 Martin to Victor Oswald (Swiss) and Emilio Colon (Catalan), November 1945; www.lostart.de/Content/051_ProvenienzRaubkunst/DE/Beteiligte/B/Baquera%20Kusche%20y%20Martin.html?nn=5150&cms_lv2=95554&cms_lv3=29024 – abgerufen am 23.11.2021.

61 BAR E4320B#1990/133#630*: Erika Holzach-Meier: Bericht über meine Bekanntschaft mit Ubaldo Bezoari, 26.4.1944; Aktennotiz Bundesanwaltschaft, 16.3.1945.
62 NARA, Select Documents of the OSS, Holzach, Spain, RG 263, entry ZZ-20, box 003, document 498, 13.5.1946.
63 StaGR, Protokoll des Kantons-Gerichtes in Zivilsachen 1946 C3.140, S. 227
64 Dito, S. 254f.
65 SHAB, PATVAG, 18.5.1946.

«Die HOVAG macht mir ernstliche Sorgen»

1 Grosses Defilee vor dem General bei Domat/Ems, Neue Bündner Zeitung, 16.11.1942.
2 Bühler, Linus et al.: Domat/Ems. Domat/Ems: ein Dorf im Wandel, S. 321.
3 Finanzkommission des Nationalrates, NZZ, 20.7.1942.
4 Gredig, Hansjürg; Willi, Walter: Unter Strom. Wasserkraftwerke und Elektrifizierung in Graubünden 1879–2000, Chur 2006, S. 189; BAR E6101#1968/50#537* Korrespondenz mit W. und R. Oswald: W. Oswald an J. Treyer, 21.5.1943; BAR E6101#1968/50#646* Gutachten über die Kosten und Rentabilität der HOVAG von Prof. Walther, S. 11.
5 O'Sullivan, Adrian: Nazi Secret Warfare in Occupied Persia (Iran). The failure of the German intelligence services, 1939–45, Basingstoke 2014, S. 18.
6 Lüönd (2011), S. 17.
7 Z. B. Die Bündner Holzverzuckerungsanlage, Nidwaldner Volksblatt, 24.2.1943; Alles aus Holz, Oberländer Tagblatt, 10.2.1943; Die Bündner Holzverzuckerungsanlage, Der Schweizer Maschinenmarkt, 3.3.1943.
8 Künstliche Süssstoffe, VHTL-Zeitung, 20.11.1942.
9 Durch Holzverückerung zur rationellen Holzverwertung, Technische Rundschau, 11.9.1942.
10 Zitiert nach Lüönd (2011), S. 21.
11 BAR E6101#1968/50#537* Korrespondenz mit W. und R. Oswald: W. Oswald an J. Treyer, 25.6.1943.
12 BAR E6101#1968/50#163* Tochtergesellschaft Patvag: A. Meili an W. Oswald, 24.5.1943.
13 Lüönd (2011), S. 20.
14 StaGR: Urteil des Kantonsgerichts von Graubünden Johann Eugster gegen Hovag C 3.140, 15.9.1945.
15 Ebd.
16 BAR E6101#1968/50#661*: Protokoll betreffend Alketonwerk Graubünden, 24.1.1941.
17 Bundesgericht, Urteil der I. Zivilabteilung vom 21. Mai 1946 i. S. Eugster gegen Holzverzuckerungs A.-G. Ems, https://www.servat.unibe.ch/dfr/pdf/c2072311.pdf – abgerufen am 24.11.2021.
18 Botschaft des BR an die Bundesversammlung über die Gewährung einer Hilfe an die Holzverzuckerungs-AG., 15.7.1955.
19 BAR E6101#1968/50#161*: Bericht des Finanzdepartementes an den Bundesrat, 21.2.1944; BAR E6101#1968/50#662*: Sonderregelung zwischen dem Bund und der HOVAG, 4.3.1943; Botschaft des Bundesrates an die Bundesversammlung über die Gewährung einer Hilfe an die Holzverzuckerungs-AG., 15.7.1955.
20 BAR E6101#1968/50#163*: A. Meili an E. Reinhardt, 1.6.1943.
21 BAR E6101#1968/50#4*: Bericht von Oberingenieur Peter, 15.3.1943.
22 WAB: HOVAG Broschüre: W. Oswald: Das Treibstoffwerk in Ems, o. D.
23 BAR E6101#1968/50#4*: Bericht von Oberingenieur Peter, 15.3.1943.
24 BAR E6101#1968/50#639*: Kreditanstalt an E. Reinhardt, 19.4.1943.
25 BAR E6101#1968/50#163*: J. Treyer an A. Meili, 13.5.1943; J. Treyer an A. Meili, 20.5.1943; Sitzungsprotokoll, 20.5.1943.
26 ETH gta Archiv, Armin Meili: Erinnerungen, Bd. 3, o. J., S. 27.
27 BAR E6101#1968/50#537*: R. Oswald an J. Treyer, 31.5.1943.
28 Lüönd (2011), S. 30.
29 Protokoll der Sitzung des BR, 2.6.1944: Antrag des EVD an den Bundesrat betr. Übernahme einer Ausfallgarantie für die HOVAG.
30 BAR E6101#1968/50#631*: Bericht über die Vollieferperiode der HOVAG, 1.4.1947, Produktionsstatistik S. 11.
31 BAR E6101#1968/50#637*: Klageantwort der Eidgenossenschaft gegen den Kanton Graubünden und die HOVAG, o. D., S. 64.
32 BAR J1.173#1986/188#41*: Präsidialansprache A. Meili, 27.5.1944.
33 BAR E6101#1968/50#161*: A. Meili an PATVAG, 9.2.1944; A. Meili an Robert Peter, 9.2.1944; A. Meili an W. Oswald, 11.2.1944.
34 BAR E6101#1968/50#161*: W. Oswald an A. Meili, 11.2.1944.
35 BAR E6101#1968/50#161*: Bericht des Finanzdepartementes an den Bundesrat, 21.2.1944; Bericht des Finanzdepartementes an den Bundesrat, 20.3.1944.
36 BAR E6101#1968/50#640*: Notiz von E. Reinhardt für Bundesrat Nobs, 26.2.1944.
37 BAR E6101#1968/50#662*: Besprechung betr. Reorganisation der HOVAG, 28.1.1944.
38 BAR E6101#1968/50#97*: Schlussbericht J. Treyer, 25.2.1944.
39 BAR E6101#1968/50#161*: Berichte des Finanzdepartementes an den Bundesrat, 21.2.1944 und 20.3.1944.
40 BAR E6101#1968/50#161*: Finanzverwaltung an A. Meili und HOVAG, 14.2.1944.
41 BAR J1.173#1986/188#41*: Präsidialansprache A. Meili, 27.5.1944.
42 BAR J1.173#1986/188#44*: E. Imfeld an W. Oswald, 1.6.1944.
43 BAR J1.173#1986/188#40*: Sitzungsprotokolle UWK 16.8.1944 und 10.9.1944.
44 BAR E6101#1968/50#161*: E. Reinhardt an P. Soutter, 7.6.1944.
45 BAR E6101#1968/50#161*: E. Reinhardt an HOVAG, 25.7.1946.
46 BAR E6101#1968/50#161*: P. Soutter an E. Reinhardt, 29.6.1944; E. Reinhardt an HOVAG, 25.7.1946; Besprechung mit Ingenieur Soutter, 3.10.1944.
47 BAR E6101#1968/50#97*: W. Oswald: Bericht über das Werk Ems für die Monate Juli/August 1944.

«Wohl spät, aber doch noch rechtzeitig»

1 Eichholtz, Dietrich: Krieg um Öl. Ein Erdölimperium als deutsches Kriegsziel (1938–1943), Leipzig 2006, S. 5; Kehrl, Hans: Krisenmanager im Dritten Reich. 6 Jahre Frieden – 6 Jahre Krieg. Erinnerungen, Düsseldorf 1973, S. 227.
2 Weiss, Hermann (Hrsg.): Biographisches Lexikon zum Dritten Reich, 1998, S. 276f., zitiert nach Wikipedia: Carl Krauch, abgerufen am 19.2.2020
3 Die Leunawerke, VHTL-Zeitung, 22.9.1944.
4 Benzin aus Kohle, Die Tat, 18.5.1944.
5 Kehrl (1973), S. 370f.
6 BAR E4320B#1973-17#778: EVD an Eidg. Fremdenpolizei, 16.10.1944.
7 Gisler, Monika: Erdöl in der Schweiz. Eine kleine Kulturgeschichte, Zürich 2011, S. 19.
8 BAR E4320B#1973-17#778: EVD an Eidg. Fremdenpolizei, 16.10.1944.
9 gta: Armin Meili: Erinnerungen, Bd. 3, o. J., S. 29; Armin Meili: Lorbeeren und harte Nüsse. Aus dem Werk- und Tagebuch eines Eidgenossen, Zürich/Stuttgart 1968, S. 181.
10 Zitiert nach Peter Kamber: Die Achse Berlin–Ems, SonntagsZeitung, 9.3.1997.
11 BAR E6101#1968/50#4*: Bericht Oberingenieur Peter, 15.3.1943.
12 BAR J1.173#1986/188#40*: W. Oswald an P. Schläpfer, 1.2.1945.
13 Schilling (1994), S. 54f.
14 SWA: HOVAG Broschüren: W. Oswald: Das Treibstoffwerk in Ems, o. J.
15 Holzverzuckerung, NZZ, 12.6.1946.
16 BAR E6101#1968/50#631*: Bericht über die Vollieferperiode, 1.4.1947; E6101#1968/50#111*: Oberkriegskommissär Bolliger an Finanzverwaltung, 10.10.1956.
17 SWA: HOVAG Broschüren: W. Oswald: Das Treibstoffwerk in Ems, o. J.; BAR E6101#1968/50#631*: Bericht über die Vollieferperiode der HOVAG, 1.4.1947, Produktionsstatistik S. 11.
18 gta: Armin Meili: Erinnerungen, Bd. 3, o. J., S. 29.
19 BAR J1.173#1986/188#41*: W. Oswald an R. Grimm, 1.2.1945.
20 BAR E6101#1968/50#163*: Notiz, 25.5.1943, erwähnt einen Spezialisten der deutschen Lizenzfirma Koppers; E6101#1968/50#537*: BIGA an kant. Arbeitsamt Graubünden, 13.7.1943, erwähnt einen holländischen Spezia-

listen; Lüönd (2011), S. 21, zitiert einen Bericht von Oberingenieur Peter über die deutschen Spezialisten, welche die Methanolanlage hochfuhren.
21 gta: Meili, Armin: Erinnerungen, Bd. 3, o. J., S. 29.
22 Meili (1968), S. 181.
23 Uns ist nicht «vögeliwohl» in der Hovag, Vorwärts, 7.12.1945.
24 Mehr Licht in die Holzverzuckerung!, Die Tat, 29.12.1945.
25 Holzverzuckerungs-AG., Finanz-Revue, 13.6.1945.

«We take the brain»

1 Autorenkollektiv Kreisleitung der Sozialistischen Einheitspartei Deutschlands VEB Leuna-Werke «Walter Ulbricht»: Befreites Leuna, 1945–1950, Berlin 1959, S. 26; Ralf Schade: Das Kriegsende 1945 in Leuna, https://localbook.de/artikel/Das_Kriegsende__in_Leuna/2786-2020-4-0-000000000000021921592 – abgerufen am 24.11.2021.
2 Wikipedia Schloss Kransberg – abgerufen am 24.11.2021.
3 Waibel, Dieter: Von der wohlwollenden Despotie zur Herrschaft des Rechts. Entwicklungsstufen der amerikanischen Besatzung Deutschlands 1944–1949, Tübingen 1996.
4 Befreites Leuna (1959), S. 26.
5 Zitiert nach Gimbel, John: Project Paperclip. German Scientists, American Policy, and the Cold War, Diplomatic History, 14/3 (1990–07), S. 351.
6 Henke, Klaus-Dietmar: Die amerikanische Besetzung Deutschlands, München 2009, S. 770 (Quellen und Darstellungen zur Zeitgeschichte, hrsg. vom Institut für Zeitgeschichte, Bd. 27); Achilladelis B.: A study in technological history. Part I. The manufacture of «Perlon» (nylon 6) and caprolactam by IG Farbenindustrie, Chemistry and Industry, 5.12.1970, S. 1554.
7 Mühlfriedel, Wolfgang; Hellmuth, Edith (Hrsg.): Carl Zeiss. Die Geschichte eines Unternehmens, Bd. 3, Carl Zeiss in Jena, 1945–1990, Köln Weimar Wien 2004, zitiert nach Wikipedia: Trophäenkommission – abgerufen am 24.11.2021; Henke (2009), S. 754f.
8 Prof. Nelles: Aktion «Paperclip» (II). Fahrt ins Ungewisse, Freiheit, 9.7.1965, zitiert nach Merseburger Beiträge, 4/98, S. 86.
9 Henke (2009), S. 754 und 761; Manuskript Joachim Schultze, S. 12.
10 Befreites Leuna (1959), S. 40f.; Karlsch, Rainer: Leuna. 100 Jahre Chemie. Zum Jubiläum des Chemiestandortes, Wettin-Löbejün 2016, S. 71f.
11 Schäfer, Georg; Weinbrenner, Erwin: Rosenthaler Tagebuch, Merseburger Beiträge, 4/98, S. 47f.
12 Wikipedia: Wernher von Braun – abgerufen am 29.7.2020.
13 www.archives.gov/iwg/declassified-records/rg-330-defense-secretary – abgerufen am 31.7.2020.
14 Ralf Schade: Das Kriegsende 1945 in Leuna, Stadtanzeiger, Mitteilungsblatt der Stadt Leuna mit den Ortschaften, 4/2020.
15 Landesarchiv Thüringen – Staatsarchiv Rudolstadt: Bestand Thüringische Zellwolle AG, Schwarza: Personalakte Paul Kümmel (3476), Direktor Schieber an Reichstreuhänder der Arbeit für das Wirtschaftsgebiet Brandenburg, 23.11.1942.
16 Personalakte Paul Kümmel: P. Kümmel an Dr. Friederich, 21.6.1945.
17 Karlsch (2016), S. 166f.
18 Nachlass Joachim Schultze: Manuskript [1998], S. 6.
19 Z. B. Die Aktion gegen weitere 10 Jahre «Emser Wasser», Appenzeller-Zeitung, 1.11.1947.
20 Am Kern der Sache vorbei, Die Tat, 5.9.1946.
21 Kleine Anfrage Lachenal, 25.6.1945; Protokoll der Sitzung des BR, 3.9.1946; Am Kern der Sache vorbei, Die Tat, 5.9.1946; BAR E6101#1968/50#77* UWK Korrespondenzen: E. Reinhardt an R. Grimm, 10.7.1946.
22 BAR E6101#1968/50#78*: Bemerkungen für die Konferenz vom 9.10.1948 mit Vertretern von UWK und HOVAG.
23 Gespräch mit Heinz Schneller in Domat/Ems, 24.2.2020.
24 gta: Armin Meili: Erinnerungen, Bd. 3, o. J., S. 29.

«Mineralöl-Fischer»

1 BAR E6101#1968/50#86* Protokoll UWK: Sitzung vom 22.4.1947.
2 W. Oswald an UWK, 22.4.1947, zitiert in BAR E6101#1968/50#655* Unterlagen zum Rechtsgutachten, S. 84.
3 BAR E6101#1968/50#96* Persönliche Akten von Nationalrat Robert Grimm: Akten-Notiz zur Besprechung HOVAG/Lonza am 9.1.1947; BAR E6101#1968/50#639* Alketonwerk Graubünden: Sitzung UWK, 24.10.1946; BAR J1.173#1986/188#40* Protokoll UWK: Überwachungskommission, 25.2.1948; BAR E6101#1968/50#96* Persönliche Akten R. Grimm: Aktennotiz W. Oswald über Besprechung mit der Lonza, 17.7.1947.
4 BAR E4320B#1973/17#778* Kadgien [sic], Friedrich: Schw. Konsul in Bregenz an Grenzkontrolle St. Margrethen, 27.4.1945. CH-BAR# E4320B#1973-17#778#11.
5 BAR E7160-08#1968/28#497* A. O. Moos, von Seiller: Verfügung Staatsanwaltschaft Kt. Zürich, 14.11.1952.
6 Mehr Informationen zum Exil und zu den Geschäften von Fischer, Kadgien und Haupt findet sich in: Bochsler, Regula: Ein neues Leben für drei Nazis, NZZ Geschichte, Oktober 2020.
7 BAR E7160-07#1968/54#1332* Nr. 152, Kadgyen, Friedrich: BA, Werner Balsiger, an Verrechnungsstelle, 15.1.1946.
8 BAR E2001E#1968/78#10808*: Verrechnungsstelle an EPD, 22.12.1945; BAR E7160-08#1968/28#497*: Auskunfterteilung Verrechnungsstelle, 28.6.1945.
9 BAR E4320B#1973/17#778*: Aktennotiz Inspektor Ulrich, 25.3.1947.
10 Zitiert nach Kershaw, Ian: Hitler 1936–1945. Nemesis, London 2000, Anm. 175.
11 StaAG: ZwA-1991–0141: Ernst Fischer.
12 BAR E9500.239A#2003/49#144*: NARA, RG 84, Box 48, Kadgie[h]n [Curt] Friedrich, 7.9.1945.
13 BAR E4320B#1973/ 17#778*: Anonym an Eidg. Fremdenpolizei, 19.1.1947.
14 BAR E7160-07#1968-54#1332*: Hausdurchsuchungs-Befehl, 9.2.1946.
15 NARA: Box 11, GR 84 350/69/5/02, Eintrag 3243: Tom M. Garruth, Major, CE, assistant Military Attaché, Den Haag, Memorandum for Mr. Fisher, 4.2.1948.
16 BAR E4320B#1992/132#28*: Schlussbericht i. S. Ulrich, 9.9.1957; Bundesstrafprozess Ulrich in Bern, NZZ, 8.5.1958; Die Anklage im Fall Ulrich, Die Tat, 9.5.1958; Dubois oder Ulrich – oder beide?, Die Tat, 11.4.1957.
17 BAR E4320B#1973/17#778*: Aktennotizen Ulrich, 25.3.1947.
18 BAR E4320B#1973/17#778*: Aktennotizen Ulrich 19.5.1947 und 21.2.1945.
19 BAR E4320B#1973/17#778*: Aktennotizen Ulrich, 21.2.1945.
20 BAR E4320B#1973/17#778*: W. Balsiger, Bundespolizei an Eidg. Fremdenpolizei, 19.5.1947.
21 BAR E4320B#1992/132#28*: Schlussbericht in Sachen gegen Max Ulrich und Unbekannt, betr. politischen Nachrichtendienst etc., 9.9.1957.
22 BAR E7160-07#1968/54#1332*: Abhörprotokolle 11.3.1946, 20.2.1946, 19.2.1946, 18.7.1946, 22.2.1946 und 13.2.1946.
23 BAR E7160-07#1968/54#1332*: Abhörprotokoll, 13.3.1946.
24 Bringolf, Walther: Mein Leben. Weg und Umweg eines Schweizer Sozialdemokraten, Bern, 1965, S. 483.
25 Uhlig (2001), S. 390f.
26 BAR J1.173#1986/188#44*: E. Imfeld an R. Grimm, 7.5.1948.
27 BAR E4320B#1990/133#2103*: Aktennotiz Bundesanwaltschaft, 9.12.1948; Statement William L. Clayton, assistant secretary of state, 25.6.1945, zitiert nach Uhlig (2001) S. 395.
28 BAR E4320B#1990/133#2103*: Aktennotiz Bundesanwaltschaft, 12.10.1944; Bauer, Yehuda: «Onkel Saly». Die Verhandlungen von Sally Mayer zur Rettung der Juden 1944/45, Vierteljahreshefte für Zeitgeschichte, Bd. 2 (1977). S. 202f.; BAR E9500.239A#2003/49#144*: NARA, RG 84, Entry 3223, Box 48, Kadgie(h)n, (Curt) Friedrich: Confidential, o. D.; Buomberger, Thomas: Raubkunst – Kunstraub. Die Schweiz und der Handel mit gestohlenen Kulturgütern zur Zeit des Zweiten Weltkriegs, Zürich 1998, S. 80.
29 StaAG: OG01/0517: Urteil Obergericht Aargau, 17.3.1950.
30 BAR E9500.239A#2003/49#144*: Konsulat Paraguay an Aussenministerium, Asunción, 24.10.1945.
31 BAR E9500.239A#2003/49#144*: Wash-SPDF-INT-I Documents 3700–3070: Phil H. Hubbard, US-Gene-

ralkonsulat Zürich, an Leland Harrison, US-Botschafter, Bern, 11.1.1946.
32 BGE, I. Zivilabteilung, Sitzung vom 26.9.1950, in Sachen O. M. Boden gegen E. Fischer, F. Kadgien, L. Haupt.
33 BAR E2802#1967/78#51*: E. Imfeld an A. Zehnder, 13.6.1949.
34 BAR E2001E#1967/ 113#1296*: A. Zehnder an Eidg. Fremdenpolizei, 17.9.1946; E2802#1967/78#51*: A. Zehnder an E. Imfeld, 15.6.1949.
35 Zwei gute Beispiele: BAR E2001E#1967/113#9105*: Schw. Botschaft in den Niederlanden (Kohli) an Service du contentieux, des affaires financières et des communications, EPD, 25.5.1946.
36 BAR E4320B#1990/266#3172*: Verhör von Hans Brochhaus, 2.10.1948.
37 StaSO: Nachlass Bircher: W. Pabst an E. Bircher, 13.2.1948, 14.2.1948 und 20.2.1948.
38 Uhlig (2001), S. 383.
39 BAR E4320B#1990/133#2271*: Befragung E. Fischer, 10.3.1954.

«Sarabande der erloschenen Menschen»

1 Lindner, Stephan H.: Aufrüstung – Ausbeutung – Auschwitz. Eine Geschichte des I.G.-Farben-Prozesses, Göttingen 2020, S. 168ff.; Der Prozess gegen deutsche Industrielle, Die Tat, 5.5.1947.
2 Achilladelis (1970), S. 1554.
3 Military Tribunal, VI, Case VI, Bütefisch, Document Bü/77, Defense Exhibit Bü143: Eidesstattliche Erklärung Johann Giesen in Sachen Heinrich Bütefisch, 13.10.1947; Bü/79, Defense Exhibit Bü245, 21.1.1948; Bü254, 21.1.1948.
4 Affidavit Ernst Fischer, Baden, 29.1.1948. siehe Hayes, Peter: Industry and ideology: I. G. Farben in the Nazi Era, Cambridge 2001, S. 117; Affidavit Ernst Fischer, Baden, 3.1.1948, https://archive.org/stream/IGFarbenTrialTranscripts/roll_67_djvu.txt – abgerufen am 26.11.2021; Hörner (2010), S. 152.
5 Lindner (2020), S. 219.
6 Straumann/Schmaltz (2002).
7 Hörner (2010), S. 24.
8 Straumann/Schmaltz (2002).
9 Levi, Primo: Ist das ein Mensch?, Frankfurt a. M., 1961, S. 36f., 52, 145.
10 BAR E27#1000/ 721#10027*: H. Hausamann an Oberst Couchepin, Bundesgericht, 22.11.1945.
11 Straumann/Schmaltz (2002).
12 NARA: Nürnberg, IG-Farben-Prozess Akten, microfilm M892, roll 53, transcript G 7311–8527, Aussage Johann Giesen, 24.2.1947.
13 NARA: Military Tribunal, VI, Case VI, Bütefisch, Document Bü/77, Defense Exhibit Bü143: Eidesstattliche Erklärung Johann Giesen in Sachen Heinrich Bütefisch, 13.10.1947.
14 Wagner-Kyora, Georg: Vom «nationalen» zum «sozialistischen» Selbst. Zur Erfahrungsgeschichte deutscher Chemiker und Ingenieure im 20. Jahrhundert, Stuttgart 2009, S. 710.
15 Deutsches Museum: Archiv NL 080/290/1 A-C: Heinrich Bütefisch an Walther Gerlach, 8.7.1948.
16 Rumscheidt, Martin: In Search of a Theology Capable of Mourning. Observations and Interpretations after the Shoah, Eugene 2017, S. 204.
17 https://de.wikipedia.org/wiki/I._G.-Farben-Prozess – abgerufen am 25.11.2021.

«Ein magischer Klang bei der Damenwelt»

1 Zehn Tage für die Frau, Neue Zürcher Nachrichten, 29.8.1947.
2 Wird das Nylon die Strumpf-Industrie revolutionieren?, Die Gewerkschaft, 7.2.1946.
3 Nebelspalter, Band 75/1949.
4 Nebelspalter, Band 73/1947.
5 Zweimal Plastic, Die Tat, 16.1.1950.
6 StaGR: X 11 n 2 Bestand Hovag: W. Oswald an Regierungsrat Brosi, 9.9.1963.
7 NL Joachim Schultze: Manuskript [1998], S. 11ff.
8 Uhlig (2001), S. 184f.
9 Bayer AG (Hrsg.): Geschichte des Werkes Uerdingen der Farbenfabriken Bayer AG, o. O. 1957, S. 114.
10 NL Joachim Schultze: Manuskript [1998], S. 12.
11 Aktuelle Schmiermittelprobleme, NZZ, 21.7.1954.
12 Zitiert nach: How T-Force abducted Germany's best brains for Britain, The Guardian, 29.8.2007.
13 Entführte Ölfachleute, Leipziger Volkszeitung, 25.4.1947.
14 Zitiert nach Gimbel (1990), S. 355, Anm. 30.
15 BAR E4264#1988/2#33913*: HOVAG an Eidg. Fremdenpolizei, 10.5.1948.
16 Zitiert nach: Vor 80 Jahren wurde Perlon erfunden. Goldgräberstimmung in der Feinstrumpfindustrie, Deutschlandfunk, 12.5.2022.
17 Achilladelis (1970), S. 1553.
18 NL Helmuth Comperl: H. Comperl an Edmund Hamel, 22.12.1948.
19 Telefongespräch mit Rüdiger Mayer, 5.3.2020.
20 NL Helmuth Comperl: W. Oswald an H. Comperl in Krefeld/Uerdingen, 11.12.1948.
21 BAR E2001E#1968/78#6107*: Schweizerische Heimschaffungsdelegation, Berlin, an Herr Minister, EPD, 8.11.1948.
22 Folgende Mitgliedschaften sind bekannt: NSDAP: Hellmuth Comperl, Rudolf Gabler, Johann Giesen, Hans Käding, Paul Kümmel, Carl Rumscheidt und Harry Wegener, als Raketenspezialisten zudem Friedrich Halder und Josef Zbronik. SS oder SA: Gabler und Kümmel.
23 Landesarchiv Thüringen – Staatsarchiv Rudolstadt: VEB Kombinat Schwarza, Personalakten Paul Kümmel, Nr. 3476 und 3380; NL Rudolf Gabler.
24 NL Rudolf Gabler: Zentral-Berufungskammer Nord-Württemberg, Ludwigsburg, 16.9.1949.
25 BAR E2001E#1000/1571#1118*: Eidg. Fremdenpolizei an EPD, Politische Angelegenheiten, 21.3.1947.
26 BAR E4300B#1000/846#44*: Notiz für Herr Baechtold [Eidg. Fremdenpolizei], 9.4.1949.
27 BAR E4301#1992/36#458*: BIGA an Eidg. Fremdenpolizei, 7.11.1945.
28 StaGR: Kleiner Rat GR, Regierungsbeschlüsse, Protokoll 3027: Kleiner Rat an HOVAG, 11.11.1949.
29 BAR E6101#1968/50#179*: Delegierter für Arbeitsbeschaffung [Otto Zipfel] an BIGA, 7.4.1954.
30 E-Mail von Peter Comperl, 3.3.2020.
31 Landesarchiv Thüringen – Staatsarchiv Rudolstadt: Personalakte Paul Kümmel, Thüringische Zellwolle, Signatur 3476.
32 BAR E2001E#1967/113#6850*: HOVAG an EPD, Schweizer Delegation, Berlin, 16.2.1949.
33 Landesarchiv Thüringen – Staatsarchiv Rudolstadt: Personalakte Paul Kümmel, Thüringische Zellwolle, Signatur 3476.
34 Wagner-Kyora (2009), S. 272; Karlsch (2016), S. 169.
35 E-Mail von Peter Comperl, 3.3.2020; Was wurde aus Schlacks Erfindung, https://heureka-stories.de/1938-das-perlon/2-uncategorised/90-was-wurde-aus-schlacks-erfindung.html – abgerufen am 26.11.2021.
36 Uns ist nicht «vögeliwohl» bei der «Hovag», Vorwärts, 12.7.1945.
37 StaGR: Verhandlungen des Grossen Rates, 1.6.1945, S. 242.
38 AfZ: NL Erwin Jaeckle 669: E. Roduner an E. Jaeckle, 10.9.1953; BAR E6101#1968/50#674*: Finanzkontrolle an Bundesrat H. Streuli, 1.3.1956.
39 BAR E6101#1968/50#80*: W. Oswald an UWK, 31.10.1948.

«Intrigenversuche auf dem Patentgebiet»

1 BAR E4320B#1990/266#6456*: Oberstl. Schaufelberger an Eidg. Fremdenpolizei, o. D.; Stapo Zürich an Kriminal-Kommissariat Zürich, 25.8.1949.
2 Wichtige Dokumente, Freiburger Nachrichten, 28.7.1948
3 www.wikiwand.com/en/Elisabeth_of_Romania – abgerufen am 26.11.2021.
4 BAR E4320B#1990/266#6456*: R. Oswald an Eidg. Fremdenpolizei, 5.10.1948.
5 Patentschrift Parcofil: Verfahren und Vorrichtung zur kontinuierlichen Polymerisation von Caprolactam, 1.10.1948, Patent eingetragen am 30.9.1950.
6 BAR E4320B#1990/266#6456*: R. Oswald an Eidg. Fremdenpolizei, 5.10.1948.
7 BAR E4320B#1990/266#6456*: P. Schaufelberger an Eidg. Fremdenpolizei, o. D.
8 BAR E4320B#1990/266#6456*: R. Oswald an Eidg. Fremdenpolizei, 5.10.1948.
9 BAR E4320B#1990/266#6456*: Bundesanwaltschaft: Betr. Dr. Hans Stavenhagen und Dr. Alfred Friederich, 15.10.1948, mit handschriftlichem Vermerk von Gadients Namen und Telefonnummer.
10 BAR E4320B#1990/266#6456*: Stapo Zürich, 25.8.1949.

11 Ziegler, Barbara: Meine Geschichte der Metzgerfamilie Ziegler, Luzern 2013, S. 55.
12 NL Rudolf Gabler: Bericht über die Ereignisse am 29./30.12.1948 für W. Schieber, 27.1.1949; Lebenslauf o. D.
13 Gespräch mit Nachfahren von Rudolf Gabler, 15.9.2017.
14 Uwe Fraunholz: «Verwertung des Wertlosen». Biotechnologische Surrogate aus unkonventionellen Eiweissquellen im Nationalsozialismus, Dresdener Beiträge zur Geschichte der Technikwissenschaften Nr. 32 (2008); https://de.wikipedia.org/wiki/Max_Ernst_Peukert – abgerufen am 26.11.2021.
15 https://historycollection.co/10-nazi-war-criminals-who-escaped-justice-because-they-were-useful-to-the-us/4/ – abgerufen am 26.11.2021.
16 NL Rudolf Gabler: R. Gabler an W. Oswald, 14.3.1949.
17 BstU: Archiv der Zentralstelle, Akten Johannes Lesche: MfS HA IX/11, SMT 191/91.
18 Ziegler (2013), S. 56.
19 NL Rudolf Gabler: Bericht über die Ereignisse am 29./30.12.1948 für W. Schieber, 27.1.1949.
20 Wendy Lower: Willkommen, New York Times, 28.2.2014, Rezension von Jacobsen, Annie: Operation Paperclip. The Secret Intelligence Program That Brought Nazi Scientists to America, New York 2014.
21 NL Rudolf Gabler: Erklärung, 10.10.1951.
22 Ziegler (2013), S. 57.
23 NL Kurt Kahr: R. Gabler an K. Kahr, 16.1.1949.
24 NL Rudolf Gabler: R. Gabler an W. Oswald, 14.3.1949.
25 NL Rudolf Gabler: R. Gabler an Maria Lesche, 18.2.194; Verpflichtungserklärung von Friedrich Uhde, 9.2.1949.
26 BAR E4301/1992/36#458*: BIGA an Eidg. Fremdenpolizei, 3.7.1948; Verrechnungsstelle an Eidg. Fremdenpolizei, 3.4.1952.
27 NL Rudolf Gabler: R. Gabler an W. Schieber, 5.3.1949.
28 NL Rudolf Gabler: Aktennotiz, 22.4.1949.
29 NL Rudolf Gabler: R. Gabler an W. Oswald, 14.3.1949.
30 NL Rudolf Gabler: R. Gabler an H. Rausch an R. Gabler, 29.3.1949.
31 NL Rudolf Gabler: A. Friedrich an R. Gabler, 12.7.1949.
32 NL Rudolf Gabler: F. Uhde an W. Schieber, 24.6.1949.
33 BstU: Archiv der Zentralstelle, G-SKS, Nr. 101675: Führungsbericht des Volkspolizei-Kommandeurs der Strafvollzugsanstalt Bautzen, 6.2.1955.
34 NL Rudolf Gabler: Verpflichtungserklärung von F. Uhde, 9.2.1949.
35 BstU: Archiv der Zentralstelle, G-SKS, Nr. 101675: Stadtrat Rudolstadt an Strafanstalt Bautzen, 12.7.1954.
36 NL Rudolf Gabler: W. Schieber an F. Uhde, 20.6.1949.
37 BstU: Archiv der Zentralstelle, MfS HA IX/11, SMT 191/91, Maria Lesche an Staatsanwalt, 26.11.1956.
38 BstU: Archiv der Zentralstelle, G-SKS, Nr. 101675: Entlassungsbescheinigung 21.12.1956; MFS-AS 11/59, Bd. 1: Ermittlungsbogen, 18.3.1957.

«Ein ungetreuer Direktor»

1 NL Hellmuth Comperl: handschriftlicher Anstellungsvertrag von W. Oswald für H. Comperl, 27.11.1948; R. Oswald an H. Comperl, 30.11.1948.
2 Werkspionage und Bilanzfälschung, Westdeutsche Rundschau, 9.12.1949.
3 NL Hellmuth Comperl: W. Oswald an H. Comperl in Krefeld/Uerdingen, 11.12.1948.
4 NL Hellmuth Comperl: W. Oswald an H. Comperl in Dortmund, 13.1.1949.
5 NL Hellmuth Comperl: H. Comperl an R. Oswald, 14.11.1953.
6 NL Hellmuth Comperl: E. Hamel an H. Comperl in Uerdingen, 6.12.1948.
7 NL Hellmuth Comperl: H. Comperl, Dortmund, an W. Oswald, 31.5.1949; Erklärung von H. Comperl, 31.1.1950.
8 NL Hellmuth Comperl: W. Oswald an H. Comperl in Dortmund, 13.1.1949.
9 NL Hellmuth Comperl: R. Oswald an H. Comperl, 22.4.1949.
10 NL Hellmuth Comperl: H. Comperl an R. Oswald, 28.4.1949; R. Oswald an H. Comperl, 4.8.1949.
11 NL Joachim Schultze: Manuskript [1998], Kapitel 3: Know how Transfer und Nachwuchsimport aus Ostdeutschland, S. 12f., Transkript von Martin Kreuzberg.
12 Uhlig (2001) S. 184f.
13 Unternehmensarchiv Bayer AG: Controller Douglas Fowles an Ulrich Haberland, 17.11.1949. Besten Dank an Lukas Straumann und Florian Schmaltz, die mir ihre Unterlagen zur Kündigung Giesens und seinem Auftritt vor dem Gericht in Nürnberg überlassen haben.
14 Unternehmensarchiv Bayer AG: Entwurf, D. Fowles, [1949].
15 IfZ: Ed 135, Bd 90, I.G. Farben-Liquidationsausschuss: Dr. Reuter an Heinz Krekeler, 28.3.1951.
16 Unternehmensarchiv Bayer AG: D. Fowles an U. Haberland, 17.11.1949; BAR E6101#1968/50#77*: Eidg. Finanzverwaltung an EVD, 2.6.1945.
17 Werkspionage und Bilanzfälschung, Westdeutsche Rundschau, 9.12.1949.
18 Alles Übel in der Welt, Spiegel, 11.10.1950.
19 IG-Direktor verschiebt Patent, Magdeburger Volksstimme, 22.11.1949.
20 Werkspionage und Bilanzfälschung, Westdeutsche Rundschau, 9.12.1949.
21 NL Hellmuth Comperl: Anstellungsvertrag für H. Comperl, 27.11.1949.
22 NL Hellmuth Comperl: Erklärung, 31.1.1950.
23 Nachlass Kurt Kahr: Erklärung, 6.5.1952.
24 Uhlig (2001), S. 184.
25 KAS: I-220-568 Feldmühle, Korrespondenz 1.1.1953–31.12.1956: Oswald Dittrich an Hugo Stinnes, 11.1.1954.
26 Bayer-Farben und die Schweiz, Neue Zürcher Nachrichten, 14.12.1949.
27 Nach dem «Emser Wasser» das «Emser Nylon»? Schaffhauser Nachrichten, 3.1.1950.
28 Vom «Emser Wasser» zum «Emser Nylon», Schweizerische Politische Korrespondenz (Schweizer Mittelpresse), 5.1.1950.
29 BAR E6101#1968/50#79* Korrespondenzen Grimm 1949.
30 BAR J1.173#1986/188#40*: Protokoll UWK, 29.4.1952.
31 Grimm, Robert: Die Arbeiterschaft in der Kriegszeit. Eine Rede vor dem Parteitag der bernischen Sozialdemokratie vom 18. Februar 1940, Bern 1940 (Neuauflage 1946), S. 6.
Dank an Prof. Jakob Tanner für den Hinweis.
32 Gespräch mit Christoph Blocher, 10.6.2021.

«Geheimsphäre in Ems»

1 Eine grundsätzliche Frage: Vom Nylon zu Grilon, Berner Tagblatt, 22.2.1950.
2 Nach dem «Emser Wasser» das «Emser Nylon»?, Schaffhauser Nachrichten, 3.1.1950.
3 BAR E6101#1968/50#77*: E. Reinhardt an R. Grimm, 10.7.1946.
4 Amtliches Bulletin der Bundesversammlung: Postulat Jaeckle, Holzverzuckerung, Begründung, 19.6.1953.
5 Die Diskussion um das «Emserwasser», Schaffhauser Nachrichten, 2.4.1948.
6 www.swissinfo.ch/ger/direktedemokratie/vollmachtenregime-schweiz_als-die-schweiz-dem-bundesrat-die-lust-am-autoritaeren-regieren-austrieb/45203984 – abgerufen am 11.1.2022.
7 BAR E6101#1968/50#111*: F. Luterbacher an Eidg. Finanzverwaltung, 16.10.1956; E6101#1968/50#79*: E. Imfeld an Minister H. Flückiger, Carbura, 31.1.1949.
8 BAR E6101#1968/50#94*: HOVAG an R. Grimm, 4.3.1949; E6101#1968/50#642* Schiedsgerichtsprozess HOVAG: Sitzungsprotokoll UWK, 9.4.1948; J1.173#1986/188#40*: Sitzungsprotokoll UWK. 2.4.1949; E6101#1968/50#646* Gutachen Prof. Walther, 15.1.1953, S. 12f., 44ff.; E6101#1968/50#631*: Notizen für die Klageantwort, S. 85, o. D.
9 BAR E6101#1968/50#79*: Verband trustfreier Benzin- und Heizöl-Importeure der Schweiz an Carbura, 25.1.1949.
10 BAR E6101#1968/50#78*: Bemerkungen zur Konferenz HOVAG-UWK vom 9./10.9.1948; E6101#1968/50#95*: Petrola an UWK, 17.12.1945; E6101#1968/50#90*: W. Oswald an R. Grimm, 7.4.1951.
11 Drei Beispiele: BAR 6101#1968/50#86* Protokolle UWK: Protokoll, 25.1.1949; E6101#1968/50#93*: R. Grimm an A. Meili, 8.3.1949; E6101#1968/50#78*: UWK an W. Oswald, 6.12.1948.
12 Zwei Beispiele: BAR 6101#1968/50#94* Korrespondenz: Telegramm R. Grimm an HOVAG, 4.3.1949; J1.173#1986/188#40* Protokoll UWK, 12.2.1949.
13 BAR E6101#1968/50#80*: Bericht der HOVAG, 31.10.1948.
14 BAR E6101#1968/50#631*: HOVAG an

15 BAR E6101#1968/50#111*: F. Luterbacher an Eidg. Finanzverwaltung, 16.10.1956.
16 BAR E6101#1968/50#79*: Protokoll UWK, 15.1.1949.
17 BAR E6101#1968/50#79*: E. Imfeld an H. Flückiger, 31.1.1949; E6101#1968/50#111*: F. Luterbacher an Finanzverwaltung, 16.10.1956.
18 BAR E6101#1968/50#93*: W. Oswald an R. Grimm, 23.3.1949.
19 BAR E6101#1968/50#79*: R. Grimm an A. Meili, 9.3.1949; E6101#1968/50#640*: Protokoll UWK, 12.2.1949.
20 BAR E6101#1968/50#94*: E. Imfeld an R. Grimm, 28.2.1949.
21 gta: Armin Meili: Erinnerungen, Bd. 3, o. J., S. 30.
22 StaGR: A SpIII 14 q 048: Zum Ableben von Dr. phil A. Gadient, 1978.
23 BAR J1.173#1986/188#41*: W. Oswald an R. Grimm, 10.1.1948.
24 Andreas Gadient achtzigjährig, Neue Bündner Zeitung, 5.9.1972.
25 StaGR: A SpIII 14 q 048: Zum Ableben von Dr. phil A. Gadient, 1978.
26 Regierungsrat Dr. Andreas Gadient, SVEA-Nachrichten, 1.10.1942.
27 Grütlianer, 5.7.1921.
28 StaGR: A SpIII 14 q 020: Paul Schmid-Ammann an Ulrich Gadient, 3.1.1978.
29 Amtliches Bulletin der Bundesversammlung, Nationalrat, 14.6.1949.
30 BAR E6101#1968/50#79*: Notiz von F. Luterbach, 24.2.1949.
31 BAR E6101#1968/50#86*: Sitzung UWK, 10.9.1944.
32 BAR E6101#1968/50#93*: E. Imfeld an UWK, 10.3.1949.
33 BAR E6101#1968/50#79*: P. Herold an F. Luterbacher, 26.2.1949.
34 BAR E6101#1968/50#79*: W. Oswald an R. Grimm, 19.7.1949; BAR E6101#1968/50#86*: Protokoll UWK, 31.8.1950.
35 BAR E6101#1968/50#78*: W. Oswald and E. Imfeld, 27.7.1948.
36 BAR J1.173#1986/188#40*: Protokoll UWK, 29.4.1952.
37 BAR E6101#1968/50#91*: Protokoll UWK, 1.7.1952.
38 Siehe Kapitel «Atomforschung ist Zukunft», S. 395.
39 AfZ: NL Max Iklé: Erinnerungen, o. J., S. 176.
40 BAR E6101#1968/50#94*: W. Oswald an R. Grimm, 4.3.1949.
41 BAR E6101#1968/50#93*: R. Grimm an A. Meili, 8.3.1949.
42 BAR E6101#1968/50#86*: Protokoll UWK, 13.6.1949.
43 BAR E6101#1968/50#111*: P. Herold an Eidg. Finanzverwaltung, 24.9.1956.
44 BAR E6101#1968/50#86*: Protokoll UWK, 13.6.1949.
45 BAR E6101#1968/50#93*: W. Oswald/ A. Meili an R. Grimm, 25.3.1949.
46 BAR E6101#1968/50#79*: Betr. Hovag, 10.9.1949.
47 BAR E6101#1968/50#79*: P. Herold an M. Iklé, 4.10.1949.
48 Holzverzuckerungs AG, Ems, Generalversammlung, Die Tat, 6.9.1949; AfZ: NL Erwin Jaeckle 672: UWK, 31.10.1948; E6101#1968/50#78*: UWK an HOVAG, 6.12.1948. Verwaltungsratsmitglieder der HOVAG, o. D.
49 BAR E6101#1968/50#81*: W. Oswald an R. Grimm, 7.6.1950.
50 Gespräch mit Charlotte Peter am 25.4.2019.
51 Amtliches Bulletin der Bundesversammlung: Postulat Jaeckle, Holzverzuckerung, Begründung, 19.6.1953.
52 Der Spiegel, VHTL-Zeitung, 21.10.1949.
53 BAR E6101#1968/50#79*: P. Herold an M. Iklé, 4.10.1949.
54 BAR E6101#1968/50#111*: P. Herold an Eidg. Finanzverwaltung, 24.9.1956; E6101#1968/50#79*: Protokollentwurf, W. Oswald an R. Luterbacher, 8.8.1949.
55 BAR E6101#1968/50#79*: R. Grimm an UWK, o. D. [1949].
56 BAR E6101#1968/50#79*: E. Koelliker [LONZA] an R. Grimm, 20.7.1949; R. Grimm an O. Zipfel, Delegierter für wirtschaftliche Landesverteidigung, 7.7.1951.
57 BAR E6101#1968/50#79*: M. Iklé an F. Luterbacher, 6.10.1949.

«Ebenso schwierig wie heikel»

1 BAR E4320B#1981/141#226*: Rapport Kapo Luzern, 16.1.1950.
2 BAR E4320B#1981/141#62*: Aktennotiz Bundesanwaltschaft, 28.6.1947.
3 StaLU: C 25/79: Untersuchungsakten Himmelrich Hans betr. vorsätzliche Körperverletzung, Verhör Rosa Brunner-Scheidegger, 22.7.1941; siehe auch StaLU: A538/18197 Himmelrich Hans.
4 www.guidle.com/de/kulturschaffende/ kriens/vereine-gruppen-und-kulturschaffende/theater-kriens-htk_ADkVS-ZY – abgerufen am 27.11.2021.
5 BAR E4320B#1981/141#226*: Rapport Polizeikommando Luzern, 16.1.1950.
6 Uhlig (2001), S. 185.
7 BAR E6101#1968/50#275*: Vertrag zwischen PATVAG und INVENTA, 1.5.1947.
8 Konrad-Adenauer-Stiftung: 01-220:A 0585 Akte Feldmühle: Feldmühle an Hugo Stinnes, 7.5.1956.
9 BAR E2200.190-04#1968/14#188*: Inventa an Schweizerische Botschaft, Prag, 12.1.1950.
10 BAR E6101#1968/50#283*: Patentschrift INVENTA: Verfahren zur Harnstofferzeugung, eingereicht 28.9.1950, eingetragen am 1.5.1953.
11 Archiv thyssenkrupp: TKU/2: Johann Daniel Gerstein, kaufmännischer Direktor [1928 bis 1965], zur Entwicklung von Uhde, S. 174ff.
12 Siehe Kapitel «Intrigenversuche auf dem Patentgebiet», S. 155.
13 BAR E4320B#1981/ 141#226*: Rapport Kapo Luzern, 11.7.1950; Rapport Kapo Luzern, 11.3.1959; E4320-01#1996/ 203#195*: Fiche Grilon, Eintrag vom 12.6.1957.
14 BAR E4320B#1981/141#226*: Rapport Kapo Luzern, 11.7.1950.
15 BAR E4320B#1981/141#226*: Rapport Kapo Luzern, 11.3.1959.
16 NL Joachim Schultze: Manuskript [1998], S. 18ff.; Patentanmeldungen wieder möglich, Düsseldorfer Handelsblatt, 3.9.1948.
17 NL Helmuth Comperl: [R. Gabler] an R. Oswald: Betr. Entschädigung unserer Tätigkeit für den Aufbau der Perlonfabrik Werk Ems der Holzverzuckerungs-AG, [1953/4].
18 Bei beiden Mitarbeitern wird im SHAB nur die Löschung der Prokura veröffentlicht: INVENTA, 16.11.1951 [Rumscheidt]; INVENTA, 20.11.1953 [Braun].
19 US-Patente: Melt spinning method and Device for stretching synthetic silk, worldwide application on 11.8.1950. Das erste Patent von P. Kümmel in der Schweiz (Verfahren und Vorrichtung zum Entfernen von monomeren Anteilen aus dem Schmelzfluss beim Schmelzspinnen von P olyamiden) wird erst am 30.4.1953 eingereicht.
20 NL Joachim Schultze: Manuskript [1998], S. 19; BAR E2801#1968/ 84#2646*: Rudolf Signer: Gutachten betr. die durch die Verrechnungsstelle der INVENTA gewährten Abhängigkeitslizenzen auf die sog. Polyamid-Patente der I. G. Farbenindustrie, 25.8.1950.
21 BAR E6101#1968/50#275*: Abmachung gemäss Ziffer 7, o. D.; E6101#1968/50#646*: Gutachten Prof. Walther, 15.1.1953, S. 92.
22 Weekly Information Bulletin, Nr. 76, January 1947, Office of the Assistant Chief of Staff, G-5 Division USFET, Information Branch, Seite 16, 17; Background Information, Office of the U. S. High Commissioner for Germany, Issued by Office of Public Affairs, Nr. 68, Frankfurt, 13.9.1951, siehe: http://www.wolfgang-pfaller.de/Beschlagnahme.htm – abgerufen am 27.11.2021.
23 Synthetic Fibre developments in Germany, Vols I, II, III and IV, 1945, CIOS (Combined Intelligence Objectives Subcommitte), siehe: Blanc, Paul David: Fake Silk. The Lethal History of Viscose Rayon, London 2016, S. 156f.
24 Die grösste Kriegsbeute Deutschlands: Patente, Spiegel, 5.6.1951.
25 Wikipedia: Kriegsbeute – abgerufen am 27.11.2021.
26 http://www.wolfgang-pfaller.de/Londoner%20Abkommen.htm – abgerufen am 27.11.2021.
27 BAR E2801#1968/84#2646*: Aufsichtskommission für die Durchführung des Abkommens von Washington, Sitzung vom 28.3.1950; E. Matter an Verrechnungsstelle, 10.6.1950; Hans Roeper: Erfinderschutz, Allgemeine Zeitung, 11.2.1948.
28 BAR E2801#1968/84#2646*: Inventa an Verrechnungsstelle, 22.12.1949; E. Matter an Verrechnungsstelle, 10.6.1950; Erteilung von Abhängigkeitslizenzen an die INVENTA, 25.5.1951.
29 BAR E2801#1968/84#2646*: W. Stucki an Dr. Hotz, Handelsabteilung EVD, 25.1.1950.
30 BAR E4380B#1992/255#558*: Exposé Verrechnungsstelle, 16.1.1950.
31 BAR E2801#1968/84#2646*: W. Stucki

an Dr. Hotz, Handelsabteilung EVD, 25.1.1950.
32 Wikipedia: Rudolf Signer – abgerufen am 28.11.2021.
33 BAR E2801#1968/84#2646*: Gutachten R. Signer, 10.2.1950.
34 BAR E2801#1968/84#2646*: Exposé Verrechnungsstelle, 23.3.1950; Aufsichtskommission für die Durchführung des Abkommens von Washington, Protokoll vom 28.3.1950; Erteilung von Abhängigkeitslizenzen an die INVENTA, 25.5.1951.
35 Fragwürdige Vorschusslorbeeren für das Emser Nylon, Schaffhauser Nachrichten, 4.5.1950.
36 BAR E6101#1968/50#646*: Gutachten Prof. Walther, 15.1.1953, S. 93f.
37 BAR E2801#1968/84#2646*: Erteilung von Abhängigkeitslizenzen an die Inventa, 25.5.1951.
38 Wikipedia: Paul Schlack, abgerufen am 28.11.2021.
39 BAR E2801#1968/84#2646*: Erteilung von Abhängigkeitslizenzen an die Inventa, 25.5.1951.
40 BAR E2801#1968/84#2646*: P. Jolles an Schw. Gesandtschaft Washington, o. D.
41 www.kirker.ch/ – abgerufen am 28.11.2021.
42 BAR E2801#1968/84#2646*: R. Signer: Gutachten betr. die durch die Verrechnungsstelle der Inventa gewährten Abhängigkeitslizenzen auf die sog. Polyamid-Patente der I. G. Farbenindustrie, 25.8.1950.

«Eine schweizerische Lösung»

1 Grilon, Schweizer Nylon, Bund, 1.2.1950; «Grilon», Schweizer Nylon, Die Tat, 3.2.1950.
2 Das «Emser Nylon» vor dem Start, Schaffhauser Nachrichten, 26.4.1950.
3 Um die Herstellung von Nylon, Bündner Tagblatt, 6.1.1950.
4 «Grilon». Ein neuer Zweig der schweizerischen Textilindustrie, NZZ, 27.4.1950.
5 Die Krücken weg!, Die Tat, 24.9.1953.
6 Eine grundsätzliche Frage: Vom Nylon zu Grilon, Berner Tagblatt, 22.2.1950.
7 Achilladelis (1970), S. 1554.
8 Schweizer Firma finanziert bayrische Perlonproduktion, Die Tat, 31.8.1950.
9 Eine Anzeige, FAZ, 10.8.1950.
10 Mirlon-Werbung, NZZ, 28.10.1951.
11 Herstellung von Nylon in der Schweiz, Emmenbrücke, Die Tat, 4.2.1950.
12 Die Entwicklung der Kunstfaser-Industrie, Mitteilungen über Textilindustrie, 58 (1951).
13 StaLU: A 506 70/20 (3) Viscose: Besprechung betr. Grilonproduktion in Ems und Konkurrenzierung der Nylonproduktion zwischen Bund und Viscose, 2.11.1953; A 506 70/20 (4) Viscose: Viscose an Regierungsrat LU, 6.1.1954.
14 Um die Kunstfaserproduktion in der Schweiz, St. Galler Tagblatt, 4.4.1950; Nylon – Perlon – Grilon in der Schweiz, Düsseldorfer Handelsblatt, 29.3.1950.
15 BAR E6101#1968/50#165* HOVAG, Ems. Tochtergesellschaft Grilon: R. Oswald an Finanzverwaltung, 5.9.1952.
16 StaLU: A 506 70/20 (4) Viscose: Viscose an Regierungsrat Luzern, 8.1.1954; Protokoll über Vorsprache des Regierungsrates Luzern beim Bundesrat, 6.1.1954; Besprechung Viscose mit BR Streuli und M. Iklé, 13.7.1954; StaLU: 47/765: Staatswirtschaftsdepartement Kt. Luzern an Eidg. Finanzamt und EVD, 23.7.1952.
17 AfZ: NL Erwin Jaeckle 664: Besprechung bei der Firma Stoffel am 10.9.1949.
18 StaGR: Kleiner Rat Regierungsbeschlüsse; Protokoll Nr. 3027: Kleiner Rat an HOVAG, 11.11.1949; Protokoll Nr. 3754: Steuererleichterung für die HOVAG, 5.12.1947.
19 SHAB: FIBRON, 21.4.1950 und 22.4.1950; AfZ: NL Erwin Jaeckle 672: Liste der Aktionäre, 21.4.1950.
20 BAR E6101#1968/50#82*: M. Iklé an R. Grimm, 15.5.1950.
21 BAR E6101#1968/50#82*: Grütter an M. Iklé, 16.5.1950.
22 AfZ: NL Erwin Jaeckle 672: Liste der Aktionäre, 21.4.1950.
23 BAR E6101#1968/50#82*: R. Grimm an Finanzverwaltung, 20.5.1950.
24 BAR E6101#1968/50#82*: M. Iklé an P. Herold, 9.6.1951.
25 BAR E6101#1968/50#82*: Bundesrat E. Nobs an R. Grimm, 14.6.195; P. Herold an R. Grimm, 31.5.1950.
26 StaGR: X 11 n 2 Bestand Hovag, Präsidialansprache A. Meili, 17.6.1950.
27 BAR E6101#1968/50#162* Zusammenfassendes Ergebnis der Prüfung der rechtlichen und finanziellen Beziehungen der HOVAG zu den ihr nahestehenden Unternehmungen, 22.11.1954; E6101#1968/50#646*: Gutachten Prof. Walther, 15.1.1953, S. 86ff.
28 Die Entwicklung der vollsynthetischen Kunstfasern, Die Tat, 23.11.1950.
29 BAR E6101#1968/50#86*: Protokoll UWK, 31.8.1950.
30 Nylonknappheit verschärft, Die Tat, 18.10.1950.
31 StaLU: PA 501/479 Lizenzverträge mit Inventa: Urteil der I. Zivilabteilung vom 24.3.1953 i. S. Inventa gegen Société de la Viscose Suisse; Erfindungsschutz, St. Galler Tagblatt, 4.5.1953.
32 Die Entwicklung der Kunstfaser-Industrie, Mitteilungen über Textilindustrie, 58 (2011).
33 Um die Kunstfaserproduktion in der Schweiz, St. Galler Tagblatt, 4.4.1950; BAR E6101#1968/50#165*: R. Oswald an Eidg. Finanzverwaltung, 5.9.1952; Zur Zusammenarbeit der Viscose mit der französischen Rhodiaséta siehe: Millon-Durieux, Irène: Entreprise et territoire. La restructuration de Rhône-Poulenc-Textile. Un exemple de désindustrialisation dans l'agglomération lyonnaise (1975–2005), Lyon 2013.
34 Nylonproduktion in Emmenbrücke, Industriearbeiter (Organ des schweizerischen Textil- und Fabrikarbeiter-Verbandes), 24.12.1952.
35 Nylon-Überproduktion in der Schweiz?, Brückenbauer, 22.3.1951; Demnächst Aufnahme der Nylonfabrikation in der Schweiz, Neue Zürcher Nachrichten, 6.3.1951; Nylonfabrikation in der Schweiz, Schaffhauser Nachrichten, 1.3.1951; Vor einem Konurrenzkampf der schweizerischen Chemie-Fasern?, Neue Zürcher Nachrichten, 13.10.1951.
36 BAR E7110#1967/32#44517*: Fibron an Handelsabteilung EVD, 22.3.1951.
37 Sonderfall Graubünden, Bund, 13.7.1951.
38 Vor einem Konurrenzkampf der schweizerischen Chemie-Fasern?, Neue Zürcher Nachrichten, 13.10.1951.
39 BAR E6101#1968/50#646*: Gutachten Prof. Walther, 15.1.1953, S. 49ff.
40 StaLU: XA 23/404: Urteil Obergericht Kt. Luzern, Viscose gegen Inventa, 17.12.1951.
41 Nylon Suisse à la Foire de Bâle, Le Nouvelliste, 23.4.1952; Aus Kohle werden Kleider, Die Tat, 3.4.1953.

«Parasitäre Erscheinungen»

1 BAR E6101#1968/50#631*: Antwort auf die Fragen der UWK, 31.10.1948.
2 BAR E6101#1968/50#86*: Protokoll UWK, 21.4.1949.
3 BAR E6101#1968/50#631*: Antwort auf die Fragen der UWK, 31.10.1948; E6101#1968/50#86*: Protokoll UWK, 24.6.1951; E6101#1968/50#79*: Notiz F. Luterbacher, 23.9.1949.
4 Nylon – Perlon – Grilon in der Schweiz. Kunstfasern im verschärften Wettbewerb, Düsseldorfer Handelsblatt, 29.3.1950.
5 AfZ: IB RN-Archiv 323: Grilon. Das Schweizer Nylon, Die Konfektion, 1.6.1950.
6 KAS: 01-220-1309 Kontinentale Öl Transport AG, Berlin: Hugo Stinnes: H. Stinnes an Aufsichtsratsvorsitzenden der Kontinentalen Öl Transport AG, 13.10.1942; Wikipedia: Geheimtreffen vom 20. Februar 1933 – abgerufen am 27.11.2021.
7 KAS: 01-220:A 0585 Akte Feldmühle: Über die Bedeutung des Hofeld-Vertrag für die chemischen Interessen der Feldmühle, 14.1.1955.
8 KAS: 01-220-102 Feldmühle, Korrespondenz 1950–1952: H. Stinnes an August M. Euler, 19.8.1951.
9 KAS: 01-220-1124 Feldmühle Korrespondenz 1942–1949: Übersetzung eines US-Zeitungsartikel, 23.8.1949.
10 BAR E6101#1968/50#646* Gutachten Prof. Walther: Gutachen 15.1.1953, S. 73f.; KAS: Akte Feldmühle 01-220:A 0585: Über die Bedeutung des Hofeld-Vertrag für die chemischen Interessen der Feldmühle, 14.1.1955.
11 BAR E6101#1968/50#646*: Gutachten Prof. Walther, 15.1.1953, S. 73f.
12 KAS: 01-220-102 Feldmühle, Korrespondenz 1950–1952: O. Dittrich an H. Stinnes, 28.1.1950; W. Dürrfeld an H. Bütefisch, 4.12.1952.
13 KAS: 01-220-452 Feldmühle Reifenhäuser, Contiplast GmbH: Gründungsversammlung Contiplast, 18.12.1950; I-220-889 – Feldmühle Wesseling: W. Reifenhäuser: Technischer Stand der Arbeiten der Contiplast, 2.10.1952; SHAB: Kunststoffwerk A.-G., 23.12.1950
14 SHAB: Polystar A.G., 25.8.1958.
15 KAS: 01-220-452 Feldmühle Reifen-

häuser, Contiplast GmbH: E. Fischer an Vorstand Feldmühle, 7.12.1950.
16 SHAB: Kunststoffwerk A.-G., 10.6.1952.
17 Lindner (2020), S. 219; Wikipedia: I.G.-Farben-Prozess – abgerufen am 28.11.2021.
18 KAS: 01-220-303/1 Korrespondenz Hugo Stinnes 1944–1953: O. Dittrich an H. Stinnes, 9.7.1951.
19 Siehe Kapitel «Sarabande der erloschenen Menschen».
20 KAS: 01-220-303/1 Korrespondenz Hugo Stinnes 1944–1953: O. Dittrich an H. Stinnes, 9.7.1951.
21 KAS: 01-220-102 Feldmühle, Korrespondenz 1950–1952: H. Kehrl an H. Stinnes, 22.8.1951.
22 KAS: 01-220-568 Feldmühle, Korrespondenz 1.1.1953–31.12.1956: O. Dittrich an H. Stinnes, 11.1.1954.
23 Unternehmensarchiv BASF, Privatakten W. Heintzeler, Bd. 1.: Ulrich Haberland, 27.12.1948, zitiert nach Lindner (2020) S. 299f.
24 Wikipedia: Heinrich Bütefisch – abgerufen am 28.11.2021.
25 Kogon, Eugen: Beinahe mit dem Rücken zur Wand. Frankfurter Hefte, Bd. 9, 1954, zitiert nach: Rauh-Kühne, Cornelia: Die Entnazifizierung und die deutsche Gesellschaft, Archiv für Sozialgeschichte, 35/1995, S. 35.
26 IfZ: ED 135, Bd. 90: H. Krekeler an Reuter, 31.3.1951.
27 BAR E6101#1968/50#646*: Gutachten Prof. Walther, 15.1.1953, S. 73.
28 Schweizer Filmwochenschau, 21.11.1952.
29 BAR E6101#1968/50#646*: Gutachten Prof. Walther, 15.1.1953, S. 76.

«Der Kopf der ganzen Schieberkette»

1 StaAG: ZwA-1991.0141: Rapport Kapo Aargau, 15.4.1953; für die Übersiedlung von F. Kadgien und L. Haupt siehe: Bochsler, Regula: Ein neues Leben für drei Nazis, NZZ Geschichte, Oktober 2020.
2 BAR E4320B#1990/133#2271*: Rapport Stapo Zürich, 12.3.1953.
3 Athen: Restriktionen tun weh!, Die Zeit, 30.6.1955.
4 NARA, RG 84, Entry 3223, Box 48, Kadgie(h)n, (Curt) Friedrich: Jules Wangler an Economics Division OMGUS, Proeprty Control Group APO 742, US Army, 1.9.1949.
5 BAR E2200.56-07#1000/649#1166*: A.G. Carlier, Office de récupération economique, Brüssel, an Commission de Rapatriement en Suisse, Berlin, 27.2.1948; E2001E#1969/121#5854*: Service des Remise en Places des Oeuvres d'Art an EPD, 8.6.1951; E-Mail von Kadgien-Spezialist Paul Post, 27.4.2020; E4320B#1973/17#778: Eidgenössische Fremdenpolizei an Zürcher Fremdenpolizei, 9.2.1951; siehe auch Bochsler, Regula: Ein neues Leben für drei Nazis, NZZ Geschichte, Oktober 2020.
6 BAR E7160-08#1968/28#497*: Telefonrapport der Verrechnungsstelle, 19.5.1951.
7 BAR E4320-01C#1996/203#157*: Fiche E. Fischer, Eintrag vom 25.1.1954.
8 Der neue Rechtskonsulent des Lichtspieltheater-Verbandes, L'effort cinégraphique Suisse, Mai 1931; Rossé, Christian: Les échages de l'ombre. Passages des services de renseignement suisse et alliés à travers la frontière de l'Arc jurassien (1939–1945), Neuchâtel 2013, S. 87.
9 Wikipedia: Coordinating Committee on Multilateral Export Controls – abgerufen am 28.11.2021.
10 BAR E4320B#1990/133#2271*: ND Zürich, 29.3.1954; Verhör Peter Hauri, 26.2.1954.
11 BAR E4320B#1990/266#7447*: ND Zürich, 29.3.1954; Zusammenbruch der AG für Commerzielle Chemie, NZZ, 12.2.1954; In 2 ¼ Jahren 13 Millionen verwirtschaftet, Bund, 15.2.1954.
12 BAR E2001E#1967/113#13087*: Volkswirtschaftliche Berichte: Schweizer Botschafter, Madrid, an Politische Angelegenheiten, EJPD, 7.6.1950.
13 BAR E6101#1968/50#277*: Abmachungen zwischen HOVAG und PATVAG, 13.3.1954.
14 BAR E7110#1967/32#19781*: R. Oswald an EVD, 15.12.1950; EVD an R. Oswald, 18.12.1950; BAR E4320B#1990/133#2271*: Verhör Peter Hauri, 26.2.1954.
15 Zusammenbruch der AG für Commerzielle Chemie, NZZ, 12.2.1954.
16 BAR E4320B#1978/121#1616*: Antwort auf das Rundschreiben «Fall Gambaro» von Josef Ehrler, August 1951.
17 www.maryferrell.org/search.html?q=MMF%201324&types=M; NARA, CIA Box 1, Folder 7 (MMF 1324).
18 Ganis, Ralph: The Skorzeny Papers, Evidence for the Plot to Kill JFK, 2018, S. 374ff.
19 BAR E4320B#1990/133#2271*: ND Zürich an den Leiter des ND Zürich, 29.3.1954.
20 BAR E4320B#1990/133#2271*: ND Zürich an den Leiter des ND Zürich, 7.1.1954; Urteil Bezirksgericht Zürich, 2. Abteilung, 11.2.1955.
21 BAR E4320B#1990/ 133#2271*: ND Zürich an den Leiter des ND Zürich, 29.3.1954.
22 BAR J1.258#1997/222#163*: Exposé Max Rohr, [anfangs 1954].
23 SHAB: AGCC, 12.3.1954.
24 Zusammenbruch der AG für Commerzielle Chemie, NZZ, 12.2.1954; Zwölf Millionen ungedeckte Passiven, Nationalzeitung, 15.2.1954.
25 Es duftet …, Berner Tagwacht, 17.2.1954.
26 Riesenpleite der AG für Commerzielle Chemie in Zürich, Vorwärts, 20.2.1954.
27 Alle Angaben: SHAB.
28 BAR E4320B#1990/133#2271*: Verhör von Julius Paul, 26.2.1954.
29 BAR E4320B#1990/133#2271*: Verhör Paul Kohl, 26.2.1954.
30 BAR E4320B#1973/17#778*: F. Kadgien und E. Fricker an Fremdenpolizei Aargau, 5.3.1953.
31 BAR E4320B#1990/133#2271*: ND Zürich, 29.3.1954.
32 BAR E4320B#1990/133#2271*: Verhör Ernst Fischer, 10.3.1954.
33 BAR E4320B#1990/133#2271*: Urteil Bezirksgericht Zürich, 2. Abteilung, 11.2.1955.
34 KAS: 01-220-207 Olivier A.G., Rechtsanwalt Karl Hartmann an H. Stinnes, o. D.
35 Uhlig (2001), S. 383, Anm. 1: W. Oswald an E. Fischer, Bad Godesberg bei Bonn, 13.9.1955.

«Grilon stricke, nüme flicke!»

1 Lüönd, Karl: Der Unerbittliche. Karl Schweri (1917–2001), Kämpfer für faire Preise, Zürich 2017, S. 46ff.
2 Mit Mirlon kein Flicken mehr, NZZ, 1.2.1953; Mirlon bezwingt den Gotthard, NZZ, 20.9.1953; Der Geschäftsgang der Viscose Emmenbrücke, Bote vom Untersee und Rhein, 26.6.1952.
3 Preisgekrönte Ideen für Schweizer Nylon, Nidwaldner Volksblatt, 30.8.1952.
4 Geschäftsbericht HOVAG 1952.
5 BAR E6101#1968/50#646*: Gutachten Prof. Walther, 15.1.1953, S. 87f.
6 Geschäftsbericht FIBRON 1951.
7 Gespräch mit Charlotte Peter, 25.4.2019; Schilling (1994), S. 64.
8 Uhlig (2001), S. 185.
9 Gespräch mit Eveline und Joachim Schulze, 6.1.2020.
10 NL Henri C. Silberman: Récit de ma vie, 2006, S. 26.
11 Gespräch mit Heinz Schneller, 24.2.2020.
12 E-Mail von Bernd Schultze, 9.11.2020.
13 Gespräch mit Peter Hoffenberg, 14.7.2020.
14 Silberman (2006), S. 25ff.
15 Wer war Werner Oswald? Ein Lebensbild über den Begründer und Erbauer der Emser-Unternehmungen, verfasst von seinem zweiten Sohn, Christoph Rudolf Oswald, geboren 16.8.1950, o. D.
16 BAR J1.173#1986/188#40*: Protokoll UWK, 29.4.1952.
17 BAR E6101#1968/50#91*: E. Imfeld an R. Grimm, 6.5.1952.
18 BAR J1.173#1986/188#40*: Protokoll UWK, 1.7.1952.
19 BAR E6101#1968/50#84*: P. Schläpfer: Darlegungen zum Beimischungsproblem, 5.11.1952; E6101#1968/50#85* Ansprache von A. Meili anlässlich der GV, 8.8.1953.
20 Nylon Emmenbrücke, Neue Zürcher Nachrichten, 15.4.1953; Streifzug durch die Textil- und Modeabteilung, NZZ, 14.4.1953.
21 Grilon-Werbung, NZZ, 17.5.1953.
22 StaLU: PA 501/477: Duplik von Inventa i. S. Viscose gegen Inventa, 17.1.1956, S. 19.
23 KAS: 01-220-911 Lülsdorf / Chemie: Otto Ambros an Hugo Stinnes, 25.6.1954.
24 BAR E6101#1968/50#165*: Aktennotiz R. Oswald, 12.2.1953.
25 BGE: Urteil der I. Zivilabteilung vom 24. März 1953 i. S. Inventa gegen Société de la Viscose Suisse; Inventa gegen Viscose, NZZ 21.5.1953.
26 Die HOVAG schlägt zurück, VHTL-Zeitung, 4.7.1953; BAR E6101#1968/50#85* Ansprache von A. Meili anlässlich der GV, 8.8.1953.

27 StaLU: XA 23/412: Urteil Obergericht Kt. Luzern i. S. Viscose gegen Inventa, 5.11.1953.
28 KAS: 01-220: A 0585: Akte Feldmühle: Bericht über einen Besuch der chemischen Fabrik Ems und Besprechungen mit den Herren Dr. Oswald und Dr. Giesen, 27.1.1955.
29 BAR E6101#1968/50#250*: Ergänzungsbericht, 31.12.1955; StaLU PA 501/477: Urteil der III. Zivilkammer des Obergerichts des Kantons Zürich i. S. Inventa gegen Viscose, 29.3.1950.
30 BAR E6101#1968/50#248*: H. Pestalozzi an Eidgenössische Finanzdirektion, 17.3.1955.
31 StaLU PA 501/479: W. Oswald an Viscose, 7.6.1961; R. Oswald an E. Sievers, 20.7.1961.
32 AfZ: Nachlass Erwin Jaeckle: Korrespondenz 669: W. Oswald an E. Jaeckle, 26.5.1953.
33 AfZ: IB RN-Archiv 323: Alfred Niederer: Bemerkungen zum Geschäftsbericht der Fibron, 30.6.1954.
34 AfZ: IB RN-Archiv 323: A. Niederer an P. Herold, 8.7.1954.
35 NL Hellmuth Comperl: H. Comperl an R. Oswald, o. D. sowie 14.11.1953.
36 NL Hellmuth Comperl: [R. Gabler] an R. Oswald, o. D. [Ende 1953/54]
37 E-Mail von Rüdiger Mayer, 27.2.2020.
38 BAR E6101#1968/50#179*: Statistische Angaben der Belegschaft: O. D. an Vorsteher des Finanz- und Zolldepartements, 3.1.1955.
39 AfZ: Nachlass Erwin Jaeckle: Korrespondenz 669: E. Roduner an E. Jaeckle, 10.9.1953.
40 Ziegler (2013), S. 62f.
41 Gespräch mit Eveline und Joachim Schulze, 6.1.2020.
42 E-Mail Rüdiger Mayer, 27.2.2020.
43 NL Joachim Schultze: Manuskript [1998], S. 47.
44 Auskunft des Bundesbeauftragten für die Unterlagen des Staatssicherheitsdienstes der ehemaligen DDR, 27.11.2019.
45 Gespräch mit Eveline und Joachim Schulze, 6.1.2020.
46 Auskunft von Nathalie Boder, 15.5.2019.
47 NL Joachim Schultze [1998]. Das Kapitel «Know how Transfer und Nachwuchsimport aus Ostdeutschland» des Originalmanuskripts ist verschollen. Mir stand der Transkript von Martin Kreutzberg zur Verfügung. Er hat in der WOZ zwei Artikel veröffentlicht, die auf Schultzes Aufzeichnungen basieren, dabei unbesehen aber auch mehrere historische Irrtümer von Schultze übernommen: Ems-Chemie. Wie man einen Konzern aufbaut, WOZ 14.6.2021; Ems-Chemie: Am Anfang stand der Know-how-Raub aus der DDR, WOZ 20.11.2020.
48 Gespräch mit Peter Hoffenberg, 7.7.2020.

«Der Herr von Peenemünde»

1 Weltraumfahrt 3/1953, S. 82–85.
2 BArch-MA, NL Waldemar Pabst N/620/43 Patvag: Patvag Technik: Exposé über die Entwicklung des Raketen-Flüssigkeits-Triebwerks, [ca. 1964].
3 Ein Gemisch von Isobutylvinylether und Anilin.
4 Ludwig, Karl-Heinz: Die deutschen Flakraketen im Zweiten Weltkrieg, www.degruyter.com/document/doi/10.1524/mgzs.1969.5.1.87/html – abgerufen am 24.11.202; BAR J1.173#1986/188#41*: W. Oswald an R. Grimm, 20.8.1948.
5 Auskunft Dr. Thomas Köhler, Archiv HTM Peenemünde.
6 Dornberger, Walter: V2 – der Schuss ins Weltall. Geschichte einer grossen Erfindung, Esslingen 1952, S. 169.
7 BAR E4320B#1991/243#2393*: Abhörungsprotokoll Stoelzel Heinz, 1.11.1946.
8 BAR E27#1000/721#9533*: P. Schaufelberger an Oberstbrigadier Masson, 17.12.1942.
9 BAR E5155#1971/202#31*: Aktennotiz Oberholzer, 5.3.1946.
10 E4320B#1991/243#2393*: Fragebogen, 10.8.1946.
11 Heinz Stoelzel: Nochmals «V2», NZZ, 19.9.1945.
12 BAR E27#1000/721#9515*: Personalkarte der Abt. Nachrichten- und Sicherheitsdienst von P. Schaufelberger; AfZ: NL Gustav Däniker 451: P. Schaufelberger an G. Däniker [1945].
13 BAR E27#1000/721#9533*: P. Schaufelberger an Oberst Müller, 26.6.1945; P. Schaufelberger an Oberstbrigadier Masson, 11.8.1945.
14 BAR J1.127#1000/1288#40*: P. Schaufelberger an General Guisan, 29.6.1946.
15 AfZ: NL Gustav Däniker 451: P. Schaufelberger an Gustav Däniker [1945].
16 Gautschi (1994), S. 395.
17 Keller, Franziska: Oberst Gustav Däniker. Aufstieg und Fall eines Schweizer Berufsoffiziers, Zürich 1997, S. 350ff.
18 Leimgruber, Mathieu et al.: Kriegsgeschäfte, Kapital und Kunsthaus. Die Entstehung der Sammlung Emil Bührle im historischen Kontext. Forschungsgericht zuhanden des Präsidialdepartementes der Stadt Zürich und der Direktion der Justiz und des Innern des Kantons Zürich, November 2020 (2020), S. 49ff.
19 AfZ: NL Gustav Däniker 752: H. Stoelzel an G. Däniker, 19.8.1945.
20 ETH Bibliothek: Hs 14220:3924, NL Waldmeier: H. Stoelzel an M. Waldmeier, 1.8.1945.
21 ETH Bibliothek: Hs 553:842, NL Ackeret: H. Stoelzel an J. Ackeret, 4.10.1945.
22 BAR E4264#1985/196#62955*: Flüchtlingssektion an Polizeiabteilung EJPD, 18.9.1945.
23 BAR E4264#1985-196#62955: Dr. Koenig, Chef der Zensurstelle Internierung, an Eidg. Kommissariat für Internierung und Hospitalisierung, 4.10.1945.
24 Zürcher Notizen, NZZ, 29.1.1977.
25 Reiff-Sertorius, Lily: Aus meinem Leben. Erinnerungen ihrer Zeitgenossen, Rom 1976; Hartung, Hugo: Das Geniehospiz, Hamburg 1958, S. 86.
26 BAR E5155#1971/202#31*: Oberholzer an Chef K.T.A., 5.3.1946.
27 Erich Keller: Raketenfieber, NZZ Geschichte, 26.3.2020.
28 BAR E5155#1971/202#31*: Aktennotiz Oberholzer, 5.3.1946.
29 E4264#1985/196#62955*: Stapo Zürich, 16.3.1946.
30 E4264#1985/196#62955*: Aktennotiz, 15.5.1946; EJPD an die der Polizeiabteilung unterstellten Internierten, 8.5.1946.
31 E4264#1985/196#62955*: Oberstdivisionär Rhiner an Polizeiabteilung EJPD, 29.7.1946.
32 E. Bircher: Kriegserfahrungen (III. Teil), ASMZ, 7/1945; Stenografisches Bulletin Nationalrat, 15.12.1949.
33 AfZ: NL Eugen Bircher 17.9.5.3.: P. Schaufelberger an E. Bircher, [Aug./Sept. 1946].
34 E4264#1985/196#62955*: E. Bircher an Prof. de Laquis [Delaquis], Fremdenpolizei, 10.8.1946; Fragebogen, 10.8.1946.
35 BAR E4320B#1991/243#2393*: EJPD an Bundesanwaltschaft, 12.12.1946.
36 Der Pranger, Nation, 14.8.1946; Allen Raymond: Swiss Turning a Deaf Ear to Stories of Nazi Infiltration, New York Herald Tribune, 28.12.1946.
37 BAR E4264#1985/196#62955*: William McGaffin: Nazis find Refuge with «neutral» Swiss, New York Post, 14.10.1946.
38 Die Schweiz als Sündenbock, Die Tat, 23.10.1946.
39 Der Fall von der Bey zieht Kreise, Arbeitszeitung, 29.3.1947; BAR E4320B#1973/17#1230*: Entscheid des EJPD betr. von der Bey, Wilhelm, 4.7.1949.
40 Zitiert nach Wikipedia: Stahlhelm, Bund der Frontsoldaten, abgerufen am 12.12.2021.
41 BAR E4320B#1991/243#2393*: Abhörungsprotokoll H. Stoelzel, 1.11.1946.
42 BAR E4264#1985/196#62955*: Bundesanwaltschaft an Polizeiabteilung EJPD, 13.12.1946.
43 BAR E4264#1985/196#62955*: [unleserlich] an Dr. Schürch, 13.12.1946.
44 BArch-MA: NL Waldemar Pabst N/620/43 Patvag: PATVAG TECHNIK: Exposé über die Entwicklung des Raketen-Flüssigkeits-Triebwerks, [ca. 1964]; Wikipedia: Taifun (Flugabwehrrakete), abgerufen am 4.5.2021.
45 BAR E4264#1985/196#62955*, Heinz Stoelzel: Aktennotiz Alfred Guéra, 17.4.1947.
46 BAR E4264#1985/196#62955*: Notiz Herr Guéra, 17.4.1947.
47 BAR E4001C#1000/783#2675*: Eidg. Fremdenpolizei an Bundesrat E. von Steiger, 6.3.1948.
48 BArch-MA: NL Waldemar Pabst N/620/43 Patvag: PATVAG TECHNIK: Exposé über die Entwicklung des Raketen-Flüssigkeits-Triebwerks, [ca. 1964].
49 Der Herr von Peenemünde, Berner Tagwacht, 3.7.1947.
50 Die Fernrakete, Solothurner Zeitung, 8.7.1947.
51 BAR E27#1000/721#16039*: Protokoll 6. Sitzung Flab-Kommission, 10./11.7.1947.

«All diese Dinge sind sehr schmutzig»

1. BAR E4320B#1990/266#6142*: Bericht der Bundesanwaltschaft zu Hans Kleiner, 17.6.1947.
2. BAR E4320B#1990/266#6142*: Polizei-Korps Schaffhausen, Thayngen, an Polizeikommando Kt. Schaffhausen, 12.6.1947.
3. Bruns, Theo: Massenexodus von NS-Kriegsverbrechern nach Argentinien, www.ila-web.de/ausgaben/299/massenexodus-von-ns-kriegsverbrechern-nach-argentinien – abgerufen am 26.11.2021.
4. Weber, Gaby: Deutsche Raketenforschung in der Pampa. Die Interessengemeinschaft deutscher und argentinischer Waffentechniker, www.gabyweber.com – abgerufen am 26.11.2021.
5. BAR E4320B#1990/266#6142*: Abhörungsprotokoll H. Kleiner BA13.6.1947.
6. BAR E4320B#1968/195#225*: Bundespolizeidirektion Innsbruck, Bericht, 13.8.1948; E4320B#1990/266#6142*: Abhörungsprotokoll H. Helfrich, 13.6.1947; https://de.wikipedia.org/wiki/Organisation_Todt – abgerufen am 26.11.2021; Goñi, Uki: Odessa. Die wahre Geschichte: Fluchthilfe für NS-Kriegsverbrecher, Berlin 2006, S. 144.
7. BAR E4320B#1990/266#6142*: Notiz W. Balsiger, 17.6.1947.
8. Meding, Holger M.: Flucht vor Nürnberg? Deutsche und österreichische Einwanderung in Argentinien 1945–1955, Köln 1992, S. 89.
9. Goñi, Uki: Perón y los Alemanes, Buenos Aires 1998, Kapitel über Carlos Fuldner.
10. Goñi (2006), S. 81ff.
11. https://unterirdisch.de/index.php?threads/atom-antrieb-f%C3%BCr-raketen.432/page-3 – abgerufen am 26.11.2021.
12. BAR E4320B#1990/133#1623*: Abhörungsprotokoll R. Zinsser; www.ndr.de/geschichte/schauplaetze/Fritz-X-und-Co-Waffen-im-Schatten-der-V2,peenemuende238.html – abgerufen am 26.11.2011; Helmut: SABA/KAISER-RADIO/GETA. Ein Stück Rundfunkgeschichte, http://saba-forum.dl2jas.com/index.php/3246-SABA-KAISER-RADIO-GETA-ein-St%C3%BCck-Rundfunkgeschichte/ – abgerufen am 26.11.2021.
13. BAR E4800.1#1967/111#311*: Notiz H. Rothmund, 1.4.1948.
14. BAR E2001E#1967/113#7045* Aus- und Durchreise von Ausländern aus der Schweiz nach Argentinien: Tschäppät an Dr. Jezler [Fremdenpolizei], 23.7.1947; E27#1000/721#9533*: R. Frick an Sordet, 26.7.1947.
15. BAR E4800.1#1967/111#311*: Notiz H. Rothmund, 3.6.1948.
16. BAR E2001E#1967/113#7045*: Walter, Kripo Stadt Bern, an Polizeikommando Kt. Bern, 5.8.1948.
17. BAR E9500.239A#2003/46#767* Verzeichnis der an die Firma Ems-Chemie zurückgesandten Dokumente: Personalakte Rumscheidt: Aktenvermerk über Besprechung mit Dr. Helferich, Bern, 31.12.1948.
18. BAR E2001E#1967/113#7148* EPD an HOVAG, 10.1.1949; E4320B#1981/141#226*: Kapo Luzern, 16.1.1950.
19. Gespräch mit Christina Knauer-Gabler und Stefan Gabler, 15.9.2017; NL Rudolf Gabler: Aktennotiz, 22.4.1949.
20. E-Mail von Günther Mayer, 27.2.2020.
21. BAR E4001C#1000/783#2675*: Notiz Stierli, Fremdenpolizei, für Bundesrat E. von Steiger, 6.3.1948.
22. BAR E4110A#1968/197#35*: Liste des pièces remises en communication, 15.5.1949; SHAB: A.E.S. Analyses Economiques ét Sociales S. A., 6.7.1948.
23. BAR E4320B#1990/266#6778*: Einvernahme J. Rochat, 7.3.1953.
24. BAR E4320B#1984/29#501*: Bundesanwaltschaft: Note confidentielle, 21.6.1949.
25. BAR E5155#1971/202#95*: Aktennotiz Oberholzer, K.T.A., 16.8.1949; E4110A#1968/197#35*: [Jean Malherbe, Polizeipräsident VD]: Note confidentiel, o. D.
26. BAR E4320B#1990/133#3053*: Bericht Inspektor Ch. Knecht an Bundespolizei, 19.11.1948; NS Gst. [P. Schaufelberger] an Bundesanwaltschaft, 18.11.1948.
27. BAR E4320B#1990/133#3053*: P. Schaufelberger an Argentinisches Büro für Einwanderungsfragen, 24.11.1948.
28. BAR E4320B#1990/266#6778*: Kripo Kt. Waadt, 7.10.1952.
29. BAR E4320B#1990/266#6778*: Kripo Kt. Waadt, 19.9.1952.
30. BAR E4320B#1984/29#501*: Note confidentiel, Bundesanwaltschaft, 21.6.1949.
31. Hug, Peter: Schweizer Rüstungsindustrie und Kriegsmaterialhandel zur Zeit des Nationalsozialismus. Unternehmensstrategien – Marktentwicklung – politische Überwachung, hrsg. von der Unabhängigen Expertenkommission Schweiz – Zweiter Weltkrieg, Zürich 2002, S. 433ff.
32. BAR E4264#1985/196#64531*: J. Stemmer an K. Markstaller, 2.8.1948.
33. www.siebenburger.de/zeitung/artikel/kultur/20053-physiker-und-raketenpionier-von.html – abgerufen am 26.11.2021.
34. Georg von Tiesenhausen, 22.1.1990, www.si.edu/media/NASM/NASM-NASM_AudioIt-000006598DOCS-000001.pdf – abgerufen am 26.11.2021.
35. Interview mit Daniel Mellen, www.fluter.de/oberth-mellem-erfindung-des-countdown-interview – abgerufen am 26.11.2021.
36. BAR E4320B#1990/266#6485*: Städtische Polizeidirektion Bern, Informations-Bericht, 3.2.1949.
37. BAR E5150C-01#1986/5/179*: Bericht über Raketenbauprobleme (Vertrag Nr. 98680), 1948; E5150C-01#1986/5#185*: Untersuchung über Raketenproblem (Vertrag Nr. 487), 1949; E4264#1985/196#64531*: J. Rochat an Oberst Schafroht, 1.8.1948; J. Stemmer an K. Markstaller, 2.8.1948.
38. StaSO, NL Eugen Bircher, 17.9.5.3. Korrespondenz mit Schaufelberger: P. Schaufelberger an E. Bircher, 12.7.1948.
39. BAR E4320B#1990/266#6778*: Einvernahme J. Rochat, 7.3.1953.
40. BAR E4320B#1990/133#3053*: Aktennotiz Polizeidepartement Baselstadt, Polizei-Inspektorat Spezialdienst, 27.10.1948.
41. BAR E4110A#1968/197#35*: [Jean Malherbe, Polizeipräsident VD:] Note confidentiel, 15.5.1949.
42. BAR E4320B#1990/133#3053*: Bericht der Bundesanwaltschaft, 17.11.1948.
43. BAR E4320B#1990/133#3053*: Aktennotiz Polizei-Inspektorat Basel-Stadt, Spezialdienst, 27.10.1948.
44. BAR E4800.1#1967/111#311*: Schweizer Botschafter E. Feer, Buenos Aires, an H. Rothmund, 15.11.1948.
45. BAR E4800.1#1967/111#311*: E. Feer an A. Zehnder, Politische Angelegenheiten EPD, 15.11.1948.
46. BAR E4800.1#1967/111#311*: E. Feer an H. Rothmund, 15.11.1948.
47. BAR E27#1000/721#9533*: H. Hausamann an Oberst Müller, 10.12.1940.
48. StaSO: NL Eugen Bircher, 17.9.5.3. Korrespondenz mit Schaufelberger: U. Dinkelaker an P. Schaufelberger, 23.11.1948.
49. BAR E4320B#1968/195#225*: Rapport Kripo Stadt Bern, 15.2.1949.
50. BAR E4800.1#1967/111#311*: Besuch von Herrn Helferich, Tzaut [Eidg. Fremdenpolizei], 29.1.1949.
51. BAR E4320B#1990/266#6485*: Städtische Polizeidirektion Bern, Abt. Fremdenpolizei, Informationsbericht, 3.2.1949.
52. BAR E4320B#1990/266#6485*: H. Hamberger, Kunstfeuerwerkfabrik, an Fremdenpolizei Bern, 22.11.1949.
53. BAR E4110A#1968/197#35*: [Jean Malherbe, Polizeipräsident VD] Note confidentiel, 15.5.1949; BAR E4320B#1990/266#6778*: Einvernahme J. Rochat, 7.3.1953; E5155#1971/202#95*: Aktennotiz Oberholzer K.T.A., 16.8.1949; E27#1000/721#18536*: Aktennotiz über die Vorbesprechung wegen der Flüssigkeits-Rakete von EMS, 7.10.1950; NL Joachim Schultze: Flugwesen und Fliegerabwehr Nachrichtendienst No. 1/49 VERTRAULICH, Exemplar von Major Baasch, 11.2.1949.
54. BAR E5155#1971/202#95*: Konsortium für 10 cm Fliegerabwehrrakete mit Flüssigkeitsantrieb an Oberholzer K.T.A., 15.6.1949.
55. BAR E4800.1#1967/111#311*: E. Feer an H. Rothmund, 17.11.1948.
56. E5001F#1000/1854#3181*: Einladung für P. Schaufelberger, von argentinischer Botschaft an Bundesrat K. Kobelt, 5.9.1951.
57. Goñi (2006), S. S. 145.
58. BAR E4001D#1973/126#320*: Bundesrat K. Kobelt an Bundesrat M. Feldmann, 2.10.1953.
59. StaSO: NL Eugen Bircher, 17.9.5.3. Korrespondenz mit Schaufelberger: P. Schaufelberger an E. Bircher, [ca. 1948].
60. BAR E9500.239A#2003/46#767* Verzeichnis der an die Firma Ems-Chemie zurückgesandten Dokumente: Personalakte Rumscheidt: Aktenvermerk über Besprechung mit Dr. Helferich, Bern, 31.12.1948.
61. BAR E4110A#1968/197#35*: [Jean

Malherbe, Polizeipräsident VD] Note confidentiel, 15.5.1949, listet u. a. einen Brief von Hermann Oberth an Rochat vom 13.7.1949 auf.

«Der zeit- und kostensparende Weg»

1. BAR E5155#1971/202#95*: Aktennotiz [K.T.A.], 3.7.1950.
2. BArch-MA: NL Pabst Waldemar N/620/43 Patvag 1967: P. Schaufelberger: Besichtigung des in Ems bei Chur durch die PATVAG Zürich entwickelten Flüssigkeits-Raketentriebwerkes für ungesteuerte Kleinraketen, o. D.
3. BAR E27#1000/721#18536*: R. Oswald/J. Rochat an Bundesrat K. Kobelt, 20.9.1950.
4. BAR E5001F#1000/1851#3722*: A. Gadient an Bundesrat K. Kobelt, 3.10.1950.
5. BAR E5155#1971/202#95*: Oberholzer, K.T.A: Sprengwirkung auf Flugzeuge, 29.12.1948.
6. NL Joachim Schultze: Die Luftverteidigung, 25.10.1948; Ungesteuerte Abwehrraketen Taifun, 5.12.1948.
7. «Ablauf der Flakentwicklung und Vorschläge» von Halder, Genst 6. Abt (IVB) an Chef & Abt., Mai 1941, Deutsches Museum, zitiert nach Neufeld, Michael J.: Die Rakete und das Reich: Wernher von Braun, Peenemünde und der Beginn des Raketenzeitalters, Berlin 1999, S. 186, Anm. 39.
8. Auskunft Dr. Thomas Köhler, Archiv HTM Peenemünde.
9. Neufeld (1999), S. 186.
10. NARA, WWII Nuernberg Interrogation Records, M1270, Catalog ID 647749, Roll 0024, SAIC/PIR/192: Halder Fritz: Interrogation Report, 19.7.1945.
11. BArch-MA: PERS 6-5042 Friedrich Halder: Josef Zbornik an Wehrbezirkskommando II, Luftwaffe: Auskünfte über Ltn. a. D. Dr. Friedrich Halder, 11.11.1938.
12. BArch-MA: Pers.6-5042 Friedrich Halder: J. Zbornik, Landerziehungsheim Grinzing: Arbeitszeugnis F. Halder, 8.7.1938.
13. BAR E5155#1971/202#95*: Oberholzer K.T.A.: Besprechung mit Dr. Baasch betreffend 10 cm Flab-Rakete mit Flüssigkeitsantrieb, 12.8.1949.
14. NL Joachim Schultze: W. Oswald an A. Gadient, H. Zorn, F. Halder, 27.7.1950.
15. NL Joachim Schultze: Friedrich Halder: [Ohne Titel], 20.1.1949.
16. BAR E5155#1971/202#95*: Aktennotiz K.T.A. über den Besuch von Dipl. Ing. Günther, 31.7.1950.
17. BAR E4320B#1990/133#3053*: Aktennotiz Kapo Waadt, 6.12.1949.
18. BArch-MA: PERS 6/167292 Ludwig Volpert: Beurteilung, 11.2.1943.
19. BAR E4320B#1990/133#3053*: Aktennotiz Kapo Waadt, 28.10.1949 und 6.12.1949; E4320B#1990/266#6778*: Abhörprotokoll L. Volpert, 22.4.1955.
20. E4320B#1990/266#6778* Verhör J. Rochat, 7.3.1953.
21. BAR E4320B#1990/266#7069* Zbornik Joseph: Notiz Bupo, 27.2.1959.
22. E4264#2006/266#33809*: Kapo Graubünden an Polizei- und Justizdepartement Graubünden, 11.6.1949; Kapo Graubünden an Bundesanwaltschaft, 31.10.1958.
23. BAR E5155#1971/202#95*: Besprechung mit Dr. Menke, 13.2.1950.
24. Alle Angaben aus BAR E4320B#1973/17#1456* Doerpinghaus, Ernst.
25. BAR E4320B#1973/17#1456*: E. Doerpinghaus: Chronologische Darstellung, 2.11.1951; ND Zürich, 1.4.1952.
26. NL Joachim Schultze: W. Oswald an F. Halder, A. Gadient, H. Zorn, 27.7.1950.
27. Protokoll Gemeinderatssitzung Tamins, Nr. 377, 10.11.194; BAR E27#1000/721#18536*: P. Schaufelberger an Gemeindepräsident Domenig, Tamins, 28.11.1949.
28. Protokoll Gemeinderatssitzung Tamins, Nr. 377, 10.11.1949.
29. BAR E27#1000/721#18532*: E. Bircher an Bundesrat K. Kobelt, 14.9.1950; AfZ: NL Eugen Bircher 17.9.5.2.: Kleine Anfrage Bircher zu Lücken in unserem militärischen System, 2.10.1950.
30. BAR E27#1000/721#18536*: R. Oswald/J. Rochat an Bundesrat K. Kobelt, 20.9.1950.
31. SHAB: Verfahren zur Zündung der flüssigen Treibstoffe einer Rakete, 23.3.1950.
32. BAR E6101#1968/50#279*: Abmachungen HOVAG und Calanda, o. D.
33. BAR E27#1000/ 721#18536*: Protokoll über die Konferenz mit Vertretern der HOVAG Ems betr. Flüssigkeitsraketen, 16.10.1950.
34. E5155#1971/202#92*: Aktennotizen Chef K.T.A. zum Besuch von M. Birkigt, 15.1.1951; NL Joachim Schultze: F. Halder, J. Zbornik, H. Pohajac an Nationalrat Gadient, 1.4.1951.
35. BAR E27#1000/721#18536*: Vorbesprechung wegen der Flüssigkeitsrakete von EMS, 7.10.1950.
36. BAR E5155#1971/202#95*: Zahlungen an P. Schaufelberger, 20.9.1951.
37. NL Joachim Schultze: F. Halder an E. von Holt, 29.6.1951; E. von Holt an F. Halder, 17.7.1951.
38. BAR E5155#1971/202#95*: K.T.A.-Chef R. von Wattenwyl an J. Henrici, Buenos Aires, 28.1.1950; J. Henrici an R. von Wattenwyl, 25.3.1950.
39. BAR E4110A#1968/197#35*: [Jean Malherbe, Polizeipräsident VD] Note confidentiel, 15.5.1949, enthält eine Liste von Korrespondenzen, darunter: Vertraulicher Bericht über Besprechung mit Oberst Baumbach, Briefkopf Herward Braunegg, dipl. Ing., Ems/Domat, 5.7.1951.
40. BLUFF. Die PAG ist eine Macht, Spiegel, 2.7.1952.
41. NL Joachim Schultze: W. Oswald an V. Oswald, Madrid, 4.1.1951.
42. NL Joachim Schultze: E. Füllner, P.A.G. Physikalische Arbeitsgemeinschaft Cairo, an Nationalrat Gadient, 5.2.1951.
43. Bericht der Organisation Gehlen an die CIA, Subject: CATIDE Cover Firms, 2.11.1965, www.cia.gov/library/readingroom/docs/IHM%2C − abgerufen am 11.7.2019 (nicht mehr online verfügbar).
44. BAR E4264#1988/2#31702*: Nachrichtendienst E. M. D.: Vorsprache Oberstl. Schaufelberger, 22.11.1949.
45. NL Joachim Schultze: Erich Dinner in Kairo an Calanda, 26.1.1951.
46. BLUFF. Die PAG ist eine Macht, Spiegel, 2.7.1952.
47. BAR E4320B#1990/266#6734*: ND Zürich an Bundesanwaltschaft, 4.7.1952; Bundesanwaltschaft an K.T.A., 4.7.1952; Bundesanwaltschaft an ND Zürich, 26.6.1952.
48. NL Joachim Schultze: F. Halder, J. Zbornik, H. Pohajac, betr. Raketenversuche, an Nationalrat Gadient, 1.4.1951.
49. BAR E27#1000/721#9533*: L. de Montmollin an Bundesrat K. Kobelt, 29.11.1954.
50. AfZ: NL Eugen Bircher 24.2.122: P. Schaufelberger an E. Bircher, 15.11.1950.
51. BAR E27#1000/721#9533*: A. Meili, E. Bircher, A. Gadient an Bundesrat K. Kobelt, November 1950.
52. BAR E27#1000/721#9533*: Ch. Daniel an E. Bircher, 22.1.1951.
53. BAR E27#1000/721#9533*: L. de Montmollin an Bundesrat K. Kobelt, 29.11.1954.
54. BAR E5460A#1000/907#326* R. von Wattenwyl an Generalstabsabteilung, 5.7.1951.
55. BAR E5460A#1000/907#326*: Oberst Kuenzy an Generalstabschef, 27.9.1951.
56. Nachlass Joachim Schultze: F. Halder an VR Calanda, 29.6.1951.
57. BAR E6101#1968/50#162*: Abmachungen HOVAG und Calanda, o. D.

«Der gefährlichste Mann in Europa»

1. Militärischer Staatsstreich in Ägypten, Die Tat, 24.7.1952.
2. BAR E4320C#1994/121#424*: Bundesanwaltschaft an K.T.A., 24.9.1952.
3. BAR E4320C#1994/121#424*: R. Oswald an Eidg. Fremdenpolizei, 24.9.1952.
4. Nicht die SS, die Wehrmacht befreite Mussolini, Die Welt, 12.9.2013.
5. Zitiert nach Hammerschmidt, Peter: Deckname Adler: Klaus Barbie und die westlichen Geheimdienste, Anm. 1352.
6. Hammerschmidt, Peter: Die Nachkriegskarriere des «Schlächters von Lyon» Klaus Barbie und die westlichen Nachrichtendienste, Dissertation 2013, S. 404.
7. Ilse von Finckenstein ist das Patenkind einer Verwandten von Hjalmar Schacht, siehe BAR E4320C#1994/121#424*: EJPD an Bundesanwaltschaft, 24.6.1952.
8. BAR E4320C#1994/121#424*: Eidg. Fremdenpolizei an Bundesanwaltschaft, 4.12.1951.
9. BAR E4320C#1994/121#424*: Kapo Zürich, 9.3.1951.
10. BAR E4320C#1994/121#424*: Kriminalpolizei für die Britische Zone an Bundesanwaltschaft, 16.4.1951.
11. BAR E4320C#1994/121#424*: H. U. Fr. an P. Schaufelberger, 9.6.1951.

12 BAR E4320C#1994/121#424*: Fr. Genoud an W. Balsiger, 16.6.1951 und 31.7.1961, W. Balsiger an F. Genoud, 4.7.1951; Winkler, Willi: Der Schattenmann. Von Goebbels zu Carlos. Das mysteriöse Leben des François Genoud, Berlin 2001.
13 Wikipedia: François Genoud – abgerufen am 9.11.2020.
14 BAR E4320C#1994/121#424*: Eidg. Fremdenpolizei an Schweizer Botschaft Madrid, 6.7.1951.
15 BAR E4320C#1994/121#424*: Bundesanwaltschaft an K.T.A., 24.9.1952; R. Oswald an Eidg. Fremdenpolizei, 24.9.1952.
16 IfZ: Nachlass Schwerin Ed 337-27-227 DIMEX: W. Heck an Direktor der Mowag, 27.11.1953.
17 Wilhelm Fahrmbacher, Spiegel, 12.2.1952.
18 Heil Rommel, Spiegel, 9.4.1952.
19 Breitmann (2004), S. 330: Laut CIA ist es wahrscheinlich Wilhelm Beissner, der in Kairo untergetauchte Nahostexperte des Reichssicherheitsamts, der Skorzeny in ägyptische Regierungskreise eingeführt hat.
20 Schilling (1994), S. 56; Audiencia civil del Rey, Mediterraneo, 10.3.1976.
21 United States Court of Claims, Miller v. United States, 1.5.1956: https://cite.case.law/ct-cl/135/1/ und http://www.merchav-aviri.org/t62/tiki-index.php?page=Noorduyn+UC-64A-ND+Norseman – abgerufen am 29.11.2021.
22 Ilan, Amitzur: The Origin of the Arab-Israeli Arms Race. Arms, Embargo, Military Power and Decision in the 1948 Palestine War, Hampshire und London, 1996. S. 199.
23 https://es.wikipedia.org/wiki/Casa_Oswald_(Madrid)
24 BAR E2001E#1967/113#4294*: Schweizer Botschafter Madrid an EPD, 14.11.1949; Gespräch mit Christoph Blocher, 10.6.2021.
25 Alfonso Ussia: Coreros culpables, La Razón, 2.1.2017.
26 Gespräch mit Hans Zollinger, 12.5.2022.
27 E2001E#1000/1571#787*: Schweizer Botschafter Madrid an EPD, 5.11.1947; es handelt sich um folgende Firmen: AEG, die AEG-Tochterfirmen Electra Rubi S. A. und Electra Industrial S.A. sowie die Olympia Büromaschinenwerke, alle Informationen von fold3.com.
28 US loan to Spain, New York Times, 12.2.1950; Le capitalisme américain au secours de Franco, Sentinelle, 9.2.1950.
29 BAR E2001E#1967/113#4294*: Schweizer Botschafter Madrid an EPD, 18.11.1949 und 20.2.1950.
30 https://player.fm/series/dave-emorys-for-the-record/ftr1225-further-analysis-of-nazi-involvement-in-the-assassination-of-jfk.
31 Gespräch mit Heinz Schneller, 24.2.2020.
32 Gespräch mit Christoph Blocher, 10.6.2021.
33 Gespräche mit Charlotte Peter, 25.4.2019, Heinz Schneller, 24.2.2020, Eveline und Joachim Schulze, 6.1.2020.
34 U. S. District Court for the Southern District of New York: Oswald (rare coin buyer) v. Allen (seller), 11.6.1968, https://law.justia.com/cases/federal/district-courts/Supp/285/488/1906893/ und https://casetext.com/case/oswald-v-allen-2 – abgerufen am 29.11.2021.
35 Telefongespräch mit Michael Oswald, 27.2.2022; Lüönd (2011) S. 17f.
36 BAR E6101#1968/50#277*: Aktien der PATVAG, o. D. [1953].
37 BAR E4320C#1994/121#424*: Bundesanwaltschaft an Eidg. Fremdenpolizei, 14.10.1952.
38 BAR E5001F#1000/1859#15*: Schweizer Botschafter Madrid an Ch. Daniel 9.10.1952.
39 BAR E5001F#1000/1859#15*: Ch. Daniel an Oberst Bracher, 15.10.1952.
40 BAR E4320C#1994/121#424*: Schweizer Botschafter Madrid an Nachrichten-Sektion, 16.10.1952.
41 Linked-in: «Efecto Colombo» – abgerufen am 18.10.2021.
42 Zitiert nach Smith, Stuart: Otto Skorzeny. The Devil's Disciple, London, 2018, Anm. 3.
43 Ganis (2018), S. 295.
44 Bericht des US-Konsuls in Bilbao, 17.9.1953, siehe Foreign service dispatch, Horace H. Smith, Counselor of Embassy for Economic Affairs, American Embassy, Madrid, 9.9.1954, www.cia.gov/library/readingroom/docs/SKORZENY,%20OTTO%20%20%20VOL.%20 20095.pdf – abgerufen am 29.11.2021.
45 Infield, Glenn B.: Secrets of the SS, NY, 1982, S. 242, Anm. 161: Reference dispatch: American Embassy Dispatch no 154, 9.9.1954, U. S. Department of State.
46 BAR E4320C#1994/121#424*: Bundesanwaltschaft an ND Genf und Zürich, 29.4.1953.
47 BAR E4320C#1994/121#424: O. Skorzeny an Chef der Eidg. Fremdenpolizei, 21.12.1965.
48 BAR E4320C#1994/121#424*: Fremdenpolizei Waadt an EPD, 29.7.1968.
49 KAS: 01-220:A 0585 Akte Feldmühle: Bericht über einen Besuch der chemischen Fabrik Ems und Besprechungen mit den Herren Dr. Oswald und Dr. Giesen am 27./28.2.1955, 3.2.1955; BAR E9500.239A#2003/46#767*: Verzeichnis der an die Firma Ems-Chemie zurückgesandten Dokumente.

«Das missglückte Emser Experiment»

1 Et revoici la potion d'Ems, Gazette de Lausanne, 10.11.1952.
2 Automobilrevue, 28.5.1955.
3 BAR E6101#1968/50#82*: W. Oswald an F. Frey-Fürst 1950, 19.7.1951.
4 StaGR: Protokolle Grosser Rat, Besuch der HOVAG, 31.5.1951.
5 AfZ: IB Vorort-Archiv 212.2.2.: Aktennotiz E. Geyer, 2.10.1953.
6 E6101#1968/50#640*: Sitzungsprotokoll, 1.4.1952.
7 Ebd.
8 BAR E6101#1968/50#91*: Sitzungsprotokoll, 2.4.1952.
9 BAR E6101#1968/50#640*: W. Oswald an Bundesrat R. Rubattel, 15.4.1952.
10 StaGR: X 11 n 2 Bestand Hovag: Besprechung Bundesrat K. Kobelt und W. Oswald in Vulpera, 16.8.1952.
11 Postulat Jaeckle: Holzverzuckerungs A.G., 16.6.1952.
12 Schwerpunkt-Ausgabe der Tat zum Landesring, 8.1.1937.
13 Auskunft erwünscht, Die Tat, 18.6.1952.
14 AfZ: NL Erwin Jaeckle, 665 Hovag Korrespondenz: W. Oswald an E. Jaeckle, 12.9.1952.
15 AfZ: NL Erwin Jaeckle, 290 Unterlagen Bezirksgericht Gadient vs. Jaeckle: Protokoll der Sitzung der nationalrätlichen Kommission zur Behandlung des Entwurfes zu einem Bundesgesetz über die wirtschaftliche Kriegsvorsorge, 16./17.5.1955.
16 Berg und Tal, Stadt und Land, Vortrag von A. Gadient in der Delegiertenversammlung der Neuen Helvetischen Gesellschaft, 6.12.1952, Separatdruck der Neuen Bündner Zeitung.
17 Das Stichwort der Woche: Graubünden muss geholfen werden, aber …, Neue Zürcher Nachrichten, 24.2.1954.
18 Politische Explosion um Emser Wasser, Bund, 22.12.1952; Soll weiter Emser Wasser fliessen? Scharfe Auseinandersetzung im Verwaltungsrat des TCS, Tat, 23.12.1952; Was heisst «gerecht und tragbar»?, Tat, 24.12.1952.
19 BAR E6101#1968/50#84*: Notiz M. Iklé: 24.6.1952.
20 BAR E6101#1968/50#281* Bericht der UWK an Finanzdepartement, 31.5.1955.
21 E6101#1968/50#646* Prof. Alfred Walther: Gutachten über die Kosten und Rentabilität der HOVAG, 1953.
22 BAR E6101#1968/50#151*: HOVAG-Tagebuch vom 27.1.1953: Prof. Walther nennt als «minimale Voraussetzung» die Produktion von 10 000 t Treibstoff und 20 000 hl Sprit.
23 AfZ: IB Vorort-Archiv 212.2.2.: Aktennotiz 28.8.1953.
24 BAR E6101#1968/50#88*: E. Imfeld an R. Grimm, 12.4.1953.
25 BAR E6101#1968/50#91*: E. Imfeld an R. Grimm, 4.6.1952.
26 BAR E6101#1968/50#78*: W. Oswald an E. Imfeld, 27.7.1948.
27 BAR E6101#1968/50#86*: Protokoll UWK, 17.1.1953.
28 BAR E6101#1968/50#85*: Zum Problem der Inlandtreibstoffe HOVAG/LONZA, Bericht der UWK, März 1953.
29 BAR E6101#1968/50#87*: M. Iklé an Bundesrat M. Weber, 30.3.1953.
30 Protokoll der Bundesratssitzung, 5.6.1953.
31 AfZ: NL Erwin Jaeckle 669: W. Oswald an E. Jaeckle, 26.5.1953.
32 BAR J1.173#1986/188#44*: E. Imfeld an R. Grimm, 16.6.1953.
33 Amtliches Bulletin der Bundesversammlung, Postulat Jaeckle: Holzverzuckerung, 16.9.1953.
34 SHAB: INVENTA, 20.11.1953.
35 BAR E2200.60#1992/209#165*: Broschüre: Caprolactam [um 1966].
36 E-Mails von Dororhea und Günter Kahr, 9.11.2020 und 31.12.2020.
37 AfZ: NL Erwin Jaeckle 666: A. Gadient an E. Jaeckle, 25.7.1953.

38 Emser Wasser und Subventionsmilch, Die Tat, 25.6.1953.
39 EMS Prüfstein eidgenössischer Solidarität, Berner Tagwacht, 18.6.1953.
40 Wirtschaftliche Reisläuferei, Berner Tagwacht, 25.8.1953; AfZ: IB Vorort-Archiv 212.2.2: Vorort an Schw. Gesellschaft für chemische Industrie, 10.7.1953.
41 Arbeiter-Zeitung Basel, 28.8.1953; Volksrecht 12.9.1953; Genossenschaft, 24.10.1953.
42 Freier Aargauer, 20.6.1953; Tages-Anzeiger 29.8.1953; Luzerner Neuste Nachrichten, 19.9.1953; Finanz und Wirtschaft 4.12.1953.
43 BAR E6101#1968/50#468*: Verband der Schweiz. Kunstseidenfabrikanten an den Bundesrat, 21.9.1953.
44 Emserwasser Klassenkampfrequisit, Vaterland, 19.9.1953.
45 BAR E6101#1968/50#81*: W. Oswald an R. Grimm, 7.6.1950.
46 BAR E4320B#1981/141#62*: Aktennotiz Bundesanwaltschaft zuhanden von W. Balsiger, 28.6.1947; E4320B#1990/266#7504*: Kopie HOVAG Fiche, 24.7.1950 und 12.9.1950 über die Entlassung eines Gewerkschafters.
47 Ein wertvoller volkswirtschaftlicher Kraftstrom, Genossenschaft, 25.7.1953.
48 BAR J1.173#1986/188#44*: E. Imfeld an R. Grimm, 16.6.1953.
49 Die Krücken weg!, Die Tat, 24.9.1953; Chemie bezieht Stellung gegen Ems, Die Tat, 7.9.1953.
50 Emser Propaganda auf Hochtouren, Handelszeitung, 4.6.1953.
51 BAR E6101#1968/50#639*: W. Oswald an R. Grimm, 25.7.1950.
52 BAR J1.173#1986/188#41*: W. Oswald an R. Grimm, 17.8.1953.
53 Gespräch mit Christoph Blocher, 10.6.2021.
54 Ems – wie es der Kaufmann sieht, Die Tat, 20.8.1953.
55 BAR E6101#1968/50#85* Ansprache von A. Meili anlässlich der Generalversammlung vom 8.8.1953.
56 BAR J1.173#1986/188#44*: E. Imfeld an R. Grimm, 13.8.1953.
57 BAR J1.173#1986/188#44*: E. Imfeld an R. Grimm, 28.8.1953; J1.173#1986/188#45*: Vortragsmanuskript von R. Grimm, 9.9.1953.
58 Amtliches Bulletin der Bundesversammlung, Postulat Rohner: Holzverzuckerungs-AG, 28.9.1953.
59 Das «Emserwasser» wirft im Ständerat hohe Wellen, Basler Nachrichten, 29.9.1953; Randbemerkungen aus dem Bundeshaus, Schaffhauser Nachrichten, 30.9.1953.
60 Rückblick auf die Herbstsession, Schaffhauser Nachrichten, 2.10.1953.
61 SWA: Bf77: Ein Kampf auf Leben und Tod, Genossenschaft, 24.10.1953.
62 Rückblick auf die Herbstsession, Schaffhauser Nachrichten, 2.10.1953.
63 Randbemerkungen aus dem Bundeshaus, Schaffhauser Nachrichten, 30.9.1953.
64 AfZ: NL Max Iklé 2: Erinnerungen, o. J., S. 177f.
65 Staatlich geförderte Konkurrenz, Bund, 15.10.1953; Diskussion um das «Emserwasser», Volksrecht, 2.10.1953.

66 E6101#1968/50#674*: F. Luterbacher, Rechtsdienst der Finanzverwaltung, an M. Iklé, 24.7.1953.
67 AfZ: IB Vorort-Archiv 212.2.2.: Vorort an EPD und EVD, 14.10.1953; Sitzungsprotokoll, 28.9.1953; BAR J1.173#1986/188#40*: Sitzungsprotokoll UWK, 29.4.1952. Hier geht die UWK von Investitionen von 80 Mio. Fr. aus.
68 AfZ: IB Vorort-Archiv 212.2.2.: Sitzungsprotokoll, 2.12.1953.
69 AfZ: NL Erwin Jaeckle 672: A. Thommen an E. Jaeckle, 4.5.1954.
70 AfZ: IB Vorort-Archiv 212.2.2.: Notiz E. Geyer zur Besichtigung der HOVAG durch die Sekretäre der Handelskammern, 2.10.1953.
71 BAR E6101#1968/50#674*: Schw. Strassenverkehrsverband an Finanzverwaltung, 26.9.1953; Geschäftsbericht HOVAG 1955.
72 AfZ: NL Erwin Jaeckle: 671: Kleiner Rat an Finanzdepartement, 11.11.1953, plus Anhang der HOVAG.
73 Graubünden verteidigt Ems, Die Tat, 21.11.1953.
74 BAR E5001F#1000/1857#3923*: Kleiner Rat Graubünden an Bundesrat, 9.10.1953; Beteuerungen der Holzverzuckerungs AG in Ems, National-Zeitung, 20.11.1953.
75 Der Kampf um das «Emser» Wasser, VHTL-Zeitung, 4.12.1953.
76 Die Holzverzuckerungs AG in Ems. Eine Pressekonferenz, 20.11.1953.
77 Graubünden kämpft um die Fortführung der Emser Werke, Neue Bündner Zeitung, 21.11.1953.
78 AfZ: IB Vorort-Archiv 212.2.2: Sitzungsprotokoll, 28.9.1953.
79 Altermatt, Urs (Hrsg.): Die Schweizer Bundesräte. Ein historiographisches Lexikon. Zürich/München 1991, S. 455,
80 Protokoll der Bundesratssitzung: Finanzdepartement an Bundesrat, 7.1.1954.
81 AfZ: NL Max Iklé 2: Erinnerungen, o. J., S. 177.

«Das Eingreifen hoher Persönlichkeiten»

1 Amtliches Bulletin der Bundesversammlung: Interpellation Steiner 5.6.1953.
2 BAR E4320B#1990/266#6778*: Kripo Waadt, 19.9.1952 und 7.10.1952.
3 BAR E4320B#1990/266#6809*: Abhörungsprotokoll Conrado José Kraemer-Y-Schimmel, 20.1.1954.
4 Hug (2002), S. 584, 650, 654, Anm. 303: #1663, Report, 16.2.1944, NARA, RG 84, Entry 3223, Box 38 (Hispano Suiza).
5 BAR E5001F#1000/1857#3808*: K.T.A. an Militärverwaltung, 17.10.1952.
6 BAR E4320B#1990/266#6778*: K.T.A. an Bundesanwaltschaft, 1.11.1952.
7 BAR E4320B#1990/266#6778*: Aktennotiz der Bundesanwaltschaft, 20.4.1953.
8 BAR E5001F#1000/1857#3808*: Militärverwaltung an Bundesrat K. Kobelt, 13.3.1953.
9 BAR E4320B#1990/266#6778*: Exposé des faits, EJPD 6.3.1953.
10 BAR E4320B#1990/266#6778*: Einvernahme J. Rochat, 7.3.1953.

11 BAR E5001F#1000/1857#3808*: Militärverwaltung an Bundesrat K. Kobelt, 13.3.1953.
12 BAR E5001F#1000/1857#3808* P. Clerc, Militärverwaltung, an Bundesrat K. Kobelt, 18.3.1953.
13 BAR E5001F#1000/1857#3808*: Notiz P. Clerc, Militärverwaltung, 25.3.1953.
14 BAR E4320B#1990/266#6778*: Einvernahme L. Volpert, 28.3.1953.
15 BAR E4320B#1990/266#6778*: Kripo-Chef Waadt an Bundesanwaltschaft, 2.4.1953.
16 BAR E4320B#1990/266#6778*: Militärdirektion an Bundesanwaltschaft, 16.4.1953.
17 BAR E4320B#1990/266#6778* Notizen der Bundesanwaltschaft zuhanden der Bundespolizei, 28.2.195; Aktennotiz Bundesanwaltschaft, 20.4.1953.
18 BAR E4320B#1990/266#6778*: Untersuchungsrichter Kanton Waadt, an EJPD, 6.5.1953.
19 BAR E5001F#1000/1857#3808*: J. Rochat an Militärverwaltung, 8.5.1953.
20 BAR E4320B#1990/266#6778*: Notizen für Bundesanwaltschaft, 19.5.1953.
21 BAR E4320B#1990/266#6778*: Militärverwaltung am K.T.A., 9.6.1953.

«Unklarheiten fataler Art»

1 StAZH: Steuerunterlagen Emil Bührle, Ordner Z418.789: Protokoll zur Einschätzung der Steuererklärung für 1948/49/50, 15.1.1951, zitiert nach Leimgruber (2020), S. 54.
2 BArch-MA: NL Pabst N/620/43: [P. Schaufelberger]: Besichtigung des in Ems durch Patvag ZH entwickelten Flüssigkeits-Raketentriebwerkes für ungesteuerte Kleinraketen, o. D.; WO/OB Archiv: Rheinmetall B5354, Ordner OBA 1-30, Abschnitt 10: Bührle, Emil: Die Werkzeugmaschinenfabrik Oerlikon, 14.10.1953, S. 11, zitiert nach Leimgruber (2020), S. 9, 56.
3 Leimgruber (2020), S. 57ff.
4 Als ein Waffenhändler im Koreakrieg den Bundesrat in die Knie zwang, NZZ, 4.6.2018.
5 Leimgruber (2020), S. 60.
6 Protokoll Gemeindeversammlung Untervaz, 29.10.1952.
7 BAR E2001E#1967/ 113#7131*: H. Hansen an Einwohnerkontrolle Genf. 1.9.1954.
8 BAR E2001E#1967/113#7131*: Georg de Puoz an EPD, 9.4.1948.
9 BAR E2001E#1967/113#7131*: Fremdenpolizei an Hispano Suiza, 23.4.1948.
10 BAR E27#1000/721#9533*: Generalstabschef L. de Montmollin an Bundesrat K. Kobelt, 29.11.1954.
11 BAR E4001D#1973/126#320*: Notiz für Generalstabschef, ohne Urheber, o. D.
12 Berner Splitter, National-Zeitung, 5.7.1953.
13 Amtliches Bulletin der Bundesversammlung: Interpellation Gfeller-Basel, 30.9.1953.
14 BAR E5330-01#1982/1#707*: Bericht und Antrag von Untersuchungsrichter Oberstl. Wyermann, 11.2.1953.

15 BAR E5330-01#1982/1#707*: Frick, Gruppe Ausbildung, EMD, an P. Schaufelberger, 24.2.1953.
16 E4001D#1973/126#320*: Stellungnahme P. Schaufelberger zum Brief von W. Plappert, 12.7.1953.
17 BAR E4001D#1973/126#320*: P. Schaufelberger: Beantwortung des Fragebogens i. S. Dr. Plappert, 5.5.1953.
18 BAR E27#1000/721#9533*: L. de Montmollin an Bundesrat K. Kobelt, 29.11.1954.
19 BAR E4110A#1968/197#35*: M. Rohr an Bundesrat M. Feldmann, 6.9.1955.
20 BAR E4110A#1968/197#35*: Bundesrat K. Kobelt an Bundesrat M. Feldmann, 29.10.1954.
21 Interpellation au sujet du chef de la sureté vaudoise, Gazette de Lausanne, 15.9.1953; Chef der waadtländischen Sicherheitspolizei bestraft, Bund, 28.1.1954.
22 BAR E4001D#1973/126#320*: Inspektor Maurer: Vertrauliche Aufzeichnung, 12.3.1954.
23 Amtliches Bulletin der Bundesversammlung: Sitzung des Nationalrates, 22.9.1954.
24 Amtliches Bulletin der Bundesversammlung: Fragestunde im Anschluss an Bundesrat Kobelts Beantwortung der Interpellation Gfeller, 6.10.1954.
25 BAR E5001F#1000/1863#739*: P. Schaufelberger an Bundesrat K. Kobelt, 8.10.1954; Bundesrat K. Kobelt an P. Schaufelberger, 13.10.1954.
26 BAR BAR E4001D#1973/126#320* Bundesrat M. Feldmann an Bundesanwaltschaft, 11.9.1953.
27 Tagebuch Feldmann, Bd. 4, 4.10.1953, S. 407.
28 BAR E27#1000/721#9533*: L. de Montmollin an Bundesrat K. Kobelt, 24.11.1954.
29 BAR E27#1000/721#9533*: L. de Montmollin an Bundesrat K. Kobelt, 29.11.1954.
30 BAR E4001D#1973/126#280*: Kleine Anfrage Bircher, 6.10.1954.
31 BAR E4110A#1968/197#35* M. Rohr an Bundesrat M. Feldmann, 8.7.1955.
32 BAR J1.258#1997/222#163*: M. Rohr an M. Rosenberg, 13.2.1954; In 2¼ Jahren 13 Millionen verwirtschaftet, Berner Tagwacht, 15.2.1954; Die Zürcher Riesenpleite und der Osthandel, Neue Bündner Zeitung, 19.2.1954. Zu Rohr, siehe auch die Kapitel «Mineralöl-Fischer», S. 125, und «Der Kopf der ganzen Schieberkette», S. 211.
33 BAR E4110A#1968/197#35*: M. Rohr an Bundesrat M. Feldmann, 8.7.1955.
34 BAR E4110A#1968/197#35*: Bundesrat M. Feldmann an M. Rohr, 12.9.1955.
35 BAR E4001D#1973/126#320*: Bundesrat M. Feldmann an Bundesanwaltschaft, 21.9.1953.
36 BAR E4001D#1973/126#280*: Aktenverzeichnis, o. D.
37 BAR E4110A#1968/197#35*: M. Rohr an Bundesrat M. Feldmann, 24.10.1955.
38 BAR E4001D#1973/126#280*: Bundesrat M. Feldmann an Oberst M. Schafroth, 17.10.1955 und 30.11.1955; Amtliches Bulletin der Bundesversammlung: Beantwortung Kleine Anfrage Bircher, 2.12.1955.
39 BAR E4001D#1973/126#280*: P. Schaufelberger an Bundesrat M. Feldmann, 28.12.1955.
40 SHAB: Jean Stöckli & Co., Feilenregenerierung, 22.10.1954.
41 http://www.difesa.it/Area_Storica_HTML/editoria/Documents/Airpower.pdf – abgerufen am 29.11.2021.
42 BAR E5560C#1975/46#637*: Bericht J. Zbornik, 2.4.1960.

«Opalm übertrifft Napalm»

1 Luzern erlebte die erste grossangelegte Luftschutzübung der Schweiz, Die Tat, 27.11.1954.
2 BAR E4390A#1000/862#489*: Abt. Luftschutz, Sektionschef Riser, an HOVAG, 27.11.1954.
3 Erste kombinierte Zivilverteidigungsübung, Freiburger Nachrichten, 27.11.1954.
4 Ofenloch-Hähnle, Beatus: War Boys. Louis F. Fieser und die Geschichte der Napalm-Entwicklung, Wissenschaft & Frieden, 1989. S. 3.
5 Streithorst, Tom: Napalm's death. How the incendiary went from hero to pariah, www.prospectmagazine.co.uk/arts-and-books/napalm-america-korea-japan-vietnam – abgerufen am 27.7.2019.
6 Bilanz des Luftkriegs, NZZ, 10.7.1950.
7 www.prospectmagazine.co.uk/arts-and-books/napalm-america-korea-japan-vietnam – abgerufen am 27.7.2019.
8 Neues Mittel gegen Panzer, Die Tat, 11.7.1950.
9 Napalm, ein neues Kampfmittel, NZZ, 31.10.1951.
10 Die Napalm-Bombe – eine fürchterliche Waffe, Augenzeugenbericht von UP-Korrespondent Charles Corddry, Die Tat, 13.3.1951.
11 A new concerted Communist propaganda line, New York Times, 19.8.1952.
12 Zitiert nach Neer, Robert: Napalm. An American biography, Cambridge 2013, S. 100.
13 Feuerbomben – ein neues Mittel zur Panzerabwehr, NZZ, 19.11.1950.
14 Amtliches Bulletin der Bundesversammlung: Rüstungsprogramm, 28.3.1951.
15 BAR E5465A#1981/178#902*: Untersuchungsbericht EMPA, 25.6.1951.
16 NL Joachim Schultze: Manuskript [1998], S. 8.
17 BAR E5465A#1981/178#902*: Abt. für Flugwesen an Oberstdiv. Rihner, 27.2.1951.
18 BAR E5465A#1981/178#902*: [Unbekannt] an Abt. für Flugwesen, 14.3.1951.
19 BAR E5151A#1972/97#299*: Ferro Corporation an Captain H. Morier, Swiss Legation, Military Attaché's Office, Washington, 20.8.1951.
20 BAR E5151A#1972/97#299*: Bericht über die Besprechungen mit USA-Fachleuten betreffend Herstellung und Handhabung von Napalm bei der Truppe, [Juli 1952].
21 BAR E5151A#1972/97#252*: Laboratorium Wimmis, an K.T.A., 20.10.1951.
22 75 Jahre Oppanol: Erfolgreiche Vergangenheit, vielversprechende Zukunft, www.pressebox.de/inaktiv/basf-ag/75-Jahre-Oppanol-Erfolgreiche-Vergangenheit-vielversprechende-Zukunft/boxid/78071 – abgerufen am 29.11.2021.
23 https://patents.google.com/patent/CH307003A/de; https://patents.google.com/patent/US3036899A/en – abgerufen am 29.11.2021.
24 Protokoll der Bundesratssitzung, 19.3.1954.
25 BAR E5151A#1972/97#252*: W. Oswald an KTA, 9.7.1952.
26 BAR E5151A#1972/97#252*: Oberholzer, K.T.A., an HOVAG, 22.7.1952.
27 BAR E5151A#1972/97#252*: W. Oswald an K.T.A., 23.7.1952.
28 Bar E5151A#1972/97#299*: K.T.A. an Sektion für Munition, 13.10.1952.
29 BAR E5151A#1972/97#299*: Betr. Demonstrationen von «Opalm» bei der Firma Hovag, 24.10.1952.
30 Opalm übertrifft Napalm, Protar 20 (1954), Heft 5–6.
31 BAR E4390A#1000/862#489*: Sektionschef Riser, Abt. Luftschutz, an HOVAG, 13.11.1954.
32 BAR E5151A#1972/97#252*: Chef Sektion Munition: Übersicht über die Prüfung von Treibstoff-Verdickern, 13.2.1953; Chef Sektion Munition an K.T.A., 1.5.1953.
33 BAR E5001F#1000/1860#2803*: Notiz für Bundesrat K. Kobelt, 24.8.1953.
34 Die Schiesskunst unserer Piloten, Der Bund, 31.8.1953.
35 Un discours du conseiller fédéral Kobelt à Lucerne, La Liberté, 5.11.1953.
36 Protokoll der Bundesratssitzung, 19.3.1954; BAR E5151A#1972/97#252*: K.T.A. an HOVAG, 30.7.1952; E5151A#1972/97#299*: W. Oswald an K.T.A., 7.12.1953.
37 BAR E5151A#1972/97#299*: K.T.A. an HOVAG, 28.12.1953.
38 BAR E5151A#1972/97#299*: K.T.A. an Militärattaché der schweiz. Gesandtschaft Washington, 22.12.1953.
39 Protokoll der Bundesratssitzung, 19.3.1954.
40 BAR E5151A#1972/97#299*: W. Oswald an K.T.A., 7.12.1953.
41 Ebd.
42 Martin Stoll: US-Hilfe für Schweizer Horrorwaffe, SonntagsZeitung, 12.5.1974.
43 Protokoll der Bundesratssitzung, 19.3.1954.
44 BAR E4320C#1995/390#584*: Aktennotiz Bundesanwaltschaft, 21.11.1961.

«In Gottesnamen, montieren wir eben ab»

1 BAR E4320B#1990/266#50*: Exposé Rechtsanwalt H. Seelhofer, [12.3.1955].
2 Burmese in New Battle, NYT, 7.4.1954; Sezessionsbewegung in Burma, NZZ, 26.3.1954.

3 BAR E4320B#1990/266#50*: Exposé H. Seelhofer, [12.3.1955].
4 BAR E6101#1968/50#162*: Prof. Merz: Überprüfung der rechtlichen und finanziellen Beziehungen der HOVAG zu den ihr nahestehenden Unternehmungen, September 1954.
5 BAR E4320C#1995/390#584*: Aktennotiz Bundesanwaltschaft, 21.11.1961.
6 BAR E4320B#1990/266#50*: Exposé H. Seelhofer, [12.3.1955]; AfZ: NL Erwin Jaeckle 287: Tatbestand, 3.3.1955.
7 BAR E2500#1968/86#1031*: Personaletat Erwin Jakob Widmer.
8 BAR E4320B#1990/266#50*: Exposé H. Seelhofer, [12.3.1955].
9 BAR E5151A#1975/24#189*: W. Oswald an K.T.A., 5.9.1956.
10 Kochgeschirr aus Binningen – ein Qualitätsprodukt für die Hausfrau, Basellandschaftliche Zeitung, 28.1.1969; BAR E4320B#1990/266#14*: Bewilligung zur Herstellung von Kriegsmaterial für Gröninger, 20.12.1954.
11 BAR E4320B#1990/266#50*: Exposé H. Seelhofer, [12.3.1955].
12 BAR E4320B#1990/ 266#50*: Aktennotiz Burkhardt [K.T.A.] betreffend PATVAG, 10.3.1955; IfZ: Nachlass Schwerin Ed. 337-27-76 DIMEX: W. Heck an G. Graf von Schwerin, 10.3.1953.
13 BAR E4320B#1990/266#14*: Aktennotiz, 22.5.1953.
14 StaSO: NL Eugen Bircher: W. Pabst an E. Bircher, 3.11.1950.
15 Wikipedia Waffenfabrik Solothurn; Wikipedia: Fritz Mandl, abgerufen am 29.11.2021.
16 StaSO: NL Eugen Bircher: W. Pabst an E. Bircher, 14.9.1949.
17 Er will keine Gewerkschaft im Betrieb!, VHTL-Zeitung, 11.12.1959.
18 BAR E4320B#1990/266#50*: Exposé H. Seelhofer, [12.3.1955]; E2001E#1970/217#4641*: Fabrikationsgesuch HOVAG, 7.9.1954; AfZ: NL Erwin Jaeckle 287: Tatbestand, 3.3.1955.
19 BAR E2001E#1970/217#4641*: Fabrikationsbewilligung Gerber, 10.9.1954.
20 Zum Waffenexport siehe: Moosmann, Reto: Die «ständige bundesrätliche Praxis» der Kriegsmaterialausfuhrverbote. Vom «generellen» zum «länderspezifischen Ausfuhrverbot». Die Kriegsmaterialausfuhrpolitik des Bundesrates in den 1950er und 60er Jahren, Lizentiatsarbeit, Bern 2004.
21 Immer wieder Waffenhandel, Tat, 11.3.1954; Moosmann (2004), S. 41.
22 Die Nation, 19.4.1950, La Lutte Syndicale, 10.5.1950; Schreiben E. Bircher an Bundesrat M. Petitpierre, 5.2.1950, zitiert nach Moosmann (2004), S. 45.
23 Moosmann (2004), S. 62.
24 BAR E5001F#1000/1863#2852*: Fabrikationsgesuch HOVAG, 7.9.1954, mit Bemerkung A. Zehnder, EPD, 18.9.1954.
25 BAR E2001E#1970/21#4641*: Notiz A. Zehnder, 9.9.1954.
26 BAR E2001E#1970/217#4641*: EPD an K.T.A., 5.3.1953.
27 BAR E6101#1968/50#147*: Bundesrat K. Kobelt an den Gesamtbundesrat, 28.9.1954.
28 BAR E2001E#1970/21#4641*: Empfeh-

lung Bucher, 24.9.1954; Notiz Bucher für A. Zehnder, 27.9.1954.
29 BAR E4320B#1990/266#50*: Abhörprotokoll Norrexim (Oberst Lüthi und Oberst Widmer), 15.10.1954.
30 BAR E6101#1968/50#147*: Bundesrat K. Kobelt an den Gesamtbundesrat, 28.9.1954.
31 BAR E5001F#1000/1863#2852*: Bundesrat K. Kobelt an Bundesrat M. Petitpierre, 28.9.1954.
32 BAR E5001F#1000/1863#2852*: Mitbericht EPD, 30.9.1954.
33 BAR E6101#1968/50#638*: Mitbericht Finanz-und Zolldepartement, 7.10.1954.
34 BAR E4320B#1978/121#662*: Bericht Bundesanwaltschaft für W. Balsiger, 17.12.1952.
35 BAR E4320B#1990/266#50*: Abhörprotokoll Norrexim (Oberst Lüthi und Oberst Widmer), 15.10.1954.
36 BAR E4320B#1990/266#50*: W. Giesen an Ministerie van economische Zaken, 18.10.1954 und 21.10.1954.
37 SHAB: SYNCOTRA, 22.6.1950.
38 BAR E4320B#1990/266#6858*: ND Zürich, 18.2.1954.
39 BAR E4320B#1990/266#6858*: ND Zürich, 18.2.1954; E4320B#1987/187#1213*: Abhörprotokoll W. Giesen mit Schuback, Johannes & Söhne, Hamburg, 28.6.1954; SHAB: Aero-Progress wird zu Technical-Progress, 5.2.1947.
40 BAR E4320B#1990/266#6858*: ND Zürich, 18.2.1954.
41 BAR E4320B#1990/266#50*: W. Giesen an Ministerie van economische Zaken, 18.10.1954 und 21.10.1954.
42 GLAK: Hauptamt Mord Walter Heck, 309-282: Einvernahme P. Schaufelberger, 29.9.1961.
43 BArch-Berlin: Bestand Hauptamt für Technik/Reichswaltung des Nationalsozialistischen Bundes Deutscher Technik, NS 14/211.
44 Hajek, Horst Vaclav: Atom-Hohlladungen, Explosivstoffe, Nr. 5/6, 65-68 (1955); dito: Die Möglichkeiten von Kernreaktionen mittels Hohlladungen, Wehrtechnische Monatshefte 57, 8-21 (1960); IfZ: Nachlass Schwerin Ed 337-27-336 DIMEX: W. Heck an G. von Schwerin, 22.3.1954; Petermann, Heiko: Mininukes. Geheimpatente und Hintergründe in der Bundesrepublik Deutschland, in: Karlsch, Rainer et al.: Für und Wider «Hitlers Bombe», Münster 2007, S. 327–345; Karlsch, Rainer: Hitlers Bombe. Die geheime Geschichte der deutschen Kernwaffenversuche, München 2005, S. 236; Krehl, Peter O. K.: History of Shock Waves, Explosions and Impact. A Chronological and Biographical Reference, Berlin, Heidelberg 2008, S. 611.
45 IfZ: Nachlass Schwerin Ed 337-27-336 DIMEX: G. von Schwerin an W. Heck, 12.12.1953.
46 IfZ: Nachlass Schwerin Ed 337-27-336 DIMEX: W. Heck an H. Hajek, 13.12.1953.
47 IfZ: Nachlass Schwerin Ed 337-27-336 DIMEX: G. von Schwerin an W. Heck, 23.12.1953.
48 IfZ: Nachlass Schwerin Ed 337-27-

336 DIMEX: W. Heck an G. Schwerin, 22.3.1954.
49 IfZ: Nachlass Schwerin Ed 337-27-336 DIMEX: W. Heck an G. Schwerin, 10.4.1954 und 5.3.1954; W. Heck an Chemical Divison, HQ United States Army Europe, Heidelberg, 13.4.1954; Chemical Division, HQ United States Army Europe an W. Heck, 22.4.1954.
50 H. V. Hajek: Napalm, ASMZ, 120 (1954), Heft 4–5.
51 IfZ: Nachlass Schwerin Ed 337-27-336 DIMEX: W. Heck an G. Schwerin, 17.5.1954; G. Schwerin an W. Heck, 26.4.1954; W. Heck an G. Schwerin, 21.9.1954; W. Heck an Chemical Divison, HQ United States Army Europe, Heidelberg, 29.6.1954.
52 BAR E4320B#1990/266#50*: Lieferungsgenehmigung der Bundesstelle für den Warenverkehr der gewerblichen Wirtschaft, 11.11.1954; Exposé H. Seelhofer, [12.3.1955]; E4320C#1995/390#584*: Aktennotiz Bundesanwaltschaft, 21.11.1961.
53 Nationalrat Erwin Jaeckle, Die Tat, 24.10.1951.
54 BAR E2001E#1970/21#4645*: Bucher an A. Zehnder: 25.10.1954.
55 BAR E2001E#1970/217#4641*: Notiz Bucher, 14.1.195[5].
56 E5001F#1000/1866#336*: Ausfuhrerlaubnis des Bundesrates, 18.1.1955 und 4.2.1955.
57 BAR E4320B#1990/266#50*: Aktennotiz PATVAG, 10.3.1955; E2001E#1970/217#4641*: Notiz Bucher für A. Zehnder, 15.3.1955.
58 BAR E4320B#1990/266#50*: Exposé H. Seelhofer, [12.3.1955].
59 BAR E4320B#1990/266#50*: Aktennotiz PATVAG, 10.3.1955.

«Vor einem Ausfuhrskandal?»

1 BAR E4320B#1990/266#50*: Protokoll Zollinspektorat, 11.2.1955.
2 BAR E4320B#1990/266#50*: Zollinspektorat Zürich an Zollkreisdirektion Schaffhausen, 8.3.1955.
3 Ebd.
4 BAR E4320B#1990/266#50*: Abhörungsprotokoll Eugen Burkhardt, 12.4.1955.
5 AfZ: NL Erwin Jaeckle 287: Tatbestand, 3.3.1955.
6 R. von Wattenwyl zur Motion Jaeckle, 14.3.1949, dodis-4181.
7 Schweiz. Kriegstechnische Gesellschaft, ASMZ, 21(1955).
8 BAR E5460A#1000/911#11*: Mitgliederverzeichnis Kriegstechnische Gesellschaft 12.11.1955.
9 Motion Jaeckle, Die Tat, 1.4.1949.
10 Ist das Gewissen erwacht?, Die Tat, 24.12.1949.
11 AfZ: NL Erwin Jaeckle 287: Notiz E. Jaeckle, 5.3.1955.
12 BAR E4320B#1990/266#50*: Abhörungsprotokoll E. Burkhardt, 12.4.1955.
13 BAR E4320B#1990/266#50*: Zollinspektorat Zürich an Zolldirektion Schaffhausen, 8.3.1955.
14 BAR E4320B#1990/

266#50*: Exposé H. Seelhofer, [12.3.1955].
15 BAR E4320B#1990/266#50*: Inspektor Maurer: Betrifft Leitartikel Journalismus im Angriff, 5.3.1955.
16 Ebd.
17 BAR E4320B#1990/266#50*: Bundesrat P. Chaudet an PATVAG, 9.3.1955.
18 BAR E4320B#1990/266#50*: Aktennotiz E. Burkhardt, 10.3.1955.
19 Schweizerische Napalmbomben für Burma, Vorwärts, 11.3.1955.
20 BAR E4320B#1990/266#50*: Oberzolldirektion an KTA, 12.3.1955.
21 BAR E4320B#1990/266#50*: Exposé H. Seelhofer, [12.3.1955].
22 BAR E27#1000/721#4343*: Protokoll der Militärkommission des Nationalrates, 27.6.1946; Schlossherr Hans W. Seelhofer gestorben, Bern-Ost, 23.9.2008.
23 BAR E4320B#1990/266#50*: H. Seelhofer an P. Clerc, 15.4.1955.
24 BAR E4320B#1990/266#50*: Exposé H. Seelhofer, [12.3.1955].
25 BArch-MA: NL Pabst N/620/43 Patvag: E. Widmer an W. Pabst, 27.8.1960.
26 H. V. Hajek: Napalm, ASMZ, 120 (1954), Heft 4–5; Der Einsatz unserer Luftwaffe, Die Tat, 2.2.1953.
27 BAR E4320B#1990/266#50*: Exposé H. Seelhofer, [12.3.1955]; Bundesrat P. Chaudet an PATVAG, 9.3.1955.
28 BAR E2001E#1970/217#4641*: Notiz für A. Zehnder, 15.3.1955.
29 AfZ: NL Erwin Jaeckle 287: Kleine Anfrage Jaeckle, 14.3.1955.
30 BAR E4320B#1990/266#50*: Aktennotiz P. Clerc, 14.4.1955.
31 BAR E4320B#1990/266#50*: K.T.A. an BA, 22.3.1955.
32 BAR E4320B#1990/266#50*: Abhörungsprotokoll E. Burkhardt, 12.4.1955.
33 Die aktuelle Frage, Freies Volk, 1.4.1955.
34 BAR E4320B#1990/266#50*: H. Seelhofer an U. Vogel, 1. Adjunkt beim Sekretariat der Bundesanwaltschaft, 7.4.1955.
35 BAR E4320B#1990/266#50*: Bundesanwaltschaft an Bundesrat M. Feldmann, 18.4.1955.
36 BAR E4320B#1990/ 266#50*: Aktennotiz P. Clerc, 14.4.1955.
37 BAR E4320B#1990/266#50*: H. Seelhofer an P. Clerc, 15.4.1955.
38 BAR E4320B#1990/266#50*: R. Dubois an Bundesrat M. Feldmann, 18.4.1955; E4320-01#1990/134#54, Fiche Firma Gerber, 18.4.1955.
39 BAR E4320B#1990/266#50*: Strafbefehl, Bezirksanwaltschaft Zürich, 20.5.1955.
40 BAR E4320B#1990/266#50*: Notiz Bundesanwaltschaft, 27.5.1955.
41 BAR E4320B#1990/266#50*: H. Seelhofer an K.T.A.-Chef R. v. Wattenwyl, 7.6.1955.
42 BAR E4320B#1990/266#50*: Bundesrat P. Chaudet an H. Seelhofer, 17.6.1955.
43 BAR E4320B#1990/266#50*: F. Schwarz, Freies Volk, an Bundesanwaltschaft, 19.4.1955.
44 BAR E4320B#1990/266#50*: Oberzolldirektion an F. Schwarz, 21.4.1955.
45 AfZ: IB Vorort-Archiv 212.2.13: P. Kümmel an R. Daetwiler, 23.6.1956.

46 NL Joachim Schultze: Manuskript [1998], S. 9.
47 BAR E5001F#1000/1866#2680*: Ausfuhrgesuch HOVAG, 130 kg Opalm B, an Regierung Holland, 7.3.1955; Fabrikationsgesuch HOVAG, 100 kg Opalm, an Regierung Finnland, 16.7.1955.
48 BAR E5001F#1000/1865#42*: Ausfuhrgesuch Gröninger, 20 Bombenkörper für Opalmbrandbomben und Zubehörmaterial an Imperial Iranian Army, 7.3.1955; Gröninger 20 Bombenkörper für Opalmbomben (Muster für Versuchszwecke) an Imperial Iranian Army, 15.3.1955.
49 BAR E6101#1968/50#286*: Ergänzungsbericht Prof. Merz zu der Beziehung der HOVAG zu den ihr nahestehenden Gesellschaften, 7.9.1955.
50 NL Joachim Schultze: Manuskript [1998], S. 9.
51 BAR E5151A#1975/24#388*: Aktennotiz K.T.A., 9.5.1956 und 4.4.1957.
52 BAR E5151A#1975/24#388*: Aktennotiz K.T.A., 4.4.1957.
53 BAR E2001E-01#1987/78#1983*: Ausfuhrgesuch HOVAG, 560 kg Opalm-Pulver und 5 Fässer Xanthogenat, für Government of the Union of Burma, Ministry of Defence, Rangoon, 31.8.1959; Aktennotiz Besprechung mit A. Schnider, 4.4.1957.
54 BAR E5200A#1971/41#39*: Aktennotiz K.T.A., 13.8.1956; K.T.A. an Sektion für Munition, 25.9.1957.
55 BAR E2001E#1970/217#4641*: Ausfuhrbewilligung Gröninger für 1000 Behälter für Brandbomben mit Detonatoren für Burma, 18.6.1955; Ausfuhrbewilligung Gröninger für 1900 Bombenhüllen für Burma, 3.8.1956.
56 Selth, Andrew: Transforming the Tatmadaw. The Burmes Armed Force since 1988, Canberra Papers on Strategy and Defence No. 113, 1996, S. 83.
57 E-Mail von Andrew Selth, 12.1.2021.
58 BArch-MA: NL Pabst N/620/43 Patvag: E. Widmer an W. Pabst, 27.8.1960.
59 GLAK: Hauptakten Mord Walter Heck, 309-282: Befragung Heinrich Gompf, 9.7.1964.
60 BAR E2001E#1970/217#4653*: Ausfuhrgesuch HOVAG für 4,5 Tonnen Opalm nach Indonesien, 29.1.1957; Fabrikationsgesuch Gröninger für 500 Hüllen für «Abwurfkörper», 30.1.1955 für Indonesien; Fabrikationsgesuch Gerber für 1000 «Kunststoffbehälter mit Messingzünder für Brandbomben» für Indonesien, 30.1.1957 [mit handschriftlicher Ablehnung von Kohli, 4.2.1957]; Wiedererwägungsgesuch Gröninger für 143 «Hüllen», 12.4.1957.
61 BArch-MA: NL Pabst N/620/43 Patvag: E. Widmer an W. Pabst, 27.8.1960.
62 GLAK: Hauptakten Mord Walter Heck, 309-282: Befragung Heinrich Gompf, 9.7.1964.
63 BAR E4320C#1995/390#584*: Aktennotiz Bundesanwaltschaft, 21.11.1961 [erwähnt Lieferung von 16 Tonnen Opalm samt Hüllen und Zündern sowie Lieferung von 8 Tonnen, 1000 «Behältern» und 2000 «Bombenzünder»].
64 Conboy, Kenneth: Kopassus. Inside Indonesia's Special Forces, 2003, S. 276, Anm. 19.

65 CAVR: CHEGA! 2006, Kapitel 5, S. 28 und 81, https://www.etan.org/news/2006/cavr.htm – abgerufen am 12.10.2021.
66 Chega! (2006): Kapitel 3: The History of the Conflict, S. 62ff, 81, www.etan.org/news/2006/cavr.htm – abgerufen am 12.10.2021.
67 Zitiert nach: ausmilitary.com/phpbb2/viewtopic.php?p=19876 – abgerufen am 3.12.2015.
68 Chega! (2006), Kapitel 7.5: Violations of the Laws of War, S. 28, www.etan.org/news/2006/cavr.htm – abgerufen am 12.10.2021.
69 https://davidwebster.wordpress.com/2015/05/ – abgerufen am 12.10.2021; Philip Dorling: Australia knew about Indonesia's napalm plans in Timor Leste, The Sidney Morning Herald, 8.5.2015.
70 Wikipedia: Napalm – abgerufen am 11.12.2021.
71 Zitiert nach: https://de.scribd.com/document/350665084/The-Struggle-in-Iliomar-Resistance-in-rural-East-Timor-2017 – abgerufen am 12.3.2020; Indonesia denies East Timor atrocities, Al Jazeera, 22.1.2006.
72 Sian Powell: Jakarta dropped napalm on Timor, 23.1.2006, http://ausmilitary.com/phpbb2/viewtopic.php?p=19876 – abgerufen am 12.10.2021.
73 Zitiert nach http://ausmilitary.com/phpbb2/viewtopic.php?p=19876 – abgerufen am 12.10.2021.
74 BArch-MA: NL Pabst N/620/43 Patvag: E. Widmer an W. Pabst, 27.8.1960.

Mit «grimmiger Sachlichkeit»

1 BAR E6101#1968/50#83*: Notiz F.Luterbacher, 26.7.195; KBG Bd 1051-11: Replikschrift i.S. Kt. Graubünden/HOVAG gegen Eidgenossenschaft, o. D.; Altermatt (1991) S.460; Ein Katholik kam nicht in Frage!, Walliser Bote, 5.1.1956.
2 Protokoll der Bundesratssitzung: Finanzdepartement an Bundesrat, 7.1.1954.
3 Die Übergangslösung für die Emser Werke, Die Tat, 5.5.1954.
4 Protokoll der Bundesratssitzung, 26.2.1954.
5 BAR E6101#1968/50#248*: Bundesrat H. Streuli an HOVAG, 13.3.1954; AfZ: IB Vorort-Archiv 212.2.5.: Schw. Gesellschaft für chemische Industrie, Sitzungsprotokoll, 9.4.1954.
6 BAR E6101#1968/50#176*: Empfang einer Delegation des Kleinen Rates, Notizen für Bundesrat H. Streuli, o. D.
7 BAR E6101#1968/50#501*: Rechtsdienst der Finanzverwaltung an Bundesrat H. Streuli, 9.5.1956.
8 BAR E6101#1968/50#169*: Notiz F. Luterbacher für M.Iklé, 14.1.1954.
9 BAR E6101#1968/50#147*: Protokollnotizen, 14.4.1954.
10 Amtliches Bulletin der Bundesversammlung: Postulat Rohner, 10.6.1954; Antrag Jaeckle, 14.6.1954.

11 Das Emser Malaise vor einem müden Parlament, Tat, 15.6.1954.
12 Dank an Meili, NZZ, 19.9.1955.
13 BAR E6101#1968/50#182*: Bundesrat H. Streuli an R. Bühler, 1.5.1954.
14 BAR E6101#1968/50#182*: G. Heberlein an Bundesrat H. Streuli, 2.7.1954.
15 BAR E6101#1968/50#182*: H. Blass an Bundesrat H. Streuli, 27.7.1954.
16 BAR E6101#1968/50#182*: BR Streuli an H. Blass, 29.7.1954.
17 KBG Bd 1051-11: Replikschrift i.S. Kt. Graubünden/HOVAG gegen Eidgenossenschaft, o. D.
18 BAR E6101#1968/50#182* Neuwahlen in den Verwaltungsrat: H. Pestalozzi an Bundesrat H. Streuli, 5.11.1954; Bundesrat H. Streuli an H. Iselin, 11.8.1954 und 28.9.1954.
19 BAR E6101#1968/50#182* Neuwahlen in den Verwaltungsrat: H. Bühler an Bundesrat H. Streuli, 25.10.1954; H. Iselin an Bundesrat H. Streuli, 27.10.1954.
20 Die Abfuhr des Emser Defizitfasses, FuW, 15.5.1956.
21 BAR J2.11/1000/1406#51* Zürcher Vaterländischer Verein: Abonnenten der Verbandszeitschrift, [ca. 1933].
22 Edmund Richer: Hans Pestalozzi, Zürcher Taschenkalender 1970, S. 129f.
23 Zürcherisches Aktionskomitee für das Volksbegehren zum Schutze der Armee und gegen ausländische Spitzel, Neue Zürcher Nachrichten, 30.6.1934; Zimmermann (2019), S. 121ff.
24 Amtliches Bulletin der Bundesversammlung: Kleine Anfrage Meili, 29.3.1945; Der Schweizer Arbeitnehmer, 28.9.1944.
25 Zürcher Taschenkalender 1970, S. 126f.
26 Rentsch (1985), S. 15.
27 Thürer, Georg: Die Wende von Marignano. Eine Besinnung zur 450. Wiederkehr der Schicksalstage von Mitte September 1515, Hrsg. vom Komitee zur Würdigung der Schlacht von Marignano und ihrer Konsequenzen, Zürich 1965, S. 8.
28 Thomas Maissen: Der wahre Grund, weshalb wir Marignano feiern sollten, NZZ am Sonntag, 13.9.2015; Christoph Blocher: Vermischung von Kraut und Rüben, NZZ, 17.9.2015.
29 Somm, Markus: Christoph Blocher. Der konservative Revolutionär, Herisau 2009, S. 344.
30 BAR E6101#1968/50#248*: W. Oswald an A. Walther, 24.3.1955.
31 BAR E6101#1968/50#248*: A. Walther an Bundesrat H. Streuli, 15.12.1954.
32 BAR E6101#1968/50#248*: A. Walther an M. Iklé, 13.1.1955.
33 BAR E3270A#1000/757#259*: Auseinandersetzung mit dem Bund, 5.4.1955.
34 BAR E6101#1968/50#248*: W. Oswald an A. Walther, 23.1.1955.
35 BAR E6101#1968/50#248*: Kontrollkommission an M. Iklé, 29.3.1955.
36 BAR E6101#1968/50#140*: Aktennotiz, 8.2.1955.
37 AfZ: NL Erwin Jaeckle 290: Protokoll der nationalrätlichen Kommission zum Entwurf des Bundesgesetzes über die wirtschaftliche Kriegsvorsorge, 16./17.5.1955.
38 BAR E6101#1968/50#489*: M. Iklé: Skizze für eine Lösung des Emser Problems, M. Iklé an Bundesrat H. Streuli, 16.2.1955; E6101#1968/50#490*: M. Iklé: Diskussionsgrundlage für die weitere Unterstützung der HOVAG, 4.3.1955.
39 AfZ: NL Erwin Jaeckle 290: Protokoll der nationalrätlichen Kommission zum Entwurf des Bundesgesetzes über die wirtschaftliche Kriegsvorsorge, 16./17.5.1955.
40 Das trojanische Pferd, Bund, 14.6.1955.
41 Das trojanische Pferd, Bund, 14.6.1955; Wirtschaftliche Kriegsvorsorge im Nationalrat, NZZ, 14.6.1955; «Besondere Schutzmassnahmen» im Sicherstellungsgesetz?, NZZ, 13.5.1955; Stimmungsbilder und Wünsche, Freiburger Nachrichten, 21.5.1955.
42 AfZ: NL Erwin Jaeckle 290: Protokoll der nationalrätlichen Kommission zum Entwurf des Bundesgesetzes über die wirtschaftliche Kriegsvorsorge, 16./17.5.1955.
43 BAR E6101#1968/50#248*: Aktennotiz W. Oswald, 17.2.1955.
44 5 BAR E3270A#1000/757#259*: Auseinandersetzung mit dem Bund, 5.4.1955.
45 Bundesgesetz über die wirtschaftliche Kriegsvorsorge, NZZ, 18.5.1955.
46 AfZ: NL Erwin Jaeckle 290: Protokoll der nationalrätlichen Kommission zum Entwurf des Bundesgesetzes über die wirtschaftliche Kriegsvorsorge, 16./17.5.1955.
47 AfZ: NL Erwin Jaeckle 290: Interpellation Jeckle: Gesetzgebung und Interessenorganisationen, 8.6.1955.

«Gott bewahre uns vor solchen Experimenten!»

1 Amtliches Bulletin der Bundesversammlung, 21. bis 29.9.1955.
2 Wieder ein Referendum, Schaffhauser Nachrichten, 22.10.1955.
3 Bundeshilfe für die HOVAG gesichert!, Aktiv, 6.10.1955.
4 Die nationalrätliche Schlusssitzung, Bund, 1.10.1955; Nicht mit leichtem Herzen, Bund, 2.10.1955.
5 Ems schart die Verbandsmächte um sich, Die Tat, 5.11.1955.
6 AfZ: IB Vorort-Archiv 212.2.9: Vorschlag für den Text einer Referendumskarte, [1955]; Aufruf zur Unterzeichnung des Referendums gegen den Emser Beschluss, [1955].
7 Die Emser Vorlage gehört vors Volk, Die Tat, 16.11.1955.
8 Alle Karten in: AFZ: IB RN-Archiv 335.
9 AfZ: IB RN-Archiv 323: Dokumentation Ems, 24.2.1956: St.Galler Tagblatt, 14.11.1955; IB Vorort-Archiv 212.2.9: Schw. Politische Korrespondenz – Agenturmeldung zum Referendum, 22.11.1955.
10 Wieder ein Referendum, Schaffhauser Nachrichten, 22.10.1955.
11 AfZ: NL Max Iklé 2: Erinnerungen, o. D., S. 179.
12 BAR E6101#1968/50#140*: W. Oswald/H. Pestalozzi an Bundesrat H. Streuli, 5.11.1955.
13 AfZ: IB Vorort-Archiv 212.2.9.: Sitzung Schweizerischen Gesellschaft für chemische Industrie, 21.11.1955.
14 AfZ: IB Vorort-Archiv 212.2.11.: H. Homberger an Bundesrat H. Streuli, 2.11.1955.
15 Ems schart die Verbandsmächte um sich, Die Tat, 5.11.1955.
16 BAR E6101#1968/50#140*: Besprechung mit Vertretern der Hovag über die bis zum Entscheid über den Bundesbeschluss zu treffenden Massnahmen, 28.11.1955.
17 BAR E6101#1968/50#140*: Präsidialansprache H.Pestalozzi, 17.12.1955.
18 BAR E6101#1968/50#490*: Bundesratssitzung, 12.12.1955; E6101#1968/50#649*: Protokoll betreffend Überbrückungshilfe, 26.1.1956.
19 AfZ: IB Vorort-Archiv 212.2.10.: Die Finanzen und personellen Verflechtungen beim Emser Konzern, o. D. [1956].
20 BAR E6101#1968/50#674*: HOVAG-Kontrollkommission an M. Iklé, 8.12.1955.
21 BAR E6101#1968/50#674*: Bundesrat H. Streuli an H. Pestalozzi und P. Herold, Betr. Finanzielle Beziehungen der Hovag zur Fibron, 15.12.1955.
22 Um Ems. Unterschriften für das Referendum eingereicht, Die Tat, 25.12.1955.
23 AfZ: IB Vorort-Archiv 212.2.9: Sitzung des Aktionskomitees gegen die Emser-Vorlage, 4.1.1956.

Ernst Fischers «Kuckucksei»

1 KAS: 01-220:A 0585 Feldmühle: Direktion Feldmühle an Hugo Stinnes, 7.5.1956.
2 KAS: 01-220-568 Feldmühle, Korrespondenz: Oswald Dittrich an H. Stinnes, 3.4.1953; H. Stinnes an O. Dittrich, 18.4.1953.
3 KAS: 01-220-207 Olivier A.G.: H. Stinnes an M. Olivier, 6.6.1953.
4 KAS: 01-220-568 Feldmühle, Korrespondenz: O. Dittrich an H. Stinnes, 3.4.1953., 11.1.1954 und 30.10.1954.
5 BAR E9500.239A#2003/46#767* Verzeichnis der an die Firma Ems-Chemie zurückgesandten Dokumente.
6 KAS: 01-220:A 0585 Akte Feldmühle: O. Dittrich an H. Stinnes, Betr. Hofeld-Besprechung in der Schweiz, 10.2.1955.
7 Uhlig (2001) S. 187.
8 Arbeitskreis I. G. Farben der Bundesfachtagung der Chemieschaften: ... von Anilin bis Zwangsarbeit. Der Weg eines Monopols durch die Geschichte. Zur Entstehung und Entwicklung der deutschen chemischen Industrie, 2. Auflage, Ulm/Darmstadt/Köln/Aachen,2007, S. 47.
9 Zitiert nach Uhlig (2001), S. 187.
10 BAR E9500.239A#2003/46#767* Verzeichnis der an die Firma Ems-Chemie zurückgesandten Dokumente: Dr. Oswald an Dr. Bütefisch, 24.3.1964.
11 Soll und Haben, Spiegel, 7.4.1964; Arbeitskreis (2007), S. 151.
12 KAS: 01-220:A 0585 Feldmühle: Vorstand Hauptverwaltung, Bericht über Besprechung mit W. Oswald und J. Giesen, 27./28.1.1955.

13 KAS: 01-220:A 0585 Feldmühle: W. Oswald an H. Stinnes, 10.2.1955.
14 Ebd.
15 KAS: 01-220:A 0585 Akte Feldmühle: Bericht über den Besuch von W. Oswald in der Hauptverwaltung am 9.3.1955.
16 KAS: 01-220:A 0585 Feldmühle: Papier über die HOFELD, o. D.; W. Oswald an Vorstand Feldmühle, 19.8.1955.
17 KAS: 01-220:A 0585 Feldmühle: Papier zur HOFELD, o. D.
18 KAS: 01-220:A 0585 Feldmühle: Notiz Prof. Ploetz Betr. Hovag – Ems, 2.8.1955.
19 KAS: 01-220:A 0585 Feldmühle: W. Oswald an H. Stinnes, 12.9.1955.
20 KAS: 01-220:A 0585 Feldmühle: Papier zur HOFELD, o. D.
21 KAS: 01-220-568 Feldmühle, Korrespondenz: H. Stinnes an O. Dittrich, 25.11.1955.
22 KAS: 01-220:A 0585 Feldmühle: O. Dittrich und Prof. Ploetz an H. Stinnes, 7.5.1956.
23 KAS: 01-220:A 0585 Feldmühle: W. Oswald an Feldmühle, 17.1.1956.
24 KAS: 01-220:A 0585 Feldmühle: O. Dittrich und Prof. Ploetz an H. Stinnes, 7.5.1956.

«Atomforschung ist Zukunft»

1 Emser «schweres Wasser» – eine neue Illusion, Finanz und Wirtschaft, 3.2.1956; Die Reaktor AG distanziert sich … Eine Warnung an die Hovag, NZZ, 20.1.1956.
2 Ems erzeugt «schweres Wasser», Bund, 7.1.1956.
3 UBH NL 298: A I 24: Werner Kuhn an HOVAG, 12.11.1952.
4 Atomenergie-Forschung und schweizerische Industrie. Ein Appell der Brown-Boveri-Werke, NZZ, 17.7.1953.
5 BAR E6101#1968/50#169*: Besprechung M. Iklé, F. Luterbacher und W. Oswald, 11.12.1953.
6 BAR E6101#1968/50#248*: HOVAG an Prof. Walther, 29.10.1954; HOVAG: Forschungs- und Entwicklungs-Programm unter besonderer Berücksichtigung der Arbeiten im Harnstoffsektor, 29.10.1984; E6101#1968/50#492*: Prof. Hopff an M. Iklé, 4.2.1954.
7 BAR E6101#1968/50#169*: Besprechung M. Iklé, F. Luterbacher und W. Oswald, 11.12.1953.
8 Hug, Peter: Geschichte der Atomtechnologie-Entwicklung in der Schweiz, Lizentiatsarbeit, Bern 1987, S. 134.
9 BAR E6101#1968/50#492*: M. Iklé an W. Oswald, 28.4.1954; Aktennotiz W. Oswald, Besuch bei Prof. Huber am 11.5.1954.
10 Hug (1987), S. 134f.
11 Karls (2016), S. 100ff; Zweiter Weltkrieg: Schweres Wasser aus Leuna durch Naziregime, Mitteldeutsche Zeitung, 8.2.2017.
12 BAR E6101#1968/50#151*: Tagebuch HOVAG, Eintrag 2.2.1953.
13 Sontheim, Rudolf: Vom Erahnen und Erkennen, Zürich 2003, S. 136.
14 Reaktor AG Würenlingen, NZZ, 1.3.1955.
15 Hug (1987), S. 135.
16 Boveri, Walter: Ein Weg im Wandel der Zeit, Anhang zu Sontheim (2003), S. 134.
17 Wikipedia: Atoms for Peace – abgerufen am 3.12.2021.
18 BAR E8210A#1992/30#51*: Reaktor AG an M. Iklé, 6.9.1955.
19 Botschaft des Bundesrats über die Gewährung einer Hilfe an die Holzverzuckerungs-AG, Bundesblatt, 28.7.1955.
20 BAR E8210A#1992/30#51*: M. Iklé an W. Boveri, 7.11.1955.
21 Emser «schweres Wasser» – eine neue Illusion, Finanz und Wirtschaft, 3.2.1956; Die Reaktor AG distanziert sich … Eine Warnung an die Hovag, NZZ, 20.1.1956.
22 Der Fischzug auf die Reaktor AG, Handelszeitung, 26.1.1956.
23 BAR E8210A#1992/30#51*: M. Iklé an Reaktor AG, 2.2.1956.
24 Boveri, Walter: Ein Weg im Wandel der Zeit, Anhang zu Sontheim (2003), S. 142; AfZ: IB Vorort-Archiv 212.2.2: Besprechung bei der Eidg. Finanzverwaltung, 2.12.1953.
25 E8210A#1992/30#51*: W. Oswald an O. Zipfel, 31.1.1956.
26 StaGR: X 11 n 2 Bestand Hovag: H. Blass an E. Löpfe, 13.2.1956.
27 Nebelspalter, 14.2.1956.
28 BAR E8210A#1992/30#51*: Protokoll der Sitzung betreffend Vertragsverhältnis HOVAG/Reaktor AG, 13.3.1956.
29 Boveri, Walter: Ansprachen und Betrachtungen, Zürich 1964: Präsidialansprache an der GV der Reaktor AG, 17.4.1956, S. 44; Reaktor AG Würenlingen. Aus der Präsidialansprache Dr. W. Boveris an die Generalversammlung, NZZ, 18.4.1956.
30 Eine Pressekonferenz der Hovag, NZZ, 19.4.1956.
31 Boveri (1964), S. 111.
32 BAR E5001G#2004/82#87*: Produktionsgesuch HOVAG Schweres Wasser, 7.10.1957.
33 StaGR: X 11 n 2 Bestand Hovag: Präsidialrede H. Pestalozzi, 31.5.1958.
34 Bundesratssitzung, 22.4.1960; StaZH Z 502.10.1 Holzverzuckerungs-AG gegen Reaktor AG, 2.5.1960.
35 Hug (1987), S. 137.
36 Emser Werke AG, Generalversammlung, NZZ, 30.11.1960.
37 NL Joachim Schultze: Manuskript, S. 29; Feudalherren Ems, Beobachter, 15.11.1974.

«Auf 2000 km = 1 Café crème!»

1 Das Fernsehen im Dienste politischer Propaganda?, NZZ 7.2.1956.
2 Umstellungsproblem bei den Emser Werken, NZZ, 23.12.1955
3 AfZ: NL Erwin Jaeckle 290: Sitzung der nationalrätlichen Kommission zum Bundesgesetz über die wirtschaftliche Kriegsversorgung am 16./17.5.1955.
4 Das Emser Problem in anderer Beleuchtung, NZZ. 7.1.1956.
5 BAR E4320B#1990/266#7504*: Kopie HOVAG Fiche, 24.7.1950 und 12.9.1950; Aktennotiz für W. Balsiger, Chef der Bundespolizei, 28.6.1947.
6 Kernpunkte der Emser Frage, Bund, 17.4.1956.
7 Umstellungsproblem bei den Emser Werken, NZZ, 23.12.1955.
8 Hilfe an Graubünden. Wer sind die Gegner?, VHTL-Zeitung, 11.5.1956.
9 Die Wahrheit über Ems, Schweizer Wochen-Zeitung 2.5.1956.
10 Ems baut in Luzern Stellung aus, Luzerner Neue Nachrichten, 24.3.1956.
11 AfZ: IB Vorort-Archiv 212.2.10: Aktionskomitee gegen die Emser Vorlage, Protokoll, 19.4.1956.
12 AfZ: IB RN-Archiv 326: Besprechung, 12.12.1955.
13 Zwei klare Nein, Neue Zürcher Nachrichten, 14.5.1956.
14 AfZ: IB RN-Archiv 326: Aktennotiz 3.1.1956; IB RN-Archiv 335: M. Leutenegger an E. Seiler, 18.5.1956.
15 AfZ: IB RN-Archiv 336: Rudolf Farner an E. Seiler, 27.3.1956, mit Beilage: Holzabfall kommt zu Ehren.
16 AfZ: IB Vorort-Archiv 212.2.9: Sitzung der kantonalen Vertrauensmänner, 13.4.1956.
17 Weitere Millionen für Ems?, Finanz und Wirtschaft, 11.5.1956.
18 Wir greifen heraus, Die Tat, 1.2.1956; Das System Hovag, Die Tat, 7.5.1956; Unter falscher Flagge, NZZ, 5.5.1956.
19 BAR E6101#1968/50#240*: HOVAG an Kontrollkommission, 20.5.1955.
20 BAR 6101#1968/50#282*: Stellungnahme der Kontrollkommission zur Glycerin-Herstellung, 18.8.1955.
21 Das Emser Problem in anderer Beleuchtung, NZZ, 7.1.1956.
22 Die Hovag und die Bundeshilfe, NZZ, 14.3.1956.
23 Unabgeklärte Fragen um Ems, NZZ, 15.4.1956.
24 Glyzerin: Ausweg oder Ausrede?, Schaffhauser Nachrichten, 9.5.1956.
25 Das Glyzerinprojekt der Hovag. Der Stein der Weisen?, NZZ, 2.5.1956.
26 AfZ: IB Vorort-Archiv 212.2.10: Prof. H. Hopff an M. Iklé, 4.5.1956.
27 AfZ: IB Vorort-Archiv 212.2.10: Das Referendum gegen Ems, o. D.
28 Die Schweizerische Handelskammer gegen die Hovag-Vorlage, NZZ, 19.3.1956.
29 AfZ: IB Vorort-Archiv 212.2.10: Vorort an Verein schw. Maschinen-Industrieller, 11.2.1956.
30 Die Hilfe des Bundes, Bündner Tagblatt, 20.4.1956.
31 Eduard Seiler: Graubünden kann besser geholfen werden, Zeitfrage, 7.4.1956; AfZ: IB Vorort-Archiv 212.2.10: Aktionskomitee gegen die Emser Vorlage, Protokoll, 19.4.1956.
32 AfZ: IB RN-Archiv 335: H. G. Lüchinger an R. Daetwiler, 16.4.1956.
33 Der Parteitag der Zürcher Freisinnigen, NZZ, 28.3.1956.
34 Die Zürcher Freisinnigen – zur Hovag-Vorlage, NZZ, 5.4.1956.
35 Flugblatt, Privatarchiv.
36 Die Konsequenzen aus dem Entscheid über Ems, NZZ, 14.5.1956; Unabgeklärte Fragen um Ems, NZZ, 15.4.1956.
37 Eidgenössische Abstimmungen, Bündner Tagblatt, 14.5.1956.
38 Verschenkte Millionen, Weltwoche, 20.8.1957.

39 AfZ: IB RN-Archiv 326: Übersicht über die Finanzlage bis 20.4.1956.
40 AfZ: IB RN-Archiv 335: Schätzungen der bisherigen Propaganda-Aufwendungen der HOVAG, des Kantons Graubünden und des Komitees für die Erhaltung der Emser-Werke, [April 1956].
41 Gasetta [Hauszeitung der Ems-Chemie], Juni 1992; Il film documentario della HOVAG, Il Grigione, 17.2.1956 und 29.2.1956; Ein Film über die HOVAG-Werke, Engadiner Post, 7.4.1956; SVEA-Nachrichten, 18.1.1956.
42 Eine berechtigte Bundeshilfe, Bund, 23.4.1956.
43 Der Freisinn in Freiburg, NZZ, 23.4.1956.
44 AfZ: IB Vorort-Archiv 212.2.9: Protokoll, 13.4.1956.
45 Eidgenössische Abstimmungen, Bündner Tagblatt, 14.5.1956.
46 Unter falscher Flagge, NZZ, 7.5.1956.
47 AfZ: IB Vorort-Archiv 212.2.9: Protokolle 13.4.1956 und 19.4.1956.
48 AfZ: IB RN-Archiv 323: EMS contra bündnerische Waldwirtschaft, o. D.
49 AfZ: IB RN-Archiv 326: Aktennotiz, 3.1.1956.
50 AfZ: NL Erwin Jaeckle 672: Auszug Handelsregisteramt Graubünden, 19.1.1954; SHAB: Fibron, 13.10.1954.
51 AfZ: IB RN-Archiv 323: Alfred Niederer: Bemerkungen zum Geschäftsbericht der Fibron, 30.6.1954.
52 BAR E6101#1968/50#674*: Bericht der Finanzkontrolle über die finanzielle Lage der FIBRON, 23.1.–10.2.1956, plus Begleitschreiben an Bundesrat H. Streuli, 1.3.1956.
53 https://mpra.ub.uni-muenchen.de/46772/3/MPRA_paper_46772.pdf; https://dggs.alaska.gov/webpubs/usbm/ic/text/ic7941.pdf – beide abgerufen am 3.12.2021.
54 AfZ: IB RN-Archiv 323: Ungefähre Eigentumsverhältnisse innerhalb der HOVAG-Gruppe, 23.12.1955.
55 AfZ: IB RN-Archiv 335: R. Daetwiler an P. Kümmel, 14.5.1956; Fragebogen betr. Ems, o. D.
56 Stunde der Solidarität, Bündner Tagblatt, 26.4.1956.
57 Der 13. Mai 1956, Bündner Tagblatt, 9.5.1956; Ems ist eine Frage des Vertrauens. Ein hitziger Abstimmungskampf, Schaffhauser Nachrichten, 11.5.1956; Ein düsterer Tag, Neue Bündner Zeitung, 14.5.1956; gta: Armin Meili: Erinnerungen, Bd. 3, o. J., S. 30; Man möchte sich absetzen, Gewerkschaft, 24.5.1956.
58 Notwendige Feststellungen, Neue Bündner Zeitung, 5.8.1956 und 9.8.1956.
59 Die Zeitung in der Zeitung, Brückenbauer, 12.5.1956.
60 AfZ: NL Erwin Jaeckle 288: Herrn Dr. Gadient Emser-Halunke, o. D.
61 Ems – die Pfründen der Familie Oswald, Finanz und Wirtschaft, 27.4.1956.
62 UB Wirtschaft, SWA H + I Bf 77: Flugblatt «Die Wahrheit über Ems».
63 AfZ: IB RN-Archiv 335: C. Eder an Christlichnationale Gewerkschafts-Vereinigung Graubünden 10.7.1956.
64 Merkwürdige Hilfe an einen armen Bergkanton, Schaffhauser Nachrichten, 8.5.1956.
65 Wir greifen heraus, Die Tat, 9.5.1956.
66 Hinter der Hovag. Die Steuerabkommen mit den Emser Werken, NZZ, 11.5.1956.
67 BAR E6101#1968/50#86*: UWK-Sitzungen, 14.9.1946.
68 BAR E6101#1968/50#94*: HOVAG an R. Grimm, 4.3.1949.
69 Die Hovag und die Steuerbehörden, NZZ, 4.4.1956.
70 BAR E6101#1968/50#496*: Aktennotiz an Bundesrat H. Streuli betr. Steuerabkommen Hovag, 11.5.1956.
71 Wir greifen heraus, Die Tat, 9.5.1956.
72 Stadtarchiv Luzern, Teilungsakte Arthur Oswald, 29.8.1939.
73 StaGR X 11 n 2 Bestand Hovag: Ohne Hemmungen, 11.5.1956.
74 StaGR X 11 n 2 Bestand Hovag: H. Blass an E. Löpfe-Benz, Nebelspalter, 13.2.1956.
75 Die Gegenvorschläge zur Emser Vorlage, NZZ, 26.4.1956; AfZ: IB Vorort-Archiv 212.2.13.: E. Geyer an Handelsabteilung EVD, 4.7.1956.
76 www.bar.admin.ch/bar/de/home/service-publikationen/publikationen/geschichte-aktuell/rettung-der-schweizerischen-volksbank-1933-37.html – abgerufen am 3.12.2021.
77 Die Hovag – gestern und heute, NZZ, 12.10.1956.
78 StaGR X 11 n 2 Bestand Hovag: Pressemeldung Komitee zur Erhaltung der Emserwerke, Nr. 49: Arbeiterversammlung in Ems, [April/Mai 1956].
79 BAR E6101#1968/50#141*: Aktennotiz Rechtsdienst Finanzverwaltung: Vorsprache Nationalrat Gadient bei Bundesrat H. Streuli, 11.5.1956.
80 Oberländer Tagblatt, 12.5.1956.
81 Unter falscher Flagge, NZZ, 7.5.1956.
82 Die falsche Solidarität, Die Tat, 12.5.1956.
83 Verschenkte Millionen, Weltwoche, 20.8.1957.
84 Ein denkwürdiger Abstimmungssonntag, Der Freie Rätier, 14.5.1956.
85 Neue Emser Gelüste nach Bundesmillionen, Finanz und Wirtschaft, 12.10.1956.

«Ein düsterer Tag»

1 Abstimmungsergebnisse, Bündner Tagblatt, 14.5.1956.
2 Lüönd (2011), S. 25.
3 BAR E6101#1968/50#501*: Telegramm Regierungspräsident Chr. Margadant an Bundesrat, 14.5.1956.
4 Um die Erhaltung der Emser Werke, Neue Bündner Zeitung, 16.5.1956.
5 AfZ: IB RN-Archiv 335: R. Daetwiler an P. Kümmel, 14.5.1956.
6 Das Schweizervolk sagt zweimal Nein, Schaffhauser Nachrichten, 14.5.1956.
7 Um Ems entsteht nun doch ein eidgenössischer Abstimmungskampf, Gewerkschaft, 22.10.1955.
8 Das Schweizervolk sagt zweimal Nein, Schaffhauser Nachrichten, 14.5.1956.
9 Die Konsequenzen aus dem Entscheid über Ems, NZZ, 14.5.1956.
10 Das Schweizervolk setzt der Unfähigkeit von Ems Grenzen, Die Tat, 15.4.1956.
11 Stadtarchiv Chur BII/2.0003.10400: Andreas Kuoni: Reminiszenzen zur Volksabstimmung, Holz und Faser, 6.9.1956.
12 Man möchte sich «absetzen»!, Gewerkschaft, 24.5.1956.
13 Merkwürdiges Spiel, NZZ, 16.5.1956.
14 Die Konsequenzen aus dem Entscheid über Ems, NZZ, 14.5.1956.
15 Verwaltungsrat der Holzverzuckerungs AG: Weiterführung der Emser Werke, Bündner Tagblatt, 15.5.1956.
16 Vorläufig beschränkte Aufrechterhaltung der Holzverzuckerung, Basler Nachrichten, 16.5.1956.
17 Die Hovag nach dem Volksentscheid, NZZ, 16.5.1956.
18 AfZ: NL Max Iklé 2: Erinnerungen, 3. Bd., S. 180.
19 Zeitung in der Zeitung, Brückenbauer, 2.3.1957 und 3.12.1960; Lessons à tirer, L'Impartial, 9.6.1956; Schlechte Verlierer, Handelszeitung, 5.7.1956; HOVAG-Präsident auf dem hohen Ross, NZZ, 12.7.1958.
20 Männerstolz vor Bundesmillionen. Geständnisse aus Ems, Freies Volk, 19.10.1956.
21 Nochmals Ems, Glarner Nachrichten, 12.6.1956; Der Bundesrat schliesst das Dossier Ems. Die Hovag arbeitet weiter, Schaffhauser Nachrichten, 13.6.1956.
22 BAR E6101#1968/50#501*: Konferenz-Protokoll, 18.5.1956.
23 BAR E6101#1968/50#501*: Bundesrat H. Streuli an HOVAG, 8.6.1956.
24 Protokoll der Bundesratssitzung, 5.6.1956: Entwurf eines Schreibens des Finanz- und Zolldepartements an die HOVAG.
25 Protokoll der Bundesratssitzung, 11.6.1956: Schreiben des Bundesrates an den Kleinen Rat des Kantons Graubünden.
26 Der Bund liquidiert seine Emser Verpflichtungen, Die Tat, 13.6.1956.
27 ibid; Der Bundesrat schliesst das Dossier Ems, National-Zeitung, 12.6.1956; Emser Epilog, Handelszeitung, 14.6.1956.
28 Uns wird geschrieben: Ems Ohne Bundeshilfe, NZZ, 20.6.1956.
29 BAR E6101#1968/50#249*: Prof. H. Merz an Prof. H. Hopff und Direktor F. Luterbacher, 5.6.1956; E6101#1968/50#249*: H. Hopff an H. Merz und F. Luterbacher, 9.6.1956.
30 AfZ: IB Vorort-Archiv 212.2.11.: Abschrift aus der «Hauszeitung der Emser Werke», No. 8, August 1956.
31 BAR E6101#1968/50#649*: W. Oswald/H. Pestalozzi an Bundesrat M. Feldmann, 10.7.1956; StaGR X 11 n 2 Bestand Hovag: Konferenz Kleiner Rat mit einer Delegation der HOVAG und Rechtsanwalt Dr. Züblin, 17.2.1958.
32 Protokoll der Bundesratssitzung, 31.7.1956.
33 Ignoranz oder Irreführung, National-Zeitung, 20.8.1956.
34 Echo auf «Ems ohne Kommentar», Weltwoche, 21.9.1956.

«Eine Kolonie der Industriekantone»

1 Protokoll der Bundesratssitzung, 1.5.1956.

2   StaGR: VIII 15 f 7 Elektrizitätswerke PATVAG: Geschäftsbericht der Reichenau AG, 28.10.1960.
3   StaGR: VIII 15 f 8 a Kraftwerke Reichenau AG: Gemeinde Bonaduz an kant. Bau- und Forstdepartement, 30.4.1955.
4   StaGR: VIII 15 f 7 Elektrizitätswerke PATVAG: Protokoll Kleiner Rat, 18.11.1955.
5   Bonaduz muss nachgeben, Neue Zürcher Nachrichten, 26.10.1955.
6   Streit um eine Wasserrechtskonzession, NZZ, 27.11.1955.
7   Das Emser Problem in anderer Beleuchtung, NZZ, 7.1.1956.
8   Basler Nachrichten, 24./25.12.1955, zitiert nach AfZ: IB Vorort-Archiv 212.2.9: Die finanziellen und personellen Verflechtungen beim Emser Konzern, o. D.
9   Andreas Kuoni: Wasserkraftnutzung und Energiewirtschaft in Graubünden, Neue Bündner Zeitung, 18.12.1956.
10 Zwei Milliarden Kilowattstunden am Vorderrhein, NZZ, 19.1.1956.
11 Fortschreitende Wasserkraftnutzung in Bünden, NZZ, 15.2.1955.
12 Die Erschliessung der Vorderrheinwasserkräfte, Bund, 27.2.1955.
13 E. Geyer: Das System Hovag, NZZ, 7.5.1956.
14 StaGR VIII 15 f 7 Elektrizitätswerke PATVAG: Geschäftsbericht der Reichenau AG, 28.10.1960.
15 Protokoll der Bundesratssitzung, 25.1.1957.
16 Stadtarchiv Chur BII/2.0038.005: Konferenz betr. Kraftwerke Reichenau AG, 28.1.1956.
17 Protokoll der Gemeindeversammlung Bonaduz, 25.3.1956.
18 Versam, Neue Bündner Zeitung, 20.4.1956.
19 Unter falscher Flagge, NZZ, 7.5.1956.
20 AfZ: IB RN-Archiv 335: P. Kümmel an R. Daetwiler, 23.6.1956.
21 AfZ: IB Vorort-Archiv / 212.2.10.: A. Niederer an E. Geyer, 25.4.1956 und Briefentwurf A. Niederer an BASF-Generaldirektor Wursterer, [1956].
22 AfZ: IB RN-Archiv 335: Die Schweiz blickt auf Graubünden. Entwurf für das zweite Flugblatte, o. D. [April/Mai 1956].
23 Stadtarchiv Chur BII/2.0038.005: Stadtpräsident J. Caflisch an W. Oswald, 29.9.1956; BII/2.0004.00443: Grossversammlung Elektra Rätia, 21.11.1956; BII/2.0038.003: Botschaft betreffend Beitritt der Gemeinden zur Elektra Rätia AG, o. D.
24 AfZ: IB Vorort-Archiv 212.2.11: E. Geyer, Vorort, an D. Bernasconi, Direktor der Cellulosefabrik Attisholz, 6.7.1956.
25 Elektrizitätspolitik am Vorderrhein. Graubünden vor weittragenden Entscheidungen, NZZ, 4.2.1957.
26 Stadtarchiv Chur BII/2.0038.002: Stadtpräsident J. Caflisch an W. Oswald, 19.2.1957.
27 Stadtarchiv Chur BII/2.0038.005: W. Oswald an Stadtpräsident J. Caflisch, 2.3.1957.
28 Landquart, Bündner Tagblatt, 27.2.1957.
29 Die Gebrüder Oswald im Angriff, Die Tat, 4.4.1957; Es handelt sich um die Gemeinden Trins, Felsberg, Domat/Ems, Haldenstein, Igis-Landquart, Malans und Seewis.

«Ein unfeines Sprengmanöver»

1   Dr. Oswald deckt die Karten auf, Die Tat, 9.4.1957.
2   Unter falscher Flagge, NZZ, 5.5.1956.
3   Protokoll der Bundesratssitzung, 30.4.1957; Unbequeme Fragen an die Bündner Regierung. Was schrieb der Bundesrat nach Chur?, Die Tat, 30.5.1957.
4   Kummer mit Frisal, Die Tat, 9.7.1957.
5   Ebd.
6   BAR E6101#1968/50#160*: A. Ackermann an Bundesrat H. Streuli, 27.7.1957.
7   Brigelser Wasser, Unabhängiges Wochenblatt Luzern, 16.5.1957.
8   Brigelser Wasser, Unabhängiges Wochenblatt Luzern, 25.7.1957.
9   BAR E6101#1968/50#160*: Flugblatt, [1957].
10 Ein elektropolitischer Fehlstart, NZZ, 25.7.1957.
11 Umstrittene Kraftwerkpolitik in Mittelbünden, NZZ, 24.11.1958.
12 Zur Frage der Beteiligung des Kantons Graubünden an der Reichenau, Bündner Tagblatt, 19.2.1959.
13 Abenteuerliche Energiepolitik in Graubünden, NZZ, 24.11.1958.
14 [Kraftwerkdebatte], Schaffhauser Nachrichten, 14.12.1958.
15 Grosse Kraftwerkdebatte im Bündner Grossen Rat, Bund, 1.12.1958.
16 Aufruf an das Bündnervolk, Engadiner Post, 26.2.1959.
17 Abstimmungssonntag in Graubünden, Die Tat, 18.2.1959.
18 StaGR: XXI i II 85 Kraftwerk Reichenau: Flugblatt, o. D.
19 Aus den Verhandlungen des Kleinen Rates, Engadiner Post, 13.6.1959.
20 Für eine saubere Trennung zwischen Verwaltung und Geschäft, Neue Bündner Zeitung, 8.9.1956.
21 Nachruf Sebastian Capaul, Bündner Jahrbuch 23 (1981), S. 153f.
22 SHAB: PATVAG Holding, 13.12.1967.
23 Wahlschlappe für Ems, National-Zeitung, 6.4.1959.
24 Regierungsratswahlen, Freiburger Nachrichten, 11.4.1959.
25 Bündner Wahlfrühling, NZZ, 1.5.1959.
26 Gefährliche Sprengmanöver, Bündner Zeitung, 4.4.1959.
27 Das Ergebnis der Regierungsratswahlen, Engadiner Post, 21.4.1959; Verzichterklärung von Direktor Dr. A. Sciuchetti, Engadiner Post, 14.4.1959.
28 Wahlschlappe für Ems, National-Zeitung, 6.4.1959, Geklärte Ausgangslage, Oberländer Tagblatt, 17.4.1959; Bündner Wahlfrühling, NZZ, 1.5.1959; Regierungsratswahlen, Freiburger Nachrichten, 11.4.1959.
29 Sesselkleberei, Die Tat, 8.10.1959, Vor den Nationalratswahlen in Graubünden, NZZ, 13.10.1959.
30 Vor den Nationalratswahlen in Graubünden, NZZ, 13.10.1959.
31 Ems – nach Verwerfung der Vorlage, Finanz und Wirtschaft, 15.6.1956; Ems – ein neues Exempel, Brückenbauer, 18.5.1956; Die Konsequenzen aus dem Entscheid über Ems, NZZ, 14.5.1956.
32 «Ganz sicher nicht vom Kaiser von China!» Die Regierung wehrte sich entschieden gegen die Obstruktionspolitik der Emser Werke, National-Zeitung, 15.6.1962.

33 PROSPEKT Kraftwerke Reichenau AG, NZZ, 21.10.1960.
34 Gredig, Hansjürg, Walter Willi: Unter Strom. Wasserkraftwerke und Elektrifizierung in Graubünden 1879–2000, Chur 2006, S. 192.
35 NOK übernehmen Energiebereich der Ems-Gruppe, NZZ, 25.9.2002.

«Ems – ein Schweizer Wirtschaftswunder»

1   Von der staatspolitischen auf die privatwirtschaftliche Ebene, Bund, 10.2.1957.
2   Ems: miracle ou duperie?, Gazette de Lausanne, o. D., zitiert nach AfZ: IB-wf-Archiv, Zeitungsartikel HOVAG, 1955–1974.
3   Gasetta, Juni 1992.
4   Stadtarchiv Chur: BII/2.0003.10400, Holz und Faser, 6.9.1956.
5   NL Joachim Schultze: Manuskript, [1998], S. 24.
6   Telefongespräch mit Rüdiger Mayer, 5.3.2020.
7   Gespräch Heinz Schneller, 24.2.2020.
8   Die Hovag im freien Wettbewerb, Handelszeitung, 26.9.1957.
9   Hovag stieg ins Überseegeschäft ein, Die Tat, 20.8.1957.
10 Ems floriert wie noch nie!, Brückenbauer, 23.8.1957.
11 Geschäftsbericht der HOVAG, NZZ, 19.8.1957.
12 Verschenkte Millionen, Weltwoche, 20.8.1957.
13 Hovag im freien Wettbewerb, Schweizerische Handelszeitung, 26.8.1957.
14 HOVAG prozessiert gegen Bund und Reaktor AG, Finanz und Wirtschaft, 23.8.1957.
15 Protokoll der Bundesratssitzung, 23.10.1959.
16 Ems zieht Klage zurück – und muss zahlen, Die Tat, 24.10.1959.
17 AfZ: NL Erwin Jaeckle 288: Vereinbarung zwischen A. Gadient und E. Jaeckle, 13.6.1957.
18 Abgeblasener Ehrenhandel, Landbote Winterthur, 20.5.1957.
19 Starke Expansion der HOVAG im In- und Ausland, Finanz und Wirtschaft, 3.6.1958.
20 HOVAG-Präsident auf dem hohen Ross, NZZ, 12.7.1958.
21 Die HOVAG sollte lieber schweigen, Basellandschaftliche Zeitung, 11.6.1958.
22 Ems – ein Schweizer Wirtschaftswunder, National-Zeitung, 23.10.1959.
23 Holzverzuckerungs-AG, NZZ, 1.11.1959.
24 Geschäftsbericht Inventa 1952.
25 BAR E6101#1968/50#162*: Abmachungen HOVAG und Inventa, 22.11.1954.
26 Jahresbericht der Holzverzuckerungs AG, NZZ, 19.8.1957.
27 SHAB: HOVAG und FIBRON, 5.4.1960.
28 NL Joachim Schultze, Manuskript [1998], S. 24.
29 Ems auf Weg zu Weltruf, Nationalzeitung, 9.6.1961.
30 Emser Werke verdoppeln Aktienkapital, Finanz und Wirtschaft, 25.4.1961.
31 Ems immer emsiger, National-Zeitung, 1.6.1961.

32 Christoph Blocher: 50 Jahre Ems-Chemie, Bünder Tagblatt, Sonderausgabe zum 50jährigen Bestehen der Emser Werke, März 1992.

«Nebelgeräte in der Dachstube»

1 Deutscher Frachter vor Algerien aufgebracht, FAZ, 14.9.1960.
2 Von Bülow, Mathilde: West Germany, Cold War Europe and the Algerian War, Cambridge 2016, S. 297f.
3 Die Botschaft in Paris protestiert, FAZ, 15.9.1960; Kleine Anfrage der FDP-Fraktion der Bundestag betr. Aufbringung des Frachters Las Palmas, 5.10.1960.
4 Le cargo allemand «Las Palmas» transportait des explosifs et des lance-flammes, Le Monde, 16.11.1961.
5 GLAK: Hauptakten Mord Walter Heck, 309-282: Ermittlungsbericht, 2.8.1962.
6 Nebelgeräte in der Dachstube, FAZ, 21.10.1960.
7 Ebd.
8 Der Tod kommt mit der Post, Spiegel, 3.2.1960.
9 Der Prozess Ulrich, Die Tat, 9.5.1958.
10 BAR E4320B#1992/132#28*: Schlussbericht i. S. Ulrich, 9.9.1957, S. 12 und 173.
11 Zwischenbilanz im Berner Spionagefall, Die Tat, 10.4.1957.
12 Der Tod kommt mit der Post, Spiegel, 22.03.1960.
13 TIME: SWITZERLAND: Murder, Foreign Style, 30.9.1957.
14 Die Rote Hand. Ohne Sprengstoff, Spiegel, 14.10.1959.
15 Der Tod kommt mit der Post, Spiegel, 22.3.1960.
16 GLAK: Hauptakten Mord Walter Heck, 309-282: Befragung Hachemi Serghini, 18.12.1961.
17 Von Bülow (2016), S. 297.
18 BAR E4264#2004/103#6879*: Oberstaatsanwalt Karlsruhe an Schweizerische Bundesanwaltschaft, 13.9.1961; GLAK: Hauptakten Mord Walter Heck, 309-282: Befragung Hachemi Serghini, 18.12.1961.
19 GLAK: Hauptakten Mord Walter Heck, 309-282: Bericht über das Ergebnis der Fahndung und der Stand der Ermittlungen im Mordfall Walter Heck, 2.8.1962.
20 Von Bülow (2016), S. 296f.
21 Lumsden, Malvern und SIPRI (Hrsg.): Incendiary Weapons, London/Cambridge/Stockholm 1975, S. 94; BAR E5151A#1972/97#252*: SIFRAG an K.T.A., 10.4.1951.
22 BAR E5001F#1000/1866#3368*: Fabrikationsgesuch HOVAG (35,5 kg Opalm) für Regierung Deutschland, 13.12.1955.
23 GLAK: Hauptakten Mord Walter Heck, 309-282: Befragung Otto Wagner, 1.8.1961.
24 BAR E5001F#1000/1866#2681*: EPD an K.T.A., 28.3.1955.
25 GLAK: Hauptakten Mord Walter Heck, 309-282: Ermittlungsbericht, 2.8.1962.
26 GLAK: Akte Mord an Walter Heck, 309-282: Rechnung der DIMEX [Verso: handschr. Berechnung der Provision von W. Heck], 15.9.1960.
27 Zitiert nach: Napalm: Le secret bien gardé des aviateurs, Revue no. 68, Nov./Dez. 2016.
28 GLAK: Hauptakten Mord Walter Heck, 309-282: Befragung Hachemi Serghini, 18.12.1961.
29 BAR E4320C#1995/390#584*: Stapo Zürich an Kriminalkommissariat Zürich, 14.11.1960.
30 BAR E4320-01C#1990/134#181*: Fiche Erwin Widmer, Eintrag 22.11.1960.
31 Flammenwerfer zur «Schädlingsbekämpfung», Bund, 14.12.1960.
32 GLAK: Hauptakten Mord Walter Heck, 309-282: Ermittlungsbericht, 2.8.1962.
33 Sitzung Deutscher Bundestag, 22.2.1961.
34 Fiel Walter Heck der «Roten Hand» zum Opfer?, Karlsruher Zeitung, 30.6.1961.
35 Ramsch für Angola, Spiegel, 28.6.1961.
36 BArch-MA: NL Pabst N/620/43 Patvag: W. Pabst an E. Widmer, 31.12.1960; GLAK: Hauptakten Mord Walter Heck, 309-282: Befragung von Athanas Kefsisoff, 3.7.1961; Ermittlungsbericht, 2.8.1962.
37 Ultramar, 15 (1964), vol. 5, no. 1, zitiert nach Barros Taveres Peixoto Carolina: Limites du Ultramar Português, possibilidades para Angola: o debate político em torno do problema colonial (1951–1975), Dissertation Universidade Federal Fluminense, Niter'oi, 2009.
38 Wikipedia: Portugiesischer Kolonialkrieg – abgerufen am 4.12.2012.
39 BArch-MA: NL Pabst N/620/43 Patvag: W. Pabst an E. Widmer, 31.12.1960; GLAK: Hauptakten Mord Walter Heck, 309-282: Bericht zur Befragung von A. Kefsisoff, 3.7.1961.
40 GLAK: Hauptakten Mord Walter Heck, 309-282: Ermittlungsbericht, 2.8.1962.
41 GLAK: Hauptakten Mord Walter Heck, 309-282: Einvernahme Heinrich Gompf, 9.7.1964.
42 GLAK: Hauptakten Mord Walter Heck, 309-282: Telex an RVG Schmargendorf, 27.6.1961.
43 GLAK: Hauptakten Mord Walter Heck, 309-282: Befragung Heinrich Gompf, 9.7.1964.
44 GLAK: Hauptakten Mord Walter Heck, 309-282: Befragung Hachemi Serghini, 18.12.1961.

«Das Ende eines Waffenhändlers»

1 GLAK: Handakten Staatsanwalt, 309-284: Bericht über das Ergebnis der Fahndung und der Stand der Ermittlungen in dem Mordfall Walter Heck, 2.8.1962.
2 GLAK: Hauptakten Mord Walter Heck, 309-282: Telegramm PATVAG an H. Gompf, Lissabon, 3.7.1961.
3 GLAK: Hauptakten Mord Walter Heck, 309-284: Ermittlungsbericht, 2.8.1962.
4 GLAK: Hauptakten Mord Walter Heck, 309-282: Vermerk Rottenecker, 4.7.1961.
5 GLAK: Hauptakten Mord Walter Heck, 309-282: Befragung W. Heck, 1.7.1961.
6 GLAK: Hauptakten Mord Walter Heck, 309-282: Befragung W. Heck, 30.6.1961.
7 GLAK: Hauptakten Mord Walter Heck, 309-282: Befragung O. Wagner, 1.8.1961.
8 GLAK: Hauptakten Mord Walter Heck, 309-282: Befragung H. Gompf, 9.7.1964.
9 GLAK: Hauptakten Mord Walter Heck, 309-282: Brief von H. Gompf aus Kairo, o. D.
10 GLAK: Hauptakten Mord Walter Heck, 309-282: Polizeibericht, 17.7.1961.
11 GLAK: Hauptakten Mord Walter Heck, 309-282: Befragung W. Heck, 1.7.1961.
12 Ende eines Komplizen des FLN, NZZ, 9.7.1961.
13 BAR E4320C#1995/390#584*: Stapo Zürich an Kriminalkommissariat Zürich, 13.7.1961.
14 Spuren im Mordfall Stauffer, Die Tat, 29.7.1961.
15 Kinospiegel, Die Tat, 5.7.1961; Kinospiegel, Freiburger Nachrichten, 29.6.1964.
16 Rote Hand. Gelbe Gefahr, Spiegel, 17.8.1960.
17 E4320C#1994/76#413*: Spezialdienst an Polizeikommando Zürich, 10.8.1961.
18 BAR E4320C#1995/$390#584*: Notiz Bundesanwalt H. Fürst, 7.8.1961.
19 BAR E4320C#1994/76#413*: Befragung E. Widmer durch Inspektor Rümmeli, 22.8.1961.
20 GLAK: Hauptakten Mord Walter Heck, 309-282: Befragung E. Widmer, 18.8.1961.
21 Handakten Staatsanwalt, 309-284: Bericht über das Ergebnis der Fahndung und der Stand der Ermittlungen in dem Mordfall Walter Heck, 2.8.1962; BAR E4320C#1994/120#689*: Bericht über Heinrich Gompf, K IV/VII [deutscher Nachrichtendienst] an Bundesanwaltschaft, 27.3.1963.
22 GLAK: Hauptakten Mord Walter Heck, 309-282: Befragung P. Schaufelberger, 29.9.1961.
23 GLAK: Hauptakten Mord Walter Heck, 309-282: Erhebungen zur DIMEX, 4.7.1961.
24 GLAK: Hauptakten Mord Walter Heck, 309-282: Befragung J. Hemberger, 29.6.1961; Erhebungen zur DIMEX, 4.7.1961.
25 GLAK: Hauptakten Mord Walter Heck, 309-282: Befragung P. Schaufelberger, 29.9.1961; E. Widmer, 6.9.1961.
26 BAR E4320C#1995/390#584*: Notiz Inspektor Rümmeli, 31.8.1961 [Kopie vom 25.4.1962]; E9500.239A#2003/49#236*: Fiche Josef Mengele, Eintrag 27.6.1961.
27 StAZH: Z190.268, Dossier Josef Mengele: Dr. Grob: Notiz über das Verfahren Dr. J. M., o. D.
28 Zitiert nach: Solomicky, Michael; Rom, Fredy: Frau Regierungsrätin irrt. Die Zürcher Kantonspolizei liess 1961 KZ-Arzt Josef Mengele laufen. Regierungsrätin Rita Fuhrer drückt sich um die Verantwortung, FACTS, 10.6.1999.
29 StAZH: Z190.268, Dossier Josef Mengele: Tagesrapport, 8.3.1961; Mengele unbehelligt in der Schweiz, Basler Zeitung, 28.9.2018.
30 StAZH: Z190.268, Dossier Josef Mengele: Aktennotiz vom 9.3.1961.
31 Wagner, Julia Susanne: Nazi hunters: the struggle for the punishment of Nazi crimes. The hunt for Adolf Eichmann, the Auschwitz trial and the search for Josef Mengele, Duisburg 2018, S. 181ff.

32 BAR E4320C#1995/392#1312*: Polizeikommando Kanton Zürich an Bundesanwaltschaft, Tätigkeitsbericht Nr. 4, 8.4.–30.4.1961.
33 BAR E4320C#1995/390#584*: Notiz Inspektor Rümmeli, 31.8.1961 [Kopie vom 25.4.1962]; Verfügung des NDB, 15.11.2021; Einfache Anfrage Paul Rechsteiner: Josef Mengele und die Schweiz, 18.3.1999.
34 BAR E9500.239A#2003/49#236: Notiz zum Mengele-Dossier, o. D.
35 Ebd.
36 GLAK: Hauptakten Mord Walter Heck, 309-282: Befragung E. Widmer, 6.9.1961.
37 StAZH: Z190.268: Dossier Josef Mengele.
38 Verfügung des NDB, 18.11.2021.
39 GLAK: Hauptakten Mord Walter Heck, 309-282: Befragung H. Gompf, 9.7.1964.
40 GLAK: Hauptakten Mord Walter Heck, 309-282: Notiz Kriminaloberkommissar Rottenecker, 15.7.1964.
41 Von Bülow, Mathilde: «Myth or Reality? The Red Hand and French Covert Action in Federal Germany during the Algerian War, 1956–61», Intelligence and National Security, 22.6.2007.
42 Riegler, Thomas: The State as a Terrorist. France and the Red Hand, http://www.terrorismanalysts.com/pt/index.php/pot/article/view/229/html – abgerufen am 4.6.2020.
43 House, Jim; McMaster, Neil: Paris 1961. Algerians, State Terror, and Memory, Oxford 2006, S. 178.
44 Von Bülow (2007).
45 GLAK: Hauptakten Mord Walter Heck, 309-282: O. Wagner an Kriminaloberkommissar Rottenecker, 5.8.1961, plus Aktennotiz vom 28.7.1961.
46 Franceschini, Christoph, Thomas Wegener Friis, Erich Schmid-Eenboom: Spionage unter Freunden. Partnerdienstbeziehungen und Westaufklärung der Organisation Gehlen und des BND, Berlin 2017, S. 57.
47 Bülow (2016), S. 296f.
48 BArch-MA: NL Pabst N/620/41: W. Pabst an O. v. Knigge, 2.9.1965.
49 BAR E4320-01C#1990/134#181*: Fiche E. Widmer, Eintrag 21.5.1962

Der «Saftladen» in Bonn

1 NL Joachim Schultze: Manuskript [1998], S. 7b.
2 In den Quellen erwähnt werden: Brigadegeneral Kurt Gieser, Inspektor der Bundesartillerie; sein Nachfolger General von Hinkeldey; Dr. Walder vom Amt T VII der Bundeswehr; der österreichische Brigadegeneral Friedrich JANATA, Chef des Technischen Amtes; Hans Leyers, ehemaliger Generalbevollmächtigter für Italien im Reichsministerium für Rüstung und Kriegsproduktion, der als Türöffner zur Bundeswehr fungiert.
3 BAR E5001G#1972/47#4208*: Notiz für Bundesrat P. Chaudet: Démonstration de fusée à charge liquide au Rossboden près de Coire, 28.3.1960.
4 BArch-MA: NL Pabst N/620/42: Fr. W. Heinz an W. Pabst, 10.8.1966.
5 BArch-MA: NL Pabst, N/620/37: W. Pabst an E. Behrens, 10.10.1966.
6 BArch-MA: NL Pabst N/620/34: W. Pabst an P. Schaufelberger, 27.6.1969, mit Auszug eines Schreibens vom 26.6.1969.
7 BArch-MA: NL Pabst N/620/34: P. Schaufelberger an W. Pabst, 9.9.1966.
8 BArch-MA: NL Pabst N/620/42: E. Widmer an W. Pabst, 3.5.1960.
9 BArch-MA: NL Pabst N/620/43: W. Pabst an E. Widmer, 23.8.1960.
10 BArch-MA: NL Pabst N/620/43: E. Widmer an W. Pabst, 22.12.1960.
11 BArch-MA: NL Pabst N/620/43: E. Widmer an Bundesamt für Wehrtechnik, 2.11.1960.
12 BArch-MA: NL Pabst N/620/43: E. Behrens an W. Pabst, 28.1.1961.
13 BArch-MA: NL Pabst N/620/42: Zeitliche Reihenfolge der Entwicklung der Angelegenheit «Flüssigkeitsrakete System Calanda», [1962].
14 BArch-MA: NL Pabst N/620/42: Aktenvermerk, 8.12.1961; W. Pabst an E. Widmer, 7.12.1961.
15 BArch-MA: NL Pabst N/620/42: P. Schaufelberger an Oberstkorpskommandant R. Frick, Ausbildungschef der Armee, 15.12.1961.
16 BArch-MA: NL Pabst N/620/42: J. Zbornik an E. Widmer, 10.12.1961.
17 BArch-MA: NL Pabst N/620/42: Aktenvermerk E. Behrens, 15.1.1962.
18 BArch-MA: NL Pabst N/620/42: W. Pabst an E. Widmer, 9.1.1962.
19 BArch-MA: NL Pabst N/620/42: E. Widmer an P. Schaufelberger 15.12.1961.
20 BArch-MA: NL Pabst N/620/42: P. Schaufelberger an W. Pabst, 11.1.1962.
21 Brandt, Peter: Der Mord an Rosa Luxemburg und Karl Liebknecht, www.frankfurter-hefte.de/artikel/der-mord-an-rosa-luxemburg-und-karl-liebknecht-2712/ – abgerufen am 4.12.2021.
22 BArch-MA: NL Pabst N/620/42: Aktenvermerk E. Behrens, 15.1.1962.
23 BArch-MA: NL Pabst N/620/42: W. Pabst: Ergänzende Aktennotiz betr. Gespräch mit Min. Dir. Bohlan am 15.1.1962.
24 BArch-MA: NL Pabst N/620/42: W. Pabst an Kaufmann, 13.3.1962.
25 BAR E4320B#1973/17#1346*: Bemerkung zu Wagner Otto, 7.11.1950.
26 BAR E4320B#1973/17#1346* Oberstkorpskommandant R. Frick an Bundespolizei-Chef Maurer, 17.12.1953.
27 BAR E4320B#1973/17#1346*: O. Wagner an P. Schaufelberger, 20.6.1954; J. Gerber an O. Wagner, 3.6.1954.
28 BAR E4320B#1973/17#1346*: O. Wagner an Otto Maurer, Bührle & Co., 28.3.1954; O. Maurer an O. Wagner, 25.3.1954; Meldung einer französischen Nachrichtenquelle, 5.10.1956.
29 BArch-MA: NL Pabst N/620/42: E. Widmer an P. Schaufelberger, 15.12.1961; W. Pabst an Kaufmann, 13.3.1962.
30 BArch-MA: NL Pabst N/620/42: E. Widmer an P. Schaufelberger, 15.12.1961.
31 BArch-MA: NL Pabst N/620/42: Jaeckel, Bundesamt für Technik und Beschaffung, an W. Pabst, 27.6.1962.
32 BArch-MA: NL Pabst N/620/42: J. Zbornik an E. Widmer, 10.12.1961.
33 BArch-MA: NL Pabst N/620/34: P. Schaufelberger an E. Behrens, 7.7.1962.
34 BArch-MA: NL Pabst N/620/34: W. Pabst an Brigadegeneral K. Gieser, 6.9.1962
35 BArch-MA: NL Pabst N/620/42: W. Pabst an W. Oswald, 1.10.1962.
36 BArch-MA: NL Pabst N/620/42: W. Oswald an W. Pabst, 20.10.1962.
37 Asyl für einen Nazi-Verbrecher, NZZ, 7.1.2019.
38 BArch-MA: NL Pabst N/620/42: P. Schaufelberger: Bemerkungen zu den Raketenversuchen, 5.11.1963.
39 BArch-MA: NL Pabst N/620/43: W. Pabst an E. Behrens, 14.1.1964.
40 BArch-MA: NL Pabst N/620/37: J. Zbornik an W. Pabst, 22.2.1964.
41 BArch-MA: NL Pabst N/620/41: W. Pabst an Odal Freiherr von Knigge, Lissabon, 2.8.1965.
42 BArch-MA: NL Pabst N/620/43: Auszug aus einem Brief von P. Schaufelberger, militärischer Berater der PATVAG, 18.5.[1964].
43 BArch-MA: NL Pabst N/620/43: Aktenvermerk über die Besprechung beim Artillerie-Inspizienten am 18.3.1965.
44 BArch-MA: NL Pabst N/620/34: W. Pabst an Rechtsanwalt E. Roethe, 22.3.1965.
45 BArch-MA: NL Pabst N/620/43: W. Pabst an J. Zbornik, 12.6.1964.
46 BArch-MA: NL Pabst N/620/43: Erprobungsstelle 91, Meppen, Dez. 1964: Bericht M8/64 über Versuche mit Flüssigkeitstreibstoff (PATVAG AG) am 20.–22.7.1964.
47 Zitiert nach Gietinger, Klaus: Der Konterrevolutionär. Waldemar Pabst. Eine deutsche Karriere, Hamburg 2009, S. 363f., Anm. 35.

«Im Schatten und in aller Stille»

1 Agenten verhaftet, Blick, 16.3.1963; Geheimagenten und Raketenforscher in Basel, Abend-Zeitung, 18.3.1963.
2 Staatsanwälte in Verlegenheit, Schaffhauser Nachrichten, 14.6.1963.
3 AfZ: NL Georges Brunschvig 59: Befragung Ben-Gal, 2.4.1963.
4 Der Prozess gegen die israelischen Agenten, NZZ, 11.6.1963.
5 Etwas Gefängnis im Basler Agentenprozess, Schaffhauser Nachrichten, 13.6.1963.
6 Israel-Agenten: Wenn Sie piepsen, dann …, Blick, 22.3.1963.
7 Nassers Zigarren, Spiegel, 5.9.1962.
8 Bergman, Ronen: Der Schattenkrieg. Israel und die geheimen Tötungskommandos des Mossad, München/Hamburg 2018, S. 89.
9 Zitiert nach Bergman (2018), S. 90.
10 Wikipedia: Operation Damocles, abgerufen am 4.12.2021.
11 GLAK: Hauptakten Mord Walter Heck, 309-282: Kripo Karlsruhe: Besprechung beim Generalbundesanwalt, 21.3.1963.

12　Attentate auf deutsche Raketenbauer, Stern, 24.3.1963; Die Deutschen sind an allem schuld, Stern, 24.4.1963; W. Geisler, OTRAG, Teil I–VI, Informationsdienst Südliches Afrika (issa), 11/1978, 12/1978, 1/1979, 2/1979, 3/1979, 4/1979.
13　Die israelischen Agenten, Schaffhauser Nachrichten, 20.3.1963.
14　Attentate auf deutsche Raketenbauer, Stern, 24.3.1963.
15　Der Prozess gegen die israelischen Agenten, NZZ, 11.6.1963; Israel-Agenten: Wenn Sie piepsen, dann …, Blick, 22.3.1963.
16　Agenten verhaftet, Blick, 16.3.1963.
17　BAR E4001D#1973/125#668* Nachrichtenfall: Notice. Intervention de l'Ambassadeur d'Israël auprès du Chef du Département Politique Fédéral dans l'affaire Bengal, 13.3.1963.
18　BAR E4001D#1973/125#668* Nachrichtenfall: Aktennotiz, 11.3.1963.
19　BAR E4001D#1973/125#668* Nachrichtenfall: Notice. Intervention de l'Ambassadeur d'Israël auprès du Chef du Département Politique Fédéral dans l'affaire Bengal, 13.3.1963.
20　Bundesgericht quält sich mit der Frage der Auslieferung, Blick, 29.3.1963.
21　BAR E4001D#1973/125#668* Nachrichtenfall: Notice. Intervention de l'Ambassadeur d'Israël auprès du Chef du Département Politique Fédéral dans l'affaire Bengal, 13.3.1963.; BAR E4001D#1973/125#668* Nachrichtenfall: Aktennotiz, 11.3.1963.
22　Thomas Ley: 60 Jahre BLICK: Wie die Boulevardzeitung BLICK aufrüttelte, Blick, 3.10.2019.
23　Scharfe israelische Kritik an der Schweiz, Blick, 18.3.1963.
24　Israel Demands Bonn End Work Of Germans for Cairo on Arms, New York Times, 21.3.1963; «Nasser in den Spuren Hitlers», Die Tat, 22.3.1963.
25　Bern schweigt zum Agenten-Krieg – Israel droht mit Enthüllungen, Blick, 19.3.1963; Verhaftung zweier Israelis in Zürich, NZZ, 19.3.1963.
26　Verhaftung zweier Israelis in Zürich, NZZ, 19.3.1963.
27　BAR E4001D#1973/125#668* Nachrichtenfall: Presseorientierung Staatsanwaltschaft Basel, 19.3.1963.
28　Die ägyptischen Mordprofessoren. Arbeiten deutsche Wissenschafter in Ägypten an der Entwicklung von Todesstrahlen?, Abend-Zeitung, 20.3.1963; An die Massstäbe denken!, Abend-Zeitung, 30.3.1963.
29　Israel und die deutschen Raketenforscher in Ägypten. Kritik an der Verhaftung eines Israelis in der Schweiz, 18.3.1963; Abgelehntes Auslieferungsbegehren, Die Tat, 10.5.1963.
30　Bergman (2018), S. 102; Raviv, Dan; Melman, Yossi: Die Geschichte des Mossad. Aufstieg und Fall des israelischen Geheimdienstes, München 1992, S. 147.
31　Die Schweizer Firma Patvag liefert Kriegsmaterial und Experten an Ägypten, Ma'ariv, 21.3.1963.
32　Zürcher Firma verkaufte Napalm an Ägypten, Volksrecht, 22.3.1963.
33　Lieferung von schweizerischem Napalm an Ägypten?, NZZ, 23.3.1963.
34　Eine schweizerische Firma beschuldigt, Bund, 22.3.1963; Klarstellungen der angeschuldigten Zürcher Firma, NZZ, 22.3.1963.
35　BArch-MA: NL Pabst N/620/43: E. Widmer an W. Pabst, 27.8.1960; W. Pabst an E. Widmer, 25.12.1961. GLAK: Hauptakten Mord Walter Heck, 309-282: Befragung Walter Heck, 5.7.1961; E4320B#1990/266#50*: Exposé H. Seelhofer, [12.3.1955]; GLAK: Hauptakten Mord Walter Heck, 309-282: Befragung H. Gompf, 9.7.1964.
36　BArch-MA: NL Pabst N/620/42: W. Pabst an E. Widmer, 5.12.1961.
37　BArch-MA: NL Pabst N/620/42: E. Widmer an W. Pabst, 22.12.1961; W. Pabst an E. Widmer, 25.12.1961.
38　BAR E4320C#1995/390#572*: E. Widmer an J. Szultos, Bruxelles, 13.8.1962.
39　BArch-MA: NL Pabst N/620/43: Fahrzeuge, [1964], handschriftliche Ergänzung von W. Pabst; www.bendevannijvel.com/forum/viewtopic.php?id=2620 – abgerufen am 4.12.2021.
40　Wellenschlag aus Mittelost, Volksrecht, 22.3.1963.
41　In einem Exklusivgespräch mit Ma'ariv gesteht der Direktor des Schweizer Vermittlungsunternehmens PATVAG, Ma'ariv, 24.3.1963.
42　Zu einer Opalm-Lieferung, Die Tat, 26.3.1963.
43　Klarstellungen der angeschuldigten Zürcher Firma, NZZ, 22.3.1963.
44　BAR E5001F#1000/1866#2852*: Fabrikationsgesuch Gerber, 4000 Napalm-Bombenzünder, für Regierung Israel, 5.10.1954, mit Stempel «VERSANDT 6.10.1954».
45　BAR E4320B#1990/266#50*: Exposé H. Seelhofer, [12.3.1955].
46　BAR E4320B#1990/266#50*: Abhörungsprotokoll E. Burkhardt, 12.4.1955; Aktennotiz E. Burkhardt, 12.4.1955; E5001F#1000/1865#42*: Fabrikationsgesuch HOVAG, 130 kg Opalm B für Regierung Holland, 3.3.1955, mit Stempel «VERSANDT 8.3.1955».
47　BAR E5001F#1000/1865#42*: Fabrikationsgesuch Gerber, «1 Brandbombenzünder als Demonstrationsmodell (vornehmlich aus Kunstharzspritzguss- und Metallteilen)», für Soltam, Haifa, mit Stempel «VERSANDT 5.8.1955».
48　E4320B#1990/266#6810*: Stapo an Kriminalkommissariat, 23.8.1955; Auskunft Leopold Terner, 23.9.1955; Schweizer Botschafter in Israel an Frepo, 3.10.1955.
49　BAR E5001G#2004/82#87* Rüstungskontrolle Firma Patvag Teil 1, 1955–1979: Fabrikationsbewilligung der PATVAG für die Regierung von Israel, 1.3.1954.
50　The Suez disaster, The Oldie, Oktober 2016.
51　In einem Exklusivgespräch mit Ma'ariv gesteht der Direktor des Schweizer Vermittlungsunternehmens PATVAG, Ma'ariv, 24.3.1963.
52　Ebd.
53　BArch-MA: NL Pabst N/620/42: E. Widmer an P. Schaufelberger, 15.12.1961.
54　BArch-MA: NL Pabst N/620/34: P. Schaufelberger an E. Behrens, 7.7.1962.
55　In den Quellen werden u. a. Geheimdienstkontakte von Walther Heck, seinem Schwager E. Dinner, Heinrich Gompf, Jim Gerber, Erich Suczek und Otto Wagner erwähnt.
56　BAR E4320B#1990/266#7526*: Rapport Kapo Genf, 2.7.1958.
57　E4320C#1995/390#584*: Stapo Zürich an Kriminalkommissariat, 13.7.1961. Der französische Militärattaché vertraute Widmer an, Inspektor Ulrich sei von Oberst Mercier finanziell unterstützt worden, als er im Gefängnis sass. Diese Information war äusserst heikel, denn die Zahlungen konnten dahingehend ausgelegt werden, dass Mercier sich für Ulrichs Verurteilung mitverantwortlich fühlte.
58　GLAK: Hauptakten Mord Walter Heck, 309-282: Befragung Helmut Hans Müller, 6.8.1963; zu Khalil siehe: Bergman (2018), S. 91; Bar-Zohar (2013), Kapitel 8.
59　Washington schoss in den israelischen Propagandaballon, Zürcher Woche, 29.3.1963.
60　Israel «enthüllt» weiter, Schaffhauser Nachrichten, 26.3.1963.
61　Zürcher Firma stoppt Bombenlieferung für Nasser. Patvag-Rakete sei «Spielzeug», erklärte der Professor Pilz, Blick, 26.3.1963.
62　Bergman (2018), S. 93ff.
63　35 Mio. Franken für MECO. Das MECO-Millionen-Geschäft mit Nassers Kriegsministerium, Blick, 28.3.1963.
64　Briefe ohne Absender, Spiegel, 6.5.1964.
65　BAR E4320C#1994/120#691*: Aktenauszug Bundesanwaltschaft zu Kamil Hassan Sayed, 18.5.1964.
66　So blüht verbotener Waffenhandel, Beobachter, 30.9.1963; Der ausgemünzte Tod, Die Tat, 27.11.1960.
67　Im Schatten der Verhaftung israelischer Spione, Weltwoche, 29.3.1963.
68　El Jefe del Estado recibe, ABC 12.1.1961; Audiencia civil del Rey, Mediterraneo, 10.3.1976.
69　Privatarchiv Hans Zollinger: Continental Oil Company, New York, an Victor Oswald, 30.6.1967.
70　Gespräch mit Michael Oswald, 22.4.2022.
71　Dank an Paul Nagle, UCLA, Department of Film, Television and Digital Media, für diese Information.
72　Calouste Gulbenkian Foundation Archives: Korrespondenz C. S. Gulbenkian und V. Oswald: 27.3.1950 (MCG 02457_25), 27.3.1950 (MCG 02457_21), 8.4.1950 (MCG 02457_16).
73　HOLA, 15.4.2021.
74　Gespräch mit Charlotte Peter, 25.4.2019; Enlace Rueda y S. de la Garza – Oswald Ledeboer, ABC, 3.12.1960.
75　E-Mail von Marcel Capaul, 1.5.2021.
76　Wer war Werner Oswald? Ein Lebensbild über den Begründer und Erbauer der Emser-Unternehmungen, verfasst von seinem zweiten Sohn, Christoph Rudolf Oswald, geboren 16.8.1950, o. D.
77　Speich, Suzanne; Peter, Charlotte: Was wir nicht schreiben durften, Zürich 2020.

78 Im Schatten der Verhaftung israelischer Spione, Weltwoche, 29.3.1963.
79 SHAB: PATVAG Holding, 23.4.1963.
80 Geständnis in Raten, Thuner Tagblatt, 5.4.1963.
81 Manfred Kuhn, Waffen für Kairo, zitiert nach Aufbau, 2.5.1963.
82 Streckbrief Manfred Kuhn, Basler Nachrichten, 8.8.1964.
83 Manfred Kuhn, Waffen für Kairo, zitiert nach Aufbau, 2.5.1963.
84 Zum Beispiel: Manfred Kuhn: Schweizer Mitschuld an geplantem Vernichtungskrieg. Behörden sollen handeln gegen Waffenhilfe an Ägypten, Basler Nachrichten, 8.8.1964.
85 Manfred Kuhn: Schweizer Waffenhilfe für Ägypten?, Gewerkschaftliche Monatshefte, 1963, Heft 5, S. 290ff.
86 Die schmutzigen Hände der Waffenhändler, Beobachter, 15.5.1963.
87 Die Geschäfte eines längst toten Mannes, Allgemeine Zeitung Karlsruhe, 30.4.1963.
88 BAR E4320C#1994/120#689*: K IV/VII [deutscher Nachrichtendienst] an Bundesanwaltschaft: Betrifft Dr. rer. pol. Heinrich Gompf, 27.3.1963.
89 Lavy, George: Germany and Israel. Moral Debt and National Interest, New York 2013, Kapitel 5.
90 Bergman (2018), S. 103f.
91 Bundesgericht quält sich mit der Frage der Auslieferung, Blick, 29.3.1963.
92 Abgelehntes Auslieferungsbegehren, Die Tat, 10.5.1963.
93 Die israelische Presse zum Urteil gegen Ben-Gal, NZZ, 14.6.1963.
94 AfZ: NL Georges Brunschvig 59: Stadtgericht Basel, Urteil gegen Josef Ben-Gal und Otto Joklik, 12.6.1963.
95 Urteil im Prozess gegen die israelischen Agenten, NZZ, 12.6.1963.
96 GLAK: 455, Zg 1992-53, Nr. 223: Zigonis Klavins, Metallseifen Verarbeitung, Reinigungsmittel.

Präsident Nassers «Opal»

1 Beeston, Richard: Looking for Trouble. The Life and Times of a Foreign Correspondent, London 2006, S. 79ff.
2 Fighting in Yemen likely to go on, New York Times, 7.1.1963; Sovjet Sharply Increases Military Aides in Yemen, New York Times, 16.6.1963; Der Bürgerkrieg in Jemen. Kairos Intervention zugunsten Sallals. Rücksichtslose Luftangriffe der Ägypter, NZZ, 15.11.1962.
3 Orkaby, Asher: Beyond the Arab Cold War. The International History of the Yemen Civil War 1962–68, Oxford 2017, S. 254.
4 Beeston (2006), S. 81f.
5 Giftgas in Jemen? Erklärungen von Frau Golda Meir, Neue Zürcher Nachrichten, 5.7.1963.
6 Beeston (2006), S. 81.
7 Zitiert nach Schmidt, Dana Adams: Yemen. The Unknow War, Toronto 1969, S. 258f.
8 Zitiert nach: Gas Bombs Killed Six Yemeni Children – Royalist claim, Leicester Evening Mail, 11.7.1963.
9 Beeston (2006), S. 83.
10 Zitiert nach: Cairo Said To Use Poison-Gas Bombs. British Writer Says He Saw Burned Victims in Yemen, New York Times, 9.7.1963.
11 Giftgas über Arabien, Die Tat, 17.7.1963; Die Kriegsführung Nassers im Jemen, NZZ, 8.7.1963.
12 Gasattacke Al Kawma U. N. Will Weigh Gas-Bomb Charge. Reports first reached London last month from Cairo suggesting that German chemists in Egypt had been experimenting with gas for warfare a form of combat barred under the Geneva convention, New York Times, 10.7.1963; Peade Troops Get To Work, Daily Mirror, 15.7.1963.
13 «Poison-gas» boy takes it easy, Daily Herald, 16.7.1963; Wikipedia: Jane Birdwood – abgerufen am 8.3.2022.
14 Asked about poison gas attacks by Egyptian aircraft on Yemeni peasant villages, the Foreign Office says: «So far they are only Press reports», Sunday Mirror, 14.7.1963; Terrill, W. Andrew: The chemical warfare legacy of the Yemen war, Comparative Strategy, Vol. 10, 1991, Bd. 2, S. 111.
15 Orkaby (2017), S. 136.
16 Telegramm an das State Department, 11.7.1963, FRUS, 1961–63, Vol. 18, S. 639ff.
17 BArch-MA: NL Pabst N/620/43: E. Widmer an W. Pabst, 27.8.1960; W. Pabst an E. Widmer, o. D.; N/620/42: W. Pabst an E. Widmer, 25.12.1961.
18 GLAK: Hauptakten Mord Walter Heck, 309-282: Befragung H. Gompf, 9.7.1964.
19 GLAK: Handakten Staatsanwalt, 309-284: Bericht über das Ergebnis der Fahndung und der Stand der Ermittlungen im Mordfall Walter Heck, 2.8.1962.
20 Der Bürgerkrieg in Jemen, NZZ, 15.11.1962.
21 BAR E4320C#1994/120#689*: Einvernahme El Borai Mohamed, 20.2.1963; Samir Aly an Dr. Gompf, o. D.
22 BAR E4320C#1994/120#689*: Notiz Bundesanwaltschaft, 27.2.1963.
23 BAR E4320C#1994/120#689*: Rapport Kapo Zürich, 23.2.1963.
24 BAR E4320C#1994/120#689*: Befragung H. Gompf, 22.2.1963; GLAK: Handakten Staatsanwalt, 309-284: Bericht über das Ergebnis der Fahndung und der Stand der Ermittlungen im Mordfall Walter Heck, 2.8.1962.
25 GLAK: Hauptakten Mord Walter Heck, 309-282: Befragung E. Widmer, 18.8.1961.
26 BAR E4320C#1995/390#572*: PATVAG an J. Szultos, 13.8.1962; GLAK: Hauptakten Mord Walter Heck, 309-282: Befragung E. Widmer, 18.8.1961; Handakten Staatsanwalt, 309-284: Bericht über das Ergebnis der Fahndung und der Stand der Ermittlungen im Mordfall Walter Heck, 2.8.1962.
27 BAR E4320C#1995/390#572*: PATVAG an J. Szultos, 13.8.1962; GLAK: Hauptakten Mord Walter Heck, 309-282: Befragung E. Widmer, 18.8.1961; Handakten Staatsanwalt, 309-284: Bericht über das Ergebnis der Fahndung und den Stand der Ermittlungen im Mordfall Walter Heck, 2.8.1962.
28 Shoham, Dany: The Evolution of Chemical and Biological Weapons in Egypt, ACPR (Ariel Center for Policy Research) Policy Paper No. 46, 1998, S. 48.
29 Orkaby, Asher Aviad: The International History of the Yemen Civil War, 1962–1968, Doctoral Dissertation, Harvard University, 2014, S. 245.
30 GLAK: Hauptakten Mord Walter Heck, 309-282: Befragung H. Gompf, 9.7.1964.
31 Sayigh, Yezid: Arab Military Industry. Capability, performance and impact, London 1992, zitiert nach: Shoham (1998), S. 4.
32 BAR E4320C#1994/120#689*: Einstellung des Verfahrens, 23.3.1963; Aktenauszug Bundesanwaltschaft, 28.3.1963.
33 Schmidt (1968), S. 259.
34 Hill, Ginny: Yemen endures. Civil war, Saudi adventurism and the future of Arabia, London 2017, S. 30.
35 Gasattacke Al Kawma, New York Times, 10.7.1963.
36 Lumsden (1975), S. 94, 112.
37 BAR E5200A#1971/41#38*: Bombenkonferenz der K.T.A., 29.9.1956; Aktennotiz K.T.A., 7.9.1955.
38 GIFTGAS. Jod und Aspirin, Spiegel, 17.7.1963.
39 Billy McLean gehörte zur Expedition, die der Imam zur Abklärung nach al-Kawma schickte. Das machte ihn zum «Augenzeugen», obwohl er erst 25 Tage nach dem Bombenangriff dort eintraf (Beeston, 2006), S. 82f.; (Hill, 2017), S. 26ff. Er wählte Beeston unter mehreren Journalisten im Hauptquartier des Imams aus, weil dieser für den einflussreichen, rechtskonservativen Daily Telegraph schrieb, der über Nasser, wie dieser klagte, «immer extrem feindselig» berichtete. McLean liess bei seinem ersten Besuch in al-Kawma auch die Bombenüberreste liegen, anstatt sie einzupacken und Experten zur Prüfung zu überlassen. Das ermöglichte Beeston, diese medienwirksam in der Hand eines Jambiah-bewehrten Dorfbewohners zu fotografieren. Um mehr über die sorgfältig orchestrierte Kampagne herauszufinden, müsste man in McLeans Nachlass im Imperial War Museum in London weitersuchen.
40 Orkaby (2017), S. 274.
41 Beeston (2006), S. 83.
42 Bass, Warren: Support any friend. Kennedy's Middle East and the making of the U.S.-Israel alliance, New York 2003, S. 134.
43 Ein Beispiel ist die Website der Nonprofit-Organisation The Nucelar Threat Initiative (NTI), eine Gründung des ehemaligen US-Senators Sam Nunn und des CNN-Gründers Ted Turner, wo bis heute ein Factsheet des James Martin Center for Nonproliferation Studies des Monterey Institute of International Studies zu finden ist, in dem es heisst: «Egypt is widely suspected of possessing, possibly producing, and using chemical weapons in the form of gas-bombs, including mustard and phosgene, in the Yemeni civil war against Yemeni Republican forces. This resulted in 1,400 deaths, according to the Defense Intelligence Agency. Until

the early 1980s, Egypt provided ‹the only verified use of chemical weapons since World War I›, according to Harvard biochemist Matthew Masselso. Seth Carus of the Washington Institute for Near East Policy claims that Egypt's chemical weapons ‹probably originated from the Soviet Union.› Whereas CBW expert Harvey McGeorge seems more certain, he states that ‹the Soviets began supplying Egypt …in the early 1960s›.» Andere Beispiele: Terril, W. Andrew: The Chemical Warfare Legacy of the Yemen War, Comparative Strategy, Vol (10) 2/1991; Shoham, Dany: The Nonproliferation Review/Spring-Summer 1998; Shoham, Dany: The Evolution of Chemical and biological Weapons in Egypt, ACPR Policy, Paper No. 46, 1998; ‹Should there be a need›: The inside story of Israel's chemical and biological arsenal, Times of Israel, 17.9.2013, www.timesofisrael.com/israels-chemical-arsenal-in-the-spotlight/
44 Der Krieg in Jemen geht weiter, Schweizer Illustrierte, 20.1.1964.
45 Yemen, LIFE Magazine, 19.2.1965.
46 New Jersey Jewish News, 17.4.1964.
47 Schmidt (19), S. 259.
48 NARA, RG 59, Central Files 1967–69, POL 27-10 YEMEN: Telegram from the Department of State to the Mission to the European Office of the United Nation, 25.5.1967.
49 Ferris, Jesse: Egypt's Vietnam. Lessons from the last time Cairo waded into war in Yemen, Foreign Policy, 3.4.2015.
50 www.nti.org/analysis/articles/egypt-chemical/ – abgerufen am 6.12.2021.
51 NL Joachim Schultze: Manuskript [1998], S. 9.

«Palmöl» und «Calypso»

1 Roman Brodmann: Die Schweiz als Nassers Adlerhorst?, Zürcher Woche, 17.7.1964.
2 Ebd.
3 Ein internationaler Spionageprozess vor Bezirksgericht, Die Tat, 6.5.1964; Zwei simple Eidgenossen wollten Israel retten, Die Tat, 10.5.1964; Briefe ohne Absender. Affäre Neeser, Spiegel, 6.5.1964.
4 300 Professoren protestieren gegen Waffenverkäufe an Nasser, Basler Nachrichten, 19.6.1964.
5 Gestörtes Behagen im Kleinstaat, Weltwoche, 3.7.1964.
6 Eher geht ein Kamil durch ein Nadelöhr, Zürcher Woche, 7.8.1964.
7 Die Schweiz als Nassers Adlerhorst?, Zürcher Woche, 17.7.1964.
8 BAR E4320C#1994/120#691*: Rapport Kapo Zürich, 11.7.1964.
9 Harte Fragen an Hassan Kamil, Zürcher Woche, 17.7.1964.
10 BAR E4320C#1994/120#691*: Rapport Kapo Zürich, 11.7.1964.
11 Dramatische Auseinandersetzung um Hassan Kamil, Die Tat, 10.7.1964.
12 BAR E4320C#1994/120#691*: «Was damals nicht gelungen ist, wird dort unten gelingen», [unbekannt], 15.7.1964.
13 Werner Schmid: Die Waffenhändler sind unter uns, National-Zeitung, 6.7.1964; Interpellation Werner Schmid, 9.6.1964, dodis-31292.
14 Die Schweiz als Nassers Adlerhorst?, Zürcher Woche, 17.7.1964: Ludwig A. Minelli: Der Ruf der Schweiz ist in Gefahr, Volksrecht, 22.8.1964.
15 Nassers Lieferanten, Bund, 23.9.1964.
16 BArch-MA: NL Pabst N/620/41: W. Pabst an O. v. Knigge, 2.8.1965.
17 BArch-MA: NL Pabst N/620/43: P. Schaufelberger an W. Pabst, 21.11.1964.
18 BArch-MA: NL Pabst N/620/41: W. Pabst an O. v. Knigge, 2.8.1965.
19 BArch-MA: NL Pabst N/620/37: W. Pabst an E. Behrens, 23.2.1966.
20 BArch-MA: NL Pabst N/620/41: O. v. Knigge an W. Pabst, 17.4.1964.
21 BArch-MA: NL Pabst N/620/41: W. Pabst an O. v. Knigge, 2.8.1965.
22 BArch-MA: NL Pabst N/620/41: W. Pabst an O. v. Knigge, 14.8.1964.
23 BArch-MA: NL Pabst N/620/41: W. Pabst an O. v. Knigge, 2.9.1965.
24 BAR E4320-01C#1996/203#206*: Fiche Horst Hajek.
25 BArch-MA: NL Pabst N/620/43: Opalm-Bomben, o. D.
26 BArch-MA: NL Pabst N/620/37: E. Behrens an W. Pabst, 18.1.1965, 24.2.1966, 2.3.1966.
27 BArch-MA: NL Pabst N/620/43: W. Pabst an E. Widmer, 19.7.1965.
28 BArch-MA: NL Pabst N/620/37: E. Behrens an W. Pabst, o. D.
29 BArch-MA: NL Pabst N/620/37: E. Behrens an W. Pabst, 2.3.1966.
30 BArch-MA: NL Pabst N/620/37: E. Behrens an W. Pabst, 17.3.1966.
31 BArch-MA: NL Pabst N/620/41: W. Pabst an O. v. Knigge, 2.8.1965.
32 BArch-MA: NL Pabst N/620/37: W. Pabst an E. Behrens, 23.2.1966.
33 BArch-MA: NL Pabst N/620/41: W. Pabst an O. v. Knigge, 18.1.1966.
34 BArch-MA: NL Pabst N/620/43: Exposé über Flüssigkeits-Raketentriebwerk System Calypso, 1.1.1966.
35 BArch-MA: NL Pabst N/620/37: E. Behrens an W. Pabst, 2.3.1966.
36 BArch-MA: NL Pabst N/620/37: W. Pabst an E. Behrens, 28.2.1966. NL Pabst, N/620/37 Patvag, Behrens.
37 BArch-MA: NL Pabst N/620/37: E. Behrens an W. Pabst, 2.3.1966.
38 BArch-MA: NL Pabst N/620/37: E. Behrens an W. Pabst, 17.3.1966.
39 BArch-MA: NL Pabst N/620/43: W. Pabst an W. Tatje, 18.5.1966.
40 BArch-MA: NL Pabst N/620/37: W. Pabst an E. Behrens, 12.6.1966.
41 BArch-MA: NL Pabst N/620/37: E. Behrens an W. Pabst, [1966].
42 BArch-MA: NL Pabst N/620/37: E. Behrens an W. Pabst, 19.12.1966.
43 BArch-MA: NL Pabst N/620/43: W. Pabst an E. Widmer, 22.4.1967.
44 BArch-MA: NL Pabst N/620/43: W. Pabst an E. Behrens, 30.5.1967.
45 BArch-MA: NL Pabst N/620/43: E. Behrens an W. Pabst, 3.6.1967.
46 Ems-Patvag. Blochers Geschäfte mit den Kriegsherren der Welt, FACTS, 25.1.1996.

Die «Chäpslifabrik»

1 Les mines antipersonnel suisses existent-elles?, Journal de Genève, 16.10.1995.
2 https://archive.org/stream/DTIC_ADA326694/DTIC_ADA326694_djvu.txt – abgerufen am 8.12.2021.
3 Les mines antipersonnel suisses existent-elles?, Journal de Genève, 16.10.1995.
4 Hat Blocher-Firma Minen produziert? Ems-Verwaltungsrat und EMD dementieren US-Informationen, Tages-Anzeiger, 17.10.1995.
5 www.couteaux-du-soldat-suisse.ch/J01/index.php/en/les-couteaux-du-soldat/les-modeles-1951 – abgerufen am 8.12.2021; BAR E6101#1968/50#646*: Prof. A. Walther: Gutachten über die Kosten und Rentabilität der HOVAG, 1953; E5001G#2004/82#87*: Fabrikationsgesuch PATVAG für 600 Tretminen aus Grilon ohne Sprengstoff für die Regierung Portugals, 24.10.1962, annulliert am 20.4.1963.
6 BAR E5001G#2004/82#87* Rüstungskontrolle Firma Patvag Teil 1, 1955–1979: Fabrikationsbewilligung der PATVAG für die Regierung von Israel, 1.3.1954.
7 BAR J1.171#1000/1303#14*: Sekretariat W. Oswald an P. Schaufelberger, 14.8.1956.
8 BAR J1.171#1000/1303#16*: O. Matter an Generalmajor a. D. Heydenreich, 19.11.1956.
9 Gespräch mit Wynanda Hauser-Clerk, 17.9.2019; Gespräch mit anonymem Zeitzeugen; BAR E27#1000/721#9660*: P. Schaufelberger an Ch. Daniel, 8.11.1951.
10 BAR E4320B#1990/266#6806*: P. Schaufelberger an Ch. Daniel, Unterredung wegen Einreisegesuch Guderian, 8.11.1951; Postkarte Leo Freiherr Geyr von Schweppenburg an P. Schaufelberger, 15.5.1962, Katalog der Autographensammlung Dr. Georg Heberlein.
11 StaLU: Patentanmeldungen: PA 381/228.350896 Nr. 350896; PA 381/228.350575 Nr. 350575, PA 381/232.350233, PA 381/232.352266 Nr. 352266.
12 BAR J1.171#1000/1303#19*: O. Matter an P. Schaufelberger, 4.9.1956.
13 BAR E5151A#1975/24#388*: Aktennotiz über die Besprechung und Versuche mit Dr. Schnider, HOVAG, am 4.4.1957; Gespräch mit Eveline und Joachim Schulze, 6.1.2020; Pentagon entlastet Blocher, Sonntagsblick, 5.11.1995; BArch-MA: NL Pabst N/620/43: PATVAG Technik: Exposé über die Entwicklung des Raketen-Flüssigkeits-Triebwerks, [1964].
14 BArch-MA: NL Pabst N/620/43: TRETMINEN, o. D.; Fahrzeuge, mit handschriftlichen Ergänzungen von W. Pabst, [1964]; http://articles.janes.com/articles/Janes-Mines-and-Mine-Clearance/PATVAG-59-Switzerland.html – abgerufen am 8.12.2021.
15 BArch-MA: NL Pabst N/620/43: OPALM-BOMBEN, o. D.
16 BArch-MA: NL Pabst N/620/41: W. Pabst an O. v. Knigge, 2.8.1965.
17 Les mines antipersonnel suisses existent-elles?, Journal de Genève, 16.10.1995.

18 www.jmu.edu/cisr/_pages/research/munitions.shtml – abgerufen am 8.12.2021.
19 BArch-MA: NL Pabst N/620/43: TRETMINEN, o. D.; Fahrzeuge, mit handschriftlichen Ergänzungen von W. Pabst, [1964].
20 Pentagon entlastet Blocher, Sonntagsblick, 5.11.1995. Die Information stammt vom National Ground Intelligence Center, der Produzentin der CD-ROM Mine Facts.
21 Lieferung von schweizerischem Napalm an Ägypten?, NZZ, 22.3.1963.
22 BArch-MA: NL Pabst N/620/41: W. Pabst an O. v. Knigge, 2.8.1965, 14.8.1964; NL Pabst N/620/43: W. Pabst an O. Tatje, 18.5.1966.
23 Pentagon entlastet Blocher, Sonntagsblick, 5.11.1995. Die Information stammt vom National Ground Intelligence Center, der Produzentin der CD-ROM Mine Facts.
24 BAR E5155#1971/202#95*: Besprechung von Generalstabsabteilung (Oberstleutnant Schaufelberger), Firma Hasler (Dr. Baasch), Deutsche Wissenschaft (Dr. Halder, dipl. ing. Meizner) und K.T.A. (Kraut), 10.3.1950.
25 www.forum-marinearchiv.de/smf/index.php?topic=5808.0; https://wrd.triboni.net/triboni/store/Flusi.pdf?mthd=get&name=wrd_store1&sign=I8lOMq%2BNzu9whqkmAecd5w%3D%3D&id=hyuemmxdhaaaaaaabdds&fmt=application%2Fpdf – abgerufen am 8.12.2021.
26 BAR E5155#1971/202#95*: Besuch von Dipl. Ing. Günther aus Witzenhausen, 31.7.1950.
27 BAR E6101#1968/50#286*: R. Oswald an H. Merz, 9.10.1954.
28 StaLU A 663/2 Steuerakten Patvag: Vertrag zwischen der Gemeinde Adligenswil und der Patvag, 29.10.1954.
29 Frankreich: BAR E5001F#1000/1866#2680* Allgemeines, Fabrikations-Bew.-Gesellschaft: Fabrikationsgesuch PATVAG für Kurzzeitzünder für Fliegerraketen und Panzerraketen, 28.2.1955; E5001F#1000/1865#42* Kriegsmaterialausfuhr: PATVAG an Manurhin, Müllhausen, Sprengkapselsicherungen für elektr. Kurzzeitzünder, 7.7.1955 (versandt 21.3.1955). England: E5001F#1000/1866#2680*: Fabrikationsgesuch PATVAG für Kurzzeitzünder für Panzerwurfgranaten und Zünder, 28.2.1955; Sprengkapselsicherungen, 31.10.1955; E5001F#1000/1865#42*: PATVAG, elektrische Magnetzünder mit Sprengkapselsicherungen und Zündpillen für Hohlgeschosse, an A. F. Trading, London, 7.7.1955. Belgien: E5001F#1000/1866#2680*: Fabrikationsgesuch PATVAG für elektr. Kurzzeitzünder für Panzerwurfgranaten, 28.2.1955; E5001F#1000/1865#42*: Ausfuhrgesuch PATVAG Sprengkapselsicherungen, an S. A. Belge de Mécanqiue et d'Armement, 28.11.1955; E5001F#1000/1865#42*: PATVAG an Mécar S.A., Bruxelles, elektrische Kurzzeitzünder für Panzerwurfgranaten und 90mm Panzerabwehrgeschütz. Holland: E5001G#2004/82#87* Rüstungskontrolle Patvag: Fabrikationsgesuch, 100 Flab-Zünder 40mm mit Uhrwerkszerleger, 5.7.1955; E5001F#1000/1866#3272* Patvag: H. Seelhofer an KTA, Ausfuhrgesuch für 25 Versuchszünder für 40mm Flab-Kanonen für die holländische Marine, 9.6.1955. Schweden: E5001F#1000/1866#2680*: Fabrikationsgesuch PATVAG, Kurzzeitzünder, 28.2.1955; für Sprengkapselsicherungen, 31.10.1955; für elektrische Zündpillen, 6.7.1955; E5001F#1000/1865#42*: Ausfuhrgesuch PATVAG Sprengkapselsicherungen mit elektrischen Zündpillen, 10.11.1955. Spanien: E5001F#1000/1866#2680*: Fabrikationsgesuch PATVAG, elektrische Zünder für Hohlgeschosse, 8.7.1955; E5001F#1000/1865#42*: PATVAG, elektr. Zünder für Hohlgeschosse, an Victor Oswald, Madrid, 15.7.1955. NATO: E5001F#1000/1865#42* Kriegsmaterialausfuhr: Ausfuhrgesuch PATVAG, 2 Zünder, Erfindung Ing. Günther, für NATO, Frankreich, 24.6.1955. Brasilien: E5001F#1000/1865#42*: PATVAG 200 elektrische Kurzzeitzündpillen, für Commandante H. Gross, Rio de Janeiro, 27.7.1955. USA: E5001F#1000/1866#2680*: Fabrikationsgesuch PATVAG, elektr. Kurzzeitzünder, 9.8.1955.
30 BAR J1.171#1000/1303#19* Korrespondenzen: O. Matter an P. Schaufelberger, 5.9.1956, 16.10.1956; P. Schaufelberger an O. Matter, 17.10.1956.
31 BAR J1.171#1000/1303#19*: R. Oswald/E. Widmer an O. Matter, 27.11.1956, 12.12.1956; O. Matter an PATVAG, 5.12.1956.
33 StaSG: ARR B 2-1956−0938 PATVAG AG: Protokoll Regierungsrat St. Gallen, 3.7.1956.
34 StaSG: ARR B 2-1956−0938 PATVAG AG: Protokoll Regierungsrat St. Gallen, 21.6.1956.
34 StaSG: A 148-29.01 PATVAG AG Flums.
35 GLAK: Handakten Staatsanwalt, 309-284: Bericht über das Ergebnis der Fahndung und der Stand der Ermittlungen im Mordfall Walter Heck, 2.8.1962.
36 NL Joachim Schultze: Manuskript [1998], S. 7b.
37 Gespräch mit Heinz Schneller, 24.2.2020.
38 StaLU A 663/2 Steuerakten Patvag Kraftwerk: PATVAG an Steueramt Luzern, 19.4.1961.
39 GLAK: Hauptakten Mord Walter Heck, 309-282: Befragung P. Schaufelberger, 29.9.1961; Handakten Staatsanwalt, 309-284: Bericht über das Ergebnis der Fahndung und der Stand der Ermittlungen im Mordfall Walter Heck, 2.8.1962.
40 BArch-MA: NL Pabst N/620/43: Auszug aus einem Brief von P. Schaufelberger, o. D.
41 Nachlass Joachim Schultze: Manuskript [1998], S. 7c.
42 Gespräch mit Christoph Blocher, 10.6.2021.
43 Ems-Patvag. Blochers Geschäfte mit den Kriegsherren der Welt, FACTS, 25.1.1996; Verordnung über das Kriegsmaterial, 8.2.1978, www.amtsdruckschriften.bar.admin.ch/viewOrigDoc/30001635.pdf?ID=30001635; zur Einstufung als Serienprodukte siehe auch politanalysis.com/2005/12/23/bundesrat-blocherskontakte-zum-geheimdienst-1317545/ – abgerufen am 7.12.2021.
44 Ebd.; Lüönd (2011), S. 47.
45 Ems-Patvag. Blochers Geschäfte mit den Kriegsherren der Welt, FACTS, 25.1.1996.
46 SHAB: PATVAG Technik, 7.8.1984.
47 Lüönd (2011), S. 47.
48 Ems-Patvag. Blochers Geschäfte mit den Kriegsherren der Welt, FACTS, 25.1.1996.
49 Res Gehriger: Ems-Patvag. Blochers Geschäfte mit den Kriegsherren der Welt, FACTS, 25.1.1996.
50 «Know-how» unterliegt nicht dem Kriegsmaterialexport, NZZ 27.5.1987.
51 Ems-Patvag. Blochers Geschäfte mit den Kriegsherren der Welt, FACTS, 25.1.1996.
52 Blocher menace d'attaquer le Pentagone, Journal de Genève, 20.10.1995.
53 Das Pentagon greift Blocher an, Sonntagsblick, 29.10.1995.
54 www.nzz.ch/folio/du-sollst-verstummeln-ld.1619121 – abgerufen am 7.12.2001.
55 Pentagon entlastet Blocher, Sonntagsblick, 5.11.1995.
56 Dito.
57 Zitiert nach Ems-Patvag. Blochers Geschäfte mit den Kriegsherren der Welt, FACTS, 25.1.1996.
58 Res Strehle: Demokrat von Fall zu Fall, Das Magazin, 22.11.2003.
59 NL Joachim Schultze: Manuskript J. Schultze, [1989], S. 7c.
60 Stefan Lüscher: Der Jäger aus Ems. Unablässig auf der Hatz nach Marktnischen, neuen Produkten, hohen Margen, Shareholder-Value. Ob bei Ems-Chemie oder Algroup, Christoph Blochers Kasse klingelt, Bilanz, 1.9.1999; Lüönd (2011), S. 85ff.
61 «Airbagmania», NZZ, 4.2.2003.
62 web.archive.org/web/20030822144808/http://www.emspatvag.com/ – abgerufen am 23.3.2021.
63 «EMS-PATVAG stellt die Produktion von Zündsystemen für die Wehrtechnik ein und konzentriert sich auf Airbag-Anzünder für den Automobilbau», auf www.ems-group.com/ nicht mehr online, aber mit Quellenangabe bei linguee.de/deutsch-englisch/uebersetzung/airbag-anz%C3%BCnder.html – abgerufen am 7.12.2021.
64 «PATVAG AG starts production of electric ignition systems for industrial and military use», siehe: https://ch.marketscreener.com/kurs/aktie/EMS-CHEMIE-HOLDING-AG-6096417/news/Ems-verkauft-Patvag-und-fokussiert-sich-auf-Hochleistungspolymere-29648242/ – abgerufen am 23.3.2021.
65 BAR E4320B#1974/47#277*: Abhörprotokoll W. Oswald, 28.4.1937.
66 http://www.ems-group.com/de/ueber-

ems/ueber-ems/unternehmensgeschichte/ vom 19.5.2021, WayBackMachine – abgerufen am 7.12.2021.
67 Staatsarchiv St. Gallen: ARR B 2-1956-0938 PATVAG AG in Flums, Protokoll des Regierungsrats, 29.3.1956; diverse Gesuche für Zünder vor 1963 finden sich in: BAR E5001G#2004/82#87* Rüstungskontrolle: Firma Patvag, Teil 1, 1955–1979.
68 Lüönd (2011), S. 8.

Epilog

1 Emser Werke, Gewerkschaft Textil Chemie Papier, 15.6.1978.
2 BAR E6101#1968/50#646*: Prof. A. Walther: Gutachten über die Kosten und Rentabilität der HOVAG, 15.1.1953.
3 BAR E6101#1968/50#646* Prof. A. Walther: Gutachten über die Kosten und Rentabilität der HOVAG, 15.1.1953; Lüönd (2011), S. 30; Gespräch mit Christoph Blocher, 10.6.2021.
4 Lüönd (2011), S. 30.
5 Gespräch mit Christoph Blocher am 10.6.2021.
6 Gespräch mit Christoph Blocher, 10.6.1920.
7 Wer war Werner Oswald? Ein Lebensbild über den Begründer und Erbauer der Emser-Unternehmungen, verfasst von seinem zweiten Sohn, Christoph Rudolf Oswald, geboren 16.8.1950, o. D.
8 Somm (2009), S. 196.
9 Dank an Ernst Laurs Enkelin Régine Umbricht für diesen Hinweis.
10 Gespräch mit Christoph Blocher, 10.6.2021; Ems-Chemie – Dunkle Helfer nach dem Zweiten Weltkrieg, SRF 2019.
11 Gespräch mit Christoph Blocher, 10.6.2021.
12 Nachlass Joachim Schultze: Schreiben von Johann Giesen an «alle Mitarbeiter des Direktionsbereiches Forschung» und «alle Abteilungsleiter der übrigen Direktionsbereiche», sowie «z. Kt. an» u. a. «Herrn Dr. Ch. Blocher» und «Herrn Dr. W. Oswald», 31.7.1974.
13 Ems-Chemie – Dunkle Helfer nach dem Zweiten Weltkrieg, SRF 2019.
14 Ebd.
15 Privatarchiv David Streiff: David Streiff an seine Eltern, 23.10.1966.
16 Blocher, Andreas (1994), S. 29f.
17 Lüönd, Erfolg, S. 30; Schilling (1994), S. 53ff.
18 Gespräch mit Charlotte Peter, 22.4.2019.
19 Privatarchiv David Streiff: David Streiff an seine Eltern, 5.11.1966.
20 Lüönd (2011), S. 24.
21 Ebd., S. 9.

Archive

Archive Schweiz

Archiv für Zeitgeschichte der ETH Zürich (AfZ), Rosina Franziska Berger
CARBURA, Matthias Rufer
ETH Zürich, Archiv des Instituts für Geschichte und Theorie der Architektur (gta)
ETH-Bibliothek, Hochschularchiv der ETH Zürich, Monica Bussmann
Gemeindearchiv Arosa
Gemeindearchiv Domat/Ems
Gmeindearchiv Horgen
Gemeindearchiv Rothenbrunnen
Gemeindearchiv Tamins
Gemeindearchiv Untervaz
Heimatmuseum Arosa, Renzo Semadeni
International Committee of the Red Cross (ICRC), Genf
Kantonsbibliothek Vadiana, St. Gallen
Kantonsschule Trogen, Gerold Ebneter
Kulturarchiv Bonaduz, Manuela Bieler
Maschinenfabrik Rieter, Firmenarchiv, Peter Spirgi
Museo Comunale d'Arte Moderna, Ascona
PTT-Archiv, Museum für Kommunikation, Bern
Regionalgericht Imboden
Schweizerische Nationalbibliothek (NB), Bern
Schweizerisches Bundesarchiv (BAR), Bern
Schweizerisches Bundesgericht (BGE), Lausanne
Schweizerisches Sozialarchiv (SozArch), Zürich
Schweizerisches Wirtschaftsarchiv (SWA), Universität Basel
Staatsarchiv Aargau (StAAG), Rahel Büchli
Staatsarchiv Basel-Stadt (StABS)
Staatsarchiv Bern (StABE), Benjamin Ryser, Vinzenz Bartlome
Staatsarchiv Graubünden (StAGR), Dr. Reto Weiss
Staatsarchiv Luzern (StALU), Dr. Jörg Schmutz und Team
Staatsarchiv Obwalden (StAOW), Mario Seger
Staatsarchiv Schaffhausen (StASH)
Staatsarchiv St. Gallen (StASG), Dr. Regula Zürcher Meuwly
Staatsarchiv Tessin (ASTI), Stefano Anelli
Staatsarchiv Waadt, Pascal Morisod
Staatsarchiv Zug (StAZG), Karmele Wigger
Staatsarchiv Zürich (StAZH), Verena Rothenbühler, Dr. Karin Huser
Stadtarchiv Baden (StAB), Andreas Steigmeier
Stadtarchiv Chur, Katarzyna Mathis
Stadtarchiv Luzern, Dr. Susanna Kraus Casutt
Stadtarchiv Zürich, Dr. Nicola Behrens
UB Basel, Abteilung Handschriften und Alte Drucke
UZH Archiv, Martin Akeret
Warbirds Information Files Switzerland, Theo Wilhelm
Zentralbibliothek Solothurn (ZBS), Ian Holt
Zentrum elektronische Medien EMD (Armeefilmdienst), Severin Rüegg

Archive Ausland

Amt für Geschichte und Kultur, Konstanz, Friedemann Scheck
Archiv HTM Peenemünde, Dr. Thomas Köhler
Archivo General de la Nación, Ministerio del Interior Argentina, Buenos Aires
Banco Central de la República Argentina, Gerencia de Relaciones Públicas y Patrimonio Cultural, Buenos Aires
Bundesbeauftragter für die Unterlagen des Staatssicherheitsdiensts der ehemaligen Deutschen Demokratischen Republik (BstU, Gauck-Behörde)
Deutsche Dienststelle (WASt – heute: Abteilung Personenbezogene Auskünfte zum Ersten und Zweiten Weltkrieg im Bundesarchiv)
Deutsches Bundesarchiv (BArch), Berlin-Lichterfelde, Susann Wolff
Deutsches Bundesarchiv, Militärarchiv (BArch-MA), Freiburg i. Br., Michael Noth
Friedrich-Ebert-Stiftung (FES), Bonn
Fundação Calouste Gulbenkian, Lissabon
Institut für Zeitgeschichte München (IfZ), Dr. Klaus A. Lankheit
Konrad-Adenauer-Stiftung (KAS), Sankt Augustin, Michael Hansmann, Peter Crämer
Landesarchiv Baden-Württemberg, Generallandesarchiv Karlsruhe (GLAK), Dr. Martin Stingl
Landesarchiv Baden-Württemberg – Staatsarchiv Ludwigsburg (StAL)
Landesarchiv Thüringen – Staatsarchiv Rudolstadt, Antje Hauschild
Landesarchiv Sachsen-Anhalt (LASA), Merseburg, Antje Schröpfer
Ma'ariv-Archiv, Nimrod Chopani
Registre de commerce, Tanger
Registro Mercantil de Madrid, José Francisco Arribas Álvarez
Staatsbibliothek zu Berlin (SBB)
thyssenkrupp Konzernarchiv, Dr. Andreas Zilt
UB Albert-Ludwigs-Universität, Freiburg
Wirtschaftsarchiv Baden-Württemberg (WABW), Stuttgart
Zentralarchiv der Rheinmetall AG, Dr. Christian Leitzbach

Bibliografie

Achilladelis B.: A study in technological history. Part I. The manufacture of «Perlon»? (nylon 6) and caprolactam by IG Farbenindustrie, in: Chemistry and Industry, 5.12.1970, S. 1549–1611.

Altermatt, Urs (Hrsg.): Die Schweizer Bundesräte. Ein historiographisches Lexikon, Zürich/München 1991.

Arbeitskreis I. G. Farben der Bundesfachtagung der Chemieschaften: … von Anilin bis Zwangsarbeit. Der Weg eines Monopols durch die Geschichte. Zur Entstehung und Entwicklung der deutschen chemischen Industrie. 2. Auflage, Ulm/Darmstadt/Köln/Aachen 2007.

Armero, José Mario: España Fue Noticia. Corresponsales Extranjeros en la Guerra Civil Española, Madrid 1976.

Arni, Caroline: «Der Sozi-Mann». Ehen und Lieben eines Arbeiterführers, in: Degen, Bernard; Schäppi, Hans; Zimmermann, Adrian (Hrsg.): Robert Grimm. Marxist, Kämpfer, Politiker, Zürich 2018.

Aschmann, Brigitte: «Treue Freunde»? Westdeutschland und Spanien 1945–1963, Stuttgart 1999.

Aumann, Philipp: Knopp, Hans; Köhler, Thomas: Wunder mit Kalkül. Die Peenemünder Fernwaffenprojekte als Teil des deutschen Rüstungssystems, hrsg. vom Historisch-Technischen Museum Peenemünde, November 2016.

Autorenkollektiv Kreisleitung der Sozialistischen Einheitspartei Deutschlands VEB Leuna-Werke «Walter Ulbricht»: Befreites Leuna (1945–1950), Berlin 1959.

Autorenkollektiv Kreisleitung der Sozialistischen Einheitspartei Deutschlands VEB Leuna-Werke «Walter Ulbricht»: Kämpfendes Leuna (1916–1945), Berlin 1961.

Bar-Zohar, Michael; Mishal, Nissim: Mossad. The Greatest Missions of the Israeli Secret Service, New York 2013.

Bass, Warren: Support any friend. Kennedy's Middle East and the making of the U.S.-Israel alliance, New York 2003.

Bayard, Oliver: Nazi-Fluchthelferzentrale Schweiz? Schweizer Behörden und deutsche Transmigration nach Argentinien, in: Traverse. Zeitschrift für Geschichte, Nr. 8, Bd. 1, 2001, S. 105–112.

Bayer AG (Hrsg.): Geschichte des Werkes Uerdingen der Farbenfabriken Bayer Aktiengesellschaft [zum 80. Firmenjubiläum des Werkes Uerdingen], o. O. 1957.

Becker, Ulrike: Die deutsche Militärberatergruppe in Ägypten 1951–1958, in: Cüppers, M.; Matthäus, J.; Angrick, A. (Hrsg.): Naziverbrechen. Täter, Taten, Bewältigungsversuche, Darmstadt 2013.

Beeston, Richard: Looking for Trouble. The Life and Times of a Foreign Correspondent, London 2006.

Bergman, Ronen: Der Schattenkrieg. Israel und die geheimen Tötungskommandos des Mossad, München/Hamburg 2018.

Bermudez, Joseph S.: Ballistic missile development in Egypt, in: Jane's Intelligence Review, vol. 4, no. 10 (1992), S. 452–458.

Blanc, Paul David: Fake Silk. The Lethal History of Viscose Rayon, London 2016.

Blocher, Andreas: Mein Bruder Christoph. Ein Essay, Zürich 1994.

Blunschi, Andrea: Die Frau des Dorfarztes und der Wehrmachtsoffizier. Eine Spurensuche, Zürich 2010.

Boveri, Walter: Ansprachen und Betrachtungen, Zürich 1964.

Braunschweig, Pierre-Théodore: Geheimer Draht nach Berlin. Die Nachrichtenlinie Masson-Schellenberg und der schweizerische Nachrichtendienst im Zweiten Weltkrieg, Zürich 1989.

Breitman, Richard: U. S. intelligence and the Nazis, Cambridge 2004.

Bringolf, Walther: Mein Leben. Weg und Umweg eines Schweizer Sozialdemokraten, Bern 1965.

Brosi, Georg: Alt Regierungs- und Nationalrat Dr. Andreas Gadient, in: Bündner Jahrbuch, 1978, S. 159ff.

Bundi, Simon: Gemeindebürger, Niedergelassene und Ausländer. Eine Bündner Abgrenzungsgeschichte 1874–1974, Baden 2016.

Buomberger, Thomas: Raubkunst – Kunstraub. Die Schweiz und der Handel mit gestohlenen Kulturgütern zur Zeit des Zweiten Weltkriegs, Zürich 1998.

Buomberger, Thomas: Die Schweiz im Kalten Krieg, 1945–1990, Baden 2017.

Bühler, Linus; Haas, Theo; Jörger, Kaspar: Domat/Ems. Ein Dorf im Wandel. Die Entwicklung des Dorfes im Spiegel von Photographien und schriftlichen Dokumenten vom Ende des 19. Jahrhunderts bis in die 1960er und 1970er Jahre, Domat/Ems 2000.

Bühlmann F.; Beetschen, M.; David, T.; Ginalski, S. & Mach, A. (2015). Eliten in der Schweiz. Social Change in Switzerland, n°1. doi:10.22019/SC-2015-00002.

Caillat, Michel et al. (Hrsg.): Geschicht(n) des Antikommunismus in der Schweiz, Zürich 2009.

Carbura (Hrsg.): 75 Jahre Carbura (1932–2007), Zürich 2007.

Carron, Damien: La Suisse et la guerre d'indépendance algérienne (1954–1962), Lausanne 2013.

Conboy, Kenneth: Kopassus. Inside Indonesia's Special Forces, o. O. 2003.

Conelly J.: Zur «Republikflucht» von DDR-Wissenschaftlern in den fünfziger Jahren, in: Zeitschrift für Geschichte, Heft 4 (1994), S. 331–352.

Conlin, Jonathan: «Renowned and unknown». Calouste Gulbenkian as collector of paintings, in: Journal of the History of Collections, vol. 30, no. 2 (2018), S. 317–377.

Danylow, Peter; Soénius, Ulrich S. (Hrsg.): Otto Wolff. Ein Unternehmen zwischen Wirtschaft und Politik, München 2005.

Dassler, Jürg et al.: Leuna. Metamorphosen eines Chemiewerkes, Halle an der Saale 1997.

De Araújo, António; Duarte Silva, António: O uso de NAPALM na Guerra Colonial – quatro documentos, in: Relações Internacionais, nr. 22 (2009).

De Rochebrune, Renaud; Stora, Benjamin: La guerre d'Algérie vue par les Algériens, vol. 1–2, Paris 2011/2016.

Doerries, Reinhard R.: Hitler's last chief of foreign intelligence. Allied interrogations of Walter Schellenberg, London 2003.

Domberg, Bernhard-Michael; Rathje, Klaus: Die Stinnes. Vom Rhein in die Welt. Geschichte einer Unternehmerfamilie, Wien 2009.

Dornberger, Walter: V2 – Der Schuss ins Weltall. Geschichte einer grossen Erfindung, Esslingen 1952.

Dumont, Hervé: Geschichte des Schweizer Films. Spielfilme 1896–1965, Lausanne 1987.

Düring, Marten; von Keyserlingk, Linda (Hrsg.): Handbuch Historische Netzwerkforschung. Grundlagen und Anwendungen, Berlin 2016.

Duttweiler, Catherine: Kopp & Kopp. Aufstieg und Fall der ersten Bundesrätin, Zürich 1990.

Egger, Dani: 1939–1945 – fremde Flugzeuge in der Schweiz. Landungen und Abstürze, Widnau 2018.

Egloff, Peter: «Kampf um Rheinwald» – eine Bürgerinitiative avant la lettre und ihre Wiederentdeckung, in: Bündner Monatsblatt. Zeitschrift für Bündner Geschichte, Landeskunde und Baukultur, 4 (2016).

Eichholtz, Dietrich: Krieg um Öl. Ein Erdölimperium als deutsches Kriegsziel (1938–1943), Leipzig 2006.

Engeler, Urs Paul: Grosser Bruder Schweiz. Wie aus wilden Demokraten überwachte Bürger wurden. Die Geschichte der politischen Polizei, Zürich 1990.

Ernst, Patrik: Erste Entwicklungen von Raketenartillerie in den 1950er-/1960er-Jahren, in: Schweizerische Vereinigung für Militärgeschichte und Militärwissenschaft; Rudolf Jaun et al.: Schweizer Rüstung. Politik, Beschaffung und Industrie im 20. Jahrhundert, Baden 2013.

Feldmann, Markus: Tagebuch 1923–1958, Basel 2001–2002.

Ferris, Jesse: Nasser's gamble. How intervention in Yemen caused the Six-Day War and the decline of Egyptian power, Princeton 2013.

Fetz, Urs: Von der Holzverzuckerung zum Airbag-Anzünder. Entstehungsgeschichte und globale Bedeutung der EMS-CHEMIE Holding AG im Umfeld von Domat/Ems, Seminararbeit Universität Freiburg 2005.

Fischer, Michael: Atomfieber. Eine Geschichte der Atomenergie in der Schweiz, Baden 2019.

Franceschini, Christoph; Wegener Friis, Thomas; Schmid-Eenboom, Erich: Spionage unter Freunden. Partnerdienstbeziehungen und Westaufklärung der Organisation Gehlen und des BND, Berlin 2017.

Frischknecht, Jürg et al.: Die unheimlichen Patrioten, Zürich 1979.

Ganis, Ralph: The Skorzeny Papers. Evidence for the Plot to Kill JFK, o. O. 2018.

Garbely, Frank: Evitas Geheimnis. Die Europareise der Evita Perón, Zürich 2003.

Garbely, Frank; Auchlin, Pascal: Das Umfeld eines Skandals. Ein Report über das organisierte Verbrechen und die Rolle der Schweizer Behörden, Zürich 1990.

Gautschi, Willi: General Henri Guisan. Die schweizerische Armeeführung im Zweiten Weltkrieg, Zürich 1994.

Geib, Gustav: Rechtsgutachten in Untersuchungssachen gegen Leodegar Oswald, Fürspech in Willisau, Kt. Luzern, betreffend Beleidigung, Verleumdung, Betrug, Aufreizung, Zürich 1850.

Gietinger, Klaus: Der Konterrevolutionär. Waldemar Pabst – eine deutsche Karriere, Hamburg 2009.

Gimbel, John: Project Paperclip. German Scientists, American Policy, and the Cold War, in: Diplomatic History, vol. 14, no. 3 (1990).

Goñi, Uki: Odessa. Die wahre Geschichte. Fluchthilfe für NS-Kriegsverbrecher, Berlin 2006.

Goñi, Uki: Perón y los Alemanes, Buenos Aires 1998.

Gredig, Hansjürg; Willi, Walter: Unter Strom. Wasserkraftwerke und Elektrifizierung in Graubünden 1879–2000, Chur 2006.

Gsteiger, Fredy: Blocher. Ein unschweizerisches Phänomen, Basel 2002.

Guez, Olivier: Das Verschwinden des Josef Mengele, Berlin 2018.

Hajek, Horst V.: Napalm und seine neuen Anwendungsmöglichkeiten, in: Explosivstoffe. Zeitschrift für das Spreng-, Schiess-, Zünd-, Brand- und Gasschutzwesen, 6 (1957).

Hammerschmidt, Peter: Die Nachkriegskarriere des «Schlächters von Lyon» Klaus Barbie und die westlichen Nachrichtendienste, Dissertation 2013.

Hammerschmidt, Peter: Deckname Adler. Klaus Barbie und die westlichen Geheimdienste. Frankfurt a. M. 2014.

Hartung, Hugo: Das Geniehospiz, Hamburg 1958.

Haudenschild, Roland: Die Fondazione Pro Marignano, in: Haudenschild, Roland (Hrsg.): Marignano, 1515–2015. Von der Schlacht zur Neutralität, Chiasso/Lenzburg 2014.

Hayes, Peter: Industry and ideology. I. G. Farben in the Nazi Era, Cambridge 2001.

Heine, Jens Ulrich: Verstand & Schicksal. Die Männer der I. G. Farbenindustrie AG (1925–1945), Weinheim/Basel 1990.

Heinig, Karl et al.: Biographien bedeutender Chemiker. Eine Sammlung von Biographien, Berlin 1988.

Heller, Daniel: Eugen Bircher. Arzt, Militär und Politiker. Ein Beitrag zur Zeitgeschichte, Zürich 1988.

Heller, Daniel: Zwischen Unternehmertum, Politik und Überleben. Emil G. Bührle und die Werkzeugmaschinenfabrik Oerlikon, Bührle & Co. 1924 bis 1945, Frauenfeld 2002.

Henke, Klaus-Dietmar: Die amerikanische Besetzung Deutschlands, München 2009 (Quellen und Darstellungen zur Zeitgeschichte, hrsg. vom Institut für Zeitgeschichte, Band 27).

Heusser, Hans: Der Kampf um Madrid, Bern 1937.

Hill, Ginny: Yemen endures. Civil war, Saudi adventurism and the future of Arabia, London 2017.

Hoffmann Bandle, Andrea: Groundings. Ein diskursanalytischer Vergleich der Kriseninterventionen zugunsten der Volksbank, der Holzverzuckerungs-AG, Ems und der Swissair, Dissertation Universität Zürich 2006.

Hörner, Stefan: «Die in Auschwitz sterben mussten, haben andere auf dem Gewissen …». Projektion, Rezeption und Realität der I. G. Farbenindustrie AG. im Nürnberger Prozess, Dissertation Freie Universität Berlin 2010.

House, Jim, Neil McMaster: Paris 1961. Algerians, State Terror, and Memory, Oxford 2006.

Hug, Peter: Geschichte der Atomtechnologie-Entwicklung in der Schweiz, Lizentiatsarbeit Bern 1987.

Hug, Peter: Schweizer Rüstungsindustrie und Kriegsmaterialhandel zur Zeit des Nationalsozialismus. Unternehmensstrategien – Marktentwicklung – politische Überwachung, Zürich 2002 (Unabhängige Expertenkommission Schweiz – Zweiter Weltkrieg, Band 11).

Ilan, Amitzur: The Origin of the Arab-Israeli Arms Race. Arms, Embargo, Military Power and Decision in the 1948 Palestine War, Hampshire/London 1996.

Infield, Glenn B.: Skorzeny. Hitler's commando, New York 1981.

Jeffreys, Diarmuid: Hell's cartel. I. G. Farben and the making of Hitler's war machine, London 2008.

Jost, Hans Ulrich: Die reaktionäre Avantgarde. Die Geburt der neuen Rechten in der Schweiz um 1900, Zürich 1992.

Jost, Hans Ulrich: Politik und Wirtschaft im Krieg. Die Schweiz 1938–1948, Zürich 1998.

Karlsch, Rainer: Hitlers Bombe. Die geheime Geschichte der deutschen Kernwaffenversuche, München 2005.

Karlsch, Rainer: Leuna. 100 Jahre Chemie. Zum Jubiläum des Chemiestandortes, Wettin-Löbejün 2016.

Kehrl, Hans: Krisenmanager im Dritten Reich. 6 Jahre Frieden – 6 Jahre Krieg. Erinnerungen, Düsseldorf 1973.

Keller, Franziska: Oberst Gustav Däniker. Aufstieg und Fall eines Schweizer Berufsoffiziers, Zürich 1997.

Kershaw, Ian: Hitler 1936–1945. Nemesis, London 2000.

Klee, Ernst: Auschwitz. Täter, Gehilfen, Opfer und was aus ihnen wurde. Ein Personenlexikon, Frankfurt a. M. 2013.

Komitee Schluss mit dem Schnüffelstaat (Hrsg.): Schnüffelstaat Schweiz. Hundert Jahre sind genug, Zürich 1990.

Kramer, Thomas; Siegrist, Dominik: Terra. Ein Schweizer Filmkonzern im Dritten Reich, Zürich 1991.

Krehl, Peter O. K.: History of Shock Waves, Explosions and Impact, Heidelberg 2008.

La Fontaine, Mary and Ray: Oswald Talked. The New Evidence in the JFK Assassination, New Orleans 1996.

Laur, Ernst: Erinnerungen eines schweizerischen Bauernführers. Ein Beitrag zur schweizerischen Wirtschaftsgeschichte, dem Schweizerischen Bauernverbande gewidmet, Bern 1943.

Lavy, George: Germany and Israel. Moral Debt and National Interest, New York 2013.

Leimgruber, Matthieu (unter der Leitung von): Kriegsgeschäfte, Kapital und Kunsthaus. Die Entstehung der Sammlung Emil Bührle im historischen Kontext. Forschungsbericht zuhanden des Präsidialdepartements der Stadt Zürich und der Direktion der Justiz und des Innern des Kantons Zürich, November 2020.

Leitz, Christian: Economic relations between Nazi Germany and Franco's Spain (1936–1945), Oxford 1996.

Levi, Primo: Ist das ein Mensch?, Frankfurt a. M. 1961.

Lindner, Stephan H.: Aufrüstung – Ausbeutung – Auschwitz. Eine Geschichte des I. G. Farben-Prozesses, Göttingen 2020.

Lüönd, Karl: Erfolg als Auftrag. EMS-CHEMIE: Die Geschichte eines unmöglichen Unternehmens, Bern 2011.

Lüönd, Karl: Der Unerbittliche. Karl Schweri (1917–2001), Kämpfer für faire Preise, Zürich 2017.

Lussy, Hanspeter; Bonhage, Barbara; Horn, Christian: Schweizerische Wertpapiergeschäfte mit dem «Dritten Reich». Handel, Raub und Restitution, Zürich 2001 (Unabhängige Expertenkommission Schweiz – Zweiter Weltkrieg, Band 14).

Maier, Helmut: Chemiker im «Dritten Reich». Die Deutsche Chemische Gesellschaft und der Verein Deutscher Chemiker im NS-Herrschaftsapparat, Weinheim 1995.

Maissen, Thomas: Verweigerte Erinnerung. Nachrichtenlose Vermögen und die Schweizer Weltkriegsdebatte, 1989–2004, Zürich 2005.

Maissen, Thomas: Seit wann ist die Schweiz «neutral seit Marignano»? Zu den Wurzeln eines nationalpädagogischen Topos, in: Schweizerische Zeitschrift für Geschichte, 68 (2018) Heft 2.

Matt, Alphons: Zwischen allen Fronten. Der Zweite Weltkrieg aus der Sicht des Büros Ha, Frauenfeld 1969.

Matter, Charlotte: Ambivalenz im Schweizer Spielfilm der 1950er Jahre. Fallbeispiel «Unser Mitbürger Christian Gaduff», Forschungsarbeit am Seminar für Filmwissenschaft 2014.

Meding, Holger M.: Flucht vor Nürnberg? Deutsche und österreichische Einwanderung in Argentinien 1945–1955, Köln 1992.

Meili, Armin: Lorbeeren und harte Nüsse. Aus dem Werk- und Tagebuch eines Eidgenossen, Zürich/Stuttgart 1968.

Mettler, Wolf: «Liebi Fraue und Manne …» Christoph Blocher – ein Lebensbild. Schaffhausen 1995.

Metz, Peter: Andreas Gadient, 1892–1976. Ein Leben für Demokratie, Gerechtigkeit und eine unabhängige Schweiz, niedergeschrieben zur fundzwanzigsten Wiederkehr seines Todestags am 27. Dezember 2001, Chur 2001.

Meyer, Winfried: Klatt. Hitlers jüdischer Meisteragent gegen Stalin. Überlebenskunst in Holocaust und Geheimdienstkrieg, Berlin 2015.

Meynier, Gilbert: Histoire intérieure du F. L. N. (1954–1962), Paris 2002.

Millon-Durieux, Irène: Entreprise et territoire. La restructuration de Rhône-Poulenc-Textile. Un exemple de désindustrialisation dans l'agglomération lyonnaise (1975–2005), Lyon 2013.

Moosmann, Reto: Die «ständige bundesrätliche Praxis» der Kriegsmaterialausfuhrverbote. Vom «generellen» zum «länderspezifischen Ausfuhrverbot». Die Kriegsmaterialausfuhrpolitik des Bundesrates in den 1950er und 60er Jahren, Lizentiatsarbeit Bern 2004.

Myoe, Maung Aung: Building the Tatmadaw. Myanmar armed forces since 1948, Singapore, 2009.

Neer, Robert: Napalm. An American biography, Cambridge 2013.

Neguib, Mohammed: Egypt's destiny, London 1955.

Neufeld, Michael J.: Die Rakete und das Reich. Wernher von Braun, Peenemünde und der Beginn des Raketenzeitalters, Berlin 1999.

Nixdorf, Oswald: Pionier im brasilianischen Urwald. Die abenteuerliche Geschichte der deutschen Siedlung Rolandia, Tübingen/Basel 1979.

Nutting, Anthony: Nasser, London 1972.

O'Ballance, Edgar: The war in the Yemen, London 1971.

Ofenloch-Hähnle, Beatus: War Boys. Louis F. Fieser und die Geschichte der Napalm-Entwicklung, in: Wissenschaft & Frieden, 3 (1989).

Orkaby, Asher Aviad: The International History of the Yemen Civil War, 1962–1968, Doctoral dissertation, Harvard University 2014.

Orkaby, Asher: Beyond the Arab Cold War. The International History of the Yemen Civil War 1962–68, Oxford 2017.

O'Sullivan, Adrian: Nazi Secret Warfare in Occupied Persia (Iran). The Failure of the German Intelligence Services, 1939–45, London 2014.

Oswald, Werner: Wirtschaft und Siedlung im Rheinwald. Ihre Schädigung durch die projektierten Stauseen und die Wiederherstellung durch Realersatz, Thusis 1931.

Petermann, Heiko: Mininukes. Geheimpatente und Hintergründe in der Bundesrepublik Deutschland. Eine erste Bestandsaufnahme, in: Karlsch, Rainer et al.: Für und wider «Hitlers Bombe». Studien zur Atomforschung in Deutschland, Münster 2007.

Petersen, Michael B.: Missiles for the Fatherland. Peenemünde, National Socialism and the V-2 Missile, Cambridge 2009.

Pötsch, Winfried R.; Fischer, Annelore; Müller, Wolfgang: Lexikon bedeutender Chemiker, Frankfurt a. M. 1989.

Quadflieg, Peter M.: Gerhard Graf von Schwerin (1899–1980). Wehrmachtgeneral, Kanzlerberater, Lobbyist, Paderborn 2016.

Quillen, Chris: The Use of Chemical Weapons by Arab States, in: Middle East Journal, vol. 71, no. 2 (2017).

Rabich, Adalbert: Ein Ingenieur in den Leuna-Werken – Arthur Rabich, sein Leben und Wirken im Leunawerk 1927 bis 1964, München 2006.

Raviv, Dan; Melman, Yossi: Die Geschichte des Mossad. Aufstieg und Fall des israelischen Geheimdienstes, München 1992.

Reginbogin, Herbert R.: Der Vergleich. Die Politik der Schweiz zur Zeit des Zweiten Weltkriegs im internationalen Umfeld, Stäfa 2006.

Rehmann, Heinz: Zur Geschichte der Verschleppung der leitenden Chemiker und Ingenieure des Buna-Werkes Schkopau am 22. Juni 1945 durch US-amerikanische Truppen, in: Merseburger Beiträge zur Geschichte der chemischen Industrie Mitteldeutschlands, 3 (1998), Heft 4, S. 74.

Reiff-Sertorius, Lily: Aus meinem Leben. Erinnerungen ihrer Zeitgenossen, Rom 1976.

Rentsch, Hans Ulrich: Werner Oswald (1904–1979). Bürge der Treibstoffversorgung der Schweiz im Zweiten Weltkrieg. Schweizer Pioniere der Wirtschaft und Technik (43), Zürich 1985.

Reuth, Ralf Georg: Joseph Goebbels Tagebücher 1924–1945, Teil I, Bd. 4: 1937, München 1992.

Richner, Edmund: Hans Pestalozzi, 23. Juli 1902 bis 25. August 1968, in: Zürcher Taschenbuch 1970.

Riegler, Thomas: Agenten, Wissenschaftler und «Todesstrahlen». Zur Rolle österreichischer Akteure in Nassers Rüstungsprogramm (1958–1969), in: Journal for Intelligence, Propaganda and Security Studies, vol. 8, no. 2 (2014), S. 44–72.

Rings, Werner: Schweiz im Krieg, 1933–1945, Zürich 1985.

Rosendorf, Neal M.: Franco Sells Spain to America. Hollywood, Tourism and Public Relations as Postwar Spanish Soft Power, London 2014.

Rossfeld, Roman: Vom Hoffnungsträger zum Politskandal. Aufstieg und Niedergang der «Lucerna Anglo-Swiss Milk Chocolate Co.» 1904–1911, in: Köhler, Ingo; Rossfeld, Roman (Hrsg.): Pleitiers und Bankrotteure. Geschichte des ökonomischen Scheiterns vom 18. bis 20. Jahrhundert, Frankfurt a. M./New York 2012.

Rumscheidt, Martin: In Search of a Theology Capable of Mourning. Observations and Interpretations after the Shoah, Eugene 2017.

Sahagún, Felipe: El Mundo Fué Noticia. Corresponsales Españoles en el Extranjero – La Información Internacional en España, Madrid 1986.

Sandgruber, Roman: Dr. Walter Schieber. Eine nationalsozialistische Karriere zwischen Wirtschaft, Bürokratie und SS, in: Krammer, Reinhard et al. (Hrsg.): Der forschende Blick. Beiträge zur Geschichte Österreichs im 20. Jahrhundert. Festschrift für Ernst Hanisch zum 70. Geburtstag, Wien 2010 (Schriftenreihe des Forschungsinstitutes für Politisch-Historische Studien der Dr.-Wilfried-Haslauer-Bibliothek, Salzburg, Band 37).

Sayigh, Yezid: Arab Military Industry. Capability, performance and impact. London 1992.

Schäfer, Georg; Weinbrenner, Erwin: Rosenthaler Tagebuch, in: Merseburger Beiträge zur Geschichte der chemischen Industrie Mitteldeutschlands, 3 (1998), Heft 4, S. 6–68.

Schiendorfer, Cyril: Kriegsmaterialbeschaffungen im Spannungsverhältnis von Armee, Wirtschaft und Politik. Die Rüstungsbeschaffung der Schweiz in den 1950er und 1960er Jahren, in: Dommann, Monika; Marti, Sibylle (Hrsg.): Kriegsmaterial im Kalten Krieg.

Rüstungsgüter in der Schweiz zwischen Militär, Industrie, Politik und Öffentlichkeit, Basel 2020.

Schilling, Christoph: Blocher. Aufstieg und Mission eines Schweizer Politikers und Unternehmers, Zürich 1994.

Schmaltz, Florian: Die IG Farbenindustrie und der Ausbau des Konzentrationslagers Auschwitz 1941–1942, in: Sozial Geschichte 21 (2006).

Schmaltz, Florian: Das Konzentrationslager Buna/Monowitz. Die Standortentscheidung der I. G. Farbenindustrie, ein Werk in Auschwitz zu errichten, wollheim-memorial.de, 2009.

Schmelzer, Janis: Devisen für den Endsieg. Görings «Geschäftsgruppe Devisen», die Schweiz und die deutsche Wirtschaft, Stuttgart 2003.

Schmid, Benjamin Manuel: Die Exklave Büsingen am Hochrhein im Dritten Reich. Im Spannungsfeld zwischen nationalsozialistischer Diktatur und neutraler Schweiz, Masterarbeit Pädagogische Hochschule St. Gallen 2014.

Schmidt, Dana Adams: Yemen. The Unknown War, London 1968.

Schüler-Springorum, Stefanie: Krieg und Fliegen. Die Legion Condor im Spanischen Bürgerkrieg, Paderborn 2010.

Serels, Mitchell: Espionnage et contre-espionnage. Nazi et réfugiés. Tanger durant la Seconde Guerre mondiale, in: Michman, Dan; Saadoun, Haïm (Hrsg.): Les Juifs d'Afrique du Nord face à l'Allemagne nazie, Paris, 2018.

Silberman, Henri C.: Récit de ma vie, o. O. 2006.

Sirrs, Owen L.: Nasser and the missile age in the Middle East, London 2006.

Smith, Stuart: Otto Skorzeny. The Devil's Disciple, Oxford 2018.

Somm, Markus: Christoph Blocher. Der konservative Revolutionär, Herisau 2009.

Sontheim, Rudolf: Vom Erahnen und Erkennen, Zürich 2003.

Speich, Sebastian et al.: Die Schweiz am Pranger. Banken, Bosse und die Nazis, Wien 1997.

Speich, Suzanne; Peter, Charlotte: Was wir nicht schreiben durften, Zürich 2020.

Steiner, Alois: Der Dietschiberg bei Luzern. Seine Besitzer und Betreuer, in: Der Geschichtsfreund. Mitteilungen des Historischen Vereins der Zentralschweiz, 136 (1983).

Stiftung Haus der Geschichte der Bundesrepublik Deutschland (Hrsg.): Künstliche Versuchung. Nylon – Perlon – Dedron, Köln 1999.

Stockholm International Peace Research Institute SIPRI: CB Weapons Today. The Problem of Chemical and Biological Warfare, volume II, Stockholm 1973.

Stockholm International Peace Research Institute SIPRI, Lumsden, Malvern (Hrsg.): Incendiary Weapons, London/Cambridge/Stockholm 1975.

Stokes, Raymond G.: Divide and Prosper. The Heirs of I. G. Farben under Allied Authority, 1945–1951, Berkeley/London 1988.

Strüwe, Botho: Peenemünde-West. Die Erprobungsstelle der Luftwaffe für geheime Fernlenkwaffen und deren Entwicklungsgeschichte, Esslingen 1995.

Tanner, Jakob: «Die Ereignisse marschieren

schnell». Die Schweiz im Sommer 1940, in: Geschichte und Gesellschaft, Sonderheft 19: Struktur und Ereignis, Göttingen 2001.

Tanner, Jakob: Geschichte der Schweiz im 20. Jahrhundert, München 2015.

Terrill, Andrew W.: The chemical warfare legacy of the Yemen war, in: Comparative Strategy, vol. 10, no. 2 (1991), S. 109–119.

Thürer, Georg: Die Wende von Marignano. Eine Besinnung zur 450. Wiederkehr der Schicksalstage von Mitte September 1515, hrsg. vom Komitee zur Würdigung der Schlacht von Marignano und ihrer Konsequenzen, Zürich 1965.

Uhlig, Christiane et al.: Tarnung, Transfer, Transit. Die Schweiz als Drehscheibe verdeckter deutscher Operationen (1939–1952), Zürich 2001 (Unabhängige Expertenkommission Schweiz – Zweiter Weltkrieg, Band 9).

Von Bülow, Mathilde: Myth or Reality? The Red Hand and French Covert Action in Federal Germany during the Algerian War, 1956–61, in: Journal Intelligence and National Security, vol. 22, issue 6 (2007).

Von Bülow, Mathilde: West Germany, Cold War Europe and the Algerian War, Cambridge 2016.

Wagner, Bernd C.: IG Auschwitz. Zwangsarbeit und Vernichtung von Häftlingen des Lagers Monowitz 1941–1945, München 2000 (Darstellungen und Quellen zur Geschichte von Auschwitz, Bd. 3).

Wagner, Julia Susanne: Nazi hunters. The struggle for the punishment of Nazi crimes. The hunt for Adolf Eichmann, the Auschwitz trial and the search for Josef Mengele, Duisburg 2018.

Wagner-Kyora, Georg: Vom «nationalen» zum «sozialistischen» Selbst. Zur Erfahrungsgeschichte deutscher Chemiker und Ingenieure im 20. Jahrhundert, Stuttgart 2009.

Waibel, Dieter: Von der wohlwollenden Despotie zur Herrschaft des Rechts. Entwicklungsstufen der amerikanischen Besatzung Deutschlands 1944–1949, Tübingen 1996.

Walendy, Udo (Hrsg.): Auschwitz im IG-Farben-Prozess. Holocaust-Dokumente, Vlotho 1981.

Walton, Ashton: Burma's Chemical Weapons Status, in: Jane's Intelligence Review, vol. 7, no. 6 (1995), S. 282ff.

Werner, Christian: Für Wirtschaft und Vaterland. Erneuerungsbewegungen und bürgerliche Interessengruppen in der Deutschschweiz, 1928–1947, Zürich 2000.

Wetter, Ernst: Duell der Flieger und der Diplomaten. Die Fliegerzwischenfälle Deutschland-Schweiz im Mai/Juni 1940 und ihre diplomatischen Folgen, Frauenfeld 1987.

Weyer, Johannes: Akteurstrategien und strukturelle Eigendynamiken. Raumfahrt in Westdeutschland 1945–1965, Göttingen 1993.

Wildi, Tobias: Der Traum vom eigenen Reaktor. Die schweizerische Atomtechnologieentwicklung 1945–1969, Zürich 2003.

Wilhelm, Theo: 1939–1945 – fremde Flugzeuge in der Schweiz. Berichte zu den Flugzeugen, die während des Zweiten Weltkrieges in der Schweiz notgelandet oder abgestürzt sind, Regensdorf 2003.

Winkler, Willi: Der Schattenmann. Von Goebbels zu Carlos. Das mysteriöse Leben des François Genoud, Berlin 2001.

Winterhalder, Guillermo: Thyssen in der Adenauerzeit. Konzernbildung und Familienkapitalismus, Paderborn 2015.

Ziegler, Barbara: Meine Geschichte der Metzgerfamilie Ziegler, Luzern 2013.

Zimmermann, Dorothe: Antikommunisten als Staatsschützer. Der Schweizerische Vaterländische Verband, 1930–1948, Zürich 2019.

Zimmermann, Yvonne (Hrsg.): «Schaufenster Schweiz». Dokumentarische Gebrauchsfilme 1896–1964, Zürich 2011.

Bildnachweis

Umschlagbilder:
U1 Perkolatoren der Emserwerke 1974, ETH-Bibliothek Zürich, Bildarchiv: Comet Photo AG (Zürich), Com_M22-0175-0009
U4 Holzverzuckerungs AG in Ems 1953, Keystone 162628075

24 Privatarchiv
28 o Privatarchiv
28 u Staatsarchiv Luzern, F3_A1-515_Hist_Kataster_Kat-649o_2
32 o Der Eidgenoss, 3.2.1910
32 u Kantonsschule Trogen
35 ol Der Wengianer, 1938
35 or ETH-Bibliothek Zürich, Bildarchiv: Ruf, Camille, Portr_00176
35 u Privatarchiv
40 l Deutsches Bundesarchiv, Militärarchiv Freiburg i.Br., PERS 6/12395
40 r Sparta 15.12.1934
46 o/m/u BAR E4320B#1974/47#277*
48 o/u BAR E4320B#1974/47#277*
52 ETH-Bibliothek Zürich, Bildarchiv: Comet Photo AG (Zürich), Com_M22-0175-0009
62 BAR E27#1000/721#14355*
67 BAR J1.121#1000/1283#6*
72 Auto, 20.2.1942
78 o ETH-Bibliothek Zürich, Bildarchiv: Wolgensinger, Michael, Ans_03253
78 u Keystone 120683853
81 o/u BAR E6400C#1993/209#578*
86 o Archiv für Zeitgeschichte ETH Zürich: NL Paul Holzach/2.1
86 u BAR E4320-01C#1996/208#9*
98 o BAR E6400C#2016/83#654*
98 m BAR E6400C#1993/209#578*
98 u BAR E6400C#2016/83#654*
101 BAR E6400C#1993/209#578*
106 BAR J1.173#1986/188#91#65
110 U.S. Army, Public API
113 l/r Privatarchiv
114 o ETH-Bibliothek Zürich, Bildarchiv: Comet Photo AG (Zürich),Com_M22-0175-0002
114 u BAR E6400C#1993/209#578*
118 National Archives, Washington
127 75 Jahre Carbura, 1932–2007
129 ol BAR E4320-01C#1994/149#236*
129 or BAR E4320B#1973-17#778#35*
129 u Nationalarchiv Brasilien
130 l/r Nationalarchiv Brasilien
138 o/u National Archives, Washington
140 Archive of the Auschwitz-Birkenau State Museum
145 Neue Zürcher Nachrichten, 29.8.1947
149 o/u Privatarchiv Martin Rumscheidt
151 o/u Archiv Rüdiger Mayer
152 ol BAR E4264#1988/2#33913*
152 or Deutsches Bundesarchiv, Militärarchiv Freiburg i.Br., PERS 6/239949
152 ml Privatarchiv Heidi Kaltenbrunner
152 mr Privatarchiv Günter Kahr
152 ul Privatarchiv Martin Rumscheidt
152 ur Privatarchiv Rüdiger Mayer
162 o Privatarchiv Bernd Schultze
162 u BstU, Archiv der Zentralstelle, G-SKS, Nr. 101675
168 o Privatarchiv
168 u Privatarchiv Rüdiger Mayer
174 Keystone 262961199
176 BAR J1.173#198//188#43*
181 l ETH-Bibliothek Zürich, Bildarchiv: Comet Photo AG (Zürich), Com_M02-0181-0011
181 r Keystone 366193
182 Privatarchiv
196 NZZ, 11.11.1951
198 o BAR E6400C#2016/83#654*
198 u Schweizerische Bauzeitung 73(1955)
202 Nebelspalter, Heft 76 (1950)
206 o BAR E6400C#1993/209#578*
206 u Schweizerische Bauzeitung 73(1955)
215 o/u BAR E4320B#1981/141#247*
223 NZZ 26.10.1952
226 o Keystone 262961639
226 u Keystone 262961042
229 ol/ml/ul BAR E6400C#1993/209#578*
229 r NZZ 13.11.1953
236 BAR E5560C#1975/46#637*
239 ol/or/u Weltraumfahrt 7 (1953)
240 NASA
246 l SozArch ZZ 292, Der Grüne Heinrich, Juli 1945
246 r BAR J1.107#2012/140#526*
252 Stiftung Haus der Geschichte, EB-Nr. 1987/3/061
262 Privatarchiv Wynona Hauser-Clerk
265 NASA, Bild Hank Walker
270 ol Deutsches Bundesarchiv Militärarchiv Freiburg i.Br., PERS 6/5042
270 o/u Sammlung Frost/ADL
284 o The Times, 30.3.2016
284 u Privatarchiv Robin Riess
294 Nebelspalter Heft 47 (15.11.1951)
314 BAR E2001E#1967/113#7131*
324 BAR E5151A#1972/97#252*
327 o Keystone 387560872
327 ur Keystone 20221510
327 ul Keystone 387560807
330 o/u National Archives, Washington
333 o/m/u BAR E5151A#1972/97#252*
335/336 BAR E5151A#1972/97#252*
348 o Nationalarchiv Brasilien
348 or BAR E2500#1968/86#1031*
348 u BAR E4320-01C#1996/208#7*
365 CAVR-Bericht: Timor-Leste. Forced Displacement and Famine, 2005
368 Nebelspalter, Heft 79 (1953)
374 ol Privatarchiv
374 or Zürcher Taschenkalender 1970
374 ul Archiv Migros-Genossenschaftsbund, Dok_Fo_129963: Die Tat
374 ur Privatarchiv Christian Blumer
383 o/u BAR E6400C#2016/83#654*
391 National Archives, Washington
400 o Keystone 15965810
400 u BAR E6400C#1993/209#578*
403 Nebelspalter, Heft 82 (1956)
409 ol ETH-Bibliothek Zürich, Bildarchiv, Comet Photo AG (Zürich), Com_M02-0181-0001
409 ml ETH-Bibliothek Zürich, Bildarchiv, Comet Photo AG (Zürich), Com_M02-0181-0007
409 ul ETH-Bibliothek Zürich, Bildarchiv, Comet Photo AG (Zürich), Com_M02-0181-0008
409 or ETH-Bibliothek Zürich, Bildarchiv, Comet Photo AG (Zürich), Com_M02-0181-0010
409 ur ETH-Bibliothek Zürich, Bildarchiv, Comet Photo AG (Zürich), Com_M02-0181-0024
413 o BAR E3270A#1000.757#259*
413 m Privatarchiv
413 u Andrea Hofmann Bandle: Groundings. Ein diskursanalytischer Vergleich der Krisenintervention zugunsten der Volksbank, der Holzverzuckerungs-AG Ems und der Swissair, Zürich 2006.
417 ol Die Tat, 9.5.1956
417 or BAR E6101#1968/50#500*
417 u Die Tat, 9.5.1956
419 ol/or/u BAR E6101#1968/50#500*
419 u BAR E6101#1968/50#500*
428 Brückenbauer, 28.9.1956
430 Nebelspalter, Heft 82(1956)
451 l Privatarchiv Günter Kahr
451 r Privatarchiv Rüdiger Mayer
454 o Foto Richard Beeston, Spiegel 29 (1963)
459 o Spiegel, 10 (1960)
459 u Karlsruher Zeitung, 30.6.1961
469 Illustrierte Film-Bühne, Nr. 05486, 1960
479 Keystone 165662532
498 o Privatarchiv Hans Lückert
498 u Privatarchiv
506 o/u Foto Richard Beeston, Spiegel 29 (1963)
510 o BAR E4320C#1994/120#689*
519 Keystone 290443982
534 o SozArch Ar 201.92
534 u Archiv für Zeitgeschichte ETH Zürich, NL Hans U. Steger/1742, abgedruckt in Friedenspolitik, Nr. 45 (1988)

Personenregister

Abd al-Aziz ibn Saud 286
Ackeret, Jakob 244
Adenauer, Konrad 347
Aladang, (Offizier) 339
Ali, Samir 487, 509
al-Badr, Muhammad 504
Ambros, Otto 209, 227
Annan, Kofi 366
Appelbaum, Claus 500f.
Baasch, Hans 266, 274
Badeau, John 507f.
Baechi, Walter 518
Balsiger, Werner 131, 251, 253, 319f.
Bänninger (Polizeisoldat) 84, 95
Barbie, Klaus 254, 285
Barman, Emile 151, 397
Barth, Alfred 287
Bauer, Kurt 158
Baumann, Johannes 53
Baumbach, Werner 277
Beeston, Richard 503–507, 513
Behrens, Ernst 522–525
Ben Gal, Joseph 485–488, 502
Ben-Gurion, David 501
Bentsur, Shmuel 487
Bergman, Ronen 494, 501
Bernhard, Hans 36
Bernhardt, Johannes 44, 90
Bill, Max 55
Bircher, Eugen 15, 58f., 77, 134, 179, 245f., 257, 259, 266, 274, 279, 313, 320f., 341f., 372, 548f.
Birdwood, Jane 507
Birkigt, Louis 16, 281, 308, 315
Birkigt, Marc 281
Blass, Heinrich 199, 371f., 402, 422
Blocher, Andreas 9
Blocher, Christoph 6–16, 170f., 287f., 300, 303, 373, 450, 509, 526f., 533–544
Boden, Max 133
Boehm (Angestellter von Victor Oswald) 92
Bohlan, Maximilian 480–482
Bolliger, Fritz 107
Bormann, Martin 285
Boveri, Walter 397–401, 404
Braun, Wilhelm 187, 300
Brumann, Max 38
Brunner, Albert 431
Bühler, René 371f., 424
Bühler, Josephine 27
Bührle, Dieter 496
Bührle, Emil 133, 243f., 249, 273, 280, 313, 315, 342, 354
Bütefisch, Heinrich 8, 109, 111, 119, 139, 143, 208, 291, 388–393, 398, 542, 544, 548f.
Buettner, Richard Arno 91
Burkhardt, Eugen 353, 355f., 358, 360, 492
Cahannes, Augustin 427, 441f.
Capaul, Marcel 442
Capaul, Sebastian 442, 497
Cetto, Anna Maria 373
Cetto, Walther 40f., 43f., 373
Chambost, Germain 460
Chaudet, Paul 309f., 312, 351, 356f., 361, 549
Churchill, Winston 357
Clerc, Philippe 310, 312, 353, 355f., 358f., 360
Conboy, Kenneth 364
Comperl, Hellmuth 153f., 164f., 167, 169, 192, 231
Cummings, Samuel 18
Daetwiler, Richard 416, 425
Däniker, Gustav 242–245, 260, 548

Daniel, Charles 279, 315, 319
Davis, Thomas Eli 216
de Diesbach, Roger 5256f., 535
de Goumoëns, Edouard 301
de Montmollin, Louis 319
de Rueda y Sanz de la Garza, Fernando 496
Deiters, Wilhelm 153
Din, Aung 339
Dinner, Erich 277, 347
Dittli, Alois 245
Dittrich, Oswald 208, 388–390, 392f.
Doerpinghaus, Ernst 272f., 308
Dubois, René 360, 457, 468
Dumont, Hervé 39
Dürrfeld, Walter 137, 207f.
Duttweiler, Gottlieb 295, 299., 381f., 418
Eggen, Wilhelm 93f.
Egli (Wachtmeister) 456f., 461, 467, 470
Eibel, Robert 408
Eichmann, Adolf 254, 285, 486, 499f.
Eisenhower, Dwight 399
El Borai, Mohamed 509, 511
Elisabeth von Rumänien 156
Engel, Rolf 278, 286
Ernst, Alfred 64
Escher, Josef 293
Etter, Philipp 74, 78
Eugster, Johann 100
Eugster, Valentin 100, 102
Fahrmbacher, Wilhelm 286, 347
Faruk, ägyptischer König 282, 286
Federspiel, Georg 82
Feer, Eduard 263
Feldmann, Markus 315, 317–321, 344, 352, 360, 395, 448
Fernandes, Clinton 366
Fieser, Louis 326, 513
Finck von Finckenstein, Ilse 283, 291
Fischer, Ernst 109, 111, 125–136, 154, 156, 170, 205, 207f., 211f., 214, 216–220, 224, 291, 320, 388–394, 435, 457, 544, 548
Fischer, Liese Lotte 128
Fowles, Douglas 165f.
Franco, Francisco 12, 37–50, 89, 92f., 283, 287, 446, 496
Freyt, Jeanne 259f.
Frick, Robert 255, 309, 549
Friederich, Alfred 155–158, 161
Frölicher, Hans 49
Früh, Kurt 396
Fuldner, Horst Carlos 253f., 263, 267, 548
Füllner, Kurt 277f., 280, 347
Fürst Hans 468, 487
Gabler, Johanna 159
Gabler, Rudolf 148, 152f., 158–161, 189, 231f., 255
Gadient, Andreas 15, 97, 156f., 178–181, 184, 199, 268, 272–274, 276–281, 293, 296, 300, 303, 305, 307, 309–312, 317, 332, 375, 377–379, 382, 404, 406, 410, 412, 418, 420f., 423, 426f., 436, 441–444, 448, 548f.
Gadient, Brigitta 15f., 178
Gadient, Ulrich 15f., 178
Gambaro, Max 214
Ganis, Ralph 290
Gautschi, Werner 66
Genoud, François 285
Gerber, Jim 340f., 348, 351, 357f., 363, 482, 492, 548
Geyer, Ernst 411f., 433, 436f.
Giesen, Johann 120, 135–147, 154, 160, 164–170, 175, 186–189, 192, 207–209, 221–225, 230, 298, 375, 388–393, 446, 541–544, 548
Giesen, Willem 346

Gieser, Kurt 480, 483, 524
Goebbels, Joseph 57, 128, 285, 290
Goercke, Heidi 485f.
Goercke, Paul 485
Goercke, Rainer 485
Göring, Hermann 8, 13, 39, 42, 90, 109, 111, 125, 128, 131, 134f., 170, 211, 220, 269, 286, 390, 548
Gompf, Heinrich 18, 20, 463–468, 474f., 490f., 494, 509–512, 548
Goñi, Uki 254, 266
Griffith, Aline (Gräfin von Romanones) 91
Grimm, Robert 64, 106f., 131, 133–135, 156, 170, 178, 183, 185f., 199f., 216, 218, 220, 224f., 296, 298–304, 382, 384, 421
Günther, Ulrich 271, 530
Guderian, Heinz 528
Guisan, Henri (General Guisan) 65f., 68, 87, 97, 241f., 241f.
Gulbenkian, Calouste 496
Gusmão, Xanana 366
Haberland, Ulrich 166, 208
Hajek, Horst Vaclav 347–349, 461f., 471–474, 476, 521, 548
Halder, Friedrich 269–273, 276, 278, 280, 320–322, 548
Häne, Willy 212
Hansen, Friedrich 314f., 321, 346
Hamel, Eduard 165
Harel, Isser 486, 488f., 493, 501
Haupt, Ludwig 126, 129, 211, 548
Haupt, Therese (Resi Iffland) 128
Hausamann, Hans 64f.
Hauser, Elsa 264
Heberlein, Georg 371
Hecht, Joachim 233
Heck, Irmtraud 20, 463
Heck, Walter 17–21, 277, 347, 349f., 456, 458–476, 490, 493f., 500, 502, 509, 511f., 529, 532, 538, 548
Heer, Eduardo 251
Helferich, Herbert 251, 253–255, 263f., 267
Henrici, Julius 277
Herold, Peter 16, 180, 185, 199f., 231, 346, 412
Heusser, Hans 41, 43
Heusser, Otto 58f.
Himmelrich, Hans 187f.
Hitler, Adolf 37–44, 57, 59, 109, 111, 126, 128, 138f., 208, 220, 232, 238, 251, 259, 269, 282–285, 290, 347, 478
Hoffenberg, Peter 224, 234
Holzach, Paul 16, 41, 75, 84–95, 548
Homberger, Heinrich 305
Hopff, Heinrich 228, 369, 377, 411
Horr, Rosa 61
Horty, Miklós 341
Huber, Paul 396
Hubschmid, Paul 468
Hug, Peter 533
Hunziker, Hans 44–47, 49, 68
Hunziker, Guido 65
Huonder, Emanuel 442f.
Hurter, Werner 75, 84, 94f.
Iffland, Resi; siehe Therese Haupt
Iklé, Max 15, 38f., 42, 63, 180f., 183, 185f., 197, 199f., 225, 289, 293, 297–299, 304, 306, 370f., 375f., 385, 397–399, 401f., 421, 424, 427, 548
Imfeld, Antoinette «Tony» 130
Imfeld, Ernst 106–108, 111, 125f., 128, 130–134, 170, 178–180, 207, 216–218, 224f., 298f., 302–304, 548
Imfeld, Theodor 217, 548
Imhof, Karl 526f.
Iselin, Heinrich 372
Jacobsen, Annie 159

Jaquet, Edmond 317f.
Jeckeln, Rodolfo 251, 253
Jaeckle, Erwin 548
Johst, Hanns 38
Joklik, Otto 485–487, 502
Kadgien, Friedrich 126, 128f., 131f., 134f., 211f., 216f., 457, 548
Kadgien, Hildegard 128
Käding, Hans 120, 222
Kahr, Kurt 151–153, 165–167, 169, 190, 192, 300, 451
Kamil, Hassan 495, 517–520
Karlsch, Rainer 347
Karrer, Paul 103
Kefsisoff, Athanas 18f., 462
Keitel, Wilhelm 109
Keller, Hermann 55
Keller, Theo 296, 300
Kehrl, Hans 111, 208
Kennedy, John F. 216, 290
Kiekebusch, Heinz 256f.
Klavins, Ziganis 500–502
Kleiner, Hans 250f.
Kleiner, Liselotte 250
Kleinwächter, Hans 487f., 502
Klöti, Emil 156
Kobelt, Karl 268, 272, 274–276, 279, 289, 295, 309f., 312, 318f., 334, 337, 342–344, 354, 357
Kogon, Eugen 209
Kohl, Paul 218
Kohli, Robert 363
Kolesnitschenko, Iwan 122
Kopp, Elisabeth 15, 38
Kradolfer, Alfred 259
Kraémer, Conrado José 281, 308
Krauch, Carl 109, 111
Krekeler, Heinz 166
Krug, Heinz 486f., 494
Kübler, Gertrud 188
Kuhn, Manfred 499, 517, 519
Kuhn, Werner 397
Kümmel, Paul 121f., 148, 151, 153, 190, 197, 361, 416, 425
Kuoni, Andreas 426
Lamarr, Hedy 341
Lang, Paul 38
Laur, Ernst 15, 34–36, 54, 59, 541, 549
Léopold, Marcel 458, 467f., 475
Lesche, Johannes 152, 158–163, 189, 233f.
Lesche, Maria 160, 163
Liebknecht, Karl 134, 478, 481, 549
Levi, Primo 137
Linsmayer, Charles 177
Lüönd, Karl 195, 540, 544
Lombardero, Manuel 49
Lüthi, William 343–346, 355, 360, 362
Luterbacher, Franz 370
Luxemburg, Rosa 134, 478, 481, 549
Mabed, Mehdi 458
MacArthur, Douglas 329
Malherbe, Jean 259f., 309–312, 317, 320
Mandl, Fritz 341
Margadant, Christian 427
Markstaller, Karl 259
Martin, Georges 495
Martullo-Blocher, Magdalena 8, 10f., 537, 539
Masson, Roger 238, 241f., 255
Matter, Oskar 527f., 531
Maurer, Otto 355f.
Mayer, Carl 151f., 168, 232, 255
Mayer, Rüdiger 148, 232f., 255, 447
McLean, Neil «Billy» 504, 513f.
Meili, Armin 16, 58, 77f., 80, 82f., 87f., 102–105, 107, 115, 124, 156, 178, 183–185, 199f., 228, 234, 276, 279, 292, 296f., 303, 371f., 541, 549
Meir, Golda 487f., 504
Mellem, Daniel 259
Mengele, Josef 220, 464, 471–474, 548
Mengele, Martha 472
Menke, Josef 272f., 308
Mercier, Marcel 456–458, 467f., 494
Merz, Hans 369
Meyer, Paul 93, 355f.
Milch, Erhard 109
Minelli, Ludwig A. 520
Mohr, Johann 56, 70, 73f., 76f., 79, 82f., 434
Montalta, Eduard 65, 68
Montandon, Henri 255
Moss, Enrique 253
Motta, Giuseppe 89
Müller, Edmund 44
Müller, Friedrich 353
Müller, Hans 154
Müller, Kasper 30
Mussolini, Benito 42, 282f., 291, 341, 507, 549
Naguib, Mohammed 282, 285, 290
Nasser, Gamal Abdel 457, 485f., 489f., 494f., 503f., 507f., 514f., 517, 525
Nassr, Mohamad 505–507, 515
Niederer, Alfred 230f., 415, 435f.
Nobs, Ernst 97, 104f., 107
Oberth, Hermann 119, 258f., 264f., 267
Olivier, Max, 207, 211, 214, 216–219, 340
Orkaby, Asher 512
Oswald, Arthur 25, 27, 29f., 32, 34f., 89, 112, 440, 549
Oswald, Arthur jr. 34, 288
Oswald-Matthys, Eléonore 55, 112f.
Oswald-Bühler, Josephine 27
Oswald, Lee Harvey 216
Oswald, Leo Cäsar 27
Oswald, Leodegar 25–28, 112
Oswald-Waller Maria («Queen Mary») 29, 182
Oswald, Marta 496
Oswald, Michael 13
Oswald, Rudolf 12, 16, 34, 41f., 58f., 71, 75, 82, 85, 87f., 96, 103f., 107, 150, 153, 156f., 165, 178, 180, 182f., 197, 199, 213, 227f., 230f., 255, 266, 268, 274f., 285, 288, 318, 353, 356, 358, 384, 416, 421f., 477f., 481, 497f., 530f., 533, 548f.
Oswald, Victoria 496
Oswald, Viktor (Victor) 12, 16, 40–50, 75, 84, 88–96, 182, 213f., 216, 218, 277, 285–291, 338, 373, 447, 495–499, 533, 548f.
Pabst, Waldemar 134, 341, 363, 477–484, 490, 517, 520–524, 528f., 549
Pahlavi, Reza 497
Pereira (portugiesischer Waffenhändler) 520f., 529
Perón, Juan 251, 253, 256, 266, 282, 286
Pestalozzi, Hans 16, 372–374, 386, 404f., 412, 427, 429, 448f., 549
Peter, Charlotte 184, 442, 496f., 544
Peter, Robert 16, 71, 79, 99
Petitpierre, Max 313, 342f.
Pfyffer von Altishofen, Hans 89
Pilet-Golaz, Marcel 64, 66
Ploetz, Professor 392
Pohajac, Hans 256, 271
Pomeranz, Samuel 263, 266
Puchert, Georg 19, 458
Rashid, Hadia 505
Reichling, Rudolf 377
Reiff-Sertorius, Lily 244
Reinhardt, Eberhard 74, 80, 87, 103, 105, 107f., 180, 182

Rihner, Friedrich 245
Rochat, Jean 16, 255–260, 264, 266f., 271f., 274–276, 278, 281, 307–312, 317f., 341, 353, 477, 549
Rohner, Willi 304, 371
Rohr, Max 133, 320f.
Rothmund, Heinrich 263
Rottenecker, Fritz 20f., 464f., 467, 470, 473f.
Rössler, Gertrud 17, 20
Rubattel, Rodolphe 293
Rümmeli, Jakob 468, 470, 473f., 476
Rumscheidt, Carl 143, 149, 152, 187, 189, 254f., 267
Ryffel, Kaspar 331, 361
Saager, Bruno 12
Sayigh, Yezid 512
Scanavi, Alexandru 156
Schacht, Hjalmar 119, 283, 289
Schaefer, Alfred 63, 373, 385f., 496
Schaufelberger-Hauser, Elsa 262, 266
Schaufelberger, Paul 15, 17, 19, 63–68, 155, 157, 234, 237f., 241–245, 247–250, 253–264, 266f., 269, 272–274, 276–280, 285, 291, 309, 312f., 315–322, 341, 347, 349f., 460, 465–467, 470f., 473, 475–483, 493, 501, 524, 527f., 530f., 532, 544, 548f.
Schellenberg, Walter 93f., 242
Schenker, Ernst 125, 304
Scherrer, Paul 397, 399
Schieber, Walter 158–161
Schlack, Paul 147, 154, 191, 195
Schläpfer, Paul 88, 107, 177, 204, 207, 298, 393
Schlüter, Otto 458
Schmaltz, Florian 139
Schneller, Heinz 133, 222, 287, 447
Schnider, Albert 331f., 334, 350, 361f., 516
Schnurrenberger, Ernst 54f.
Scholler, Heinrich 71, 102
Schulthess, Adolf 16, 55, 74f., 77, 82
Schultze, Bernd 7, 12f., 509
Schultze, Joachim 7f., 122, 146, 162f., 165, 167, 190, 233, 331, 405, 447, 449f., 516, 533, 542
Schulze, Joachim 146, 222, 224, 232
Schwaab, W. L. 349f.
Schwarz, Fritz 359, 361
Schweri, Karl 195, 221, 223, 227
Sciuchetti, Andrea 443f.
Scotoni, Eugen 38
Scotoni, Erwin 38
Scotoni, Ralph 39
Scotoni, Violetta 468
Seelhofer, Hans 357, 359f., 492
Segev, Shmuel 489, 491, 493, 495
Serghini, Hachemi, siehe Mehdi Mabed 458
Shoham, Dany 512, 515
Signer, Rudolf 192
Silberman, Henri 222, 224
Skorzeny, Otto 282–291, 549
Soares da Silva, Tomás 364
Somm, Markus 13, 541
Sonnemann, Emmy 39
Sontheim, Rudolf 402
Speer, Albert 109, 119, 158
Speiser, Ernst 380, 414
Stampfli, Walther 70
Stauffer, Paul 467f., 473, 475
Steiner, Arthur 377
Stemmer, Josef 259
Stettbacher, Alfred 531f.
Stinnes, Hugo 14, 204–208, 211, 216, 219, 227, 387–389, 392–394, 435, 549
Straumann, Lukas 139
Streuli, Hans 78, 306, 337, 343f., 352, 369–387, 395, 398, 421, 423f., 429, 439

Streiff, David 543f.
Stoelzel, Heinz 237–249, 256, 259–261, 268f., 271, 278, 309, 313, 548
Stucki, Walter 192
Suczek, Erich 20, 466f.
Szultos, Joszef 490
Tanner, Jakob 13
Tatje, Wilhelm 522, 524
Taylor, Telford 136, 142
Tenchio, Ettore 306, 377f., 416
Thyssen, Fritz 119
Treyer, Jean 80, 82, 87, 103f., 107
Truman, Harry 191
Uhde, Friedrich 160f., 163, 165, 189, 549
Ullmann, Erich 184, 329
Ulrich, Max 44, 128, 457, 468
Vallaster, Adolf 55
Vance, Cyrus 526
Volpert, Ludger 270–272, 308, 310f.
Vonmoos, Jon 55
von Braun, Wernher 119, 121, 238, 240, 251, 258, 265, 277
von Brentano, Heinrich 462
von der Bey, Wilhelm 247
von Holt, Eugen 276
von Hove, Hugo 154
von Schwerin, Gerhard 347, 349
von Steiger, Eduard 153, 165, 247f.
von Wattenwyl, René 343f., 353f.
Voss, Wilhelm 286
Wagner, Otto 465f., 476, 481f.
Wahlen, Friedrich Traugott 487
Waibel, Max 63–66
Waldmeier, Max 244
Walther, Alfred 209f., 297, 305, 369
Weber, Max 293, 304, 306, 369
Weber, Rudolf 49
Webster, David 366
Wegener, Harry 154
Weiss, Georg 254, 256
Wetter, Ernst 69, 77
Wicki, Heinrich 221
Widmer, Erwin 16f., 21, 340, 343–348, 351–366, 452, 455, 460–462, 471–485, 489–502, 508–516, 520–525, 529, 531–533, 539, 548f.
Zbornik, Josef 272, 322, 477, 480, 482–484, 524, 549
Zehnder, Alfred 133f., 263, 342f., 350, 352, 363
Zendel (Nachname unbekannt) 259–261, 318
Ziegler, Barbara 232
Zipfel, Otto 150
Zippermayr, Mario 280
Zollinger, Hans 287, 496
Zorn, Hermann 16, 109, 147, 151f., 166, 197, 199, 203f., 222, 304, 549
Züblin, Albert 412
Zumstein, Hansjürg 10

Dank

Das Buch entstand im Rahmen eines Forschungsprojekts des Instituts für Kulturforschung Graubünden (ikg). Unterstützung erhielt ich zudem von vielen kompetenten und hilfsbereiten Menschen.

Mein spezieller Dank geht an:

Bernd Schultze, La Palma, ohne den ich nie auf die Idee gekommen wäre, mich mit der Geschichte der HOVAG zu befassen.

Prof. Dr. Jakob Tanner, Historisches Seminar UZH, der mich ermutigte, das Projekt in Angriff zu nehmen und mir beratend zur Seite gestanden ist.

Dr. Cordula Seger, Leiterin des Instituts für Kulturforschung Graubünden, die mich tatkräftig unterstützte, ohne mir inhaltliche Vorgaben zu machen.

Dörte Binkert, meine Lektorin, die mich mit Scharfsinn und Liebenswürdigkeit dabei unterstützte, die erste Fassung des Manuskripts drastisch zu kürzen.

Prof. Dr. Angelika Linke, Dr. Thomas Buomberger sowie Dr. Thomas Barfuss vom ikg, die das Manuskript oder Teile davon mit viel Sachverstand und Adleraugen gelesen haben.

Simon Canonica, Rechtsberater, der mich mit Humor und guten Argumenten vor sprachlichem Übermut bewahrt hat.

Vidya Ambord, die mit Zauberhand alle meine Schreibtisch-Zipperlein zum Verschwinden brachte.

Historikerinnen, Historiker und andere Fachpersonen

Prof. Enzo Alessio, Universität Triest; Pablo Azorín, Quindrop Producciones Audiovisuales, Palma; Bernd-Rainer Barth, Historiker, Berlin; Prof. Dr. Suzanne Buchan, Royal College of Art, London; Sabine Faust, Keystone-SDA, Zürich; Dr. Peter Hug, Historiker, Bern; Peter Kamber, Historiker, Berlin; Prof. Dr. Maria-Sibylla Lotter, Ruhr-Universität Bochum; Pascale Meyer, Schweizerisches Nationalmuseum; Dr. Paul Nagle, UCLA, Department of Film, Television and Digital Media; Dr. Florian Schmaltz, Johann Wolfgang Goethe-Universität Frankfurt a. M.; Dr. Lukas Straumann, Historiker, Bern; Prof. Dr. Margrit Tröler, Institut für Filmwissenschaften UZH; Dr. Adrian Zimmermann, Historiker, Delémont; Hans Giger, ex. Direktor PTT Rapperswil, Rüti; Prof. Dr. Sabine Gisiger, Historikerin und Dokumentarfilmerin, Zürich; Dr. Peter Heinzmann, cnlab / Prof. em. HSR; Prof. Dr. Miquel Izard Llorens, Universidad de Barcelona; Dr. Carlo Matteotti, Patrick Liniger, Kandiah Viveksanth, Führungsunterstützungsbasis (FUB) der Schweizer Armee; Prof. Dr. Yezid Sayigh, Malcolm H. Kerr Carnegie Middle East Center, Beirut;

Prof. Dr. Andrew Selth, Griffith Asia Institute, Nathan, Brisbane; Mareno Settimo, Comune di Torviscosa; Patrick Walsh, Human Rights Advocate, Berater CAVR, Melbourne; Dr. David Webster, Bishop's University, Sherbrooke; Dr. Dorothe Zimmermann, Historikerin, Zürich; Prof. Dr. Eva Wyss, Zürich; Dr. Yvonne Zimmermann, Institut für Filmwissenschaften UZH.

Zeitzeugen, Zeitzeuginnen und Nachfahren

Dr. Christoph Blocher, Herrliberg; Christian Blumer, Horw; Marcel Capaul, Chur; Peter Comperl, Saarbrücken; Dr. Stefan Gabler, Zürich; Wynanda Hauser-Clerk, Luzern; Peter Hoffenberg, Zürich; Günter und Dorothea Kahr, Adliswil; Heidi Kaltbrunner-Lesche, Zürich; Beat Kamm, Weingut Schloss Teufen; Christina Knauer-Gabler, Stallikon; Hans Lückert, Chur; Rüdiger Mayer, Untersiemau-Ziegelsdorf; Dr. Christoph Oswald, Oey; Michael Oswald, London; Robert Riess, Höflein a. d. Donau; Martin Rumscheidt, Dover; Michael Silberman, Männedorf; Heinz Schneller, Domat/Ems; Werner Stibal, Chur; Dr. David Streiff, Aathal; Joachim und Eveline Schulze-Domanski, Tamins; Alberto Rainolter, Chur; Oliver vom Hove, Wien; René von Rautenkranz, Wien; Gabriela von Rautenkranz, Adlikon bei Regensdorf; Régine Umbricht, Zürich; Nina Zollinger, Zürich; Hans Zollinger, Pokra (Nepal)

Gute Geister und helfende Hände

Matthias Ackeret, Zürich; Sylvain Besson, Tages-Anzeiger; Philippe Bucher, Luzern; Christina Caprez, Zollikon; Chris Demarmels, Zürich; Pascal Derungs, Zürich; Peter Fritz, Zürich; Dr. Lola Ganduxer, Barcelona; Ingolf Gritschneder, Köln; Rita Hablützel, Hamberger Swiss Pyrotechnics, Oberrieden; Thomas Haemmerli, Zürich; Lea Haller, Zürich; Anton Heer, Flawil; Erich Keller, Zürich; Martin Kreutzberg, Zürich; Dominik Landwehr, Winterthur; Reto Moosmann, Burgdorf; Paul Post; Brigitte Reemts und Urs Flum, Rüschlikon; Dr. Ana Pujol, Barcelona; Dr. Ingrid Sattes, Berlin; Christoph Schilling, Zürich; Kurt Seiler, Zürich; Dominik Siegrist, Zürich; Dr. Daniel Teichmann, Zürich; Christian Vaterlaus, Djambiani (Tansania); Regula Walker, Zürich

Das Buch wird herausgegeben vom Institut für Kulturforschung Graubünden.
www.kulturforschung.ch

Weitere Informationen:
www.nylonundnapalm.ch

Mit Beiträgen haben das Buchprojekt unterstützt:
Ernst Göhner Stiftung
Bürgergemeinde Domat/Ems
Gemeinde Domat/Ems
Stadt Chur
Kulturförderung Kanton Graubünden / SWISSLOS

Dieses Buch ist nach den aktuellen Rechtschreibregeln verfasst. In den Quellenzitaten wurden Fehler in Orthografie und Interpunktion zugunsten der Lesefreundlichkeit korrigiert. Einzelne Ausdrücke aus Quellenzitaten wurden unter Umständen in der Deklination angepasst. Hinzufügungen sind in [eckigen Klammern] eingeschlossen, Auslassungen mit [...] gekennzeichnet.

Lektorat:
Kathrin Berger, Zürich

Gestaltung und Satz:
Farner Schalcher, Zürich;
Simone Farner

Bildbearbeitung:
Benjamin Roffler, Hier und Jetzt

Druck und Bindung:
Musumeci SpA, Quart (AO, Italien)

© 2022 Hier und Jetzt, Verlag für Kultur und Geschichte GmbH, Zürich, Schweiz
www.hierundjetzt.ch

ISBN Druckausgabe
978-3-03919-569-5

ISBN E-Book
978-3-03919-992-1